Chefredaktion DIPL. ING. GERD KLAWITTER
DIPL. ING. WOLF SIEBEL
Lektor JENS KLAWITTER

Digitaler Rundfunk, Webradioempfang MARIO GONGOLSKY,
NIELS GRÜNDEL
Belgien, Luxemburg, Niederlande ROLF KIESELACK
Story „Privater Rundfunk in Sachsen“ HENDRIK LEUKER,
GERD KLAWITTER
Satellitenrundfunk THOMAS LUSTIG
Story „50 Jahre Radiohören“ THOMAS LUSTIG
Polen, Tschechien ANDRZEJ WOJCIECHOWSKI
Story „Detektor FM“ MARIO GONGOLSKY

HÖRZU RADIO GUIDE 2014/15

Alles über Rundfunksender und Radiohören in Deutschland

vth-Fachbuch
Bestell-Nr.: 413 0018

Bibliografische Information der Deutschen Bibliothek
Die Deutsche Bibliothek verzeichnet diese Publikation in der Deutschen Nationalbibliografie; detaillierte bibliografische Daten sind im Internet über http://dnb.ddb.de abrufbar.

Das Titelbild zeigt Anna-Lena Heß, Moderatorin bei ENERGY Sachsen.
Bild: NRJ

ISBN 978-3-88180-884-2
10. völlig neubearbeitete Ausgabe 2014/15
by Verlag für Technik und Handwerk neue Medien GmbH,
Robert-Bosch-Straße 2-4, D-76532 Baden-Baden

Dieses Buch ist die Fortsetzung der Reihe „**Rundfunk auf UKW**" aus dem Siebel Verlag.

Printed in Germany
Druck: Griebsch & Rochol Druck GmbH, Hamm

Inhalt

Grußwort zur 10. Auflage des HÖRZU Radio Guide

Liebe Hörerinnen, liebe Hörer,
2013 feiert das Radio seinen 90. Geburtstag. 90 Jahre sind ein schönes Alter - aber das eigentlich Erfreuliche für uns Radiomacher ist, dass der Hörfunk in Deutschland derzeit eine besonders vitale Phase seiner Geschichte erlebt. Tag für Tag schalten fast 60 Millionen Menschen einen oder mehrere Sender ein und hören ihre Lieblingsprogramme im Schnitt mehr als drei Stunden lang. Das Radio liegt damit nur knapp hinter dem Fernsehen und nach wie vor weit vor dem Internet. Überhaupt hat sich das Internet keineswegs - wie von manchen prophezeit - als Sargnagel für das Radio erwiesen. Eher als Jungbrunnen: Mit Apps, Streams und Podcasts sind viele neue Möglichkeiten entstanden, Radioinhalte zu verbreiten, multimedial anzureichern und Sendungen beliebig oft und zu jeder Zeit nachzuhören. Hinzu kommt das Digitalradio DAB+, das nicht nur glasklaren Empfang, sondern auch neue Programme bietet.
Dass Radio aus dem Alltag von Millionen Menschen nicht wegzudenken ist, hat viele Gründe. Radio ist nah und vertraut - manche Moderatorinnen und Moderatoren gehören für ihre Hörerinnen und Hörer fast zur Familie. Radio ist verlässlich und kann über wichtige Ereignisse so schnell berichten wie kaum ein anderes Medium. Und: Radio ist überraschend - es lebt von seiner Formenvielfalt, die von kompakten Nachrichten bis zur bewegenden Reportage reicht, von kontroversen Diskussionen bis hin zu bissiger Satire, von anregender Musikmischung bis hin zum spannenden Hörspiel.
Schließlich hat Radio - und darüber freue ich mich besonders - seit einigen Jahren wieder eine wachsende journalistische Kraft. Gerade die öffentlich-rechtlichen Infoprogramme decken Missstände auf und stoßen gesellschaftliche Debatten an. Um nur ein Beispiel zu nennen: An den „Offshore Leaks"-Recherchen über Steueroasen, die weltweit für Aufsehen gesorgt haben, waren auch deutsche Radio-Reporter beteiligt.
Der wichtigste Grund für den Erfolg des Radios sind freilich - Sie. Das schönste Geschenk zum 90. Geburtstag des Hörfunks ist Ihr Interesse an der vielfältigen Radiolandschaft in Deutschland. Der *HÖRZU Radio Guide,* der bereits in der 10. Auflage erscheint, ist ein vortrefflicher Wegweiser für neue akustische Entdeckungsreisen.

Dabei wünsche ich Ihnen viel Vergnügen!

Herzlich, Ihr Joachim Knuth
NDR Programmdirektor Hörfunk
Vorsitzender der ARD-Hörfunkkommission

Öffentlich-rechtlicher Rundfunk

ARD

Arbeitsgemeinschaft der öffentlich-rechtlichen Rundfunkanstalten der Bundesrepublik Deutschland
ARD-Generalsekretariat
Masurenallee 8-14, 14057 Berlin
Telefon: (0 30) 89 04 31 3-11, Fax: (0 30) 89 04 31 3-19
Internet: www.ard.de, **E-Mail:** info@ard.de oder kontakt@ard-gs.de

Dachorganisation des öffentlich-rechtlichen Rundfunks (Hörfunk und Fernsehen) in Deutschland ist die ARD, die Arbeitsgemeinschaft der öffentlich-rechtlichen Rundfunkanstalten Deutschlands. Der ARD gehören neun Landesrundfunkanstalten (BR, HR, MDR, NDR, RB, RBB, SR, SWR, WDR) sowie die Deutsche Welle an. Die Landesrundfunkanstalten versorgen in einigen Fällen bis zu vier Bundesländer mit Hörfunkprogrammen. Die ARD-Sender werden zu einem Großteil aus den Beiträgen_der Rundfunkteilnehmer sowie zu einem kleineren Anteil aus Werbung finanziert. Die Deutsche Welle erhält ihr Geld aus dem Bundeshaushalt.

Koproduktionen
Im Hörfunk stehen die Rundfunkanstalten in einem regen Programmaustausch und nutzen ein gemeinsames Korrespondentennetz im In- und Ausland. Sie arbeiten in vielen Koproduktionen zusammen. So gestalten sie zum Beispiel vier Nachtprogramme: die ARD-Popnacht, das ARD-Nachtkonzert, die ARD-Infonacht sowie die ARD-Hitnacht. Zudem gibt es das Talkformat LateLine, für das sich nahezu alle jungen Radiowellen der ARD zusammenschalten – montags bis donnerstags von 23 bis 1 Uhr. Seit 2008 strahlen die Radioprogramme der ARD die gemeinsame Hörfunkkrimireihe „radioTATORT“ aus. Das ARD-Radiofeature ist seit 2010 fester Bestandteil des Programms. Es wird monatlich von einer anderen Landesrundfunkanstalt produziert und ARD-weit ausgestrahlt; genauso funktioniert das Prinzip bei Originalhörspielen. In den Sommermonaten realisieren die Kulturradios seit mehreren Jahren gemeinsam das ARD-Radiofestival. Acht Wochen lang sind hier herausragende Produktionen zu hören: Konzerte und Opernübertragungen, Geschichten rund um bedeutende Künstler und renommierte Festivals, Gespräche, Lesungen, Jazz, Features und Hörspiel. Und auch für Kinder gibt es eine gemeinschaftliche Aktion aller Hörfunkwellen der ARD: Bei der ARD-Radionacht für Kinder, die sich im Wesentlichen an Acht- bis Zwölfjährige richtet, wird das Hören für Kinder zu einem Erlebnis; sie sollen so für ein bewusstes Zuhören begeistert werden. Ebenfalls an Kinder richtet sich der bei mehreren ARD-Anstalten über Digitalradio empfangbare KiRaKa. Zwischen 6 und 22 Uhr bietet der KinderRadioKanal des WDR Geschichten, Musik und Nachrichten für die jüngsten Radiohörerinnen und –hörer; im Internet zu hören über www.KiRaKa.de.

Programme für kulturelle Vielfalt und Integration

Mehrere ARD-Anstalten bieten Programme an, die sich schwerpunktmäßig mit kultureller Vielfalt, Internationalität und Integration auseinandersetzen. So produzieren und senden der WDR und Radio Bremen unter der Leitidee „Global Sounds Radio" gemeinsam das 24-Stunden-Programm Funkhaus Europa. Bestandteil der Welle sind auch Sendungen in den Muttersprachen der großen Zuwanderer-Gruppen. Auch in Berlin wird Funkhaus Europa ausgestrahlt; der RBB liefert Programmanteile zu und sendet darüber hinaus täglich mehrere Stunden Programm in Sorbisch/Wendisch. Der NDR übernimmt montags bis freitags fünf Stunden Programm von Funkhaus Europa. Der SWR hat deutschsprachige Sendungen mit dem Themenschwerpunkt „Migration und Integration", die auch vom Saarländischen Rundfunk übernommen und durch ein mehrsprachiges Angebot im Internet begleitet werden.

Programminformationen

Informationen zu den einzelnen Hörfunkprogrammen sind über die jeweiligen ARD-Sender erhältlich. Auf direkte Anfrage werden vielfach auch Publikationen und Informationen verschickt. Besonders über das Internet besteht die Möglichkeit, detaillierte Informationen zu den Hörfunkwellen und einzelnen Sendungen (z. B. Hörspiel oder klassische Musik) zu erhalten. Die meisten ARD-Sender versenden darüber hinaus ein regelmäßig erscheinendes Radio-Programm, das allerdings bei einigen nur gegen Gebühr im Abonnement zu erhalten ist.

Verbreitungstechnik

Für den Empfang von Hörfunksignalen gibt es mehrere Möglichkeiten: Die Signale werden über terrestrische Sendernetze, über Satellit, über Kabel oder per Livestream über das Internet übermittelt. Um die gesamte Bevölkerung Deutschlands mit Hörfunk zu versorgen, wird ein dichtes Netz von Sendemasten (sogenannte terrestrische Sender) benötigt. Die terrestrische Verbreitung kann analog (UKW, z.T. auch noch Mittelwelle) oder digital sein (DAB+, z.T. auch noch im älteren DAB-Format). Das Programmangebot differiert je nach Verbreitungsgebiet und Ausstrahlungsformat. In den westdeutschen Bundesländern haben die Rundfunkanstalten solche Sendernetze selbst aufgebaut. In den ostdeutschen Bundesländern werden die Senderanlagen im Auftrag der ARD von der Media Broadcast GmbH, einem Tochterunternehmen der französischen TDF Group, betrieben. Ferner werden alle Hörfunkprogramme der ARD digital per Satellit (DVB-S) verbreitet. Auch in den Kabelnetzen erfolgt die analoge und digitale Verbreitung der Hörfunkprogramme der ARD. Das Programmangebot ist jedoch von Kabelnetz zu Kabelnetz unterschiedlich.

Internetportal

Die Webseite ard.de bietet begleitend und ergänzend ein umfangreiches Onlineangebot mit Informationen zu den Programmen der ARD in Hörfunk- und Fernsehen an. Im „ARD RadioNet" sind auf dieser Seite sämtliche regionale Radiosender der ARD rund um die Uhr live im Internet zu empfangen. In der „ARD Mediathek" liegen mehr als 500 Programmangebote als regelmäßige Pod- und Vodcasts vor und können zeit- und ortsunabhängig auf dem Computer oder auf mobilen MP3-Playern genutzt werden. Politische Hintergründe, Radio-Comedy,

Neues aus Wissenschaft und Bildung, Religionsthemen sowie Kinder- und Familiensendungen können so einfach und bequem als RSS-Feed abonniert und heruntergeladen werden (www.ard.de). Neu in der ARD-Mediathek ist seit Ende Mai 2013 die Rubrik „EinsLike“. Dort bündelt die ARD verstärkt Inhalte aus Hörfunk und Fernsehen für die junge Zielgruppe.

Technische Information

Wenn es um technische Fragen beim Radioempfang geht, stehen Ihnen Mitarbeiter in den einzelnen Sendern für Informationen zur Verfügung. Insbesondere die großen Anstalten (BR, MDR, NDR, SWR, WDR) bieten hier einen Service an. Wir haben die jeweiligen Rufnummern für Sie recherchiert und unter der jeweiligen Adresse der Sender angegeben.

Aufnahmestudio im Hauptstadtstudio Berlin. (Bild: NDR/ Gita Mundy)

Ein Nachrichtenstudio im Hauptstadtstudio Berlin. (Bild: NDR/Frank Clausen)

Deutschlandradio

Funkhaus Köln

Raderberggürtel 40, 50968 Köln
Telefon: (02 21) 345-0, Fax: (02 21) 345-48 02

Funkhaus Berlin

Hans-Rosenthal-Platz, 10825 Berlin
Telefon: (0 30) 85 03-0, Fax: (0 30) 85 03-61 68

Internet: www.dradio.de, **E-Mail:** presse@dradio.de

Videotext: ARD, Phoenix, ZDF, Seiten 480-489
Programmheft: Das Programmheft von Deutschlandradio kann kostenlos bezogen werden. Heftbestellung nur schriftlich an die Deutschlandradio Service GmbH.

Deutschlandfunk
Der Deutschlandfunk ist ein service-orientiertes Informationsprogramm mit einem Wortanteil von etwa 80 Prozent. Neben täglich insgesamt 240 Minuten Nachrichten plus nationaler und internationaler Presseschau, die in Köln produziert werden, gibt es ausführliche Sendungen mit Hintergrundinformationen zu nationalen und internationalen Themen der Innen- und Außenpolitik, Wirtschaft, Forschung, Gesellschaft, Kultur, Wissenschaft, Bildung und Sport.
Telefon: (02 21) 345-18 31, **Fax:** (02 21) 345-18 39
E-Mail: hoererservice@dradio.de, **Internet:** www.dradio.de
Audiostream-Adresse: http://www.dradio.de/streaming/dlf.m3u
RDS: __DLF___
Empfang über Digitalradio (DAB+): Bundesweit auf Kanal 5A oder 5C (je nach Region)
Empfang über Satellit: Über ASTRA 1H (DVB-S), Transponder 77 bei ZDF.vision.

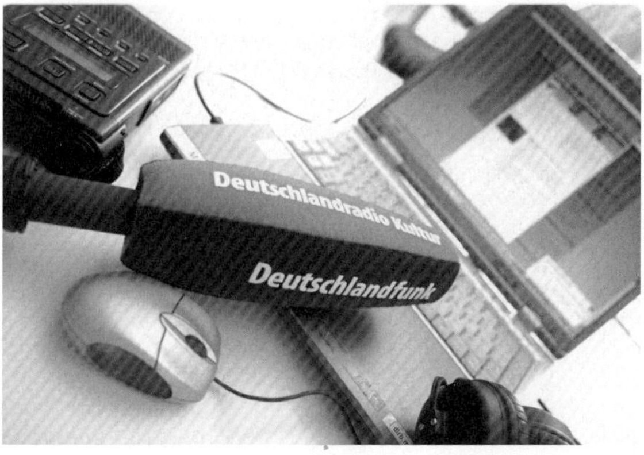

Reporterausrüstung: Laptop, Dat-Rekorder, Mikrofon, Kopfhörer (Bild: DLR/Bettina Straub)

Deutschlandradio Studio, Studioansicht (Bild: DLR/Bettina Straub)

Deutschlandradio Kultur
Deutschlandradio Kultur ist ein themen- und facettenreiches Kulturprogramm mit Schwerpunkt Kultur und Musik. Dazu gehören zahlreiche künstlerische Eigenproduktionen. Das Programm bietet Hörspiele, Kinderfunk, aktuelle Berichte aus der Kulturszene, tägliche Livekonzerte und aktuelle Politik.
Telefon: (0 30) 85 03-0, **Fax:** (02 21) 345-18 39
E-Mail: hoererservice@dradio.de, **Internet:** www.dradio.de
Audiostream-Adresse: http://www.dradio.de/streaming/dkultur.m3u
RDS: DKULTUR_
Empfang über Digitalradio (DAB+): Bundesweit auf Kanal 5A oder 5C (je nach Region)
Empfang über Satellit: Über ASTRA 1H (DVB-S), Transponder 77 bei ZDF.vision.

DRadio Wissen
DRadio Wissen ist das neue Bildungsprogramm des Deutschlandradios. Von Alltagswissen bis Spitzenforschung: Interviews, Reportagen, Welt- und Wissensnachrichten, Wissensrätsel, Gespräche, Vorlesungen. Eng verküpft und verlinkt mit dem Internet. Digital über Kabel, Satellit, DAB und www.dradio.de
Telefon: (02 21) 345-18 31, **Fax:** (02 21) 345-18 39
E-Mail: hoererservice@dradio.de
Internet: www.dradio.de
Audiostream-Adresse: http://www.dradio.de/streaming/dradiowissen.m3u
Empfang über Digitalradio (DAB+): Bundesweit auf Kanal 5A oder 5C (je nach Region)
Empfang über Satellit: Über ASTRA 1H (DVB-S), Transponder 77 bei ZDF.vision.

Funkhaus Berlin - Deutschlandradio Kultur, Eingangsbereich mit historischem RIAS-Schild, gefördert durch die Deutsche Stiftung Denkmalschutz (Bild: DLR/Bettina Straub)

Die wichtigsten Sender von Deutschlandfunk und Deutschlandradio Kultur.

Sender in Baden-Württemberg

Stadt	Deutschlandfunk MHz	kW	Deutschlandradio Kultur MHz	kW
Baden-Baden			107,9	0,10
Biberach	100,5	0,50		
Blauen	105,1	10,00		
Esslingen	96,7	0,10		
Freiburg			90,6	0,20
Geislingen			87,7	0,20
Göppingen	99,8	0,10		
Heidelberg	106,5	0,40		
Heidenheim	94,0	0,10	100,8	0,10
Heilbronn	91,3	0,10	97,3	0,10
Hornisgrinde	106,3	80,00		
Kirchheim/Teck	91,3	0,10		
Konstanz			94,5	0,20
Lörrach			95,0	0,10
Ludwigsburg	94,1	0,50		
Pforzheim	89,2	0,10	95,2	0,50
Rottweil	106,0	0,05		
Schwäbisch Gmünd			95,9	0,20
Schwäbisch Hall	95,8	0,10		
Stuttgart	96,0	0,50	87,9	1,00
Tübingen	93,9	0,50	99,4	1,00
Ulm	103,5	0,50	91,5	0,10
Witthoh	100,6	40,00		

Sender in Bayern

Stadt	Deutschlandfunk MHz	kW	Deutschlandradio Kultur MHz	kW
Amberg			107,9	0,10
Ansbach	92,7	0,20	102,7	0,20
Aschaffenburg			94,8	0,10
Augsburg	97,8	0,25	100,0	15,00
Bad Reichenhall			92,6	0,05
Bad Tölz	87,8	0,10	93,2	0,10
Berchtesgaden	91,6	0,10	103,4	0,10
Brotjacklriegel	100,1	100,00		
Burgbernheim	106,3	0,20	94,3	0,32
Burglengenfeld			107,3	0,10
Cham			101,4	0,10
Füssen	87,6	0,10	103,4	0,10
Hof			89,3	20,00
Högl	100,3	15,00		

Stadt	Deutschlandfunk		Deutschlandradio Kultur	
	MHz	kW	MHz	kW
Hohenpeißenberg	94,7	0,05		
Ingolstadt	107,0	0,20	88,6	0,63
Kaufbeuren			107,3	0,10
Kempten	89,3	0,10	89,8	0,06
Landsberg	90,3	1,00	107,9	0,50
Landshut	95,9	0,20	100,5	0,16
Mittenwald	91,9	0,05	105,2	0,05
München	101,7	0,30	96,8	0,10
Nürnberg	90,1	0,10	105,6	0,10
Oberstdorf	92,0	0,10	96,5	0,10
Ochsenkopf	100,3	100,00		
Passau			97,7	0,50
Pfronten	96,5	0,02		
Regensburg	95,5	0,20	101,3	0,20
Rhön	103,3	100,00		
Rosenheim	97,7	0,16	96,2	0,10
Starnberg	87,9	0,05	94,7	0,05
Straubing			88,7	0,40
Traunstein			88,3	0,10
Weiden			103,7	0,10
Würzburg	100,3	0,10	101,3	0,10

Sender in Berlin und Brandenburg

Stadt	Deutschlandfunk		Deutschlandradio Kultur	
	MHz	kW	MHz	kW
Berlin	97,7	100,00	89,6	10,00
Casekow	105,2	6,00		
Cottbus	88,6	3,00	90,8	10,00
Eisenhüttenstadt	100,2	1,00		
Frankfurt/Oder	97,3	0,50	92,7	5,00
Herzberg	94,5	0,32		
Rhinow			103,7	0,20

Sender in Hessen

Stadt	Deutschlandfunk		Deutschlandradio Kultur	
	MHz	kW	MHz	kW
Bad Camberg	99,8	0,20	88,6	0,50
Darmstadt	102,0	0,40	98,2	0,25
Eschwege	100,6	0,50		
Frankfurt/M.	97,6	0,10	91,2	0,10

Stadt	Deutschlandfunk		Deutschlandradio Kultur	
	MHz	kW	MHz	kW
Friedberg	89,9	0,32		
Fritzlar			96,0	0,10
Fulda			90,7	0,30
Gelnhausen	93,9	0,20		
Gießen	103,1	0,63	107,5	0,32
Hanau	92,4	0,20	107,7	0,32
Heusenstamm			99,8	0,20
Hofgeismar	106,9	0,30		
Kassel	92,7	0,32		
Korbach	92,8	0,10		
Limburg	103,3	0,25	105,1	0,32
Lorch	88,1	0,20		
Marburg	103,5	0,50	93,3	0,05
Michelstadt	100,5	0,20	107,2	0,10
Oberursel	103,5	0,10	101,8	0,10
Rimberg	91,3	50,00		
Wetzlar	103,7	0,50	97,3	0,32
Wiesbaden	103,7	0,50		

Sender in Mecklenburg-Vorpommern

Stadt	Deutschlandfunk		Deutschlandradio Kultur	
	MHz	kW	MHz	kW
Anklam	107,4	1,00		
Barth	100,3	0,13		
Dargun	89,8	0,50		
Garz/Rügen	104,0	8,00	101,4	8,00
Greifswald	104,3	0,20	106,8	0,16
Güstrow	106,0	0,79		
Heringsdorf	98,4	0,50	107,1	0,50
Helpterberg	96,5	10,00	97,1	30,00
Marlow			96,7	30,00
Neukloster	90,6	0,25		
Neustrelitz	97,9	1,00		
Ribnitz-Damgarten	102,1	0,20		
Röbel/Müritz	102,4	3,00	90,0	3,00
Rostock	106,5	1,00		
Schwerin	106,3	2,00	95,3	100,00
Stralsund	89,3	0,25		
Waren	91,3	0,20		

Sender in Niedersachsen und Bremen

Stadt	Deutschlandfunk		Deutschlandradio Kultur	
	MHz	kW	MHz	kW
Bergen/Soltau	89,3	0,13		
Bremen	107,1	100,00	100,3	1,00
Bremerhaven	103,4	0,50	106,2	5,00
Aurich	101,8	100,00	106,9	1,00
Cuxhaven	101,6	2,00	107,7	20,00
Damme	95,4	0,32	97,5	0,32
Emden			93,4	1,00
Göttingen	101,0	0,10		
Hannover	94,0	0,10		
Hann. Münden	98,5	0,50		
Höhbeck	102,2	100,00		
Jever			89,0	0,50
Leer			91,5	0,50
Lingen I	102,0	25,00	91,6	0,40
Lingen II			102,9	0,25
Meppen			100,7	0,32
Molbergen			95,50	0,1
Norden			105,3	0,25
Nordhorn			97,1	0,20
Oldenburg			102,8	1,00
Osnabrück	101,8	0,50		
Seesen	88,0	0,05		
Stadthagen	106,1	1,00		
Torfhaus	103,5	100,00		
Uelzen	107,5	0,50	97,1	
Visselhövede			88,8	1,00

Sender in Nordrhein-Westfalen

Stadt	Deutschlandfunk		Deutschlandradio Kultur	
	MHz	kW	MHz	kW
Aachen	102,7	0,50		
Bad Oeynhausen	93,9	0,05		
Beckum	91,5	0,16		
Bielefeld	95,5	0,10	106,2	0,10
Bonn	89,1	5,00	98,9	0,10
Eifel-Bärbelkreuz			106,1	20,00
Gronau			94,6	0,20
Kleve			90,1	1,00
Köln	91,3	0,10		
Langenberg			96,5	35,00

Stadt	Deutschlandfunk		Deutschlandradio Kultur	
	MHz	kW	MHz	kW
Lemgo	92,2	0,32	88,9	0,32
Lennestadt			96,9	0,10
Lübbecke			97,5	0,10
Münster	104,5	0,05	97,5	0,10
Nordhelle	102,7	20,00		
Olpe			96,3	0,10
Olsberg			106,1	10,00
Paderborn	94,5	0,20		
Siegen	94,2	0,20	100,2	0,05
Steinfurt			91,0	0,20
Tecklenburg			101,1	0,50
Unna	104,4	0,20		
Warburg	106,6	0,20		
Warendorf	107,2	1,00		
Wesel	102,8	100,00		
Wuppertal	91,0	0,25		

Sender in Rheinland-Pfalz

Stadt	Deutschlandfunk		Deutschlandradio Kultur	
	MHz	kW	MHz	kW
Bad Kreuznach	106,5	0,05		
Bingen	98,0	0,32	106,3	0,20
Bitburg			95,3	0,10
Boppard	90,5	0,10	88,9	0,10
Idar-Oberstein	89,5	0,20	94,7	0,20
Kaiserslautern	105,1	0,20	98,1	0,16
Koblenz	99,8	0,50	105,3	0,32
Linz			98,3	0,10
Ludwigshafen			97,3	0,10
Mainz			107,2	0,40
Mayen	100,8	0,20		
Pirmasens	106,1	0,40	94,4	0,40
Prüm	95,4	0,05		
Saarburg	104,6	20,00	105,3	0,10
Traben-Trarbach	88,7	0,32	106,2	0,20
Trier			94,3	0,20
Wörth			96,6	0,20

Sender im Saarland

Stadt	Deutschlandfunk		Deutschlandradio Kultur	
	MHz	kW	MHz	kW
Lebach			107,9	0,10
Moseltal			106,2	5,00
Neunkirchen			105,0	5,00
Saarbrücken	90,1	1,00	107,5	0,40
Saarlouis			96,3	0,10
Völklingen			88,6	0,10

Sender in Sachsen

Stadt	Deutschlandfunk		Deutschlandradio Kultur	
	MHz	kW	MHz	kW
Auerbach	94,5	3,00		
Bad Düben			99,4	0,20
Bärenstein			104,3	1,00
Chemnitz	97,0	100,00	106,3	0,50
Döbeln			101,3	1,00
Dresden/Wachwitz	97,3	100,00	93,2	1,00
Eilenburg			92,0	0,20
Freiberg			100,7	1,00
Grimma			91,6	0,10
Hoyerswerda			89,7	0,50
Leipzig/Stadt			100,4	2,00
Leipzig/Wiederau	96,6	100,00		
Löbau	99,5	5,00	103,0	2,00
Oschatz			96,1	0,32
Pulsnitz			106,7	0,50
Torgau			101,1	1,00
Weißwasser			97,7	2,00
Zwickau			104,6	0,20

Sender in Sachsen-Anhalt

Stadt	Deutschlandfunk		Deutschlandradio Kultur	
	MHz	kW	MHz	kW
Brocken			97,4	100,00
Dessau	107,1	0,30		
Magdeburg	102,0	20,00		
Dequede			96,9	7,00
Wittenberg	89,3	1,00	107,7	0,50
Zeitz			91,8	1,00

Sender in Schleswig-Holstein und Hamburg

Stadt	Deutschlandfunk		Deutschlandradio Kultur	
	MHz	kW	MHz	kW
Hamburg	88,7	3,00	89,1	0,05
Eutin	101,9	95,00	103,1	0,20
Flensburg	103,3	20,00	92,1	1,00
Garding	102,3	0,20	101,7	0,50
Güby			105,0	0,20
Heide	104,4	0,40	92,2	0,10
Helgoland	107,4	0,05	103,0	0,05
Hensted			105,5	0,10
Husum			101,0	0,10
Itzehoe	102,2	0,40	97,5	0,10
Kiel			104,7	0,16
Lauenburg			95,8	0,10
Lüneburg			97,9	
Neumünster			107,8	0,50
Rendsburg			95,2	0,25
Süderlügum			104,2	0,63
Westerland	90,3	0,20	103,9	0,20

Sender in Thüringen

Stadt	Deutschlandfunk		Deutschlandradio Kultur	
	MHz	kW	MHz	kW
Altenburg			97,3	0,40
Eisenach	106,5	0,50		
Erfurt	103,1	2,00		
Gera	94,3	0,20	93,6	0,32
Gotha	94,0			
Ilmenau	99,9	0,10		
Inselsberg			97,2	100,00
Jena	104,5	0,32	98,2	0,20
Mühlhausen	107,0	1,00		
Nordhausen	96,4	0,10		
Pößneck	89,2			
Saalfeld	98,7	0,10		
Sondershausen	101,9			
Sonneberg			94,2	100,00
Suhl	98,8	0,10		
Weimar	89,7	0,50		

Die Kurz-, Lang- und Mittelwellensender des Deutschlandfunk:

	kHz	kW	
Aholming/Passau	207	500/250	(Tag/Nacht)
Donebach/Odenwald	153	500/250	(Tag/Nacht)
Bayreuth-Thurnau	549	100	
Braunschweig	756	200	
Heusweiler	1422	600	
Neumünster	1269	300	
Nordkirchen	549	100	
Ravensburg	756	100	

Der Langwellensender von Deutschlandradio Kultur:

	kHz	kW	
Oranienburg	177	150	DRM (digital)

Sender im Ausland:
Auf der Brüsseler Frequenz 95,2 MHz (2 kW) strahlt der Belgische Rundfunk ein anspruchsvolles Programm für Deutschsprachige aus. Der BRF und der Deutschlandfunk (DLF) teilen sich die Sendezeit.
Mit diesem Programm bietet sich auch die Möglichkeit, die Deutschsprachige Gemeinschaft einem interessierten Zielpublikum in der Hauptstadt Europas näherzubringen.

Bayerischer Rundfunk (BR)

Rundfunkplatz 1, 80335 München
Postanschrift: BR, 80300 München
BR Info Service: Telefon: (08 00) 86 98 980 (kostenfrei), Telefax (0 89) 59 00-12 73,
eMail: brinfo@brnet.de
Technische Information: Telefon (0 18 05) 59 02 19 (14 ct/min aus dem dt. Festnetz; Mobilfunkpreise max. 42 ct/min),
email: techinfo@brde, Internet: www.br.de/technik
Internet: www.br.de, **E-Mail:** info@br.de
Videotext: Bayerntext und br-alpha-Text, jeweils Seite 400, Frequenzübersichten auf Seite 461
Programmheft: Die wöchentlich erscheinende „BR RadioZeitung" kann abonniert werden. Probeexemplar auf Anfrage.
Shop: Ein interessantes Sortiment von CDs/DVDs, Videos, Büchern und anderen BR-Artikeln ist über den BRshop zu beziehen. Der Katalog kann kostenlos angefordert werden über Tel. (0 18 05) 15 17 19 [14 ct/min aus dem Festnetz, Mobilfunkpreise max. 42 ct/min] oder per Internet unter www.br-shop.de.

Die Programme:

Mein Bayern 1 – Die beste Musik für Bayern
Bayern 1 gehört zu den beliebtesten Radioprogrammen in Bayern. Freuen Sie sich auf die größten Hits der Musikgeschichte und aktuellen Softpop. Ob Service, Unterhaltung oder aktuelle Information, bei Bayern 1 sind Sie genau richtig. Das Programm vermittelt wertvolle Tipps für den Alltag und bringt Nachrichten und Neuigkeiten aus Bayern und der ganzen Welt. Bayern 1 und seine Reporter sind ganz nah dran, wenn es Neues aus Bayern gibt. Den ganzen Tag über sendet Bayern 1 Regionalnachrichten für alle Regionen in Bayern.
Telefon: (08 00) 80 80 345, **Fax:** (0 89) 59 00 - 24 87
E-Mail: bayern1@br.de, **Internet:** www.bayern1.de
Audiostream-Adresse: streams.br-online.de/bayern1_2.m3u
RDS: Bayern_1
Bei Regionalsendungen:

Oberbayern	B1_Obb
Franken	B1_Fran
München	B1_Muc
Unterfranken	B1_Main
Niederbay./Oberpfalz	B1_NbObf
Schwaben	B1_Schw

Empfang über Digitalradio auf Kanal 11D: Bayern 1 Niederbayern (Oberpfalz im DAB-Modus, alle anderen Bayern 1-Regionen im DAB+-Modus.
Empfang über Satellit: Über DVB-S Radio, ASTRA 1H, Transponder 93, Frequenz 12,266 GHz.

Bayern 2 – Grenzenlos hören
Bayern 2 ist eines der erfolgreichsten Kultur- und Informationsprogramme in Deutschland! Hier geht es um Politik in Bayern und rund um den Globus, um die neuesten wissenschaftlichen Erkenntnisse und um unsere Gesundheit, um aktuelle Kultur und um Entdeckungen in der Musikbranche – und das in allen Formen, die das Medium Radio zu bieten hat: Interviews, Berichte, Gespräche, Reportagen, Features, Hörspiele, Konzertmitschnitte, Lesungen.
Telefon: (0 18 01) 10 20 33, **Fax:** (089) 59 00 - 38 62
E-Mail: service@bayern2.de, **Internet:** www.bayern2.de
Audiostream-Adresse: streams.br-online.de/bayern2_2.m3u
RDS: Bayern_2
Bei Regionalsendungen
Südbayern Bayern2S
Nordbayern Bayern2N
Empfang über Digitalradio auf Kanal 11D: Bayern 2 Nord im DAB+-Modus, Bayern 2 Süd in Standard-DAB (Umstellung auf DAB+ ist geplant).
Empfang über Satellit: Über DVB-S Radio, ASTRA 1H, Transponder 93, Frequenz 12,266 GHz.

BAYERN 3 – Echte Abwechslung für Bayern
BAYERN 3 ist seit mehr als 40 Jahren für viele Menschen im Freistaat ein vertrauter und zuverlässiger Musik-Begleiter. Den einzigartigen Mix aus abwechslungsreicher Pop- & Rockmusik (aktuelle Hits, zeitlose Klassiker & angesagte Newcomer), seriöser Information (zuverlässig, kompetent & kompakt), nützlichen Verbrauchertipps (news you can use), intelligenter Comedy und dem aktuellsten Verkehrsservice (dank Polizei, ADAC & Bayern-Drivern) schätzen täglich rund 2,7 Millionen Hörer! Unverwechselbare Moderatorenpersönlichkeiten informieren kompetent, humorvoll und einfühlsam über alles, was Bayern bewegt und interessiert.
Hörerservice: Telefon (0 89) 59 00 - 333 85
E-Mail: bayern3@bayern3.de, **Internet:** www.bayern3.de
Studio-Mail: studio@bayern3.de, **Studio-Hotline: (**08 00) 800 3 800
Audiostream-Adresse: streams.br-online.de/bayern3_2.m3u
RDS: BAYERN_3
Empfang über Digitalradio: Bayernweit auf Kanal 11D im DAB-Modus (Umstellung auf DAB+ ist geplant).
Empfang über Satellit: DVB-S Radio, ASTRA 1M, Transponder 93, Frequenz 12,266 GHz, Polarisation horizontal, Symbolrate 27,5 MS/sec, FEC 3/4

BR-KLASSIK – Zeit für Musik
BR-KLASSIK startete 1980 als erste Klassikwelle in Deutschland. Heute werden neben den interessierten und anspruchsvollen Klassikhörern verstärkt auch jüngere Hörerinnen und Hörer sowie »Klassikeinsteiger« angesprochen. Mit seinem Tagesprogramm steht BR KLASSIK für noch mehr Freude an klassischer Musik und musikalischen Entdeckungen.

Telefon: (0 89) 59 00-46 46, **Fax:** (0 89) 59 00-41 71
E-Mail: info@br-klassik.de, **Internet:** www.br-klassik.de
Audiostream-Adresse: streams.br-online.de/br-klassik_2.m3u
RDS: BR-Klass
Empfang über Digitalradio (DAB+): Bayernweit auf Kanal 11D.
Empfang über Satellit: Über DVB-S Radio, ASTRA 1H, Transponder 93, Frequenz 12,266 GHz.

B5 aktuell – Hören, wie es wirklich ist.
Als erstes deutsches Informationsradio 1991 gegründet, berichtet B5 aktuell jede Viertelstunde über den neuesten Stand der Tagesereignisse. Hautnah und brandaktuell am Weltgeschehen teilnehmen – für die Hörerinnen und Hörer sendet das Team von B5 aktuell Nachrichten im 15-Minuten-Takt. Zu festen Sendezeiten gibt es zusätzlich vertiefende Informationen, politische Hintergrundberichte und Nachrichten aus Bayern, Wirtschaft, Sport und Kultur, dazu Börse, Wetter und Verkehr.
Fax: (0 89) 59 00-17553
E-Mail: b5aktuell@br.de, **Internet:** www.b5aktuell.de
Audiostream-Adresse: streams.br-online.de/b5aktuell_2.m3u
RDS: B5_akt
Empfang über Digitalradio (DAB+): Bayernweit auf Kanal 11D.
Empfang über Satellit: Über DVB-S Radio, ASTRA 1H, Transponder 93, Frequenz 12,266 GHz.

Digitalprogramme des Bayerischen Rundfunks
PULS
Das junge Programm des Bayerischen Rundfunks
Musik, die so kein anderer Sender spielt. Mitmachradio über Smartphone-App. Das Neueste aus Politik und Popkultur, aus Bayern und der Welt – und zwar im Radio, im TV und im Netz. Das ist PULS. Niemand spielt so viele Bands aus Bayern im Radio, ganz selbstverständlich neben internationalen Newcomern und den ganz großen Stars. Preisgekrönte Formate wie Die Frage (Deutscher Radiopreis) oder die wöchentliche Internet-Sendung Netzfilter bieten spannende Reportagen und Hintergründe zu aktuellen Themen. Das Wichtigste aus Sicht der Redaktion gibt es dazu noch als Video im wöchentlichen TV-Magazin von PULS immer freitags um 00.10 Uhr im Bayerischen Fernsehen und auf deinpuls.de
Studio-Hotline: (08 00) 8181081
Telefon: (0 89) 59 00-14 950, **Fax:** (0 89) 59 00-16 000
E-Mail: studio@deinpuls.de **Internet:** http://deinpuls.de
Audiostream-Adresse: streams.br-online.de/jugend-radio_2.m3u
Empfang über Digitalradio (DAB+): Bayernweit auf Kanal 11D.
Empfang über Satellit: DVB-S Radio, ASTRA 1H, Transponder 93, Frequenz 12,266 GHz.

Bayern plus – die schönsten Schlager und Melodien
Bayern plus sendet rund um die Uhr Musik und Informationen: Weltnachrichten zur vollen Stunde und Bayernnachrichten zur halben Stunde, dazu Schlager und Instrumentaltitel. Das „Magazin" am Vormittag bringt aktuelle Beiträge und Verbrauchertipps. „Servus Bayern" am Nachmittag berichtet aus allen bayerischen Regionen und hat regelmäßig interessante Gäste im Studio. Immer am Freitagabend und Samstagmittag präsentiert Bayern plus die „Deutsche Schlagerparade" mit den Hits der Woche. Der „Heimatspiegel" und die „Volksmusik am Nachmittag" widmen sich der traditionellen Volksmusik aus Bayern und seinen Nachbarländern.
Telefon: (0 89) 59 00-22 85, Fax: (0 89) 59 00-30 84
E-Mail: bayernplus@br.de, Internet: www.br.de/bayern-plus
Audiostream-Adresse: streams.br-online.de/bayernplus_2.m3u
Empfang auf Mittelwelle: 729 und 801 kHz
Empfang über Digitalradio (DAB+): Bayernweit auf Kanal 12D, in Berlin/Brandenburg auf Kanal 7B.
Empfang über Satellit: DVB-S Radio, ASTRA 1M, Transponder 93, Frequenz 12,266 GHz, horizontale Polarisation, 27,5 MS/s, FEC 3/4

BR Verkehr – Verkehrsmeldungen rund um die Uhr
Rund um die Uhr aktuelle Verkehrsmeldungen:
Eine computeranimierte Stimme verliest Meldungen der BR-Verkehrsredaktion. Neben Staus und Behinderungen auf den Autobahnen werden auch Störmeldungen und Gefahrenhinweise für Bundes- und Landstraßen aus Bayern und den angrenzenden Bundesländern verarbeitet.
Die Meldungen können auch per Telefon abgerufen werden (Telefonnummer: 0 18 05 33 30 66)
Internet: www.br.de/verkehr
Empfang über Digitalradio: Bayernweit auf Kanal 11D in DAB

Bayern 2 plus
Das Programm bietet wie Bayern 2 künstlerische und dokumentarische Sendungen, Hörspiele, Featureproduktionen, Lebenshilfe- und Lifestylesendungen sowie tagesaktuelle, themenaktuelle, musikjournalistische und bildende Angebote. In der Sommerzeit zusätzlich: das ARD Radiofestival.
Empfang über Digitalradio (DAB+): Bayernweit auf Kanal 11D.

B5 plus – Der Ereigniskanal
Neben Live-Übertragungen aus dem Deutschen Bundestag und dem Bayerischen Landtag sowie kulturellen Großereignissen und sportlichen Höhepunkten hören Sie hier Nachrichten und Verkehrsmeldungen aus Bayern. Wenn es keine Live-Übertragung oder Großereignisse gibt, sendet B5 plus das Programm B5 aktuell.
Internet: www.b5aktuell.de

Audiostream-Adresse: streams.br-online.de/b5plus_2.m3u
Empfang über Digitalradio (DAB+): Bayernweit auf Kanal 11D.
Empfang über Satellit: DVB-S Radio, ASTRA 1H, Transponder 93, Frequenz 12,266 GHz.

Die UKW-Hörfunksender:

Über die Senderkette von Bayern 1 werden wochentags am Mittag längere regionale Fensterprogramme ausgestrahlt. Die Zielgebiete sind in der folgenden Tabelle in der Spalte „regional" angegeben.

Standort	Programm	MHz	kW	regional
Augsburg	Bayern 1	90,9	0,10	Schwaben
	Bayern 2	89,3	0,10	
	Bayern 3	98,3	0,10	

Die Sender des Bayerischen Rundfunks

Standort	Programm	MHz	kW	regional
	BR-KLASSIK	102,1	0,10	
	B5 aktuell	105,5	0,50	
Bad Reichenhall	Bayern 1	105,0	0,30	Oberbayern
	Bayern 2	96,7	0,30	
	Bayern 3	98,3	0,30	
	BR-KLASSIK	89,9	0,30	
	B5 aktuell	107,1	0,05	
Bad Tölz	Bayern 1	90,8	0,10	Oberbayern
	Bayern 2	95,7	0,10	
	Bayern 3	97,7	0,10	
	BR-KLASSIK	100,7	0,10	
	B5 aktuell	104,9	0,10	
Balderschwang	Bayern 1	90,2	0,02	Oberbayern
	Bayern 2	100,3	0,02	
	Bayern 3	99,4	0,02	
	B5 aktuell	107,3	0,02	
Bamberg	Bayern 1	94,8	25,00	Mittel- u. Oberfranken
	Bayern 2	89,6	25,00	
	Bayern 3	99,8	25,00	
	BR-KLASSIK	102,9	25,00	
	B5 aktuell	97,4	5,00	
Berchtesgaden	Bayern 1	90,4	0,30	Oberbayern
	Bayern 2	96,9	0,30	
	Bayern 3	94,2	0,30	
	BR-KLASSIK	99,6	0,30	
	B5 aktuell	106,4	0,30	
Brotjacklriegel	Bayern 1	92,1	100,00	Niederbayern/ Oberpfalz
	Bayern 2	96,5	100,00	
	Bayern 3	94,4	100,00	
	BR-KLASSIK	100,9	100,00	
	B5 aktuell	106,9	100,00	
Büttelberg	Bayern 1	91,4	25,00	Mittel- u. Oberfranken
	Bayern 2	88,2	25,00	
	Bayern 3	99,3	25,00	
	BR-KLASSIK	95,5	10,00	
	B5 aktuell	104,0	25,00	
Burgberg/Halden	Bayern 1	89,1	0,01	Schwaben
	Bayern 2	92,2	0,01	
	Bayern 3	96,9	0,01	
	BR-KLASSIK	90,2	0,01	
	B5 aktuell	107,5	0,01	
Burgsinn	Bayern 1	92,2	0,01	Mainfranken
	Bayern 2	89,7	0,01	
	Bayern 3	99,3	0,01	

Standort	Programm	MHz	kW	regional
	BR-KLASSIK	99,9	0,01	
	B5 aktuell	91,1	0,01	
Coburg	Bayern 1	93,5	5,00	Mittel- u. Ober-franken
	Bayern 2	88,3	5,00	
	Bayern 3	99,2	5,00	
	BR-KLASSIK	97,7	0,50	
	B5 aktuell	92,8	0,30	
Dillberg	Bayern 1	88,9	25,00	Mittel- u. Ober-franken
	Bayern 1	104,5	5,00	Niederbayern/Ober-
pfalz				
	Bayern 2	92,3	25,00	Mittel- u. Ober-franken
	Bayern 2	102,5	10,00	Niederbayern/ Oberpfalz
	Bayern 3	97,9	25,00	
	BR-KLASSIK	87,6	25,00	
	B5 aktuell	102,0	25,00	
Donauwörth	Bayern 1	91,9	25,00	Schwaben
	Bayern 2	96,1	25,00	
	Bayern 3	99,5	25,00	
	BR-KLASSIK	93,1	10,00	
	B5 aktuell	107,6	11,00	
Eichstätt	Bayern 3	91,5	0,10	Oberbayern
Garmisch-Partenk.	Bayern 1	89,2	0,10	Oberbayern
	Bayern 2	93,5	0,10	
	Bayern 3	97,7	0,10	
	BR-KLASSIK	95,9	0,10	
	B5 aktuell	104,9	0,10	
Gelbelsee	Bayern 1	101,6	25,00	Oberbayern
	Bayern 2	90,5	25,00	
	Bayern 3	97,6	25,00	
	BR-KLASSIK	88,0	10,00	
	B5 aktuell	106,1	10,00	
Grünten/Allgäu	Bayern 1	90,7	100,00	Schwaben
	Bayern 2	88,7	100,00	
	Bayern 3	95,8	100,00	
	BR-KLASSIK	101,0	100,00	
	B5 aktuell	106,9	100,00	
Heidelstein/Rhön	Bayern 1	98,3	100,00	Mainfranken
	Bayern 2	93,1	100,00	
	Bayern 3	96,3	100,00	
	BR-KLASSIK	107,9	50,00	
	B5 aktuell	105,3	100,00	
Hoher Bogen	Bayern 1	96,8	50,00	Niederbayern/ Oberpfalz

Standort	Programm	MHz	kW	regional
	Bayern 2	91,6	50,00	
	Bayern 3	94,7	50,00	
	BR-KLASSIK	88,3	5,00	
	B5 aktuell	104,4	50,00	
Inntal bei Kiefersf.	Bayern 1	100,7	0,05	Oberbayern
	Bayern 2	92,8	0,05	
	Bayern 3	95,9	0,05	
	BR-KLASSIK	91,1	0,05	
	B5 aktuell	107,0	0,05	
Landshut	Bayern 1	90,2	1,00	Niederbayern/ Oberpfalz
	Bayern 2	97,8	1,00	
	Bayern 3	95,3	1,00	
	BR-KLASSIK	93,2	1,00	
	B5 aktuell	106,6	1,00	
Lindau	Bayern 1	88,1	0,50	Schwaben
	Bayern 2	92,0	0,50	
	Bayern 3	94,0	0,50	
	BR-KLASSIK	87,6	0,50	
	B5 aktuell	100,4	0,50	
Ludwigsstadt	Bayern 1	98,4	0,05	Mittel- u. Oberfranken
	Bayern 2	89,6	0,05	
	Bayern 3	93,1	0,05	
	BR-KLASSIK	92,2	0,05	
	B5 aktuell	104,8	0,05	
Mittenwald	Bayern 1	89,0	0,01	Oberbayern
	Bayern 2	92,4	0,01	
	Bayern 3	94,8	0,01	
	BR-KLASSIK	98,3	0,01	
	B5 aktuell	89,8	0,01	
München-Ismaning	Bayern 1	91,3	25,00	München
	Bayern 2	88,4	25,00	
	Bayern 3	97,3	25,00	
	BR-KLASSIK	103,2	25,00	
	B5 aktuell	90,0	25,00	
Oberammergau	Bayern 1	87,7	0,10	Oberbayern
	Bayern 2	92,2	0,10	
	Bayern 3	96,1	0,10	
	BR-KLASSIK	93,1	0,10	
	B5 aktuell	107,9	0,10	
Ochsenkopf	Bayern 1	90,7	100,00	Mittel- u. Oberfranken
	Bayern 1	91,2	20,00	Niederbayern/ Oberpfalz
	Bayern 2	96,0	100,00	
	Bayern 3	99,4	100,00	

Standort	Programm	MHz	kW	regional
	BR-KLASSIK	102,3	50,00	
	B5 aktuell	107,1	100,00	
Passau	Bayern 1	87,7	1,00	Niederbayern/ Oberpfalz
	Bayern 2	93,2	1,00	
	Bayern 3	90,4	1,00	
	BR-KLASSIK	95,6	1,00	
	B5 aktuell	105,9	0,30	
Pfaffenberg	Bayern 1	95,6	25,00	Mainfranken
	Bayern 2	88,4	25,00	
	Bayern 3	93,4	25,00	
	BR-KLASSIK	98,0	1,00	
	B5 aktuell	106,4	25,00	
Pfronten	Bayern 1	92,3	0,05	Schwaben
	Bayern 2	89,1	0,05	
	Bayern 3	93,5	0,05	
	BR-KLASSIK	102,4	0,05	
	B5 aktuell	107,8	0,05	
Regensburg	Bayern 1	95,0	25,00	Niederbayern/ Oberpfalz
	Bayern 2	93,0	25,00	
	Bayern 3	99,6	25,00	
	BR-KLASSIK	97,0	5,00	
	B5 aktuell	105,0	25,00	
Reit im Winkl	Bayern 1	91,0	0,05	Oberbayern
	Bayern 2	87,9	0,05	
	Bayern 3	97,1	0,05	
	BR-KLASSIK	93,1	0,05	
	B5 aktuell	104,8	0,05	
Tegernseer Tal	Bayern 1	94,0	0,10	Oberbayern
	Bayern 2	87,7	0,10	
	Bayern 3	99,7	0,10	
	BR-KLASSIK	97,9	0,10	
	B5 aktuell	101,8	0,10	
Traunstein	Bayern 1	98,0	5,00	Oberbayern
	Bayern 2	91,5	5,00	
	Bayern 3	95,9	5,00	
	BR-KLASSIK	97,0	5,00	
	B5 aktuell	107,1	5,00	
Ulm	Bayern 3	98,4	0,10	
Untersberg	Bayern 1	91,9	0,04	Oberbayern
	Bayern 2	92,9	1,00	
	Bayern 3	96,1	1,00	
	BR-KLASSIK	100,7	1,00	
	B5 aktuell	87,8	1,00	
Weiler/Allgäu	Bayern 1	87,7	0,05	Schwaben
	Bayern 2	100,3	0,05	

Standort	Programm	MHz	kW	regional
	Bayern 3	99,4	0,05	
	BR-KLASSIK	96,5	0,05	
Weilheim	Bayern 1	92,8	25,00	Oberbayern
	Bayern 2	94,2	25,00	
	Bayern 3	99,2	25,00	
	BR-KLASSIK	100,4	25,00	
Wendelstein	Bayern 1	93,7	100,00	Oberbayern
	Bayern 2	89,5	100,00	
	Bayern 3	98,5	100,00	
	BR-KLASSIK	102,3	100,00	
	B5 aktuell	105,7	100,00	
Würzburg	Bayern 1	90,9	5,00	Mainfranken
	Bayern 2	90,0	5,00	
	Bayern 3	97,6	5,00	
	BR-KLASSIK	89,0	5,00	
	B5 aktuell	105,7	0,20	

Die Mittelwellensender:

Standort	Programm	kHz	kW
Hof	Bayern Plus	729	0,20
München-Ismaning	Bayern Plus	801	100,00
Nürnberg-Dillberg	Bayern Plus	801	20,00
Würzburg	Bayern Plus	729	1,00

Hessischer Rundfunk (HR)

Bertramstraße 8, 60320 Frankfurt am Main
Postanschrift: hr, 60222 Frankfurt am Main
Telefon: (0 69) 155-1, Fax: (0 69) 155-29 00
Hörerservice: Telefon: (0 69) 155-51 00
Zuschauerservice: Telefon: (0 69) 155-51 11
Technische Information: Telefon: (0 69) 155-26 16
Internet: www.hr-online.de, **E-Mail:** hrtechnik@hr.de
Als zentrales Portal für Webradio und Podcast steht die Adresse www.webradio.hr-online.de zur Verfügung.
Videotext: hr-text, Seite 400, Frequenzübersichten auf Seite 405
Programminfo: Eine wöchentliche Programminformation kann im Internet heruntergeladen werden.
Shop: Bücher, Videos, CDs/DVDs, Onkel-Otto-Artikel und die hr3-Collection sind im „hr-Shop" erhältlich. Prospekt auf Anfrage unter Telefon (0 69) 155-44 47, Fax: (0 69) 155-44 48 oder über www.hr-shop.de.

Die Programme:

hr1

hr1 - das ist Radio für Erwachsene in Hessen, die mitten im Leben stehen: mit Popmusik aus vier Jahrzehnten, aktueller Information und hintergründigem Service. Unter dem Motto „Und das Gefühl ist wieder da" spielt hr1 die größten Klassiker der Popmusik: Songs, mit denen die Hörer groß geworden sind und ausgewählte Hits von heute. Ab 5 Uhr morgens bringen die hr1-Moderatoren alles, was die Hörer und Hörerinnen in Hessen interessiert. Reporter in Hes-

hr1-Moderator Marco Schreyl. (Bild; HR/Eberhard Krieger)

sen sowie Korrespondenten in Berlin und aller Welt berichten aktuell und verständlich. Dazu liefert hr1 Nachrichten im Halbstunden-Takt und ausführliche Informationen über Wetter und Verkehr in Hessen. Und in hr1 ist viel Platz für die Meinung der Hörer: jederzeit können sie bei den bewegenden Themen des Tages mitreden.
Telefon: (0 69) 155-1111
E-Mail: hr1-studio@hr.de, **Internet:** www.hr1.de
Audiostream-Adresse: http://metafiles.gl-systemhaus.de/hr/hr1_2.m3u
RDS: __hr1___
Empfang über Digitalradio (DAB+): Empfang auf Kanal 7B im gesamten Rhein-Main-Gebiet und in Teilen von Nord- und Mittelhessen, hier vor allem entlang der Autobahnen A5 und A7.
Empfang über Satellit: Über DVB-S Radio, ASTRA 1H, Transponder 93, Frequenz 12,2655 GHz.

hr2-kultur
hr2 ist ein modernes, ansprechend präsentiertes Kulturradio mit einem vielfältigen Angebot. Neben klassischen Einschaltsendungen wie Hörspielen, Lesungen, Feature, Konzerten und täglichen Sendungen für Kinder bietet hr2-kultur einen lebendigen Mix - von der Filmkritik über die Feuilletonschau und das Hintergrundgespräch bis zu Kabarett. Großflächige Magazine, zu deren musikalischem Profil auch Jazz, Weltmusik oder Chanson gehören, fassen das Wichtigste aus Politik, Kultur, Wissenschaft, Bildung und Gesellschaft zusammen.
Telefon: (0 69) 155-51 00
E-Mail: hr2@hr.de , **Internet:** www.hr2-kultur.de
Audiostream-Adresse: http://metafiles.gl-systemhaus.de/hr/hr2_2.m3u
RDS: __hr2___
Empfang über Digitalradio (DAB+): Empfang auf Kanal 7B im gesamten Rhein-Main-Gebiet und in Teilen von Nord- und Mittelhessen, hier vor allem entlang der Autobahnen A5 und A7.
Empfang über Satellit: Über DVB-S Radio, ASTRA 1H, Transponder 93, Frequenz 12,2655 GHz.

hr3
hr3 hat „Alles, was dich bewegt“: das hessische Radio-Original mit Emotion, Leidenschaft, innovativen Programmideen und abwechslungsreicher Musik von heute, das die Zielgruppe der jungen und jung gebliebenen Familien und Berufstätigen bewegt. Unterhaltsam, spannend und immer geradeaus statt drum herum, bietet hr3 den Hessen aktuelle Themen mit Relevanz und Niveau. Dazu gibt es halbstündige Nachrichten aus Hessen und der Welt, Wetter- und Verkehrsinformationen, Service- und Verbraucherthemen, Comedy sowie Veranstaltungen für Hessen - eben alles, was die Hörer in ihrer Lebenswelt begeistert.
Telefon: (069) 155-51 00
E-Mail: hr3@hr.de, **Internet:** www.hr3.de

hr3-Moderator Gunnar Töpfer. (Bild: hr/ Sascha Rhakes)

Audiostream-Adresse: http://metafiles.gl-systemhaus.de/hr/hr3_2.m3u
RDS: __hr3___
Empfang über Digitalradio (DAB+): Empfang auf Kanal 7B im gesamten Rhein-Main-Gebiet und in Teilen von Nord- und Mittelhessen, hier vor allem entlang der Autobahnen A5 und A7.
Empfang über Satellit: Über DVB-S Radio, ASTRA 1H, Transponder 93, Frequenz 12,2655 GHz.

hr4-mein Radio
Das Schlager- und Hessenprogramm sendet täglich das Beste aus der hessischen Heimat: Service-Themen, praktische Tipps für den Alltag, aktuelle Information und viel Gute-Laune-Musik. Die drei Regionalstudios öffnen viermal werktäglich ihre Fenster und informieren kompakt aus den Sendegebieten Rhein-Main, Nord-Ost-Hessen und Mittelhessen.
Telefon: (0 69) 155-51 00
E-Mail: hr4@hr.de, **Internet:** www.hr4.de
Audiostream-Adresse: http://metafiles.gl-systemhaus.de/hr/hr4_2.m3u
RDS: __hr4_
Empfang über Digitalradio (DAB+): Empfang auf Kanal 7B im gesamten Rhein-Main-Gebiet und in Teilen von Nord- und Mittelhessen, hier vor allem entlang der Autobahnen A5 und A7.
Empfang über Satellit: DVB-S Radio, ASTRA 1H, Transponder 93, Frequenz 12,2655 GHz.

YOU FM
YOU FM sendet für junge Hessen zwischen 14 und 29 Jahren und steht für angesagte Musik, witzige Programm-Aktionen, spannende Themen, Konzerte und Partys und viel Interaktion mit den Hörern - per E-Mail, SMS, Telefon, Facebook und Twitter.
Telefon: (0 69) 155-51 00, **Fax:** (0 69) 55 88 06
E-Mail: studio@you-fm.de, **Internet:** www.YOU-FM.DE

You FM-Moderator Rob Green. (Bild: HR/Sascha Rheker)

Audiostream-Adresse: http://metafiles.gl-systemhaus.de/hr/youfm_2.m3u
RDS: _YOU_FM_
Empfang über Digitalradio (DAB+): Empfang auf Kanal 7B im gesamten Rhein-Main-Gebiet und in Teilen von Nord- und Mittelhessen, hier vor allem entlang der Autobahnen A5 und A7.
Empfang über Satellit: DVB-S Radio, ASTRA 1H, Transponder 93, Frequenz 12,2655 GHz.

hr- iNFO

hr-iNFO ist das Informationsradio des Hessischen Rundfunks. Das reine Wortprogramm sendet werktags alle 20 Minuten Nachrichten, dazwischen vertiefende Berichte, Analysen und Meinungen sowie Wetter- und Verkehrsservice, Sport- und Börseninformationen. Politische Berichterstattung hat hier ebenso ihren Platz wie lebensnahe Servicethemen. Abends und am Wochenende wird die aktuelle Berichterstattung ergänzt durch halbstündige Spezialsendungen zu wechselnden Themen, die auch als Podcast verfügbar sind. Täglich um 20 Uhr gibt es die Tagesschau aus dem Ersten live zum Hören.
Telefon: (0 69) 155-51 00
E-Mail: hr-info@hr.de, **Internet:** www.hr-iNFOradio.de
Audiostream-Adresse: http://metafiles.gl-systemhaus.de/hr/hrinfo_2.m3u
RDS: hr-iNFO_
Empfang über Digitalradio (DAB+): Empfang auf Kanal 7B im gesamten Rhein-Main-Gebiet und in Teilen von Nord- und Mittelhessen, hier vor allem entlang der Autobahnen A5 und A7.
Empfang über Satellit: Über DVB-S Radio, ASTRA 1H, Transponder 93, Frequenz 12,2655 GHz.

Die UKW-Hörfunksender:

Über die Senderkette von hr4 werden werktäglich auch regionale Fensterprogramme ausgestrahlt. Die Zielgebiete sind in der folgenden Tabelle in der Spalte „regional“ angegeben.

Standort	Programm	MHz	kW	regional
Alsfeld	hr3	105,6	0,10	
	hr-iNFO	104,0	0,10	
Asslar	hr-iNFO	93,2	0,32	
Bad Hersfeld	hr1	88,9	0,32	

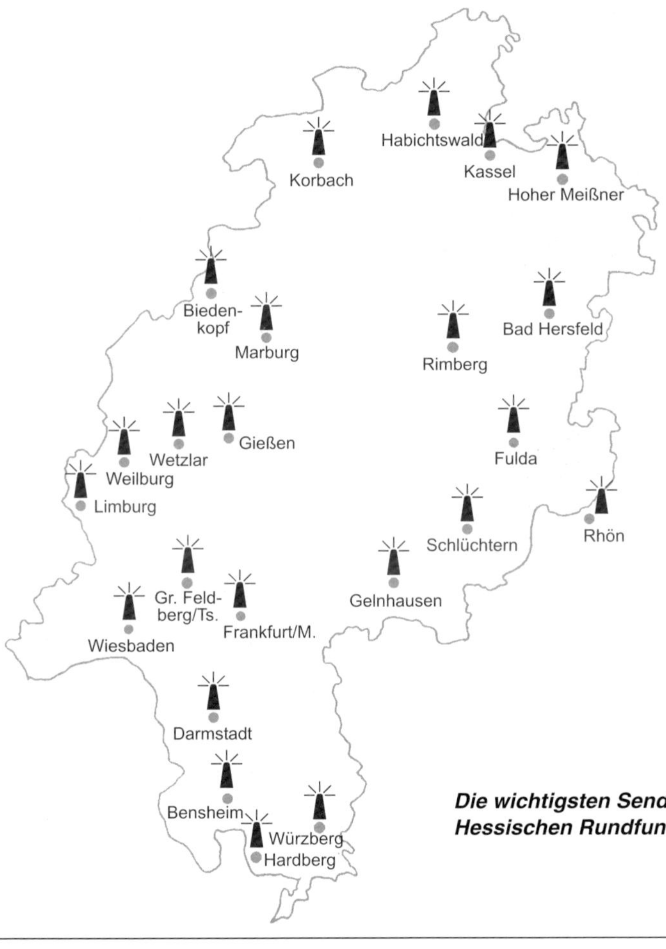

Die wichtigsten Sender des Hessischen Rundfunks

Standort	Programm	MHz	kW	regional
	hr3	102,9	0,30	
	hr-iNFO	106,9	0,32	
Bad Nauheim	hr-iNFO	88,9	0,32	
Bad Orb	hr-iNFO	89,8	0,32	
Bensheim	hr-iNFO	91,2	0,06	
	YOU FM	90,2	0,20	
Biedenkopf	hr1	91,0	100,00	
	hr-iNFO	99,6	100,00	
	hr3	87,6	100,00	
	hr4	104,3	100,00	Mittelhessen
	YOU FM	102,3	5,00	
Bingen	hr3	91,1	0,32	
	YOU FM	92,3	0,32	
Darmstadt	hr-iNFO	107,0	5,00	
	YOU FM	104,3	0,80	
Eltville	YOU FM	96,2	0,50	
Eschwege	YOU FM	106,6	0,10	
Frankfurt/Main	hr2-kultur	87,9	0,10	
	hr-iNFO	103,9	0,50	
	YOU FM	90,4	0,50	
Friedberg	hr-iNFO	92,1	0,32	
	YOU FM	94,0	0,32	
Fritzlar	hr-iNFO	106,6	0,10	
Fulda	hr2-kultur	106,6	0,30	
	hr3	88,5	0,32	
	hr4	103,9	0,30	Nord-/Ost-hessen
	hr-iNFO	89,7	0,20	
	YOU FM	93,6	0,30	
Gelnhausen	YOU FM	99,4	0,32	
Gießen	hr-iNFO	99,2	0,20	
	YOU FM	97,9	0,50	
Gr. Feldberg/Ts.	hr1	94,4	100,00	
	hr2-kultur	96,7	100,00	
	hr3	89,3	100,00	
	hr4	102,5	100,00	Rhein-Main/ Südhessen
Habichtswald	hr3	101,2	20,00	Nord/Ost-hessen
	hr4	103,2	20,00	
Hardberg	hr1	90,6	50,00	
	YOU FM	95,3	50,00	
	hr3	92,7	50,00	
	hr4	101,6	50,00	Rhein-Main/ Südhessen
Herborn	YOU FM	103,4	0,50	
Hoher Meißner	hr1	99,0	100,00	
	hr2-kultur	95,5	100,00	
	hr3	89,5	100,00	

Standort	Programm	MHz	kW	regional
	hr4	101,7	100,00	Nord-/Osthessen
Kassel	hr1	94,3	0,50	
	hr2-kultur	93,7	0,50	
	hr3	100,2	20,00	
	hr4	103,2	20,00	Nord-/Osthessen
	hr-iNFO	107,5	1,00	
	YOU FM	100,1	0,50	
Korbach	hr-iNFO	102,6	1,00	
	YOU FM	91,6	0,50	
Limburg	hr2-kultur	100,8	0,32	
	hr4	97,1	0,20	Mittelhessen
	hr-iNFO	99,2	0,32	
	YOU FM	90,7	0,20	
Marburg	hr4	102,8	1,00	Mittelhessen
	hr-iNFO	98,5	0,32	
	YOU FM	93,9	1,00	
Michelstadt	YOU FM	91,0	0,20	
Reinhardshain	hr-iNFO	92,9	0,20	
Rhön	hr1	104,8	50,00	
	hr3	106,2	50,00	
	hr4	107,3	50,00	Nord-/Osthessen
Rimberg	hr-INFO	95,0	50,00	
	hr4	91,9	20,00	Nord-/Osthessen
	YOU FM	97,7	50,00	
Rothenburg/Fulda	hr3	105,7	0,32	
	hr-iNFO	96,8	0,32	
Schlüchtern	hr3	88,9	0,32	
	hr-iNFO	91,5	0,32	
	YOU FM	88,2	0,32	
Seeheim	hr-iNFO	88,2	0,05	
Sontra	hr-iNFO	90,8	0,05	
Weilburg	hr4	97,9	0,05	Mittelhessen
Wetzlar	hr-iNFO	93,2		
	hr4	90,5	0,30	Mittelhessen
	YOU FM	105,5	0,32	
Wiesbaden	hr1	98,3	0,10	
	hr2-kultur	93,1	0,10	
	hr-iNFO	97,2	0,10	
	YOU FM	99,7	0,20	
Witzenhausen	YOU FM	91,1	0,32	
Würzberg	hr1	88,1	5,00	
	hr2-kultur	97,4	5,00	
	hr3	89,7	5,00	
	hr4	103,8	5,00	Rhein-Main/ Südhessen

Mitteldeutscher Rundfunk (MDR)

Hörfunkzentrale: Gerberstraße 2, 06108 Halle
Telefon: (03 45) 300-0, Fax: (03 45) 300-55 44
Internet: www.mdr.de, **E-Mail:** kommunikation@mdr.de
Videotext: mdr-text, Seite 400, Frequenzübersichten auf Seite 420

MDR Landesfunkhaus Sachsen
Königsbrücker Straße 88
01099 Dresden
Telefon: (03 51) 846-0

MDR Landesfunkhaus Sachsen-Anhalt
Stadtparkstr. 8
39114 Magdeburg
Telefon: (03 91) 539-22 89

MDR Landesfunkhaus Thüringen
Gothaer Straße 36
99094 Erfurt
Telefon: (03 61) 218-16 16

Technische Hotline
Telefon: (03 41) 300 9595
Fax: (03 41) 300 29 9595
E-Mail: Technik@mdr.de

Programmheft: Das monatlich erscheinende Programmheft „TRIANGEL“ von MDR FIGARO ist im Abonnement und im Internet als Download erhältlich.

Die Programme:

MDR 1 RADIO SACHSEN – Das Sachsenradio
MDR 1 RADIO SACHSEN wird täglich von weit mehr als einer Million Hörern eingeschaltet und ist mit Abstand absoluter Spitzenreiter innerhalb des sächsischen Radiomarktes. Mit einfach guter Musik begleitet MDR 1 RADIO SACHSEN - Das Sachsenradio die Hörer vom frühen Morgen an unterhaltsam durch den ganzen Tag. Für Aktuelles und Liveberichte sind Reporter mit dem MDR 1 RADIO SACHSEN-Hörmobil ständig im Land unterwegs. Für regionale Kompetenz sorgen neben den Redakteuren in Dresden die Studios in Chemnitz, Bautzen und Leipzig sowie die Regionalbüros in Plauen und Görlitz. Für die sorbischsprachige Bevölkerung sendet der MDR im Hörfunk wöchentlich 21,5 Stunden in obersorbischer Sprache und übernimmt 6,5 Stunden niedersorbisches Programm vom RBB.
Telefon: (0 13 75) 800 800

Diana Fritzsche und Maik Teschner, Moderatoren im Programm „Guten Morgen Sachsen“ (Bild: MDR)/Andreas Lander

E-Mail: mdr1-radio-sachsen@mdr.de, **Internet:** www.mdr1-radio-sachsen.de
Audiostream-Adresse: http://avw.mdr.de/livestreams/mdr1_radio_sachsen_live_128.m3u
RDS: MDR_SACH
Empfang über Digitalradio (DAB+): **Sachsen Kanal 6C, 8D, 9C und 12A**
Empfang über Satellit: DVB-S Radio, ASTRA 1M, Transponder 93, Frequenz 12,266 GHz, horizontal, Symbolrate 27500 ksym/s.

MDR SACHSEN-ANHALT – Das Radio wie wir

MDR SACHSEN-ANHALT – „Das Radio wie wir“ bietet Musik zum Wohlfühlen, Informationen rund um die Uhr mit wichtigen Themen und spannenden Geschichten aus dem Land sowie Service von A bis Z. Mit Oldies, Pop

Sabine Küster und Stephan Michme, Moderatoren im Programm MDR Radio Sachsen-Anhalt. (Bild: MDR/Andreas Lander)

und deutschen Hits begleitet der Sender Sie durch den Tag. Bei „Guten Morgen Sachsen-Anhalt“ erleben Sie einen gut gelaunten Start in den Tag und erfahren, worüber man am Tag redet. Der Sender ist stark in den Regionen verankert. Dafür sorgen die Reporter Tag für Tag mit ihren Reportagen, auch live mit dem Hörmobil. Zum gemeinsamen Feiern bringt MDR SACHSEN ANHALT zu den schönsten Festen im Land die Stars mit.
Telefon: (08 00) 946 946 0
E-Mail: sachsen-anhalt-hoererservice@mdr.de, **Internet:** www.mdr.de/mdr-sachsen-anhalt
Audiostream-Adresse: http://avw.mdr.de/livestreams/mdr_sachsen-anhalt_live_128.m3u
RDS: MDR_S-AN
Empfang über Digitalradio (DAB+): Sachsen-Anhalt Kanal 11C und 12C;
Empfang über Satellit: DVB-S Radio, ASTRA 1M, Transponder 93, Frequenz 12,266 GHz, horizontal, Symbolrate 27500 ksym/s.

MDR THÜRINGEN – Das Radio

MDR THÜRINGEN
DAS RADIO

MDR THÜRINGEN – Das Radio bietet Musik zum Wohlfühlen und Mitsummen sowie Informationen aus der Region und der ganzen Welt. Highlights im Programm sind die Morgensendung „Johannes und der Morgenhahn“, „Das Fazit vom Tag“ und jeden Donnerstag die Kulturrevue „Marlene“ sowie „Kulturnacht“. Bei vielen Veranstaltungen und Aktionen im ganzen Land sind Reporter und Moderatoren vor Ort mit dabei. Auch Service spielt eine große Rolle: Verbraucherthemen sowie Informationen über Wetter und Verkehr runden das abwechslungsreiche Programm ab.
Telefon: (08 00) 218-16 16
E-Mail: mdr-thueringen@mdr.de, **Internet:** www.mdr-thueringen.de
Audiostream-Adresse: http://avw.mdr.de/livestreams/mdr1_radio_thueringen_live_128.m3u
RDS: MDR_THUE
Empfang über Digitalradio (DAB+): Thüringen Kanal 9C und 12B
Empfang über Satellit: DVB-S Radio, ASTRA 1M, Transponder 93, Frequenz 12,266 GHz, horizontal, Symbolrate 27500 ksym/s.

Johannes M. Noack, Moderator im Programm MDR Radio Thüringen. (Bild: MDR/ Annett Stiebritz-Stepputat)

MDR JUMP

ist das öffentlich-rechtliche Unterhaltungs- und Informationsprogramm für 20- bis 49-jährige Hörer in Sachsen, Sachsen-Anhalt und Thüringen. Zielgruppe der MDR-Popwelle sind vor allem die jungen Erwachsenen und Familien, die mitten im Leben stehen. Herausragender Service und echte Abwechslung mit der besten Musik von heute sowie ausgesuchten Kultklassikern machen MDR JUMP zum perfekten Tagesbegleiter. Zuverlässig, unterhaltsam, authentisch und nah an den Hörern vermittelt das Programm ein positives Lebensgefühl in den drei Kernländern des Sendegebietes. 1,47 Millionen Menschen schalten jeden Tag ein. Kein anderer Sender aus dem Osten erreicht mehr Hörer.

Telefon: (08 00) 1 23 23 40

E-Mail: sendestudio@jumpradio.de, **Internet:** www.jumpradio.de

Audiostream-Adresse: http://www.jumpradio.de/static/webchannel/jump_live_channel_high.m3u

RDS: MDR_JUMP

Empfang über Digitalradio (DAB+): Sachsen Kanal 6C, 8D, 9C und 12A; Sachsen-Anhalt Kanal 11C und 12C; Thüringen Kanal 9C und 12B

Empfang über Satellit: DVB-S Radio, ASTRA 1M, Transponder 93, Frequenz 12,266 GHz, horizontal, Symbolrate 27500 ksym/s.

MDR SPUTNIK

Gute Musik und ein konsequentes multimediales Redaktionskonzept - damit trifft das junge Programm des MDR den Nerv seiner Hörer unter 30. Radio, Netz und Video wachsen bei MDR SPUTNIK zu einem homogenen Gesamtprodukt zusammen. Im Mittelpunkt des Programms stehen die großen Themen der jungen Lebenswelt wie Musik, Partnerschaft, Freundschaft, Beruf, sowie Freizeit mit Kino, Büchern oder Konzerten. Mit seinen Musikmagazinen am Abend und sieben zusätzlichen Channels bietet SPUTNIK rund um die Uhr Musik auch für den speziellen Geschmack – und das Ganze werbefrei.

Telefon: (08 00) 21 00 00

E-Mail: 210000@mdr.de, **Internet:** www.sputnik.de

Audiostream-Adresse: http://www.sputnik.de/programm/streamuebersicht

RDS: _SPUTNIK

Empfang über Digitalradio (DAB+): Sachsen Kanal 6C, 8D, 9C und 12A; Sachsen-Anhalt Kanal 11C und 12C; Thüringen Kanal 9C und 12B

Empfang über Satellit: DVB-S Radio, ASTRA 1M, Transponder 93, Frequenz 12,266 GHz, horizontal, Symbolrate 27500 ksym/s.

MDR FIGARO – Das Kulturradio.

Das Kulturradio des MDR bietet kompetenten Journalismus mit unterhaltendem Anspruch. Ein lebendiges Programm mit Themen aus Politik, Lebensart, Wissenschaft und Alltagskultur. Handverlesene Musik gemixt mit Analysen und Kommentaren zu wichtigen politischen und kulturellen Ereignissen, spannenden Debatten und interessanten Lesungen. Kundige Gesprächspartner geben Auskunft über die neuesten Trends auf dem Musik- oder Hörbuchmarkt, aus Literatur, Kunst, Kino und Theater. Abends und am Wochenende gibt es Features, Essays, Hörspiele, Opern und Konzerte aus dem Sendegebiet sowie FIGARINO, das Kinderprogramm für 6- bis 10-Jährige. Mehr als 40 Kulturpartnerschaften mit prägenden Institutionen machen den Sender zum führenden Berichterstatter über die Kulturszene in Mitteldeutschland.

Telefon: (08 00) 55 99 88 4
E-Mail: figaro@mdr.de, **Internet:** www.mdr-figaro.de
Audiostream-Adresse: http://www.mdr.de/mdr-figaro/livestreams102.html
RDS: alternierend _MDR und _FIGARO
Empfang über Digitalradio (DAB+): Sachsen Kanal 6C, 8D, 9C und 12A; Sachsen-Anhalt Kanal 11C und 12C; Thüringen Kanal 9C und 12B
Empfang über Satellit: DVB-S Radio, ASTRA 1M, Transponder 93, Frequenz 12,266 GHz, horizontal, Symbolrate 27500 ksym/s.

MDR INFO

MDR INFO liefert rund um die Uhr im Viertelstundentakt Nachrichten, Wetter und Verkehr. Das Informationsradio bietet aktuelle Live-Berichte, Reportagen und Interviews aus der Region, aus Deutschland und der Welt. Hören, was passiert - 24 Stunden am Tag. 28-mal täglich informieren Meteorologen ausführlich über das Wetter im Sendegebiet, stündlich gibt es die neuesten Informationen von der Börse in Frankfurt/Main. Der Samstagnachmittag gehört dem Fußball: Von 14 bis 17.30 Uhr berichtet MDR INFO live von der Fußball-Bundesliga und der Regionalliga. Die von MDR INFO produzierte „ARD-Infonacht" wird auch von B5 aktuell, hr-iNFO, rbb-Inforadio, antenne saar sowie SWR Info ausgestrahlt. (Siehe jeweils dort)

Telefon: (03 45) 3 00 93 33
E-Mail: mdr-info@mdr.de, **Internet:** www.mdr-info.de
Audiostream-Adresse: http://www.mdr.de/mdr-info/livestreams100.html
RDS: MDR_INFO
Empfang über Digitalradio (DAB+): Sachsen Kanal 6C, 8D, 9C und 12A; Sachsen-Anhalt Kanal 11C und 12C; Thüringen Kanal 9C und 12B.
Empfang über Satellit: DVB-S Radio, ASTRA 1M, Transponder 93, Frequenz 12,266 GHz, horizontal, Symbolrate 27500 ksym/s.

MDR KLASSIK

MDR KLASSIK ist ein multimediales Zielgruppenprogramm, das Klassik-Kompetenz mit modernen Präsentationsformen verbindet und die innovativen Möglichkeiten der Visualisierung von Programminhalten mit aktuellen Textinformationen zu Wetter, Flugplänen und News sowie Angaben zu den laufenden Musikstücken (Komponist, Titel und Interpret) via Empfänger-Display anbietet. Das Spektrum umfasst Klassik im weitesten Sinne von J.S. Bach bis Lloyd Webber, zeitgenössische Musik von Henze bis Schleiermacher, sowie populäre Stücke der Sinfonik, Oper, Operette, Klaviermusik, Musical und geistlicher Musik aller Epochen. In Sendungen wie „Das Konzert" und „Das Werk" können die Klassik-Freunde Komposi-

tionen aus der Musikgeschichte bis zur Gegenwart in voller Länge genießen.
Telefon: (03 45) 3 00 51 96
E-Mail: mdr-klassik@mdr.de, **Internet:** www.mdr-klassik.de
Audiostream-Adresse: http://www.mdr.de/mdr-klassik-radio/livestreams110.html
Empfang über Digitalradio: Sachsen Kanal 6C, 8D, 9C und 12A; Sachsen-Anhalt Kanal 11C und 12C; Thüringen Kanal 9C und 12B.
Empfang über Satellit: DVB-S Radio, ASTRA 1M, Transponder 93, Frequenz 12,266 GHz, horizontal, Symbolrate 27500 ksym/s.

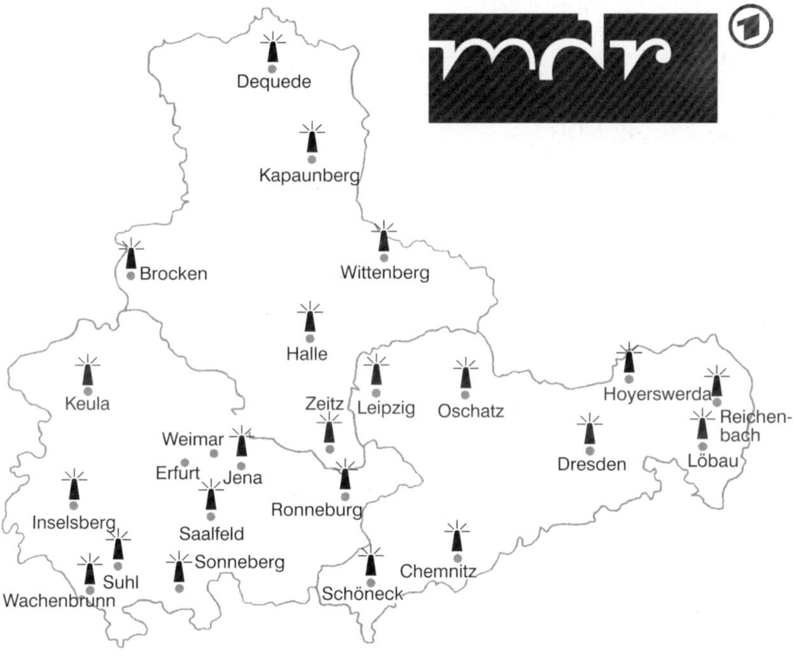

Die größten Sender des MDR.

Die UKW-Hörfunksender:

Standort	Programm	MHz	kW	Regionalstudio
Altenburg	MDR INFO	101,5	1,00	
Annaberg-Buchh.	MDR INFO	91,2	0,20	
Apolda	MDR INFO	91,2	1,00	
Arnstadt	MDR INFO	106,1	0,50	
Aschersl./Stadt	MDR INFO	102,8	1,00	
Aue	MDR INFO	95,1	1,00	
Auerbach/Vogtl.	MDR INFO	101,7	0,40	
Bad Langensalza	MDR INFO	96,0	0,02	
Bad Salzungen	MDR INFO	94,0	0,10	
Bautzen	MDR JUMP	98,8	0,20	
	MDR INFO	87,9	0,10	
Bischofswerda	MDR INFO	104,1	0,20	
Brocken	MDR SACHSEN-ANHALT	94,6	60,00	Magdeburg
	MDR FIGARO	107,8	10,00	
	MDR JUMP	91,5	100,00	
Burg	MDR INFO	89,6	1,00	
Camburg	MDR THÜRINGEN	101,1	0,10	Ostthüringen
	MDR FIGARO	100,5	0,20	
	MDR JUMP	89,9	0,20	
Chemnitz	MDR 1 RADIO SACHSEN	92,8	100,00	Chemnitz
	MDR FIGARO	87,7	100,00	
	MDR JUMP	89,8	100,00	
Chemnitz-Stadt	MDR INFO	94,7	0,50	
Dequede	MDR SACHSEN-ANHALT	94,9	10,00	Stendal
	MDR FIGARO	89,4	10,00	
	MDR JUMP	98,9	10,00	
Dessau	MDR INFO	90,0	0,30	
Döbeln	MDR FIGARO	99,6	0,10	
Dresden	MDR 1 RADIO SACHSEN	92,2	100,00	Dresden
	MDR FIGARO	95,4	100,00	
	MDR JUMP	90,1	100,00	
	MDR INFO	106,1	0,50	
Eilenburg	MDR INFO	92,4	0,20	
Eisenach	MDR INFO	100,0	0,20	
Eisenberg	MDR INFO	101,7	1,00	
Erfurt	MDR THÜRINGEN	94,4	2,00	Mittel- u. Westthür.
	MDR INFO	97,8	1,00	
Fleetmark	MDR INFO	90,1	2,00	
	MDR SPUTNIK	105,0	1,00	
Flöha	MDR INFO	96,2	0,10	
Freiberg/PA	MDR 1 RADIO SACHSEN	99,1	1,00	Chemnitz

Standort	Programm	MHz	kW	Regionalstudio
	MDR INFO	93,7	0,20	
Freital	MDR INFO	95,9	0,10	
Genthin	MDR INFO	93,2	0,10	
Gera	MDR INFO	91,1	1,00	
Gera/Ronneburg	MDR THÜRINGEN	97,8	10,00	Ostthüringen
	MDR FIGARO	103,9	30,00	
	MDR JUMP	100,9	30,00	
Gernrode (Thür.)	MDR INFO	91,0	0,20	
Gotha	MDR INFO	88,8	0,10	
Görlitz	MDR INFO	106,9	1,00	
Greiz	MDR INFO	93,3	0,20	
Grimma	MDR INFO	100,6	0,20	
Haldensleben	MDR INFO	99,1	1,00	
Halle/Saale	MDR SACHSEN-ANHALT	100,8	5,00	Halle
	MDR INFO	95,3	2,00	
	MDR FIGARO	107,3	0,10	
	MDR SPUTNIK	104,4	10,00	
	MDR JUMP	89,6	0,10	
Heiligenstadt	MDR INFO	90,5	0,10	
	MDR THÜRINGEN	93,6	0,10	Nordthüringen
Hergisdorf	MDR INFO	90,9	0,10	
	MDR SACHSEN -ANHALT	92,9	1,00	Halle
Hoyerswerda	MDR 1 RADIO SACHSEN	100,4	30,00	Bautzen (sorb. Hörfunk)
	MDR 1 RADIO SACHSEN	93,0	1,00	Bautzen
	MDR FIGARO	94,7	1,00	
	MDR JUMP	89,0	0,50	
	MDR INFO	94,2	1,00	
Ilmenau	MDR INFO	93,0	0,10	
Inselsberg	MDR THÜRINGEN	92,5	100,00	Mittel- u. Westthür.
	MDR FIGARO	87,9	60,00	
	MDR JUMP	90,2	100,00	
Jena	MDR THÜRINGEN	88,2	1,00	Ostthüringen
	MDR FIGARO	96,4	1,00	
	MDR JUMP	101,9	1,00	
	MDR INFO	89,5	0,20	
Jerichow	MDR SPUTNIK	90,5	1,00	
Jessen	MDR INFO	87,6	1,00	
Kamenz	MDR INFO (geplant)	93,9	1,00	
Kapaunberg	MDR SACHSEN -ANHALT	96,1	10,00	Magdeburg
	MDR FIGARO	107,4	30,00	
Keula	MDR THÜRINGEN	98,5	20,00	Nordthüringen
Klingenthal	MDR 1 RADIO SACHSEN	93,7	0,20	Chemnitz
	MDR FIGARO	98,4	0,20	
	MDR INFO	95,2	0,10	

Standort	Programm	MHz	kW	Regionalstudio
Klötze	MDR SPUTNIK	100,7	5,00	
Köthen	MDR INFO	106,4	0,32	
Leipzig/Stadt	MDR INFO	95,6	0,50	
Leipzig/Wiederau	MDR 1 RADIO SACHSEN	93,9	100,00	Leipzig
	MDR SACHSEN -ANHALT	106,5	30,00	Halle
	MDR FIGARO	88,4	100,00	
	MDR JUMP	90,4	100,00	
Löbau	MDR 1 RADIO SACHSEN	98,2	5,00	Bautzen
	MDR FIGARO	96,2	5,00	
	MDR JUMP	91,8	5,00	
Löbau/Stadt	MDR INFO	95,6	2,00	
Lobenstein/Stadt	MDR INFO	101,8	0,50	
Magdala	MDR THÜRINGEN	92,9	0,01	Ostthüringen
	MDR INFO	99,2	0,05	
Magdeburg	MDR INFO	91,1	2,00	
	MDR SPUTNIK	105,2	1,50	
	MDR JUMP	103,0	0,10	
Marienberg	MDR INFO	94,3	0,10	
Markneukirchen	MDR 1 RADIO SACHSEN	104,8	0,50	Chemnitz
	MDR FIGARO	106,4	0,50	
Meiningen	MDR INFO	94,7	0,20	
Meißen	MDR INFO	94,9	1,00	
Mühlhausen	MDR INFO	105,8	0,10	
Naumburg	MDR SACHSEN -ANHALT	92,3	1,00	Halle
	MDR SPUTNIK	93,1	0,50	
Neustadt	MDR INFO	89,6	0,20	
Nordhausen	MDR THÜRINGEN	88,3	0,10	Nordthüringen
	MDR INFO	93,7	0,10	
Oschatz	MDR 1 RADIO SACHSEN	101,8	5,00	Leipzig
	MDR FIGARO	98,9	0,50	
	MDR JUMP	103,7	5,00	
	MDR INFO	105,9	30,00	
Plauen	MDR INFO	102,0	1,00	
Pößneck	MDR INFO	101,6	0,20	
Raschau	MDR INFO	91,6	0,20	
Roßleben	MDR THÜRINGEN	96,1	0,10	Mittel- u. Westthür.
Saalfeld/Remda	MDR THÜRINGEN	103,6	60,00	Ostthüringen
	MDR FIGARO	100,7	60,00	
	MDR JUMP	105,6	60,00	
Saalfeld-Stadt	MDR INFO	104,6	0,10	
Sangerhausen	MDR SACHSEN -ANHALT	101,1	0,10	Halle
	MDR INFO	99,9	1,00	
Schleiz	MDR INFO	105,1	0,20	

Standort	Programm	MHz	kW	Regionalstudio
Schmalkalden	MDR INFO	100,0	0,10	
Schmölln	MDR INFO	107,9	0,20	
Schneidlingen	MDR INFO	106,7	0,50	
Schöneck	MDR 1 RADIO SACHSEN	88,7	3,00	Chemnitz
	MDR FIGARO	98,7	3,00	
	MDR JUMP	101,2	30,00	
Seifhennersdorf	MDR 1 RADIO SACHSEN	94,5	0,20	Bautzen
	MDR FIGARO	103,4	0,30	
	MDR JUMP	96,9	0,30	
Sieglitzberg	MDR THÜRINGEN	95,5	2,00	Ostthüringen
	MDR JUMP	107,9	2,00	
Sondershausen	MDR INFO	95,1	0,10	
	MDR THÜRINGEN	100,1	0,05	Nordthüringen
Sonneberg	MDR THÜRINGEN	91,7	100,00	Südthüringen
	MDR FIGARO	95,2	20,00	
	MDR JUMP	96,9	20,00	
Sonneberg-Stadt	MDR INFO	105,8	0,10	
Stadtroda	MDR INFO	91,3	0,20	
Stendal	MDR INFO	87,8	1,00	
	MDR SPUTNIK	104,8	1,00	
Stollberg	MDR INFO	89,3	0,10	
Suhl	MDR THÜRINGEN	93,7	1,00	Südthüringen
	MDR FIGARO	89,8	0,20	
	MDR JUMP	91,1	0,10	
	MDR INFO	97,5	5,00	
Torgau	MDR 1 RADIO SACHSEN	88,9	0,50	Leipzig
	MDR FIGARO	93,0	0,20	
Weimar	MDR THÜRINGEN	93,3	5,00	Mittel- u. Westthür.
	MDR INFO	102,6	2,00	
Weißenfels	MDR INFO	88,8	1,00	
Weißwasser	MDR INFO	90,5	1,00	
Wernigerode	MDR INFO	98,6	1,00	
Wittenberg	MDR SACHSEN-ANHALT	88,1	30,00	Dessau
	MDR FIGARO	104,0	100,00	
	MDR JUMP	101,6	55,00	
Zeitz	MDR SPUTNIK	89,4	0,50	
	MDR INFO	96,1	0,10	
Zittau	MDR 1 RADIO SACHSEN	87,7	0,20	Bautzen
	MDR FIGARO	95,4	0,50	
	MDR INFO	106,4	0,20	
	MDR JUMP	107,1	0,50	
Zschopau	MDR INFO	99,5	0,20	
Zwickau	MDR INFO	91,4	1,00	

Der MDR hat am 30. April 2013 die Mittelwellenübertragung beendet.

Norddeutscher Rundfunk (NDR)

Rothenbaumchaussee 132, 20149 Hamburg
Telefon: (040) 41 56-0, Fax: (040) 44 76 02
Technische Information: Telefon: (08000) 63 70 99 (kostenfrei)

NDR Landesfunkhaus Schleswig-Holstein
Eggerstedtstraße 16
24103 Kiel
Telefon: (0431) 98 76-0

NDR Landesfunkhaus Mecklenburg-Vorpommern
Schloßgartenallee 61
19061 Schwerin
Telefon: (0385) 59 59-0

NDR Landesfunkhaus Niedersachsen
Rudolf-von-Bennigsen-Ufer 22
30045 Hannover
Telefon: (0511) 988-0

NDR Landesfunkhaus Hamburg
Rothenbaumchaussee 132
20149 Hamburg
Telefon: (040) 4156-0

Internet: www.ndr.de, **E-Mail:** info@ndr.de
NDR Radio App mit allen NDR Programmen, Nachrichten und Verkehr. Kostenlos erhältlich für iOS und Android.
Videotext: NDR Text, Seite 400, Frequenzübersichten auf Seite 442
Shop: Merchandising- und andere NDR-Artikel sind über den NDR Shop zu beziehen. Tel. (08191) 97000762 oder über Internet www.ndrshop.de.

Die Programme:

NDR 1 Niedersachsen – Das ist Radio
Von Pop bis Kult – internationale Pop-Klassiker, deutsche Kult-Hits und die schönsten Oldies – einfach die beste Musik gibt's bei NDR 1 Niedersachsen. Dazu schnelle und zuverlässige Informationen, nützlichen Service und spannende Unterhaltung. Kein anderes Programm informiert so ausführlich und kompetent aus Niedersachsen: Immer um halb berichten die Studios in Hannover, Braunschweig, Oldenburg, Osnabrück und Lüneburg für ihre jeweilige Region. Auf den Punkt informiert – dazu gehört natürlich auch das aktuelle Geschehen in der weiten Welt. Und der Abend steht im Zeichen der ver-

tiefenden Berichterstattung: Von 19 Uhr an berichtet das Programm ausführlich und detailliert aus Politik, Wirtschaft, Sport und Kultur. NDR 1 Niedersachsen bietet außerdem ein Forum für Bürgerprotest. Und Experten geben nützliche Tipps - von Gesundheit über Rente bis zu Versicherungen. Täglich wählen knapp zwei Millionen Menschen den niedersächsischen Radio-Marktführer als entspannte Alternative.
Telefon: (0511) 88 00 99, Fax: (0511) 988 21 25
E-Mail: info@ndr1niedersachsen.de, **Internet:** www.ndr.de/ndr1niedersachsen
RDS: NDR1 NDS (auch: NDR 1 LG / NDR1 HAN / NDR 1 BS / NDR 1 OL / NDR 1 OS/ NDRMesse)
Empfang über Digitalradio DAB+: Kanal 6D (Hannover), 11B (Braunschweig), 12A (Steinkimmen) und 6A (Visselhövede)
Empfang über Satellit: DVB-S Radio, ASTRA 19,2 Ost, Pol. H, Transponder 93, Frequenz 12,266 GHz.

NDR 1 Welle Nord – In Schleswig-Holstein zu Hause

NDR 1 Welle Nord ist das Landesprogramm des Norddeutschen Rundfunks für Schleswig-Holstein. Überall sind die Reporterinnen und Reporter aus den NDR Studios in Flensburg, Heide, Kiel, Lübeck und Norderstedt im Land unterwegs. Sie sind ganz nah dran an den Menschen, Ereignissen und Geschichten im Land. NDR 1 Welle Nord informiert rund um die Uhr über alles, was in Schleswig-Holstein passiert mit Nachrichten, regelmäßiger Information direkt aus der Region und vielfältiger Berichterstattung – kompetent, regional, aktuell und unterhaltsam. Beiträge in niederdeutscher und friesischer Sprache, sowie Berichterstattung über kulturelle Themen sind feste Bestandteile des Programms.
Mit seiner entspannten Musikfarbe und internationalen und deutschen Hits bietet das Programm die größte musikalische Bandbreite in Schleswig-Holstein: Die meiste Musik. Die größte Vielfalt – NDR 1 Welle Nord.
Telefon: (08000) 96 66 66 (kostenfrei)
E-Mail: wellenord@ndr.de, **Internet:** www.ndr.de/wellenord
RDS: NDR 1 SH (auch: NDR 1 KI / NDR 1 FL / NDR1 HEI / NDR1 NOR / NDR 1 HL)
Empfang über Digitalradio DAB+: Kanal 9C (Kiel)
Empfang über Satellit: DVB-S Radio, ASTRA 19,2 Ost, Pol. H, Transponder 93, Frequenz 12,266 GHz.

NDR 90,3 – Hamburg im Radio hören

Ob beim Eindocken eines Luxusliners oder im Stau vor dem Elbtunnel – NDR 90,3 berichtet schnell und kompetent über das Geschehen in der Stadt. Wir versorgen den Hörermit sorgfältig recherchierten Hintergrundberichten, kritischen Interviews und spannenden Live-Reportagen - auf NDR 90,3 sendet, worüber Hamburg gerade spricht, von Schlagermove bis Bundesliga, von Politik bis Prominews. Nach den

18-Uhr-Nachrichten hört man im Abendjournal, wie die Kultur in der Hansestadt tickt und was Sie keinesfalls verpassen sollten. Rund um die Uhr die schönsten Oldies und das Beste auf Deutsch beschreibt die entspannte und gutgelaunte Musikauswahl.
NDR 90,3 - das Stadtradio des Norddeutschen Rundfunks. Wir sind Hamburg.
Telefon: (08000) 903 903 (kostenfrei), Fax: (040) 4156 3070
E-Mail: 903@ndr.de, **Internet:** www.ndr.de/903
RDS: NDR 90,3
Empfang über Digitalradio DAB+: Kanal 7A
Empfang über Satellit: DVB-S Radio, ASTRA 19,2 Ost, Pol. H, Transponder 93, Frequenz 12,266 GHz.

NDR 1 Radio MV – Für uns in Mecklenburg-Vorpommern

NDR 1 Radio MV ist das moderne, informationsorientierte Programm für Mecklenburg-Vorpommern. NDR 1 Radio MV ist aus dem Land und für das Land, dass das Lebensgefühl Mecklenburg-Vorpommerns auf den Punkt bringt. Das Landesprogramm bietet umfassenden Service, regionale Nähe und gute Unterhaltung und aktuelle Musik. Morgens gibt es viertelstündlich aktuelle Wetter- und Verkehrsmeldungen.
NDR 1 Radio MV steht auch für aktuelle Nachrichten aus aller Welt und vielfältige Hintergrundberichterstattung. Mit vier Regionalstudios in Schwerin, Neubrandenburg, Rostock und Greifswald ist NDR 1 Radio MV näher am Geschehen dran als jeder andere Sender im Land. Zahlreiche Programm- und Höreraktionen ergänzen das aktuelle Hörfunkprogramm.
Mit der unverwechselbaren Musikmischung bietet NDR 1 Radio MV einfach mehr Abwechslung – einfach die beste Musik mit den größten Kulthits, dem Besten auf Deutsch und den schönsten Hits von heute.
Telefon: (0800) 59 59 100 (kostenfrei), Fax: (01805) 11 77 94
Internet: www.ndr.de/radiomv
RDS: NDR 1 MV (auch: NDR 1 NB / NDR1 HGW / NDR1 HRO / NDR 1 SN / NDR1 HWI)
Empfang über Digitalradio DAB+: Kanal 12B (Schwerin)
Empfang über Satellit: DVB-S Radio, ASTRA 19,2 Ost, Pol. H, Transponder 93, Frequenz 12,266 GHz.

NDR 2 – Das Pop-Programm für den ganzen Norden

Mit einer perfekten Mischung aus Unterhaltung und Information präsentiert sich NDR 2 als modernes Pop-Programm für den ganzen Norden. Eine umfassende Themenauswahl in den Nachrichten sowie die ausführliche Berichterstattung in den mit dem Deutschen Radiopreis 2013 prämierten „NDR 2 Kurieren“ um 12, 17 und 19 Uhr gewährleisten die hohe Informationskompetenz

des meistgehörten Pop-Programms in Norddeutschland.
„Der Sound der 80er und die beste Musik von heute, NDR 2 – alle aktuellen Hits“ ist das Motto für die Musikauswahl des Radiosenders. Informationen für den Start in den Tag mit „Ponik und Petersen“, immer um 7.17 Uhr mit dem Besten aus der Kultcomedy „Frühstück bei Stefanie“.
Journalistisch aufbereitete Musikspezialsendungen am Abend sowie die seit Jahrzehnten beliebte Bundesliga-Show am Wochenende ergänzen die Programmpalette von NDR 2.
Telefon: (0800) 11 77 220 (kostenfrei), Fax: (040) 4156 3020
Internet: www.ndr.de/ndr2
RDS: NDR 2 (auch: NDR 2 SH / NDR2 NDS / NDR 2 MV / NDR 2 HH)
Empfang über Digitalradio DAB+: Kanal 7A (Hamburg), 6D (Hannover), 9C (Kiel), 12B (Schwerin), 11B (Braunschweig), 12A (Steinkimmen) und 6A (Visselhövede)
Empfang über Satellit: DVB-S Radio, ASTRA 19,2 Ost, Pol. H, Transponder 93, Frequenz 12,266 GHz.

N-JOY – Enjoy the Music
N-JOY ist das junge Programm des NDR und steht für aktuelle Hits, kreatives Entertainment und schnelle Information. Die Morningshow „Kuhlage und Hardeland“ bringt die Hörer mit unkonventionellen Aktionen, Infos, Comedy und Musik gut in den Tag. Dann übernehmen ab 9 Uhr „Herr Fremy und Susan“ und ab 12 Uhr der „N-JOY Graf“ die Aufgabe, die Hörer durch den Tag zu begleiten. Ab 15 Uhr läuten Christian Haacke und Nina Zimmermann den Feierabend ein. Egal wann die Hörer einschalten: Sie können sich immer darauf verlassen, neue Musik kennenzulernen und gut unterhalten zu werden, ohne eine wichtige Information zu verpassen. Mit den N-JOY News informiert das Nachrichtenteam des Programms morgens und nachmittags halbstündlich, sonst stündlich, über das aktuelle Geschehen im Norden, in Deutschland und auf der ganzen Welt.
Am Abend stellt N-JOY-Moderator und Musik-Experte Jan Kuhlmann in der Sendung „N-JOY Neu“ neue Künstler, Sounds und Songs vor, die sonst selten im norddeutschen Radio zu hören sind. In den N-JOY „Soundfiles“ am späten Abend bietet N-JOY Spezialsendungen zu den verschiedensten Genres.
Telefon: (08000) 11 77 66 (kostenfrei), Fax: (01805) 11 77 67
Internet: www.n-joy.de
RDS: N-JOY
Empfang über Digitalradio DAB+: Kanal 7A (Hamburg), 6D (Hannover), 9C (Kiel), 12B (Schwerin), 11B (Braunschweig), 12A (Steinkimmen) und 6A (Visselhövede)
Empfang über Satellit: DVB-S Radio, ASTRA 19,2 Ost, Pol. H, Transponder 93, Frequenz 12,266 GHz.

NDR Kultur – Hören und genießen
NDR Kultur ist das Radioprogramm für Klassik- und Kulturinteressierte in Norddeutschland mit einem at-

traktiven Angebot an klassisch orientierter Musik, Literatur und umfassender Kulturberichterstattung in seiner ganzen Vielfalt – z. B. in den „NDR Kultur aktuell“ Sendungen um 8, 12 und um 17 Uhr.
Spannende und aktuelle Literatur bietet NDR Kultur montags bis sonnabends ab 8.30 Uhr in der Sendung „Am Morgen vorgelesen“. Prominente Schauspieler oder auch die Autoren selbst präsentieren Neuerscheinungen und Werke der Weltliteratur. Abends stehen die Klassiker im Vordergrund: werktags ab 22 Uhr in „Am Abend vorgelesen“. In der Reihe „Kultur im Norden“ informiert das Programm über interessante Veranstaltungen in Norddeutschland – immer um 9.40 Uhr, um 16.40 Uhr und um 22.50 Uhr. In „Klassik à la carte“ um 13 Uhr kommen montags, mittwochs und freitags bekannte Persönlichkeiten aus Kunst, Kultur, Politik und Gesellschaft ausführlich zu Wort. Abends sendet NDR Kultur Opern und Konzerte aus den renommiertesten Häusern und von den bedeutendsten Festivals in aller Welt sowie Themenabende zu Literatur und Musik, große Stimmen, junge Talente, berühmte Dirigenten und herausragende Solisten. In der Reihe „Das Sonntagskonzert“ sind sonntags um 11 Uhr neben den Konzerten des NDR Sinfonieorchesters live aus der Hamburger Laeiszhalle auch Konzerte der norddeutschen Festivals zu hören.
Telefon: (08000) 11 77 57 (kostenfrei)
Internet: www.ndr.de/kultur
RDS: NDR Kult
Empfang über Digitalradio DAB+: Kanal 7A (Hamburg), 6D (Hannover), 9C (Kiel), 12B (Schwerin), 11B (Braunschweig), 12A (Steinkimmen) und 6A (Visselhövede)
Empfang über Satellit: DVB-S Radio, ASTRA 19,2 Ost, Pol. H, Transponder 93, Frequenz 12,266 GHz.

NDR Info – Wissen was die Welt bewegt.
Das Wort- und Informationsprogramm des NDR bietet als einziges Programm in Norddeutschland viertelstündlich Nachrichten, Wetter und Verkehr. Mit ihrem breiten Themenspektrum informiert die Welle aus allen Bereichen wie Politik und Gesellschaft, Wirtschaft und Sport, Wissenschaft und Kultur. Interviews, Reportagen, Kommentare und Hintergrundberichte runden das Angebot ab. NDR Info präsentiert verlässlich und schnell Aktuelles aus aller Welt und den norddeutschen Regionen. Am Abend und sonntags: Sendungen zum Zuhören – beispielsweise Features, Hörspiele, Talk – sowie Musik mit ausgewähltem Jazz, Rock oder internationaler Folklore. In seinem Nachtprogramm präsentiert NDR Info ein vielfältiges Musikangebot von Chansons über Blues und Reggae bis hin zur Weltmusik.
Telefon: (0800) 637 46 36 (kostenfrei), Fax: (040) 4156 3018
E-Mail: info@ndrinfo.de, **Internet:** www.ndr.de/info
RDS: NDR INFO
Empfang über Digitalradio DAB+: Kanal 7A (Hamburg), 6D (Hannover), 9C (Kiel), 12B (Schwerin), 11B (Braunschweig), 12A (Steinkimmen) und 6A (Visselhövede)
Empfang über Satellit: DVB-S Radio, ASTRA 19,2 Ost, Pol. H, Transponder 93, Frequenz 12,266 GHz.

NDR Info Spezial

Der „Ereigniskanal" des NDR Hörfunks ist über DAB+ und im Internet zu empfangen. Ausgewählte Bundestagsdebatten und Top-Fußballspiele live, das Programm von Funkhaus Europa zwischen 16:00 und 20:30 Uhr, Sendungen für Migranten am Abend und aktuelle Informationen auch nach Mitternacht in der ARD Infonacht - das sind die Highlights im Programm von NDR Info Spezial. In den übrigen Sendeflächen übernimmt NDR Info Spezial das Programm von NDR Info mit Nachrichten im Viertelstundentakt.
Internet: www.ndr.de/infospezial
Empfang über Digitalradio DAB+: Kanal 7A (Hamburg), 6D (Hannover), 9C (Kiel), 12B (Schwerin), 11B (Braunschweig), 12A (Steinkimmen) und 6A (Visselhövede)
Empfang über Mittelwelle: Flensburg (702 kHz), Hamburg (972 kHz), Hannover (828 kHz) und Lingen (792 kHz).
Empfang über Satellit: DVB-S Radio, ASTRA 19,2 Ost, Pol. H, Transponder 93, Frequenz 12,266 GHz.

NDR Traffic

Über Digitalradio DAB+ bietet der NDR auch NDR Traffic an, das rund um die Uhr für die Autofahrer verlässlich die wichtigsten Verkehrsinformationen aus Norddeutschland sendet.
Empfang über Digitalradio DAB+: Kanal 7A (Hamburg), 6D (Hannover), 9C (Kiel), 12B (Schwerin), 11B (Braunschweig), 12A (Steinkimmen) und 6A (Visselhövede)

NDR Blue

NDR Blue ist ein Digitalradio-Programm für Hörerinnen und Hörer, die Spaß an außergewöhnlicher Musik haben - an besonderen Titeln aus Rock- und Popmusik, aber auch an Genres wie RnB, Weltmusik, Deutschpop oder Jazz. Auf NDR Blue sind am Morgen von 6 bis 10 Uhr und am Abend von 17 bis 20 Uhr exklusiv zusammengestellte Musikstrecken zu hören. Tagsüber und an den Wochenenden sendet NDR Blue die musikjournalistischen Spezialsendungen von NDR Info, NDR 2 und N-JOY, wie zum Beispiel den NDR Info Nachtclub, den NDR 2 Soundcheck oder das N-JOY Music Meeting. Jeden Abend von Montag bis Freitag sendet NDR Blue den Mitschnitt eines Konzerts. Zudem bietet NDR Blue stündliche Nachrichten.
Internet: www.ndr.de/ndrblue/index.html
Empfang über Digitalradio DAB+: Kanal 7A (Hamburg), 6D (Hannover), 9C (Kiel), 12B (Schwerin), 11B (Braunschweig), 12A (Steinkimmen) und 6A (Visselhövede)
Empfang über Satellit: DVB-S Radio, ASTRA 19,2 Ost, Pol. H, Transponder 93, Frequenz 12,266 GHz.

Die UKW-Hörfunksender:

Standort	Programm	MHz	kW
Alfeld/Leine	NDR 1 Niedersachsen	87,8	0,05
	NDR 2	93,6	0,05
	NDR Kultur	96,5	0,05
	NDR Info	91,1	0,05
	N-JOY	92,9	0,05
Anklam	NDR 1 Radio MV	94,6	6,30
	N-JOY	103,0	1,30
Aurich	NDR 1 Niedersachsen	95,8	25,00
	NDR 2	98,1	25,00
	NDR Kultur	90,0	25,00
	NDR Info	96,4	10,00
	N-JOY	92,7	1,00
Bad Bentheim	N-JOY	93,4	0,05
	NDR Info	99,4	0,40
Bad Doberan	NDR 1 Radio MV	94,3	0,20
	N-JOY	103,7	5,00
Bad Pyrmont	NDR 1 Niedersachsen	88,6	0,05
	NDR 2	92,6	0,05
	NDR Kultur	95,7	0,05
	NDR Info	98,5	0,05
	N-JOY	94,2	0,05
Bad Rothenfelde	NDR Info	97,9	0,20
	N-JOY	91,2	0,10
Barth	NDR 1 Radio MV	87,6	0,40
	N-JOY	95,0	0,30
Braunlage	NDR Info	93,6	0,02
	N-JOY	96,1	0,02
Braunschweig	N-JOY	100,3	15,00
Bremen	NDR Info	95,0	1,00
Bremerhaven	NDR 1 Niedersachsen	96,0	0,10
	NDR 2	98,2	0,10
	NDR Info	98,9	0,50
	N-JOY	92,8	0,05
Bungsberg	NDR 1 Welle Nord	97,8	50,00
	NDR 2	91,9	50,00
	NDR Kultur	89,9	50,00
	NDR Info	96,6	1,00
	N-JOY	99,0	0,50
Cloppenburg	N-JOY	93,5	1,00
	NDR Info	103,7	1,00
Cuxhaven	NDR 90,3	98,4	1,00
	NDR 1 Niedersachsen	105,4	20,00
	NDR 2	97,9	10,00
	NDR Kultur	94,6	1,00

Standort	Programm	MHz	kW
	NDR Info	93,1	10,00
	N-JOY	91,6	10,00
Damme	N-JOY	105,0	1,00
	NDR Info	106,4	0,50
Dannenberg	NDR 1 Niedersachsen	91,2	25,00
	NDR 2	96,4	25,00
	NDR Kultur	93,3	10,00
	NDR Info	90,7	3,00
	N-JOY	94,0	1,00
Dömitz	NDR 1 Radio MV	88,3	1,00
Flensburg	NDR 1 Welle Nord	89,6	25,00
	NDR 2	93,2	25,00
	NDR Kultur	96,1	25,00
	NDR Info	87,7	10,00
	N-JOY	91,0	0,50
Garding	N-JOY	88,8	0,50
Göttingen	NDR 1 Niedersachsen	88,5	5,00
	NDR 2	94,1	5,00
	NDR Kultur	96,8	0,50
	NDR Info	99,9	5,00
	N-JOY	95,9	0,50
Goslar	NDR 1 Niedersachsen	88,2	0,10
	NDR 2	93,7	0,10
	NDR Kultur	95,1	0,10
	NDR Info	96,0	0,10
	N-JOY	96,5	0,10
Greifswald	NDR 1 Radio MV	101,0	0,16
Grevesmühlen	NDR 1 Radio MV	100,7	0,50
	N-JOY	103,4	5,00
Güstrow	NDR 1 Radio MV	92,5	1,30
	N-JOY	104,4	0,63
Hamburg	NDR 1 Welle Nord	89,5	10,00
	NDR 90,3	90,3	80,00
	NDR 2	87,6	80,00
	NDR Kultur	99,2	80,00
	NDR Info	92,3	5,00
	N-JOY	94,2	1,00
Hannover	NDR 1 Niedersachsen	90,9	15,00
	NDR 2	96,2	3,00
	NDR Kultur	98,7	15,00
	NDR Info	88,6	0,50
	N-JOY	92,6	2,50
Hann. Münden	NDR 1 Niedersachsen	88,2	0,05
	NDR 2	96,1	0,05
	NDR Kultur	90,8	0,05
	NDR Info	92,9	0,05
	N-JOY	94,8	0,05

Standort	Programm	MHz	kW
Heide/Welmbüttel	NDR 1 Welle Nord	90,5	15,00
	NDR 2	96,3	15,00
	NDR Kultur	99,4	15,00
	NDR Info	87,9	15,00
	N-JOY	94,9	0,50
Helgoland	NDR 1 Welle Nord	88,9	0,03
	NDR 2	93,4	0,05
	NDR Kultur	97,0	0,05
	NDR Info	92,5	0,05
	N-JOY	91,5	0,05
Helpterberg	NDR 1 Radio MV	94,2	6,30
	NDR 1 Radio MV	90,5	100,00
	NDR 2	99,1	100,00
	NDR Kultur	96,0	100,00
	NDR Info	101,8	100,00
	N-JOY	103,2	1,30
Heringsdorf	NDR 1 Radio MV	97,6	1,00
	NDR 2	94,0	1,00
	NDR Kultur	102,7	1,00
	NDR Info	100,5	1,00
	N-JOY	92,3	1,00
Holzminden	NDR 1 Niedersachsen	92,7	0,50
	NDR 2	96,0	0,50
	NDR Kultur	98,4	0,50
	NDR Info	88,6	0,50
	N-JOY	99,7	0,10
Husum	N-JOY	93,7	0,05
Kiel	NDR 1 Welle Nord	91,3	15,00
	NDR 2	98,3	15,00
	NDR Kultur	95,7	1,00
	NDR Info	99,7	0,40
	N-JOY	94,5	15,00
Königslutter	NDR Info	88,7	0,20
Lauenburg	NDR 1 Welle Nord	94,7	0,30
	NDR Info	96,8	0,30
	N-JOY	99,8	0,30
Lingen	NDR 1 Niedersachsen	92,8	25,00
	NDR 2	97,8	25,00
	NDR Kultur	90,2	25,00
	NDR Info	88,9	0,40
	N-JOY	96,6	0,50
Lübeck	NDR 1 Welle Nord	93,1	0,50
	NDR 2	90,7	0,50
	NDR Kultur	88,0	0,50
	NDR Info	95,9	0,10
	N-JOY	94,0	0,50
Lüneburg	N-JOY	100,1	0,10

Standort	Programm	MHz	kW
Malchin	NDR Info	103,5	1,00
	N-JOY	94,4	1,00
Marlow	NDR 1 Radio MV	91,0	100,00
	NDR 2	93,5	30,00
	NDR Kultur	88,2	100,00
	NDR Info	102,8	100,00
Meppen	NDR Info	99,0	0,05
	N-JOY	93,3	0,05
Mölln	NDR 1 Welle Nord	104,5	20,00
	N-JOY	90,9	0,50
Neubrandenburg	N-JOY	89,5	1,00
Neumünster	NDR 1 Welle Nord	106,4	20,00
	NDR Info	90,8	1,00
	N-JOY	98,7	0,50
Niebüll	N-JOY	91,5	0,20
Osnabrück	NDR 1 Niedersachsen	92,4	8,00
	NDR 2	89,2	8,00
	NDR Kultur	98,8	8,00
	NDR Info	87,6	0,20
	N-JOY	96,4	0,20
Papenburg	NDR Info	100,2	0,50
	N-JOY	92,5	0,50
Pasewalk	NDR 1 Radio MV	93,7	2,50
	N-JOY	94,8	1,30
Ribnitz	N-JOY	99,4	0,30
Rinteln	NDR Info	95,3	0,10
	N-JOY	105,2	0,04
Röbel	NDR 1 Radio MV	88,5	10,00
	NDR 2	107,0	60,00
	NDR Kultur	94,7	10,00
	NDR Info	100,4	4,00
	N-JOY	97,4	4,00
Rosengarten	NDR 1 Niedersachsen	103,2	20,00
	N-JOY	91,4	0,30
Rostock	NDR 1 Radio MV	95,8	0,16
	N-JOY	88,9	2,00
Rügen	NDR 1 Radio MV	102,5	50,00
	NDR 2	99,8	10,00
	NDR Kultur	91,5	10,00
	NDR Info	88,6	10,00
	N-JOY	95,5	10,00
Schwerin	NDR 1 Radio MV	92,8	30,00
	NDR 2	98,5	100,00
	NDR Kultur	89,2	30,00
	NDR Info	105,3	100,00
	N-JOY	99,5	2,00
Seesen	NDR Info	90,4	0,20

	N-JOY	96,6	0,05
Sibbesse	N-JOY	95,7	0,50
Stadthagen	NDR 1 Niedersachsen	100,8	25,00
	NDR 2	102,6	25,00
	NDR Kultur	104,4	25,00
	NDR Info	98,2	1,00
	N-JOY	91,3	1,00
Steinkimmen	NDR 1 Niedersachsen	91,1	100,00
	NDR 2	99,8	100,00
	NDR Kultur	94,4	100,00
	NDR Info	98,6	3,00
	N-JOY	92,9	1,00
Stralsund	NDR 1 Radio MV	92,1	0,40
Sylt	NDR 1 Welle Nord	90,9	5,00
	NDR 2	98,7	5,00
	NDR Kultur	94,3	5,00
	NDR Info	92,7	5,00
	N-JOY	95,6	5,00
Torfhaus (Harz)	NDR 1 Niedersachsen	98,0	100,00
	NDR 2	92,1	100,00
	NDR Kultur	89,9	100,00
	NDR Info	99,5	50,00
Ueckermünde	NDR 1 Radio MV	90,1	4,00
	N-JOY	104,1	1,60
Visselhövede	NDR 1 Niedersachsen	91,8	5,00
	NDR 2	95,9	5,00
	NDR Kultur	87,8	2,00
	NDR Info	98,4	5,00
	N-JOY	97,6	30,00
Wedel	N-JOY	95,6	0,20
Wilhelmshaven	NDR Info	87,8	1,00
	N-JOY	97,3	0,30
Wismar/Werft	NDR 1 Radio MV	96,2	0,20
Wolfsburg	NDR Info	88,2	0,10
Wolgast	NDR 1 Radio MV	89,0	0,40
	N-JOY	93,2	0,30

Die Mittelwellensender (NDR Info Spezial):

Standort	kHz	kW	
Flensburg	702	8	
Hamburg	972	100	
Hannover	828	19/10	Tag/Nacht
Lingen	792	5	

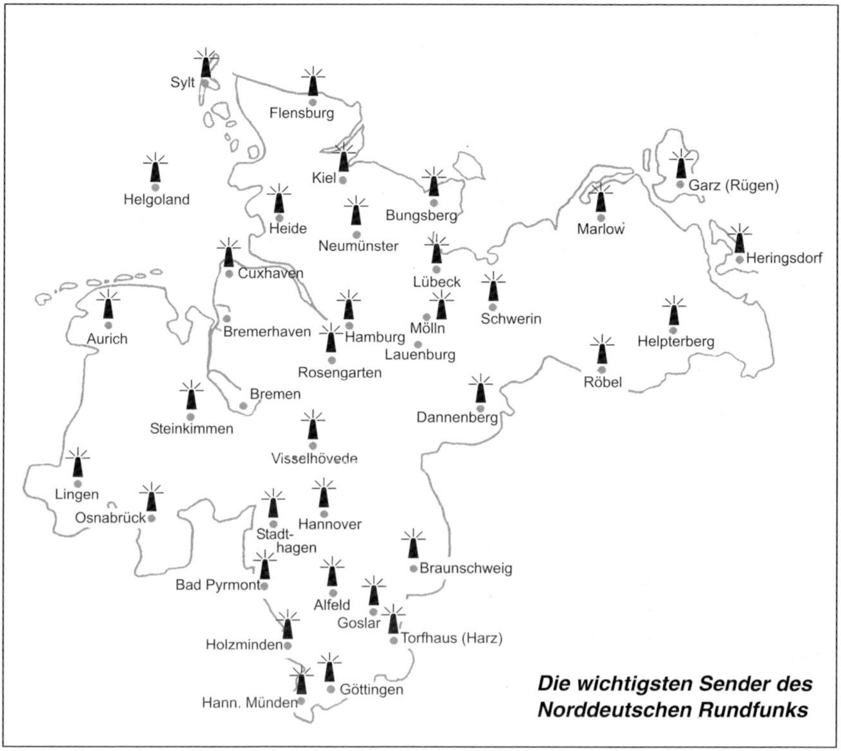

Die wichtigsten Sender des Norddeutschen Rundfunks

Radio Bremen

Diepenau 10, 28195 Bremen
Postanschrift: 28100 Bremen
Telefon: (04 21) 246-0, Fax: (04 21) 246-412 00
Internet: www.radiobremen.de, **E-Mail:** online@radiobremen.de

Videotext: radiobremen-text und NDR text, jeweils Seite 430, Frequenzübersichten auf Seite 441
Shop: Im Radio Bremen Shop gibt es DVDs, CDs/Hörbücher, Bücher, Accessoires, Spiele und originelle Souvenirs. Angebote werden im Internet unter www.radiobremen-shop.de präsentiert.

Die Programme:

Bremen Eins

Das Radio für Bremen, Bremerhaven und die Region mit den schönsten Oldies und den größten Hits aller Zeiten. Informativ und unterhaltsam, aktuell und hintergründig, regional und weltoffen, kompetent und nützlich, frisch und freundlich, ehrlich und lebensnah.
Telefon: (04 21) 246-421 02, **Fax:** (04 21) 246-421 99
E-Mail: bremeneins@radiobremen.de, **Internet:** www.radiobremen.de/bremeneins/
Audiostream-Adresse: http://httpmedia.radiobremen.de/bremeneins.m3u
RDS: Bremen_1
Empfang über Satellit: DVB-S Radio, ASTRA 1H, Transponder 93, Frequenz 12,266 GHz.

Ein Hörfunkstudio in den Neubauten des Funk- und Fernsehhauses im Bremer Centrums. (Bild: Frank Pusch)

Nordwestradio
Das regionale Informations- und Kulturprogramm für das Land Bremen und das nordwestliche Niedersachsen. Ein innovatives Wort- und Musikprogramm: weltoffen mit regional-kulturellem Schwerpunkt.
Telefon: (04 21) 246-422 01, **Fax:** (04 21) 246-422 98
E-Mail: nordwestradio@radiobremen.de, **Internet:** www.radiobremen.de/nordwestradio/
Audiostream-Adresse: http://gffstream.ic.llnwd.net/stream/gffstream_mp3_w50a.m3u
RDS: Nordwest
Empfang über Satellit: DVB-S Radio, ASTRA 1H, Transponder 93, Frequenz 12,266 GHz.

Funkhaus Europa
Menschen aus über 180 Nationen leben in Deutschland. Der Alltag ist internationaler geworden, hat viele Farben und Sprachen. „Funkhaus Europa" ist die Radioadresse für dieses neue Lebensgefühl. Mit Informationen und Musik rund um die Uhr für alle, die an der Vielfalt der Kulturen interessiert sind.
Telefon: (04 21) 246-423 01, **Fax:** (04 21) 246-423 99
E-Mail: funkhauseuropa@radiobremen.de, **Internet:** www.radiobremen.de/funkhauseuropa/
Audiostream-Adresse: http://www.wdr.de/wdrlive/media/fhe.m3u
RDS: FhEuropa
Empfang über Satellit: DVB-S Radio, ASTRA 1H, Transponder 93, Frequenz 12,266 GHz.

Bremen Vier
Die besten Hits der letzten 20 Jahre aus Rock, Pop & Dance, Infos & Service zur richtigen Zeit. Das junge freche Radio aus Bremen. Rocken, poppen, dancen mit Bremen Vier.
Telefon: (04 21) 246-424 09, **Fax:** (04 21) 246-424 99
E-Mail: bremenvier@radiobremen.de, **Internet:** www.radiobremen.de/bremenvier/
Audiostream-Adresse: http://www.radiobremen.de/stream/live/bremenvier.m3u
RDS: Bremen_4
Empfang über Satellit: DVB-S Radio, ASTRA 1H, Transponder 93, Frequenz 12,266 GHz.

Rieke Bargmann und Roland Kanwicher moderieren die Morgenshow auf Bremen vier. (Bild: Michael Ihle/Radio Bremen)

Die UKW-Hörfunksender:

Standort	Programm	MHz	kW
Bremen	Bremen Eins	93,8	100,00
	Nordwestradio	88,3	100,00
	Funkhaus Europa	96,7	50,00
	Bremen Vier	101,2	100,00
Bremerhaven	Bremen Eins	89,3	25,00
	Funkhaus Europa	92,1	25,00
	Nordwestradio	95,4	6,50
	Bremen Vier	100,8	6,50

Alle Radio Bremen-Hörfunkprogramme auch im Digitalradio in Bremen

Rundfunk Berlin-Brandenburg (rbb)

Landesfunkhaus Berlin

Masurenallee 8-14, 14057 Berlin,
Telefon: (0 30) 97 99 3-0, Fax: (0 30) 97 99 3-19

Landesfunkhaus Brandenburg

Hausanschrift: Marlene-Dietrich-Allee 20, 14482 Potsdam
Postanschrift: Postfach 90 90 90, 14439 Potsdam
Telefon: (03 31) 97 99 3-0, Fax: (03 31) 97 99 3-19
Internet: www.rbb-online.de, **E-Mail:** info@rbb-online.de
Videotext: rbbtext, ab Seite 400
Programmheft: An interessierte Hörer verschickt der rbb ein Probeheft des monatlich erscheinenden Programmhefts „Kulturradio", das unter Telefon (0 30) 97 99 3-33 70 5 abonniert werden kann.
Shop: Im rbb-Shop (Telefon [0 30] 97 99 3-84 99 9 in Berlin/ [03 31] 97 99 3-42 27 0 in Potsdam) gibt es „Souvenirs & Specials" aus Berlin und Brandenburg. Die Angebote finden Sie auch im Internet unter www.rbb-online-shop.de.

Der Sitz der Intendanz in Potsdam, Eichenplatz 1. Das Gebäude stand bereits, als 1911 auf dem heutigen rbb-Gelände die legendären Babelsberger Filmstudios gegründet wurden ("Metropolis", "Der blaue Engel", "Dr. Mabuse"). Bild: rbb/Thomas Ernst

Die Programme:

radioBerlin 88,8, Die Berliner Landeswelle des rbb

radioBERLIN 88,8 spielt sie alle: Robbie Williams, Herbert Grönemeyer, Bee-Gees, die Prinzen, Smokie, ABBA, Rosenstolz, Madonna und Nena. Die größten Pophits den ganzen Tag. Und radioBERLIN 88,8 informiert ohne Umwege: der genaueste Verkehrsservice, das ausführlichste Berlin-Wetter, dazu Live-Berichte aus Politik, Wirtschaft, Sport und Kultur und jede Menge Verbraucherservice.
Anschrift: Masurenallee 8-14, 14057 Berlin
Telefon: (0 30) 97 99 – 334 888, **Fax:** (0 30) 97 99 – 334 069
E-Mail: radioberlin@rbb-online.de, **Internet:** www.radioberlin.de
Audiostream-Adresse: http://www.radioberlin.de/live.m3u
RDS: _radio__ , _BERLIN_, _88.8___, vom_rbb_(dynamisch)
Empfang über Digitalradio (DAB+): In Berlin und Brandenburg auf Kanal 7D.
Empfang über Satellit: DVB-S Radio, ASTRA 1 H, Transponder 93, Frequenz 12,266 GHz.

Antenne Brandenburg - Die Brandenburger Landeswelle des rbb

Gut gelaunt durch den Tag mit der „schönsten Musik für Brandenburg" von den 60ern bis zu den 90ern. Die Landeswelle informiert über alles, was im Land und in der Welt los ist. Antenne Brandenburg berichtet, forscht nach, deckt auf – immer im Land unterwegs, immer dicht dran an den Leuten. Dazu jede Menge Service: Verkehr, Verbrauchertipps, Veranstaltungshinweise und Regionalreports.
Anschrift: Postfach 90 90 90, 14439 Potsdam
Telefon: (03 31) 70 98 100
E-Mail: antennebrandenburg@rbb-online.de, **Internet:** www.antennebrandenburg.de

Am 5. September 2007 hat der Rundfunk Berlin-Brandenburg (rbb) sein neues Regionalstudio in Frankfurt (Oder) in Betrieb genommen. Auf 1.250 qm Fläche in der ersten Etage des Oderturms entstand in 15-monatiger Bauzeit ein moderner bimedialer Studiokomplex, nutzbar für Radio- und Fernsehsendungen. Administrator Udo Wachsmann in der neuen, bimedialen Produktionsregie.
Bild: rbb/Oliver Ziebe

Audiostream-Adresse: http://www.antennebrandenburg.de/live.m3u
RDS: Antenne_, vom_rbb (dynamisch)
Empfang über Digitalradio (DAB+): In Berlin und Brandenburg auf Kanal 7D.
Empfang über Satellit: DVB-S Radio, ASTRA 1 H, Transponder 93, Frequenz 12,266 GHz.

Fritz - Das Jugendprogramm des rbb
Immer aktuell: mit den neuesten Musiktrends, regelmäßigen Infos zu Mode, Multimedia, Büchern, Film und Musik, mit den wichtigsten Veranstaltungstipps sowie verlässlichen Nachrichten rund um die Uhr. Immer anders: mit Moderatoren, die noch eine eigene Meinung haben, mit regelmäßigen Musikspecials von HipHop bis Heavy Metal, mit einem täglichen Talkradio und exklusiven Radiokonzerten live aus den Fritz-Studios. Fritz: Und das hört man.
Anschrift: Postfach 90 90 00, 14439 Potsdam
Telefon: (03 31) 97 99-336 030, **Fax:** (03 31) 97 99-336 009
E-Mail: fritz@fritz.de, **Internet:** www.fritz.de
Audiostream-Adresse: http://www.fritz.de/live.m3u
RDS: _Fritz__, vom_rbb_(dynamisch)
Empfang über Digitalradio (DAB+): In Berlin und Brandenburg auf Kanal 7D.
Empfang über Satellit: DVB-S Radio, ASTRA 1 H, Transponder 93, Frequenz 12,266 GHz.

Inforadio - Nachrichten mit Hintergrund
Inforadio bietet 24 Stunden lang Nachrichten mit Hintergrund: alle 20 Minuten News, Wetter und Verkehrsservice, anschließend Berichte, Interviews und Reportagen zu den Topthemen des Tages. Rund um die Uhr das Wichtigste aus Berlin, Brandenburg, Deutschland und der Welt. Außerdem jede Stunde kompakte Informationen aus der Wirtschaft, von der Börse, aus der Kultur und dem Sport.
Anschrift: Masurenallee 8-14, 14057 Berlin
Telefon: (0 30) 97 99-33 77 77
E-Mail: info@inforadio.de, **Internet:** www.inforadio.de
Audiostream-Adresse: http://www.inforadio.de/live.m3u
RDS: _Info-__, _radio__, vom_rbb_(dynamisch). Bei Ausstrahlung der Programme in sorbischer Sprache: SORBINFO
Empfang über Digitalradio (DAB+): In Berlin und Brandenburg auf Kanal 7D.
Empfang über Satellit: DVB-S Radio, ASTRA 1 H, Transponder 93, Frequenz 12,266 GHz.

Kulturradio - Hier spielt die Klassik
Klassik rund um die Uhr, mit Anregungen für Geist, Seele und Ohr. Kulturradio begleitet durch den Tag – mit Informationen aus dem Kulturleben und Empfehlungen für Theater, Konzerte, Lektüre und Event. Abends und am Wochenende Feature, Hörspiele und Live-Konzerte, Debatten und musikalische Kostbarkeiten.

Anschrift: Masurenallee 8-14, 14057 Berlin
Telefon: (0 30) 97 99-333 001, **Fax:** (0 30) 97 99-333 009
E-Mail: Kulturradio@rbb-online.de, **Internet:** www.Kulturradio.de
Audiostream-Adresse: http://www.kulturradio.de/live.m3u
RDS: RBB_KULT
Empfang über Digitalradio (DAB+): In Berlin und Brandenburg auf Kanal 7D.
Empfang über Satellit: DVB-S Radio, ASTRA 1 H, Transponder 93, Frequenz 12,266 GHz.

Radioeins - Nur für Erwachsene

Radioeins ist weder Musiksender noch pure Information, sondern ein lebendiger Mix aus beidem. Mit einer einzigartigen Musikvielfalt, handverlesen und gut gemischt sowie einem Themenangebot, das seinesgleichen sucht. Hier wird nachgefragt, diskutiert, analysiert, kommentiert. Pop-Kultur, Studiogäste und Live-Sets, Reportagen und Interviews, News und Namen.
Anschrift: Postfach 90 90 11, 14439 Potsdam
Telefon: (03 31) 70 99-222, **Fax:** (03 31) 70 99-333
E-Mail: office@radioeins.de, **Internet:** www.radioeins.de
Audiostream-Adresse: http://www.radioeins.de/live.m3u
RDS: _radio_1, vom_rbb_(dynamisch)
Empfang über Digitalradio (DAB+): In Berlin und Brandenburg auf Kanal 7D.
Empfang über Satellit: DVB-S Radio, ASTRA 1 H, Transponder 93, Frequenz 12,266 GHz.

Funkhaus Europa - world wide music

In Berlin ist das Funkhaus Europa vom WDR seit dem 1. Januar 2009 auf UKW 96,3 MHz zu hören – mit dem Wichtigsten vom Tagesgeschehen, dem Neuesten aus den Einwanderer-Communities und Infos aus den europäischen Metropolen sowie World Music. Es wird tagsüber vor allem auf Deutsch ausgestrahlt und bietet morgens, abends und am Wochenende Informationen für Einwanderer in 14 Sprachen. Der rbb liefert Sendungen in Polnisch, Russisch und Arabisch sowie Teile des Musikprogramms zu.
Anschrift: WDR Funkhaus Europa, 50600 Köln
Telefon: (02 21) 56789-7 77, **Fax:** (02 21) 56789-770
E-Mail: funkhauseuropa@wdr.de, **Internet:** www.funkhauseuropa.de
Audiostream-Adresse: http://www.wdr.de/wdrlive/media/fhe.m3u
RDS: Funkhaus, _Europa_ (dynamisch)
Empfang über Digitalradio (DAB+): In Berlin und Brandenburg auf Kanal 7D.
Empfang über Satellit: DVB-S Radio, ASTRA 1 H, Transponder 93, Frequenz 12,266 GHz.

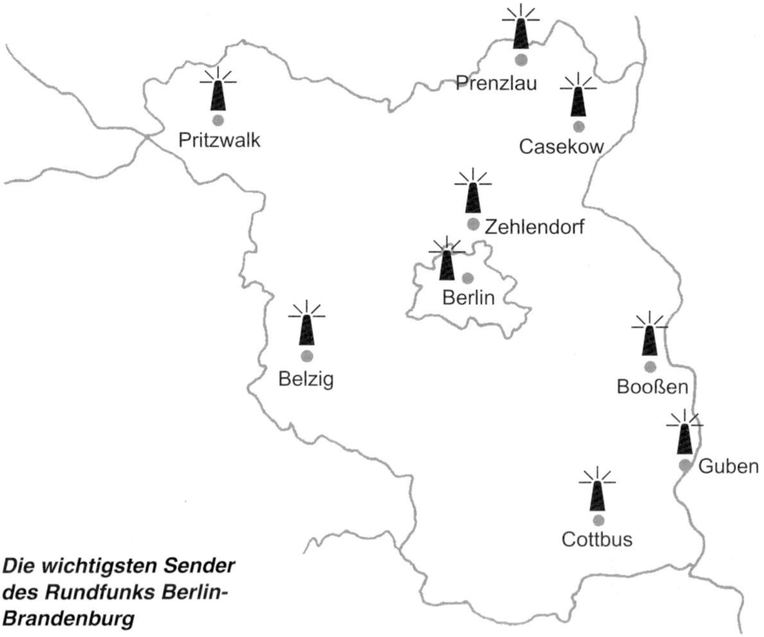

Die wichtigsten Sender des Rundfunks Berlin-Brandenburg

Die UKW-Hörfunksender:

Standort	Programm	MHz	kW	regional
Belzig (Fläming)	Antenne Brandenburg	106,2	100,00	Potsdam
	Radioeins	99,3	30,00	
	Kulturradio	100,2	10,00	
	Fritz	91,9	30,00	
Berlin/	Antenne Brandenburg	99,7	100,00	Potsdam
Alexanderplatz	Radioeins	95,8	100,00	
	Fritz	102,6	15,00	
Berlin/	radioBerlin 88,8	88,8	80,00	
Scholzplatz	Kulturradio	92,4	80,00	
	Funkhaus Europa	96,3	80,00	
	Inforadio	93,1	25,00	
Booßen	Antenne Brandenburg	87,6	10,00	Frankfurt(Oder)
	Radioeins	89,1	5,00	
	Kulturradio	96,8	5,00	
	Fritz	101,5	30,00	
	Inforadio	102,0	1,60	

Standort	**Programm**	**MHz**	**kW**	**regional**
Casekow	Antenne Brandenburg	91,1	20,00	Frankfurt(Oder)
	Radioeins	106,1	63,00	
	Kulturradio	104,4	10,00	
	Fritz	100,1	50,00	
Cottbus	Antenne Brandenburg	98,6	100,00	Cottbus
	Radioeins	95,1	30,00	
	Inforadio/ Sorbischer Rdfk.	93,4	30,00	
	Kulturradio	104,4	60,00	
	Fritz	103,2	100,00	
Cottbus (Stadt)	Inforadio	99,9	1,00	
Guben	Antenne Brandenburg	100,9	5,00	Cottbus
Lübben	Inforadio/ Sorbischer Rdfk.	92,9	0,50	
Oranienburg	Antenne Brandenburg	90,8	1,30	Frankfurt(Oder)
Perleberg	Inforadio	92,3	1,00	
Prenzlau	Antenne Brandenburg	99,4	0,50	Frankfurt(Oder)
	Inforadio	98,6	0,50	
Pritzwalk	Antenne Brandenburg	106,6	100,00	Potsdam
	Radioeins	99,9	10,00	
	Kulturradio	91,7	10,00	
	Fritz	103,1	60,00	
	Inforadio	94,2	0,50	
Wittstock	Inforadio	87,7	1,30	

Saarländischer Rundfunk (SR)

Funkhaus Halberg, Postfach, 66100 Saarbrücken
Telefon: (06 81) 602-0, Fax: (06 81) 602-38 74
Internet: www.sr-online.de, **E-Mail:** info@sr-online.de

Videotext: SWR Text, Seite 400, Frequenzübersichten auf Seite 445
Programmheft: Das monatlich erscheinende Programmheft „SR-Info“ kann kostenlos bezogen werden.
Shop: Für Hörer unterhält der SR einen Shop mit der Bezeichnung „SR am Markt“ (St. Johanner-Markt 27, 66111 Saarbrücken, Tel. [06 81] 93 69 90 oder 93 69 977).

Die Programme:

SR 1 Europawelle
GANZ GROSSES RADIO: Das aktuelle Pop und Info-Programm des SR - unterhaltsam, immer auf dem Stand der Dinge mit Nachrichten zur vollen und halben Stunde. Premium-Songs als Empfehlungen der Musikredaktion vervollständigen die richtige Musikmischung für 30- bis 49-Jährige.
Telefon: (06 81) 602-11 11
E-Mail: sr1@sr-online.de, **Internet:** www.sr1.de
Audiostream-Adresse: http://streaming01.sr-online.de/sr1_2.m3u
RDS: __SR1___
Empfang über Digitalradio (DAB): Landesweit auf Kanal 8B (künftig 9A).
Empfang über Satellit: DVB-S Radio, ASTRA 1 H, Transponder 93, Frequenz 12,266 GHz.

SR 2 KulturRadio
Gut zu hören. Themen und Trends aus Politik, Kultur, Wirtschaft, Gesellschaft. Kompetent und kritisch, auch aus dem benachbarten Frankreich. Radiokultur: Hörspiel, Feature, Literatur, Kabarett. Jazz, Oper, Klassik oder Weltmusik: aus E und U stets das Beste. Modern, aber nicht modisch, anspruchsvoll, aber nicht elitär. Mit übersichtlicher Struktur – hörbar anders.
Telefon: (06 81) 602-22 22
E-Mail: sr2@sr-online.de, **Internet:** www.sr2.de
Audiostream-Adresse: http://streaming01.sr-online.de/sr2_2.m3u
RDS: __SR2___ / _KULTUR_ / _RADIO__ (dynamisch)
Empfang über Digitalradio (DAB): Landesweit auf Kanal 8B (künftig 9A).
Empfang über Satellit: DVB-S Radio, ASTRA 1 H, Transponder 93, Frequenz 12,266 GHz.

SR 3 Saarlandwelle

Hören, was ein Land fühlt: Das regionale Vollprogramm mit dem Wichtigsten aus aller Welt und dem Neuesten aus dem Saarland und seiner Nachbarschaft. Dazu Musik mit deutschen Hits und Oldies sowie jede Menge Sport.
Telefon: (06 81) 602-30 41, **Fax:** (06 81) 602-30 44
E-Mail: sr3aktuell@sr-online.de, **Internet:** www.sr3.de
Audiostream-Adresse: http://streaming01.sr-online.de/sr3_2.m3u
RDS: __SR3___
Empfang über Digitalradio (DAB): Landesweit auf Kanal 8B (künftig 9A).
Empfang über Satellit: DVB-S Radio, ASTRA 1 H, Transponder 93, Frequenz 12,266 GHz.

103.7 UnserDing

Liebt Euch: Das Radio von jungen Machern für das junge Saarland. Musik von Rock und Pop bis hin zu Black und Club-Musik. Daneben stündlich Nachrichten, krasse Aktionen, Comedy und Themen, die junge Menschen wirklich interessieren: Von A wie Abfeiern bis Z wie Zeugnis.
Telefon: (06 81) 602-10 37, **Fax:** (06 81) 602-33 45
E-Mail: unserding@unserding.de, **Internet:** www.unserding.de
Audiostream-Adresse: http://streaming01.sr-online.de/unserding_2.m3u
RDS: UNSER___ __DING__ (dynamisch)
Empfang über Digitalradio (DAB): Landesweit auf Kanal 8B (künftig 9A).
Empfang über Satellit: DVB-S Radio, ASTRA 1 H, Transponder 93, Frequenz 12,266 GHz.

Antenne Saar

In Zusammenarbeit mit Radio France Internationale, SWR cont.ra, Deutsche Welle und dem Ereigniskanal Phoenix wird auf Mittelwelle 1179 von 8 bis 18 Uhr und auf DAB rund um die Uhr das deutsch-französische Informationsprogramm „AntenneSaar“ ausgestrahlt. Mit Nachrichten rund um die Uhr, Informationen in französischer Sprache immer um halb und in den Frankreich-Magazinen, mit aktuellen Übertragungen aus Bundes- und Landtag, von Podiumsdiskussionen, Sportveranstaltungen usw. Von 23 bis 6 Uhr wird vom MDR die „ARD Info Nacht“ übernommen.
Telefon: (06 81) 602-0
E-Mail: antennesaar@sr-online.de, **Internet:** www.sr-online.de/antennesaar
Empfang über Digitalradio (DAB): Landesweit auf Kanal 8B (künftig 9A).

Die UKW-Hörfunksender:

Standort	Programm	MHz	kW
Bliestal	SR 1 Europawelle	92,3	5,00
	SR 2 KulturRadio	98,0	5,00
	SR 3 Saarlandwelle	89,1	5,00
Göttelborner Höhe	SR 1 Europawelle	88,0	100,00
	SR 2 KulturRadio	91,3	100,00
	SR 3 Saarlandwelle	95,5	100,00
Homburg	UnserDing	98,6	0,20
Merzig	SR 1 Europawelle	89,3	0,10
	SR 2 KulturRadio	92,1	0,10
	SR 3 Saarlandwelle	98,0	0,10
Mettlach	SR 1 Europawelle	98,6	0,01
	SR 2 KulturRadio	88,5	0,01
	SR 3 Saarlandwelle	96,0	0,01
Moseltal	SR 1 Europawelle	91,9	5,00
	SR 2 KulturRadio	88,6	5,00
	SR 3 Saarlandwelle	96,1	5,00
Saarbrücken/Halberg	SR 1 Europawelle	98,2	0,01
Saarbrücken/Schoksberg	UnserDing	103,7	100,00
St. Wendel	UnserDing	90,3	0,10

Der Mittelwellensender:

Standort	Programm	kHz	kW
Heusweiler	AntenneSaar	1179	10

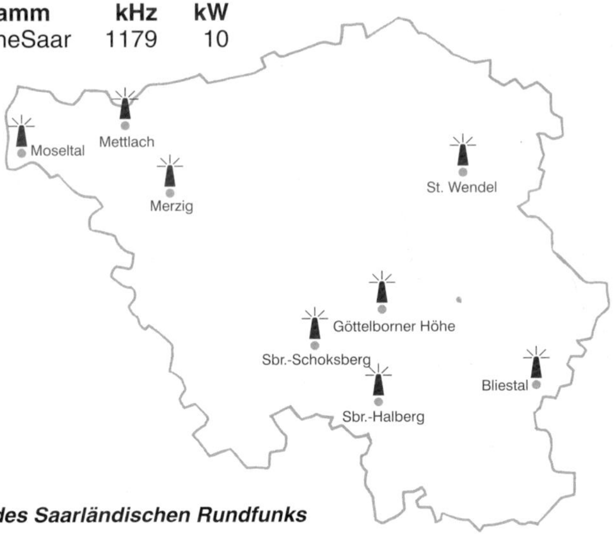

Die Sender des Saarländischen Rundfunks

Südwestrundfunk (SWR)

Funkhaus Baden-Baden

Hans-Bredow-Straße, 76530 Baden-Baden
Postanschrift: SWR, 76522 Baden-Baden
Telefon: (0 72 21) 929-0, Fax: (0 72 21) 929-20 10

Funkhaus Mainz

Am Fort Gonsenheim 139, 55122 Mainz
Postanschrift: Postfach 37 40, 55027 Mainz
Telefon: (0 61 31) 929-0

Funkhaus Stuttgart

Neckarstr. 230, 70190 Stuttgart
Postanschrift: 70150 Stuttgart
Telefon: (07 11) 929-0

Frequenzinformation: Telefon: (07 11) 929-21 06
Internet: www.swr.de, **E-Mail:** info@swr.de

Shop: Ein vielfältiges Sortiment an Videos, CDs/MCs, Büchern und anderen SWR-Artikeln bietet der SWR SHOP, 70151 Stuttgart, oder Telefon (0 18 05) 150 02 00 oder per Internet unter www.swr-shop.de.

Der Neubau des SWR-Funkhauses in Stuttgart.. (Bild SWR/Alexander Kluge)

Die Programme:

SWR1 RP / SWR1 BW

SWR1 bietet in seinen Landeswellen aus Stuttgart und Mainz ausführliche Informationen aus Baden-Württemberg und Rheinland-Pfalz, aus Deutschland und der ganzen Welt. Ein gemeinsames Abend- und Nachtprogramm kommt aus dem Funkhaus Baden-Baden. SWR1 ist einzigartig mit seiner Mischung aus aktueller Information, Hintergrundberichterstattung, Unterhaltung und den größten Hits aller Zeiten. **Eins gehört gehört. SWR1.**

SWR1 BW:
Anschriften:
SWR Funkhaus Stuttgart, Neckarstraße 230, 70190 Stuttgart
SWR Funkhaus Baden-Baden, Hans-Bredow-Straße, 76530 Baden-Baden
Telefon: (0 18 03) 929-111, **Fax:** (07 11) 929-13 00
Internet: www.swr1.de, **E-Mail:** bw@SWR1.de
Audiostream-Adresse: http://mp3-live.swr.de/swr1bw_m.m3u
RDS: SWR1_BW_
Empfang über Digitalradio (DAB): In Baden-Württemberg landesweit auf Kanal 8D, 9D und 11B
Empfang über Satellit: DVB-S Radio, ASTRA 1 H, Transponder 93, Frequenz 12,266 GHz.

SWR1 RP:
Anschrift: SWR Funkhaus Mainz, Am Fort Gonsenheim 139, 55122 Mainz
Telefon: (0 61 31) 929-1111
Internet: www.swr1.de, **E-Mail:** rp@swr1.de
Audiostream-Adresse: http://mp3-live.swr.de/swr1rp_m.m3u
RDS: SWR1_RP_
Empfang über Digitalradio (DAB): In Rheinland-Pfalz landesweit auf Kanal 11A.
Empfang über Satellit: DVB-S Radio, ASTRA 1 H, Transponder 93, Frequenz 12,266 GHz.

Die Moderatoren Stefanie Anhalt und Patrick Neelmeier im neuen SWR1 Hörfunkstudio (Neubau Stuttgart). (Bild: SWR/Alexander Kluge)

SWR2

Das Kulturradio des Südwestrundfunks steht für anspruchsvolle Musik- und Wortbeiträge: Aktuelles und Hintergrundberichte aus Literatur, Kunst, Wissenschaft, Gesellschaft und Politik; Radiokunst mit aufwändig produzierten Features und Hörspielen; Musik von Klassik bis Jazz, Pop und Chanson, darunter herausragende Eigenproduktionen mit den SWR Orchestern und Ensembles. Lust auf Kultur!
Telefon: (0 72 21) 300-222, Fax: (0 72 21) 929-21 21
Internet: www.swr2.de, E-Mail: info@swr2.de
Audiostream-Adresse: http://mp3-live.swr.de/swr2_m.m3u
RDS: __SWR2__
Empfang über Digitalradio (DAB)**: In Baden-Württemberg l**andesweit auf Kanal 8D, 9D und11B Rheinland-Pfalz landesweit auf Kanal 11A.
Empfang über Satellit: DVB-S Radio, ASTRA 1 H, Transponder 93, Frequenz 12,266 GHz.

SWR3

ist die beliebteste und erfolgreichste öffentlich-rechtliche Popwelle in Deutschland. Täglich hören 3,8 Millionen Menschen das 24-Stunden-Live-Programm. Jung, aktiv, trendbewusst – SWR3 will besser, schneller, frecher und innovativer als andere sein. Der Sender mit dem Elch setzt auf hohe Programmqualität und sendet dicht am Lebensgefühl der Hörer. Die Programmmacher setzen Trends in der Popmusik und kommen mit mehr als 200 Veranstaltungen direkt zu ihren Hörern. SWR3 ist der Sender mit der erfolgreichsten deutschen Radio-Comedy von und mit Comedy-Chef und Stimmenimitator Andreas Müller. Die Stiftung Lesen zeichnete den „SWR3 Lesetag" mit ihrem Leseförderungspreis 2007 in der Kategorie Medien aus. Schnelle Informationen, aktueller Service, detaillierte Wetterprognosen, Verkehrstipps, eine schnelle und aktive Hörerkommunikation und die TV-Show „SWR3 latenight" runden das Radio-, Internet- und Fernseh-Angebot der Pop-Unit ab. **Mehr Hits. Mehr Kicks. Einfach SWR3.**
Telefon: (0 72 21) 300-300
E-Mail: info@swr3.de, **Internet:** www.swr3.de
Audiostream-Adresse: http://mp3-live.swr3.de/swr3_m.m3u
RDS: __SWR3__
Empfang über Digitalradio (DAB): In Baden-Württemberg landesweit auf Kanal 8D, 9D und11B Rheinland-Pfalz landesweit auf Kanal 11A.
Empfang über Satellit: DVB-S Radio, ASTRA 1 H, Transponder 93, Frequenz 12,266 GHz.

SWR4 RP / SWR4 BW

Heimat wird in den vierten Programmen des SWR ganz groß geschrieben. 32 Studios und Büros in Baden-Württemberg und Rheinland-Pfalz berichten aus der Region für die Region. Neben der richtigen Mischung aus Nachrichten, Reportagen und Service bietet SWR4 gute Unterhaltung mit alten, neuen und volkstümlichen deutschen Schlagern sowie Evergreens. **SWR4. Da sind wir daheim.**

Michael Branik, SWR4-Moderator. (Bild: SWR/Alexander Kluge)

SWR4 BW:
Anschrift: SWR Funkhaus Stuttgart, Neckarstraße 230, 70190 Stuttgart
Telefon: (0 18 03) 929-444
Internet: www.swr4.de, **E-Mail:**swr4.bw@swr4.de
Audiostream-Adresse: http://mp3-live.swr.de/swr4bw_m.m3u
RDS: SWR4_BW_
Bei Regionalprogrammen:

Baden Radio	SWR4_KA_
Bodensee Radio	SWR4_FN_
Franken Radio	SWR4_HN_
Hochrhein Radio	SWR4_LO_
Radio Villingen-Schwenningen	SWR4_VS_
Kurpfalz Radio	SWR4_MA_
Ortenau Radio	SWR4_OG_
Radio Breisgau	SWR4_FR_
Schwaben Radio	SWR4_UL_
Radio Tübingen	SWR4_TU_
Radio Stuttgart	_SWR4_S_

Empfang über Digitalradio (DAB): In Baden-Württemberg landesweit auf Kanal 8D, 9D und 11B.
Empfang über Satellit: DVB-S Radio, ASTRA 1 H, Transponder 93, Frequenz 12,266 GHz.

SWR4 RP:
Anschrift: SWR Funkhaus Mainz, Am Fort Gonsenheim 139, 55122 Mainz
Telefon: (0 18 03) 929-456
Internet: www.swr4.de, **E-Mail:**swr4.rp@swr4.de
Audiostream-Adresse: http://mp3-live.swr.de/swr4rp_m.m3u
RDS: SWR4_RP_

Bei Regionalprogrammen:

Radio Koblenz	SWR4_KO_
Radio Kaiserslautern	SWR4_KL_
Radio Mainz	SWR4_MZ_
Radio Trier	SWR4_TR_
Radio Ludwigshafen	SWR4_LU_

Empfang über Digitalradio (DAB): In Rheinland-Pfalz landesweit auf Kanal 11A.
Empfang über Satellit: DVB-S Radio, ASTRA 1 H, Transponder 93, Frequenz 12,266 GHz.

DASDING

DASDING ist das junge Programm für Musik und Lifestyle für Jugendliche und junge Erwachsene. Ob Pop, Hip-Hop, R'n'B, Alternative Rock, Elektro oder House - DASDING spielt im Radio die neuesten Songs.Außerdem berichten DASDING-Reporter aus den Regionen und von den großen Festivals. Die wöchentliche Fernsehsendung DASDING.tvin EinsPlus sendet Interviews mit Stars der Musikszene, Unplugged-Songs direkt aus dem TV-Studio, Kinotipps sowie Gamechecks für Zock-Freunde. DASDING.de hält die User über aktuelle Nachrichten, Prominews und Trends auf dem Laufenden. Über die großen sozialen Netzwerke versorgt DASDING seine Fans mit Updates und Informationen zu aktuellen Programmaktionen. Im YouTube-Channel findet man Beiträge von DASDING.tv und sendungsbegleitenden Inhalten zum Radioprogramm. Bei den DASDING-Workshops bekommen Schüler einen Einblick in journalistische Grundbegriffe und produzieren eine eigene Sendung. Auch mit den DASDING-Partyreihen wie zum Beispiel der Lautstark-Party, R&B Affairs und Radau und Rabatz Klub ist das Programm nah an seiner Zielgruppe.
Telefon: (0 18 03) 012 013, **Fax:** (0 72 21) 929-37 49
E-Mail: dasding@dasding.de, **Internet:** www.dasding.de
Audiostream-Adresse: http://mp3-live.dasding.de/dasding_m.m3u
RDS: DASDING_
Empfang über Digitalradio (DAB): In Baden-Württemberg landesweit auf Kanal 8D, 9D und 11B Rheinland-Pfalz landesweit auf Kanal 11A.
Empfang über Satellit: DVB-S Radio, ASTRA 1 H, Transponder 93, Frequenz 12,266 GHz.

SWRinfo

In 15 Minuten garantiert Nachrichten, in 15 Minuten das Wichtigste erfahren, in 15 Minuten mindestens ein Thema gehört, das Sie besonders interessiert. Dazu Aktuelles aus der Wirtschaft und dem Sport jede Stunde neu.
Ergänzend bietet SWRinfo am Abend und am Wochenende Hintergrundsendungen aus den Bereichen: Politik, Medien, Umwelt und Gesellschaft. Der Sender ist live bei wichtigen Bundes- und Landtagsdebatten dabei sowie bei der Bundesliga und den großen Sportevents.
Telefon: (0 72 21) 929-260 12, **Fax:** (0 72 21) 929-260 15
Internet: www.swrinfo.de, **E-Mail:** swrinfo@swr.de

Audiostream-Adresse: http://mp3-live.swr.de/contra_m.m3u
RDS: SWRinfo_
Empfang über Digitalradio (DAB): In Baden-Württemberg landesweit auf Kanal 8D, 9D und 11B Rheinland-Pfalz landesweit auf Kanal 11A.
Empfang über Satellit: DVB-S Radio, ASTRA 1 H, Transponder 93, Frequenz 12,266 GHz.

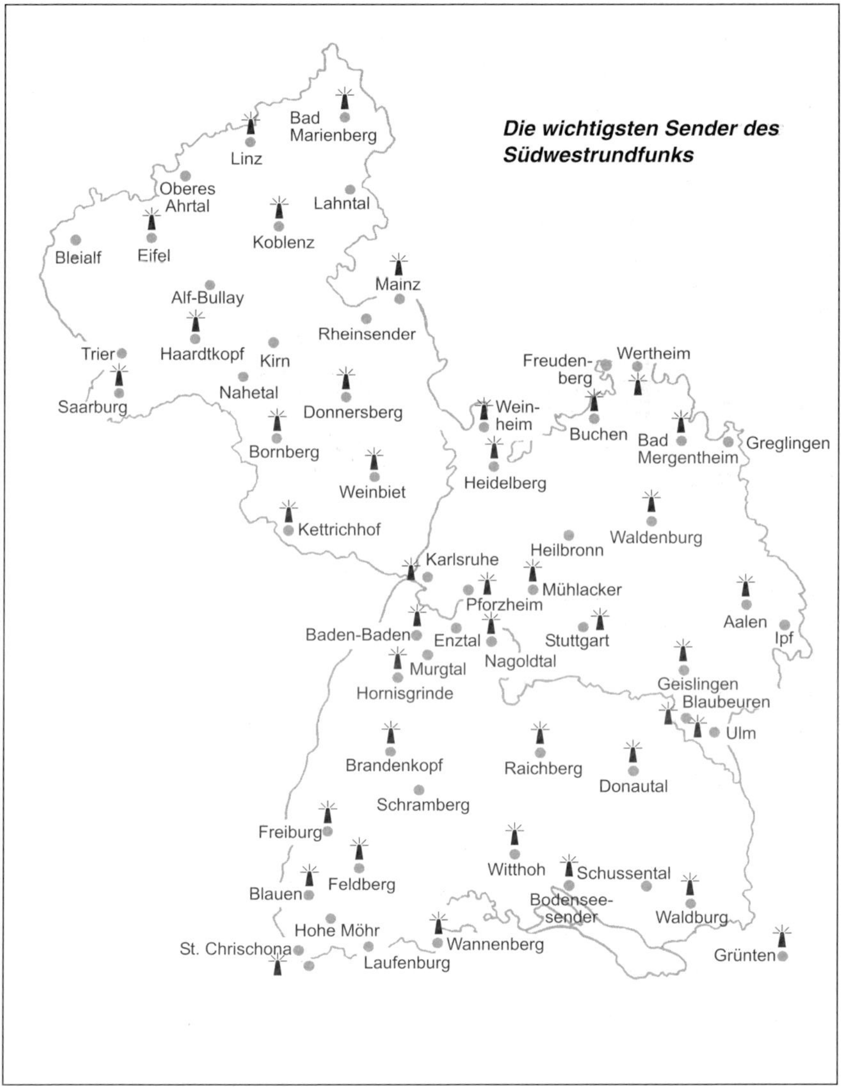

Die UKW-Hörfunksender:

Standort	Programm	MHz	kW	regional
Aalen	SWR1 BW	95,1	50,00	
	SWR2	91,1	50,00	
	SWR3	98,1	50,00	
	SWR4 BW	96,9	5,00	Schwaben
Alf-Bullay	SWR1 RP	99,5	0,01	
	SWR2	95,1	0,01	
	SWR3	92,6	0,01	
	SWR4 RP	97,2	0,05	Koblenz
Annweiler/Trifels	SWR4 RP	91,0	0,03	Ludwigshafen
Bad Kreuznach	SWR1 RP	98,2	0,05	
	SWR3	93,5	0,05	
	SWR4 RP	89,0	0,05	Mainz
	DASDING	90,9	0,05	
Bad Marienberg	SWR1 RP	89,8	25,00	
	SWR2	95,4	25,00	
	SWR3	92,8	25,00	
	SWR4 RP	106,3	25,00	Koblenz
	DASDING	91,3	0,20	
Bad Mergentheim	SWR1 BW	87,8	10,00	
	SWR2	93,2	10,00	
	SWR3	99,7	10,00	
	SWR4 BW	105,5	10,00	Franken
	DASDING	100,5	0,04	
Baden-Baden	SWR1 BW	90,9	0,80	
	SWR2	98,9	0,80	
	SWR3	99,6	0,40	
	SWR4 BW	88,5	0,40	Baden
	DASDING	91,7	0,50	
Blaubeuren	SWR1 BW	89,6	0,00	
	SWR2	97,9	0,00	
	SWR4 BW	96,4	0,00	Schwaben
Blauen	SWR1 BW	89,2	8,40	
	SWR2	92,6	8,40	
	SWR3	97,0	8,40	
Bleialf	SWR1 RP	88,3	0,01	
	SWR2	99,7	0,10	
	SWR3	98,9	0,10	
	SWR4 RP	94,6	0,10	Trier
Bornberg	SWR1 RP	90,8	25,00	
	SWR2	93,9	25,00	
	SWR3	97,5	25,00	
	SWR4 RP	99,6	0,50	Kaiserslautern
Brandenkopf	SWR1 BW	95,4	0,50	
	SWR3	99,7	0,50	

Standort	Programm	MHz	kW	regional
	SWR4 BW	97,6	0,10	Ortenau
Buchen-Walldürn	SWR1 BW	91,9	0,10	
	SWR2	97,1	0,10	
	SWR3	94,1	0,05	
	SWR4 BW	107,5	25,00	Kurpfalz
	DASDING	100,6	0,10	
Creglingen	SWR1 BW	89,8	0,01	
	SWR2	92,5	0,01	
	SWR3	97,2	0,01	
	SWR4 BW	94,9	0,01	Franken
Donautal	SWR1 BW	93,7	0,10	
	SWR3	92,8	0,10	
	SWR4 BW	87,6	0,10	Bodensee
Donnersberg	SWR1 RP	99,1	60,00	
	SWR2	92,0	60,00	
	SWR3	101,1	60,00	
	SWR4 RP	105,6	60,00	Kaiserslautern
Eberbach	SWR1 BW	93,3	0,01	
	SWR2	87,7	0,01	
	SWR3	91,2	0,01	
Eifel	SWR1 RP	91,1	8,00	
	SWR3	98,5	8,00	
	SWR4 RP	93,6	8,00	Trier
Elzach	SWR4 BW	101,8	0,10	Breisgau
Enztal	SWR1 BW	92,5	0,01	
	SWR2	98,0	0,01	
	SWR3	94,3	0,01	
Eyachtal	SWR4 BW	99,5	0,10	Tübingen
	DASDING	87,8	0,25	
Feldberg/Schwarzw.	SWR1 BW	89,8	5,00	
	SWR2	97,9	5,00	
	SWR3	93,8	5,00	
	SWR4 BW	104,0	5,00	Breisgau
Freiburg	SWR1 BW	107,0	0,10	
	SWR2	91,1	0,50	
	SWR3	99,2	0,50	
Freudenberg	SWR1 BW	90,3	0,01	
	SWR2	97,2	0,01	
	SWR3	94,9	0,01	
	SWR4 BW	91,6	0,01	Franken
Geislingen	SWR1 BW	93,0	0,50	
	SWR2	88,5	0,50	
	SWR3	95,5	0,50	
	SWR4 BW	107,9	0,10	Stuttgart
Giengen/Brenz	SWR1 BW	89,9	0,02	
	SWR2	87,8	0,02	
	SWR3	93,6	0,02	

Standort	Programm	MHz	kW	regional
	SWR4 BW	97,7	0,02	Schwaben
Grünten (Bayern)	SWR1 BW	98,7	30,00	
	SWR3	103,0	30,00	
Haardtkopf	SWR1 RP	97,7	50,00	
	SWR2	93,0	50,00	
	SWR3	90,0	50,00	
	SWR4 RP	107,1	25,00	Trier
Heidelberg/ Königstuhl	SWR1 BW	97,8	100,00	
	SWR2	88,8	100,00	
	SWR3	99,9	100,00	
	SWR4 BW	104,1	50,00	Kurpfalz
Heidenheim	SWR1 BW	87,6	0,01	
	SWR2	99,1	0,01	
	SWR3	97,6	0,01	
	SWR4 BW	89,8	0,01	Schwaben
Heilbronn	SWR4 BW	99,5	2,00	Franken
Hohe Möhr	SWR1 BW	87,6	0,10	
	SWR3	96,8	0,10	
	SWR4 BW	100,2	0,10	Hochrhein
Hornisgrinde	SWR1 BW	93,5	80,00	
	SWR2	96,2	80,00	
	SWR3	98,4	80,00	
	SWR4 BW	94,0	1,00	Ortenau
Idar-Oberstein	SWR4 RP	106,4	1,00	Trier
Ipf	SWR4 BW	94,1	0,05	Schwaben
Kaiserslautern	DASDING	92,5	0,25	
Kettrichhof	SWR1 RP	100,8	5,00	
	SWR3	107,2	5,00	
	SWR4 RP	104,2	5,00	Kaiserslautern
Kirn	SWR1 RP	96,4	0,01	
	SWR2	90,4	0,01	
	SWR3	93,3	0,01	
	SWR4 RP	106,1	0,10	Trier
Koblenz	SWR1 RP	96,1	10,00	
	SWR2	94,0	40,00	
	SWR3	91,6	40,00	
	SWR4 RP	107,4	40,00	Koblenz
	DASDING	99,4	0,20	
Kreuzweiler	SWR4 RP	97,3	0,30	Trier
Lahntal	SWR1 RP	88,4	0,01	
	SWR2	93,4	0,01	
	SWR3	98,2	0,01	
	SWR4 RP	87,9	0,10	Koblenz
Langenbrand	SWR1 BW	92,9	5,00	
Laufenburg (CH)	SWR1 BW	94,0	0,05	
	SWR2	91,4	0,05	

Standort	Programm	MHz	kW	regional
	SWR3	90,1	0,05	
Linz/Rhein	SWR1 RP	92,4	50,00	
	SWR3	94,8	50,00	
	SWR4 RP	97,4	50,00	Koblenz
Mainz	SWR1 RP	87,7	1,00	
	SWR2	103,2	1,00	
	SWR3	93,7	1,00	Mainz
	SWR4 RP	91,4	1,00	Mainz
Mainz-Kastel	DASDING	105,2	1,00	
Mannheim/Oststt.	DASDING	91,5	4,00	
Mötzingen/ Herrenberg	SWR4 BW	87,6	1,00	Stuttgart
	DASDING	90,5	1,00	
Mühlacker	SWR4 BW	95,7	2,00	Baden
Murgtal	SWR1 BW	89,1	0,05	
	SWR3	97,5	0,05	
Nagoldtal	SWR1 BW	97,4	0,01	
	SWR2	90,4	0,01	
	SWR3	99,5	0,01	
	SWR4 BW	89,0	0,01	Tübingen
Nahetal	SWR1 RP	88,5	0,01	
	SWR2	95,1	0,01	
	SWR3	98,1	0,01	
Nierstein	SWR4 RP	92,9	0,10	Mainz
	DASDING	98,4	0,25	
Oberes Ahrtal	SWR1 RP	88,5	0,01	
	SWR2	92,1	0,01	
	SWR3	99,4	0,01	
	SWR4 RP	93,3	0,01	Koblenz
Oberes Kinzigtal	SWR1 BW	90,8	0,10	
	SWR3	94,5	0,10	
	SWR4 BW	99,2	0,10	Ortenau
Oberes Murgtal	SWR4 BW	87,9	0,10	Ortenau
Oestrich-Winkel	SWR4 RP	88,6	0,50	Mainz
Pforzheim-Arlinger	SWR2	88,1	3,20	Baden
Pforzheim-Wartberg	SWR3	99,3	0,50	
	SWR4 BW	87,6	0,50	Baden
Raichberg	SWR1 BW	88,3	40,00	
	SWR2	91,8	40,00	
	SWR3	94,3	40,00	
	SWR4 BW	107,3	25,00	Tübingen
Rauenberg	SWR1 BW	95,1	0,01	
	SWR2	91,2	0,01	
	SWR3 (siehe*)	92,4	0,01	
Reutlingen	DASDING	97,7	2,00	
Rheinsender	SWR4 RP	94,9	5,00	Mainz
Rottweil	SWR4 BW	95,2	2,00	

Standort	Programm	MHz	kW	regional
Rüdesheim (Hess.)	SWR 2	99,4	0,10	
	SWR 3	93,3	0,10	
	SWR 4 RP	95,7	0,50	Mainz
Saarburg	SWR1 RP	99,2	5,00	
	SWR2	93,8	5,00	
	SWR3	90,6	5,00	
	SWR4 RP	101,2	20,00	Trier
Schliengen	SWR4 BW	96,6	0,10	Breisgau
Schramberg	SWR1 BW	89,4	0,01	
	SWR2	98,8	0,01	
	SWR3	91,2	0,01	
Schussental	SWR1 BW	99,0	0,10	
	SWR3	87,9	0,10	
	DASDING	107,2	0,10	
Schwäbisch-Gmünd	SWR4 BW	100,9	0,10	Schwaben
Sigmaringen	SWR4 BW	101,2	0,10	Bodensee
St. Chrischona (CH)	SWR1 BW	87,9	5,00	
	SWR2	92,0	5,00	
	SWR3	98,3	5,00	
	SWR4 BW	89,5	5,00	Hochrhein
Strasbourg (Frankr.)	SWR4 BW	88,9	1,00	Ortenau
Stuttgart-Degerloch	SWR1 BW	94,7	100,00	
	SWR2	105,7	80,00	
	SWR3	92,2	100,00	Stuttgart
	SWR4 BW	90,1	100,00	Stuttgart
	DASDING	90,8	5,00	
Stuttgart-Funkhs.	SWR1 BW	99,6	0,50	
	SWR2	93,1	0,20	Stuttgart
	SWR cont.ra	91,5	0,30	
Trier	SWR1 RP	94,9	0,10	
	SWR2	89,4	0,10	
	SWR3	98,2	0,10	
	SWR4 RP	98,8	0,10	Trier
	DASDING	91,7	0,30	
Tübingen	DASDING	97,3	2,00	
Ulm	SWR1 BW	92,6	10,00	
	SWR2	89,2	10,00	
	SWR3	97,4	10,00	
	SWR4 BW	94,5	10,00	Schwaben
	DASDING	98,9	1,00	
Unterhausen	SWR1 BW	99,1	0,10	
	SWR4 BW	89,0	0,10	Tübingen
Vaihingen/Enz	SWR2	98,6	0,10	
Villingen-Schwenn.	SWR4 BW	91,1	1,00	Villingen-Schwenningen
Vogtsburg	SWR4 BW	100,7	1,00	Breisgau
Waldburg	SWR2	94,9	60,00	

Standort	Programm	MHz	kW	regional
	SWR4 BW	91,2	25,00	Bodensee
Waldenburg	SWR1 BW	98,8	100,00	
	SWR2	93,8	100,00	
	SWR3	96,5	100,00	
	SWR4 BW	106,6	50,00	Franken
Wannenberg	SWR1 BW	95,1	2,60	
	SWR2	92,8	2,60	
	SWR3	98,5	2,60	
	SWR4 BW	87,7	2,60	Hochrhein
Wattkopf	SWR4 BW	97,0	20,00	Baden
Weinbiet	SWR1 RP	89,9	25,00	
	SWR2	102,2	25,00	
	SWR4 RP	95,9	25,00	Ludwigshafen
Weinheim	SWR1 BW	97,1	0,04	
	SWR3	99,5	0,04	Heidelberg
	SWR4 BW	100,7	0,10	Kurpfalz
Wertheim	SWR1 BW	96,9	0,10	
	SWR2	91,8	0,10	
	SWR3	94,6	0,10	
	SWR4 BW	101,2	0,10	Franken
Wiesensteig	SWR1 BW	90,6	0,01	
	SWR2	97,2	0,01	
	SWR3	99,3	0,01	
Witthoh	SWR1 BW	92,4	40,00	
	SWR2	90,4	40,00	
	SWR3	97,1	40,00	
	SWR4 BW	89,0	5,00	Bodensee
Wittigbachtal	SWR1 BW	92,4	0,05	
	SWR3	94,1	0,05	
	SWR4 BW	90,4	0,05	Franken
Worms	DASDING	94,0	1,00	geplant
Zweibrücken	SWR4 RP	90,5	0,20	Kaiserslautern

* Bei Rennveranstaltungen auf dem Hockenheimring werden auf der Frequenz 92,4 MHz das SWR 3 Renn-Radio (**RDS:** SWR3-HOC), DTM-Live (**RDS:** DTM-Live) oder andere Veranstaltungsprogramme ausgestrahlt.

Westdeutscher Rundfunk Köln (WDR)

Appellhofplatz 1, 50667 Köln
Postanschrift: WDR, 50600 Köln
Telefon: (02 21) 220-0, Fax: (02 21) 220-48 00
Technische Information: Telefon: (02 21) 5 67 89 090 (Mo-Fr 9-17)
Verkehrsinfo: Sprachserver (02 21) 16 80 30 50
Internet: www.wdr.de, **E-Mail:** redaktion@wdr.de

Videotext: WDR-Text, Seite 400, Frequenzübersichten auf Seite 483
Programmheft: Vom WDR gibt es verschiedene Programminformationen, je nach Interessen. Bitte anfragen!
Shop: Ein großes Sortiment an Artikeln bietet Maus & Co., Der Laden mit der Maus, WDR-Arkaden, Breite Straße 6-26, 50667 Köln, www.wdrshop.de.

Die Programme:

1LIVE

1LIVE ist das junge WDR-Radio. Authentisch, überraschend, unangepasst und multimedial prägt 1LIVE die Popkultur im Sektor. Die Mischung aus aktueller und progressiver Musik, originellen Aktionen, schrägen Comedys, kompetenter Information, preisgekrönten Hörspielen und Reportagen kommt gut an: Mit 3,6 Millionen Hörerinnen und Hörern bundesweit gehört 1LIVE zu den meistgehörten Radios in Deutschland (MA Radio 2013/II).
Telefon: (02 21) 5 67 89 111, **Fax:** (02 21) 5 67 89 110
E-Mail: 1live@wdr.de, **Internet:** www.einslive.de
Audiostream-Adresse: http://www.wdr.de/wdrlive/media/einslive.m3u
RDS: _1LIVE__
Empfang über Digitalradio (DAB+): Landesweit auf Kanal 11D.
Empfang über Satellit: DVB-S Radio, ASTRA 1 M, Transponder 93, Frequenz 12,266 GHz, Symbolrate 27500, FEC 3/4

Thorsten Schorn im 1LIVE-Studio. (Bild: WDR/Annika Fußwinkel).

Tom Buhrow, der neue Intendant des WDR. (Bild: WDR/ Claus Langer)

Luftaufnahme mit WDR-Gebäuden in der Kölner Innenstadt:
In der linken unteren Bildhälfte das helle, langgestreckte Vierscheibenhaus.
An seinem hinteren Ende rechts die WDR-Arkaden, links das Filmhaus und, mit dem blauen WDR-Signet am Rand des Daches, das Archivhaus.
In Richtung Dom schließen sich das Studio- und Sendestraßengebäude "Rechtschule" und das Quartier des WDR-Radios, das Funkhaus am Wallrafplatz an.
Dahinter Dom, Hauptbahnhof und Rhein. (Bild: WDR/Herby Sachs)

1LIVE diGGi

1LIVE diGGi ist das digitale Zusatzangebot von 1LIVE. Über Digitalradio und sämtliche Radio-Apps gibt es die Highlights aus dem 1LIVE Programm, präsentiert von den jüngsten Stimmen im Sektor. Dazu die neueste Musik aus den Bereichen Pop, HipHop und Dance, ausgewählt von der 1LIVE-Musikredaktion. Die 1LIVE Infos bringen die Hörer stündlich auf den aktuellsten Stand der Dinge. Und Werbung gibt's zu keiner Zeit.

Empfang über Digitalradio (DAB+): Landesweit auf Kanal 11D.

Empfang über Satellit: DVB-S Radio, ASTRA 1 M, Transponder 93, Frequenz 12,266 GHz, Symbolrate 27500, FEC 3/4

WDR 2. Der Sender

Das Radioprogramm für die Menschen in Nordrhein-Westfalen. WDR 2 informiert immer aktuell, kompetent und auf den Punkt - über alles Wissenswerte aus NRW, Deutschland und der Welt. Mit erwachsener Rock- und Popmusik und gut gemachter Unterhaltung mit Köpfchen führt WDR 2 durch den Tag und lässt die Hörerinnen und Hörer mit ihren Meinungen und Erfahrungen zu Wort kommen. Zur halben Stunde melden sich die Nachrichten aus den WDR 2 Studios im Land mit Informationen aus der unmittelbaren Region. Am Wochenende ist die legendäre Bundesliga-Konferenz Kult: „WDR 2 Liga Live" holt freitags, samstags und sonntags die Fußball-Stadien nach Hause. Aktuelle Information, gute Musik und Nähe zu den Menschen in NRW. WDR 2 gehört seit jeher zu den meistgehörten Radioprogrammen Deutschlands.

Telefon: (02 21) 5 67 89 222 (Mo-Fr 6-23 Uhr Sa/So 8-22 Uhr), **Fax:** (02 21) 5 67 89 220, **Staunummer:** (02 21) 16 80 30 50, **Tickethotline:** (02 21) 5 67 89 022
E-Mail: wdr2@wdr.de, **SMS**: 8802, **Internet:** www.wdr2.de
Sie finden WDR 2 auch auf **Twitter** und **Facebook.**
Audiostream-Adresse: http://www.wdr.de/wdrlive/media/wdr2.m3u
RDS: WDR_2___
Bei Regionalsendungen:

Aachen	WDR_2_AC
Bielefeld	WDR_2_BI
Dortmund	WDR_2_DO
Rhein-Ruhr	WDR_2_RR
Köln	WDR_2_K_
Münster	WDR_2_MS
Siegen	WDR_2_SI
Wuppertal	WDR_2_W_

Über die Senderkette von WDR 2 werden zu bestimmten Zeiten auch kurze regionale Fensterprogramme ausgestrahlt. In der Senderliste ab Seite 90 ist in der Spalte „regional" vermerkt, aus welcher Stadt das Programm kommt.

Empfang über Digitalradio (DAB+): Landesweit auf Kanal 11D. In Berlin auch auf Kanal 7D.

Empfang über Satellit: DVB-S Radio, ASTRA 1 M, Transponder 93, Frequenz 12,266 GHz, Symbolrate 27500, FEC 3/4, POL. H.

WDR 3. Radiokultur
Das Spektrum von WDR 3 ist so breit wie das Spektrum der Kultur insgesamt. Das Kulturradio des WDR kombiniert beste Musik mit anspruchsvollem Wort und aktueller Kulturinformation. Im Mittelpunkt steht dabei die klassische Musik in all ihren Formen. Darüber hinaus gibt es Radiokunst und Feuilleton. WDR 3 ist ein aktuelles Radio für Kultur- und Musikinteressierte in NRW: Neugierige finden Anregung, Zuhörer lassen sich verwöhnen, Genießer erfreuen sich an großartiger Klangkunst und kompetenter Moderation.
Telefon: (02 21) 5 67 89 333, **Fax:** (02 21) 5 67 89 330
E-Mail: wdr3@wdr.de, **Internet:** www.WDR3.de
Audiostream-Adresse: http://www.wdr.de/wdrlive/media/wdr3.m3u
RDS: WDR_3___
Empfang über Satellit: DVB-S Radio, ASTRA 1 M, Transponder 93, Frequenz 12,266 GHz, Symbolrate 27500, FEC 3/4, POL. H.

WDR 4 – Melodien für ein gutes Gefühl!
Das Tages-Begleitprogramm mit abwechslungsreicher Mischung internationaler und deutscher Hits und Oldies - Lieblingslieder für aktive, lebenszugewandte Hörerinnen und Hörer. Die Musik spielt die Hauptrolle bei WDR 4. Dazu kommen Geschichten aus der Lebenswelt NRW, Hintergrundinformationen und nützliche Tipps für den Alltag. O-Ton-Nachrichten mit Korrespondentenberichten öffnen das Fenster zur Welt und ordnen aktuelle Geschehnisse ein. Regionale Wetterinformationen und regionalisierte Veranstaltungstipps sind ein besonderer Service. Quiz und Spiele lockern den Alltag auf. Der Abend bei WDR 4 bietet den Liebhabern verschiedener Musikgenres wie Chanson, Beat, Jazz oder Operette eine Heimat. WDR 4 – für ein gutes Gefühl!
Hörertelefon: (02 21) 5 67 89 444 (tägl. 8-23 Uhr), **Fax:** (02 21) 5 67 89 440
E-Mail: wdr4@wdr.de, **Internet:** www.WDR4.de
Audiostream-Adresse: http://www.wdr.de/wdrlive/media/wdr4.m3u
RDS: WDR_4___
Empfang über Satellit: DVB-S Radio, ASTRA 1 M, Transponder 93, Frequenz 12,266 GHz, Symbolrate 27500, FEC 3/4, POL. H.

WDR 5
Das anspruchsvolle Wort- und Informationsprogramm für Vordenker und Nachdenker. WDR 5 bietet aktuelle Informationen und Hintergrund aus Politik, Wirtschaft, Kultur und Wissenschaft. Engagierte Hörerdiskussionen, spannende Hörspiele, intelligentes Kabarett, Service-Angebote und ein in der deutschen Radiolandschaft einzigartiges Kinderprogramm – der Tag bei WDR 5 ist randvoll mit gutem Journalismus und niveauvoller Unterhaltung. Mit dem umfangreichen Podcast- Angebot können die Hörerinnen und Hörer die Sendezeit zahlreicher WDR 5 Beiträge und Sendungen selbst bestimmen, die rund um die Uhr auf Abruf zur Verfügung stehen. Und für alle, die ihre Lieblingssendung tagsüber nicht hören konnten, bietet WDR 5 nachts

noch einmal das Beste aus dem Programm.
Telefon: (02 21) 5 67 89 555, **Fax:** (02 21) 5 67 89 550
E-Mail: wdr5@wdr.de, **Internet:** www.WDR5.de
Audiostream-Adresse: http://www.wdr.de/wdrlive/media/wdr5.m3u
RDS: WDR_5___
Empfang über Digitalradio (DAB+): Landesweit auf Kanal 11D.
Empfang über Satellit: DVB-S Radio, ASTRA 1 M, Transponder 93, Frequenz 12,266 GHz, Symbolrate 27500, FEC 3/4, POL. H.

FUNKHAUS EUROPA. Die besten Sounds der Welt
Hier schlägt der musikalische Puls der Welt – Tagsüber mit ausgewähltem Global Pop, abends und am Wochenende mit einem Angebot für Neugierige und Fortgeschrittene. Funkhaus Europa ist Taktgeber des kosmopolitischen Lebensgefühls für Menschen aus über 180 Nationen, die in Nordrhein-Westfalen, Bremen und Berlin leben. Und Funkhaus Europa setzt Akzente: Tagsüber in Deutsch, abends, nachts und am Wochenende gibt es in 14 weiteren Sprachen das, was niemand sonst bietet: die beste Musik der Welt und die neuesten Geschichten aus dem globalen Dorf.
Telefon: (02 21) 5 67 89 777 (Mo-Fr 6-21, Sa 8-20, So 8-21 Uhr), **Fax:** (02 21) 5 67 89 770
E-Mail: funkhauseuropa@wdr.de, **Internet:** www.funkhauseuropa.de
Audiostream-Adresse: http://www.wdr.de/wdrlive/media/fhe.m3u
RDS: WDR_____, Funkhaus, Europa__ (im Wechsel)
Empfang über Digitalradio (DAB+): Landesweit auf Kanal 11D.
Empfang über Satellit: DVB-S Radio, ASTRA 1 M, Transponder 93, Frequenz 12,266 GHz, Symbolrate 27500, FEC 3/4, POL. H.

WDR INFO
ist der Datendienst des WDR mit visuellen Informationen. Er bringt laufend aktualisierte Meldungen in den Rubriken „Nachrichten/Wetterbericht für NRW“, „Verkehrslage in NRW“, „Flughafeninformationen NRW“ und „Verbrauchertipps“ sowie die Rubrik „Wissen im Radio: Die Lernzeit-Tipps“. Dort findet man Programmhinweise zu sämtlichen Informations- und Wissenssendungen im WDR-Hörfunk. WDR info kann ausschließlich über DAB-Empfänger mit Display empfangen werden.
Empfang über Digitalradio (DAB+): Landesweit auf Kanal 11D.

WDR VERA
Der WDR-Verkehrskanal ermöglicht jederzeit einen aktuellen Überblick über die Verkehrslage in NRW. VERA ist ein vom WDR entwickelter sprechender Computer (Verkehr in Real Audio), der sich durch die erstklassige Sprachqualität deutlich von anderen, synthetisch erzeugten akustischen Verkehrshinweisen absetzt.
VERA bekommt aus der WDR-Verkehrsredaktion automatisch alle erstellten Verkehrsmeldungen, sucht sich die entsprechenden Audiodateien dazu und spielt die daraus zusammengesetzten Verkehrshinweise dann im DAB ab. Wer

die vielen Verkehrshinweise nicht mehr hören will, kann sie auch nachlesen und auf Stautafeln anschauen, vorausgesetzt das DAB-Radio verfügt über einen Monitor.
Empfang über Digitalradio (DAB+): Landesweit auf Kanal 11D.
Empfang auf Mittelwelle: Über die Sender Bonn (774 kHz) und Langenberg (720 kHz).

KiRaKa - Kinderradio von früh bis spät
KiRaKa, der WDR-Kinderradiokanal, ist zu hören im Digitalradio über DAB, Satellit und natürlich auch im Internet. Von 6 Uhr morgens bis 22 Uhr abends informiert und unterhält das Programm Kinder mit dem Besten, was WDR 5 KiRaKa und BÄRENBUDE zu bieten haben. Dazu gibt es zwischen 12 und 17 Uhr aktualisierte KLICKER-Nachrichten und Erklärstücke. Bis mittags richtet sich der KiRaKa an jüngere Kinder. Der Nachmittag gehört den Grundschülern. Zwischen 18 und 19 Uhr ist BÄRENBUDEN-Zeit und anschließend gibt es noch mal die Höhepunkte des Tages für KiRaKa -Fans. Abgerundet wird das Programmangebot mit viel Musik aus allen Stil- und Geschmacksrichtungen, die Kinder mögen, darunter sowohl anspruchsvolle Kinderlieder und Klassik, aber natürlich auch die angesagten Hits.
Telefon: (08 00) 220 55 55
E-Mail: kiraka@wdr.de, **Internet:** www.kiraka.de
Audiostream-Adresse: http://www.wdr.de/wdrlive/media/kiraka.m3u
Empfang über Digitalradio: Im DAB+-Modus landesweit auf Kanal 11D.

WDR EVENT
WDR Event berichtet über ausgewählte Sportereignisse, Debatten aus dem Bundestag und herausragende kulturelle Events. Allerdings nicht rund um die Uhr, sondern nur für die Dauer der Veranstaltungen. So können Sie Fußball-Höhepunkte erleben oder in den Parlamentswochen spezielle Debatten aus dem Bundestag verfolgen. Zwischen zwei Veranstaltungen hören Sie auf WDR Event „Stille“. Damit Sie keine Veranstaltung verpassen, verweist WDR Event in seinem Programmführer und auf seiner Internetseite immer auf die nächste Sendung.
Empfang über Digitalradio (DAB+): Landesweit auf Kanal 11D
Empfang über Satellit: DVB-S Radio, ASTRA 1 M, Transponder 93, Frequenz 12,266 GHz, Symbolrate 27500, FEC 3/4, POL. H.
Empfang auf Mittelwelle: Über die Sender Bonn (774 kHz) und Langenberg (720 kHz).

Die UKW-Hörfunksender:

Standort	Programm	MHz	kW	regional
Aachen-Stolberg	1LIVE	106,4	20,00	
	WDR 2	100,8	20,00	Aachen
	WDR 3	95,9	20,00	
	WDR 4	93,9	20,00	
	WDR 5	101,9	20,00	
Arnsberg	1LIVE	96,0	0,10	
	WDR 2	99,4	0,10	Siegen
	WDR 3	97,5	0,10	
	WDR 4	91,7	0,10	
	WDR 5	88,5	0,10	
Bad Oeynhausen	1LIVE	107,7	0,10	
	WDR 2	99,1	0,10	Bielefeld
	WDR 3	92,7	0,10	
	WDR 4	90,1	0,10	
	WDR 5	87,7	0,10	
Bergheim (Ville)	WDR 2	88,4	0,50	Köln
Bonn	1LIVE	102,4	50,00	

Die wichtigsten Sender des Westdeutschen Rundfunks

Standort	Programm	MHz	kW	regional
	WDR 2	100,4	50,00	Köln
	WDR 3	93,1	35,00	
	WDR 4	90,7	18,00	
	WDR 5	88,0	35,00	
Dortmund	WDR 2	87,8	2,00	Dortmund
Ederkopf	1LIVE	107,2	15,00	
	WDR 2	101,8	15,00	Siegen
	WDR 4	100,7	15,00	
	WDR 5	95,8	20,00	
Eifel-Bärbelkreuz	1LIVE	105,5	20,00	
	WDR 2	101,0	20,00	Aachen
	WDR 3	96,3	10,00	
	WDR 4	104,4	20,00	
	WDR 5	89,6	10,00	
Hallenberg	1LIVE	105,7	0,10	
	WDR 4	96,1	0,10	
	WDR 5	88,3	0,10	
Hohe Warte	WDR 2	91,8	10,00	Wuppertal
Höxter	1LIVE	107,3	0,50	
	WDR 2	96,4	0,50	Bielefeld
	WDR 3	95,2	0,50	
	WDR 4	87,8	0,50	
	WDR 5	93,9	0,50	
Ibbenbüren	1LIVE	102,5	0,50	
	WDR 2	96,0	0,50	Münster
	WDR 3	97,3	0,50	
	WDR 4	99,5	0,50	
	WDR 5	88,5	0,50	
Kleve	1LIVE	103,7	2,00	
	WDR 2	93,3	2,00	Dssd/Essen
	WDR 3	97,3	2,00	
	WDR 4	101,7	2,00	
	WDR 5	99,7	2,00	
Köln	1LIVE	87,6	0,30	
	WDR 2	98,6	0,50	Köln
Langenberg	1LIVE	106,7	80,00	
	WDR 2	99,2	100,00	Dssd/Essen
	WDR 3	95,1	100,00	
	WDR 4	101,3	100,00	
	WDR 5	88,8	100,00	
	Funkhs Europa	103,3	100,00	
Lübbecke	1LIVE	93,6	0,10	
	WDR 2	96,0	0,10	Bielefeld
	WDR 3	91,7	0,10	
	WDR 4	99,6	0,10	
	WDR 5	88,6	0,10	
Monschau	1LIVE	99,7	0,05	
	WDR 2	94,2	0,05	Aachen
	WDR 3	98,2	0,05	

Standort	Programm	MHz	kW	regional
	WDR 4	91,9	0,05	
	WDR 5	87,7	0,05	
Münster	1LIVE	107,9	25,00	
	WDR 2	94,1	25,00	Münster
	WDR 3	89,7	25,00	
	WDR 4	100,0	25,00	
	WDR 5	92,0	25,00	
Nordhelle	1LIVE	104,7	35,00	
	WDR 2	93,5	35,00	Siegen
	WDR 3	98,1	35,00	
	WDR 4	103,8	35,00	
	WDR 5	90,3	35,00	
Olsberg	1LIVE	107,0	10,00	
	WDR 2	102,1	10,00	Siegen
	WDR 4	104,1	10,00	
	WDR 5	98,6	10,00	
Remscheid	WDR 2	95,7	1,00	Wuppertal
Schmallenberg	1LIVE	100,1	0,10	
	WDR 2	93,8	0,10	Siegen
	WDR 3	97,8	0,10	
	WDR 4	101,1	0,10	
	WDR 5	90,0	0,10	
Siegen	1LIVE	107,5	0,50	
	WDR 2	97,1	0,50	Siegen
	WDR 3	98,4	1,00	
	WDR 4	101,2	0,50	
	WDR 5	97,6	1,00	
Teutoburger Wald	1LIVE	105,5	100,00	
	WDR 2	93,2	100,00	Bielefeld
	WDR 3	97,0	100,00	
	WDR 4	100,5	100,00	
	WDR 5	90,6	100,00	
Warburg	1LIVE	98,2	0,50	
	WDR 2	91,8	0,50	Bielefeld
	WDR 3	94,3	0,50	
	WDR 4	104,5	0,50	
	WDR 5	88,4	0,50	
Wittgenstein	WDR 2	92,3	15,00	Siegen
	WDR 3	88,7	15,00	
Wuppertal	WDR 2	99,8	1,00	Wuppertal

Die Mittelwellensender:

Standort	kHz	kW	Programm
Bonn	774	5	WDR 2 u. Sondersendungen
Langenberg	720	65	WDR 2 u. Sondersendungen
Langenberg	1593	10	KIRAKA (6 – 22 Uhr), 1LIVE diggi (22 – 6 Uhr)

Der Sender Langenberg strahlt auf 1593 kHz im DRM-Modus.

Privater Rundfunk

Im Gegensatz zum öffentlich-rechtlichen Rundfunk, dem nach der Verfassung ein Sendeauftrag zukommt, arbeiten private Rundfunksender nach rein kommerziellen Gesichtspunkten. Ihre Finanzierung erfolgt nicht durch Gebühren, sondern durch Werbeeinnahmen. Daher halten die Sender für ihre Hörer aus Kostengründen so gut wie keine zusätzlichen Informationen in gedruckter Form bereit. Die meisten von Ihnen suchen aber durch vielfältige Veranstaltungen den Kontakt zum Hörer in ihrer Region oder Stadt, bei denen man dann doch das eine oder andere Informationsmaterial über den Sender ergattern kann. Technische Informationen wie bei den öffentlich-rechtlichen Radios sucht man allerdings vergebens.

Programme:

Hinsichtlich der Programminhalte ist bei allen Sendern die klare Entwicklung hin zum Formatradio nach US-amerikanischem Stil unverkennbar. Hier haben sich bei den Sendern im wesentlichen drei Gruppen durchgesetzt: Fast die Hälfte der Radiosender favorisiert ein mehr oder weniger abgewandeltes sogenanntes AC-Format, also gängige, weitbeliebte Popmusik und Unterhaltungsmusik für Erwachsene. Die zweitgrößte Gruppe sendet Melodie-Formate vorwiegend für die mittlere und ältere Hörerschaft. Das Verhältnis Wort zu Musik ist bei beiden ca. 30:70 (zum Wort zählen allerdings auch die Werbung und die Verkehrshinweise!). Hauptsächlich in den Großstädten wie Berlin, Hamburg oder München gibt es als drittgrößte Gruppe Anbieter mit dem jugendlichen CHR-Format, also moderne Musikrichtungen, aber auch weitere Formate bis hin zu Talk, Info oder Klassik.

Eine andere Unterteilung ist die in Vollprogramme und Spartenprogramme. Zu den Vollprogrammen zählen in erster Linie die AC- und Melodie-Format-Programme, da sie auf das Massenpublikum abzielen. Alle anderen sind dagegen zwar noch keine Minderheitenprogramme, aber aufgrund ihrer engeren Musikauswahl, mit der sie nur einen geringeren Anteil der Bevölkerung ansprechen, Spartenprogramme.

Landesmedienbehörden:

Der private Rundfunk fällt unter die Kulturhoheit der einzelnen Bundesländer. Dort gibt es Landesmedienbehörden, die die Privatsender lizenzieren und für die Frequenzvergabe zuständig sind. Einige Privatsender haben in mehreren Bundesländern Lizenzen für die terrestrische Verbreitung erhalten und senden daher auch in mehreren Bundesländern gleichzeitig. Andere gehören zwar unter das gleiche Dach, sind aber lizenzrechtlich dazu angehalten, verschiedene Programme zu senden. Hier die Übersicht zu behalten, ist nicht immer ganz einfach, da man beim einfachen Hören des Programms davon überhaupt nichts merkt.

Zur Koordinierung und Abstimmung grundsätzlicher, länderübergreifender Fragen arbeiten die 14 Landesmedienanstalten im Rahmen der Arbeitsgemeinschaft der Landesmedienanstalten in der Bundesrepublik Deutschland (ALM) zusammen. Das Ganze erfolgt unter dem Dach der Direktorenkonferenz der Landesmedienanstalten (DLM). Der Vorsitz der ALM/DLM liegt gegenwärtig bei der Medienanstalt Nordrhein-Westfalen in Düsseldorf..

Kurzbezeichnung	Anteil in %	Unterformat	Langbezeichnung	Anzutreffen bei deutschen Privatsendern
AC	59,6	Allg. AC	Adult Contemporary	80
		Oldiebased AC		17
		Germanbased		2
		Eurobased AC		16
		Gold AC		5
		Hot AC		12
		Soft AC		3
		Mainstream AC		2
CHR	17,0	CHR	Contemporary Hit Radio	19
		AC/CHR		2
		Young CHR		13
		Dance orientiertes CHR		4
		Rockbased CHR		1
Rock	3,0	Rockbased AC		1
		AOR	Album Oriented Rock (auch	
			"Classic Rock" genannt)	6
MOR	1,7		Middle of the Road	4
UC	5,2		Urban Contemporary	12
Klassik	0,4			1
Jazz	1,7			4
Klassik/Jazz	0,4			1
Oldies/Schlager	1,7			4
Volksmusik	0,9			2
Fremdsprachige	1,7			4
Sonstige	6,5	Religion		6
		Sonstige (zum Beispiel News/Talk/Info)		9
Summe	100,0			230

Die Programmformate der deutschen Privatsender.

Rundfunk der dritten Art

Neben dem öffentlich rechtlichen Rundfunk und dem kommerziellen Rundfunk gibt es in Deutschland eine dritte Art Rundfunk, unter die folgende Rundfunksender fallen:

- Offene Kanäle (OK),
- Nichtkommerzieller Lokalrundfunk (NKL),
- Veranstaltungsrundfunk und
- Einrichtungsrundfunk.

Offene Kanäle (auch „Bürgerfunk“ genannt) verfügen über ein Hörfunkstudio in der Trägerschaft der jeweiligen Landesmedienanstalt oder eines Vereins, der der Landesmedienanstalt durch eine Rundfunklizenz verbunden ist. Jedermann hat die Möglichkeit, dort Sendungen zu gestalten, zu produzieren und im Kabel oder terrestrisch zu verbreiten. Es gilt das Prinzip der Warteschlange: Wer zuerst kommt, hat den ersten Zugriff auf die technischen Einrichtungen und die Sendezeit.

Die Nutzung des Studios und aller sonstigen technischen Einrichtungen ist in der Regel kostenlos. Die Beiträge dürfen deshalb auch keine Werbung enthalten.

Nichtkommerzieller Lokalrundfunk (NKL) ist eine Art Zwitter zwischen den kommerziell geführten Privatsendern und den Offenen Kanälen. Während Offene Kanäle nur für wenige Stunden am Tag oder in der Woche senden, arbeiten nichtkommerzielle Radios auf den ihnen zugeteilten Frequenzen so lange sie möchten. Sie können Werbung ausstrahlen, müssen aber gegenüber den Landesmedienanstalten erklären, dass sie damit keinen Gewinn erwirtschaften.

Veranstaltungsrundfunksender arbeiten nur anläßlich von größeren Ereignissen. Das können Sportveranstaltungen sein (siehe Radio Nürburgring oder Radio Hockenheimring), große Volksfeste oder auch kirchliche Veranstaltungen.

Unter die Rubrik des Einrichtungsrundfunks fallen Einrichtungen wie Hochschul- oder auch Schulungssender (siehe Ausbildungs- und Fortbildungskanal München [AFK]). Darüber hinaus gibt es auf UKW betriebene Sender, die von Kirchen betrieben werden. Außerdem gibt es legal betriebene Kleinst-UKW-Sender in Autokinos. Auf diese Weise können die Kinobesucher den Kinoton statt über einen an einer Leitung hängenden Lautsprecher über die ohnehin in jedem Auto vorhandene Stereoanlage mitverfolgen. Wegen der sehr niedrigen Leistungen dieser Sender wird auf eine detaillierte Auflistung verzichtet.

Baden-Württemberg

Landesanstalt für Kommunikation Baden-Württemberg (LFK)
Reinsburgstraße 27, 70178 Stuttgart
Telefon: (07 11) 66 99 1-0, Fax: (07 11) 66 99 1-11
Internet: www.lfk.de, **E-Mail:** info@lfk.de

Landesanstalt für Kommunikation Baden-Württemberg

Im Jahr 2011 begann in Baden-Württemberg die vierte, dieses Mal in einigen Fällen nur bis zum 31.12.2015 befristete Lizenzperiode. Sie sieht drei Bereichssendergebiete vor, die von *Radio Regenbogen* (Region 1), *ANTENNE 1* (Region 2) und *Radio 7* (Region 3) abgedeckt werden. Außerdem gibt es 13 lokale Verbreitungsgebiete.

Bundesweiter Hörfunk

sunshine live

Hafenstraße 68-72, 68159 Mannheim
Telefon: (06 21) 181 91-0, Fax: (06 21) 181 91-100
Internet: www.sunshine-live.de, **E-Mail:** radio@sunshine-live.de
RDS: sunshine
Format: Dance, House, Trance, Techno
Claim: sunshine live - wir sind unter euch
Empfang über Digitalradio (DAB): Bundesweit auf Kanal 5A oder 5C.
Empfang über Satellit: Über ASTRA (DVB-S). Details siehe SAT-Tabelle.

wir sind unter euch

Bundesland	UKW-Sender	MHz	kW
Baden-Württemberg	Heidelberg	106,1	1,0
	Mudau	102,1	25,0
	Stuttgart	104,9	1,0
	Weinheim	107,7	0,1
	Wiesloch	107,1	0,1

Landesweiter Hörfunk

bigfm

Dudenstraße 12-26, 68167 Mannheim
Telefon: (06 21) 33 75-0, Fax: (06 21) 33 75-299 (Managementstandort)
Kronenstraße 24, Im Zeppelin-Carré, 70173 Stuttgart
Telefon: (07 11) 284 20-0, Fax: (07 11) 284 20-490 (Produktionsstandort)
Internet: www.big-fm.de, **E-Mail:** info@big-fm.de
RDS: _big_FM_
Format: CHR/Urban
Claim: bigFM - Der neue Beat

UKW-Sender	MHz	kW
Aalen-Heubach	105,1	0,30
Baden-Baden	103,8	2,00
Freiburg-Littenw.	102,8	0,50
Heidelberg	90,9	0,10
Heilbronn	104,7	0,20
Horb	92,7	1,00
Langenbrand	105,2	20,00
Lauterstein	100,3	5,00
Mannheim	87,8	1,00
Rottweil	99,0	0,50
Sinsheim	97,2	0,50
Stuttgart	89,5	10,00
Tübingen	89,7	1,00
Ulm	99,7	1,00

Bereichsweiter Hörfunk

ANTENNE 1

Plieninger Straße 150, 70567 Stuttgart
Telefon: (07 11) 72 72 72, Fax: (07 11) 72 72 2-385
Internet: www.Antenne1.de, **E-Mail:** info@Antenne1.de
RDS: ANTENNE1
Format: Hot AC (Aktuelle Hits – Pop, Rock, Dance)

UKW-Sender	MHz	kW
Bad Mergentheim	106,0	0,10
Balingen-Frommern	105,4	0,30
Bad Urach	89,3	0,03
Geislingen	105,4	1,00
Heilbronn	89,1	0,50
Langenburg	100,1	50,00
Leonberg	106,9	0,10
Pforzheim	107,0	1,00
Raichberg	103,4	50,00
Reutlingen	103,1	0,10
Stuttgart	101,3	75,00
Wertheim	89,5	0,10

Regionalstudios:
Mittlerer Neckar, Plieninger Straße 150, 70567 Stuttgart
Telefon: (07 11) 7 27 27-380, Fax: (07 11) 7 27 27-385
Pforzheim/Enzkreis, Kiehnlestraße 24, 75172 Pforzheim
Telefon: (0 72 31) 31 95-0, Fax: (0 72 31) 31 95-22
Heilbronn/Hohenlohe, Kilianstraße 2, 74072 Heilbronn
Telefon: (0 71 31) 78 86-0, Fax: (0 71 31) 78 86-78
Reutlingen/Schwarzwald, Burgplatz 5, 72764 Reutlingen
Telefon: (0 71 21) 99 35-0, Fax: (0 71 21) 99 35-25

Die Regionalsender in Baden-Württemberg. © Landesanstalt für Kommunikation Baden-Württemberg

Radio 7

Gaisenbergstraße 29, 89073 Ulm
Telefon: (07 31) 14 77-0, Fax: (07 31) 14 77-122
Internet: www.radio7.de**, E-Mail:** hoererservice@radio7.de
RDS: RADIO_7_
Format: AC Hitradio-Format
Claim: Die beste Musik im Süden

UKW-Sender	MHz	kW
Aalen	103,7	50,0
Iberger Kugel	105,0	50,0
Schussental	96,9	0,1
Ulm-Donautal	90,0	0,3
Ulm-Ermingen	101,8	10,0
Villingen-Schw.	101,2	0,1
Witthoh	102,5	40,0

Regionalstudios:
Gmünder Straße 4, 73430 Aalen
Telefon: (0 73 61) 96 76-0, Fax: (0 73 61) 96 76-38
Charlottenstraße 21, 88212 Ravensburg
Telefon: (07 51) 3 66 53-0, Fax: (07 51) 3 66 53-25
Königstraße 4, 78532 Tuttlingen
Telefon: (0 74 61) 17 00-0, Fax: (0 74 61) 17 00-13
Gaisenbergstraße 29, 89073 Ulm
Telefon: (07 31) 14 77-131, Fax: (07 31) 14 77-137

Radio Regenbogen

Dudenstraße 12-26, 68167 Mannheim
Telefon: (06 21) 33 75-0, Fax: (06 21) 33 75-111
Internet: www.regenbogen.de**, E-Mail:** info@regenbogen.de
RDS: _Radio__ / REGNBOGN (abwechselnd)
Format: Hot AC-Format, mehr aktuelle Hits gemixt mit den besten 80ern
Claim: Radio Regenbogen – Badens Hitradio
Empfang über Satellit: Über ASTRA (DVB-S). Details siehe SAT-Tabelle.

UKW-Sender	MHz	kW
Blauen	101,1	8,4
Buchen-Walldürn	104,6	0,1
Heidelberg	102,8	50,0
Hornisgrinde	100,4	80,0

Regionalstudios:
Kaiser-Joseph-Str. 269, 79098 Freiburg
Telefon: (07 61) 28 29-90, Fax: (07 61) 2 82 99-28
Karlstraße 23, 76133 Karlsruhe
Telefon: (07 21) 9 19 64-0, Fax: (07 21) 9 19 64-40
Dudenstraße 12-26, 68167 Mannheim
Telefon: (06 21) 33 75-0, Fax: (06 21) 33 75-111
Hauptstraße 98, 77652 Offenburg
Telefon: (07 81) 9 23-90, Fax: (07 81) 9 23 89-99

Lokaler Hörfunk

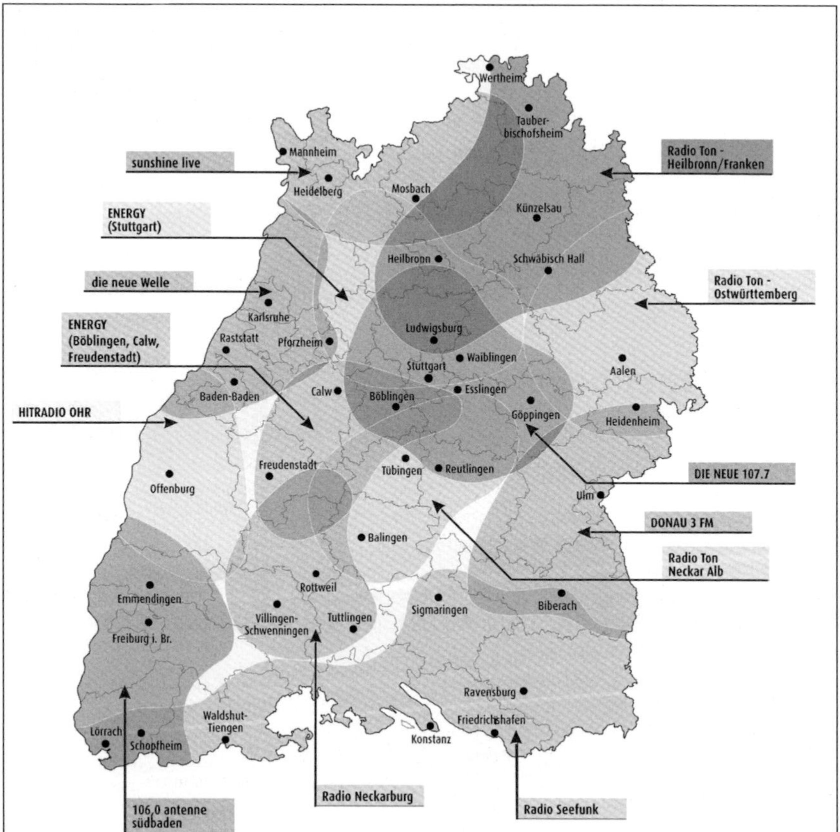

baden.fm

Funkhaus Freiburg, Munzingerstraße 1, Multimediahaus, 79111 Freiburg
Telefon: (07 61) 45 666-0, Fax: (07 61) 45 666 -60
Internet: www.baden.fm**, E-Mail:** verwaltung@ funkhaus-freiburg.de
RDS: baden.fm
Format: Hot AC
Claim: Der beste Musikmix aus 4 Jahrzehnten

UKW-Sender	MHz	kW
Blauen	106,0	8,40
Freiburg	94,7	0,50
Freiburg-Littenweiler	107,7	0,50
Titisee-Neustadt	106,6	0,25

DIE NEUE 107.7

Königstraße 2, 70173 Stuttgart
Telefon: (07 11) 1 62 61 – 0, Fax: (07 11) 1 62 61 - 61
Internet: www.dieneue1077.de**, E-Mail:** info@dieneue1077.de
RDS: 107.7_FM
Format: Rock und Pop
Claim: Bester Rock und Pop

UKW-Sender	MHz	kW
Esslingen	97,5	0,5
Geislingen	104,7	0,1
Göppingen	106,1	1,0
Gosbach	107,4	0,1
Kirchheim	106,5	0,1
Nürtingen	106,8	1,0
Stuttgart	107,7	4,0

Programmheft: DIE NEUE 107.7 gibt einen Newsletter zum Programm heraus. Dieser kann unter newsletter@dieneue1077.de abonniert werden und wird dann kostenlos zugeschickt.
Shop: Informationen und Anfragen zu Fan-Artikeln unter www.dieneue1077.de oder an DIE NEUE 107.7, Königstraße 2, 70173 Stuttgart

die neue welle

Philipp-Reis-Straße 3, 76137 Karlsruhe
Telefon: (07 21) 20 16-0, Fax: (07 21) 20 16-111
Internet: www.die-neue-welle.de**, E-Mail:** info@meine-neue-welle.de
RDS: __neue__, welle_ (abwechselnd)
Format: Rock AC (Oldies/Classic Hits)
Claim: Der beste Musikmix aus 4 Jahrzehnten.

UKW-Sender	MHz	kW
Baden-Baden	100,9	0,8
Bretten	107,9	0,1
Bruchsal	107,3	0,1
Karlsruhe	101,8	25,0
Pforzheim	91,4	0,5

Donau 3 FM

Basteistrasse 37 (Basteicenter), 89073 Ulm
Telefon: (07 31) 8 00 13 - 0, Fax: (07 31) 8 00 13 - 13
Internet: www. donau3FM.de, **E-Mail:** info@ donau3FM.de
RDS: DONAU3FM
Format: AC
Claim: Donau 3 FM – Die besten Rock- und Pophits aller Zeiten.

UKW-Sender	MHz	kW
Biberach	104,6	0,3
Günzburg (BAY)	90,3	0,1
Riedlingen	106,2	0,5
Ulm	105,9	5,0

ENERGY

Naststraße 31, 70376 Stuttgart
Telefon: (07 11) 93 30 35 - 0, Fax: (07 11) 03 30 35-39
Internet: www. energy.de/Stuttgart, **E-Mail:** infostuttgart@energy.de
RDS: abwechselnd: ENERGY__ und: ENERGY__ HIT_____MUSIC___ only!___
Format: Progressive AC
Claim: HIT MUSIC only!

UKW-Sender	MHz	kW
Backnang	101,8	1,00
Calw	103,0	0,30
Enztal	102,6	0,10
Herrenberg	99,2	0,20
Ludwigsburg	100,7	20,00
Lützenhardt	91,4	3,00
Nagold	102,7	0,10
Schorndorf	97,6	0,30
Sindelfingen	104,3	2,00
Weinstadt	104,5	2,00
Wildberg	103,0	0,01
Winnenden	104,5	0,10

FluxFM 97,2

Verbreitet sein Programm in Baden-Württemberg über einen UKW-Sender.
Siehe Seite 140

HITRADIO OHR

Hauptstraße 83a, 77652 Offenburg
Telefon: (07 81) 5 04 - 30 00, Fax: (07 81) 5 04 - 34 09
Internet: www.hitradio-ohr.de, **E-Mail:** info@hitradio-ohr.de
RDS: _O_H_R__
Format: AC Hitformat
Claim: HITRADIO OHR – Einfach näher dran

UKW-Sender	MHz	kW
Brandenkopf	101,6	0,5
Bühlertal	105,5	0,5
Lahr	107,4	5,0
Lautenbach	99,2	0,1
Oberachern	90,5	2,0
Offenburg	104,9	5,0

Klassik Radio

Verbreitet sein Programm in Baden-Württemberg über drei UKW-Sender.
Siehe Seite 149

METROPOL FM

Verbreitet sein Programm in Baden-Württemberg über einen UKW-Sender.
Siehe Seite 141

Radio Neckarburg

August-Schuhmacher-Straße 10, 78664 Eschbronn-Mariazell
Telefon: (0 74 03) 80 00, Fax: (0 74 03) 80 02
Internet: www.radio-neckarburg.de, **E-Mail:** info@radio-neckarburg.de
Format: 60% deutschsprachig, Country, Instrumental, Volksmusik, Oldies, internationale Hits
Claim: Radio Neckarburg - Ihr regionales Radio im Schwarzwald-Baar-Kreis

UKW-Sender	MHz	kW
Oberndorf	104,6	1,0
Rottweil	93,1	0,3
Rottweil-Haslach	102,0	3,0
Schramberg	103,7	0,1

Radio Seefunk

Radio Seefunk.
Einfach die beste Musik.

Konzilstraße 1, 78462 Konstanz
Telefon: (0 75 31) 28 65 - 0, Fax: (0 75 31) 28 65 - 26
Internet: www.radio-seefunk.de, **E-Mail:** post@radio-seefunk.de
RDS: _SEEFUNK
Format: Deutsch-AC
Claim: Radio Seefunk - Einfach die beste Musik

UKW-Sender	MHz	kW
Friedrichshafen	99,3	5,0
Grenzach-Wyhlen	103,1	5,0
Iberger Kugel (Isny)	103,9	10,0
Konstanz	101,8	10,0
Laufenburg	102,4	0,2
Lörrach	104,3	0,1
Ravensburg	102,6	0,3
Schopfheim	101,9	0,1
Sigmaringen	104,2	1,0
Singen	105,3	0,5
Überlingen	96,4	1,0
Waldshut/Tiengen	105,4	0,1
Wannenberg	107,0	5,0

Radio TON – Heilbronn/ Franken

Allee 2, 74072 Heilbronn
Telefon: (0 71 31) 6 50 - 0, Fax: (0 71 31) 6 50 - 155
Internet: www.radioton.de, **E-Mail:** info@radioton.de
RDS: RADIOTON. Bei regionalisierten Sendungen: RadioTon
Format: AC
Claim: Der beste Musikmix aus 4 Jahrzehnten!

UKW-Sender	MHz	kW
Bad Mergentheim	103,5	20,0
Eppingen	96,8	0,3
Heilbronn	103,2	25,0
Künzelsau	96,0	0,1
Langenburg	88,6	1,0
Schwäbisch Hall	102,6	3,0
Wertheim	104,7	0,1

Radio TON – Neckar-Alb

Wilhelmstraße 40, 72764 Reutlingen
Telefon: (0 71 21) 16 60 - 0, Fax: (0 71 21) 16 60 - 19
Internet: www.radioton.de, **E-Mail:** info@ radioton.de
RDS: RADIOTON. Bei regionalisierten Sendungen: RadioTon
Format: AC
Claim: Der beste Musikmix aus 4 Jahrzehnten!

UKW-Sender	MHz	kW
Balingen	95,6	1,0
Ermstal	99,0	0,1
Reutlingen	104,8	1,0
Sickingen	107,9	1,0
Tübingen	100,9	1,0

Radio TON - Ostwürttemberg

Südlicher Stadtgraben 11, 73430 Aalen
Telefon: (0 73 61) 56 49 - 0,
Fax: (0 73 61) 56 49 - 10
Internet: www.radioton.de,
E-Mail: info@radioton.de
RDS: RADIOTON. Bei regionalisierten Sendungen: RadioTon
Format: AC
Claim: Der beste Musikmix aus 4 Jahrzehnten!
UKW-Sender: Aalen 107,1 MHz (20 kW), Heidenheim 104,2 MHz (0,1 kW).

Schwarzwaldradio

Hauptstraße 83a, 77652 Offenburg
Telefon: (07 81) 5 04 - 30 00,
Fax: (07 81) 5 04 - 34 09
Internet: www.schwarzwaldradio.com, **E-Mail:** info@schwarzwaldradio.com
RDS: SW-Radio
Format: Oldies
Claim: Classic Hits und Super Oldies
UKW-Sender: Haslach 93,0 MHz (0,1 kW)

Nichtkommerzieller Lokalrundfunk

Programmanbieter	UKW-Sender	MHz	kW
bermuda.funk	Heidelberg	105,4	0,05
	Mannheim	89,6	0,10
Freies Radio Freudenstadt	Baiersbronn	104,1	0,10
	Freudenstadt	100,1	1,00
	Horb	89,2	0,10
Freies Radio Stuttgart u. Radio Kormista	Stuttgart	99,2	0,30
Kanal Ratte	Hohe Möhr	104,5	0,50
Querfunk	Karlsruhe	104,8	1,00
Radio Dreyeckland	Freiburg	102,3	1,00
Radio FreeFM	Ulm	102,6	1,00
Radio StHörfunk	Crailsheim	104,8	0,10
	Schwäbisch-Hall	97,5	0,10
Wüste Welle u. RADIO helle welle	Tübingen	96,6	2,00

bermuda.funk

Brückenstr. 2-4, Kulturzentrum, 68167 Mannheim
Telefon: (06 21) 3 00 97 97, Fax: (06 21) 3 36 88 63
Internet: www.bermudafunk.org, **E-Mail:** info@bermudafunk.org
RDS: bermuda_

Freies Radio Freudenstadt

Forststraße 23, 72250 Freudenstadt
Telefon: (0 74 41) 882-21, Fax: (0 74 41) 882-23
Internet: www.radio-fds.de, **E-Mail:** team@radio-fds.de
RDS: FDS_89,2 bzw. FDS100,1

Freies Radio für Stuttgart

Rieckestraße 24, 70190 Stuttgart
Telefon: (07 11) 640 04-42, Fax: (07 11) 640 04-43
Internet: www.freies-radio.de, **E-Mail:** info@freies-radio.de
RDS: FRS_99.2

Kanal Ratte

Hauptstraße 82, 79650 Schopfheim
Telefon: (0 76 22) 66 92-53, Fax: (0 76 22) 66 92-54
Internet: www.kanal-ratte.de, **E-Mail:** redaktion@kanal-ratte.de
RDS: RKR104,5

Querfunk
Steinstraße 23, 76133 Karlsruhe
Telefon: (07 21) 38 78 58, Fax: (07 21) 38 50 20
Internet: www.querfunk.de, **E-Mail:** info@querfunk.de

Radio Dreyeckland
Adlerstraße 12, 79098 Freiburg
Telefon: (07 61) 304 07, Fax: (07 61) 3 18 68
Internet: www.rdl.de, **E-Mail:** verwaltung@rdl.de
RDS: RDL102,3

Radio Free FM
Platzgasse 18, 89073 Ulm
Telefon: (07 31) 938 62-84, Fax: (07 31) 938 62-86
Internet: www.freefm.de, **E-Mail:** radio@freefm.de
RDS: _freeFM_

RADIO helle welle
Eisenbahnstr. 128/1, 72072 Tübingen
Telefon: (0 70 21) 869 08 94
Internet: www.hellewelle.de, **E-Mail:** hallo@hellewelle.de
RDS: WELLETUE

Radio Kormista
Philipp-Reis-Str. 43, 70736 Fellbach
Telefon: (07 11) 510 48 34, Fax: (07 11) 954 76-44
E-Mail: radio-kormista@web.de
RDS: KORMISTA

Radio StHörfunk
Haalstraße 9, 74523 Schwäbisch Hall
Telefon: (07 91) 97 33-44, Fax: (07 91) 97 33-66
Internet: www.sthoerfunk.de, **E-Mail:** info@sthoerfunk.de
RDS: Radio_SF

Wüste Welle
Hechinger Str. 203, 72072 Tübingen
Telefon: (0 70 71) 76 03-37, Fax: (0 70 71) 76 03-47
Internet: www.wueste-welle.de, **E-Mail:** buero@wueste-welle.de
RDS: WELLETUE

Einrichtungsrundfunk

Programmanbieter	UKW-Sender	MHz	kW
echo-fm 88,4/PH 88,4	Freiburg	88,4	0,10
HoRadS	Stuttgart	88,6	1,00
Lernradio	Bruchsal	91,2	0,10
	Karlsruhe	104,8	1,00
RadioAktiv	Heidelberg	105,4	0,05
	Mannheim	89,6	0,10
UniWelle	Tübingen	96,6	2,00

echo-fm 88,4 (Uniradio Freiburg)

Georges-Köhler-Allee, Geb. 076, 79110 Freiburg
Telefon: (07 61) 203-88 88, Fax: (07 61) 203-88 89
Internet: www.echo-fm.de, **E-Mail:** uniradio@uni-freiburg.de

HoRadS – Hochschulradio Stuttgart

FH-Stuttgart Hochschule der Medien, Nobelstraße 10, 70569 Stuttgart
Telefon: (07 11) 2 57 06-143, Fax: (07 11) 25 70 6-300
Internet: www.horads.de, **E-Mail:** redaktion@horads.de
RDS:_HoRadS_

Lernradio

Staatliche Hochschule für Musik, Am Schloss Gottesaue 7, 76131 Karlsruhe
Telefon: (07 21) 66 29-104, Fax: (07 21) 66 29-105
Internet: www.lernradio de oder www.hfm-karlsruhe.de, **E-Mail:** lernradio@hfm-karlsruhe.de

PH 88,4 - Radio der Pädagogischen Hochschule Freiburg

Kunzenweg 21, 79117 Freiburg-Littenweiler
Telefon: (07 61) 68 23 87, Fax: (07 61) 68 24 42
Internet: www.ph-freiburg.de/radio.html, **E-Mail:** campus@ph-freiburg.de

RadioAktiv

Campusradio, Universität Mannheim, Schloß, L 15/14, 68161 Mannheim
Telefon: (06 21) 181-18 31, Fax: (06 21) 181-18 12
Internet: www.radioaktiv.org, **E-Mail:** vorstand@radioaktiv.org
RDS: _R-AKTIV

Uniwelle Tübingen
Wilhelmstraße 50, 72074 Tübingen
Telefon: (0 70 71) 297 25 14, Fax: (0 70 71) 29 58 81
Internet: www.uni-tuebingen.de/uniradio, **E-Mail:** uniradio@uni-tuebingen.de
RDS: WELLETUE

Bayern
Bayerische Landeszentrale
für neue Medien (BLM)
Heinrich-Lübke-Str. 27, 81737 München
Telefon: (0 89) 638 08-0, Fax: (0 89) 637 43 36
Internet: www.blm.de, **E-Mail:** blm@blm.de

Seit Einführung des privaten Rundfunks in Bayern im Jahre 1985 hat sich dank des Hörfunkkonzepts der BLM eine vielfältige Radiolandschaft entwickelt.

Aktuell sind 64 terrestrische, via UKW-Frequenzen verbreitete Lokalradioprogramme, das landesweite Hörfunkprogramm *Antenne Bayern*, *Klassik Radio,* zwei Aus- und Fortbildungskanäle, ein Zulieferprogramm für Lokalradios (BLR), drei Kabelradios sowie 15 ausschließlich als Digitalradio fungierende Stationen auf Sendung.

Im Jahr 2001 wurden mehrere lokale Jugendradios geschaffen. Außerhalb der lokalen Sendezeiten strahlen alle Jugendradios das in Regensburg produzierte Mantelprogramm von *Radio Galaxy* aus.

Die letzte Änderung ergab sich im Januar 2011 mit dem Zusammenschluss des Lokalsenders *Radio Hitwelle* (der seinerseits bereits ein Zusammenschluss von zwei Lokalsendern aus Erding und Freising war) mit *ROCK ANTENNE*, dem zweiten aus dem Haus von *ANTENNE BAYERN* stammenden Hörfunkprogramm. *ROCK ANTENNE* lautet der neue gemeinsame Name.

Absolut Radio

Absolut Digital GmbH & Co. KG,
Pretzfelder Straße 7-11, 90425 Nürnberg
Telefon: (09 41) 50 20 7-474,
Fax: (09 41) 50 20 7-479
Internet: www.absolutradio.de, **E-Mail:** info@absolutradio.de
Format: AOM (album oriented music)
Claim: Endlich andere Musik!
Programm: Das albumorientierte Musikformat setzt auf besondere Werte in unserer schnelllebigen Gesellschaft. Gespielt wird Musik aus über fünf Jahrzehnten, die beim Hörer nicht nur Jugenderinnerungen weckt, sondern vielmehr den Geist ganzer Generationen musikalisch verpackt. Die Musikauswahl beschränkt sich weder auf Single-Auskopplungen noch auf einen bestimmten Bekanntheitsgrad der Interpreten. **Absolut Radio – absolut andere Musik.**
Empfang über Digitalradio (DAB+): Bundesweit auf Kanal 5A oder 5C.
Audiostream-Adressen: www.absolutradio.de/mobile/listen_mp3.pls oder www.absolutradio.de/mobile/listen_aac.pls für iPhone

Klassik Radio

Verbreitet sein Programm in Bayern über fünf UKW-Sender.
Siehe Seite 149

Radio Horeb

Postfach 11 65, 87501 Immenstadt
Telefon: (0 83 23) 96 75-110, Fax: (0 83 28) 96 75-210
Internet: www.horeb.org, **E-Mail:** info@horeb.org
RDS: _Radio__, _Horeb__, _Leben__, mit_Gott (dyn. Code)
Format: Christliche Programme
Empfang über Satellit: Über ASTRA (DVB-S). Details siehe SAT-Tabelle.
Empfang über Digitalradio (DAB+): Bundesweit auf Kanal 5A oder 5C.

Leben mit Gott

UKW-Sender	MHz	kW
Balderschwang	105,2	0,020
München	92,4	0,300
Ursberg	89,9	0,008

Hinweis: Über den Sender München (92,4 MHz) sendet Radio Horeb nur Mo-Fr 0-16 Uhr, Sa 0-6 Uhr, So 0-7, 10-13, 14-21 Uhr. Ansonsten handelt es sich um ein Rund-um-die-Uhr-Programm.

ANTENNE BAYERN

Münchener Straße 101c, 85737 Ismaning
Telefon: (0 89) 99 277-0, Fax: (0 89) 99 277-209,
Hörerservice: (08 00) 99 41 000
Internet: www.antenne.de,
E-Mail: hoererservice@antenne.de
RDS: ANTENNE_
Format: AC
Verbreitung über Satellit: über ASTRA (DVB-S).
Details siehe SAT-Tabelle.

UKW-Sender	MHz	kW
Augsburg	104,2	0,05
Bad Reichenhall	103,7	0,30
Bad Tölz	102,9	0,20
Balderschwang	97,3	0,02
Bamberg	101,1	25,00
Bayrischzell	106,7	0,10
Berchtesgaden	105,5	0,10
Brotjacklriegel	103,5	100,00
Burgbernheim	101,5	25,00
Coburg	103,8	5,00
Dillberg	100,6	25,00
Eichstätt	106,6	0,30
Gelbelsee	100,2	25,00
Grünten	104,4	100,00
Heidelstein/Rhön	101,9	100,00
Herzogstand	102,0	0,10
Hindelang	105,4	0,05
Hochries	107,7	50,00
Högl	105,3	1,00
Hohenpeißenberg	103,8	25,00
Hoher Bogen	101,9	50,00
Landshut	99,3	0,10
Lindau	99,0	0,50
Ludwigsstadt	102,0	0,02
Marktheidenfeld	104,2	0,50
Mittenwald	103,0	0,05
München	101,3	0,30
Neu-Ulm	104,8	0,10
Oberaudorf	94,6	0,30
Ochsenkopf	103,2	100,00
Passau	102,1	1,00
Pfaffenberg	103,0	25,00

UKW-Sender	MHz	kW
Pfaffenhofen	92,6	0,50
Pfronten	104,7	0,05
Regensburg	103,0	25,00
Reit im Winkl	101,6	0,10
Sonthofen	93,6	0,10
Tegernseer Tal	101,1	0,50
Traunstein	103,7	5,00
Unterringingen	103,3	25,00
Weiler/Allgäu	106,0	0,10
Würzburg	104,4	5,00
Zugspitze	102,7	2,00

Regionalstudios:
Redaktion Allgäu, Schwaben und Bodenseeregion, Birkenweg 3, 87751 Heimertingen
Telefon: (0 83 35) 88 70, Fax: (0 83 35) 88 80
Redaktion Mittelfranken, Keßler Str. 1, 90489 Nürnberg
Telefon: (09 11) 318 80 40, Fax: (09 11) 31 50 344
Redaktion Niederbayern u. Oberpfalz, Wahlenstr. 29, 93047 Regensburg
Telefon: (09 41) 94 97 56, Fax: (09 41) 94 99 89
Redaktion Oberbayern, Ludwigsplatz 18, 83024 Rosenheim
Telefon: (0 80 31) 35 22 569, Fax: (0 80 31) 35 23 816
Redaktion Oberfranken, Postfach 10 73, 96050 Bamberg
Telefon: (09 51) 968 45 31, Fax: (09 51) 923 08 41
Redaktion Unterfranken, Pleichertorstr. 30, 97070 Würzburg
Telefon: (09 31) 470 19, Fax: (09 31) 470 13

egoFM

Leopoldstraße 254, 80807 München
Telefon: (0 89) 360 550-0, Fax: (0 89) 360 550-350
Internet: www.egoFM.de**, E-Mail:** info@egoFM.de
RDS: _egoFM__
Format: Young-CHR
Claim: endlich unter uns
Shop: egoFM bietet einen Online-Shop und eine Ticketbox über seine Homepage an.
Empfang über Satellit: Über ASTRA 1H (DVB-S). Details siehe SAT-Tabelle.

UKW-Sender	MHz	kW
Augsburg	94,8	0,1
München	100,8	0,3
Nürnberg	103,6	0,3
Regensburg	107,5	0,3
Würzburg	95,8	0,3

Radio Galaxy

RADIOGALAXY
NUR DIE BESTE NEUE MUSIK

Funkhaus Regensburg, Lilienthalstr. 3c,
93049 Regensburg
Telefon: (09 41) 50 20 7-0, Fax: (09 41) 50 20 7-770
Internet: www.radio-galaxy.de**, E-Mail:** feedback@radio-galaxy.de
RDS: RADIO GALAXY (dynamischer Code)
Format: Young-CHR (Pop, Hip-Hop, House, Rap, Soul)
Claim: - nur die beste neue Musik
Empfang über Digitalradio (DAB): Landesweit auf Kanal 12D
Das Funkhaus Regensburg produziert das landesweite Radio-Galaxy-Mantelprogramm. In der Zeit von 15-19 Uhr werden die nachfolgenden Radio-Galaxy-Sender für lokale Programme („Galaxy P.M.") auseinandergeschaltet.

Radio Galaxy Amberg/Weiden

Unterer Markt 35, 92637 Weiden
Telefon: (09 61) 48 24 82, Fax: (09 61) 447 73
E-Mail: ambergweiden@radio-galaxy.de
UKW-Sender: Amberg 105,5 MHz (0,1 kW), Weiden 89,8 MHz (0,1 kW)

Radio Galaxy Ansbach

Schalkhäuser Landstraße 5, 91522 Ansbach
Telefon: (09 81) 630-0, Fax: (09 81) 630-89
E-Mail: ansbach@radio-galaxy.de
UKW-Sender: Ansbach 105,8 MHz (0,1 kW)

Radio Galaxy Aschaffenburg

Am Funkhaus 1, 63743 Aschaffenburg
Telefon: (0 60 21) 38 83-0, Fax: (0 60 21) 38 83-388
E-Mail: aschaffenburg@radio-galaxy.de

UKW-Sender	MHz	kW
Alzenau	103,6	0,3
Aschaffenburg	91,6	0,1
Miltenberg	100,8	0,05

Radio Galaxy Bamberg/Coburg

Gutenbergstr. 5, 96050 Bamberg
Telefon: (09 51) 982 90-0, Fax: (09 51) 982 90-90
E-Mail: bamberg@radio-galaxy.de
UKW-Sender: Bamberg 104,7 MHz (0,5 kW), Coburg 90,4 MHz (0,2 kW)

Radio Galaxy Bayreuth

Richard-Wagner-Straße 33, 95444 Bayreuth
Telefon: (09 21) 75 75-0, Fax: (09 21) 75 75-012
E-Mail: bayreuth@radio-galaxy.de
UKW-Sender: Bayreuth 92,7 MHz (0,1 kW)

Radio Galaxy Hof

Pfarr 1, 95028 Hof
Telefon: (0 92 81) 880-880, Fax: (0 92 81) 880-140
E-Mail: redaktion@galaxy-hof.de

UKW-Sender	MHz	kW
Hof	94,0	0,2
Konradsreuth	98,1	0,1
Naila	96,5	0,1
Selb	93,4	0,1
Wunsiedel	97,3	0,3

Radio Galaxy Ingolstadt

Schillerstr. 2, 85055 Ingolstadt
Telefon: (08 51) 802-732
E-Mail: ingolstadt@radio-galaxy.de
UKW-Sender: Ingolstadt 107,9 MHz (0,1 kW)

Radio Galaxy Kempten

Rottachstr. 17, 87439 Kempten
Telefon: (08 31) 253 80-71, Fax: (08 31) 253 80-38
E-Mail: kempten@radio-galaxy.de
UKW-Sender: Kempten 88,1 MHz (0,1 kW)

Radio Galaxy Kulmbach

E.-C.-Baumann-Straße 5, 95326 Kulmbach
Telefon: (0 92 21) 878 34 75, Fax: (0 92 21) 844 34
E-Mail: kulmbach@radio-galaxy.de
UKW-Sender: kulmbach 98,9 MHz (0,1 kW)
Radio Galaxy Kulmbach übernimmt das Programm von Radio Galaxy Bamberg, ergänzt um einige eigene Beiträge.

Radio Galaxy Landshut

Porschestr. 21, 84030 Landshut
Telefon: (08 71) 923 09-0, Fax: (08 71) 923 09-99
E-Mail: landshut@radio-galaxy.de
UKW-Sender: Landshut 99,8 MHz (0,2 kW)

Radio Galaxy Passau

Funkhaus Passau, Medienstraße 5, 94036 Passau
Telefon: (08 51) 802-723, Fax: (08 51) 802-722
E-Mail: info@funkhaus-passau.de
UKW-Sender: Passau 91,7 MHz (0,1 kW)

Radio Galaxy Rosenheim

Hafnerstr. 5-7, 83022 Rosenheim
Telefon: (0 80 31) 30 08-0, Fax: (0 80 31) 30 08-16
E-Mail: rosenheim@radio-galaxy.de
UKW-Sender: Rosenheim-Stadt 106,6 MHz (0,1 kW)

Lokaler Hörfunk

Anders als in Nordrhein-Westfalen verbreiten die bayerischen Lokalsender in ihrer eigenen Sendezeit selbst ausgewählte Musik. In Regensburg, Würzburg und Nürnberg gibt es sogenannte „Funkhausmodelle“. Dort arbeiten mehrere Stationen bei der Studiotechnik zusammen.

Mantelanbieter:

BLR Dienstleistungsgesellschaft für Bayerische Lokal-Radioprogramme

Rosenheimer Str. 145c, 81671 München
Telefon: (0 89) 49 994 – 900, Fax: (0 89) 49 994 – 444
Internet: www.blr.de, **E-Mail:** info@blr.de
Format: Oldie-based Adult Contemporary.
Das Mantelprogramm der BLR wird den bayerischen Lokalradios via Satellit als No-Name-Produkt zur Verfügung gestellt. Das Programm wird werktäglich von 19 bis 6 Uhr und an Wochenenden von 0-8 und 13-24 Uhr produziert und – je nach Sendestunde – von bis zu 18 Stationen im Freistaat übernommen. Die Einführung des neuen Satellitensystems BaySatNet erlaubt es, das übernommene Mantelprogramm vor Ort noch stärker als bisher zu individualisieren, beispielsweise durch den Einsatz lokaler Jingles oder Ramp-Promos. Unabhängig von einer Übernahme des Mantelprogramms stellt die BLR ihren bayerischen Partnerstationen zwei bayernweite Nachrichtenformate sowie mehrere Regionalformate zur Verfügung, die in ihrer Berichterstattung einzelne Regionen des Freistaats fokussieren. Ergänzt wird der Service der BLR durch den Audiodienst „BLR Aktuell“ mit laufend aktualisierten Beiträgen, Interviews, Kollegengesprächen, Newsstücken, O-Tönen und Rubriken wie Horoskop oder Sporttelegramm.

Bei mehreren bayerischen Lokalsendern auftretender Mitanbieter:

Radio Regenbogen

Heilig-Geist-Straße 50, 83022 Rosenheim
Telefon: (0 80 31) 38 04 60, Fax: (0 80 31) 152 27
Internet: www.rr-online.de, **E-Mail:** info@rr-online.de
Bei der Bayernwelle Süd Ost, bei Radio Charivari Rosenheim und der Inn-Salzach-Welle.

Lokalstationen

95.5 Charivari

Paul-Heyse-Straße 2-4, 80336 München
Telefon: (0 89) 54 47 10-0, Fax: (0 89) 54 47 10-40
Internet: www.charivari.de, **E-Mail:** radio@charivari.de
RDS: CARIVARI
Format: AC und gemäßigtes CHR
Claim: 95.5 Charivari - Münchens Hitradio - 80er, 90er und die besten aktuellen Hits.
UKW-Sender: München 95,5 MHz (0,3 kW)

106.4 TOP FM

Schöngeisinger Straße 11, 82256 Fürstenfeldbruck
Telefon: (0 81 41) 32 32-0, Fax: (0 81 41) 32 32-60
Internet: www.top-fm.de, **E-Mail:** redaktion@top-fm.de
RDS: dynamischer Code
Format: Hot AC/CHR

UKW-Sender	MHz	kW
Fürstenfeldbruck	106,4	5,0
Landsberg	89,8	0,1
Starnberg	96,6	0,1

Bayernwelle Süd Ost

Fürstenweg 1, 83395 Freilassing
Telefon: (08 65 4) 77 73-43, Fax: (08 65 4) 77 73-10
Internet: www.bayernwelle.de, **E-Mail:** info@bayernwelle.de
RDS: BAYWELLE
Format: Soft AC, classic based

UKW-Sender	MHz	kW
Bad Reichenhall	88,2	0,10
Berchtesgaden	89,3	0,10
Freilassing	89,0	0,10
Traunstein	99,4	0,30
Trostberg	101,5	0,30
Waging	90,1	0,05

Mitanbieter bei der Bayernwelle Süd Ost ist:

Ensemble am Chiemsee

Birkenweg 29, 83122 Samerberg
Telefon: (0 80 32) 85 31, Fax: (0 80 32) 88 08
Internet: www.ensemble-am-chiemsee.de,
E-Mail: info@ensemble-am-chiemsee.de

Charivari 98.6

Senefelderstraße 7, 90409 Nürnberg
Telefon: (08000) 986 986, Fax: (09 11) 51 91-139
Internet: www.charivari986.de, **E-Mail:** charivari@funkhaus.de
RDS: CARIVARI
Format: AC-Current Based Pop
UKW-Sender: Nürnberg 98,6 MHz (0,3 kW)

Charivari.FM

Semmelstraße 15, 97070 Würzburg
Telefon: (09 31) 308 09-0, Fax: (09 31) 308 09-17
Internet: www.charivari.fm,
E-Mail: info@charivari.fm
RDS: _CHARI__
Format: AC

UKW-Sender	MHz	kW
Gemünden/Lohr	90,4	0,10
Karlstadt	88,6	0,10
Kitzingen	88,5	0,10
Marktheidenfeld	99,0	0,10
Ochsenfurt	92,6	0,05
Würzburg	102,4	0,30

Über Charivari.FM sendet:

Radio Opera

Wengertspfad 2, 97523 Schwanfeld
Telefon: (0 93 84) 88 14 90, Fax: (0 93 84) 88 15 90
Format: Klassische Musik
Sendezeit: Tägl. 11.40-12.00 Uhr, So-Do 21-22 Uhr
Internet: www.radio-opera.de, **E-Mail:** info@radio-opera.de

Christliches Radio München

Postfach 31 02 01, 80102 München
Telefon: (0 89) 51 70 08 05, Fax: (0 89) 51 70 08 46
Internet: www.christlichesradio.de**, E-Mail:** redaktion@christlichesradio.de
RDS: __CRM___
Format: Christliche Programme
Sendezeit: Mo-Fr 16-17 Uhr, So 9-10 und 13-14 Uhr
UKW-Sender: München 92,4 MHz (0,3 kW)

Coolradio

Lindenstr. 14, 85072 Eichstätt
Telefon: (0 84 21) 90 95 85, Fax: (0 84 21) 90 95 68
Internet: www.coolradio.de**, E-Mail:** info@coolradio.de
Format: Rock-Pop/Classic Rock
Empfang über Digitalradio (DAB): Kanal 11A im Bereich Ingolstadt.

Coolradio Jazz

Format: Jazz/Chillout
Alle weiteren Angaben wie bei Coolradio.

DELUXE Radio

Villa Media GmbH, Münchener Str. 101v, 85737 Ismaning
Telefon: (0 89) 24 20 39-0, Fax: (0 89) 24 20 39-19
Internet: www.deluxeradio.de**,**
E-Mail: info@deluxeradio.de
Format: RAC (Relaxed AC): Smooth Jazz mit Elementen aus den Bereichen Jazz, Soul, Easy Listening und Chillout.
Empfang über Digitalradio (DAB): Kanal 11C im Bereich München

DELUXE RADIO

DIGITAL CLASSIX

Schneemannstraße 25, 81369 München
Postfach 70 04 65, 81315 München
Telefon: (0 89) 723 77 50
Internet: www.radio2day.de**, E-Mail:** info@radio2day.de
Format: Classic Rock
Empfang über Digitalradio (DAB+): Kanal 11C im Bereich München

ENERGY 106,9

Business Tower – 28. Stock, Ostendstr. 100, 90482 Nürnberg
Telefon: (09 11) 544 44-0, Fax: (09 11) 544 44-55
Internet: www.energy.de**, E-Mail:** infonuernberg@energy.de
RDS: _ENERGY_
Format: EHR
UKW-Sender: Erlangen 93,6 MHz (0,3 kW), Nürnberg 106,9 MHz (0,3 kW)

ENERGY München

Liebherrstraße 5, 80538 München
Telefon: (0 89) 23 19 07-0, Fax: (0 89) 23 19 07-99
Internet: www.energy.de**,**
E-Mail: infomuenchen@energy.de
RDS: _ENERGY_
Format: CHR
UKW-Sender: München 93,3 MHz (0,3 kW)

Fantasy Aktuell

Ludwigstraße 1, 86150 Augsburg
Telefon: (08 21) 50 77-100, Fax: (08 21) 50 77-555
Internet: www.fantasy.de**, E-Mail:** radio@fantasy.de
Empfang über Digitalradio (DAB): Kanal 9C im Bereich Augsburg.

gong fm

Funkhaus Regensburg, Lilienthalstr. 3c, 93049 Regensburg
Telefon: (09 41) 50 20 7-0, Fax: (09 41) 50 20 7-770
Internet: www.gongfm.de**, E-Mail:** studio@gongfm.de
RDS: _GONG_FM
Format: CHRp
Claim: Regensburgs Hitradio
Shop: gong fm verfügt über einen Online-Ticket-Shop.

UKW-Sender	MHz	kW
Regensburg	89,7	0,3
Schwandorf	97,3	0,1
Burglengenfeld	96,3	0,5

„Jottella" – der Morgen auf gong fm mit Jott und Stella. (Bild: jott rockt)

Hit-Radio N1
Senefelderstraße 7, 90409 Nürnberg
Telefon: (0800) 929 0 929, Fax: (09 11) 51 91-139
Internet: www.hitradion1.de**,**
E-Mail: n1@funkhaus.de
RDS: RADIO_N1
Format: CHR-Dance orientiert
UKW-Sender: Nürnberg 92,9 MHz (0,3 kW)

Mitanbieter bei Hit-Radio N1 sind:

Camillo 92,9
CMF – Christliche Medienarbeit Franken e.V., Simon-Schöffel-Str. 32, 90427 Nürnberg
Telefon: (09 11) 51 91-229, Fax: (09 11) 76 588-59
Internet: www.camillo929.de**, E-Mail:** cmf@camillo929.de
RDS: CAMILLO_
Format: Adult Contemporary Hit Radio - chartorientiertes CHR (65%) und zielgruppengemäße Musik aus der christlichen Popmusikszene (35%)
Sendezeit: So, Mo, Di 21-22 Uhr

Pray 92,9
PRAY Nürnberg e.V., Kaiserslauterer Straße 11, 90441 Nürnberg
Telefon und Fax: (09 11) 47 44 759
Internet: www.radiopray.de, **E-Mail:** ja-ich-will@gmx.info
RDS: PRAY92.9
Format: Dance oriented CHR/Talk-Radio
Sendezeit: So 12-13 Uhr

Radio AREF
Rdf. Evang. Freikirchen, Stadenstraße 70, 90491 Nürnberg
Telefon: (09 11) 59 55 22, Fax: (09 11) 98 60 91
Internet: www.aref.de**, E-Mail:** studio@aref.de

RDS: __AREF__
Format: CCM (contemporary christian music), AOR und AC
Sendezeit: So 10-12 Uhr

Heiko Müller und Corinna Püchner

Radio Meilensteine

Ernst-Sachs-Straße 18, 90441 Nürnberg
Telefon: (09 11) 37 68 065
Internet: www.radio-meilensteine.de**, E-Mail:** info@meilensteine-medien.de
RDS: MEILE_1_
Format: Modernes christliches Radio
Sendezeit: So 9-10 Uhr

hitradio.rt1

Curt-Frenzel-Straße 4, 86167 Augsburg
Telefon: (08 21) 777-4000, Fax: (08 21) 777-4019
Internet: www.rt1.de**, E-Mail:** info@rt1.de
RDS: __RT1___
Format: AC
Claim: Mehr Superhits von heute und das Beste der 90er und 2000er! Einfach die meiste Abwechslung!
UKW-Sender: Aichach 94,0 MHz (0,02 kW), Augsburg 96,7 MHz (0,3 kW)

hitradio.rt1 nordschwaben

Artur-Proeller-Str. 1, 86609 Donauwörth
Telefon: (09 06) 70 60 10, Fax: (09 06) 39 49
Internet: www.rt1-nordschwaben.de**,**
E-Mail: radio@rt1nordschwaben.de
RDS: RT1_NORD
Format: AC
Claim: Die meiste Abwechslung mit dem besten Mix der 80er, 90er, 2000er und die Hits von heute

UKW-Sender	MHz	kW
Donauwörth	97,1	0,1
Dillingen	89,7	0,1
Nördlingen	95,6	1,0

hitradio.rt1 südschwaben

Donaustraße 14, 87700 Memmingen
Telefon: (0 83 31) 95 24-0, Fax: (0 83 31) 95 24-19
Internet: www.rt1-suedschwaben.de**,**
E-Mail: info@ rt1-suedschwaben.de
RDS: RT1_SUED
Format: Die meiste Abwechslung mit dem besten Mix der 80er, 90er, 2000er und die Hits von heute

UKW-Sender	MHz	kW
Krumbach	88,1	0,1
Memmingen	90,2	0,3
Mindelheim	93,9	0,3

Inn-Salzach-Welle

Mozartstraße 3a, 84508 Burgkirchen
Telefon: (0 86 79) 98 27-0, Fax: (0 86 79) 98 27-30
Internet: www.inn-salzach-welle.de,
E-Mail: info@inn-salzach-welle.de
RDS: __ISW___
Format: Deutsch, Oldies, MOR

UKW-Sender	MHz	kW
Burgkirchen	93,1	0,1
Mühldorf	90,4	0,1
Neumarkt/St. Veit	106,4	0,3
Reichertsheim	92,7	0,3

MEGA RADIO

Am Rathausplatz, Karolinenstraße 2+4, 86150 Augsburg
Telefon: (08 21) 50 87 10 32
Internet: www.megaradioonline.de, **E-Mail:** studio@megaradioonline.de
Format: Pop-Orientiertes Programm mit allen aktuellen Chart-Hits und stündlich vier "Mega-Classics". Songs der 70er, 80er und der frühen 90er.
Claim: Das Digitalradio für Dein Bayern
Empfang über Digitalradio (DAB): Bayernweit auf Kanal 12D

netfm

Münchener Str. 14, 85540 Haar
Telefon: (0 89) 427 05-100, Fax: (0 89) 427 05-199
Internet: www.netfm.de, **E-Mail:** ta@netfm.de
Sendezeit: So 18.30-21.00 Uhr
Format: News zu den Themen Internet, Telekommunikation und Computer
UKW-Sender: München 92,4 MHz (0,3 kW)

Pirate Gong

Senefelderstraße 7, 90409 Nürnberg
Telefon: (09 11) 51 91-120, Fax: (09 11) 51 91-155
Internet: www.pirategong.de,
E-Mail: rock@pirategong.de
Format: Ausschließlich Musik der letzten fünf Jahre (Indie, Grunge, Alternative, New Modern Rock)
Empfang über Digitalradio (DAB): Kanal 10C im Bereich Nürnberg

Radio 2DAY 89 München

Schneemannstraße 25, 81369 München
Postfach 70 15 63, 81315 München
Telefon und Fax: (0 89) 723 77 50

Internet: www.radio2day.de, **E-Mail:** info@radio2day.de
RDS: __2DAY__ (zusätzlich dynamischer Code mit ständig wechselnden Infos)
Format: Funk, Soul, Soul-Classics, Classic-Rock, Soft-Rock
UKW-Sender: München/Olympiaturm 89,0 MHz (0,3 kW)
Empfang über Digitalradio (DAB+): Kanal 11C im Bereich München

Radio 8

Schalkhäuser Landstraße 5, 91522 Ansbach
Telefon: (09 81) 630-0, Fax: (09 81) 630-89
Internet: www.radio8.de, **E-Mail:** info@radio8.de
RDS: RADIO_8_
Format: Soft AC
Shop: Angebote im Radio 8-Onlineshop unter www.radio8.de.

UKW-Sender	MHz	kW
Ansbach	89,4	0,50
Burgbernheim	100,8	0,10
Dinkelsbühl	89,8	0,10
Feuchtwangen	97,3	0,30
Gunzenhausen	90,3	0,10
Neustadt/Aisch	90,4	0,20
Rothenburg	104,7	0,05
Wassertrüdingen	89,1	0,10
Weißenburg	88,5	0,10

Radio Alpenwelle

Am Bahnhofplatz 1a, 83646 Bad Tölz
Telefon: (0 80 41) 799 44-0, Fax: (0 80 41) 799 44-14
Internet: www.alpenwelle.de, **E-Mail:** info@alpenwelle.de
RDS: ALPENWEL
Format: AC

UKW-Sender	MHz	kW
Bad Tölz	95,0	0,2
Herzogstand	99,9	0,1
Holzkirchen	91,7	0,1
Miesbach	90,2	0,1
Schliersee	106,2	0,1
Tegernsee	104,3	0,5
Wolfratshausen	92,0	0,1

Radio Arabella

Paul-Heyse-Straße 2-4, 80336 München
Telefon: (0 89) 54 47 00-0, Fax: (0 89) 54 47 00-54
Internet: www.radioarabella.de
E-Mail: info@radioarabella.de
RDS: ARABELLA
Format: Oldies der 60er-90er Jahre und die beliebtesten aktuellen Hits
UKW-Sender: Ismaning 105,2 MHz (25 kW), München 104,0 MHz (0,3 kW)

Radio Augsburg

Hafnerberg 2, 86152 Augsburg
Telefon: (08 21) 502 42-10, Fax: (08 21) 502 42-45
Internet: www.digital-radio-augsburg.de**,**
E-Mail: info@digital-radio-augsburg.de
Empfang über Digitalradio (DAB): Kanal 9C im Bereich Augsburg.
Format: Soft-AC

Radio AWN

Ludwigplatz 16, 94315 Straubing
Telefon: (0 94 21) 93 99-0, Fax: (0 94 21) 93 99-20
Internet: www.radioawn.de,
E-Mail: info@radioawn.de
RDS: __AWN___
Format: Oldies aus den 70-, 80- u. 90erJahren, dazu Euro-Pop
UKW-Sender: Mallersdorf 95,7 MHz (0,1 kW), Straubing 87,9 MHz (0,3 kW)

Radio Bamberg

Gutenbergstraße 5, 96050 Bamberg
Telefon: (09 51) 982 90-0, Fax: (09 51) 982 90-90
Internet: www.radio-bamberg.de**,**
E-Mail: redaktion@funkhaus-bamberg.de
RDS: _BAMBERG
Claim: Die größten Hits aller Zeiten! Nur wir sind von hier!

UKW-Sender	MHz	kW
Bamberg	88,5	0,50
Burglesau	106,1	0,10
Burgwindheim	88,7	0,05
Buttenheim	92,1	0,20
Ebermannstadt	98,8	0,05
Forchheim	96,6	0,10

Radio Charivari

Funkhaus Regensburg, Lilienthalstr. 3c, 93049 Regensburg
Telefon: (09 41) 50 20 7-0, Fax: (09 41) 56 03 90
Internet: www.charivari.com, **E-Mail:** charivari@charivari.com
RDS: _CHARI__
Bei Regionalisierung strahlen die Sender Seubersdorf und Neumarkt auch den RDS-Code Chari_NM aus und der Sender Regensburg den RDS-Code Chari_R_.
Format: Hits und Oldies
Claim: Ostbayerns Radio

UKW-Sender	MHz	kW
Bad Kötzting	95,7	0,003
Burglengenfeld	98,8	0,300
Cham	92,7	0,400
Kelheim	103,9	0,500
Lam	105,5	0,100
Nabburg	105,9	0,300
Neumarkt	93,3	0,050
Regensburg	98,2	0,300
Seubersdorf	94,0	1,000
Waldmünchen	102,6	0,300

Das Charivari-Morgenteam Wolfgang Subirge und Nadine Niebauer. (Bild: Radio Charivari)

Radio Charivari Rosenheim

Hafnerstraße 5-7, 83022 Rosenheim
Telefon: (0 80 31) 30 08-0,
Fax: (0 80 31) 30 08-38
Internet: www.radio-charivari.de,
E-Mail: info@radio-charivari.de
RDS: _CHARI__
Format: Oldie-based AC

UKW-Sender	MHz	kW
Flintsbach	96,7	0,30
Prien	104,2	0,05
Rosenheim	92,3	0,05
Wasserburg	100,6	0,05

Mitanbieter bei Radio Charivari Rosenheim ist:

FUNKTURM

Birkenweg 29, 83122 Samerberg
Telefon: (0 80 32) 85 31, Fax: (0 80 32) 88 08
Internet: www.funkturm-chiemgau.de,
E-Mail: webmaster@funkturm-chiemgau.de

Radio EINS

Seifartshofstraße 21, 96450 Coburg
Telefon: (0 95 61) 87 33-0, Fax: (0 95 61) 87 33-33
Internet: www.radioeins.com,
E-Mail: info@radioeins.com
RDS: RADIO_1_

UKW-Sender	MHz	kW
Coburg	89,2	0,50
Kronach	90,0	0,10
Lichtenfels	95,4	0,30
Ludwigstadt	93,7	0,02
Neustadt	92,2	0,05
Pressig	106,3	0,02

Radio Euroherz

Pfarr 1, 95028 Hof
Telefon: (0 92 81) 880-880
Fax: (0 92 81) 880-140
RDS: EUROHERZ
Internet: www.euroherz.de,
E-Mail: redaktion@euroherz.de
Format: MOR
Claim: Die besten Hits aller Zeiten!
Sendezeit: 0-12 Uhr; 18-24 Uhr

extra-radio 88.0

Kreuzsteinstraße 2-6, 95028 Hof
Telefon: (0 92 81) 83 00-0
Fax: (0 92 81) 83 00-52
RDS: _EXTRA__
Internet: www.extra-radio.de,
E-Mail: redaktion@extra-radio.de
Format: AC
Claim: Mein Hochfrankenradio
Sendezeit: 12-18 Uhr

UKW-Sender	MHz	kW
Hof	88,0	5,00
Marktredwitz	95,1	0,10
Naila	101,5	0,05

Radio F
Senefelderstraße 7, 90409 Nürnberg
Telefon: (0 80 00) 945 945, Fax: (09 11) 51 91-139
Internet: www.radiof.de**,**
E-Mail: radiof@funkhaus.de
RDS: RADIO_F_
Format: MOR, Schlager/Evergreen Mix
UKW-Sender: Nürnberg 94,5 MHz (0,3 kW)

Mitanbieter bei Radio F ist:

Jazztime Nürnberg
Am Stadtpark 109, 90409 Nürnberg
Telefon: (09 11) 35 73 48, Fax: (09 11) 35 22 59
Internet: www.funkhaus.de/jazztime**, E-Mail:** walter.schaetzlein@t-online.de
Format: Jazz

Radio Fantasy
Ludwigstraße 1, 86150 Augsburg
Telefon: (08 21) 50 77-100, Fax: (08 21) 50 77-555
Internet: www.fantasy.de**, E-Mail:** radio@fantasy.de
RDS: FANTASY_
Format: CHR
Claim: Mehr Hits von heute und das beste von morgen!
UKW-Sender: Augsburg 93,4 MHz (0,3 kW), Aichach 103,6 MHz (0,02 kW)
Montags 22-01 Uhr wird das Campusradio Augsburg ausgestrahlt.

Radio Gong 96.3
Franz-Joseph-Straße 14, 80801 München
Telefon: (0 89) 381 66-0, Fax: (0 89) 381 66-288
Internet: www.radiogong.de**, E-Mail:** info@radiogong.de
RDS: GONG96.3
Format: EHR
UKW-Sender: München 96,3 MHz (0,3 kW)

Radio Gong 97.1 THE ROCK
Senefelderstraße 7, 90409 Nürnberg
Telefon: (0 80 00) 971 971, Fax: (09 11) 51 91-139
Internet: www.gong971.de**,**
E-Mail: gong@funkhaus.de
RDS: _GONG___
Format: CHR, Rock-orientiert
Claim: Die besten Rockhits aller Zeiten
UKW-Sender: Nürnberg 97,1 MHz (0,3 kW)

Radio Gong 106,9

Semmelstraße 15, 97070 Würzburg
Telefon: (09 31) 308 09-0, Fax: (09 31) 308 09-59
Internet: www.radiogong.com,
E-Mail: info@radiogong.com
RDS: __GONG__
Format: AC
UKW-Sender: Würzburg 106,9 MHz (5 kW)

Radio Gong mobil

Franz-Joseph-Straße 14, 80801 München
Telefon: (0 89) 381 66-266, Fax: (0 89) 381 66-288
Internet: www.radiogong.de**, E-Mail:** info@radiogong.de
Format: Hot AC
Empfang über Digitalradio (DAB): Kanal 11C im Bereich München

Radio IN

Schillerstr. 2, 85055 Ingolstadt
Telefon: (08 41) 30 09-0, Fax: (08 41) 177 66
Internet: www.radio-in.de**, E-Mail:** service@radio-in.de
RDS: RADIO_IN
Format: AC
Empfang über Digitalradio (DAB): Kanal 11A im Bereich Ingolstadt

UKW-Sender	MHz	kW
Beilngries	105,4	0,1
Eichstätt	99,1	0,1
Ingolstadt	95,4	0,1
Neuburg/Donau	101,2	0,2
Pfaffenhofen	104,8	0,2
Schrobenhausen	94,6	0,1

Mitanbieter bei Radio IN ist:

Radio ND1

Schillerstraße 2, 85055 Ingolstadt
Telefon: (08 41) 30 09-0, Fax: (08 41) 30 09-7
RDS: __ND_1__
Format: Oldiebased soft AC
Radio ND 1 sendet mo-sa 7-9 Uhr über die Sender Neuburg (101,2 MHz) und Schrobenhausen (94,6 MHz).

Radio Kö

Curt-Frenzel-Straße 4, 86167 Augsburg
Telefon: (08 21) 777-4501, Fax: (08 21) 777-4509
Internet: www.radiokoe.de, **E-Mail:** mail@radio-koe.de
Format: Soft AC
Claim: Super Stars & Classic Hits
Empfang über Digitalradio (DAB): Kanal 9C im Bereich Augsburg.

Radio Mainwelle

Richard-Wagner-Straße 33, 95444 Bayreuth
Telefon: (09 21) 75 750-0, Fax: (09 21) 75 750-12
Internet: www.mainwelle.fm,
E-Mail: redaktion@mainwelle.fm
RDS: MAINWELL
Format: MOR
UKW-Sender: Bayreuth 104,3 MHz (1 kW), Hohenmirsberg 93,3 MHz (0,1 kW)

Radio Oberland

Marienplatz 17, 82467 Garmisch-Partenkirchen
Telefon: (0 88 21) 93 02-0, Fax: (0 88 21) 93 02-30
Internet: www.radio-oberland.de, **E-Mail:** mail@radio-oberland.de
RDS: OBERLAND
Format: AC, oldie-based

UKW-Sender	MHz	kW
Garmisch-Partenk.	106,2	0,20
Herzogstand	104,6	0,10
Mittenwald	91,4	0,05
Oberammergau	105,4	0,10
Penzberg	101,4	0,10
Schongau	97,5	0,10

Radio Plassenburg

E.-C.-Baumann-Straße 5, 95326 Kulmbach
Telefon: (0 92 21) 878 34 75, Fax: (0 92 21) 844 34
Internet: www.radio-plassenburg.de,
E-Mail: service@radio-plassenburg.de
RDS: KULMBACH
Format: oldie-based AC, MOR, Easy Listening Schlager, Evergreens, Volksmusik
Claim: Nur wir sind von hier!
UKW-Sender: Kulmbach 101,6 MHz (5 kW), Stadtsteinach 98,9 MHz (0,1 kW)

RADIO PRIMATON

Carl-Zeiss-Str. 10, 97424 Schweinfurt
Telefon: (0 97 21) 20 90-0, Fax: (0 97 21) 20 90-66
Internet: www.primatononline.de**,**
E-Mail: info@primatononline.de
RDS: PRIMATON
Format: Oldiebased AC, Die größten Hits aller Zeiten!

UKW-Sender	MHz	kW
Bad Brückenau	94,0	0,10
Bad Kissingen	90,5	0,10
Bad Neustadt	101,5	1,00
Gerolzhofen	93,6	0,05
Hammelburg	104,6	0,32
Haßfurt	95,7	0,10
Schweinfurt	100,5	0,50

Radio Primavera

Am Funkhaus 1, 63743 Aschaffenburg
Telefon: (0 60 21) 38 83-0, Fax: (0 60 21) 38 83-88
Internet: www.radio-primavera.de**,**
E-Mail: prima@primanet.de
RDS: PRIMVERA
Format: Soft AC

UKW-Sender	MHz	kW
Alzenau	90,8	0,20
Aschaffenburg	100,4	1,00
Miltenberg	99,4	0,05

Radio Ramasuri

Unterer Markt 35, 92637 Weiden
Telefon: (09 61) 48 24 82, Fax: (09 61) 447 73
Internet: www.ramasuri.de**, E-Mail:** info@ramasuri.de
RDS: RAMASURI
Format: Oldies based AC
Shop: Radio Ramasuri verfügt über einen Online-Versandservice-Shop.

UKW-Sender	MHz	kW
Amberg	103,9	0,10
Hirschau	95,3	1,00
Königstein	106,4	0,07
Neusorg	104,8	0,05
Tirschenreuth	88,5	0,10
Waidhaus	93,6	0,05
Weiden	99,9	0,20
Wiesau	105,1	0,50

Radio Trausnitz

Porschestr. 21, 84030 Landshut
Telefon: (08 71) 923 09-0, Fax: (08 71) 923 09-99
Internet: www.radio-trausnitz.de,
E-Mail: redaktion@radio-trausnitz.de
RDS: TRAUSNTZ
Format: Schlager, Oldies

UKW-Sender	MHz	kW
Dingolfing	89,0	0,10
Landau	105,5	0,30
Landshut	104,1	1,00
Pfarrkirchen	107,4	1,00
Pfeffenhausen	91,8	0,20
Simbach am Inn	103,0	0,05
Vilsbiburg	87,7	0,05

ROCK ANTENNE

Münchener Straße 101c, 85737 Ismaning
Telefon: (0 89) 99 277-0, Fax: (0 89) 99 277-455
Internet: www.rockantenne.de,
E-Mail: info@rockantenne.de
RDS: ROCK_ANT
Format: AOR
Auf den Frequenzen Erding, Freising und Ebersberg mit lokalen Sendestrecken. Lokalfenster immer zur halben Stunde mit Lokalnachrichten und Service, sowie am Nachmittag von 15-19 Uhr mit einer Lokalsendung.
Empfang über Digitalradio (DAB+): Landesweit auf Kanal 12 D
Empfang über Satellit: Über ASTRA (DVB-S). Details siehe SAT-Tabelle.

UKW-Sender	MHz	kW
Augsburg	87,9	0,3
Ebersberg	93,0	0,1
Erding	87,9	0,1
Freising	95,0	0,1
Dorfen	88,8	0,5
Moosinning	99,4	0,5

RSA Radio – Der Allgäu-Sender

Rottachstraße 17, 87439 Kempten
Telefon: (08 31) 253 80-0, Fax: (08 31) 253 80-38
Internet: www.rsa-radio.de,
E-Mail: info@rsa-radio.de
RDS: __RSA___
Format: Oldie-based AC, MOR, Easy listening, Schlager, Evergreens, Volksmusik
Shop: RSA-Radio verfügt über einen Online-Versandservice-Shop.

UKW-Sender	MHz	kW
Blender	97,6	2,00
Eisenberg	106,3	0,50
Füssen	98,0	0,10
Hindelang	100,2	0,05
Immenstadt	93,0	0,10
Kaufbeuren	88,2	0,20
Kempten	96,7	0,10
Lindau	103,6	0,50
Marktoberdorf	97,9	0,05
Mittelberg (AUT)	106,1	0,10
Obergünzburg	105,2	0,10
Oberstaufen	92,1	0,05
Oberstdorf	89,3	0,10
Oy-Mittelberg	104,5	
Sonthofen	87,7	0,03
Weiler	92,7	0,10

rt1 in the mix

Curt-Frenzel-Straße 4, 86167 Augsburg
Telefon: (08 21) 777-4000, Fax: (08 21) 777-4049
Internet: www.rt1.de**, E-Mail:** sylvia.ecker@rt1.de
Format: Urban contemporary (UC), 80er, 90er, 2000er und die Hits von heute
Empfang über Digitalradio (DAB): Kanal 9C im Bereich Augsburg, 11A in Ingolstadt, 11C in München und 10C in Nürnberg.

Smart Radio

Konrad-Adenauer-Allee 51, 86150 Augsburg
Telefon: (08 21) 570 44-20, Fax: (08 21) 570 44-33
Internet: www.smartradio.de**,**
E-Mail: info@smartradio.de
Format: Smart Radio verzichtet bewusst auf Moderation und ist wie ein 24-Stunden-Rendezvous mit Swing, Jazz, Bossa Nova, Lounge, R&B und Chansons. Nur fein ausgewählter Sound für ein anspruchsvolles Publikum ab 30 Jahren.
Claim: Endlich nur Musik!
Empfang über Digitalradio (DAB): Kanal 9C im Bereich Augsburg.
Audiostream-Adresse: http://stream.cyberways.net:8000/smartradio.mp3

STAR FM

O'Brienstr. 2, 91126 Schwabach
Telefon: (0 91 22) 87 21-0, Fax: (0 91 22) 87 21-21
Internet: www.starfm.de,
E-Mail: nuernberg@starfm.de
RDS: STAR_FM_
Format: Rockmusik

UKW-Sender	MHz	kW
Lauf	99,0	0,2
Nürnberg	95,8	0,3 (nur 02 – 14 Uhr)
Schwabach	107,8	0,2

unserRadio

Medienstraße 5, 94036 Passau
Telefon: (08 51) 80 27 02, Fax: (08 51) 80 27 22
Internet: www.unserradio.de**, E-Mail:** dispo@unserradio.de
RDS: UNSRADIO
Format: lokalisiertes AC-Format

UKW-Sender	MHz	kW
Freyung	101,5	0,1
Griesbach	89,7	0,3
Grafenau	97,2	0,1
Passau	98,3	0,2
Vilshofen	**93,9**	**0,3**

Sendeschema: 06 – 19 Uhr: In Passau produziertes Programm
19 – 06 Uhr: BLR-Mantelprogramm

unserRadio

Bahnhofstraße 28, 94469 Deggendorf
Telefon: (09 91) 36 00-0, Fax: (09 91) 3 08 41
Internet: www.unserradio.de**, E-Mail:** dispo@unserradio.de
RDS: UNSRADIO
Format: lokalisiertes AC-Format
UKW-Sender: Deggendorf 98,7 MHz (0,1 kW), Brotjacklriegel 107,9 MHz (0,1 kW)
Sendeschema: 06 – 10 Uhr: Von Passau übernommenes Programm
10 – 15 Uhr: In Deggendorf produziertes Programm
15 – 19 Uhr: Von Passau übernommenes Programm
19 – 06 Uhr: BLR-Mantelprogramm

unserRadio

Am Sand 9, 94209 Regen
Telefon: (0 99 21) 94 40 10, Fax: (0 99 02) 69 09
Internet: www.unserradio.de**, E-Mail:** dispo@unserradio.de

RDS: UNSRADIO
Format: lokalisiertes AC-Format
UKW-Sender: Regen 89,3 MHz (0,2 kW), Viechtach 97,2 MHz (0,12 kW)
Sendeschema: Wie unserRadio Passau. Dazu werden fallweise vom Studio Regen aus Lokalnachrichten eingestreut.

vilradio

Platnersgasse 1, 90403 Nürnberg
Telefon: (09 11) 22 61 03, Fax: (09 11) 241 85 93
Internet: www.vilradio.de**, E-Mail:** info@vilradio.de
RDS: VILRADIO
Format: Die Musikzusammenstellung umfasst ein breites Spektrum verschiedener Musikrichtungen. Von zeitgenössischem Pop spannt sich der Bogen über Jazz, Classics, Soul und Blues bis hin zu Rock, Lounge, lateinamerikanischen Rhythmen und Instrumentalmusik.
Abgerundet wird das Programm durch Beiträge aus den Bereichen Kultur, Veranstaltungen, Konzerttipps, Freizeittipps, Musik, Wirtschaft, Wissenschaft und Umwelt. vilradio premium musik ist positiv eingestellt und verbreitet keine Negativ- und Schreckensmeldungen.
Claim: vilradio premium musik
Empfang über Digitalradio (DAB): Kanal 10C im Bereich Nürnberg, Fürth, Erlangen, Schwabach
Audiostream-Adresse: http://62.146.2.66:8000/vilradio
Shop: Über www.vilshop.de gibt es u.a. Digitalradios und Zubehör zu kaufen.
UKW-Sender: Fürth 91,0 MHz (0,5 kW) und 96,4 MHz (1 kW)

Nichtkommerzieller Lokalrundfunk

UKW-Sender	MHz	kW	Programmanbieter
Erlangen	93,6	0,3	Radio Z
München	92,4	0,3	LORA München
München	92,4	0,3	Radio Feierwerk
Nürnberg	95,8	0,3	Radio Z

LORA München

Gravelottestr. 6, 81667 München
Telefon: (089) 480 28-51, Fax: (089) 480 28-52
Internet: www.lora924.de, **E-Mail:** info@lora924.de
RDS: __LORA__
Sendezeit: Mo-Fr 17-24 Uhr

Radio Feierwerk

Hansastraße 39, 81373 München
Telefon: (0 89) 72 488-0, Fax: (0 89) 72 488-109
Internet: www.feierwerk.de, **E-Mail:** radio@feierwerk.de
RDS: FEIERWRK
Sendezeit: Sa 6-24 Uhr, So 7-9 Uhr und 21-24 Uhr.

Radio Z

Kopernikusplatz 12, 90459 Nürnberg
Telefon: (09 11) 450 06-0, Fax: (09 11) 450 06-77
Internet: www.radio-z.net, **E-Mail:** info@radio-z.net
RDS: RADIO_Z_
Sendezeit: 14-2 Uhr

Einrichtungsrundfunk

UKW-Sender	MHz	kW	Programmanbieter
Augsburg	93,4	0,3	Kanal C
München	94,5	0,1	M 94.5
Erlangen	106,2	0,1	afk max
Nürnberg	106,5	0,1	afk max

Aus- und Fortbildungsradio

Schwere-Reiter-Str. 35, Haus 40a, 80797 München
Telefon: (0 89) 36 03 880, Fax: (0 89) 36 03 88 79
Internet: www.m945.de, **E-Mail:** info@m945.de
RDS: _M_94.5_

AFK-Verein-Hörfunk Nürnberg e.V.

Hermannstr. 33, 90439 Nürnberg
Telefon: (09 11) 931 84-0, Fax: (09 11) 931 84-31
Internet: www.afkmax.de, **E-Mail:** redaktion@afkmax.de
RDS: AFK_MAX_

DRM Campus Radio biteXpress

Am Wolfsmantel 33, 91058 Erlangen
Telefon: (0 91 31) 85 25 139, Fax: (0 91 31) 85 25 102
Internet: www.bitexpress.de, **E-Mail:** info@bitexpress.de
Es erfolgen Sendungen im DRM-Modus auf Kurzwelle 15896 kHz (0,1 kW) sowie auf Mittelwelle 909 kHz (Senderstandort Dillberg).

Kanal C – Das Campusradio

Hochschulgruppe an der Universität Augsburg, Eichleitnerstraße 30, 86159 Augsburg
Telefon/Fax: (08 21) 59 84 598
Internet: www.kanal-c.de, **E-Mail:** info@kanal-c.de

Berlin-Brandenburg mabb_ medienanstalt_berlin_brandenburg

Medienanstalt Berlin-Brandenburg (MABB)
Kleine Präsidentenstraße 1, 10178 Berlin
Telefon: (0 30) 26 49 67-0, Fax: (0 30) 26 49 67-90
Internet: www.mabb.de, **E-Mail:** mail@mabb.de
In Berlin gibt es 20 verschiedene Privatsender, von denen einige ihre Programme sogar zusätzlich über im Land Brandenburg stehende Sender verbreiten. Hauptsenderstandort ist der Funkturm am Alexanderplatz. Das mit 368 m Höhe höchste freistehende Bauwerk Deutschlands strahlt zurzeit 15 Hörfunkprogramme auf UKW und19 über Digitalradio ab, mehr als jeder andere Funkstandort in Deutschland. Auf dem Schäferberg befinden sich weitere vier UKW-Sender, am Scholzplatz sechs UKW- und 18 DAB-Sender, auf dem Dach der Berliner Postbank in Kreuzberg vier UKW-Sender, und von Britz aus senden *Deutschlandradio Kultur* auf UKW sowie vier Programme als Digitalradio.
Das Land Brandenburg weist zurzeit sechs Privatfunksender auf, die entweder landesweit arbeiten (wie *BB Radio*) oder regional tätig sind (wie zum Beispiel *Radio Cottbus, POWER RADIO, Sender KW*) arbeiten. Hauptsenderstandort im Land Brandenburg ist der Ort Zehlendorf im Kreis Oranienburg, wo ein Langwellensender (für *Deutschlandradio Kultur*), zwei Mittelwellensender sowie fünf UKW-Sender installiert sind.
Insgesamt senden von Berlin-Brandenburg aus über UKW, Kabel, Satellit und Internet derzeit 50 private und öffentlich-rechtliche Hörfunkprogramme!

Bundesweiter Hörfunk

ENERGY 103,4

Hardenbergstraße 5, 10623 Berlin
Telefon: (0 30) 254 35-0, Fax: (0 30) 254 35-350
Internet: www.energy.de/berlin/, **E-Mail:** energy-berlin@energy.de
RDS: _ENERGY_
Format: CHR
Claim: ENERGY - Hit Music Only!

UKW-Sender	MHz	kW
Berlin/Alexanderplatz	103,4	8,00
Casekow	91,6	1,25
Herzberg	91,7	0,10
Prenzlau	87,6	0,20
Wittstock	96,6	0,50

Empfang über Digitalradio (DAB+): Bundesweit auf Kanal 5A oder 5C.

KISS FM

medienzentrum Berlin, Grunewaldstraße 3,
12165 Berlin
Telefon: (0 30) 20 191-700, Fax: (0 30) 20 191-200
Internet: www.kissfm.de, **E-Mail:** kissfm@kissfm.de
RDS: _KISS_FM
Format: Urban – RnB – Hip Hop.
UKW-Sender: Berlin/Alexanderplatz 98,8 MHz (1 kW).
Empfang über Digitalradio (DAB+): Bundesweit auf Kanal 5A oder 5C.

Landesweiter und lokaler Hörfunk

89.2 Radio Potsdam

Brandenburger Straße 48, 14467 Potsdam,
Telefon (03 31) 581 692 11, Fax(03 31) 581 692 99,
Internet: www.radio-potsdam.de E-Mail info@radio-potsdam.de,
RDS: Potsdam_
Format: AC
Claim: Radio Potsdam - „Ich bin KEIN Berliner!" Das NEUE Radio aus Potsdam für Potsdam
UKW-Sender: Berlin (Schäferberg) 89,2 MHz, 0,5 kW

94,3 rs2

medienzentrum Berlin, Grunewaldstraße 3, 12165 Berlin
Telefon: (0 30) 20 191-100, Fax: (0 30) 20 191-200
Internet: www.rs2.de, **E-Mail:** rs2@rs2.de
RDS: ___rs2__
Format: Hot AC-Mainstream
Claim: rs2. Wir machen den Mix.

UKW-Sender	MHz	kW
Berlin	94,3	20,0
Booßen	94,7	3,0
Casekow	107,3	20,0
Cottbus	95,6	1,3
Finsterwalde	96,7	1,0
Forst	103,9	6,3
Lauchhammer	91,3	1,0
Lübben	100,1	3,0
Spremberg	106,3	4,0

98.2 Radio Paradiso

Am Kleinen Wannsee 5, 14109 Berlin
Telefon (0 30) 80 69 20-0, Telefax (0 30) 80 69 20-35
Internet: www.paradiso.de,
E-Mail: paradiso@paradiso.de
RDS: PARADISO
Format: Soft-Pop/Soft-Rock
Claim: Musik zum Verwöhnen
UKW-Sender: Berlin/Scholzplatz 98,2 MHz (8 kW)

99.3 Radio Frankfurt

Heilbronner Straße 9, 15230 Frankfurt/Oder
Telefon: (03 35) 483 99 11, Fax: (03 35) 483 99 99
Internet: www.radiofrankfurt.de, **E-Mail:** info@radiofrankfurt.de
Format: AC
UKW-Sender: Frankfurt /O. 99,3 MHz (0,8 kW)

104.6 RTL

Kurfürstendamm 207-208, 10719 Berlin
Telefon: (0 30) 884 84-0, Fax: (0 30) 884 84-121
Internet: www.104.6RTL.com, **E-Mail:** zentrale@104.6RTL.com
RDS: 104,6RTL
Format: Hot AC (ausschließlich englischsprachiger Herkunft, mit Schwerpunkt 90er Jahre)
Claim: 104.6 RTL, Berlins Hit-Radio

UKW-Sender	MHz	kW
Berlin/Alexanderplatz	104,6	10,0
Elsterwerda	89,5	0,5
Finsterwalde	88,0	1,0

105'5 Spreeradio

Kurfürstendamm 207-208, 10719 Berlin
Telefon: (0 30) 884 88-4, Fax: (0 30) 884 88-699
Internet: www.spreeradio.de, **E-Mail:** kontakt@spreeradio.de
RDS: SPREE___
Format: Oldiebased AC
Claim: 105'5 Spreeradio, Die besten Songs aller Zeiten
UKW-Sender: Berlin/Alexanderplatz 105,5 MHz (5 kW)

105.9 Radio Paradiso

Lindenstraße 15, 15230 Frankfurt (Oder)
Telefon: (03 55) 500 80 666, Fax: (03 55) 401 24 845
Internet: www.paradiso-brandenburg.de,
E-Mail: paradiso@paradiso.de
RDS: Paradiso
Format: Soft-Pop/Soft-Rock
Claim: Brandenburgs bester Softmix

UKW-Sender	MHz	kW
Eisenhüttenstadt	95,5	0,20
Frankfurt	105,9	1,60
Guben	90,4	0,20

BBC World Service

British Broadcasting Corporation, Bush House, P.O.Box 76, London WC2B 4PH, Großbritannien
Telefon: (00 44 20) 72 40-34 56,
Fax: (00 44 20) 75 57-12 58
Internet: www.bbc.co.uk/worldservice,
E-Mail: worldservice@bbc.co.uk
RDS: BBCWorld
Programm: Auslandsdienst der BBC, London; Sendungen in englischer Sprache.
Empfang über Satellit: Über ASTRA und Hotbird (DVB-S). Details siehe im Sat-Kapitel!

UKW-Sender: Berlin/Schäferberg 94,8 MHz (1 kW)

BB RADIO

Großbeerenstraße 185, 14482 Potsdam
Telefon: (03 31) 74 40-0, Fax: (03 31) 74 40-102
Internet: www.bbradio.de, **E-Mail:** info@bbradio.de
RDS: BB_Radio
Format: Hot-AC (Mehr aktuelle Hits und die besten 80er, 90er und 2000er)
Claim: BB RADIO - Voll die Vielfalt.

Empfang über Digitalradio (DAB): Landesweit auf Kanal 12D (südwestlicher Bereich Brandenburgs) bzw. 11C (nordöstl. Bereich Brandenburgs).
Shop: Fan-Artikel gibt's im Online-Shop auf www.bbradio.de oder direkt im Sender.
Programmheft: Der BB RADIO-Newsletter kann über Internet/E-Mail abonniert werden.

UKW-Sender	MHz	kW	regional
Berlin/Schäferberg	107,5	13,0	
Booßen	107,8	30,0	Frankfurt/O.
Brandenburg/Havel	105,0	3,0	
Casekow	102,1	10,0	Nord/Ost
Cottbus Stadt	107,2	100,0	Niederlausitz
Eisenhüttenstadt	103,7	0,6	Frankfurt/O.
Pritzwalk	104,3	100,0	
Rhinow	90,9	0,8	
Zehlendorf	95,4	1,3	Nord/Ost
Zehlendorf	107,9	5,0	Nord/Ost

Berliner Rundfunk 91!4

BERLINER RUNDFUNK 91!4

Medienzentrum Berlin, Grunewaldstraße 3, 12165 Berlin
Telefon: (0 30) 20 191-400, Fax: (0 30) 20 191-200
Internet: www.berliner-rundfunk.de, **E-Mail:** info@berliner-rundfunk.de
RDS: BRF_91.4
Format: AC (70er, 80er und aktuelle Musik)
Claim: Hier ist Berlin. Gute Zeiten. Gute Musik!

UKW-Sender	MHz	kW
Berlin/Alexanderplatz	91,4	100,0
Casekow	100,9	5,0
Cottbus-Stadt	102,2	3,0
Booßen	104,2	20,0

FluxFM 100,6

FLUX FM
Die Alternative im Radio.

Brunnenstraße 24, 10119 Berlin
Telefon: (0 30) 74 777-74, Fax: (0 30) 74 777-79
Internet: www.fluxfm.de, **E-Mail:** info@fluxfm.de
RDS: _FluxFM_
Format: Alternative/ Independent/ Elektro mit hohem Neuheitenanteil
Claim: Die Alternative im Radio.

Bundesland	UKW-Sender	MHz	kW
Baden-Württemberg	Stuttgart	97,2	0,3
Berlin	Alexanderplatz	100,6	10,0
Bremen	Bremen	97,2	0,5

Hitradio SKW

Am Funkerberg, Senderhaus 1, 15711 Königs Wusterhausen
Telefon: (0 33 75) 52 73 60, Fax: (0 33 75) 52 73 62
Internet: www.hitradio-skw.de, **E-Mail:** info@hitradio-skw.de
RDS: SenderKW
Format: AC oldie based mit hohem Anteil deutschsprachiger Musik

UKW-Sender	MHz	kW
Fürstenwalde	93,9	3,00
Königs Wusterhausen	105,1	0,80
Lübben	99,1	0,16

JAM FM

Am kleinen Wannsee 5, 14109 Berlin
Telefon: (0 30) 80 69 20 0, Fax: (0 30) 80 69 20 79
Internet: www.jam.fm, **E-Mail:** studio@jamfm.de
RDS: _JAM_FM_
Format: Urban Contemporary
Claim: Black & DanceRadio
Empfang über Satellit: Über ASTRA 1 (DVB-S). Details siehe SAT-Tabelle.
UKW-Sender: Berlin-Alexanderplatz 93,6 MHz (2,4 kW)

Jazz Radio

Passauer Str. 8 - 9, 10789 Berlin
Telefon: (0 30) 983 21 68-50
Internet: www.jazzradio.net, **E-Mail:** info@jazzradio.net
RDS: __Jazz__
Format: Mainstream Jazz
UKW-Sender: Berlin/Scholzplatz 106,8 MHz (2 kW)

Klassik Radio

Verbreitet sein Programm in Berlin und Brandenburg über vier UKW-Sender.
Siehe Seite 149

METROPOL FM

Markgrafenstr. 11, 10969 Berlin
Telefon: (0 30) 21 79 70-0, Fax: (0 30) 21 79 70-20
Internet: www.metropolfm.de, **E-Mail:** info@metropolfm.de
RDS: metropol
Format: Hot AC
Programm: Erstes türkisches Radioprogramm in Deutschland.

Bundesland	UKW-Sender	MHz	kW
Baden-Württemberg	Stuttgart	95,4	0,10
Berlin	Alexanderplatz	101,9	0,50
Rheinland-Pfalz	Koblenz	107,8	0,32
	Ludwigshafen	88,3	0,01
	Mainz	96,0	0,40

NPR Berlin FM 104.1

NPR Media Berlin GmbH, c/o White & Case LLP,
Kurfürstendamm 32, 10719 Berlin
Telefon: (0 30) 81 87 43 184
Internet: www.nprberlin.de, **E-Mail:** über „contact" in der v.g. Homepage
RDS: NPR_WW_
Empfang über Satellit: Über HOTBIRD (DVB-S). Details siehe SAT-Tabelle.
UKW-Sender: Berlin/Kreuzberg 104,1 MHz (0,2 kW)

POWER RADIO

Potsdamer Straße 131, 10783 Berlin
Telefon: (0 30) 437 31-0, Fax: (0 30) 23 60 75 75
Internet: www.power-radio.de,
E-Mail: info@power-radio.de
RDS: _POWER__
Format: Oldie-based AC

UKW-Sender	MHz	kW
Angermünde	107,0	0,50
Belzig	95,2	0,40
Berlin	91,8	0,01
Erkner	97,0	0,32
Fürstenwalde	95,3	0,10
Neuruppin	88,3	0,50
Perleberg	94,4	1,25
Potsdam	102,1	1,00
Schwedt	93,3	0,50
Zehlendorf	91,8	1,30

Radio 97.2 FM Russkij Berlin

Rudi-Dutschke-Str. 8, 10969 Berlin
Telefon: (030) 26 39 33 61-0, Fax: (030) 26 39 33 65
Internet: www.radio-rb.de, **E-Mail:** radio@radio-rb.de
RDS: RUSSKIJ_
Format: Zielgruppe ist die in der Region Berlin-Brandenburg wohnende russische Bevölkerung.
UKW-Sender: Täglich 7-19 Uhr in Berlin auf 97,2 MHz

radio B2

Pfalzburger Straße 43-44, 10717 Berlin
Telefon: (0 30) 28 44 55-42, Fax: (0 30) 28 44 55-33
Internet: www.radioB2.de, **E-Mail:** info@radioB2.de
RDS: radio_B2
Format: Arabella-Format
Claim: Starke Hits, klasse Oldies
Empfang über Digitalradio (DAB): Auf Kanal 12D im Großraum Berlin

UKW-Sender	MHz	kW
Berlin (Alex.platz)	106,0	1,00
Cottbus	91,6	0,50
Zehlendorf	104,9	1,25

Radio Cottbus

Schloßkirchplatz 3, 03046 Cottbus
Telefon: (03 55) 483 99-0, Fax: (03 55) 483 99-99
Internet: www.radio-cottbus.de,
E-Mail: info@radio-cottbus.de
RDS: RADIO_CB
Claim: Cottbus hat seinen eigenen Sender verdient.
Format: AC

UKW-Sender	MHz	kW
Cottbus	94,5	0,3
Forst	102,7	0,5
Guben	92,1	1,0
Spremberg	90,3	0,5

Radio France Internationale (RFI)

Schiffbauerdamm 40/Reinhardstr. 55, 10117 Berlin
Telefon: (0 30) 20 911 991
Internet: www.rfi.fr, **E-Mail:** courrier.auditeurs@rfi.fr
RDS: ___RFI__
Programm: Auslandsdienst von Radio France, Paris; Sendungen in französischer Sprache.
Empfang über Satellit: Über ASTRA (DVB-S). Details siehe SAT-Tabelle.
UKW-Sender: Berlin/Kreuzberg 96,7 MHz (0,5 kW)

radio GOLD

Pfalzburger Straße 43-44, 10717 Berlin
Telefon: (0 30) 28 44 55-32, Fax: (0 30) 28 44 55-33
Internet: www.radiogold.de,
E-Mail: info@radiogold.de
Format: Oldies
Empfang über Digitalradio (DAB): Auf Kanal 7B im Großraum Berlin

Radio Paloma

UNITCOM GmbH, Grolmannstraße 40, 10623 Berlin
Telefon: (0 30) 88 00 10-200,
Fax: (0 30) 88 00 10-210
Hörertelefon: (0 18 01) 600 700 (zum Ortstarif)
Internet: www.radiopaloma.de,
E-Mail: post@radiopaloma.de
Format: Schlager, deutsche Country-Hits, Musikraritäten, volkstümliche Schlager und die größten Kultschlager
Claim: Die schönsten Melodien – 100% Deutscher Schlager
Empfang über Kabel: Annähernd bundesweit in vielen Netzen.
Empfang über Satellit: Über ASTRA (digital [DVB-S]). Details siehe SAT-Tabelle.

Radio TEDDY

Radio im Filmpark Babelsberg, August-Bebel-Str. 26-53, 14482 Potsdam
Telefon: (03 31) 721 43-43 , Fax: (03 31) 721 43-49
Internet: www.radioteddy.de, **E-Mail:** info@radio-teddy.de
RDS: _TEDDY__
Programm: Kinderradio für die Familie
Claim: Radio TEDDY macht Spaß! Macht schlau!

Bundesland	UKW-Sender	MHz	kW
Berlin	Alexanderplatz	90,2	16,0
Hessen	Kassel	91,7	0,2
Mecklenburg-Vorp.	Schwerin	102,9	0,5
Rheinl-Pfalz	Koblenz	87,8	

STAR FM

Dircksenstraße 48, 10178 Berlin
Telefon: (0 30) 231 00-0, Fax: (0 30) 231 00-799
Internet: www.starfm.de **E-Mail:** info@starfm.de
RDS: STAR_FM_
Format: Rockmusik
UKW-Sender: Berlin-Alexanderplatz 87,9 MHz (1 kW)

sunshine live

Verbreitet sein Programm in Brandenburg über einen UKW-Sender.
Siehe Seite 96

Stimme Russlands (Golos Rossi)

Pjatnizkaja 25, 115326 Moskau, Russland
Telefon: (007 095) 950-69 34 (deutschsprachiger Dienst),
Fax: (007 095) 950-6165
Internet: www.vor.ru/German/german.htm, **E-Mail:** post-de@vor.ru
Empfang über Digitalradio (DAB): In Berlin/Brandenburg auf Kanal 11C.
Mittelwellen-Sender:

Bundesland	Standort	kHz	kW	
Brandenburg	Zehlendorf	693	250	
Niedersachsen	Braunschweig	630	80/20	(Tag/Nacht)
Sachsen	Wilsdruff	1431	250	
Schweiz	Monte Ceneri	558	200	

Die Sendezeiten der deutschsprachigen Programme variieren je nach Jahreszeit. Details dazu sollten den Internetseiten der Stimme Russlands entnommen werden.

Nichtkommerzieller Lokalrundfunk

Der Medienrat hat in seiner Sitzung am 12. Januar 2011 die neue Ausschreibung von Sendezeiten auf den nichtkommerziellen UKW-Hörfunkfrequenzen 88,4 MHz und 90,7 MHz beschlossen.
Die unterschiedliche Radioinitiativen senden seither unter dem einheitlichen Namen *88vier* auf den Berliner UKW-Hörfunkfrequenzen 88,4 und 90,7 MHz. Den Radioinitiativen wurden zum Sendestart eigenständige Sendeerlaubnisse ausgestellt.

UKW-Sender	MHz	kW	Programmanbieter
Berlin-Postbank	88,4	1,0	88vier
Schäferberg	90,7	0,1	88vier

Adresse über: Medienanstalt Berlin-Brandenburg (MABB), Kleine Präsidentenstraße 1, 10178 Berlin
RDS: __88vier__

Einrichtungsrundfunk

UniRadio

Malteser Str. 74-100/Haus M, 12249 Berlin
Telefon: (0 30) 841 727-101, Fax: (0 30) 841 727-109
Internet: www.uniradio.de, **E-Mail:** redaktion@uniradio.de
Sendezeit: Täglich von 16-17 Uhr auf 88vier.

Veranstaltungsrundfunk

UKW-Sender	MHz	kW	Programmanbieter
Alexanderplatz	104,1	1	Diverse, je nach Bedarf

Bremen

Bremische Landesmedienanstalt
Richtweg 14, 28195 Bremen
Telefon: (04 21) 33 49 4-0, Fax: (04 21) 32 35 33
Internet: www.bremische-landesmedienanstalt.de,
E-Mail: info@bremische-landesmedienanstalt.de

Im Jahre 1995 begann auch in Bremen das seither recht wechselhafte private Hörfunkzeitalter. Der damalige Sender *Radio 107,1* war allerdings bisher nur wenige Stunden täglich „On Air“, denn er musste sich die Sendezeit mit dem öffentlich-rechtlichen DeutschlandRadio (DLF) teilen. Aus *Radio 107,1* wurde am 14. Juli 1999 *Antenne Bremen* mit einem 24-stündigen Programm, das über je einen UKW-Sender in Bremen und in Bremerhaven verbreitet wurde. Wenige Wochen später änderte *Antenne Bremen* seinen Namen in *RADIO Wir von hier*, und seit dem 15. Dezember 2003 nennt sich das Programm *ENERGY BREMEN.*

Seit Januar 2007 ist das niedersächsische Privatradio *Hit-Radio Antenne* auch über den Bremer Sender 104,8 MHz zu empfangen. Nachdem sich der *AFN* aus Bremerhaven zurückgezogen hat, erhielt *Hit-Radio Antenne* darüber hinaus die Möglichkeit, mit Wirkung vom 3. August 2009 auch die ehemalige AFN-Frequenz 107,9 MHz zu nutzen.

Neuestes Kind in der Bremer Rundfunklandschaft ist *MOTOR FM,* heutiger Name: *FluxFM.*

ENERGY Bremen

Erste Schlachtpforte 1, 28195 Bremen
Telefon: (04 21) 335 66-0, Fax: (04 21) 335 66-23
Internet: www.energy.de/bremen/, **E-Mail:** info@energy-bremen.de
RDS: _ENERGY_
Format: CHR
Claim: Mehr neue Musik!

UKW-Sender	MHz	kW
Bremen	89,8	1,0
Bremerhaven	104,3	8,0
Oldenburg	103,5	0,5

FluxFM 97,2

FLUX FM
Die Alternative im Radio.

Verbreitet sein Programm in Bremen über einen UKW-Sender.
Siehe Seite 140

Antenne Bremen

Schüsselkorb 26-27, 28195 Bremen
Telefon: (04 21) 33 03 2-0, Fax: (04 21) 33 03 2-22
Internet: www.antenne-bremen.com,
E-Mail: aussenstudio.bremen@antenne.com
RDS: _ANTENNE, _BREMEN_ (dynamischer Code)
Format: Mainstream AC
Claim: Antenne Bremen, Bremens greatest Hits und das beste von Heute.

UKW-Sender	MHz	kW
Bremen	104,8	0,1
Bremerhaven	107,9	0,3

Antenne Bremen strahlt montags-freitags 09.55-14.55 Uhr ein eigenes Programm aus. In der übrigen Zeit wird das Programm von Hit-Radio Antenne Niedersachsen übernommen.

Radio Weser TV Bremen

Richtweg 14, 28195 Bremen
Telefon: (04 21) 67 41 08-15, Fax: (04 21) 67 41 08-13
Internet: www.radioweser.tv, **E-Mail:** bremen@radioweser.tv
RDS: OK-RADIO

Radio Weser TV Bremerhaven

Hafenstraße 156, 27576 Bremerhaven
Telefon: (04 71) 954 95-95, Fax: (04 71) 954 95-50
Internet: www.radioweser.tv, **E-Mail:** bremen@radioweser.tv
RDS: OK-RADIO

Bürgerfunk Bremer Umland e.V.

Am Turbinenhaus 11, 27749 Delmenhorst
Telefon: (0 42 21) 91 58 11, Fax: (0 42 21) 91 58 13
Internet: www.radioweser.tv, **E-Mail:** info@bfbu.de

Radio Weser TV Nordenham

Studio Nordenham, Walter-Rathenau-Straße 25, 26954 Nordenham
Telefon: (0 47 31) 92 34 07, Fax: (0 47 31) 92 34 06
Internet: www.radioweser.tv, **E-Mail:** nordenham@radioweser.tv

Der Bürgerfunk Bremer Umland e.V. und Radio Weser TV-Nordenham sind Bürgerrundfunksender des Bundeslandes Niedersachsen. Sie bedienen sich dazu der Sendeanlagen, die auf Bremer Territorium stehen.

Hamburg und Schleswig-Holstein

Medienanstalt Hamburg / Schleswig-Holstein (MA HSH)
Rathausallee 72-76, 22846 Norderstedt
Telefon: (0 40) 36 90 05-0, Fax: (0 40) 36 90 05-55
Internet: www.ma-hsh.de, **E-Mail:** info@ma-hsh.de

MA HSH
Medienanstalt
Hamburg
Schleswig-Holstein

Die MA HSH ist das Kompetenzzentrum für privaten Rundfunk und Telemedien im Kommunikationsraum Hamburg/Schleswig-Holstein.
Im Zentrum der Aufgaben der Arbeit der MA HSH stehen die Zulassung privater Hörfunk- und Fernsehprogramme, die Mitwirkung beim Umstieg von der analogen auf die digitale Übertragungstechnik, die Förderung des Medienstandorts Hamburg/Schleswig-Holstein, die Vermittlung von Medienkompetenz, die Beratung der Akteure im Bereich audiovisuelle Medien und die Information von Zuschauern und Nutzern.
Der private Hörfunk in Schleswig-Holstein begann mit dem Sendebeginn von Radio Schleswig-Holstein (R.SH) am 1.7.1986. Die zweite Lizenz ging an alpha radio (heute: delta Radio), das am 1.3.1993 startete, bevor am 31.12. 1995 der dritte Anbieter NORA (NordOstseeRadio) den Sendebetrieb aufnahm. Als vierte, landesweite Kette ist im Herbst 1998 Klassik Radio lizenziert worden.
In Hamburg begann der private Hörfunk am 31.12.1986 mit dem Programm von Radio Hamburg. Es folgte am 1.7.1987 Alster Radio, dem heutigen alster radio 106!8 rock'n pop.
Oldie 95 (vordem: Okay Magic 95), das zweite Programm von Radio Hamburg, entwickelte sich aus dem Offenen Kanal Hamburg, der die Frequenz 95,0 MHz in der Zeit vom 24.12.87 bis zum 31.07.1995 nutzte.
Die Hamburger UKW-Frequenz 97,1 MHz wurde zunächst durch Radio KORAH („kommunales Radio Hamburg"), dann von Radio 97,1, anschließend von der Jazzwelle Plus und schließlich von ENERGY 97.1 genutzt.
Das jüngste Rundfunkkind ist der am 26. September 2010 gestartete 917xfm Hamburgs Musiksender, das zweite Programm aus dem Haus von alster radio.

Bundesweiter Hörfunk

Klassik Radio

Sendezentrum:
Planckstraße 15, 22765 Hamburg
Telefon: (0 40) 30 05 05-0, Fax: (0 40) 30 05 05-44
Hauptverwaltung:
Mediatower, Imhofstraße 12, 86159 Augsburg
Telefon: (08 21) 50 70 - 0, Fax: (08 21) 50 70 - 222
Internet: www.klassikradio.de **E-Mail:** info@klassikradio.de
RDS: KLASSIK_
Format: Klassik, New Classics, Filmmusik, Klassik Lounge
Claim: Bleiben Sie entspannt. Mit Klassik Radio.
Der Klassik Radio Shop: Internet: www.klassikradio.de, Telefon: (0 18 05) 90 90 00, Telefax: (08 21) 50 70 – 333, E-Mail: shop@klassikradio.de
Empfang über Digitalradio (DAB+): Bundesweit auf Kanal 5A oder 5C.
Empfang über Satellit: Über Astra (DVB-S). Details siehe SAT-Tabelle.

Bundesland	**UKW-Sender**	**MHz**	**kW**
Baden-Württemberg	Göppingen	103,0	1,00
	Karlsruhe	90,4	2,00
	Stuttgart	103,9	2,00
Bayern	Augsburg	92,2	0,15
	München/Olympiaturm	107,2	1,00
	Nürnberg	105,1	0,50
	Regensburg	91,1	0,15
	Würzburg	92,1	0,30
Berlin-Brandenburg	Berlin-Alexanderplatz	101,3	4,00
	Brandenburg-Stadt	87,6	0,40
	Frankfurt/O.	91,0	0,05
	Luckenwalde	96,9	0,63
Hamburg	Heinrich-Hertz-Turm	98,1	0,16
Hessen	Bad Hersfeld	93,8	0,32
	Butzbach	96,0	0,10
	Frankfurt	107,5	0,20
	Fulda	102,8	0,32
	Gießen	88,0	0,50
	Kassel	104,1	0,50
	Limburg	102,0	0,50
	Marburg	104,9	0,10
	Wetzlar	100,5	0,32
Mecklenb.-Vorp.	Schwerin	90,1	0,20
	Stralsund	98,9	0,40
	Wismar	97,0	0,10
Niedersachsen	Hannover	107,4	0,20

Bundesland	UKW-Sender	MHz	kW
Rheinl. Pfalz	Bingen	103,4	0,32
Schleswig-Holstein	Eutin	97,2	0,20
	Flensburg	106,5	0,50
	Garding	91,7	0,50
	Güby	93,9	0,50
	Helgoland	89,8	0,05
	Itzehoe	92,7	0,50
	Kiel	97,4	0,16
	Lübeck	93,6	1,00
	Niebüll	94,7	0,20
	Rendsburg	92,9	0,50
	Schleswig	100,8	0,50
	Westerland/Sylt	89,8	0,50
Thüringen	Altenburg	107,5	0,50
	Arnstadt	96,5	0,05
	Apolda	99,5	0,20
	Eisenach	90,9	0,20
	Gera	104,5	0,10
	Gotha	99,3	0,20
	Meiningen	90,6	0,10
	Mühlhausen	102,9	0,50
	Nordhausen	107,4	0,20
	Schleiz	92,4	0,20
	Weimar	88,7	0,06
Österreich	Innsbruck	95,5	0,10
	Inzig	95,1	0,10

Landesweiter Hörfunk

917xfm - Hamburgs Musiksender

Funkhaus Messberg, Messberg 4, 20095 Hamburg
Telefon: (0 40) 37 09 07-0, Fax: (0 40) 37 09 07-60
Internet: www.917xfm.de, **E-Mail:** info@917xfm.de
RDS: Zunächst einige Male Interpret ind Songtitel. Dann: _917XFM_
Format: Unmoderiertes Programm mit Musikstilen, die es im Radio sonst eher schwer haben – wie Indie, Alternative, Elektro oder Jazz. Ein besonderer Schwerpunkt liegt zudem auf der Hamburger Musikszene.
UKW-Sender: Hamburg 91,7 MHz (0,04 kW)

alster radio 106!8 rock 'n pop

Funkhaus Messberg, Messberg 4, 20095 Hamburg
Telefon: (0 40) 37 09 07-0, Fax: (0 40) 37 09 07-60
Internet: www.alsterradio.de, **E-Mail:** info@106alsterradio.de
RDS: _ALSTER_
Format: Rock und Pop
UKW-Sender: Cuxhaven 93,6 MHz (2 kW), Hamburg 106,8 MHz (32 kW)

delta radio

RADIOZENTRUM Kiel, Wittland 3, 24109 Kiel
Telefon: (01 80) 51 55 00-0, Fax: (01 80) 51 650-00
Internet: www.deltaradio.de, **E-Mail:** delta@deltaradio.de
RDS: delta_ _
Bei Regionalisierung strahlt die Südschiene den Code delta-HH aus, alle anderen Sender bleiben unverändert.
Format: Rock-Based CHR
Claim: delta radio – klingt anders!
Shop: Den delta radio-Shop erreicht man über die Navigationsleiste am Fuß der Seite oder direkt unter shopping.deltaradio.de.

UKW-Sender	MHz	kW
Ahrensburg	96,5	2,00
Eutin	104,1	50,00
Flensburg	105,6	20,00
Hamburg/H.Hertz-Turm	93,4	2,00
Hamburg/Lohbrügge	107,7	0,10
Heide	100,4	15,00
Helgoland	103,5	0,05
Kaltenkirchen	107,4	20,00
Kiel	105,9	15,00
Lauenburg	105,6	1,00
Lübeck	107,9	20,00
Westerland/Sylt	104,8	5,00

ENERGY Hamburg

Winterhuder Marktplatz 6-7, 22299 Hamburg
Telefon: (0 40) 48 00 19-10, Fax: (0 40) 48 00 19-99
Internet: www.energy.de, **E-Mail:** infohamburg@energy.de
RDS: _ENERGY_
Format: Hit Music only
Claim: ENERGY Hamburg Hit Music only!

Land	UKW-Sender	MHz	kW
Hamburg	Heinrich-Hertz-Turm	97,1	0,10
Hamburg	Lohbrügge	100,9	0,10
Schleswig-Holst.	Wedel	101,6	0,10

Oldie 95

Spitaler Straße 10, Semperhaus A, 20095 Hamburg
Telefon: (0 40) 237 33-0, Fax: (0 40) 237 33-200
Kostenlose Oldie 95-Hotline: 0 80 00 / 95 95 00
Internet: www.oldie95.de, **E-Mail:** info@oldie95.de
RDS: Oldie_ 95
Format: Hamburgs Sender für die Gute-Laune-Hits der 60er, 70er und 80er.
Programmheft: Der Oldie95-Newsletter kann unter www.oldie95.de abonniert werden.

Land	UKW-Sender	MHz	kW
Hamburg	Heinrich-Hertz-Turm	95,0	0,50
Hamburg	Lohbrügge	88,1	0,50
Schleswig-Holst.	Ahrensburg	105,8	0,50

Radio Hamburg

Semperhaus A, Spitaler Straße 10,
Semperhaus A, 20095 Hamburg
Telefon: (0 40) 33 97 14-0, Fax: (0 40) 33 97 14-628
Kostenlose Radio Hamburg-Hotline: 08 00 10 36 800
Internet: www.radiohamburg.de, **E-Mail:** service@radiohamburg.de
RDS: RADIO__HH / __auf___ / _103.6__ plus Titelinfo (dynamischer Code) bzw. RHH_CITY
Format: Die Mega-Hits der 90er, 2000er und das Beste von heute.

John Ment und sein Team der Radio Hamburg Morningshow. Nominiert für den Deutschen Radiopreis 2013." (Quelle: www.radiohamburg.de)

Land	UKW-Sender	MHz	kW	
Hamburg	Heinrich-Hertz-Turm	104,0	0,16	für optionales Cityfenster
Hamburg	Moorfleet	103,6	80,00	
Niedersachsen	Cuxhaven	88,5	2,00	

Die Guten-Morgen-Macher von Radio Nora: mit Volker Marczynkowski, Janina Greve, Achim Schulz (v.l.n.r.), mo-fr 5 -10 Uhr.

Radio NORA

RADIOZENTRUM Kiel, Wittland 3, 24109 Kiel
Telefon: (01 80) 58 186-81, Fax: (01 80) 59 192-91
Hotline: (01 80 5) 81 86 81
Internet: www.radionora.de, **E-Mail:** info@radionora.de
RDS: __NORA__
Format: Hits und Oldies
Shop: Den Radio NORA-Shop über Musik (obere Navigationsleiste) und dann Shop (links Navigationsleiste) (shopping.radionora.de).

UKW-Sender	MHz	kW	regional
Region Nord:			
Bredstedt	98,1	0,10	Nord
Flensburg	88,5	0,50	Nord
Garding	94,1	0,50	Nord
Heide	96,9	0,30	Nord
Helgoland	101,6	0,15	Nord
Husum	92,0	0,10	Nord
Niebüll	107,2	0,16	Nord
Schleswig	92,4	1,00	Nord
Sylt	89,1	1,00	Nord
Region Mitte:			
Kiel	97,0	0,16	Mitte
Neumünster	88,9	0,50	Mitte
Rendsburg	93,6	0,50	Mitte
Region Hamburg:			
Hamburg	93,7	0,03	Hamburg
Itzehoe	104,9	1,00	Hamburg
Kaltenkirchen	101,1	20,00	Hamburg
Region Ost:			
Eutin	106,2	0,13	Ost
Lauenburg	97,4	0,25	Ost
Lübeck	91,5	0,32	Ost

Der Frühstücksclub bei RSH mit Carste n Köthe, Kathari-na Nicolaisen und Alexander Baltz. (Bild: Regiocast)

R.SH - Radio Schleswig-Holstein

RADIOZENTRUM Kiel, Wittland 3, 24109 Kiel
Telefon: (01 80) 50 51-555, Fax: (01 80) 50 51-777
Internet: www.rsh.de, **E-Mail:** redaktion@rsh.de
RDS: __RSH___
Bei Regionalisierung: RSH-KIEL / RSH-OST_ / RSH-NORD / RSH-SUED /_RSH-HH_
Format: AC/EHR
Shop: Unter shopping.rsh.de gibt es einen Online-Shop mit wechselndem Angebot.

UKW-Sender	MHz	kW
Region Kiel		
Kiel	102,4	15,00
Region Nord:		
Flensburg	101,4	20,00
Sylt	102,8	5,00
Region Ost:		
Eutin	100,2	50,00
Lübeck	101,5	20,00
Region Süd:		
Hamburg/H.Hertz-Turm	100,0	2,00
Hamburg/Lohbrügge	102,0	0,10
Kaltenkirchen	102,9	20,00
Lauenburg	102,5	1,00
Region West:		
Heide	103,8	15,00
Helgoland	100,0	0,05

Offene Kanäle

Standorte	MHz	kW	Programmanbieter
Garding	97,6	0,50	OK Westküste
Hamburg	96,0	0,10	TIDE 96.0/Hamburger Lokalradio
Heide	105,2	0,05	OK Westküste
Husum	98,8	0,03	OK Westküste
Kiel	101,2	0,50	OK Kiel /"Kiel FM"
Lübeck	98,8	0,50	OK Lübeck
Wyk/Föhr	96,7	0,40	OK Westküste

OK Kiel, „Kiel FM"

Hamburger Chaussee 36, 24113 Kiel
Telefon: (04 31) 640 04-0, Fax: (04 31) 640 04-44
Internet: www.okkiel.de, **E-Mail:** info@okkiel.de
RDS:_KielFM_

OK Lübeck

Kanalstraße 42 - 48, 23552 Lübeck
Telefon: (04 51) 70 50 02-0, Fax: (04 51) 70 50 02-10
Internet: www.okluebeck.de, **E-Mail:** info@okluebeck.de

OK Westküste

Landvogt-Johannsen-Str. 11, 25746 Heide
Telefon: (04 81) 33 33, Fax: (04 61) 32 39
Internet: www.okwestkueste.de, **E-Mail:** info@okwestkueste.de

TIDE 96.0

Finkenau 35, 22081 Hamburg
Telefon: (0 40) 32 59 903-0, Fax: (0 40) 32 59 903-19
Internet: www.tidenet.de, **E-Mail:** info@tidenet.de
RDS: TIDE96.0

Das Radioprogramm von TIDE 96.0 ist täglich rund um die Uhr zu hören. Ausnahme: Von sonntags 6 Uhr bis montags 6 Uhr und dienstags von 0-6 Uhr sendet das Hamburger Lokalradio.

Hamburger Lokalradio

Max-Eichholz-Ring 18, 21031 Hamburg
Telefon und Fax (0 40) 738 24 17
Internet: www.hhlr.de, **E-Mail:** m.kittner@freenet.de
RDS: HLR_96.0
Sendezeit: siehe oben

Nichtkommerzieller Lokalrundfunk

UKW-Sender	MHz	kW	Programmanbieter
Hamburg	93,0	0,04	FSK

Arbeitsgemeinschaft Radio e.V.

c/o Freies Radio Kombinat, Eimsbütteler Chaussee 21, 20259 Hamburg
Telefon: (040) 43 43 24, Fax: (040) 430 33 83
Internet: www.fsk-hh.org, **E-Mail:** postbox@fsh-hh.org

Hessen

Hessische Landesanstalt für privaten Rundfunk und neue Medien (LPR)
Wilhelmshöher Allee 262, 34131 Kassel
Telefon: (05 61) 935 86-0, Fax: (05 61) 935 86-30
Internet: www.lpr-hessen.de, **E-Mail:** lpr@lpr-hessen.de

Als eine der letzten westdeutschen Landesmedienanstalten wurde die LPR Hessen 1988 mit Sitz in Kassel gegründet. Vergeben wurde damals zunächst eine Lizenz für das Privatradio HIT RADIO FFH, das seit dem 15.11.1989 landesweit auf Sendung ist.
Im April 1997 startete FFH mit seinem jugendorientierten Programm planet radio, und im Herbst ging FFH mit einem dritten, als harmony.fm bezeichneten Programm für die reifere Jugend terrestrisch auf Sendung.
Weitere auf UKW arbeitende Privatsender in Hessen sind Radio BOB! (vormals: Sky Radio) und ANTENNE Frankfurt (vormals ENERGY Rhein-Mai,vormals: MAIN FM bzw. Frankfurt Business Radio). Beide sind jedoch - noch - nicht landesweit zu empfangen. Auch Klassik Radio mit Hauptsitz in Hamburg ist mit sieben - allerdings eher leistungsschwachen - UKW-Sendern in Hessen präsent. Jüngste Mitglieder in der hessischen Radiolandschaft sind das aus Potsdam bekannte Kinderprogramm Radio Teddy sowie das Kölner domradio.
Am 31.12.2011 hat ERF-Medien die Nutzung des Mittelwellensenders Mainflingen 1539 kHz aufgegeben. Stattdessen ist das Programm nun bundesweit in DAB+-Technik zu hören.

ERF

Berliner Ring 62, 35576 Wetzlar
Telefon: (0 64 41) 957-0, Fax: (0 64 41) 957-120
Internet: www.erf.de, **E-Mail:** info@erf.de
Programmheft: Das zweimonatliche Magazin „ANTENNE“ kann kostenlos abonniert werden.

Die Programme:

ERF Plus

Das klassische Radioprogramm von ERF Medien für Menschen mit Zeit zum Zuhören. ERF Radio bringt Musik von Bach bis Pop, Ansprachen, Gottesdienste, Hörspiele, Magazine, Features, Interviews, Nachrichten, aktuelle Berichte und Kommentare aus Gemeinde und Gesellschaft.
Telefon: (0 64 41) 957-0, Fax: (0 64 41) 957-120
Internet: www.erfplus.de, E-Mail: info@erfplus.de
Empfang auf UKW: Wetzlar 90,0 MHz (0,02 kW), **RDS:** ERFRadio
Empfang über Satellit digital: 12,148 GHz h, Symbolrate: 27.500, FEC: 3/4, DVB-Modus
Empfang über Kabel: digital oder analog (siehe www.erf.de/empfang) - oder beim jeweiligen Kabelbetreiber erfragen.
Empfang über Digitalradio (DAB+): Bundesweit auf Kanal 5A oder 5C.
Empfang per Telefon: (09 31) 663 99-28 43

ERF Pop

Das Begleitradio von ERF Medien. Rund um die Uhr die schönste Popmusik und alles, was echt ist. Dazu „Der Morgen“, das Frühstücksradio im ERF Pop, montags bis freitags von 7-10 Uhr auch im digitalen Fernsehen auf ERF 1 anzuschauen.
Telefon: (0 64 41) 957-272, Fax: (0 64 41) 957-120
Internet: www.erfpop.de, **E-Mail:** info@erfpop.de,
Empfang über Satellit digital: 12,460 GHz, Symbolrate: 27.500, FEC: 3/4, Audio-PID: 515
und mo – fr von 7 – 10 Uhr: 12,148 GHz h, Symbolrate: 27.500, FEC: 3/4, DVB-Modus
Empfang per Telefon: (09 31) 663 99-40 52

CrossChannel.de

Das junge Webradio von ERF Medien. 24 Stunden am Tag, 7 Tage die Woche, die neueste christliche Musik und Infos über Jesus und die Welt. Gäste erzählen aus ihrem Leben und was ihnen Jesus bedeutet. Künstler und Musiker stellen ihre neuesten Projekte vor. Und die Hörer sind per E-Mail und Chat mittendrin statt nur dabei.
Telefon: (0 64 41) 957-171, Fax: (0 64 41) 957-52337
Internet: www.CrossChannel.de, **E-Mail:** info@crosschannel.de
Empfang über Internet: www.CrossChannel.de
Telefon: (09 31) 663 99-28 44

RADIO BOB!

Friedrich-Ebert-Straße 2, 34117 Kassel
Telefon: (05 61) 288 70-0, Fax: (05 61) 288 70-10
Internet: www.radiobob.de, **E-Mail:** anfrage@radiobob.de
Shop: Unter www.radiobob.de gibt es einen Online-Shop, in dem verschiedenste Artikel von Taschen bis hin zu Mützen, Schlüsselanhänger und T-Shirts angeboten werden.
RDS: RADIOBOB oder: RADIO BOB! Hessen Rock'n Pop (je nach Sender)
Format: Rock
Claim: RADIO BOB! Hessen Rock'n Pop

Empfang über Digitalradio (DAB+): Bundesweit auf Kanal 5A oder 5C.

UKW-Sender	MHz	kW
Alsfeld	101,5	0,32
Bad Hersfeld	99,8	0,20
Bad Nauheim	106,6	0,50
Bensheim	103,3	0,20
Darmstadt	92,4	0,50
Dieburg	99,5	0,20
Eschwege	103,0	0,50
Frankfurt	101,4	0,20
Fritzlar	88,4	0,10
Fulda	105,7	0,32
Gießen	92,6	0,10
Hofgeismar	88,8	0,10
Homberg	99,3	0,10
Kassel	99,4	0,50
Korbach	96,5	0,20
Limburg	90,2	0,20
Marburg	103,9	0,10
Michelstadt	98,5	1,00
Rimberg	90,5	0,05
Rotenburg/Bebra	93,5	0,05
Schlüchtern	101,3	0,20
Schotten/Vogelsberg	94,7	0,10
Wetzlar	88,2	0,20
Wiesbaden	101,4	0,50

Landesweiter Hörfunk

Antenne Frankfurt 95.1

Rüsselsheimer Straße 22, 60326 Frankfurt
Telefon: (0 69) 669 669-0, Fax: (0 69) 669 669-111
Internet: www.antenne-frankfurt.de, **E-Mail:** info@antenne-frankfurt.de
RDS: FRANKFRT_
Format: HOT AC
Claim: Antenne Frankfurt – Das neue Radio für Frankfurt und die Metropolregion!

UKW-Sender	MHz	kW
Bad Nauheim	90,7	0,32
Dieburg	100,8	0,50
Frankfurt	95,1	0,20
Gießen	105,2	0,50
Hanau	97,3	0,50
Wetzlar	105,0	0,50
Wiesbaden	88,0	0,32

harmony.fm

FFH-Platz 1, 61111 Bad Vilbel
Telefon: (0 61 01) 98 50-00, Fax: (0 61 01) 98 850-05
Internet: www.harmonyfm.de, **E-Mail:** info@harmonyfm.de
RDS: harmony_
Format: Oldie based AC
Claim: Die meisten 70er und 80er - Musik für Erwachsene
Empfang über Satellit: Über ASTRA (DVB-S). Details siehe SAT-Tabelle.

UKW-Sender	MHz	kW
Alsfeld	94,1	0,05
Bad Camberg	105,4	0,20
Bad Hersfeld	88,4	0,32
Bad Nauheim	100,4	1,00
Bensheim	107,5	0,20
Bingen	101,8	0,32
Darmstadt	93,0	
Dieburg	104,7	0,20
Eschwege	88,3	0,25
Frankfurt	97,1	0,25
Fulda	95,7	0,32
Gießen	102,0	0,50
Hanau	106,8	0,50
Idstein	93,2	0,50
Kassel	96,6	0,32
Korbach	107,4	0,20

UKW-Sender	MHz	kW
Limburg	92,1	0,20
Marburg	96,2	0,20
Michelstadt	104,6	0,10
Offenbach	99,3	0,25
Rotenburg	104,5	0,05
Wetzlar	101,3	0,32
Wiesbaden	88,2	0,50

Senderkarte Privatfunk in Hessen.

HIT RADIO FFH

FFH-Platz 1, 61111 Bad Vilbel
Telefon: (0 61 01) 988-0, Fax: (0 61 01) 988-501
Internet: www.ffh.de, **E-Mail:** hitradio@ffh.de
RDS: HITRADIO, _F_F_H__ , Titel, Interpret (dynamischer Code)
Bei Regionalisierung: __FFH-F_, _FFH-DA_, _FFH-WI_ u. dgl.
Format: Hot AC
Claim: Immer da, immer nah!
Empfang über Satellit: Über Astra (DVB-S). Details siehe SAT-Tabelle.
Shop: CDs und Fan-Artikel können via Internet unter www.FFH.de, telefonisch unter (0 69) 197 25 sowie bei Veranstaltungen im FFH-Shopmobil bestellt/gekauft werden.

UKW-Sender	MHz	kW
Alsfeld	88,1	4,00
Bad Hersfeld	95,9	0,10
Bingen	106,9	0,32
Dillenburg	100,0	32,00
Driedorf	106,8	32,00
Eltville	90,3	0,20
Großer Feldberg	105,9	100,00
Hoher Meißner	105,1	100,00
Kassel	103,7	20,00
Korbach	107,7	20,00
Krähberg	105,0	20,00
Michelstadt	96,1	0,20
Rhön/Heidelstein	100,9	50,00
Wiesbaden	102,0	0,10

Die HIT RADIO FFH-Morningshow-Moderatoren Julia Nestle und Daniel Fischer bringen die Hessen ab 5 Uhr gut in den Tag – mit den besten Hits, wichtigsten News aus aller Welt, Wetter, Verkehr und Comedy.

Klassik Radio

Verbreitet sein Programm in Hessen über zehn UKW-Sender.
Siehe Seite 149

klassik radio

planet radio

FFH-Platz 1, 61111 Bad Vilbel
Telefon: (0 61 01) 988-183, Fax: (0 61 01) 988-580
Internet: www.planetradio.de, **E-Mail:** info@planetradio.de
RDS: _planet_
Format: CHR urban
Claim: planet radio – maximum music
Empfang über Satellit: Über Astra (DVB-S). Details siehe SAT-Tabelle.

UKW-Sender	MHz	kW
Bad Nauheim	104,6	0,50
Darmstadt	91,1	0,25
Dieburg	90,1	1,00
Eschwege	104,6	0,50

Montags bis freitags zwischen 5 und 10 Uhr wecken die planet radio-Moderatoren Boomchica Leni und Franzen die Hessen. Foto: planet radio

UKW-Sender	MHz	kW
Frankfurt	100,2	1,00
Fulda	99,9	0,20
Gießen	93,7	0,20
Kassel	104,6	0,50
Korbach	94,0	0,20
Limburg	97,6	0,40
Marburg	101,0	0,10
Rimberg	100,3	50,00
Wetzlar	107,8	0,32
Wiesbaden	90,1	0,50

domradio.de

Verbreitet sein Programm in Hessen über einen UKW-Sender. Siehe Seite 188

Radio Teddy

Verbreitet sein Programm in Kassel über einen UKW-Sender. Siehe Seite 144.

Nichtkommerzieller Rundfunk

Programmanbieter	UKW-Sender	MHz	kW
Freies Radio Kassel	Kassel	105,8	0,50
RadaR	Darmstadt	103,4	0,30
Radio RheinWelle	Wiesbaden	92,5	0,10
Radio Rüsselsheim	Rüsselsheim	90,9	0,32
Radio Unerhört	Marburg	90,1	0,10
Radio X	Frankfurt	91,8	0,10
RundFunk Meißner	Eschwege	99,7	0,50
	Hess. Lichtenau	102,6	0,30
	Sontra	99,4	0,10
	Witzenhausen	96,5	0,30

Freies Radio Kassel

Sandershäuser Str. 34, 34123 Kassel
Telefon: (05 61) 57 80 63, Fax: (05 61) 57 12 22
Internet: www.freies-radio-kassel.de, **E-Mail:** verein@freies-radio.org
RDS: __FRK___

RadaR

Steubenplatz 12, 64293 Darmstadt
Telefon: (0 61 51) 87 00-101, Fax: (0 61 51) 87 00-102
Internet: www.radiodarmstadt.de, **E-Mail:** buero@radiodarmstadt.de
RDS: _RADAR__

Radio RheinWelle 92.5

Unter den Eichen 7, 65195 Wiesbaden
Telefon: (06 11) 60 99 333, Fax: (06 11) 60 99 334
Internet: www.radio-rheinwelle.de, **E-Mail:** info@radio-rheinwelle.de
RDS: RRW_92.5

Radio Rüsselsheim

Ludwigstraße 13-15, 65428 Rüsselsheim
Telefon: (0 61 42) 12 500, Fax: (0 61 42) 12 400
Internet: www.radio-r.de, **E-Mail:** info@radio-r.de
RDS: _radio_r

Radio Unerhört Marburg

Rudolf-Bultmann-Str. 2b, 35039 Marburg
Telefon: (0 64 21) 68 32 65, Fax: (0 64 21) 96 19 95
Internet: www.radio-rum.de, **E-Mail:** mail@radio-rum.de
RDS: RUM90.1_

Radio X

Schützenstr. 12, 60318 Frankfurt
Telefon: (0 69) 29 971-220, Fax: (0 69) 29 971-223
Internet: www.radiox.de, **E-Mail:** office@radio-x.de
RDS: _Radio_X

RundFunk Meißner

Mangelgasse 19, 37269 Eschwege
Telefon: (0 56 51) 95 90-0, Fax: (0 56 51) 95 90-13
Internet: www.rundfunk-meissner.org, **E-Mail:** mail@rundfunk-meissner.org
RDS: RFM_WIZ_, RFM_Sont, RFM_ESW_ und RFM_Heli (je nach Sender)

Veranstaltungsrundfunk

In keinem anderen Bundesland wird der Veranstaltungsrundfunk derart häufig und liberal praktiziert wie in Hessen. Er wird von der Hessischen Landesmedienanstalt für kurzzeitige Ereignisse genehmigt (Volksfeste, Sportveranstaltungen, Messen, Kirchentage u. dgl.). Die jeweiligen UKW-Frequenzen werden je nach Veranstaltungsort festgelegt.

Mecklenburg-Vorpommern

Medienanstalt Mecklenburg-Vorpommern (MMV)
Bleicherufer 1, 19053 Schwerin
Telefon: (03 85) 55 88 1-0, Fax: (03 85) 55 88 1-30
Internet: www.medienanstalt-mv.de, **E-Mail:** info@medienanstalt-mv.de
In Mecklenburg-Vorpommern sollte eine Rundfunklandschaft analog zu den NDR-Massenprogrammen NDR 1 und NDR 2 entstehen. Nach *Antenne Mecklenburg-Vorpommern* (Sendestart war im Mai 1993), dessen Vorbild NDR 2 war, wurde im Herbst 1994 ein zweiter landesweiter Privatfunkveranstalter lizenziert, die Landeswelle Mecklenburg-Vorpommern mit dem Sendernamen *Ostseewelle.*
Jüngstes Kind in Mecklenburg-Vorpommern ist das Kinderprogramm *Radio Teddy* aus Potsdam, das seit Januar 2011 auch in Schwerin präsent ist (102,9 MHz).

Landesweiter Hörfunk

ANTENNE MV

Funkhaus Plate, 19086 Plate
Telefon: (0 38 61) 55 00-0, Fax: (0 38 61) 55 00-51
Internet: www.antennemv.de,
E-Mail: info@antennemv.de
RDS: ANTENNE_
Format: Mainstream AC, Fokus 80er und aktuelle Hits
Claim: ANTENNE MV – Einfach von hier. Einfach mein Sender.
Shop: Ticketshop zur Bestellung/Kauf von Eintrittskarten für Veranstaltungen in Mecklenburg-Vorpommern findet man auf der Internetseite www.antennemv.de.

Das Morgenshowteam von ANTENNE MV (bitte in Versalien)
v.l.n.r.: Timo Close, Nora Sanne und Wetter Werner
zu hören Mo-Fr von 04.55 bis 09.55 Uhr in „Perfekt geweckt"

UKW-Sender	MHz	kW
Bergen/Garz	105,1	50,00
Güstrow	107,7	1,30
Hamberge	105,8	0,16
Helpterberg	103,8	100,00
Heringsdorf	105,4	10,00
Marlow	100,8	100,00
Röbel	93,8	5,00
Schwerin	101,3	100,00
Rostock	97,3	2,00
Waren	98,3	0,20
Wismar	88,7	0,20

Ostseewelle HIT-RADIO Mecklenburg-Vorpommern

Warnowufer 59a, 18057 Rostock
Telefon: (03 81) 440 77-110, Fax: (03 81) 440 77-120
Internet: www.ostseewelle.de,
E-Mail: info@ostseewelle.de
RDS: _OSTSEE_
Format: AC, hauptsächlich Hits der 80er, 90er und frische neue Hits.
Shop: Merchandising-Artikel können via Internet bestellt werden.

UKW-Sender	MHz	kW
Bergen/Garz	107,6	50,0
Güstrow	98,0	0,4
Hamberge	94,7	0,1
Helpterberg	105,8	100,0
Heringsdorf	103,3	2,0
Marlow	104,8	100,0
Röbel	92,2	0,2
Rostock	105,6	0,2
Schwerin	107,3	100,0
Waren	93,0	0,2
Wismar	93,7	0,1
Wolgast	100,0	0,5

Lokaler Hörfunk

103.3 - Ihr Lokalradio

Cubanze Straße 19 b, 18225 Ostseebad Kühlungsborn
Telefon: (03 82 93) 41 56 75,
Fax: (03 82 93) 41 57 69
Internet: www.radio1033.de, **E-Mail:** gf@radio1033.de
RDS: RadioFDZ
Format: Urlaubshits
Claim: 103.3 im Urlaub dabei.
UKW-Sender: Ahrenshoop 103,3 MHz (0,32 kW)

Radio Teddy

Verbreitet sein Programm in Schwerin über einen UKW-Sender. Siehe Seite 144.

Offene Kanäle

UKW-Sender	MHz	kW	Programmanbieter
Greifswald	98,1	0,2	Radio 98eins
Malchin	98,7	0,1	Studio Malchin
Neubrandenburg	88,0	0,8	NB-Radiotreff 88,0

NB-Radiotreff 88,0

Treptower Str. 9, 17033 Neubrandenburg
Telefon: (03 95) 581 91-0, Fax: (03 95) 581 91-11
Internet: www.nb-radiotreff.de, **E-Mail:** 880@nb-radiotreff.de

Radio 98eins

Domstraße 12, 17487 Greifswald
Telefon: (0 38 34) 86 17 85, Fax: (0 38 34) 86 80 122
Internet: www.98eins.de, **E-Mail:** chefredaktion@98eins.de
Täglich 19-23 Uhr. Die restliche Zeit wird das Programm vom NB-Radiotreff übertragen.

Studio Malchin

Goethestraße 5, 17139 Malchin
Telefon: (0 39 94) 23 88 81, Fax: (0 39 94) 23 99 70
Internet: www.studio-malchin.de, **E-Mail:** info@studio-malchin.de

Nichtkommerzieller Lokalrundfunk

UKW-Sender	MHz	kW	Programmanbieter
Rostock	90,2	0,1	Radio LOHRO

LOHRO

Friedrichstraße 23, 18055 Rostock
Telefon: (03 81) 666 57 40, Fax: (03 81) 666 57 99
Internet: www.lohro.de, **E-Mail:** info@lohro.de

Niedersachsen

Niedersächsische Landesmedienanstalt (NLM)
Seelhorststraße 18, 30175 Hannover
Telefon: (05 11) 284 77-0, Fax: (05 11) 284 77-36
Internet: www.nlm.de, **E-Mail:** info.nlm@t-online.de

NLM
NIEDERSÄCHSISCHE LANDESMEDIENANSTALT

1985 wurde in Niedersachsen die erste private Hörfunklizenz an radio ffn erteilt. Unter Nutzung terrestrischer Frequenzen wird das Programm von radio ffn seit Ende 1986 landesweit übertragen. 1995 und 2005 erfolgte jeweils eine Verlängerung der Lizenz um weitere 10 Jahre..
Die zweite landesweite Hörfunkkette mit terrestrischen Frequenzen erhielt im Jahre 1989 Antenne Niedersachsen. 2009 wurde diese Lizenz um weitere 10 Jahre verlängert.
Eine dritte landesweite Hörfunkkette - allerdings mit einem insbesondere auf Südostniedersachsen konzentrierten Sendegebiet - wurde Ende 1999 an RADIO 21 vergeben.
Im Juli 2011 schrieb die NLM erstmals eine UKW-Frequenz für ein kommerzielles Lokalradio aus: Oldenburg, 103,5 MHz (0,5 kW).

Landesweiter Hörfunk

Antenne Niedersachsen

Goseriede 9, 30159 Hannover
Telefon: (05 11) 91 18-0, Fax: (05 11) 91 18-209
Internet: www.antenne.com, **E-Mail:** Zentrale.Hannover@antenne.com
RDS: Antenne_

Bei Regionalisierung:

Braunschweig:	BS______
Göttingen:	GOE_____
Hamburg:	HH-LG___
Hannover:	H_______
Oldenburg:	OL______
Osnabrück:	OS______
Ostfriesland/Küste:	AUR_____

Format: Mainstream AC
Claim: Antenne Niedersachsen – Niedersachsens Greatest Hits und das Beste von Heute!
Shop: Angebote für Hörer findet man im Internet unter www.antenne.com.

UKW-Sender	MHz	kW
Aurich	104,9	25,0
Barsinghausen	103,8	25,0
Bramsche	105,9	10,0
Braunschweig	106,9	13,0
Cuxhaven	104,6	20,0
Göttingen	106,0	5,0
Hann. Münden	106,7	0,5
Holzminden	105,7	0,5
Lingen	104,3	15,0
Rosengarten	105,1	20,0
Seesen	100,9	0,1
Steinkimmen	105,7	100,0
Torfhaus	106,3	100,0
Visselhövede	104,2	10,0
Zernien	106,1	15,0

RADIO 21

Robert-Hesse-Str. 3, 30812 Garbsen
Telefon: (0 51 37) 99 16-0, Fax: (0 51 37) 99 16-11
Internet: www.radio21.de, **E-Mail:** info@radio21.de
RDS: RADIO_21
Format: Rock, Pop der 60er, 70er, 80er und 90er Jahre
Claim: Wir spielen was wir wollen!

UKW-Sender	MHz	kW
Aurich	100,6	1,00
Bad Rehburg	89,4	0,50
Braunschweig	104,1	1,00
Celle	93,5	0,20
Delmenhorst	107,6	0,10
Göttingen	93,4	1,00
Goslar	87,7	0,50
Hannover	104,9	0,50
Helmstedt	94,1	0,50
Hildesheim	105,8	1,00
Leer	104,5	0,32
Lingen	106,9	0,50
Osnabrück	95,3	0,10
Oldenburg	104,1	0,24
Wilhelmshaven	99,1	0,25
Wolfsburg	95,1	0,10

radio ffn

Stiftstraße 8, 30159 Hannover
Telefon: (05 11) 16 66-0, Fax: (05 11) 16 66-110
Internet: www.ffn.de, **E-Mail:** radio@ffn.de
RDS:__**ffn**___
Format: Hot AC
Claim: Na denn… ffn!
Empfang über Satellit: Über ASTRA (DVB-S).
Details siehe im Sat-Kapitel!

Franky, Timm und Lea

UKW-Sender	MHz	kW
Aurich	103,1	25,0
Barsinghausen	101,9	25,0
Braunschweig	103,1	15,0
Cuxhaven	102,6	20,0
Dannenberg	102,7	25,0
Göttingen	102,8	5,0
Hameln	107,6	0,05
Hann. Münden	100,7	0,5
Holzminden	102,2	0,5
Lingen	101,5	15,0
Osnabrück	103,4	10,0
Rosengarten	100,6	20,0
Steinkimmen	102,3	100,0
Torfhaus	102,4	100,0
Visselhövede	101,7	10,0

Senderkarte des lokalen Hörfunks in Niedersachsen.

Bürgerrundfunk

Programmanbieter	UKW-Sender	MHz	kW
Ems-Vechte-Welle	Lingen	95,6	1,00
	Molbergen	99,3	1,00
	Nordhorn	95,2	0,20
LeineHertz 106einhalb	Hannover	106,5	0,30
oldenburg eins	Oldenburg	106,5	1,00
osradio 104,8	Bad Iburg	104,8	1,00
radio aktiv	Bad Pyrmont	94,8	0,05
	Hameln	100,0	0,30
Radio Jade	Wilhelmshaven	87,8	1,00
Radio Okerwelle	Braunschweig	104,6	0,50
Radio Ostfriesland	Aurich	94,0	1,00
	Emden	87,7	0,10
	Leer	103,9	0,20
Radio Tonkuhle	Hildesheim	105,3	1,00
Radio ZuSa	Dannenberg	89,7	0,50
	Lüneburg	95,5	1,00
	Uelzen	88,0	1,00
StadtRadio Göttingen	Göttingen	107,1	1,00

Ems-Vechte-Welle

Kaiserstr. 10a, Halle 4, 49809 Lingen/Ems
Telefon: (05 91) 916 54-0, Fax: (05 91) 916 54-99
Internet: www.ems-vechte-welle.de, **E-Mail:** info@ems-vechte-welle.de
RDS: evw_95,2, evw_95,6 und evw_99,3 (je nach Standort)

LeineHertz 106einhalb

Hildesheimer Str. 29, 30169 Hannover
Telefon: (05 11) 27 07 22-0 , Fax: (05 11) 27 07 22-11
Internet: www.leinehertz.de, **E-Mail:** info@leinehertz.de
RDS: LEINEHZ_

oldenburg eins

Bahnhofstraße 11, 26122 Oldenburg
Telefon: (04 41) 218 88-44, Fax: (04 41) 218 88-40
Internet: www.oeins.de, **E-Mail:** info@oeins.de
RDS: O1_lokal

osradio 104,8

Lohstraße 45a, 49074 Osnabrück
Telefon: (05 41) 7 50 40-0, Fax: (05 41) 7 50 40-30
Internet: www.osradio.de, **E-Mail:** info@osradio.de
RDS: os_radio

radio aktiv

Deisterallee 3, 31785 Hameln
Telefon: (0 51 51) 55 55 55, Fax: (051 51) 55 55 53
Internet: www.radio-aktiv.de, **E-Mail:** info@radio-aktiv.de
RDS: r-aktiv_

Radio Jade

Kieler Str. 31, 26382 Wilhelmshaven
Telefon: (0 44 21) 99 85-5, Fax: (0 44 21) 99 85-60
Internet: www.radio-jade.de, **E-Mail:** redaktion@radio-jade.de
RDS: Rad.Jade

Radio Okerwelle

Karlstraße 35, 38106 Braunschweig
Telefon: (05 31) 24 441-0, Fax: (05 31) 24 441-44
RDS: OKERWLLE
Internet: www.okerwelle.de, **E-Mail:** radio@okerwelle.de

Radio Ostfriesland

An der Berufsschule 3, 26721 Emden
Telefon: (0 49 21) 91 55 70, Fax: (0 49 21) 91 55 90
Internet: www.radio-ostfriesland.com, **E-Mail:** info@radio-ostfriesland.com
RDS: OSTFRLND

Radio Tonkuhle

Andreas-Passage 1, 31134 Hildesheim
Telefon: (0 51 21) 29 609-0, Fax: (0 51 21) 29 609-99
Internet: www.tonkuhle.de, **E-Mail:** info@tonkuhle.de
RDS: TONKUHLE

Radio ZuSa

Ilmenauufer 47, 29525 Uelzen
Telefon: (05 81) 90 54-0, Fax: (05 81) 90 54-260
Internet: www.zusa.de, **E-Mail:** ue@zusa.de
RDS: ZUSA_DAN, ZUSA_LG_ und ZUSA_UE_ (je nach Standort)

StadtRadio Göttingen

Groner Straße 2, 37073 Göttingen
Telefon: (05 51) 425 20, Fax: (05 51) 54 10 51
Internet: www.stadtradio-goettingen.de, **E-Mail:** info@stadtradio-goettingen.de
RDS: SR_Goe__

Veranstaltungsrundfunk

UKW-Sender	MHz	kW	Programmanbieter
Braunschweig	90,5	0,050	Radio Under Uesch*
Hannover	100,0	0,050	MesseRadio / Bundesligaübertragungen
Norderney	104,0	0,006	Radio SWS

*Bei Heimspielen von Eintracht Brauschweig zu hören. RDS: U-UESCH

Sturmwellensender (SWS)

An der Mühle 6, 26548 Norderney
Telefon: (0 49 32) 92 72 83, Fax: (0 49 32) 92 72 84
Internet: www.sturmwellensender.de, **E-Mail:** team@norderney-radiosws.de
RDS: __SWS___

Nordrhein-Westfalen

Landesanstalt für Medien Nordrhein-Westfalen
Zollhof 2, 40221 Düsseldorf
Telefon: (02 11) 770 07-0, Fax: (02 11) 72 71 70
Internet: www.lfm-nrw.de, **E-Mail:** info@lfm-nrw.de

>lfm: Landesanstalt für Medien Nordrhein-Westfalen (LfM)

Am 1. April 1990 begann in Nordrhein-Westfalen das Zeitalter des Lokalfunks mit dem Start von *Radio DU* in Duisburg. Mittlerweile existieren in Nordrhein-Westfalen 45 lokale Radiosender, auf über 100 Frequenzen, jeder mit eigenem Lokalprogramm. Mit Ausnahme des Kreises Olpe, in dem es zurzeit noch keinen Lokalrundfunk gibt, ist damit das gesamte Bundesland NRW abgedeckt. Außerhalb der Sendezeiten der Lokalprogramme wird ein Rahmenprogramm von *radio NRW* übertragen, so dass jeder Sender rund um die Uhr sendet.
Um tatsächlich lokalen Rundfunk verwirklichen zu können, wurden per Satzung zunächst 45 Verbreitungsgebiete festgelegt. In der Regel umfasst ein Verbreitungsgebiet einen Kreis oder eine kreisfreie Stadt, um zusammenhängende Kommunikations-, Kultur- und Wirtschafträume abzudecken.
Mit der Konstruktion des Zwei-Säulen-Modells wurde für den Lokalfunk in NRW ein Konzept realisiert, das die Trennung von Programmverantwortung und Finanzierung vorsieht.

Lokaler Hörfunk

Der lokale Hörfunk in Nordrhein-Westfalen besteht derzeit aus 45 Lokalradios, die ganz NRW täglich mit einem 24-Stunden Live-Programm versorgen. In den Zeiten, in denen die Lokalradios nicht selbst senden, werden sie von *radio NRW* als Rahmenprogrammanbieter beliefert. *radio NRW* versorgt die einzelnen Lokalradios mit Musik, Weltnachrichten, Einzelbeiträgen, Comedy, Sound-Elementen bis hin zu ganzen Sendestrecken. Dabei steht die lokale Marke vor Ort immer im Mittelpunkt. Eine moderne Satellitentechnik und jahrelange Erfahrung in diesem Bereich sorgen für eine optimale Vernetzung von Lokal- und Rahmenprogramm und eine optimale Durchhörbarkeit des Programms für den NRW-Lokalradio-Hörer.

Marc Weiß, gebürtiger Duisburger, Studium der Kommunikationswissenschaft, begann als freier Mitarbeiter beim Stadt-Panorama Duisburg. Dann kamen Stationen bei den Lokalnachrichten in Moers, Radio Duisburg und 1Live. Heute ist er Nachrichtenchef bei radio NRW und moderiert für die NRW-Lokalradios die Sendestrecken „Am Vormittag" und „Am Mittag".

radio NRW (Rahmenprogrammanbieter)

Essener Straße 55, 46047 Oberhausen
Telefon: (02 08) 85 87-0, Fax: (02 08) 85 30 99
Internet: www.radionrw.de, **E-Mail:** info@radionrw.de
Format: Current Based AC
Das Rahmenprogramm von radio NRW kann unmittelbar über Telefon mitgehört werden: (02 08) 85 87-444

Die Lokalstationen

107.7 Radio Hagen

Rathausstraße 23, 58095 Hagen
Telefon: (0 23 31) 20 05-0, Fax: (0 23 31) 20 05-20
Internet: www.107.7radiohagen.de, **E-Mail:** redaktion@107.7radiohagen.de
RDS: 107.7 Radio Hagen (dynamisch)
UKW-Sender: Hagen 107,7 MHz (0,2 kW)

Antenne AC

Merzbrück 214, 52146 Würselen
Telefon: (0 24 05) 42 56 10, Fax: (0 24 05) 42 56 56
Internet: www.antenne-ac.de, **E-Mail:** redaktion@antenne-ac.de
RDS: _ANTENNE

UKW-Sender	MHz	kW
Aachen/Karlshöhe	100,1	1,00
Aachen/Stolberg	107,8	0,40
Monschau	105,0	0,05
Simmerath	97,2	0,05

Antenne Düsseldorf

Kaistraße 7-9, 40221 Düsseldorf
Telefon: (02 11) 930 10-10, Fax: (02 11) 930 10-99
Internet: www.antenneduesseldorf.de, **E-Mail:** redaktion@antenneduesseldorf.de
RDS: _ANTENNE
UKW-Sender: Düsseldorf 104,2 MHz (2 kW)

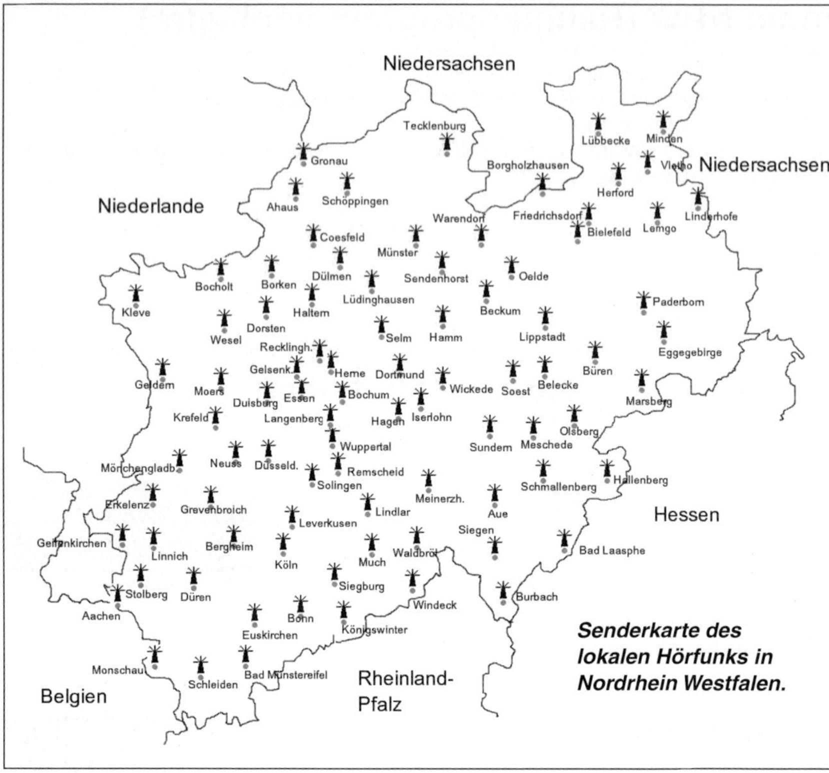

Senderkarte des lokalen Hörfunks in Nordrhein Westfalen.

Antenne Münster

Nevinghoff 14/16, 48147 Münster
Telefon: (02 51) 289 54-0, Fax: (02 51) 289 54-44
Internet: www.antennemuenster.de, **E-Mail:** redaktion@antennemuenster.de
RDS: MUENSTER
UKW-Sender: Münster 95,4 MHz (0,16 kW)

Antenne Niederrhein

Stechbahn 2-8, Eing. Hasenberg 1, 47533 Kleve
Telefon: (0 28 21) 72 27-10, Fax: (0 28 21) 72 27-99
Internet: www.antenneniederrhein.de, **E-Mail:** redaktion@antenneniederrhein.de
RDS: _ANTENNE
UKW-Sender: Geldern 105,7 MHz (0,5 kW), Kleve 98,0 MHz (1 kW)

Antenne Unna

Ostring 17a, 59423 Unna
Telefon: (0 23 03) 20 02-0, Fax: (0 23 03) 20 02-59
Internet: www.antenneunna.de, **E-Mail:** redaktion@antenneunna.de
RDS: ANT_UNNA, FM_102.3 (abwechselnd)

UKW-Sender	MHz	kW
Lünen	97,4	0,50
Schwerte	102,3	1,00
Selm	89,3	0,25

Hellweg Radio

Jakobistraße 46a, 59494 Soest
Telefon: (0 29 21) 377-70, Fax: (0 29 21) 377-10
Internet: www.hellwegradio.de, **E-Mail:** redaktion@hellwegradio.de
RDS: _HELLWEG

UKW-Sender	MHz	kW
Belecke	107,7	0,2
Lippstadt	103,6	0,1
Soest	100,9	1,0
Wickede	107,3	0,2

NE-WS 89,4

Moselstraße 16, 41464 Neuss
Telefon: (0 21 31) 40 00-0, Fax: (0 21 31) 40 00-11
Internet: www.news894.de, **E-Mail:** redaktion@news894.de
RDS: NEWS89.4
UKW-Sender: Grevenbroich 102,1 MHz (0,25 kW), Neuss 89,4 MHz (1 kW)

Radio 90,1

Lüpertzender Straße 6, 41061 Mönchengladbach
Telefon: (0 21 61) 901 90-10,
Fax: (0 21 61) 901 90-99
Internet: www.radio901.de,
E-Mail: redaktion@radio901.de
RDS: _90.1_MG
UKW-Sender: Mönchengladbach 90,1 MHz (0,25 kW)

Radio 91.2

Silberstraße 21, 44137 Dortmund
Telefon: (02 31) 95 77-0, Fax: (02 31) 95 77-50
Internet: www.radio912.de,
E-Mail: redaktion@radio912.de
RDS: RADIO912
UKW-Sender: Dortmund 91,2 MHz (0,2 kW)

Radio Berg

Cliev 19, 51515 Kürten
Telefon: (0 22 07) 701 60
Internet: www.radioberg.de, **E-Mail:** redaktion@radioberg.de
RDS: __BERG__

UKW-Sender	MHz	kW
Köln	99,7	0,5
Lindlar	105,2	4,0
Opladen	96,9	0,5
Waldbröhl	105,7	1,0

Radio Bielefeld

Niedernstraße 21-27, 33602 Bielefeld
Telefon: (05 21) 555-111, Fax: (05 21) 555-112
Internet: www.radiobielefeld.de, **E-Mail:** info@radiobielefeld.de
RDS: BIELEFLD
UKW-Sender: Bielefeld 98,3 MHz (0,1 kW), Friedrichsdorf 97,6 MHz (0,4 kW)

Radio Bochum

Huestraße 25, 44787 Bochum
Telefon: (02 34) 689 99-0, Fax: (02 34) 689 99-10
Internet: www.radiobochum.de, **E-Mail:** info@radiobochum.de
RDS: _BOCHUM_
UKW-Sender: Bochum 98,5 MHz (0,5 kW)

Radio Bonn/Rhein-Sieg

Justus-von-Liebig-Str. 15, 53121 Bonn
Telefon: (02 28) 4 00 71-20, Fax: (02 28) 4 00 71-36
Internet: www.radiobonn.de, **E-Mail:** redaktion@radiobonn.de
RDS: BONN/SU_

UKW-Sender	MHz	kW
Bonn	97,8	0,5
Bornheim	104,2	0,2
Herchen	107,9	0,1
Königswinter	99,9	0,5
Lohmar	94,2	0,5
Siegburg	91,2	0,2

Radio Duisburg

Harry-Epstein-Platz 2, 47051 Duisburg
Telefon: (02 03) 800 89-0, Fax: (02 03) 800 89-43
Internet: www.radioduisburg.de,
E-Mail: redaktion@radioduisburg.de
RDS: DUISBURG
UKW-Sender: Duisburg 92,2 MHz (0,1 kW)

Radio Emscher Lippe

Hochstraße 68, 45894 Gelsenkirchen
Telefon: (02 09) 36 088-0, Fax: (02 09) 36 088-44
Internet: www.radioemscherlippe.de,
E-Mail: post@radioemscherlippe.de
RDS: ___REL__
UKW-Sender: Bottrop 98,7 MHz (0,5 kW), Gelsenkirchen 96,1 MHz (0,1 kW)

Radio Ennepe Ruhr

Rathausstraße 23, 58095 Hagen
Telefon: (0 23 31) 20 05-41, Fax: (0 23 31) 20 05-25
Internet: www.radioenneperuhr.de, **E-Mail:** info@radioenneperuhr.de
RDS: EN._RUHR oder ENNEPE_R

UKW-Sender	MHz	kW
Gevelsberg	105,7	0,1
Hattingen	91,5	0,1
Herdecke	92,7	0,1
Witten	104,2	0,1

Über den Sender Gevelsberg werden mehrmals täglich Lokalnachrichten für den Nordkreis verbreitet. Zur gleichen Zeit werden über die Sender Hattingen, Herdecke und Witten Aktuelles für den Südkreis verbreitet.

Radio Erft

Rheinforum, Kölner Straße 44, 50389 Wesseling
Telefon: (0 22 36) 88 89 90, Fax: (0 22 36) 88 89 99
Internet: www.radioerft.de,
E-Mail: redaktion@radioerft.de
RDS: __ERFT__
UKW-Sender: Bergheim 91,4 MHz (0,1 kW), Köln 105,8 MHz (1 kW)

Radio Essen

Lindenallee 6, 45127 Essen
Telefon: (02 01) 245 85-0, Fax: (02 01) 245 85-22
Internet: www.radioessen.de,
E-Mail: info@radioessen.de
RDS: __ESSEN_
UKW-Sender: Essen-Holsterhausen 102,2 MHz (0,35 kW), Essen/DTAG-FMT 105,0 MHz (0,1 kW)

Radio Euskirchen

Rheinstraße 55, 53881 Euskirchen
Telefon: (0 22 51) 957 70-0,
Fax: (0 22 51) 957 70-11
Internet: www. radioeuskirchen.de,
E-Mail: redaktion@radioeuskirchen.de
RDS: ___EU___

UKW-Sender	MHz	kW
Bad Münstereifel	107,4	0,1
Euskirchen	99,7	0,1
Schleiden	106,9	4,0

Radio Gütersloh

Kahlertstraße 4, 33330 Gütersloh
Telefon: (0 52 41) 92 00-0, Fax: (0 52 41) 92 00-65
Internet: www.radioguetersloh.de,
E-Mail: info@radioguetersloh.de
RDS: GUETERSL

UKW-Sender	MHz	kW
Borgholzhausen	106,8	0,40
Gütersloh	95,9	0,05
Oelde-Stromberg	107,5	1,00

Radio Herford

Goebenstraße 3-7, 32052 Herford
Telefon: (0 52 21) 18 00-0, Fax: (0 52 21) 18 00-65
Internet: www.radioherford.de,
E-Mail: info@radioherford.de
RDS: _HERFORD
UKW-Sender: Herford 94,9 MHz (0,5 kW), Vlotho 91,7 MHz (0,1 kW)

Radio Herne

Berliner Platz 9, 44623 Herne
Telefon: (0 23 23) 14 90-0, Fax: (0 23 23) 14 90-10
Internet: www.radioherne.de,
E-Mail: info@radioherne.de
RDS: HERNE___
UKW-Sender: Herne 90,8 MHz (0,1 kW)

Radio Hochstift

Frankfurter Weg 22, 33106 Paderborn
Telefon: (0 52 51) 17 37-0, Fax: (0 52 21) 17 37-65
Internet: www.radiohochstift.de, **E-Mail:** info@radiohochstift.de
RDS: HOCHSTFT

UKW-Sender	MHz	kW
Büren	104,8	0,1
Eggegebirge	88,1	4,0
Höxter	104,8	0,1
Paderborn	93,7	0,1

Radio Kiepenkerl

Königswall 6, 48249 Dülmen
Telefon: (0 25 94) 78 223-0, Fax: (0 25 94) 78 223-10
Internet: www.radio-kiepenkerl.de, **E-Mail:** redaktion@radio-kiepenkerl.de
RDS: KIEPENKL

UKW-Sender	MHz	kW
Coesfeld	107,4	1,00
Dülmen	106,3	0,02
Lüdinghausen	88,2	0,50

Radio Kiepenkerl: Auch wir feiern ein Jubiläum! 20 Jahre sind wir nun „on air"! Eine Moderatorin ist von Anfang an dabei.

Radio Köln

Mediapark 5, 50670 Köln
Telefon: (02 21) 951 99-0, Fax: (02 21) 951 99-21
Internet: www.radiokoeln.de,
E-Mail: redaktion@radiokoeln.de
RDS: _KOELN__
UKW-Sender: Köln 107,1 MHz (0,5 kW)

Radio K.W.

Poppelbaumstraße 1, 46483 Wesel
Telefon: (0 28 21) 16 49 39-0,
Fax: (0 28 21) 16 49 39-12
Internet: www.radiokw.de, **E-Mail:** info@radiokw.de
RDS: RADIO_KW
UKW-Sender: Moers 91,7 MHz (0,1 kW), Wesel-Büderich 107,6 MHz (0,2 kW)

Radio Leverkusen

Breidenbachstraße 19, 51373 Leverkusen
Telefon: (02 14) 868 33-0, Fax: (02 14) 868 33-66
Internet: www.radioleverkusen.de,
E-Mail: redaktion@radioleverkusen.de
RDS: __LEV___
UKW-Sender: Leverkusen 107,6 MHz (0,1 kW)

Radio Lippe

Lagesche Straße 17, 32756 Detmold
Telefon: (0 52 31) 616 16-0,
Fax: (0 52 31) 616 16-51
Internet: www.radiolippe.de,
E-Mail: info@radiolippe.de
RDS: __LIPPE_

UKW-Sender	MHz	kW
Linderhofe	107,4	1,0
Lemgo	106,6	1,0
Schwalenberg	101,0	0,5

Radio Lippe Welle Hamm

Königstraße 39, 59065 Hamm
Telefon: (0 23 81) 105 105, Fax: (0 23 81) 10 54 50
Internet: www.lippewelle.de, **E-Mail:** redaktion@lippewelle.de
RDS: RLW_HAMM
UKW-Sender: Hamm 105,0 MHz (0,2 kW)

Radio MK

Funkhaus an der Isenburg, Vinckestraße 9-13, 58636 Iserlohn
Telefon: (0 23 71) 79 03-0, Fax: (0 23 71) 79 03-55
Internet: www.radio-mk.de,
E-Mail: info@radio-mk.de
RDS: RADIO_MK

UKW-Sender	MHz	kW
Altena	91,5	0,10
Balve	94,6	0,02
Iserlohn	92,5	1,00
Letmathe	90,8	0,03
Lüdenscheid	100,2	0,50
Meinerzhagen	88,3	0,10
Plettenberg	99,5	0,05
Werdohl	97,2	0,10

Radio Mülheim

Essener Straße 99, 46047 Oberhausen
Telefon: (02 08) 450 07-0, Fax: (02 08) 450 07-33
Internet: www.radiomuelheim.de,
E-Mail: hoererpost@radiomuelheim.de
RDS: RADIO_MH
UKW-Sender: Mülheim 92,9 MHz (0,5 kW)

Radio Neandertal

Elberfelder Straße 81, 40822 Mettmann
Telefon: (0 21 04) 91 90-10, Fax: (0 21 04) 91 90-99
Internet: www.radioneandertal.de,
E-Mail: redaktion@radioneandertal.de
RDS: _NEANDER
UKW-Sender: Langenberg 97,6 MHz (4 kW)

Radio Oberhausen

Essener Straße 99, 46047 Oberhausen
Telefon: (02 08) 450 07-0, Fax: (02 08) 450 07-33
Internet: www.radiooberhausen.de,
E-Mail: hoererpost@radiooberhausen.de
RDS: RADIO_OB
UKW-Sender: Oberhausen 106,2 MHz (0,1 kW)

Radio RSG

Alleestraße 1, 42653 Solingen
Telefon: (02 12) 221 12-10, Fax: (02 12) 221 12-00
Internet: www.radiorsg.de,
E-Mail: info@radiorsg.de
RDS: ___RSG__
UKW-Sender: Remscheid 92,2 MHz und 107,9 MHz (0,1 kW), Solingen 94,3 MHz (0,2 kW)

Radio RST

Poststraße 3, 48431 Rheine
Telefon: (0 59 71) 92 09-0, Fax: (0 59 71) 92 09-55
Internet: www.radioRST.de,
E-Mail: redaktion@radioRST.de
RDS: RADIORST
UKW-Sender: Schöppingen 105,2 MHz (4 kW), Tecklenburg 104,0 MHz (1 kW)

Radio Rur

August-Klotz-Straße 21, 52349 Düren
Telefon: (0 24 21) 12 08-0, Fax: (0 24 21) 12 08-19
Internet: www.radiorur.de, **E-Mail:** redaktion@radiorur.de
RDS: RADIORUR
UKW-Sender: Düren 92,7 MHz (0,5 kW), Linnich 107,5 MHz (0,1 kW)

Radio Sauerland

Steinstraße 30, 59872 Meschede
Telefon: (02 91) 29 01-0, Fax: (02 91) 29 01-30
Internet: www.radiosauerland.de, **E-Mail:** redaktion@radiosauerland.de
RDS: SAUERLAN

UKW-Sender	MHz	kW
Arnsberg	106,5	0,25
Hallenberg	106,5	0,50
Marsberg	94,8	0,10
Meschede	104,9	0,10
Olsberg	96,2	0,40
Schmallenberg	89,1	0,20
Sundern	107,6	0,50

Radio Siegen

Obergraben 33, 57072 Siegen
Telefon: (02 71) 232 22-30, Fax: (02 71) 232 22-40
Internet: www.radio-siegen.de, **E-Mail:** redaktion@radio-siegen.de
RDS: __SIEGEN

UKW-Sender	MHz	kW
Aue	105,4	4,0
Bad Lasphe	97,3	0,1
Neunkirchen	98,9	0,1
Siegen	88,2	0,5

Radio Vest

Schaumburgstraße 14, 45657 Recklinghausen
Telefon: (0 23 61) 946-124, Fax: (0 23 61) 946-127
Internet: www.radiovest.de, **E-Mail:** redaktion@radiovest.de
RDS: __VEST__

UKW-Sender	MHz	kW
Dorsten	105,2	0,1
Haltern	95,6	0,1
Recklinghausen	94,6	0,1

Radio WAF

Am Schweinemarkt 3, 48231 Warendorf
Telefon: (0 25 81) 63 78-0, Fax: (0 25 81) 63 78-65
Internet: www.radiowaf.de, **E-Mail:** info@radio-waf.de
RDS: RadioWAF

UKW-Sender	MHz	kW
Beckum	95,7	0,25
Oelde-Stromberg	96,3	0,25
Sendenhorst	92,6	1,00
Warendorf	94,7	0,20

Radio Westfalica

Johanniskirchhof 2, 32423 Minden
Telefon: (05 71) 9-0, Fax: (05 71) 837 83-65
Internet: www.radiowestfalica.de, **E-Mail:** info@radiowestfalica.de
RDS: _R_WESTF

UKW-Sender	MHz	kW
Lübbecke	106,6	0,1
Minden	95,7	0,5
Rahden	95,1	0,1

Radio WMW

Heinrich-Hertz-Straße 6, 46325 Borken
Telefon: (0 28 61) 90 1-0, Fax: (0 28 61) 90 1-3 00
Internet: www.radioWMW.de, **E-Mail:** redaktion@radioWMW.de
RDS: RADIOWMW

UKW-Sender	MHz	kW
Ahaus	93,0	0,5
Bocholt	88,4	1,0
Borken	97,6	1,0
Gronau	103,6	0,1

Radio Wuppertal 107,4

Otto-Hausmann-Ring 185, 42115 Wuppertal
Telefon: (02 02) 25 77 02, Fax: (02 02) 25 77 099
Internet: www.radiowuppertal.de,
E-Mail: redaktion@radiowuppertal.de
RDS: R_WUPPER
UKW-Sender: Wuppertal 107,4 MHz (1 kW)

Welle Niederrhein

Uerdinger Straße 543, 47800 Krefeld
Telefon: (0 21 51) 50 60-2, Fax: (0 21 51) 50 60-99
Internet: www.welleniederrhein.de,
E-Mail: redaktion@welleniederrhein.de
RDS: WELLE_NR
UKW-Sender: Krefeld 87,7 MHz (0,2 kW), Viersen 100,6 MHz (1 kW)
Über den Sender Krefeld werden mehrmals täglich Lokalnachrichten für die Stadt Krefeld verbreitet. RDS-Code in dieser Zeit: _WN_KR__. Zur gleichen Zeit werden über den Sender Viersen mit Aktuellem aus ihrer Region versorgt. RDS-Code in dieser Zeit: _WN_VIE_.

Sonstige Sender in Nordrhein-Westfalen

domradio.de

Bildungswerk der Erzdiözese Köln e.V.,
Domkloster 3, 50667 Köln
Telefon: (02 21) 258 86-0, Fax: (02 21) 258 86-33
Internet: www.domradio.de,
E-Mail: info@domradio.de

Programm: domradio.de berichtet über Menschen, Ereignisse und Themen rund um Kirche und Gesellschaft. Zum 24-Stunden-Programm gehören aktuelle Informationen aus aller Welt, Kulturelles und Soziales, Diskussionen und Liturgie. domradio.de bringt christliche Stimmen und Positionen zu allen relevanten gesellschaftlichen Themen auf den Punkt. Das alles wird von angenehmer Popmusik eingerahmt – werbefrei. Jeden Sonntag überträgt domradio.de exklusiv den Gottesdienst aus dem Kölner Dom und anderen Kirchen.
Format: Soft AC = softe Pop- und Rockmusik, einige kölsche Titel sowie Sendungen und Konzerte mit geistlicher und klassischer Musik.
Claim: domradio.de – Der gute Draht nach oben!
RDS: DOMRADIO
Audiostream-Adresse: http://stream.domradio.de/audio/radio.m3u
Empfang über Satellit: über ASTRA 1C in DVB-S. Details siehe SAT-Tabelle.
Empfang über Digitalradio (DAB+): In Nordrhein-Westfalen auf Kanal 11D

UKW-Sender:

Bundesland	Standort	MHz	kW
Hessen	Fulda	99,2	0,32
NRW	Köln	101,7	0,03
	Pulheim	92,0	0,01
Rheinl.-Pfalz	Bretzenheim	87,9	0,15

Radio 700

Funkhaus Euskirchen, Kuchenheimer Str. 155, 53881 Euskirchen
Telefon: (0 22 51) 92 13 00, Fax: (0 22 51) 92 13 03
Internet: www.radio700.eu, **E-Mail:** info@radio700.eu
Format: Schlager und populärer Musik abseits des Mainstreams
Claim: Das Europaradio!
RDS: RADIO700
Kurzwelle: Kall (Nordeifel) 6005 kHz (1 kW), täglich 10 – 22 Uhr

Land	UKW-Sender	MHz	kW
BEL	St. Vith/Hünningen	101,7	1,000
BEL	Elsenborn/Herzebösch	90,1	1,000
D	Euskirchen/Stadt	92,0	0,005
D	Euskirchen/Kuchenheim	107,6	0,005

Offene Kanäle

In NRW werden Offene Kanäle als „Bürgerfunk" bezeichnet. Sie können die Ressourcen der nordrhein-westfälischen Lokalsender nutzen, müssen dabei aber einen klaren lokalen Bezug haben und ausschließlich in deutscher Sprache senden. Die Sendezeiten liegen in der Regel werktags zwischen 21 und 22 Uhr, an Sonn- und Feiertagen zwischen 19 und 21 Uhr.

Einrichtungsrundfunk

Programmanbieter	UKW-Sender	MHz	kW
Antenne Bethel	Bielefeld	94,3	0,030
bonncampus 96.8	Bonn	96,8	0,500
Campus FM	Duisburg	104,5	0,200
	Essen	105,6	0,040
CT das radio	Bochum	90,0	0,300
elDOradio	Dortmund	93,0	0,050
Hertz 87.9	Bielefeld	87,9	0,050
Hochschulradio	Düsseldorf	97,1	0,040
Hochschulradio Aachen	Aachen	99,1	0,050
Kölncampus	Köln	100,0	0,093
L'UniCo	Paderborn	89,4	0,030
Radio 96 ACHT	Bonn	96,8	0,500
Radio Q	Münster	90,9	0,005
	Steinfurt	103,9	0,100
Radio Triquency	Detmold	95,9	0,020
	Höxter	99,4	0,020
	Lemgo	96,1	0,020
radiofh!	Meschede	94,7	0,050
Radius 92,1	Siegen	92,1	0,030

Antenne Bethel

Studio im Dankort, Quellenhofweg 25, 33617 Bielefeld
Telefon: (05 21) 144-55 66, Fax: (05 21) 144-55 88
Internet: www.antenne-bethel.de, **E-Mail:** info@antenne-bethel.de
RDS: BETHEL___

bonncampus 96.8

Poppelsdorfer Allee 47, 53115 Bonn
Telefon und Fax: (01 80) 35 51 85 48 25
Internet: www.campusradiobonn.de, **E-Mail:** info@campusradiobonn.de

Radio 96 ACHT Bonn

Nassestraße 11, 53113 Bonn
Telefon: (02 28) 73 73 73 Fax: (02 28) 7340 00
Internet: www.radio96acht.de, **E-Mail:** redaktion@radio96acht.de
RDS: Bonn96.8

Campus FM

Standort Essen: Universitätsstraße 2, R09 S03 B80, 45145 Essen
Standort Duisburg: Tulpenstraße 10-14, 47057 Duisburg
Telefon: (02 01) 18 32 315, Fax: (02 01) 18 34 478
Internet: www.campusfm.info, **E-Mail:** campusfm@campusfm.info
RDS: CampusFM

CT das radio

Ruhr-Universität, Universitätsstraße150, 44780 Bochum
Telefon: (02 34) 32 10 900, Fax: (02 34) 32 14 900
Internet: www.radioct.de, **E-Mail:** info@radioct.de
RDS: CT_90MHZ

elDOradio

Institut für Journalistik, Vogelpothsweg 74, 44227 Dortmund
Telefon: (02 31) 755-74 75, Fax: (02 31) 755-74 76,
Internet: www.eldoradio.de, **E-Mail:** info@eldoradio.de

Hertz 87.9

Universität Bielefeld, Raum C02-210, Universitätsstr. 25, 33615 Bielefeld
Telefon: (05 21) 911 45-0, Fax: (05 21) 911 45-45
Internet: www.radiohertz.de, **E-Mail:** info@radiohertz.de

Hochschulradio

Bilk-Center – Gebäude P, Universitätsstraße 1, Parkplatz 21b, 40225 Düsseldorf
Telefon: (02 11) 34 94 24, Fax: (02 11) 34 94 29
Internet: www.hochschulradio.de, **E-Mail:** info@hochschulradio.de

Hochschulradio Aachen

Wüllnerstr. 5, 52056 Aachen
Telefon: (02 41) 80 93 751
Internet: www.hochschulradio-aachen.de, **E-Mail:** info@hochschulradio-aachen.de

Kölncampus

Universität zu Köln, Albert-Magnus-Platz, 50923 Köln
Telefon: (02 21) 470-48 31, Fax: (02 21) 470-67 12
Internet: www.koelncampus.com, **E-Mail:** redaktion@koelncampus.com

L'UniCo – Campusradio Paderborn

Warburger Str. 100, 33098 Paderborn
Telefon: (0 5251) 60 28 14, Fax: (0 52 51) 60 34 73
Internet: www.l-unico.de, **E-Mail:** info@l-unico.de

radiofh!

Fachhochschule Südwestfalen, Jahnstraße 23, 59872 Meschede
Telefon: (02 91) 99 10-164
Internet: www.radiofh.de. **E-Mail:** radiofh@fh-swf.de

Radio Q

Bismarckallee 3, 48151 Münster,
Telefon: (02 51) 83-7 90 90, Fax: (02 51) 16 12 708
Internet: www.radioq.de, **E-Mail:** info@radioq.de

Radius 92,1 – Das Campusradio

HA 6114/15, Hölderlinstraße 3, 57068 Siegen
Telefon: (02 71) 74 02 066, Fax: (02 71) 74 02 065
Internet: www.radius921.de, **E-Mail:** info@radius921.de

Radio Triquency

Fachhochschule Lippe und Höxter, FB Medienproduktion, Liebigstr. 87, 32657 Lemgo
Telefon: (0 52 61) 70 25 25, Fax: (0 52 61) 70 25 26
Internet: www.triquency.de, **E-Mail:** info@triquency.de
RDS: Triquency

Veranstaltungsrundfunk

Wurde gelegentlich (insbesondere zur Karnevalszeit) auf den Frequenzen Köln 100,0 MHz und Bergisch Gladbach 97,1 MHz (Antenne GL) wie auch in Moers 93,7 MHz (Moers Festival Radio) betrieben.

Rheinland-Pfalz

Landeszentrale für Medien und Kommunikation Rheinland-Pfalz (LMK)
Turmstraße 8, 67059 Ludwigshafen
Telefon: (06 21) 52 02-0, Fax: (06 21) 52 02-152
Internet: www.lmk-online.de, **E-Mail:** mail@lmk-online.de

Die **erste landesweite Hörfunkkette** ist nach Maßgabe des Landesrundfunkgesetzes mit einem Vollprogramm zu belegen. Die Zulassung für dieses Vollprogramm wurde 1986 dem Veranstalter Rheinland-Pfälzische Rundfunk GmbH & Co. KG mit dem Programm *RPR Eins* erteilt.
Ebenfalls die Rheinland-Pfälzische Rundfunk GmbH & Co. KG ist Zulassungsnehmerin für die **zweite landesweite Hörfunkkette**. Auf dieser Kette ist nach der gesetzlichen Vorgabe ein Spartenprogramm zu veranstalten. Die Veranstalterin erfüllte diese Vorgabe zunächst mit dem Schlagerradio „RPR Zwei". Im August 2003 wurde die Sparte gewechselt. Seither wird das Jugendspartenprogramm *bigFM* ausgestrahlt.
Auf der **dritten landesweiten Hörfunkkette** veranstaltet die Radio Rockland-Pfalz GmbH & Co. KG ein Vollprogramm, dessen prägender Charakter die konsequente Ausrichtung auf die Musikfarbe „Classic Rock" ist: *Rockland Radio*. Ursprünglich nutzen Radioropa Info und auch Radio ENERGY die Sender der dritten Kette.
Einzelfrequenzen konnten zudem in Trier, Koblenz, Ludwigshafen und Mainz für den privaten Rundfunk zur Verfügung gestellt werden.
In Trier veranstaltet die Antenne West GmbH & Co. KG seit 2001 mit dem Sender Radio Trier (heute: *Antenne West*) ein lokales Programm für junge Hörer.
In Ludwigshafen konnte eine Frequenz für ein weiteres Hörfunkprogramm koordiniert werden. Diese verfügt nur über eine geringe Reichweite und erreicht in Ludwigshafen und Mannheim primär die Stadtteile, die einen hohen Ausländeranteil aufweisen. Lizenziert wurde hier das türkischsprachige Programm *Metropol FM*. Ende 2005 kam eine weitere Frequenz für Metropol FM in Mainz hinzu.
Ein weiteres lokales Programm wird in Koblenz veranstaltet. Im Februar 2004 ist das Programm *Antenne Koblenz* der Veranstalterin „Radio Koblenz 98.0-GmbH" in Betrieb gegangen.
Am 3. September 2007 hat die LMK hat Entscheidungen zur weiteren Zukunft des Hörfunks in Rheinland-Pfalz getroffen, die am 1. Juni 2008 wirksam werden. Die dritte landesweite Hörfunkkette wird zum größten Teil weiterhin das Programm von „Rockland Radio" ausstrahlen. Im Verbund mit dem niedersächsischen RADIO 21 wird mit dem Format „Classic Rock" eine kleinere, aber grundsätzlich attraktive Zielgruppe angesprochen.
Ein Teil der Frequenzen von Rockland Radio ist umgewidmet worden zu Regionalsendern. In den Verbreitungsgebieten Nahe (Bad Kreuznach/Idar-Oberstein), Westpfalz (Kaiserslautern, Pirmasens) und Südpfalz (Landau, Neustadt) werden jeweils Regionalradios eingerichtet. Die Erlaubnis dafür hat eine Gruppe um den Radiomacher Stefan Schwenk (Radio Hamburg, Antenne Koblenz, Spreeradio, Radio Cottbus) für die Lokalradio RLP GmbH mit Sitz in Kaiserslautern erhalten. Der Veranstalter ist verpflichtet, Studios vor Ort zu unterhalten und bestimmte Anteile regionaler Information sicherzustellen.

Erste landesweite Hörfunkkette

RPR1.

Turmstraße 10, 67059 Ludwigshafen
Telefon: (06 21) 590 00-0, Fax: (06 21) 62 27 50
Internet: www.rpr1.de, **E-Mail:** info@rpr1.de
RDS: _RPR1.__ gefolgt von einem dynamischen Textinhalt.
Während der Regionalisierungszeiten wird entweder RPR1.___ gesendet, oder RPR1._xx, wobei für xx die jeweiligen Regionalcodes (AW, KL, KO, LU, MZ oder TR) stehen.
Format: AC (Musik der 80e, 90er und von heute)
Claim: RPR1. Hier ist das Leben schön.
Shop: RPR hat einen Online-Shop unter http://shop.rpr1.de/

UKW-Sender	MHz	kW
Ahrweiler	103,5	30,00
Bad Bergzabern	103,3	0,25
Bad Dürkheim	98,1	0,05
Bad Kreuznach	89,7	0,10
Bad Marienberg	102,9	25,00
Bornberg	103,1	25,00
Diez	101,2	0,10
Haardtkopf	100,1	50,00
Idar-Oberstein	100,3	1,00
Kalmit	103,6	25,00
Kettrichhof	104,7	5,00
Kleinkarlbach	91,1	0,01
Koblenz	101,5	40,00
Mainz	100,6	20,00
Mainz-Stadt	98,1	0,20
Mertesheim	103,3	0,05
Nürburgring	87,7	0,05
Saarburg	102,6	20,00
Scharteberg/Eifel	102,1	20,00
Trier	102,9	0,10
Zweibrücken	103,3	2,00

Geork Kunze, RPR1.

Regionalstudios:
-Studio Rheinland, Medienhaus Am Wöllershof, Hohenfelder Str. 16, 56068 Koblenz
Telefon: (0261) 80 90 1-0, Fax: (0261) 81811, E-Mail: koblenz@rpr1.de
-Studio Rhein-Main, Rheinstraße 4g, 55116 Mainz

Telefon: (06131) 80 17-345, Fax: (06131) 831693, E-Mail: mainz@rpr1.de
-Studio Eifel-Saar-Mosel, Domfreihof 1c, 54290 Trier
Telefon: (0651) 14 777-0, Fax: (0651) 41040, E-Mail: trier@rpr1.de
-Studio Köln (Altes Capitol), Hohenzollernring 79-83, 50672 Köln
Telefon: (0221) 37 99 70-0, Fax: (0221) 3799720, E-Mail: koeln@rpr1.de
-Studio Kaiserslautern, Fackelstraße 27, 67655 Kaiserslautern
Telefon (0631) 35 788-125, Fax: (0631) 35788114,
E-Mail: kaiserslautern@rpr1.de

Zweite landesweite Hörfunkkette

bigfm

Turmstraße 10, 67059 Ludwigshafen
Telefon: (06 21) 590 00-0, Fax: (06 21) 62 27 50
Internet: www.big-fm.de,
E-Mail: ludwigshafen@big-fm.de
RDS: _big_FM_
Format: CHR/Urban
Claim: bigFM - Hot Music Radio

UKW-Sender	MHz	kW
Ahrweiler	104,9	30,00
Bad Dürkheim	96,4	0,10
Bad Kreuznach	104,8	0,20
Bernkastel-Kues	100,5	0,10
Betzdorf	107,7	0,50
Bornberg	107,6	25,00
Diez	100,4	0,10
Idar-Oberstein	101,9	1,00
Kalmit	106,7	19,30
Koblenz	104,0	40,00
Mainz/Ober-Olm	104,5	20,00
Pirmasens	96,7	0,20
Rivenich	95,8	0,20
Saarburg	96,5	0,25
Scharteberg/Eifel	106,6	9,50
Trier	106,4	0,10
Zweibrücken	106,6	0,20

Dritte landesweite Hörfunkkette

Rockland Radio

Wallstraße 1-5, 55122 Mainz
Telefon: (0 613 1) 27 78-14 Fax: (0 61 31) 27 78-25
Internet: www.rockland.de,
E-Mail: info@rockland.de
RDS: ROCKLAND
Format: Rock-Pop
Claim: Wir spielen was wir wollen!

UKW-Sender	MHz	kW
Bendorf	88,3	2,0
Bitburg	107,9	0,1
Hohe Wurzel	107,9	6,3
Kirchheimbolanden	97,1	0,2
Linz	96,9	0,2
Ludwigshafen	93,2	1,0
Trier	105,8	0,1

The Radio Group

Antenne Bad Kreuznach

Kreuzstraße 31, 55543 Bad Kreuznach
Telefon: (06 71) 920 88 88-0,
Fax: (06 71) 920 88 88-9
Hörerhotline (06 71) 920 88 883
Internet: www.antenne-kh.de, **E-Mail:** info@antenne-kh.de
RDS: ANTENNE_
Format: AC
Claim: Antenne Bad Kreuznach – Die meiste Musik in Rheinland-Pfalz
UKW-Sender: Bad Kreuznach 88,3 MHz (0,1 kW)

Antenne Kaiserslautern

Am Altenhof 11-13, 67655 Kaiserslautern
Telefon: (06 31) 75 00 77 7-0 ,
Fax: (06 31) 75 00 77 7-9
Hörerhotline (06 31) 75 00 7777
Internet: www.antenne-kl.de, **E-Mail:** info@antenne-kl.de
RDS: ANTENNE_
Format: AC
Claim: Antenne Kaiserslautern 96.9 – Das lauterste Radio der Welt
UKW-Sender: Kaiserslautern 96,9 MHz (0,48 kW)

Antenne Koblenz 98.0

Friedrich-Ebert-Ring 54, 56068 Koblenz
Telefon: (02 61) 988 20-0, Fax: (02 61) 988 20-50
Hörerhotline (02 61) 98 8 20 99
Internet: www.antenne-koblenz.de,
E-Mail: info@antenne-koblenz.de
RDS: ANTENNE_
Format: AC
Claim: Antenne Koblenz – Die meiste Musik in Rheinland-Pfalz

UKW-Sender	MHz	kW
Bendorf	98,9	0,63
Koblenz	98,0	0,40
Neuwied	98,0	0,32

Antenne Landau

Badstraße 20, 76829 Landau
Telefon: (0 63 21) 185 000-0,
Fax: (0 63 21) 185 000-9
Hörerhotline (0 63 41) 948 948
Internet: www.antenne-landau.de, **E-Mail:** info@antenne-landau.de
RDS: ANTENNE_
Format: AC
Claim: 94.8 Antenne Landau – Die meiste Musik in Rheinland-Pfalz
UKW-Sender: Landau 94,8 MHz (0,1 kW)

Antenne Mainz

Hechtsheimer Straße 35, 55131 Mainz
Hörerhotline (06 31) 75 00 7777
Internet: www.antenne-mainz.de, **E-Mail:** info@antenne-mainz.de
RDS: _Mainz__
Format: AC
Claim: Antenne Mainz – Das neue Radio für Mainz und Wiesbaden
UKW-Sender: Mainz 106,6 MHz (0,32 kW), Bodenheim 97,1 MHz (0,1 kW), Mommenheim 94,1 MHz (0,32 kW)

Antenne Pfalz

Europastraße 3, 67433 Neustadt a.d.Weinstraße
Telefon: (0 63 21) 185 000-0,
Fax: (0 63 21) 185 000-9
Hörerhotline (0 63 21) 18 500 05
Internet: www.antenne-pfalz.de, **E-Mail:** info@antenne-pfalz.de
RDS: ANTENNE_
Format: AC
Claim: 94.2 Antenne Pfalz – Die meiste Musik in Rheinland-Pfalz
UKW-Sender: Neustadt 94,2 MHz (1 kW)

Antenne Zweibrücken

In der Schlossgalerie, Schlossstraße 44, 66953 Pirmasens
Telefon: (0 63 31) 149 99 9-0, Fax: (0 63 31) 149 99 9-9
Hörerhotline (0 63 31) 2 89 884
Internet: www.antenne-zweibruecken.de, **E-Mail:** info@antenne-zweibruecken.de
RDS: ANTENNE_
Format: AC
Claim: 91,6 Antenne Zweibruecken – Die meiste Musik in Rheinland-Pfalz
UKW-Sender: Zweibrücken 91,6 MHz (0,32 kW)

Cityradio Trier

Funkhaus Porta Nigra, Paulinstraße 1-3, 54292 Trier
Telefon: (06 51) 46 28 84-0
Internet: www.cityradio-trier.de
E-Mail: info@cityradio-trier.de
RDS: City88.4
Format: Hot-AC
Claim: CityRadio Trier 88.4 – Das neue Radio für Trier

UKW-Sender	MHz	kW
Trier	88,4	0,30
Trierweiler	94,7	0,04

Eifelradio

Charles-Lindbergh-Allee 6, 54634 Bitburg
Telefon: (06 51) 46 28 84-0
Internet: www.eifelradio.eu **E-Mail:** info@eifelradio.eu
RDS: EIFEL878 oder EIFEL922
Format: AC
Claim: Eifelradio – Die meiste Musik in Rheinland-Pfalz
UKW-Sender: Bitburg 87,8 MHz (0,05 kW), Daun 92,2 MHz (0,08 kW)

Radio Idar-Oberstein

Auf der Idar 2a, 55743 Idar-Oberstein
Telefon: (0 67 81) 45 87 87-0,
Fax: (0 67 81) 45 87 87-9
Hörerhotline (0 67 81) 45 87 876
Internet: www.radio-io.de, **E-Mail:** info@radio-io.de
RDS: RADIO_IO
Format: AC
Claim: 87.6 Radio Idar-Oberstein – Die meiste Musik in Rheinland-Pfalz
UKW-Sender: Idar-Oberstein 87,6 MHz (0,2 kW)

Radio Pirmasens

In der Schlossgalerie, Schlossstraße 44, 66953 Pirmasens
Telefon: (0 63 31) 149 99 9-0, Fax: (0 63 31) 149 99 9-9
Hörerhotline (0 63 31) 2 89 884
Internet: www.radio-pirmasens.de, **E-Mail:** info@radio-pirmasens.de
RDS: RADIO_PS
Format: AC
Claim: Radio Pirmasens 88.4 – Die meiste Musik in Rheinland-Pfalz
UKW-Sender: Pirmasens 88,4 MHz (0,32 kW)

Radio Wittlich

Schlossstraße 7a, 54516 Wittlich
Telefon: (0 65 71) 14 80 94-7,
Fax: (0 65 71) 14 80 94-8
Internet: www.radio-wittlich.de,
E-Mail: info@radio-wittlich.de
RDS: WITTLICH
Format: AC
Claim: Radio Wittlich – Die meiste Musik in Rheinland-Pfalz
UKW-Sender: Wittlich 94,7 MHz (0,2 kW)

Lokalsender

METROPOL FM

Verbreitet sein Programm in Rheinland-Pfalz über zwei UKW-Sender.
Siehe Seite 141

Veranstaltungsrundfunk

UKW-Sender	MHz	kW	Programmanbieter
Nürburgring(*)	87,7	0,05	Diverse(**)

* Es handelt sich um den Sender, der sonst für das Programm von RPR1. verwendet wird (siehe dort).
** Genutzt wird der Sender bei den jährlich ca. 100 Rennsportveranstaltungen. Er nennt sich in dieser Zeit „Radio Nürburgring“

Radio Nürburgring

Cash Settlement & Ticketing GmbH, Otto-Flimm-Straße, 53520 Nürburg
Telefon: (0 26 91) 30 2 – 0, Fax: (0 26 91) 30 2 - 155
Internet: www.nuerburgring.de → media, **E-Mail:** pr@nuerburgring.de
RDS: RADIO_NR
Außerdem nutzt ihn SWR 3 anlässlich des alljährlichen Musikfestivals „Rock am Ring“. (RDS: SWR3-NR_).

Einrichtungsrundfunk

UKW-Sender	MHz	kW	Programmanbieter
Bretzenheim	87,9	0,15	domradio Studio Nahe

domradio Studio Nahe

Katholisches Pfarramt Langenlonsheim,
Obere Grabenstrasse 29, 55450 Langenlonsheim
Telefon: (0 67 04) 96 14 98 3
Internet: www.studio-nahe.de,
E-Mail: webmaster@studio-nahe.de
RDS: domradio, Studio___, Nahe____ (dynamischer Code)
Werden keine eigenen Programme gesendet, so wird das Programm von domradio Köln ausgestrahlt.

Saarland

Landesmedienanstalt Saar (LMS)
Medienzentrum, Nell-Breuning-Allee 6,
66115 Saarbrücken
Postfach 11 01 64, 66070 Saarbrücken
Telefon: (06 81) 389 88-0, Fax: (06 81) 389 88-20
Internet: www.lmsaar.de**, E-Mail:** info@lmsaar.de

Die erste saarländische Privatfunklizenz wurde 1989 vergeben. Sie ging an *RADIO SALÜ*, einem deutschen Ableger von Radio Europe 1.
Im Jahr 2005 kamen für das aus Baden-Württemberg bekannte Jugendradio *bigfm* drei zusätzliche UKW-Sender im Saarland hinzu. Es folgte *CLASSIC ROCK RADIO,* ein Schwesterprogramm von *RADIO SALÜ*. Und im Juni 2008 startete *Radio 99.6 Saarbrücken* („Meine Musik, meine Stadt, mein Sender"), das erste von mehreren zur Radio Group gehörenden Programmen (zum Beispiel *Radio Homburg, Radio Neunkirchen, Radio Merzig*).

bigfm

Gutenbergstraße 11-23, 66117 Saarbrücken
Telefon: (06 81) 502-7011, Fax: (06 81) 501 34 09
Internet: www.bigfm-saarland.de,
E-Mail: saarbruecken@bigfm-saarland.de
Format: CHR/Urban
RDS: _big_FM_
Claim: bigFM – Saarlands neuester Beat

UKW-Sender	MHz	kW
Merzig	92,6	0,50
Saarbrücken	94,2	1,00
Saarlouis	99,5	1,00
St. Ingbert	96,8	0,10

CLASSIC ROCK RADIO

Euro Radio Saar GmbH, Richard-Wagner-Straße 58-60, 66111 Saarbrücken
Telefon: (06 81) 93 77 0, Fax: (06 81) 37 25 22
Internet: www.classicrock-radio.de, **E-Mail:** hotline@salue.de
RDS: CLASSIC_, __ROCK__, _RADIO__ (dynamisch)
Format: Classic Rock
Claim: Die besten Rocksongs für das Saarland

UKW-Sender	MHz	kW
Lebach	100,9	1,0
Neunkirchen	99,3	1,0
Saarbrücken	92,9	1,0
Saarlouis	102,8	1,0
St. Ingbert	100,6	0,1

Europe 1

Europäische Rundfunk- und Fernseh GmbH Europa 1
Postfach 10 08 32, 66008 Saarbrücken
Telefon: (06 81) 307 81, Fax: (0 68 37) 17 19
Internet: www.europe1.fr, **E-Mail:** über die v.g. Internetadresse unter „E-Mail“
Format: News und Talk (ausschließlich in französischer Sprache)
Empfang über Satellit: Über ASTRA (DVB-S). Details siehe SAT-Tabelle.
Hinweis: Das Programm wird in Paris produziert.
Die Zentralanschrift lautet:
Europe 1, La rédaction, 26 bis, rue François 1er, 75008 Paris
Telefon: 01.44.31.9000

Standort	**kHz**	**kW**
Saarlouis	183	2000

Hinweis: Die Anfänge von Europe 1 gehen in die Zeit nach Ende des Zweiten Weltkrieges (1955) zurück, in der das Saarland noch von Frankreich besetzt war. Das auf Langwelle ausgestrahlte Programm ist für Hörer in Frankreich bestimmt und deshalb ausschließlich in französischer Sprache.

RADIO SALÜ

Euro Radio Saar GmbH, Richard-Wagner-Straße 58-60, 66111 Saarbrücken
Telefon: (06 81) 93 77 0, Fax: (06 81) 37 25 22
Internet: www.salue.de, **E-Mail:** hotline@salue.de
RDS:._RADIO__ / _SALUE__ (dynamisch)
Format: AC
Claim: Saarlands bester Musikmix
Empfang über Digitalradio (DAB): Landesweit auf Kanal 8B

UKW-Sender	**MHz**	**kW**
Heusweiler-Schoksberg	101,7	100,0
Merzig	103,0	0,1
Mettlach	104,2	0,1
Perl	100,3	5,0

The Radio Group

Radio Homburg

Eisenbahnstraße 2, 66424 Homburg/Saar
Telefon: (0 68 41) 18 999 10,
Fax: (0 68 41) 18 999 60
Internet: www.radio-homburg.de, **E-Mail:** info@radio-homburg.de

RDS: Homburg_ oder: HOM_89.6
Format: AC
UKW-Standort: Homburg 89,6 MHz (1 kW)

Radio Merzig

Bahnhofstraße 53, 66663 Merzig
Telefon: (0 68 61) 99 16-0
Internet: www.radio-merzig.de,
E-Mail: info@radio-merzig.de
RDS: RadioMZG
Format: AC
UKW-Sender: Merzig 105,1 MHz (0,1 kW), Mettlach 106,1 MHz (0,1 kW)

Radio Neunkirchen

Saarbrücker Straße 16, 66538 Neunkirchen
Telefon: (0 68 21) 95 90-0, Fax: (0 68 21) 95 90-60
Internet: www.antenne-nk.de,
E-Mail: info@antenne-nk.de
RDS: Neu_94.6
Format: AC
UKW-Sender: Bexbach/Neunkirchen 94,6 MHz (0,63 kW)

Radio 99.6 Saarbrücken

Lokalradio Saar GmbH, Bahnhofstr. 72, 66111 Saarbrücken
Telefon: (06 81) 85 76 9-0, Fax: (06 81) 85 76 9-860
Hotline (06 81) 85 76 996
Internet: www.radio-sb.de, E-Mail: info@radio-sb.de
RDS: 99,6_SB_
Format: Deutschsprachige Musik (Rock und Pop der 80er und 90er bis hin zu den Charttiteln).
Claim: Radio Saarbrücken – Die meiste Musik im Saarland
UKW-Sender: Saarbrücken 99,6 MHz (0,1 kW)

Rundfunk der Dritten Art

Der Offene Kanal Saar hat den Sendebetrieb am 31.03.02 eingestellt. Auch einen nichtkommerziellen Lokalfunk, Veranstaltungsrundfunk und Einrichtungsfunk gibt es im Saarland zurzeit nicht.

Sachsen

Sächsische Landesanstalt für privaten Rundfunk und neue Medien (SLM)
Ferdinand-Lasalle-Straße 21, 04109 Leipzig
Telefon: (03 41) 22 59-0, Fax: (03 41) 22 59-199
Internet: www.slm-online.de**, E-Mail:** info@slm-online.de

Im April 1992 erhielt *RADIO PSR* die erste Lizenz der SLM; im November 92 folgten Antenne Sachsen und die beiden Lokalradioketten, die in den größeren Städten Cityradios betreiben. Da diese nur einige Stunden selbst Programm machen, veranstalten die Senderketten jeweils Mantelprogramme. Zuletzt kamen noch die *Elsterwelle, Vogtland Radio, BBC/rfi, Radio Erzgebirge, Radio WSW und apollo radio* dazu.

Seit Bestehen der SLM wurden bis heute insgesamt 95 UKW-Frequenzen für die Veranstaltung von Radioprogrammen zugewiesen. Auf diesen Frequenzen werden derzeit 20 Programme angeboten.

Die zehn Sächsischen Ausbildungs- und Erprobungskanäle (SAEK) im Hörfunk und Fernsehen, die die SLM seit 1997 in acht Städten eingerichtet hat, entwickeln sich zu lokalen Zentren der Medienkompetenz. Im bewussten Begreifen des eigenen Radio- und Fernsehmachens lernen die rundfunkinteressierten Bürger dort am besten, wie sie nicht zum Spielball medialer Mächte werden.

Landesweiter Hörfunk

HITRADIO RTL

Ammonhof, Ammonstraße 35, 01067 Dresden
Telefon: (03 51) 50 01 70, Fax: (03 51) 50 01 19
Hörertelefon: 01 80 / 500 900 4
Internet: www.hitradiortl.de, **E-Mail:** hoererservice@hitradiortl.de
RDS: HitR.RTL
Format: Mainstream AC
Claim: Sachsens neuer Musikmix!

UKW-Sender	MHz	kW
Auerbach	106,0	30,00
Chemnitz	105,4	100,00
Dresden	105,2	100,00
Leipzig	106,9	100,00
Löbau	105,6	30,00
Oschatz	104,7	5,00

Hinweis: Zu bestimmten Zeiten werden regionale Sendungen ausgestrahlt. Dazu werden die Frequenzen auseinandergeschaltet.
Regionalstudios:
Friedrich-List-Platz 1, 04103 Leipzig, Telefon: (03 41) 97 88-650, Fax: (03 41) 97 88-661
Carolastraße 4-6, 09111 Chemnitz, Telefon: (03 71) 27 38 800, Fax: (03 71) 27 38 888
Kornmarkt 18, 08056 Zwickau, Telefon: (03 75) 35 30 00, Fax: (03 75) 35 30 035

RADIO PSR

Thomasgasse 2, 04109 Leipzig
Telefon: (03 41) 355 355 700,
Fax: (03 41) 355 355 750
Internet: www.radiopsr.de,
E-Mail: service@radiopsr.de
RDS: RADIOPSR
Format: AC
Claim: Mein Sender. Alle Hits für Sachsen
Shop: RADIO PSR-Fanartikel unter www.radiopsr.de und im Online-Shop www.funtix.de.

RADIO PSR
Superhits für Sachsen

UKW-Sender	MHz	kW
Auerbach	92,0	10,00
Chemnitz	100,0	100,00
Dresden	102,4	100,00
Leipzig	102,9	100,00
Löbau	101,0	30,00
Oschatz	98,0	4,00

Audiostream-Adresse: http://mp3.ad.mdn.nacamar.net/ps-radiopsr/livestream.mp3
Regionalstudio:
Am Brauhaus 8a, 01099 Dresden, Telefon: (03 51) 8 52 10 80, Fax: (03 51) 3 55 35 56 60

R.SA – Mit Böttcher & Fischer

Thomasgasse 2, 04109 Leipzig
Telefon: (03 41) 355 355 800, Fax: (03 41) 355 255 850
Internet: www.rsa-sachsen.de, **E-Mail:** service@rsa-sachsen.de
RDS: __R.SA__
Format: 80s based AC
Claim: Mit Böttcher & Fischer
Shop: R.SA-Fanartikel unter www.rsa-sachsen.de und im Online-Shop www.funtix.de.

UKW-Sender	MHz	kW
Annaberg-Buchholz	104,8	0,50
Auerbach	107,9	0,10
Beilrode	99,6	1,00
Chemnitz-Stadt	91,0	3,00
Döbeln	107,9	1,00
Dresden/Wachwitz	89,2	2,00
Ebersbach	106,1	0,50
Elsterberg	99,7	0,20
Fichtelberg	107,7	2,00
Flöha	98,4	0,10
Freiberg	94,4	0,50
Freiberg	90,6	0,20
Freital	88,3	0,20
Görlitz	105,1	1,00
Grimma	107,4	2,00
Hagenest	92,1	geplant
Hoyerswerda	96,9	0,50
Kamenz	106,2	geplant
Leipzig/Stadt	97,6	4,00
Leipzig	98,4	1,00
Leisnig	100,5	0,20
Löbau	87,6	0,50
Markneukirchen	89,6	1,00
Mügeln/Markt	91,2	0,50
Niesky	95,0	geplant
Nossen	91,4	0,20
Oelsnitz	91,5	0,10
Olbernhau	101,0	0,50
Oschatz	89,1	0,16
Plauen-Nord	93,5	1,00
Reichenbach	92,4	0,20
Riesa	106,4	2,00
Rothenburg	100,0	0,20
Sohland	107,0	0,20
Stollberg	93,4	1,00
Torgau	91,1	0,20
Weißwasser	101,9	geplant

UKW-Sender	MHz	kW
Wilkau-Haßlau	92,3	0,50
Wilthen	106,5	1,00
Wurzen	95,0	0,40
Zittau	100,0	0,10
Zwickau	95,5	geplant

Hinweise:
Über die Fichtelbergfrequenz 107,7 MHz sendet Radio Erzgebirge von Montag bis Freitag zwischen 16 und 20 Uhr und am Samstag und Sonntag von 15-20 Uhr.
Über die Leipziger UKW-Frequenz 97,6 MHz wird von Montag bis Freitag zwischen 10 und 12 Uhr und zwischen 18 und 20 Uhr das Uni-Radio „Mephisto 97,6" ausgestrahlt.
Audiostream-Adresse: http://85.239.108.31/mp3-rsasachsen-128

Landesweites Netzwerk A

Broadcast Sachsen GmbH & Co.KG (BCS)

Ammonhof, Ammonstraße 35, 01067 Dresden
Telefon: (03 51) 500 150, Fax: (03 51) 500 119
Format: HOT AC

Radio Chemnitz

Carolastraße 4-6, 09111 Chemnitz
Telefon: (03 71) 27 38-800, Fax: (03 71) 27 38-888
Internet: www.radioCHEMNITZ.de,
E-Mail: mail@radioCHEMNITZ.de
RDS: CHEMNITZ

UKW-Sender	MHz	kW
Chemnitz-Stadt	102,1	3,00
Flöha	99,0	0,10
Limbach-Oberfrohna	107,3	0,10
Neukirchen	95,8	1,00
Zschopau	91,7	0,25

Radio Dresden

Ammonstraße 35, 01067 Dresden
Telefon: (03 51) 500 110, Fax: (03 51) 500 119
Internet: www.radioDRESDEN.de,
E-Mail: mail@radioDRESDEN.de
RDS: _DRESDEN

UKW-Sender	MHz	kW
Dresden	103,5	2,0
Freiberg	104,2	0,2
Freital	107,0	0,2
Gompitz	91,1	1,0
Meißen	107,5	0,2
Pirna	96,4	1,0

Radio Erzgebirge

Adam-Ries-Straße 16, 09456 Annaberg-Buchholz
Telefon: (0 37 33) 14 53 10, Fax: (0 37 33) 14 53 11
Internet: www.radioerzgebirge.de,
E-Mail: mail@radioerzgebirge.de
RDS: ERZGEBIR
UKW-Sender: Bärenstein 107,2 MHz (0,16 kW)

Radio Leipzig

Friedrich-List-Platz 1, 04103 Leipzig
Telefon: (03 41) 978 86-0, Fax: (03 41) 978 86-61
Internet: www.radioLEIPZIG.de,
E-Mail: mail@radioLEIPZIG.de
RDS: LEIPZIG_

UKW-Sender	MHz	kW
Borna	**99,5**	**0,10**
Grimma	**90,9**	**0,25**
Leipzig-Stadt	**91,3**	**4,00**

Verbreitung über Digitalradio (DVB-T): In Leipzig auf Kanal 31.

Radio Lausitz

Wilthener Straße 32, 02625 Bautzen
Telefon: (0 35 91) 29 49 0-0
Telefax: (0 35 91) 29 40 0-50
Internet: www.radioLAUSITZ.de,
E-Mail: mail@radioLAUSITZ.de
RDS: LAUSITZ_
UKW-Sender: Löbau 107,6 MHz (30 kW), Zittau 94,3 MHz (1 kW)

Radio Zwickau

Kornmarkt 8, 08056 Zwickau
Telefon: (03 75) 35 30 0-0, Fax: (03 75) 35 30 0-35
Internet: www.radioZWICKAU.de,
E-Mail: mail@radioZWICKAU.de
RDS: _ZWICKAU

UKW-Sender	MHz	kW
Meerane	89,2	0,1
Wilkau-Haßlau	102,3	0,5
Zwickau	96,2	0,3

Landesweites Netzwerk B

ENERGY Sachsen

Thomasgasse 2, 04109 Leipzig
Telefon: (03 41) 355 355-200, Fax: (03 41) 355 355-250
Internet: www.energy.de/sachsen, **E-Mail:** hotline@nrjmail.de
RDS: _ENERGY_
Format: CHR

UKW-Sender	MHz	kW
Chemnitz	97,5	3,00
Döbeln	98,3	0,20
Dresden	100,2	5,00
Freiberg	96,4	0,50
Grimma	93,3	0,20
Hoyerswerda	87,6	0,32
Leipzig	99,8	4,00
Riesa	91,7	1,00
Wilthen	104,9	1,00
Zwickau	98,2	0,30

Audiostream-Adresse: http://149.5.240.22/WR-DE-WR57

Lokaler Hörfunk

apollo radio

Carolastraße 4-6, 09111 Chemnitz
Telefon: (03 71) 33 46 38 98, Fax: (03 71) 33 46 38 99
Internet: www.apolloradio.de,
E-Mail: mail@apolloradio.de
RDS: _apollo_
Claim: apollo radio – bleiben Sie anders!
apollo radio bietet, halbstündlich wechselnd, einen Musikmix aus Jazz und Klassik kombiniert mit Genres wie Filmmusik oder Lounge. Die Musikmischung, die redaktionellen Inhalte und die Moderation sind entsprechend aufeinanderabgestimmt.

UKW-Sender	MHz	kW
Chemnitz	102,7	1,00
Chemnitz-Stadt	88,9	0,50
Dresden	98,4	0,05
Freital	99,3	0,10
Leipzig-Connewitz	99,2	0,50
Leipzig-Neuschönefeld	89,2	0,20
Leipzig-Stahmeln	94,4	0,25

Der Sender Chemnitz wird vom nichtkommerziellen Radio T sowie vom Uniradio UNICC mitbenutzt, die Sender in Leipzig werden vom nichtkommerziellen Radio Blau mitbenutzt. Siehe auch Seite 212.

Elsterwelle

Walter-Rathenau-Straße 27, 02977 Hoyerswerda
Telefon: (0 35 71) 42 54-0, Fax: (0 35 71) 42 54-25
Internet: www.elsterwelle.de,
E-Mail: info@elsterwelle.de
RDS: ELSTERW.
UKW-Sender: Hoyerswerda 88,2 MHz (0,5 kW), Großräschen (Land Brandenburg) 103,8 MHz (1,6 kW)

Radio Erzgebirge 107.7

Vierenstraße 11, 09484 Oberwiesenthal
Telefon: (03 73 48) 2 36 10, Fax: (03 73 48) 23 97 20
Internet: www.radioerzgebirge-online.de,
E-Mail: redaktion@ radioerzgebirge-online.de
RDS: RadioErz
UKW-Sender: Fichtelberg 107,7 MHz (2 kW)
Gesendet wird Mo-Fr 16-20h, Sa/So 15-20h. In der übrigen Zeit wird das Programm von R.SA ausgestrahlt.

Radio WSW

Werner-Seelenbinder-Straße 54 a, 02943 Weißwasser
Telefon: (0 35 76) 28 25-0, Fax: (0 35 76) 28 25-7
Internet: www.radiowsw.de, **E-Mail:** mail@radiowsw.de
RDS: RADIOWSW
Claim: Mittendrin und ganz dicht dran!
UKW-Sender: Weißwasser 89,2 MHz (1 kW), Wilthen 94,9 MHz (0,2 kW)

Vogtland Radio

Haselbrunner Straße 114, 08525 Plauen
Telefon: (0 37 41) 57 23 60, Fax: (0 37 41) 57 23 61
Internet: www.vogtlandradio.de, **E-Mail:** kontakt@vogtlandradio.de
RDS: VOGTLAND, RADIO___ (abwechselnd)
Format: AC
Claim: „Hier sind Sie zu Hause!“

UKW-Sender	MHz	kW
Auerbach/Schöneck	88,2	0,40
Klingenthal	103,5	0,05
Markneukirchen	103,8	0,50
Plauen	95,4	2,00
Reichenbach	100,5	1,00

Nichtkommerzieller Lokalrundfunk

Programmanbieter	UKW-Sender	MHz	kW
coloRadio	Dresden	98,4	0,05
	Freital	99,3	0,10
Radio blau	Leipzig-Connewitz	99,2	0,50
	Leipzig-Neuschönefeld	89,2	0,20
	Leipzig-Stahmeln	94,4	0,25
Radio T	Chemnitz	102,7	1,00

coloRadio

Jordanstraße 5, 01099 Dresden
Telefon: (03 51) 32 05 47 10, Fax: (03 51) 32 05 47 19
Internet: www.coloradio.org, **E-Mail:** buero@coloradio.org

Radio blau

Radio Verein Leipzig e.V., Paul-Gruner-Str. 62,
04107 Leipzig
Telefon: (03 41) 301 00-06, Fax: (03 41) 301 00-09
Internet: www.radioblau.de, **E-Mail:** radioblau@radioblau.de
RDS: _B_L_A_U

RADIO BLAU
UKW 99.2 / 94.4 / 89.2

Radio T

Karl-Liebknecht-Str. 19, 09111 Chemnitz
Telefon: (03 71) 35 02-35, Fax: (03 71) 35 02-34
Internet: www.radiot.de, **E-Mail:** info@radiot.de
RDS: _RADIO_T

Hinweis:
Radio blau, coloRadio und Radio T senden mo-fr 18-23 Uhr und sa/so 12-24 Uhr als Fensterprogramm von apollo radio.

Einrichtungsrundfunk

UKW-Sender	MHz	kW	Programmanbieter
Chemnitz	102,7	1,00	Radio UNiCC
Leipzig	97,6	4,00	mephisto 97,6
Mittweida	99,3	0,05	99,3 Radio Mittweida

99drei Radio Mittweida

Leisniger Straße 9, 09648 Mittweida
Telefon: (0 37 27) 58 10 22, Fax: (0 37 27) 58 20 45
Internet: www.radio-mittweida.de, **E-Mail:** info@radio-mittweida.de

mephisto 97.6

Augustusplatz 9, Internes Postfach 89 00 99, 04109 Leipzig
Telefon: (03 41) 973 79-76, Fax: (03 41) 973 79-99
Internet: www.mephisto976.de, **E-Mail:** programmdirektion@mephisto976.de
RDS: MEPHISTO
mephisto 97,6 sendet mo-fr 10-12 Uhr und 18-20 Uhr als Fensterprogramm von R.SA.

Radio UniCC

Thüringer Weg 3, 09126 Chemnitz
Telefon: (03 71) 520 31 60, Fax: (03 71) 520 39 31 9
Internet: www.radio-unicc.de, **E-Mail:** kontakt@radio-unicc.de
Radio UNiCC sendet täglich 18-19 Uhr als Fensterprogramm von Radio T, das seinerseits als Fensterprogramm von apollo radio fungiert.

Veranstaltungsrundfunk

UKW-Sender	MHz	kW	Programmanbieter
Hohenstein-Ernsthal	99,6	0,05	Sachsenringradio und andere

Privater Rundfunk in Sachsen

von Gerd Klawitter und Hendrik Leuker

Sächsische Landesanstalt für privaten Rundfunk und neue Medien (SLM)

SLM-Geschäftsführer Martin Deitenbeck. (Bild: SLM)

Die Hauptaufgabe der SLM mit Sitz in Leipzig ist die Lizenzierung und Aufsicht der privaten kommerziellen (u.a. REGIOCAST; RTL Group; Städteradios; ENERGY) wie nichtkommerziellen (Studentenradios; Radio Blau in Leipzig, ColoRadio in Dresden sowie Radio T in Chemnitz) Rundfunksender in Sachsen. Hinzukommen zahlreiche weitere Aufgaben, beispielsweise die ergänzende kulturelle Filmförderung und die Förderung von Medienkompetenz. „Wir sind auch beratend tätig, nicht nur Medienpolizei.“, hebt SLM-Geschäftsführer Martin Deitenbeck hervor.

Das jährliche Budget der SLM beträgt 5,8 Millionen Euro, das entspricht 2 % der Rundfunkgebühren, die in Sachsen erhoben wurden, abzüglich eines Vorwegabzugs für die mitteldeutsche Medienförderung in Höhe von 1,38 Millionen Euro. Ein Konzept, wie und wo die sächsischen Lokalradios in die digitale Hörfunktechnologie, die UKW im Jahr 2026 endgültig ablösen soll, integriert werden, existiert aktuell noch nicht. „Allerdings werden die Weichen rechtzeitig gestellt“, so Deitenbeck. Der Rundfunkstaatsvertrag sieht für Landesmedienanstalten die Förderung der technischen Infrastruktur und die Realisierung von Projekten mit neuartigen Rundfunkübertragungstechniken vor, worunter grundsätzlich auch die Umstellung auf digitale Verbreitung gehört. Da bei DAB+ keine Umstellung erfolgt, gibt es allerdings dafür auch keine Förderung. Hinzu kommt, dass es auch an der Wirtschaftlichkeit fehlt, weil die Privatsender ihr DAB+-Engagement mangels Berücksichtigung von DAB+ in den Medienanalysen (MA)

Das Verwaltungsgebäude der SLM in Leipzig (Bild: SLM)

nur sehr schwer refinanzieren können. Mangels Ausweisung von Hörerzahlen bei DAB+ in den Medienanalysen (MA) bleiben nämlich Werbegelder und somit Einnahmen aus. Ein ergänzendes Förderungskonzept der SLM besteht nicht.
Nach den einschneidenden Veränderungen in der jüngsten Vergangenheit wie der Werdegang von Antenne Sachsen über Hitradio Antenne zu Hitradio RTL, von Radioropa Infowelle Sachsen über Radioropa oldie fm über oldie. fm zu R.SA, dem Entstehen von Apollo Radio und der allmählichen Zentralisierung bei den Städteradios und ENERGY Sachsen ist die sächsische private Radiolandschaft inzwischen in ein ruhiges Fahrwasser gelangt. Wobei sich mit Vogtlandradio, Radio WSW und der Elsterwelle nahezu unbemerkt von der Öffentlichkeit drei völlig unabhängige Programmanbieter in der Fläche etabliert haben.
Gescheitert ist indes das Bestreben der SLM, die Nichtkommerziellen Lokalradios (NKL) auf das regionale DAB+ - Bouquet aufzuschalten. Hierfür hätten Radio Blau in Leipzig, ColoRadio in Dresden und Radio T in Chemnitz, die jeweils 49 Wochenstunden auf Sendung sind, ab Ende 2014 auf den UKW-Verbreitungsweg verzichten müssen. Dazu war Radio T in Chemnitz aber nicht bereit, so dass damit das ganze Projekt begraben wurde.
Dieses hätte insbesondere der Verbreitung der NKL in der Fläche von Sachsen und der Attraktivität von DAB+ gut getan. Die finanzielle Unterstützung für die NKL basiert gemäß Sächsisches Privatrundfunkgesetz allerdings nur auf Verwaltungseinnahmen der SLM, also nicht aus ihrem Anteil an den Rundfunkgebühren. Dies könnte ein Grund dafür sein, dass ein flächendeckendes UKW-Netz in Sachsen für die NKL aus Kostengründen bisher nicht zustande kam.

REGIOCAST

Der Private Sächsische Rundfunk, oder kurz „Radio PSR", startete am 1. Juli 1992. Er war damit der erste private Rundfunkanbieter in den neuen Bundesländern. Zwischen Lizenzierung und Sendestart lagen nicht einmal sechs Wochen. Ein derart schneller Sendebeginn war nur möglich,

Das erste Funkhaus von Radio PSR. (Bild: PSR)

1. weil man kurzerhand ein Gebäude an der Delitzscher Straße 97 im Leipziger Stadtteil Eutritzsch zum Funkhaus umbauen konnte. Vorher diente das Gebäude einem größeren Kfz-Betrieb als Sozialgebäude. Das Haus hatte 850 qm Nutzfläche. Es wurde mit einem Kostenaufwand von rund sechs Millionen DM umgebaut.

▲ ***Redaktionsräume der REGIOCAST in Leipzig. (Bild: Leuker)***

Studioaufnahme (altes Funkhaus) mit Thomas Böttcher. (Bild: PSR) ▲

2. da die fünf über das Land verteilten leistungsstarken UKW-Sender zu jener Zeit bereits vorhanden waren. Zu DDR-Zeiten dienten sie u.a. der Verbreitung des Jugendprogramms DT 64.
Somit konnte Jürgen Vogel, damaliger Programmdirektor von Radio PSR, stolz im Sendebeginn verkünden: „1. Juli 1992. Es ist 12 Uhr. Guten Tag, Sachsen!"
Zum damaligen Zeitpunkt war Radio PSR ein Unternehmen, das von 37 Gesellschaftern getragen wurde. Hauptgesellschafter war der schleswig-holsteinische Privatsender Radio RSH zu 18,3 %. Dahinter wiederum stand die Axel Springer AG, die bei Radio RSH direkt oder über Zeitungsbeteiligungen stärkster Gesellschafter war.
Weitere Gesellschafter waren die Bremer Tageszeitungsverlags AG zu 10 %, die Schmidt Bank aus Hof (Bayern) und die Greiffenberg AG (eine Maschinenfabrik) zu je 7,5 % sowie der bundesdeutsche „Privatfunker aus Leidenschaft" Hermann Stümpert (Radio RSH, BB Radio Potsdam, ex-Inforadio Berlin u.a.) zu 3,75 %.
Trotz dieses massiven westdeutschen Einflusses ging es bei Radio PSR durch und durch ursächsisch zu: 32 der 37 Gesellschafter kamen unmittelbar aus dem sächsischen Mittelstand, 55 der 62 PSR-Mitarbeiter waren in Sachsen aufgewachsen, und im 7-köpfigen Radio-PSR-Beirat waren die Sachsen mehrheitlich mit vier Köpfen vertreten.
Unter dem Dach der REGIOCAST vereinigen sich RADIO PSR, R.SA in Sachsen, R.SH Radio Schleswig-Holstein sowie die Radio-Vermarkter MACH 3 (Kiel) und mir (marketing im radio) (Leipzig).
Beteiligungen hält sie an ANTENNE MV, radio SAW, rs2, Radio BOB! u. a.
Als Dienstleister bietet die REGIOCAST Full-Service-Angebote in den Bereichen Disposition, Radioservices, IT-Services und New Media Solutions an.
Die Radiounternehmen der REGIOCAST erreichen nach eigenen Angaben

◀ *Karolin Ficiolka aus der Serviceredaktion (Verkehr). (Bild: PSR)*

Claudia Switala aus der Serviceredaktion (Wetter). (Bild: PSR) ▼

insgesamt neun Millionen Hörer täglich. Spätestens jetzt musste auch ein neues Domizil für das aus allen Nähten platzende Radio PSR her. Eine neue Bleibe fand sich an der Thomasgasse 2 am Markt in Leipzigs Innenstadt. Im gesamten als RADIOZENTRUM bezeichneten Gebäudekomplex sind rund 180 Personen beschäftigt.

Radio PSR, heute

Betrieben wird Radio PSR vom Lizenznehmer, der Privaten Sächsischen Rundfunk GmbH, die zu 100 % der REGIOCAST GmbH & Co. KG zugeordnet ist.
Das Programm richtet sich an die ganze Familie, mit Schwerpunkt bei den 25-30jährigen Hörern; die Zielgruppe ist eher weiblich. „Gute Musik, Unterhaltung, Comedy sowie alle wichtigen Informationen aus dem Freistaat stehen im Fokus des Programms.“, erläutert Nico Nickel (36), Leiter der Unternehmenskommunikation im RADIOZENTRUM Leipzig, die Grundausrichtung des Senders. RADIO PSR weist dabei ein klassisches AC (Adult Contemporary)-Format auf: Der Supermix für Sachsen besteht aus den nach Angaben des Senders besten 80ern, 90ern, 2000ern und den Hits von heute. Die Nachrichten laufen immer fünf Minuten vor halb und vor der vollen Stunde. Von 5 bis 10 Uhr sind sie regional gesplittet, was die Regionews angeht. Darüber hinaus beschäftigen sich Moderatoren und Korrespondenten, z.B. der Korrespondent für Landespolitik in Dresden, den ganzen Tag über mit Themen aus Sachsen.
RADIO PSR sendet live montags-freitags von 5 bis 20 Uhr, am Samstag von 8 bis 18 Uhr und am Sonntag von 10 bis 21 Uhr. Entsprechend ist der Rest, vorwiegend in den Nachtstunden, mit Ausnahme der Nachrichten und Servicebeiträge, automatisiert.

Zweimal Steffen Lukas. Links unverkleidet, rechts als Opa Unger hergerichtet.. (Bilder: PSR).

Etwa 20 Mitarbeiter sind in der Redaktion und/oder als Moderator für RADIO PSR tätig. Dazu kommen viele Mitarbeiter in den Schnittstellenbereichen wie Unternehmenskommunikation, IT- Bereich oder etwa in der Buchhaltung, die für alle Sender im RADIOZENTRUM Leipzig tätig sind. Die beliebteste Sendung ist mit Abstand die Morgensendung „Die Steffen-Lukas-Show“ , die von 5 bis 10 Uhr läuft. Sie wird geprägt durch den sympathischen Kult-Moderator Steffen Lukas, der insbesondere durch seine Sinnlos-Telefon-Streiche seit fast 20 Jahren den sächsischen Radiomarkt prägt. Assistiert wird er dabei durch Co-Moderatorin Kati Huhn und durch Claudia Switala (Wetter) sowie Karolin Ficiolka (Verkehr) aus der Serviceredaktion. Als die „Steffen-Lukas-Show“ Ende 2011 abgesetzt worden war, forderten die Hörer massiv die Rückkehr des beliebten Moderators, der seit dem Frühjahr 2013 wieder auf Sendung ist. Das RADIOZENTRUM Leipzig verfügt über eine eigene Nachrichtenredaktion in Leipzig sowie Reporter in Dresden und Südwestsachsen, die sich um alle regionalen und lokalen News kümmern. Zusätzlich wird mit Agenturnews gearbeitet. Deutschland- und Weltnachrichten kommen aus der REGIOCAST- Nachrichtenzentrale in Kiel. Als Station Voices tätig sind Katinka Jäkel und Thomas Arnold.

Aus Antenne Sachsen wurde HITRADIO RTL

Das zweite landesweite Hörfunkprogramm hieß „Antenne Sachsen“. Es wurde von 50 Gesellschaftern getragen. Dazu gehörten zum Zeitpunkt des Sendestarts im Jahr 1993 im Wesentlichen:

- die AVE Gesellschaft für Hörfunkbeteiligungen mbH (dahinter steckte damals die Verlagsgruppe Holtzbrinck aus Stuttgart),
- der Rowohlt-Verlag, Berlin,
- der Brockhaus-Verlag, Leipzig und Mannheim,
- Gunther Emmerlich (Sänger und Entertainer aus Dresden) und
- Prof. Dr. Peter Schiwy, Berlin (Geschäftsführer des Berliner Senders radio r.s.2 und früherer NDR-Intendant).

Das ehemalige Funkhaus von Antenne Sachsen an der Breitscheidstraße in Dresden. (Bild: BCS)

Als Geschäftsführer war Norbert Seuss (37) tätig. Er kam im Januar 1994 über Radio RPR (Ludwigshafen), Radio FFH (Frankfurt), radio ffn (Isernhagen) und Radio Brocken (Halle) zu Antenne Sachsen. Damit zählt er sicherlich zu den Weltenbummlern in Sachen Privatfunk. Antenne Sachsens Start am 19. April 1993 erfolgte zunächst aus provisorischen Containern, die auf dem Hof des Ernemann-Neubaus in Dresden an der Junghansstraße 1-3 standen. Am 23. Dezember 1993 zog das Team in einen Neubau an der Breitscheidstraße im Dresdner Stadtteil Reick um. Dort war ein wesentlich komfortableres Arbeiten möglich.

Mit seinem landesweiten Hörfunkvollprogramm richtete sich Antenne Sachsen ursprünglich an die 30- bis 50-jährige Hörerschaft. Die Musikrichtung nannte sich „Hot AC“: Extreme wurden tunlichst vermieden. Stattdessen wurde neben Oldies aus den sechziger und siebziger Jahren guter alter DDR-Rock und Musik deutscher Liedermacher gespielt. Hin und wieder hörte man aber auch moderne Hits. Im Herbst 1995 wechselte Antenne Sachsen das vorgenannte Musikformat, um sich deutlicher von den Mitbewerbern auf dem hartumkämpften sächsischen Rundfunkmarkt abzusetzen. Seither vertrat Antenne Sachsen das „Easy Listening“-Format. Antenne Sachsen verfügte über Regionalstudios in Chemnitz, Leipzig und Zwickau, von wo aus mindestens viermal täglich Fensterprogramme produziert wurden. Trotz intensivster Bemühungen wurde die Zahl der Antenne Sachsen-Hörer von Medienumfrage zu Medienumfrage immer geringer. Die Marke „Antenne Sachsen“ war inhaltlich und ökonomisch aufgebraucht. Einem Glücksfall kam es gleich, dass bei Antenne Sachsen etwa Mitte 2004 ein Eigentümerwechsel erfolgte. RTL Radio,

Mirko und die Morgencrew. v.l.n.r.: Claudia Heidler, Michael Langner, Ingo Encke, Mirko Jacob, Tim Simon, Matthias Draheim, Mirjam Köfer

Stephan Bodinus, Moderator bei HITRADIO RTL. Zu hören montags-freitags 10-14 Uhr. (Bild: Klawitter)

das viele Dresdener und Dresdenerinnen während der DDR-Zeit insbesondere nachmittags per Kurzwelle auf dem 49-Meterband hörten, verfügte bei den Sachsen über ein hohes Ansehen. Vieles wurde komplett runderneuert, wobei der Focus auf die Familien ausgerichtet ist. Wer wissen möchte, wo was wann in Sachsen Interessantes für Familien geboten wird, durch HITRADIO RTL wird er - insbesondere an Wochenenden - gut informiert. Montags-freitags 14-18 Uhr sowie samstags 09-12 Uhr wartet mit Thomas Koschwitz ein Radiourgestein mit aktuellen Themen auf, die einerseits zwar ein Zuhören wert sind. Andererseits fragt sich der Radiohörer. „Wann geht dem Koschwitz wohl einmal der Gesprächsstoff aus?"

Von Radioropa zu R.SA

Das in Daun (Eifel) beheimatete Radioropa nutzte jeden ihm zur Verfügung stehenden Verbreitungsweg: einen Langwellensender in Burg bei Magdeburg, zwei in Tschechien stehende Kurzwellensender, Satellitenrundfunk, Kabelverbreitung, Radio über DVB-T sowie diverse UKW-Sender. Das Unternehmen agierte wie ein tapferes Stehaufmännchen. Brach eine Verbreitungsmethode bzw. ein Programm weg, so wurde anderweitig eine neue gegründet. So zum Beispiel:

- Ursprünglich ging der Sender auf den am 1. April 1995 von TechniSat gestarteten Radiosender Radioropa Infowelle Sachsen zurück;
- Aus jenem wurde im Jahr 1998 Radioropa oldie.fm.
- Bereits ein Jahr später verkaufte TechniSat seine Anteile an die damalige PSR-Mediengruppe, die die Landesfunk Sachsen GmbH gründete.
- Im Zuge dessen wurde am 1. April 1999 der Name Radioropa gestrichen.

Der nunmehr dritte landesweite Hörfunksender Sachsens führte den Namen „Oldie.fm" und bekam durch die SLM entsprechende Frequenzen zugeteilt. Seit 2003 sendet das Programm unter dem Namen R.SA. Mit dem Titel „Sachsens neues Musikradio" startete der Sender im Mai 2003, der kurz darauf, im September 2003, durch den Zusatz „Mit Böttcher & Fischer" ersetzt wurde. Die Morgenmoderatoren Thomas Böttcher und Uwe Fischer sind seit Anfang an für ihre schnippischen Wortgefechte bekannt. Sie nehmen sich selbst nicht zu ernst. Dabei kommunizieren sie mit den Hörern auf Augenhöhe und lassen sie am Leben teilhaben. Dazu kommt eine mitreißende Live-Show, die die BöFis jedes Jahr viele Male in ganz Sachsen präsentieren. Einzigartig sind die unkonventionellen Off Air Events wie Kochduelle, Völkerball, Automessen usw., die ihresgleichen suchen. Im September 2013

Das Duo Böttcher und Fischer. (Bild: R.SA)

senden Böttcher & Fischer bereits seit zehn Jahren bei R.SA. Ihre gemeinsame Karriere begannen sie 1994 bei RADIO PSR. 1998 wechselten sie zu Antenne Sachsen. Von 2000 bis 2003 waren sie nicht gemeinsam on Air. In der nach ihnen benannten Morningshow von 5 bis 10 Uhr stellen ihr Charme, der von ihnen versprühte Witz und ihre Authentizität eine besondere Hörerbindung her. R.SA richtet sich an eine 35- bis 45-jährige eher männliche Zielgruppe.
Informationen aus dem Freistaat laufen ganztägig im Rahmen der Moderationen, die sich nahezu ausschließlich mit Sachsen befassen. Dazu gibt es im Nachrichtenblock einen speziellen Sachsenteil. Es findet aber kein regionales Splitting statt.
Mit der musikalischen Ausrichtung auf ein oldie-basiertes AC- Format bildet R.SA zudem eine Ausnahme in der Bandbreite der sächsischen Privatsender. R.SA spielt Oldies aus den 60ern und 70ern, aber auch vermehrt aus den 80ern mit einem großen Anteil deutschsprachiger Musik (hier auch aktuelle Titel).
R.SA sendet live von Montag bis Freitag von 5 bis 24 Uhr, am Samstag von 6 bis 18 Uhr und am Sonntag von 5 bis 20 Uhr. Entsprechend setzt in der übrigen Zeit die Automation ein.
Etwa 15 Mitarbeiter sind in der Redaktion und/oder Moderation für R.SA tätig. Dazu werden wie auch bei RADIO PSR die Fähigkeiten der Mitarbeiter an den Schnittstellen mit genutzt.
Als letzter lizenzierter Sender in Sachsen arbeitet R.SA mit einem Flickenteppich von inzwischen knapp 40 Einzelfrequenzen und ist z.B. in Ostsachsen, in Teilen des Erzgebirges und des Vogtlandes nur schlecht empfangbar. Bis Ende 2013 sollten diese Versorgungslücken geschlossen werden.
Station Voice ist Hans-Jörg Karrenbrock.
Was sich hinter dem Kürzel R.SA verbirgt, darüber kann gerne ausgiebig spekuliert werden, denn es ist nicht genau definiert.

Die Städteradios

Tino Utassy, Geschäftsführer der BCS Sachsen. (Bild: BCS)

In den fünf größten Städten Sachsens wurden von einer Anbietergemeinschaft Lokalsender installiert. Dahinter stand bzw. steht zu 50 % der Verlag für die Frau GmbH (Leipzig). Dahinter wiederum verbirgt sich zu 100 % die Nürnberger Gong-Gruppe. Weitere 50 % hält die MTS Mediengesellschaft Telefonbuchverlag Sachsen GmbH (Dresden).
Die Lokalsender erhielten die Namen:
Radio Chemnitz,
Radio Dresden,
Radio Leipzig,
Radio Lausitz
(ursprünglich in Görlitz, nun in Bautzen),
Radio Erzgebirge (Annaberg-Buchholz)
und Radio Zwickau.
Die Sender sind seit Mai 1993 in Betrieb (Radio Zwickau seit Dezember 94, Radio Erzgebirge seit Oktober 2005). Sie dienen ausschließlich der städtischen Versorgung und produzieren primär morgens und nachmittags (von 15 bis 18 Uhr) eigene Programme. Tino Utassy (48), gebürtiger Chemnitzer, begann seine Rundfunkkarriere als Geschäftsführer bei Radio Chemnitz. Nach und nach übernahm Utassy die Geschäftsführung bei allen Sendern und trimmte die unterschiedlichen Lokalsender auf einen einheitlichen Kurs. Für den Hörer entstand auf diese Weise ein lokal klingendes Programm. Jedes Funkhaus ist dabei ständig (auch nachts) mit mindestens einem Redakteur besetzt und kann damit ein 24-Stundenprogramm anbieten. Was aber in der Praxis nicht der Fall ist, denn Musik und einige Moderationen kommen aus Dresden. Sogar wenn einzelne Programmelemente (z.B. die Morgensendung) aus Dresden von der „Sächsische Lokalrundfunk Dienstleistungsprogramm GmbH" (SLP) kamen. Zusammen mit Vogtland Radio bildete die SLP das sogenannte „Sachsen Funkpaket".

Umzug

Im Mai 2005 wurde aus der SLP die „Broadcast Sachsen GmbH" mit Sitz an der Ammonstraße 35 in Dresden.

Der Ammonhof dient der BCS als Funkhaus. (Bild: Klawitter)

◂ „André und die Morgenmädels“ von Sachsens Lokalradios mit André Hardt, Kristin Hardt und Veronika Lewandrowski. (Bild: BCS)

Roman Knoblauch, Moderator im Programm Radio Leipzig. Zu hören montags-freitags 13.50-18.50 Uhr. (Bild: Regiocast) ▾

Der als Ammonhof bezeichnete sechsstöckige Rundbau ist ein Gebäude mit einem großen Innenhof, der genügend Platz für eine kleine Bühne besitzt, von wo aus schon manch ein Musiker bei passender Gelegenheit hin und wieder Konzerte vor handverlesenem Publikum gab.

Falko Maiwald, Moderator im Programm Radio Dresden. Zu hören montags-freitags 9.50-13.50 Uhr. (Bild: Klawitter)

Eine der beliebtesten Sendungen ist die Frühsendung „André und die Morgenmädels“, die montags bis freitags von 4.50-9.50 Uhr bei Radio Dresden produziert wird, aber zeitgleich auch auf allen anderen Städteradios zu hören ist. Ungewöhnlich ist die Moderation durch drei Personen. Frontmann ist André Hardt, verheiratet mit der Co-Moderatorin Kristin Hardt. Sie moderiert hauptsächlich mit André. Im Serviceblock ist sie für das Wetter zuständig, während sich Veronika Lewandrowski in erster Linie um die Nachrichten und die Verkehrsmeldungen kümmert. Ebenfalls sehr beliebt sind zwei Kultsendungen, die jeweils freitagabends und samstagabends laufen: „FreitagNacht - Die Partyzone“ kommt bei Radio Dresden live aus dem Danceclub Blue aus der Innenstadt. Bei allen anderen Sendern kommt die Sendung aus dem Studio. Am Samstagabend läuft „MAXI-MAL“ mit DJ Happy Vibes. In der Regel kommt die Sendung komplett aus dem Studio. Es kann aber auch Livesendungen geben. Das war in der Vergangenheit z.B. bei großen Festen der Fall.

Radio ENERGY

ENERGY Sachsen wird von der Netzwerk-Programmanbietergesellschaft mbH veranstaltet. Gesellschafter sind die Frank Otto Medienbeteiligungs-GmbH & Co. KG (mehrheitlich/GF Christopher Franzen) und ENERGY Deutschland. Aufgrund großer Anteile der NRJ Group besteht hier ein enges Abstimmungsverhältnis. Anders als die anderen ENERGY-Stationen in Deutschland kann ENERGY Sachsen aufgrund der Mehrheitsverhältnisse nahezu autark von ENERGY Deutschland arbeiten, aber alle Corporate-Design-Elemente, wie die Farbgebung des Logos und den darauf abgebildeten springenden Panther nutzen. Der Sendestart von ENERGY Sachsen war am 21. Juni 1993. Gründungsgesellschafter des Senders waren Schriftsteller, Musiker (Mitglieder der Popband Die Prinzen, der Manager von BAP) und andere Kreative. Lizenzgeber fürs Corporate Design ist bis heute die französische NRJ Group. In den ersten fünf Jahren wurde ein urbanes Jugendradio mit interaktiven Spartensendungen veranstaltet. Schrittweise wurde der Sender als CHR (Contemporary Hit Radio)- Sender programmiert. Die Rotation wurde knapper, die Lokalfenster wurden regionalisiert und die Sendekonzepte überarbeitet.
Im Jahr 2000 erfolgte ein Relaunch:
Frank Otto Medien übernahm die Mehrheit an der Netzwerk Programmanbietergesellschaft mbH. Anfang der 2000er führten Gespräche mit der SLM zu einer Anpassung der Lizenzen im Jahre 2003, so dass die einzelnen Lokalstationen zu ENERGY Sachsen zusammengefasst und die Regionalstudios zugemacht werden konnten. Seit 2003 ist ENERGY Sachsen entsprechend als ein Sender wahrnehmbar.
ENERGY Sachsen ist das einzige Programm in Sachsen, das sich spezifisch an junge Erwachsene richtet. Die Themen im Programm zielen auf eine jüngere Zielgruppe, junge Erwachsene im Alter von 25 bis 35 Jahren, in etwa zu gleichen Anteilen weiblich und männlich: Musik, Lifestyle,Technik und Freizeit. ENERGY Sachsen richtet sich bei der Musik nach seinem Claim: Hit Music Only! Von Pop, Dance über Rock und R´n´B ist jede Musikrichtung vertreten, die in der vorbeschriebenen Zielgruppe angesagt ist. Informationen aus Sachsen sind fester Bestandteil in den Nachrichten und natürlich im aktuellen Tagesprogramm. Aufgrund der ursprünglichen Lizenzierung als Lokalradiokette findet im Bereich der Nachrichten aber auch im klassischen Tagesprogramm (z.B. bei Veranstaltungshinweisen) zu festgelegten Zeiten lokales Splitting statt. Der Umfang ist inzwischen aber deutlich geringer als zum Sendestart 1993. Dies geschieht nunmehr gebündelt aus dem Funkhaus in Leipzig. Regionalstudios gibt es seit der

Julian Mengler, Moderator bei ENERGY Sachsen. (Bild: NRJ)

Anpassung der Lizenz in 2003 nicht mehr. ENERGY Sachsen sendet live von Montag bis Freitag von 5 bis 3 Uhr, am Samstag von 8 bis 20 Uhr und am Sonntag von 10 bis 21 Uhr. Am Sonntag sind von 10 bis 11 Uhr in der Sendung „60 Minuten mit...." Stars im Studio bei ENERGY Sachsen zu Gast. Es laufen darin ausführliche und aufgezeichnete Interviews mit deutschsprachigen Stars, wie z.B. das Bo, Kraftklub, Pohlmann, Gentleman, Westbeam, Glasperlenspiel oder Newcomer Tim Bendzko.
Am Sonntag läuft von 21 bis 24 Uhr die erste senderübergreifende Talkshow im Jugend-Privatfunk namens „Facetalk" in Zusammenarbeit mit delta radio (Schleswig-Holstein) und Kiss FM (Berlin). Entsprechend ist der Rest mit Ausnahme der Nachrichten und von Servicebeiträgen automatisiert. Etwa 15 Mitarbeiter sind in der Redaktion und/oder in der Moderation bei ENERGY Sachsen tätig. Gleichfalls werden die Fähigkeiten der Mitarbeiter an den Schnittstellen im RADIOZENTRUM Leipzig mit genutzt. Lokale Bands und Vereine prägen ebenso das Programm von ENERGY Sachsen. Für „Mein ENERGY Sachsen" ist Reporter Philipp Knoche, im Intimjargon Der Knochen genannt, jede Woche an einem anderen Ort in Sachsen unterwegs, stellt Vereine, Bands sowie lokale Besonderheiten vor, die von den Hörern an ihn herangetragen wurden. ENERGY Sachsen wird beliefert durch die Nachrichtenredaktion in Leipzig sowie Reporter in Dresden und Südwestsachsen, die sich um alle regionalen und lokalen News kümmern. Ansonsten gilt die gleiche Konzeption wie bei RADIO PSR.
Station Voices sind Markus Krane und Denise Cabrera-Naranjo.
Die jüngste Innovation im Programm ist die „Community Show Sachsen-WG" in Zusammenarbeit mit BILD Sachsen. Hierin treten WG-Mitglieder gegeneinander an. ENERGY Sachsen ist vorrangig ein Metropolenradio. Durch die Segnungen der modernen Technik, d.h. moderner Web- und Mobil-Verbreitung ist der Sender aber auch zunehmend in den ländlichen Gebieten empfangbar, so dass sich die technischen Grenzen gerade auflösen.

apollo radio

Ein gemeinsames Kind der REGIOCAST (Radio PSR, R.SA) und der BCS (HITRADIO RTL, Städteradios) ist apollo radio, ein Premiumprodukt mit Klassik, Jazz, Swing, Lounge und Beiträgen, die produktionsaufwändig sind oder nicht in die Konzepte der anderen Privatradios passen. Rocco Reichel, BCS-Pressesprecher: „Bei apollo radio können wir

Dorit Keller im Chemnitzer Studio von apollo radio. (Bild: BCS)

auch mal das eine oder andere ausprobieren. Wenn hier beim Experimentieren etwas daneben geht, so hört es nicht gleich die ganze Welt."
Das Hauptstudio befindet sich in den Räumen der BCS im Ammonhof in Dresden, ein zweites Studio in den Räumen von Radio Chemnitz.
Station Voice ist Michael Betz, ebenfalls ein „Premiumprodukt" unter den Station Voices.

Terrestrisch zu empfangen ist apollo radio derzeit nur in den Ballungszentren Dresden, Leipzig und Chemnitz.

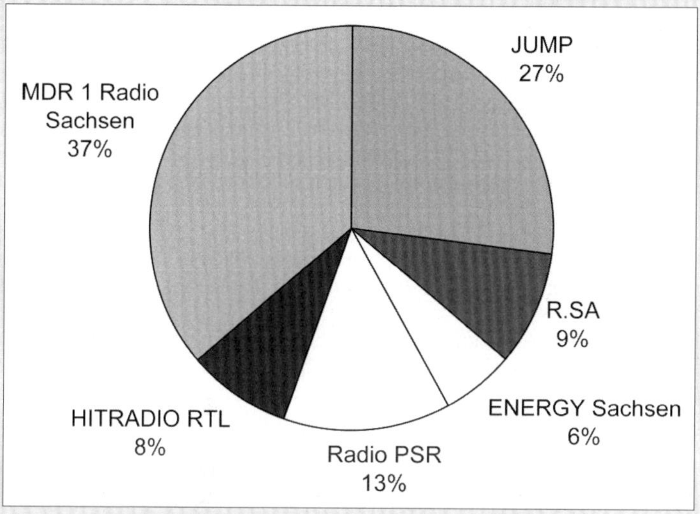

Marktanteile der werbungstragenden Sender in Sachsen, Zielgruppe 14-49 Jahre – Aus: Medienanalyse 2013/II

Die kleinen Sender

Die nachfolgenden Hörfunkprogramme waren von offizieller Seite ursprünglich nicht vorgesehen. Erst durch die Initiative einzelner Personen oder Interessengruppen wurden sie lizenziert.

Elsterwelle

Aus der Mitte der Lausitz
ELSTERWELLE
Radio und Fernsehen

Am 14. Mai 1999 wurde auf Veranlassung der SLM für den Standort Hoyerswerda die UKW-Frequenz 102,8 MHz ausgeschrieben. Die Frequenz sollte der lokalen Versorgung mit Hörfunk oder dem Auffüllen von Versorgungslücken dienen.

Auf die Ausschreibung bewarben sich fünf Unternehmen, darunter auch die LFS Landesfunk Sachsen GmbH (mit dem damaligen sachsenweit ausgerichteten Programm oldie.fm) und die SGS Rundfunkgesellschaft mbH (mit dem Lokalprogramm Elsterwelle).
Diese beiden Bewerber einigten sich gemäß eines Vorschlags der SLM auf die Bildung einer Anbietergemeinschaft zur Veranstaltung eines 24-stündigen Hörfunkprogramms, bestehend aus einem Mantelprogramm (oldie.fm) und einem etwa achtstündigen Lokal- und Regionalprogramm (Elsterwelle).
Mit fortwährender Veranstaltungsdauer bildeten sich bei der SGS die Überlegung und das Vertrauen heraus, den Lokal- und Regionalanteil des Programms von acht Stunden auf 24 Stunden täglich zu erweitern. Die LFS unterstützte diese Überlegungen, zumal sich ihr die Möglichkeit bot, auf der inzwischen von der sächsischen Staatskanzlei der SLM zugeordneten Frequenz Hoyerswerda 96,9 MHz ihr Programm oldie.fm ohne Fensterprogramm zu veranstalten. Aus diesem Grund kam es zu einer einvernehmlichen Auflösung der Veranstaltergemeinschaft, indem die LFS als Gesellschafter der Anbietergemeinschaft ausschied und ihre Gesellschaftsanteile an Herrn Hans-Peter Schreiber, dem geschäftsführenden Gesellschafter der SGS, übertrug. Die Programmart in wurde von da an alss ein „regional ausgerichtetes Hörfunkprogramm" umgeschrieben.
Zeitgleich wurde der LFS (oldie.fm) die Frequenz Hoyerswerda 96,9 MHz zugewiesen.
In der Folgezeit stellte man fest, dass der Empfang des Senders Hoyerswerda 102,8 MHz (Elsterwelle) durch einen anderen Sender gestört wurde. Daraufhin bemühten sich sowohl die SLM als auch die Elsterwelle eine Lösung für die Sicherstellung des störungsfreien Empfangs in Hoyerswerda und Umgebung zu finden.
Die Lösung war schließlich im November 2012 ein Frequenzwechsel (neu: 88,2 MHz) sowie ein geringfügiger Ortswechsel (neu: Weissig)

Vogtlandradio

Die ersten Ursprünge eines privaten Rundfunksenders im Vogtland gehen weit in die Zeit zurück als es noch zwei deutsche Staaten gab. Claus-Thilo Thoß war einer dieser Radiobesessenen, und wann immer möglich hörte er die beiden Hofer Privatsender Radio Euroherz und extra radio 88.0, die nicht

Madlen Schulz, Moderatorin bei Vogtland Radio. (Bild: Vogtland Radio)

weit entfernt von jenseits des Stacheldrahtes sendeten. Thoß' Frau hatte eine in Düsseldorf lebende Tante. Als diese ihrem im Vogtland wohnenden Verwandten eine Einladung zum 80ten Geburtstag schickte und Thoß sogar prompt vom zuständigen Polizeiamt zwei Visa für sich und seine Frau erhielt, ging Thoß" Fahrt selbstverständlich nicht direkt nach Düsseldorf, sondern zunächst nach Hof zu den beiden Sendern, die er vom langjährigen Zuhören bestens kannte.

Glücklicher Zufall

Unmittellbar nach der deutschen Wiedervereinigung war Thoß zufällig zur rechten Zeit (einem Kongress der Firma HP) am rechten Ortt (in Chemnitz) um zufällig einen kompetenten und einflussreichen Politiker persönlich zu treffen: Lothar Späth, damals Ministerpräsident von Baden-Württemberg war Schirmherr des Kongresses.

Da auf der Veranstaltung nicht viel los war, kam Lothar Späth sogar von sich aus auf Thoß zu und lies sich dessen Rundfinkvision schildern. Späth muss sehr beeindruckt gewesen sein, denn Thoß erhielt wenig spätter eine von Lothar Späth angeregte Einladung zur nächsten Sitzung der BW-Landesmedienanstalt nach Stuttgart. Dort nahm sich Christian Schurig, der damalige Direkor der BW-Landesmedienanstalt, wohlwollend Thoß' Problematik an.

Wenig später wurde Schurig bis zu seiner Pensionierung im Jahr 2007 Direktor der Medienanstalt Sachsen-Anhalt. Von dort aus unterhielt er mit Thoß eine intensive Freundschaft.

Und dennoch dauerte es noch ein ganzes Jahrzehnt bis Thoß endlich am Ziel seiner Wünsche angelangt war.

Am 30. Januar 1997 wurden in Sachsen unter anderem die UKW-Frequenzen Reichenbach 100,5 MHz und Auerbach 88,2 MHz ausgeschrieben. Die beiden Frequenzdn waren für die lokale Versorgung mit Hörfunk bestimmt.

Auf die Ausschreibung bewarben unter anderem auch die Vogtlandradio Rundfunkgesellschaft mbH (mit dem Regionalprogramm Vogtlandradio) und die Netzwerk- Programmanbietergesellschaft mbH & Co. Betriebs-KG (mit dem Programm Energy). Auf Veranlassung der SLM einigten sich diese beiden Bewerber - wie bereits im Fall von oldie.fm und der Elsterwelle) – auf eine gemeinsame Programmveranstaltung. Anders als bei der Elsterwelle kam es jedoch nicht zur Bildung einer Anbietergemeinschaft, sondern zum Erwerb von 25 Ptozent der Gesellschaftsanteile an der Vogtlandradio Rundfunkgesellschaft mbH durch die Netzwerk Programmanbietergesellschaft mbH & Co. Betriebs-KG.

Vogtlandradio erhielt daraufhin die Zulassung zur Veranstaltung eines 24-stündigen Hörfunkprogramms, bestehend aus einem Mantelprogramm (Zulieferung durch Energy) und einem etwa sechsstündigen Regionalprogramm. Als offizielles Datum des Sendestarts von Vogtlandradio gilt der 28.9.1997.

Nach Jahren der gemeinsamen Programmveranstaltung zog sich die Netzwerk-Programmanbietergesellschaft mbH & Co. Betriebs-KG im Jahr 2006 aus der Programmveranstaltung im Vogtland zurück und veräußerte ihre Ge-

sellschaftsanteile. Seitdem wird ein ausschließlich regional ausgerichtetes Hörfunkprogramm veranstaltet, ergänzend zur besseren Versorgung auch über die UKW-Frequenzen Plauen 95,4 MHz, Markneukirchen 103,8 MHz und Klingenthal 103,5 MHz.
Heute ist Claus-Thilo Thoß als Geschäftsführer bei Vogtlandradio tätig.

Radio WSW

Am 14. Mai 1999 wurde unter anderem die UKW-Frequenz Weißwasser 89,2 MHz ausgeschrieben. Die Frequenz war bestimmt zur lokalen Versorgung mit Hörfunk oder dem Auffüllen von Versorgungslücken.

Es bewarben sich fünf Unternehmen, darunter auch die Radio WSW GmbH. Diese veranstaltete bereits seit 1993 ein lokales Hörfunkprogramm in der Kabelanlage der Stadt Weißwasser. Um diese Programmveranstaltung auch terrestrisch fortsetzen zu können, erteilte der Medienrat im Oktober 1999 die entsprechende Zulassung. Im Gegensatz zur Elsterwelle und zu Vogtlandradio gab es hier aber nie eine Veranstaltergemeinschaft. Seit 2002 besteht lediglich eine enge Programmkooperation zwischen Radio WSW und Elsterwelle.

Wir danken den Herren Martin Deitenbeck, Rocco Reichel und Nico Nickel.

Sachsen-Anhalt

Medienanstalt Sachsen-Anhalt
Reichardtstraße 9, 06114 Halle/Saale
Telefon: (03 45) 52 55-0, Fax: (03 45) 52 55-121
Internet: www.msa-online.de,
E-Mail: info@msa-online.de

Die VMG Mediengruppe in Magdeburg produziert das auf UKW verbreitete Programm *radio SAW* sowie das ursprünglich in erster Linie als reines Digitalradio lizenzierte Programm *Rockland*. Darüber hinaus ist Rockland auch über ein paar UKW-Frequenzen zu empfangen. Vom Funkhaus Halle kommen die auf UKW verbreiteten Programme *Radio Brocken* und *89.0 RTL*. Auch *89.0 RTL* ist mit einer Digital Radio Lizenz ausgestattet.

Landesweiter Hörfunk

89.0 RTL

Stadtcenter Rolltreppe, Große Ulrichstraße 60D, 06108 Halle
Telefon: (01 80) 52 58-0,
Fax: (03 45) 52 58-450
Stau- und Blitzerhotline:
(0 8000) 333 890
Internet: www.89.0rtl.de,
E-Mail: info@89.0rtl.de
RDS: 89.0_RTL oder 89.0RTL_
Format: CHR
Claim: Die besten Hits von heute!
Empfang über Digitalradio: Landesweit im DAB-Modus auf Kanal 11C und 12C.
UKW-Sender: Brocken 89,0 MHz (60 kW)

Machen jeden Morgen knallwach statt hundemüde: Die 89.0 RTL Morningshow mit Marco, Sexy Vanessa und Chriz Rock!

Der beste Start in den Tag: Die Radio Brocken Morgenshow mit Holger Tapper und Amrei Gericke von 5-10 Uhr.

Radio Brocken

Stadtcenter Rolltreppe, Große Ulrichstraße 60D, 06108 Halle
Telefon: (03 45) 20 44 300, Fax: (03 45) 52 58-450,
Stau- und Blitzerhotline (0 8000) 52 58 52 (kostenfrei)
Internet: www.radiobrocken.de, **E-Mail:** info@radiobrocken.de
RDS: __Radio_, Brocken_ (abwechselnd)
Claim: Radio Brocken – Sachsen-Anhalts neuer Musikmix
Empfang über Digitalradio: Landesweit im DAB-Modus auf Kanal 11C und 12C..

UKW-Sender	MHz	kW
Blankenburg	99,9	0,25
Dequede	101,0	60,00
Dessau	90,6	1,00
Halle	93,5	5,00
Hergisdorf	93,7	0,10
Magdeburg	105,7	15,00
Naumburg	98,8	10,00
Sangerhausen	107,1	0,10
Wernigerode	105,4	0,10
Wittenberg	102,3	4,00
Zeitz	99,1	0,50

Mit bürgerlichen Namen heißen sie Jürgen Karney und Volker Haidt. Unter dem Namen „Die Muckefucks“ kennt man sie als die Moderatoren von radio SAW's Frühsendung. (Bild: SAW/Uwe Köhn)

radio SAW

Hansapark 1, 39116 Magdeburg
Telefon: (03 91) 630-0, Fax: (03 91) 630-199, Hörer-Service-Hotline: (0 800 1) 630 630 (kostenlos)
Internet: www.radiosaw.de, **E-Mail:** info@radiosaw.de
RDS: '*S*A*W*_, _S_A_W__, *S_A_W*_ (abwechselnd)
Format: Hot AC
Claim: Die beste Mischung, die meiste Abwechslung mit den Superhits für Sachsen-Anhalt!

Empfang über Digitalradio: Landesweit im DAB-Modus auf Kanal 12C. Ein Wechsel zu Kanal 11C (DAB+-Modus) ist geplant.
Als Webradio (auch erreichbar über www.saw-musikwelt.de) bietet radio SAW darüber hinaus noch folgende Programme an: radio SAW-Livestream, radio SAW-Neuheiten, radio SAW-90er, radio SAW-80er, radio SAW-70er, radio SAW-Rock, radio SAW-Deutsch und radio SAW-Party.

UKW-Sender	MHz	kW
Blankenburg	95,7	2,4
Brocken	101,4	100,0
Dequede	95,6	1,5
Dessau	92,6	0,3
Halle	103,3	5,0

UKW-Sender	MHz	kW
Leipzig/Wiederau	104,9	100,0
Magdeburg	100,1	0,2
Naumburg	95,1	0,5
Salzwedel	103,9	5,0
Sangerhausen	99,4	0,1
Stendal	100,5	0,5
Wernigerode	90,8	1,0
Wittenberg	98,4	1,6
Ziesar	102,8	2,0

Rockland

Hansapark 1, 39116 Magdeburg
Telefon: (0 80 01) 640 640, Fax: (03 91) 630 489
Internet: www.rockland.fm, **E-Mail:** info@rockland.fm
RDS: ROCKLAND
Format: Rock oriented Hot AC/CHR
Claim: Radio an und laut!
Empfang über Digitalradio: Landesweit im DAB-Modus auf Kanal 12C. Ein Wechsel zu Kanal 11C (DAB+-Modus) ist geplant.
Shop: Fan-Artikel können telefonisch unter 03 91/63 65 65-0 bestellt werden können.

UKW-Sender	MHz	kW
Bernburg	95,0	1,0
Dessau	94,1	2,0
Halle	98,3	0,5
Köthen	97,1	1,0
Magdeburg	98,7	0,2
Naumburg	99,6	1,0
Schneidlingen	107,2	2,4
Weißenfels	88,0	1,0

Nichtkommerzieller Lokalrundfunk

UKW-Sender	MHz	kW	Programmanbieter
Aschersleben	92,5	1	Radio HBW
Halle	95,9	1	Radio Corax

Radio Corax

Unterberg 11, 06108 Halle/Saale
Telefon: (03 45) 470 07 45, Fax: (03 45) 470 07 46
Internet: www.radiocorax.de, **E-Mail:** info@radiocorax.de
RDS: corax___

Radio HBW

Harz-Börde-Welle e.V., Herrenbreite 9, 06449 Aschersleben
Telefon: (0 34 73) 84 02-0, Fax: (0 34 73) 84 02-11
Internet: www.radio-hbw.de, **E-Mail:** info@radio-hbw.de
RDS: _h_b_w__

Ereignisrundfunk

Einen Ereignisrundfunk gab es erstmalig im April 2005 anlässlich eines regionalen Motorsportereignisses in Oschersleben. Das mit Radio 88 – Der Gute-Laune-Sender bezeichnete Programm wurde auf der Frequenz 93,7 MHz verbreitet, die sonst von radio TOP 40 genutzt wird.

radio SAW wächst durch Elbhochwasser über sich selbst hinaus

Rekordkontakte im Juni 2013

Ende Mai 2013 entstand in Sachsen durch eine Unwetterfront mit massivem Niederschlag eine Hochwassersituation. Insbesondere an der Elbe war das Hochwasser sehr plötzlich da. Später kam noch Wasser aus Tschechien sowie aus den 40 Nebenflüssen der Elbe.
Wenngleich sich zunächst alles fast nur an der Oberelbe abspielte war den weiter flussabwärts wohnenden Menschen bereits klar, dass in den Folgetagen Fürchterliches auf sie zu kommt.
Wobei sich alle im Klaren waren, dass die Wassermengen, die die Elbe in Höhe Dresden passierten, mit jedem Flusskilometer abwärts noch weiter ansteigen, denn die Elbe nahm die Wassermassen von insgesamt 40 zwishen der im Riesengebirge gelegenen Qurlle und der Elbmündung bei Cuxhaven auf.

Nachdem der Magdeburger Radiosender radio SAW in einem hausinternen Stresstest belegte, dass der eigene Sendebetrieb auch dann sichergestellt ist wenn die Flutwelle die Landeshauptstadt mit der maximalen Höhe passiert, wurde ein Dienstplan für einen moderierten Rund-um-die-Uhr-Sendebetrieb erstellt. Immerhin durchquerten 302 Flusskilometer das Land Sachsen-Anhalt und damit auch den Sendebereich von radio SAW. Mit entsprechend zahlreichen und vielfältigen Fragen, mit Anregungen wie auch mit Hilferufen musste gerechnet werden.

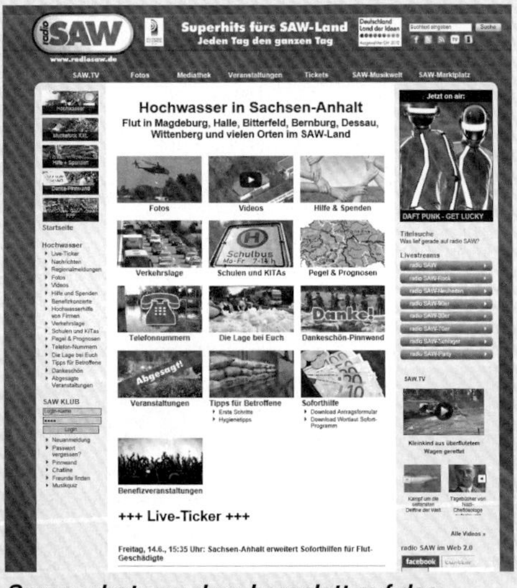

Screenshot von dem komplett auf das Hochwasser umgestaltete radio SAW-Internetauftritt.

radio SAW-Geschäftsführer und Programmdirektor Mario A. Liese. (Bild: radio SAW)

Als informellen Dreh- und Angelpunkt passte radio SAW dazu seine Internetseiten sowie die Smartphone-Apps von Grund auf neu an. In den kritischen Hochwasser-Tagen registrierte die radio SAW-Homepage immerhin bis zu 1,7 Millionen page impressions pro Tag! Im gesamten Juni berichtete radio SAW ausführlich im Programm, im Internet sowie mobil über Smartphone-Apps über die Situation in den Hochwassergebieten. Allein in den ersten zwei Wochen des Monats verzeichnete die Internetseite radiosaw.de über 11 Millionen page impressions und mehr als eine Million visits. In den ersten 14 Tagen des Monats Juni gewann radio SAW zugleich 5.000 neue Facebook-User und erzielte 10.200 zusätzliche Downloads der kostenlosen SAW-App. Die Tune-Ins der SAW-App verdreifachten sich.

Geschäftsführer und Programmdirektor Mario A. Liese: „Die Zahlen belegen, dass Radio gerade in der Krise seine Stärke demonstriert - nicht nur im Programm sondern auch im Internet und über Mobile-Apps! Das Signal ist klar: Wir sind modern aufgestellt und spielen auch in der digitalen Welt eine wichtige Rolle! Die Menschen brauchen uns - egal über welchen Kanal wir kommunizieren!" Liese: „Das Elbhochwasser hat gezeigt, dass sich unsere Hörer auf eine seriöse und topaktuelle Berichterstattung verlassen können. radio SAW-Redakteure waren rund um die Uhr im Einsatz und haben sich direkt vor Ort informiert. Neben

Redakteurin Isabel Hartung verschafft sich mit einem Flug im Bundeswehr-Helikopter eine Übersicht über die Hochwasserlage. (Bild: radio SAW)

Redakteur Michel Holzberger im Einsatz. (Bild: radio SAW)

der 24-stündigen Berichterstattung hat radio SAW seinen Hörern im Internet einen zusätzlichen, umfangreichen Service geboten." Zu den Angeboten im Netz gehörten unter anderem ein stark frequentierter Live-Ticker, zahlreiche Fotos von Redakteuren und Webreportern sowie die einzige Sachsen-Anhalt weite Schulausfallseite. Dazu fanden User auf radiosaw.de unter anderem eine Hilfsbörse von Privatpersonen, eine Spendenbörse von Unternehmen und eine Dankeschön-Pinnwand, auf der sich alle Betroffenen bei ihren Helfern bedanken konnten.

Im Vergleich zum Jahrhundert-Hochwasser von 2002 sieht Liese große Unterschiede in der Kommunikation: „Durch Facebook und Twitter hat sich vieles verändert! Die Meldungen fließen schneller und unkontrollierter. Es haben sich zahlreiche Hochwasser-Gruppen in den sozialen Medien gebildet, die hilfreiche Informationen ausgetauscht aber auch mehrere Falschmeldungen verbreitet haben. So mussten radio SAW-Reporter immer wieder Meldungen aus den Sozialen Medien überprüfen und leider oft auch dementieren."

radio SAW hat in der Krise umfassend informiert, Kommunikationslücken gefüllt und Orientierung gegeben. Die vorgelegten Zahlen zeigen, dass dieser Einsatz dankbar von den Hörern angenommen wurde.

Liese: „Aber das wirklich Wichtige für uns ist, dass wir den Betroffenen in der großen Krise helfen konnten. Die vielen zum Teil sehr persönlichen und emotionalen Mails, in denen sich Hörer für die Informationen oder die erfolgreichen Hilfsaufrufe über radio SAW bedanken, sind für uns der schönste Lohn."

„Noch nie war der Rundfunk so wertvoll wie heute!"

Thüringen

Thüringer Landesmedienanstalt (TLM)
Steigerstraße 10, 99096 Erfurt
Telefon: (03 61) 2 11 77-0, Fax: (03 61) 2 11 77-55
Internet: www.tlm.de, **E-Mail:** mail@tlm.de

Derzeit gibt es in Thüringen drei von der TLM zugelassene werbefinanzierte Hörfunkprogramme.

Antenne Thüringen ist das älteste Programm. Es ging am 1. Februar 1993 auf Sendung. Die *Landeswelle Thüringen* folgte am 21. März 1995. Beide Sender bieten ein Vollprogramm. Sie werden landesweit über UKW verbreitet und in die Kabelnetze eingespeist. *radio TOP 40* ist das Jugendprogramm von *Antenne Thüringen*. Es bietet seit 1. April 2000 ein Musikprogramm für vorwiegend 14- bis 29-jährige Hörer. Zu hören ist es über Satellit sowie über UKW in 17 Thüringer Städten.
Daneben hat die TLM in Erfurt fünf Offene Kanäle und zwei nichtkommerzielle Lokalhörfunkprogramme zugelassen.
Im Dezember 2009 erhielt *Klassik Radio* den Zuschlag für die vierte landesweite Hörfunkkette in Thüringen, die sich zunächst auf neun eher leistungsschwache UKW-Sender abstützt.
Die Freigabe zusätzlicher Frequenzen in weiteren Thüringer Städten ist bereits in Vorbereitung.

Landesweiter Hörfunk

ANTENNE THÜRINGEN

Belvederer Allee 25, 99425 Weimar
Telefon: (0 36 43) 552-552, Fax: (0 36 43) 552-444
Internet: www.antennethueringen.de,
E-Mail: kontakt@AntenneThueringen.de
RDS: ANT.THUE
Bei Regionalisierung: AT-WEST_
AT-Nord_
AT-Mitte
AT_SUED_
AT-OST__

Format: Hot AC
Claim: Thüringens beste Musikmischung
Shop: Fan-Artikel gibt's im Internet unter www.antennethueringen.de /shop sowie Telefon:isch unter (0 36 43) 552-552.

UKW-Sender	MHz	kW	regional
Dingelstädt	103,9	5,00	Nord
Erfurt	100,2	3,00	Mitte
Gera	98,3	0,20	West
Inselsberg	102,2	100,00	West

UKW-Sender	MHz	kW	regional
Jena	90,9	1,00	Mitte
Kulpenberg	104,7	3,00	Nord
Nordhausen	106,8	0,10	Nord
Ronneburg	102,5	30,00	Ost
Saalfeld	107,6	60,00	Mitte
Sieglitzberg	93,2	1,00	Ost
Sonneberg	102,7	60,00	Süd
Suhl	101,3	1,00	Süd
Weimar	107,2	0,25	Mitte

Hinweis: Zu bestimmten Zeiten strahlt die ANTENNE THÜRINGEN regionale Sendungen aus. Dazu werden die Frequenzen auseinandergeschaltet.
Regionalstudios:
„Region Mittelthüringen“:
Belvederer Allee 25, 99425 Weimar
Tel.: (0 36 43) 55 25 88, Fax: (0 36 43) 55 24 75 88
E-Mail: studiomitte@antennethueringen.de
„Region Ostthüringen“:
Rudolf-Diener-Str. 4, 07545 Gera
Tel.: (03 65) 77 35 878 und (0 36 43) 55 25 85, Fax: (0 36 43) 55 24 75 85
E-Mail: studioost@antennethueringen.de
„Region Nord- & Westthüringen”:
Karlstrasse 22-24, 99817 Eisenach
Tel.: (0 36 91) 71 83 39 und (0 36 43) 55 25 87, Fax: (0 36 43) 55 24 75 87
E-Mail: studiowest@antennethueringen.de
„Region Südthüringen“:
Gothaer Strasse 16, 98527 Suhl
Tel.: (0 36 81) 70 97 37 und (0 36 43) 55 25 86, Fax: (0 36 43) 55 24 75 86
E-Mail: studiosued@antennethueringen.de

Klassik Radio

Verbreitet sein Programm in Thüringen über neun UKW-Sender. Siehe Seite 149.

LandesWelle Thüringen

Mehringstraße 5, 99086 Erfurt
Telefon: (03 61) 222 22 22, Fax: (03 61) 22 22 182
Internet: www.landeswelle.de, **E-Mail:** kontakt@landeswelle.de
RDS: LANDESW.
Bei Regionalisierung: LW_WEST_
LW_NORD_
LW_MITTE
LW_SUED_
_LW_OST_
Format: AC
Shop: Fan-Artikel gibt's beim Hörerservice unter (03 61) 222 22 22.

UKW-Sender	MHz	kW	regional
Erfurt	99,7	0,50	West
Gera	105,8	1,00	Ost
Heiligenstadt	88,7	0,10	Nord
Inselsberg	104,2	100,00	West
Jena	106,1	1,00	Mitte
Keula	104,5	10,00	Nord
Kulpenberg	96,8	3,00	Nord
Nordhausen	105,8	0,10	Nord
Ronneburg	94,9	3,00	Ost
Saalfeld	95,7	10,00	Mitte
Sieglitzberg	98,5	2,00	Ost
Sonneberg	106,7	60,00	Süd
Suhl	88,6	1,00	Süd
Weimar	89,2	0,25	Mitte

Hinweis: Mehrmals täglich werden Regional-Nachrichten gesendet. Dazu wird das Programm in fünf Regionen (Nord-Thüringen, Süd-Thüringen, Mittel-Thüringen, Ost-Thüringen, West-Thüringen) auseinandergeschaltet.

radio TOP 40

Belvederer Allee 25, 99425 Weimar
Telefon: (0 36 43) 55 25 52, Fax: (0 36 43) 55 24 25
Internet: www.radiotop40.de,
E-Mail: info@radiotop40.de
RDS: *TOP_40*
Format: Alternative CHR
Claim: radio TOP 40 – NORMAL IST ANDERS!
Shop: Fan-Artikel gibt's telefonisch unter (0 18 05) 99 19 99.
Empfang über Satellit: Über DVB-S Radio, ASTRA, Frequenz 12,633 GHz, horizontal, MSym 22000, FEC 5/6

UKW-Sender	MHz	kW
Altenburg	98,4	0,50
Eisenach	93,5	0,20
Erfurt	88,6	0,50
Gera	95,3	0,50
Gotha	90,8	0,06
Ilmenau	94,8	0,10
Jena	94,8	0,20
Meiningen	99,5	0,20
Mühlhausen	93,8	0,16
Nordhausen	103,0	0,10
Pößneck	98,9	0,20
Saalfeld	97,6	0,05
Sömmerda	91,0	0,10
Sondershausen	90,7	0,20
Sonneberg	88,8	0,10
Suhl	92,1	0,05
Weimar	97,9	0,10

Offene Kanäle

Hinweis: Die nachfolgend aufgeführten Sender in Erfurt und Weimar dienen zeitlich versetzt mehreren Nutzern.

UKW-Sender	MHz	kW	Programmanbieter
Eisenach	96,5	0,1	Wartburg Radio 96.5 / BBC
Erfurt	96,2	0,5	Radio Funkwerk
Jena	103,4	0,5	OK Jena
Nordhausen	100,4	0,1	OK Nordhausen
Saalfeld	101,4	0,1	SRB
Weimar	106,6	2,0	Radio Funkwerk

Offener Kanal Jena

Medienzentrum Schillerhof, Helmboldstraße 1, 07749 Jena
Telefon: (0 36 41) 52 22-0, Fax: (0 36 41) 52 22-11
Internet: www.radio-okj.de, **E-Mail:** info@radio-okj.de
RDS: __OK-J__

Offener Kanal Nordhausen

August-Bebel-Platz 6, 99734 Nordhausen
Telefon: (0 36 31) 46 60 90, Fax: (0 36 31) 99 33 33
Internet: www.ok-nordhausen.de, **E-Mail:** info@ok-nordhausen.de
RDS: _OK-NDH

Radio Funkwerk

Juri-Gagarin-Ring 96/98, 99084 Erfurt
Telefon: (03 61) 590 90-0, Fax: (03 61) 590 90-20
Internet: www.tlm-funkwerk.de, **E-Mail:** info@tlm-funkwerk.de
RDS: FUNKWERK

SRB – Das Bürgerradio im Städtedreieck

c/o Offener Kanal Saalfeld, Alte Marktgasse 5, 07318 Saalfeld
Telefon: (0 36 71) 88 33-0, Fax (0 36 71) 88 33-38
Internet: www.srb.fm, **E-Mail:** info@srb.fm
RDS: __OK-SRB__

Wartburg Radio 96.5

Hellgrevenhof, Georgenstr. 43, 99817 Eisenach
Telefon: (0 36 91) 881-883, Fax: (0 36 91) 881-882
Internet: www.wartburgradio.com, **E-Mail:** info@wartburgradio.com
RDS: _OK_96.5

Hinweis: Wenn die Thüringer Offenen Kanäle keine eigenen Programme senden, wird das Programm des BBC World Service übertragen.
RDS: B_B_C___

Nichtkommerzieller Lokalrundfunk

UKW-Sender	MHz	kW	Programmanbieter
Erfurt	96,2	0,5	Radio FREI
Weimar	106,6	2,0	Radio LOTTE

Radio F.R.E.I.

Freies Radio Erfurt, Gotthardstraße 21, 99084 Erfurt
Telefon: (03 61) 74 67 421, Fax: (03 61) 74 67 420
Internet: www.radio-frei.de, **E-Mail:** mail@radio-frei.de
RDS: F.R.E.I.

Radio LOTTE

Goetheplatz 12, 99423 Weimar
Telefon: (0 36 43) 40 10 00, Fax: (0 36 43) 40 04 08
Internet: www.radiolotte.de, **E-Mail:** info@radiolotte.de
RDS: LOTTE___

Einrichtungsrundfunk

UKW-Sender	MHz	kW	Programmanbieter
Ilmenau	98,1	0,1	hsf-Studentenradio*
Weimar	106,6	2,0	Bauhaus FM

* In der programmfreien Zeit wird BBC World ausgestrahlt.

hsf-Studentenradio

Postfach 10 05 65, 98684 Ilmenau
Telefon: (0 36 77) 69 42-22, Fax: (0 36 77) 69 42-16
Internet: www.hsf.tu-ilmenau.de, **E-Mail:** info@radio-hsf.de

Bauhaus FM

Experimentelles Radio, Fakultät Medien, Marienstr. 5, 99423 Weimar
Telefon: (0 36 43) 58 38 05, Fax: (0 36 43) 58 38 06
Internet: www.bauhaus.fm, **E-Mail:** info@bauhaus.fm
RDS: BAUHAUS_

Ereignisrundfunk

Einen Thüringer Ereignisrundfunk gab es erstmalig im Sommer 1999 anlässlich eines regionalen Motorsportereignisses in Schleiz. Das mit *Rennstadt-Radio Schleiz* bezeichnete Programm (RDS: _R-S-R__) wurde auf der Frequenz 92,4 MHz verbreitet, die sonst von *radio TOP 40* genutzt wird. Siehe auch: www. rennstadtradio.de.

Patrick Linke: Meine Stimme haben Sie!

Gerd Klawitter im Gespräch mit Station Voice Patrick Linke, Deutschlands Stimme Nr. 1

Gerd Klawitter:
Hallo Herr Linke!
Was steht eigentlich über Sie in Wikipedia? Ich habe dort absichtlich nicht nachgelesen.
Sie kennen den Eintrag aber bestimmt und könnten ihn sicher auswendig zitieren.
Sind Sie glücklich mit dem Eintrag?
Patrick Linke:
Sie werden's mir vermutlich nicht abnehmen, aber ich habe mich in dieser Woche zum erstenmal selber gegoogelt und zu meiner Verwunderung festgestellt, dass es über mich sogar einen Eintrag in Wikipedia gibt. Ich wusste gar nicht, dass ich so wichtig bin. Es scheint ein Text aus meinen Internetseiten zu sein, den irgendjemand für Wikipedia übernommen hat. Sachen gibt's, die gibt's gar nicht. Ich selber wäre garnicht auf die Idee gekommen.

Gerd Klawitter:
Was ist Ihr beruflicher Werdegang? Wenn man die Schule verlässt, sagt man doch sicher nicht gleich „Ich möchte Sprecher beim Rundfunk werden! Was ist denn Ihr ...
Patrick Linke unterbricht:
Doch, doch, das sagt man.
Ich habe seinerzeit auf der Abiturfeier moderiert. Da entstand schon der sehnliche Wunsch, im Funk und Fernsehen Fuß zu fassen. Den Wunsch habe ich wirklich in die Tat umgesetzt, zunächst beim Radio. Dort habe ich angefangen. Und zwar bei Radio Merkur in Rastatt und bei der Welle Fidelitas hier vor meiner Haustür in Karlsruhe.

Gerd Klawitter:
Was haben Sie studiert?

Patrick Linke:
Ich habe Germanistik und Geografie studiert. Das ist aus der Not heraus geboren, weil meine Eltern gesagt haben: „Na komm, jedenfalls studierst Du jetzt erst mal!"

Gerd Klawitter:
Und als Sie dann Sprecher wurden schlug Ihr Vater die Hände über dem Kopf zusammen und sagte: „Na gut, Junge, damit bist Du am Ziel Deiner Wünsche angekommen." War das so?
Patrick Linke (überlegt eine Weile):
Nein, erst mal war ich nur Radiomoderator und das war denen ganz recht. Sie haben gesagt: „Ach Gott, der ist ja ganz süß!".Anderen gegenüber war natürlich eine große Portion elterlicher Stolz dabei wenn man den eigenen Sohn plötzlich im Radio hörte und sagen konnte „Das ist übrigens unser Sohn, der da spricht!"
Bald kam da auch noch ein bisschen Fernsehen dazu. Das vergrößerte den Stolz meiner Eltern noch mehr.

Gerd Klawitter:
Gab es beim Wunsch Sprecher zu werden eine Initialzündung? Haben Sie irgendwann Sprecher von Radio Luxemburg in Fanmanier angehimmelt? Frank Elsner oder Dieter Thomas Heck zum Beispiel? Wie kommt man auf so etwas?
Patrick Linke:
Sprecher zu werden?

Gerd Klawitter:
Ja
Patrick Linke:
Das holt einen halt irgendwie plötzlich ein. Bei mir kam jemand auf mich zu mit der Bemerkung: „Hej, Du hast ja eine ganz markante Stimme. Mach was draus!". Also wurde ich bei diversen Tonstudios vorstellig. Und ich hab was draus gemacht, indem ich mich selbstständig machte mitsamt eigenem Tonstudio. Sprecheraufträge erhielt ich zu Hauf, denn ich wurde regelrecht von Studio zu Studio weitergereicht. Werbung brauchte ich gar keine machen.

Gerd Klawitter:
Sie sind technisch derart ausgerüstet, dass Sie autark von zu Hause aus arbeiten können?
Arbeiten Sie deshalb primär zu Hause?
Patrick Linke:
Das muss ich auch, weil ich ja am Gesäß der Welt in Weingarten bei Karlsruhe wohne. Das ist hier nicht gerade ein Hotspot. Da muss man für alles gerüstet sein.

Gerd Klawitter:
Wie ist der zeitliche Aufwand für einen sprachlichen Beitrag? Es gibt zum Beispiel bei RTL am Ende jedes Werbeblocks einen Seufzer mit den beiden Worten „Mein RTL". Wie lange benötigten Sie für dessen Produktion?
Patrick Linke:
Diesen Beitrag aus nur zwei Worten habe ich innerhalb von zehn Minuten dreimal gesagt. Mehr Betonungsvariable sind bei nur zwei Worten auch nicht drin.

Gerd Klawitter:
Gibt's noch andere kurzweilige Beiträge?
Patrick Linke:
So spontan fallt mir keiner ein. Außer „Qualität von Henkel". Das ist auch von mir.

Gerd Klawitter:
Was war der bisher aufwendigste Beitrag?
Patrick Linke:
Das aufwendigste war – ist aber auch nie gesendet worden – eine Geschichte von Karstadt mit der Bezeichnung „Besser leben". Da haben wir drei, vier Stunden im Studio gesessen. Alle waren intensiv bemüht daraus etwas zu machen, aber es kam absolut nichts Gescheites heraus. Schwamm drüber!

Gerd Klawitter:
Für welche Rundfunksender sind Sie zurzeit als Station Voice tätig?
Patrick Linke (Denkt nach, dann nach einer kurzen Pause):
RPR1, Radio Arabella München, rt1 Augsburg, rt1 Nordschwaben rt1 Südschwaben, 104,6 RTL (Berlin), 89.0 RTL (Brocken), dann in der Schweiz: Energy Basel, Energy Zürich, Energy Bern,
Österreich Krone Hit, Ach nein, nicht mehr

Gerd Klawitter:
Warum sind Sie nicht auch Station Voice bei RTL Radio Luxemburg, der Mutter aller deutschen Privatsender? Wenn Sie Ihre Stimme schon bei allen deutschen RTL-Ablegern eingesetzt haben, dann darf man doch erwarten, dass Sie auch für RTL Radio arbeiten, oder?
Patrick Linke:
Ich habe keine Ahnung. Ich werde deswegen nun auch nicht auf dem luxemburger Kirchberg vorstellig werden.

Gerd Klawitter:
Synchronisieren Sie auch Filme?
Patrick Linke:
Nein, so etwas mache ich nicht. Das ist nicht mein Traumjob jemandem meine Stimme zu leihen und dazu stundenlang bis tagelang in einem abgedunkelten Studio zu stehen oder zu sitzen.

Gerd Klawitter:
Amela Panderson soll angeblich ihre beiden Airbags versichert haben. Haben Sie Ihre Stimme versichert?
Patrick Linke:
Ja, aber nicht so wie Sie es anhand der Fragestellung erwarten. Bei Lloyds oder welcher Versicherung auch immer, können Sie sicher ohne weiteres bestimmte Körperteile für eine Million Euro versichern. Dann zahlen Sie für die jährliche Prämie aber auch einen Batzen Geld.
Ich habe nicht ausdrücklich meine Stimme versichert sondern die ganze Person Patrick Linke in Form einer Berufsunfähigkeitsversicherung.

Gerd Klawitter:
In Grimms Märchen mit dem Titel „Der Wolf und die sieben Geißlein“ frisst der Wolf Kreide bevor er den Geißlein mit verstellter Stimme zuruft er sei die Großmutter. Udo Jürgens trinkt stattdessen hin und wieder einen Schluck Kamillentee wenn er Konzerte gibt.
Was ist Ihr Geheimrezept um vokal immer gut drauf zu sein?
Patrick Linke:
Ich habe ursprünglich viel geraucht, was sich unüberhörbar auf meine Stimmlage auswirkte. Als ich vor etwa zehn Jahren das Rauchen aufgab, hatte ich deshalb große Sorgen, dass sich die Tonlage ändert. Das war aber nicht der Fall. Statt zu rauchen genieße ich jetzt lieber abends hin und wieder mal einen wohlschmeckenden Rotwein. Das ist gesünder.

Gerd Klawitter:
Vielen Dank für das Gespräch.

Herzlichen Glückwunsch zum Jubiläum !

Das Radio Arabella-Team gratuliert herzlich zur 10. Auflage des HÖRZU Radio Guide.

18 Jahre HÖRZU Radio Guide = 10 Auflagen einer kompletten und detaillierten Übersicht über alle Rundfunksender! Das gesamte Team von Antenne Niedersachsen dankt der Redaktion für diese wichtige Arbeit, die hervorragende Zusammenarbeit und diesem so wichtigen Guide – nicht nur für Radioleute!

Ich bin mit der HÖRZU aufgewachsen. Sie war die wöchentliche Lektüre für das Fernseh- und auch Radioprogramm. Toll, dass sich die Redaktion dann auch für einen eigenen HÖRZU Radio Guide entschieden hat und damit „das schönste Medium" noch mehr in den Mittelpunkt gerückt hat. Ich nutze den Radio Guide häufig als Nachschlagewerk für einen schnellen Überblick. Das Team von Radio Kiepenkerl gratuliert zu diesem ganz besonderen Jubiläum. Herzlichen Glückwunsch an die Macher zur 10. Auflage und hoffentlich auf weitere 10 und mehr Auflagen in den nächsten Jahren.

Andreas Kramer,
Chefredakteur, Radio Kiepenkerl
(Münsterland / NRW)

Er wird gern als die „Bibel" der deutschsprachigen Radioszene bezeichnet: der HÖRZU Radio Guide.
Bereits in der 10. Auflage liefert er den besonders interessierten Radiohörern kompakt und kompetent alle wichtigen Eckdaten sämtlicher Sender in Deutschland, Österreich und der Schweiz. Ein informatives Nachschlagewerk, dem wir herzlich zur Jubiläumsausgabe gratulieren. Weiter so!

Martin Hülsmann, Leiter Unternehmenskommunikation
RADIOZENTRUM Kiel

Der HÖRZU Radio Guide ist ein wegweisendes und informatives Nachschlagewerk für unsere Radiobranche. Angereichert mit umfangreichen Hintergrundinformationen zum Medium liefert der HÖRZU Radio Guide ein umfassendes Fachbuch mit einer ausführlichen Senderübersicht für Radiomacher und Radiointeressierte. radio ffn selbst durfte 2008 für zwei Jahre das Titelbild der 7. Auflage zieren und gratuliert herzlich zur Jubiläumsausgabe! Auf die nächsten zehn Auflagen HÖRZU Radio Guide – Na denn, ffn!

Das Team von radio NRW gratuliert dem HÖRZU Radio-Guide herzlich zur 10. Auflage und freut sich schon jetzt auf das nächste Jubiläum!

ERF Medien gratuliert herzlich zur 10. Auflage des HÖRZU Radio Guide. Zeitlos kompakt und verlässlich – in Zeiten der medialen Veränderungen.

Radiofakten, die wir gerne zur Hand nehmen, kompakt und übersichtlich.
Glückwunsch zur 10. Ausgabe! AREF aus Nürnberg

Herzlichen Glückwunsch zur 10. Ausgabe des HÖRZU Radio Guide.
Ein sehr informatives Werk zur Hörfunklandschaft. Weiter so!
Reiner Buhl · Stellvertr. Unternehmenssprecher
Pressearbeit, Öffentlichkeitsarbeit, Marketing,
Interne Kommunikation · Saarländischer Rundfunk

Radio 8 gratuliert zur 10. Auflage des HÖRZU-Radio-Guide und sagt „Danke" für die Unterstützung!
Heike Greß, Marketing Radio 8, Ansbach (Bayern)

*Herzliche Glückwünsche dem ganzen HÖRZU Radio Guide-Team
zur 10. Auflage aus Bad Vilbel!
Die Mitarbeiter der hessischen Privatsender HIT RADIO FFH,
planet radio und harmony.fm gratulieren –
und sagen Danke für das verlässliche Nachschlagewerk –
das nicht nur uns Radiomachern, sondern allen
Medieninteressierten ein hilfreicher, übersichtlicher Ratgeber ist.
Mit vielen spannenden Geschichten angereichert,
ist der Radio Guide eben ein hervorragender Führer
durch die deutsche Rundfunk-Landschaft.
Wir wünschen Ihnen viele weitere Radio Guides und uns allen
viele weitere spannende Radio-Jahre!
Herzliche Grüße
Dominik Kuhn, Pressesprecher Radio/Tele FFH.*

*ANTENNE BAYERN sendet die besten Glückwünsche
zur 10. Auflage des HÖRZU Radio-Guide.
Einem solch zuverlässigen Medium wünschen wir auch weiterhin
viel Erfolg und freuen uns auf das nächste gemeinsame Jubiläum.*

*Der HÖRZU Radio Guide ist ein Klassiker und gehört
in jeden Bücherschrank für Radiomacher und Radiointeressierte.
Ich finde vor allem die Fotos aus den Funkhäusern
der Republik besonders interessant!
Im Namen unserer Sender Radio Hamburg und Oldie 95
gratuliere ich dem HÖRZU Radio Guide herzlich zur 10. Auflage
und wünsche den Machern immer eine Handbreit Wasser
unter dem Kiel.
Beste Grüße aus Hamburg von Martina Müller, Pressesprecherin
Radio Hamburg und Oldie 95.*

Glückwunsch!
Bei der Vielfalt und Fülle an Radiostationen
in ganz Deutschland wünscht man sich einen kompakten,
informativen und vor allem interessanten Überblick.
All das bietet der HÖRZU Radio-Guide seit nunmehr 10 Jahren
in gewohnt detailreicher und umfassender Form.
Gerade in der schnelllebigen Medienbranche ist der
HÖRZU Radio-Guide ein zuverlässiges und dennoch stets
aktuelles Fachbuch – einfach ein Muss-Nachschlagewerk
für Programmmacher, Hörer und alle Radio-Interessierte!
Auch im eigenen Interesse wünschen wir vom Funkhaus Halle
den Machern vom HÖRZU Radio-Guide nicht nur
mindestens 10 weitere Auflagen, sondern darüber hinaus
ausreichend Radio-Erfolgsgeschichten, die solch ein
umfassendes Kompendium erst ermöglichen!
André Gierke, Leiter Unternehmenskommunikation
Funkhaus Halle (89.0 RTL, Radio Brocken)

Rundfunk der Alliierten Streitkräfte

American Forces Network Europe (AFN)

Postanschrift: AFN Europe, Unit 29405, APO AE 09058, US-Forces
Hausanschrift: Hammonds Barracks Geb. 970, Seckenheimer Landstraße, 68163 Mannheim
Telefon: (06 21) 46 08 5-4 44
Internet: www.afneurope.net, **E-Mail:** pao@afne.army.mil
RDS: __AFN___ (allgemein), AFNEAGLE(AFN-Frankfurt und Stuttgart)
Formate: The Eagle: CHR und Lokale Informationen
Power Network: News/Talk und Classic Rock/Pop
Claim: AFN-The Eagle – Music Worth Fighting For
Verbreitung über Satellit: Zwei AFN-Kanäle sind als Tonkanäle beim TV-Sender „Pentagon Channel" zu empfangen auf Eurobird 9° Ost und auch (noch) auf Hot Bird 13° Ost.

Region	Programmbezeichnung bei Regionalsendungen	Standort	Frequenz	Leistung in kW
AFN Bavaria	The Eagle	Amberg	89,9 MHz	0,25
	The Eagle	Bamberg	98,9 MHz	0,10
	The Eagle	Grafenwöhr	98,5 MHz	1,00
	Power Network	Grafenwöhr	1107 kHz	
	Power Network	Hohenfels	1485 kHz	0,30
	The Eagle	Vilseck	107,7 MHz	0,25
	Power Network	Garmisch-P.	1485 kHz	0,25
	The Eagle	Hohenfels	93,5 MHz	0,30
	The Eagle	Schweinfurt	87,7 MHz	
	Power Network	Vilseck	1107 kHz	10,00
AFN Benelux	Power Network	Geilenkirchen	89,2 MHz	0,05
	Power Network	Mönchengladbach	1143 kHz	1,00
AFN Eifel	Power Network	Bitburg	1143 kHz	1,00
	Eifel 105 FM	Bitburg	105,1 MHz	0,10
AFN Franconia	The Eagle	Ansbach	1485 kHz	0,30
	Power Network	Bamberg	1143 kHz	0,30
	The Eagle	Illesheim	104,9 MHz	0,38
	The Eagle	Katterbach	107,3 MHz	1,00
	Power Network	Schweinfurt	1143 kHz	0,30
AFN Heidelberg	The Eagle	Heidelberg	104,6 MHz	0,10
	The Eagle	Mannheim	107,3 MHz	0,05
	The Eagle	Stuttgart	102,3 MHz	100,00
	Power Network	Heidelberg	1143 kHz	1,00
	Power Network	Stuttgart	1143 kHz	10,00

Region	Programmbezeichnung bei Regionalsendungen	Standort	Frequenz	Leistung in kW
AFN Wiesbaden	The Eagle	Baumholder	106,1 MHz	0,01
	The Eagle	Frankfurt/ Feldberg	98,7 MHz	60,00
AFN Kaiserslautern	The Eagle	Kaiserslautern	100,2 MHz	7,00
	The Eagle	Pirmasens	103,0 MHz	0,50
	Power Network	Kaiserslautern	1107 kHz	10,00

Bei den vorstehenden Sendern hört man Regionalsendungen in der Zeit 06 – 10 und 14 – 18 Uhr.

AFN Europe Power Network Garmisch-Partenk. 90,3
MHz 0,05

AFN Europe ohne Regionalsendungen.

British Forces Broadcasting Service (BFBS)

Bergen-Hohne
Telefon: (0 50 51) 60 64 100
Internet: www.bfbs.com/radio/stations/germany **E-Mail:** hohne@bfbs.com
RDS: BFBS____
Formate: BFBS Radio: Pop und Rock; BFBS Radio 2: Soft AC
Verbreitung über Satellit: BFBS kommt auf Astra 28° Ost und mit mehreren Regionalvarianten, u.a. auch BFBS Germany, via Eutelsat 10° Ost.

UKW-Sender	MHz	kW	Programm
Bad Fallingbostel	100,1	0,05	BFBS Radio
Bergen-Hohne	106,7	0,20	BFBS Radio
Bielefeld	103,0	70,00	BFBS Radio
Bonn	97,8	0,50	BFBS Radio
Braunschweig	93,0	40,00	BFBS Radio
Dortmund	106,0	0,25	BFBS Radio
Dülmen	92,5	1,30	BFBS Radio
Hameln	99,3	0,10	BFBS Radio
Kiel	88,4	0,03	BFBS Radio
Niederkrüchten	104,0	0,50	BFBS Radio
Nordhorn	106,5	0,10	BFBS Radio
Rheinberg	105,1	0,50	BFBS Radio
Rheindahlen	91,3	1,00	BFBS Radio
Wulfen	101,9	0,16	BFBS Radio
Bad Fallingbostel	95,2	0,05	BFBS Radio 2
Bergen-Hohne	104,7	0,20	BFBS Radio 2
Bielefeld	101,6	0,30	BFBS Radio 2
Celle	95,4	0,20	BFBS Radio 2

Charlene Guy im Nordirlandstudio des BFBS, (Bild: BFBS)

UKW-Sender	**MHz**	**kW**	**Programm**
Gütersloh	91,7	1,60	BFBS Radio 2
Hameln	106,8	0,10	BFBS Radio 2
Münster	102,2	0,30	BFBS Radio 2
Osnabrück	106,3	0,10	BFBS Radio 2
Rheindahlen	104,3	0,30	BFBS Radio 2
Sennelager	105,0	0,30	BFBS Radio 2

Rundfunk im angrenzenden Ausland

In grenznahen Gebieten kann man natürlich auch Rundfunksender aus Nachbarländern empfangen – und davon hat Deutschland, mitten in Europa gelegen, eine Menge. In der Frequenzliste dieses Buches sind deshalb auch jene ausländischen Sender aufgeführt, die – wenn auch jeweils nur in bestimmten Regionen – bei uns zu hören sind. Zwar handelt dieses Buch nur von den deutschsprachigen Rundfunksendern, trotzdem wollen wir Interessenten zumindest helfen, an weitere Informationen über Rundfunksender aus dem angrenzenden Ausland zu kommen. Wir listen deshalb nachfolgend die Nachbarländer auf sofern dort deutschsprachige Hörfunkprogramme angeboten werden.

Belgien

Die staatliche Rundfunkversorgung in Belgien wird von drei Rundfunkanstalten wahrgenommen: VRT Brüssel ist für das flämischsprachige Programm zuständig. Ebenfalls in Brüssel produziert RTBF das französischsprachige Programm. Das Programm für die deutschsprachige Region kommt vom BRF aus Eupen, in dessen Funkhaus auch das kommerzielle 100.5 DAS HITRADIO untergebracht ist. Auch in Belgien gibt es eine größere Anzahl privater Rundfunksender. Die Sendeleistung ist aber so gering, dass sie für deutsche Hörer nur im Grenzbereich zu empfangen sind.

Belgischer Rundfunk (BRF)

Kehrweg 11, B-4700 Eupen
Telefon (0032-87) 59 11 11, Telefax (0032-87) 59 11 99
Internet: http ://brf.be/ E-Mail: info@brf.be
UKW-Sender:

Standort	Programm	MHz	kW
Liege	BRF 1	88,5	0,00
	BRF 2	91,0	0,50
Lontzen	BRF 1	89,0	0,40
	BRF 2	93,2	5,00
Eupen	BRF 1	94,9	0,05
	BRF 2	98,4	1,00
Recht	BRF 1	94,9	5,00
	BRF 2	104,1	20,00
Auel	BRF 1	92,2	0,50
Raeren	BRF 2	105,9	0,10

Vlaamse Radio en Televisie (VRT)

Omroepcentrum, August Reyerslaan 52, B-1043 Brüssel
Telefon (0032-2) 74 13 111, Telefax (0032-2) 73 49 351
Internet: www.vrt.be

Radio-Télévision Belge de la Communaute Francaise (RTBF)

Cité de la Radio-Télévision, B-1044 Brüssel
Telefon (0032-2) 73 72 111, Telefax (0032-2) 73 30 22
Internet: www.rtbf.be/

100'5 DAS HITRADIO

Kehrweg 11, B-4700 Eupen
Telefon (00 32–87) 59 12 41, Telefax (00 32–87) 59 12 44
Internet: www.dashitradio.de, E-Mail: redaktion@dashitradio.de
RDS: __ICH___, _HOERE__,_100_5__, __DAS___,HITRADIO (dynamischer Code)
Standort: Raeren 100,5 MHz (20 kW)

Radio 700

VoG Privater Rundfunk in Ostbelgien
Trierer Str. 26, B-4750 Bütgenbach
Telefon (00 32-87) 48 02 00
Internet: www.radio700.de, E-Mail: info@radio700.eu

Standort	MHz	kW
Elsenborn-Herzebösch	90,1	1,00
Eupen	101,2	5,00
St. Vith	101,7	1,00

Weitere in Belgien stehende Sender können dem Frequenzverzeichnis entnommen werden, sofern sie in Deutschland hörbar sind. Von den meist leistungschwachen Privatsendern sind die deutschsprachigen Sender in Ostbelgien, sowie die in Grenznähe empfangbaren französischsprachigen Sender aufgelistet. Einen guten Überblick über die flämische Radiolandschaft bietet www.radioinvlaanderen.info. und über die französischsprachige unter www.tuner.be.

Dänemark

In Dänemark gibt es neben den vier Programmen des öffentlich-rechtlichen Danmarks Radio zwei nahezu landesweit arbeitende Privatsender (NOVA FM und Radio 100) sowie mehr als 200 Lokalradios mit geringer Sendeleistung, die sogenannten Nærradios.

Danmarks Radio (DR)

Emil Holms Kanal 20, DK - 0999 Kopenhagen C
Telefon: (00 45) 3520 3040, Fax: (00 45) 3520 2644
Internet: www.dr.dk, **E-Mail:** drkommunikation@dr.dk

NOVA FM

Magstræde 10, 1204 Kopenhagen K
Telefon: (00 45) 33 37 66 66
Internet: www.novafm.dk, **E-Mail:** info@novafm.dk

Radio 100

Rådhuspladsen 45, 1550 Kopenhagen V
Telefon: (00 45) 33 37 89 00, Fax: (00 45) 33 37 89 67
Internet: http://radio100.dk, **E-Mail:** info@radio100.dk

Nærradios (Lokalsender)

Informationen können dem Buch "Radio TV Håndbogen" entnommen werden, das zum Preis von 100 Dänischen Kronen zzgl. Porto von "Hartvig Media ApS, Hovedvejen 17, Kousted, DK-8900 Randers" oder hartvig@wmr.dk erhältlich ist. Zu empfehlen ist auch deren Internet-Adresse: www.dkradio.dk.
Infos über den öffentlich-rechtlichen Rundfunk in Dänemark findet man im Internet außerdem auf den Seiten der Dänischen Fernmeldebehörde unter www.itst.dk. Klicken Sie dort zunächst links oben auf
„Tele og internet“ à „Frekvenser“ à „Radio og tv“ à „Frekvenser til radio“

Dort können Sie wahlweise Übersichten über alle öffentlich-rechtlichen oder alle privaten Sender in Dänemark entweder im PDF- oder Word-Format herunterladen. Sehr zu empfehlen ist auch www.radionyt.dk/member!
Die in Dänemark stehenden öffentlich-rechtlichen Sender können dem Frequenzverzeichnis entnommen werden, sofern sie in Deutschland hörbar sind. Von den meist sehr leistungsschwachen Privatsendern sind nur die in Grenznähe stehenden Sender (zum Beispiel aus Südjütland sowie von den Inseln Fyn, Lolland und Falster) aufgelistet. Der auf 103,9 MHz strahlende Sender von NOVA FM, der von Næstved-Kobanke aus mit 100 kW arbeitet, kann auch auch in weiten Teilen entlang der deutschen Ostseeküste empfangen werden.

Nachrichtlich: Von Rügen aus ist es auch möglich, den Schwedischen Rundfunk über den Sender Hörby auf 89,5 MHz, 92,4 MHz und 97,0 MHz zu empfangen (siehe Frequenztabelle).

Frankreich

Im deutsch-französischen Grenzgebiet, d.h. im Saarland und in Teilen von Rheinland-Pfalz und Baden-Württemberg, können auch Sender aus dem Nachbarland Frankreich empfangen werden.
Das öffentlich-rechtliche Radio France verbreitet terrestrisch sieben Programme: france inter, france culture, france musique, fip, france info, france bleu und le mouv.

Radio France

116, Av. du Président Kennedy, F-75220 Paris Cédex 16
Telefon: (0033-1) 42 30-22 22, Fax: (0033-1) 42 30-14 88
Internet: www.radiofrance.fr, **E-Mail:** courrier.auditeurs@rfi.fr

fip und france bleu senden auch Regionalprogramme. fip zum Beispiel über den Sender Strasbourg auf 92,3 MHz, france bleu alsace zum Beispiel über die Sender Strasbourg 101,4 MHz und 1278 kHz sowie über den Sender Mulhouse auf 102,6 MHz. Produziert werden diese Regionalprogramme von Radio France Alsace in Strasbourg.

Radio France Alsace

4 rue Joseph Massol, 67000 Strasbourg
Tel. (0033-3) 88 76 20 00, Fax: (0033-3) 88 35 11 13
Internet: www.bleualsace.com

Privater Rundfunk

In Frankreich gibt es fünf Kategorien von kommerziellen Rundfunksendern:
A: Radio associatives (nichtkommerzielle Lokalradios)
B: Kommerzielle Lokalradios
C: Kommerzielle Lokalradios mit nationalem Rahmenprogramm
D: Nationale kommerzielle Anbieter mit einem 24 Stunden zentral produzierten Programm
E: Radio périphériques. Das sind Programme, die ursprünglich über Langwelle von außerhalb Frankreichs eingestrahlt wurden (zum Beispiel RTL, Radio Europe 1, Radio Monte Carlo [RMC]).
Als der private Rundfunk 1981 in Frankreich entstand, bildeten sich zunächst zahlreiche lokale kommerzielle und nichtkommerzielle Lokalradios. Ende der 80er Jahre weiteten sich dann die zentralen in Paris ansässigen Networks immer weiter in ganz Frankreich aus. Dabei nutzten nach und nach auch immer mehr kommerzielle Lokalradios die Möglichkeit, aus wirtschaftlichen Gründen statt des bis dahin selbst produzierten 24-Stundenprogramms die zentralen Musikprogramme zu übernehmen. Lokale Werbeeinblendungen und lokale Fenster blieben dabei zunächst erhalten. Aus den Sendern der Kategorie B wurden auf diese Weise immer mehr Sender der Kategorie C.
Leider ist zu beobachten, dass bei vielen von B nach C aufgestiegenen Programmen die lokalen Einspielungen immer häufiger auf der Strecke bleiben, was einer Entwicklung B à C à D gleichkommt.
Alle Radiofrequenzen finden Sie entweder bei CEDRT La FM en France, im Guide de la Radio, Verlag Télérama S.A. oder in hervorragender Weise (!) im Internet unter: www.brume.org/radios/. Sehr informativ sind auch www.radiopourtous.com und www.radioactu.com.
Die im Südwesten Deutschlands empfangbaren Rundfunksender sind in die Frequenztabelle des HÖRZU Radio Guide eingearbeitet. Von den meist sehr leistungsschwachen Privatsendern sind nur die in Grenznähe stehenden Sender

aus dem Elsaß und aus Lothringen aufgelistet. Das aber auch nur dann, wenn die Sendeleistung mindestens 0,1 kW beträgt.
Elsässische Sender, die zeitweise auch deutschsprachige bzw. alemannische Programme ausstrahlen, sind Radio Dreyeckland 91,3, Radio Liberté, Radio Melodie (Sarreguemines) und Studio 1.

Liechtenstein

Liechtenstein verfügt über eine recht außergewöhnliche Stellung in der alpenländischen Rundfunklandschaft.
Der einzige öffentlich-rechtliche Sender Liechtensteins trägt die Bezeichnung „Radio L". Er verbreitet sein Programm nicht nur über einen in Liechtenstein stehenden Sender, sondern zusätzlich auch über in der Schweiz stehende Sender. Auf diese Weise ist Radio L etwa vom Bodensee im Norden bis weit nach Graubünden im Süden zu empfangen.

Radio L

Dorfstraße 24, FL-9495 Triesen
Telefon: (00 423) 399 13 13, Fax: (00 423) 399 13 99
Internet: www.radio.li, **E-Mail:** admin@radio.li
UKW-Sender:

Land	Standorte	MHz	kW
Liechtenstein	Erbli Vaduz	96,9	0,80
Liechtenstein	Malbun	96,6	0,25
Liechtenstein	Mälser Allmeind	95,0	0,02
Liechtenstein	Nendeln	100,2	0,05
Schweiz	Buchs, SG	89,2	0,50
Schweiz	Rüthi, SG	106,1	0,25
Schweiz	St. Margarethen, SG	100,2	0,05
Schweiz	Thal a. Rhein, SG	105,9	0,20
Schweiz	Thargön Sargans, SG	103,4	0,20

Das Programm kann auch über Telefon gehört werden: (00 423) 79 30 300

Luxemburg

Im Gegensatz zu allen anderen europäischen Ländern startete in Luxemburg zunächst ein Privater Rundfunksender, allseits bekannt als „Radio Luxemburg".
Der öffentlich-rechtliche Rundfunk wurde erst wesentlich später aufgrund des Mediengesetzes vom 27. Juli 1991 gegründet.
Radio Luxemburg mit seinen vier fröhlichen Wellen war viele Jahre lang der typische Privatsender schlechthin. Er war der beliebteste Rundfunksender in weiten Teilen von Nordrhein-Westfalen, Rheinland-Pfalz und dem Saarland. Die

glorreichen Radiozeiten von Radio Luxemburg sind allerdings längst vorbei, auch wenn RTL Radio heute in allen Kabelnetzen und per Satellit zu hören ist. Dafür ist RTL jetzt die Nummer 1 beim kommerziellen Fernsehen in Deutschland.

RTL Radio

45, blvd. Pierre Frieden, L-2850 Luxembourg
deutsches Programm: Telefon: (003 52) 42 14-23 500, Fax (003 52) 42 44 44
Internet: http://rtlradio.rtl.de, **E-Mail:** rtlradio@clt-ufa.com

Neben RTL Radio gibt es noch 20 weitere Privatsender in Luxemburg. Diese sind im Frequenzverzeichnis aufgeführt sofern sie zumindest im Deutsch-Luxemburgischen Grenzgebiet zu hören sind. Eine vollständige Übersicht hält die luxemburgische Regulierungsbehörde „Institut Luxembourgeois de Régulation“ auf Ihren Internetseiten bereit: *www.ilr.public.lu à Fréquences à Radiodiffusion à Liste des èmetteurs ...*

Relativ neu auf Satellit ist Radio Letzeburg. Der Inlandsdienst in luxemburgischer Sprache, auch bekannt von UKW 88,9 und 92,5 MHz, wird seit dem 19. August 2009 zusammen mit dem Inlands-TV auf der ASTRA-Position 23,5° Ost ausgestrahlt.

Das einzige luxemburgische öffentlich-rechtliche Hörfunkprogramm kommt von radio 100,7. Dank seines 100 kW-Senders ist das Programm auch in weiten Teilen von Rheinland-Pfalz und im Saarland zu empfangen.

radio 100,7

21a, avenue J.. Kennedy, L-1855 Luxemburg
Postfach 1833, L-1018 Luxemburg
Telefon: (003 52) 44 00 44 – 1, Fax (003 52) 44 00 44 – 980
Internet: www.100komma7.lu, **E-Mail:** info@100komma7.lu
UKW-Sender: Dudelange 100,7 MHz (100 kW)

Niederlande

Das Rundfunksystem der Niederlande ist vierstufig aufgebaut. Für die landesweite Rundfunkversorgung ist die NOS mit Sitz in Hilversum zuständig, um die regionale Rundfunkversorgung kümmern sich 13 regionale Rundfunkstiftungen, und den Lokalrundfunk besorgen über 300 Lokalsender. Vierte Säule ist der im Jahr 1994 eingeführte kommerzielle Rundfunk.
Insgesamt werden in den Niederlanden rund 500 UKW-Rundfunksender betrieben. Bei einer geographischen Flächenausdehnung, die etwa mit Nordrhein-Westfalen vergleichbar ist, besitzen die Niederlande damit das mit Abstand dichteste Sendernetz der Welt!

Nederlandse Omroep Stichting (NOS)

Postbus 26444, NL-1202 JJ Hilversum
Telefon (0031-35) 6779222, Telefax (0031-35) 6772649
Internet: www.publiekeomroep.nl/

Der regionale Rundfunk (Regionale Omroep)

Die Dachorganisation der niederländischen Regionalsender ist die:
Stichting Regionale Omroep, Overleg en Samenwerking (ROOS) Postbus 913, NL-1200 AX Hilversum,
Telefon (0031-35) 621 08 75, Telefax (0031-35) 621 69 00.
Internet: www.roosrtv.nl E-Mail: roos@roosrtv.nl

Der lokale Rundfunk (Lokale Omroep)

Die Dachorganisation aller niederländischen Lokalsender ist die:
Organisatie van Lokale Omroepen in Nederland (OLON)
Postbus 441, NL-6500 AK, Nijmegen
Telefon (0031-24) 36 01-222, Telefax (0031-24) 36 01-656.
Internet: www.olon.nl E-Mail: buro@olon.nl

Der private Rundfunk (Commerciële Omroep)

Die NOS und der Regionale Rundfunk sind etwa mit dem öffentlich-rechtlichen Rundfunk gleichzusetzen. Der niederländische lokale Rundfunk ist etwa vergleichbar mit den Offenen Kanälen und dem Nichtkommerziellen Lokalrundfunk in Deutschland.
Kommerzielle Rundfunksender sind in den Niederlanden seit 1994 zugelassen. Sie verbreiten ihre Programme überwiegend per UKW, aber auch auf Mittelwelle, und sie sind fast alle auch in Deutschland zu empfangen.
Die in den Niederlanden stehenden öffentlich-rechtlichen Sender können dem Frequenzverzeichnis entnommen werden, sofern sie in Deutschland hörbar sind. Von den meist sehr leistungsschwachen Privatsendern sind nur die in Grenznähe stehenden Sender aufgelistet.
Ein komplettes Verzeichnis aller niederländischen Rundfunksender ist im Internet abrufbar unter: www.radio-tv-nederland.nl oder www.radiofreak.nl.

Österreich

Die unangefochtene Nummer 1 bleibt in Österreich nach wie vor der ORF mit seinen vier landesweiten Programmen. Besonderes Augenmerk legt man in Österreich auf die Regionalisierung. Neben landesbezogenen Programmen von Ö2 soll es deshalb in Zukunft auch ein regionales Splitting auf Ö3 geben.

Österreichischer Rundfunk (ORF)

Würzburggasse 30, A-1136 Wien
Telefon: (0043-1) 870 70-300, Fax: (0043-1) 870 70-330
Internet: www.orf.at, **E-Mail:** online@orf.at
Produziert die bundesweit ausgestrahlten Hörfunkprogramme Radio Österreich 1, Hitradio Ö3 sowie Radio FM4.

ORF Landesstudio Burgenland

Buchgraben 51, A-7001 Eisenstadt
Telefon: (0043-26 82) 700-0, Fax: (0043-26 82) 700-27 280
Internet: http://burgenland.orf.at, **E-Mail:** radio.burgenland@orf.at

ORF Landesstudio Kärnten

Sponheimerstraße 13, A-9010 Klagenfurt
Telefon: (0043-463) 53 30-0, Fax: (0043-463) 53 30-29 561
Internet: http://kaernten.orf.at, **E-Mail:** service.kaernten@orf.at

ORF Landesstudio Niederösterreich

Radioplatz 1, A-3109 St. Pölten
Telefon: (0043-27 42) 22 10-0, Fax: (0043-27 42) 22 10-23 891
Internet: http://noe.orf.at, **E-Mail:** noe.publikum@orf.at

ORF Landesstudio Oberösterreich

Europaplatz 3, A-4021 Linz
Telefon: (0043-732) 69 00-0, Fax: (0043-732) 69 00-24 200
Internet: http://linz.orf.at, **E-Mail:** service.ooe@orf.at

ORF Landesstudio Salzburg

Nonntaler Hauptstraße 49d, A-5020 Salzburg
Telefon: (0043-662) 83 80-0
Internet: http://salzburg.orf.at, **E-Mail:** publikumsservice.sbg@orf.at

ORF Landesstudio Steiermark

Marburgerstraße 20, A-8042 Graz
Telefon: (0043-316) 470-0, Fax: (0043-316) 470-28 200
Internet: http://steiermark.orf.at, **E-Mail:** radio-st.service@orf.at

ORF Landesstudio Tirol

Rennweg 14, A-6020 Innsbruck
Telefon: (0043-512) 53 43 - 0, Fax: (0043-512) 53 43-26 320
Internet: http://tirol.orf.at, **E-Mail:** tirol-heute@orf.at

ORF Radio Vorarlberg

Rundfunkplatz 1, A-6850 Dornbirn
Telefon: (0043-5572) 301-0, Fax: (0043-5572) 301-222 90
Internet: http://vorarlberg.orf.at, **E-Mail:** publikum.vorarlberg@orf.at

ORF Landesstudio Wien

Argentinierstraße 30, A-1040 Wien
Telefon: (0043-1) 502 01-0, Fax: (0043-1) 502 01-180 10
Internet: http://wien.orf.at, **E-Mail:** 899953@radiowien.at

Die wichtigsten ORF UKW-Rundfunksender

Nachfolgend sind die wichtigsten UKW-Sender aufgelistet. Diese Sender strahlen alle vier landesweiten ORF-Programme ab und befinden sich in der Nähe der großen Städte oder entlang den Hauptverkehrsrouten des Alpenlandes.

Senderstandort	Programm	Regional	MHz	kW
Burgenland				
Mattersburg/Heuberg	Ö1		89,0	0,60
	Ö2	Radio Burgenland	96,2	3,00
	Ö3		100,9	0,60
Rechnitz/Hirschenstein		FM4	97,4	6,00
	Ö1		90,6	6,00
	Ö2	Radio Burgenland	93,5	6,00
	Ö2	Radio Steiermark	100,1	3,00
	Ö3		87,9	6,00
Spitzerberg	Ö2	Radio Burgenland	89,6	0,10
Kärnten				
Klagenfurt/Dobratsch		FM4	102,9	100,00
	Ö1		92,8	100,00
	Ö2	Radio Kärnten	97,8	100,00
	Ö3		90,4	100,00
Spittal/Drau-Goldeck		FM4	103,6	3,00
	Ö1		91,6	3,00
	Ö2	Radio Kärnten	100,4	3,00
	Ö3		87,9	3,00
Wolfsberg/Koralpe		FM4	102,3	1,50
	Ö1		96,7	1,50
	Ö2	Radio Kärnten	94,5	1,50
	Ö3		99,5	1,50
Niederösterreich				
Semmering/Sonnwendstein		FM4	92,4	9,00
	Ö1		90,3	9,00
	Ö2	Radio Niederösterreich	95,8	9,00

Senderstandort	Programm	Regional	MHz	kW
	Ö3		88,2	9,00
St. Pölten/Jauerling		FM4	98,8	100,00
	Ö1		97,0	100,00
	Ö2	Radio Niederösterreich	91,5	100,00
	Ö3		89,4	100,00
Waidhofen/Ybbs	Ö1		99,6	0,40
	Ö2	Radio Niederösterreich	93,5	0,40
	Ö3		88,2	0,40
Weitra/Wachberg		FM4	101,4	2,00
	Ö1		92,7	2,00
	Ö2	Radio Niederösterreich	95,7	2,00
	Ö3		98,1	2,00
Oberösterreich				
Bad Ischl/Katrin		FM4	105,1	0,60
	Ö1		97,2	0,60
	Ö2	Radio Oberösterreich	92,4	0,60
	Ö2	Radio Salzburg	91,7	0,12
	Ö3		88,1	0,60
Linz/Lichtenberg		FM4	104,0	100,00
	Ö1		97,5	100,00
	Ö2	Radio Niederösterreich	90,1	10,00
	Ö2	Radio Oberösterreich	95,2	100,00
	Ö3		88,8	100,00
Salzburg				
Eben/Pongau		FM4	98,6	0,56
	Ö1		89,3	0,56
	Ö2	Radio Salzburg	95,2	0,56
	Ö3		87,9	0,56
Lend/Luxkogel		FM4	97,7	0,20
	Ö1		89,8	0,20
	Ö2	Radio Salzburg	93,9	0,20
	Ö3		99,7	0,20
Mauterndorf/Grosseck		FM4	98,5	0,30
	Ö1		91,3	0,30
	Ö2	Radio Salzburg	95,8	0,30
	Ö3		89,3	0,30
Salzburg/Gaisberg		FM4	104,6	100,00
	Ö1		90,9	100,00
	Ö2	Radio Oberösterreich	101,2	7,00
	Ö2	Radio Salzburg	94,8	100,00
	Ö3		99,0	100,00
St. Johann/Pongau	Ö1		91,8	0,10
	Ö2	Radio Salzburg	97,2	0,10
	Ö3		88,2	0,10
St. Michael/Lungau-Bärenkogel		FM4	96,9	0,25

Senderstandort	Programm	Regional	MHz	kW
	Ö1		92,2	0,25
	Ö2	Radio Salzburg	94,3	0,25
	Ö3		88,3	0,25
Zell a. See/Lechnereck		FM4	101,9	0,15
	Ö1		92,4	0,15
	Ö2	Radio Salzburg	96,6	0,15
	Ö3		88,8	0,15
Steiermark				
Bruck/Mur-Mugel		FM4	102,1	20,00
	Ö1		87,6	20,00
	Ö2	Radio Steiermark	93,2	20,00
	Ö3		98,7	20,00
Graz/Schöckl		FM4	101,7	67,00
	Ö1		91,2	67,00
	Ö2	Radio Steiermark	95,4	67,00
	Ö3		89,2	67,00
Neumarkt/Kulmeralpe		FM4	100,3	0,20
	Ö1		92,1	0,20
	Ö2	Radio Kärnten	97,4	0,20
	Ö2	Radio Steiermark	94,1	0,20
	Ö3		88,0	0,20
Rottenmann/Sonnenberg		FM4	100,0	0,10
	Ö1		87,9	0,10
	Ö2	Radio Steiermark	96,8	0,10
	Ö3		102,4	0,10
Schladming/Hauser Kaibling		FM4	103,3	3,00
	Ö1		94,3	3,00
	Ö2	Radio Steiermark	96,3	3,00
	Ö3		101,3	3,00
Tirol				
Ehrwald/Zugspitze		FM4	100,7	0,15
	Ö1		91,6	0,15
	Ö2	Radio Tirol	95,3	0,15
	Ö3		97,1	0,15
Hopgarten/Hohe Salve		FM4	100,3	0,40
	Ö1		91,8	0,40
	Ö2	Radio Tirol	94,1	0,40
	Ö3		88,1	0,40
Innsbruch/Patscherkofel		FM4	101,4	45,00
	Ö1		92,5	45,00
	Ö2	Radio Tirol	96,4	45,00
	Ö3		88,5	45,00
Kufstein/Kitzbüheler Horn		FM4	99,9	4,50
	Ö1		97,5	4,50
	Ö2	Radio Tirol	95,4	4,50

Senderstandort	Programm	Regional	MHz	kW
	Ö3		103,9	4,50
Landeck/Grabberg		FM4	98,4	0,15
	Ö1		90,1	0,15
	Ö2	Radio Tirol	93,9	0,15
	Ö3		102,6	0,15
Lienz/Rauchkofel		FM4	101,0	2,60
	Ö1		89,3	2,60
	Ö2	Radio Kärnten	93,8	2,60
	Ö2	Radio Tirol	95,9	2,60
	Ö3		99,3	2,60
Reutte/Hahnenkamm	Ö1		87,8	0,15
	Ö2	Radio Tirol	94,7	0,15
	Ö3		99,7	0,15
St. Anton/Galzig		FM4	97,6	0,15
	Ö1		92,1	0,15
	Ö2	Radio Tirol	95,1	0,15
	Ö3		88,5	0,15
Vorarlberg				
Bludenz/Dünserberg	Ö1		87,6	4,00
	Ö2	Radio Vorarlberg	96,0	4,00
	Ö3		98,8	4,00
Bregenz/Pfänder		FM4	102,1	50,00
	Ö1		93,3	50,00
	Ö2	Radio Vorarlberg	98,2	50,00
	Ö3		89,6	50,00
Feldkirch/Vorderälpele		FM4	102,8	0,20
	Ö1		90,8	0,20
	Ö2	Radio Vorarlberg	97,3	0,20
	Ö3		99,5	0,20
Mittelberg/Kleinw.tal	Ö1		91,4	0,10
	Ö2	Radio Vorarlberg	94,3	0,10
	Ö3		99,5	0,10
Stuben/Arlberg	Ö1		87,8	0,10
	Ö2	Radio Vorarlberg	90,0	0,10
	Ö3		99,7	0,10
Warth	Ö1		91,1	0,03
	Ö2	Radio Vorarlberg	95,0	0,03
	Ö3		88,2	0,03
Wien				
Wien/Himmelhof		FM4	91,0	0,10
	Ö1		87,8	0,80
	Ö2	Radio Niederösterreich	106,9	0,30
	Ö2	Radio Wien	95,3	0,80
	Ö3		101,3	0,80
Wien/Kahlenberg		FM4	103,8	100,00

Senderstandort	Programm	Regional	MHz	kW
	Ö1		92,0	100,00
	Ö2	Radio Burgenland	94,7	2,40
	Ö2	Radio Niederösterreich	97,9	100,00
	Ö2	Radio Wien	89,9	100,00
	Ö3		99,9	100,00

Aufgrund der alpenländischen Topographie betreibt die Österreichische Rundfunksender GmbH & Co. KG (ORS) rund 850 UKW-Sender, die überwiegend vom ORF aber auch von zahlreichen kommerziellen Rundfunkanbietern genutzt werden. Zu 60% gehört die ORS der österreichischen öffentlich-rechtlichen Rundfunkanstalt ORF. 40% befinden sich im Eigentum der Medicur, einem Unternehmen der Raiffeisen-Gruppe. Ausführliche Informationen mit einer Senderkarte verschickt die Österreichische Rundfunksender GmbH & Co. KG, Würzburggasse 30, A-1136 Wien. Sehr zu empfehlen sind auch die Übersichten unter www.ors.at.
Detaillierte Informationen über die Rundfunkszene in Österreich gibt es gegen Rückporto von der ADXB-OE, Postfach 1000, A-1081 Wien.

Es sollte beachtet werden, dass einige deutschsprachige Privatsender aus Südtirol (Italien) dank ihrer auf fast 3000 m Höhe platzierten Sendeanlagen ohne Probleme über Österreichisches Territorium hinweg bis nach München strahlen. Gut in Süddeutschland zu hören ist u.a. der Sender „Südtirol 1“ auf 105,4 MHz.

Privater Rundfunk

Österreich war das letzte europäische Land, in dem der Private Rundfunk Einzug hielt. Pro Bundesland gibt es gewöhnlich einen Regionalsender, der sein Programm über mehrere Sender landesweit verbreitet. Hinzu kommen pro Bundesland ein (zum Beispiel Vorarlberg) oder mehrere Lokalsender mit begrenztem Versorgungsgebiet. Darüber hinaus wurden hier und dort Freie Radios lizenziert.
KRONEHIT ist ein Österreich-weiter Privater Sender, der in allen Bundesländern mit mehreren Senderstandorten vertreten ist.
Das neueste Kind in der österreichischen Privatfunkszene ist das steiermärkische Radio Eins, das im April 2009 aus dem Zusammenschluss der ehemaligen Lokalsender A1 Radio, Ennstaler Lokalradio und 89,6 – Das Musikradio entstand.

KRONEHIT

Daumegasse 1, 1100 Wien, Telefon: (0043-1) 600 61 00-0,
Fax: (0043-1) 600 61 00-103, Hörertelefon: (08 10) 20 30 60
Internet: www.kronehit.at, **E-Mail:** radio@kronehit.at

UKW-Sender:

Standort	MHz	kW
Burgenland		
Mattersburg	103,4	1,00
Rechnitz	104,1	4,57
Kärnten		
Bleiburg	103,4	0,10
Brückl	105,3	0,30
Friesach	106,3	0,03
Greifenburg	94,2	0,18
Hermagor	98,4	0,20
Klagenfurt	103,7	1,00
Spittal/Drau	101,6	0,32
Steuerberg	106,6	0,10
St. Veit	107,6	0,10
Villach	107,6	0,20
Wolfsberg	94,0	0,10
Niederösterreich		
Sankt Pölten	105,3	100,00
Semmering	102,9	8,00
Waidhofen Ybbs	101,3	0,40
Weitra	90,2	3,00
Oberösterreich		
Aigen	105,1	0,10
Freistadt	105,6	0,20
Gmunden	93,9	0,33
Linz	92,6	7,00
Perg	101,0	0,10
Ried im Innkreis	96,2	0,20
Sankt Georgen Att.	88,4	0,40
Schärding	104,9	8,00
Steyr	92,2	0,30
Strasswalchen	91,3	0,10
Unterach	105,5	0,10
Vöcklabruck	87,9	0,20
Windischgarsten	106,0	0,10

Standort	MHz	kW
Salzburg		
Badgastein	106,6	0,10
Eben	104,3	0,63
Hallein	104,2	0,50
Hallwang	92,3	0,10
Neukirchen	104,4	0,20
Saalfelden	103,1	0,12
Salzburg	89,6	
Sankt Michael Lungau	105,9	0,20
Schwarzach Pongau	102,9	0,10
Werfen	100,4	0,01
Zell am See	107,9	0,32
Steiermark		
Admont	105,9	0,01
Altenmarkt a.d. Enns	107,1	0,01
Bad Aussee	107,7	0,03
Bad Gleichenberg	103,2	1,51
Deutschlandsberg	101,1	0,10
Eisenerz	107,9	0,10
Frohnleiten	104,3	0,03
Graz	107,5	1,00
Hieflau	106,0	0,03
Kalwang	95,9	0,09
Kapfenberg	106,1	0,16
Knittelfeld	107,2	0,05
Köflach	105,8	0,10
Leoben	107,5	0,20
Mitterbach	101,2	0,10
Murau	107,7	0,10
Neumarkt	101,9	0,50
Obdach	97,7	0,10
Rottenmann	103,7	0,20
Schladming	105,6	1,00
Strasswalchen	91,3	0,10
Übelbach	107,0	0,10
Unzmarkt	91,5	0,03
Weiz	88,7	0,10
Tirol		
Haiming	102,0	0,50
Hintertux	97,7	0,08
Huben	100,5	0,50
Imst	100,3	0,10
Innsbruck	106,5	32,00
Kitzbühel	102,9	0,42

Standort	MHz	kW
Kufstein	98,8	0,08
Landeck	107,6	0,35
Längenfeld	87,7	0,20
Lienz	107,1	0,50
Mayrhofen	98,2	0,16
Reutte	107,4	0,28
Sankt Anton	103,3	0,20
Sankt Johann Tirol	105,1	0,10
Wörgl	97,2	0,10
Vorarlberg		
Bezau	104,7	0,12
Bludenz	100,4	0,10
Bregenz	91,5	0,20
Feldkirch	90,2	0,10
Wien		
Wien/Himmelhof	105,8	100,00
Wien/Hütteldorf	97,5	0,05

Ein Hörfunkprogramm, das zunehmend in immer mehr Bundesländern aktiv wird, ist die Welle 1, manchmal auch Welle 1 Music Radio genannt. Der Hauptsitz (u.a. die Studios) befindet sich in Villach und in Velden am Wörther See. Das sind die Sender des ehemaligen Radio Harmonie. Siehe dazu unter Kärnten. Weitere Sender befinden sich in Oberösterreich, Salzburg und in der Steiermark. Siehe dazu unter Oberösterreich.

Landesweiter Hörfunk

Burgenland

Lokalrundfunk:

88.6 Der Musiksender
Neusiedler Str. 86, 7000 Eisenstadt
Telefon: (0043-268) 61 22 24
Heinrich Schneidmadl Straße 15, 3100 St. Pölten
Telefon: (0043-2742) 47 00 07, Fax: (0043-2742) 47 00 07-290
Internet: www.radio886regional.at, **E-Mail:** hoererservice@radio886regional.at

UKW-Sender:

Standort	MHz	kW
Jennersdorf	96,6	0,10
Mattersburg	106,3	1,00
Rechnitz	105,5	0,25

Weitere Sender in Wien und in Niederösterreich.

Radio OP

Gymnasiumstraße 21, 7350 Oberpullendorf
Internet: 98.8@radioop.at
UKW-Sender: Oberpullendorf/Stoob-Mobilkom Mast 98,8 MHz (0,2 kW)

Kärnten

Regionalrundfunk:

Antenne Kärnten
Hasnerstr. 2, 9020 Klagenfurt
Telefon: (0043-463) 45 888-45, Fax: (0043-463) 45 888-48
Internet: www.antenne.net, **E-Mail:** redaktion@antenne.net
UKW-Sender:

Standort	MHz	kW
Brückl	96,1	0,35
Feldkirchen	102,1	0,10
Friesach	101,1	0,03
Gmünd	95,7	0,02
Klagenfurt	104,9	125,00
Spittal a.d. Drau	107,4	4,00
Wolfsberg	104,3	1,51

Lokalrundfunk:

Radio DVA

Viktringer Ring 26, 9020 Klagenfurt
Telefon: (0043-463) 59 53 53, Fax: (0043-463) 59 53 53-99
Internet: www.korotan.at, **E-Mail:** office@radio-dva.at
UKW-Sender:

Standort	MHz	kW
Brückl	100,6	0,35
Eisenkappel/Lobnig	100,0	0,03
Eisenkappel/Schejina	100,9	0,01
Klagenfurt	105,5	10,00
Nötsch	100,9	0,01
Viktring	98,8	0,25
Windischbleiberg	107,5	0,02
Wolfsberg	106,8	1,00
Zell	106,6	0,02

Mitanbieter bei Radio DVA ist:

Radio Agora
Paracelsusgasse 14, 9020 Klagenfurt
Telefon: (0043-463) 41 86 66-0, Fax: (0043-463) 41 86 66-99
Internet: www.agora.at, **E-Mail:** agora@agora.at

Radio Real CMP

Koschatstraße 40, 9800 Spittal/Drau
Telefon: (0043-4762) 373 91
Internet: www.cmp.at, **E-Mail:** office@cmp.at
UKW-Sender: Radenthein 106,2 MHz (0,021 kW)

Welle 1

Schleppeplatz 5, 9020 Klagenfurt
Telefon: (0043-463) 420 007, Fax: (0043-463) 420 010
Internet: www.welle1.at, **E-Mail:** office@welle1.at
Format: AC/MOR
UKW-Sender:

Bundesland	Standort	MHz	kW
K	Klagenfurt	95,2	1,00
K	Spittal a.d. Drau	106,6	0,10
K	Viktring	107,1	0,10
K	Villach	99,7	0,12

Niederösterreich

Lokalrundfunk:

Campus Radio 94.4

Matthias-Corvinus-Straße 15, 3100 St. Pölten
Telefon: (0043 2742) 313 555-55
Internet: www.campusradio.at, **E-Mail:** office@campusradio.at
UKW-Sender: St. Pölten 94,4 MHz (0,2 kW)

88.6 Der Musiksender

Heinrich-Schneidmadl-Straße 15, 3100 St. Pölten
Telefon: (0043-2742) 47 00 07, Fax: (0043-2742) 47 00 07-290
Internet: www.radio886regional.at, **E-Mail:** hoererservice@radio886regional.at
UKW-Sender:

Standort	MHz	kW	Lokalprogramm
Baden	100,2	0,04	Wiener Neustadt
Eggenburg	104,7	0,10	Mostviertel
Horn	101,6	0,12	Mostviertel
Krems	106,2	0,20	Mostviertel
Lunz	102,2	0,10	Mostviertel
Melk	103,3	1,51	Mostviertel
Neunkirchen	98,2	0,10	Wiener Neustadt
Scheibbs	106,1	0,15	Mostviertel
Schöpfl	92,6	0,10	
St. Pölten	100,8	0,32	St. Pölten

Standort	MHz	kW	Lokalprogramm
Traisen	102,8	0,32	Mostviertel
Waidhofen a. d. Ybbs	106,6	0,10	Mostviertel
Waidhofen Thaya	96,4	0,15	Mostviertel
Weitra	104,9	3,03	Mostviertel
Wiener Neustadt	106,7	1,00	Wiener Neustadt
Zwettl	96,6	0,05	Mostviertel

Weitere Sender in Wien und im Burgenland.

Radio Arabella 96,5

Kirchenstraße 9, 3243 St. Leonhard am Forst
Telefon: (0043-2756) 70 07
Internet: www.radioarabella.at/niederoesterreich, **E-Mail:** mostviertel@radioarabella.at
UKW-Sender:

Standort	MHz	kW
Ybbs a.d. Donau	96,5	1,86
Traisen	107,7	0,10
Waidhofen	107,3	0,20

Radio Arabella 99,4

Hauptplatz 24, 3430 Tulln
Telefon: (0043-2272) 664 92
Internet: www.radioarabella.at/niederoesterreich,
E-Mail: tulln@radioarabella.at
Standorte: Krems 107,1 MHz, (0,36 kW), Tulln 99,4 MHz, (0,22 kW)

radioYpsilon

Alter Schlachthof, Josef-Weislein-Str. 5, 2020 Hollabrunn
Telefon: (0043-2952) 30532
Internet: www.radioypsilon.at, **E-Mail:** studio@radioypsilon.at
Standorte: Hollabrunnn 94,5 MHz (0,1 kW), Retz 102,2 MHz (0,02 kW)

Oberösterreich

Regionalrundfunk:

Life Radio

Landstraße 12, 4020 Linz
Telefon: (0043-732) 76 07-0, Fax: (0043-732) 76 07-222
Internet: www.liferadio.at und www.life-factory.at, **E-Mail:** lifemail@liferadio.at
UKW-Sender:

Standort	MHz	kW
Bad Ischl	102,2	0,60
Braunau	106,5	0,22
Gmunden	103,1	0,05
Kirchdorf Krems	88,3	0,01

Standort	MHz	kW
Linz	100,5	100,00
Schärding	102,6	3,02
St. Georgen im Attergau	89,9	0,15
Steyr	106,0	0,01
Unterach a. Attersee	102,6	0,10
Windischgarsten	95,6	0,15

Lokalrundfunk:

Freies Radio Freistadt

Salzgasse 25, 4240 Freistadt
Telefon: (0043-664) 92 01 325, Fax: (0043-732) 71 72 77 155
Internet: www.frf.at, **E-Mail:** freistadt@fro.at
UKW-Sender: Freistadt 107,1 MHz (0,53 kW), Wartberg 103,1 MHz (0,063 kW)

Freies Radio Salzkammergut

Lindaustr. 28, 4820 Bad Ischl
Telefon: (0043-6132) 256 90
Internet: www.freiesradio.at, **E-Mail:** office@freiesradio.at
UKW-Sender:

Standort	MHz	kW
Bad Ischl	102,2	0,60
Braunau	106,5	0,22
Gmunden	103,1	0,05
Kirchdorf Krems	88,3	0,01
Linz	100,5	100,00
Schärding	102,6	3,02
St. Georgen im Attergau	89,9	0,15
Steyr	106,0	0,01
Unterach a. Attersee	102,6	0,10
Windischgarsten	95,6	0,15

Radio Arabella 96,7

Marienstraße 4, 4020 Linz
Telefon: (0043-732) 77 44 33
Internet: www.radioarabella.at/oberoesterreich, **E-Mail:** linz@radioarabella.at
UKW-Sender: Linz 96,7 MHz (5 kW), Steyr 107,7 MHz (0,025 kW)

Radio B138

Bahnhofstr. 11, 4560 Krems
Telefon: (0043-676) 73 36 904
Internet: www.radio-b138.at, E-Mail: info@radio-b138.at
UKW-Sender: Kirchdorf 102,3 MHz (0,2 kW)

Radio FRO
Kirchengasse 4, 4020 Linz
Telefon: (0043-732) 71 72 77, Fax: (0043-732) 71 72 77-7
Internet: www.fro.at, **E-Mail:** fro@fro.at,
UKW-Sender: Linz 105,0 MHz (0,3 kW)

Radius 106,6
Freistadt Bundesgymnasium, Zemannstr. 4, 4240 Freistadt
Telefon: (0043-7942) 72 219
Internet: http://home.eduhi.at/member/radius106.6, **E-Mail:** bgfrei@eduhi.at
UKW-Sender: Freistadt/Bundesgymnasium 106,6 MHz (0,01 kW)

Salzburg

Regionalrundfunk:

Antenne Salzburg
Friedensstr. 14a, 5020 Salzburg
Telefon: (0043-662) 40 80-0, Fax: (0043-662) 40 80-76
Internet: http://antennesalzburg.oe24.at, **E-Mail:** info@antennesalzburg.at
UKW-Sender:

Standort	MHz	kW
Abtenau	103,1	0,16
Badgastein	102,7	0,10
Dorfgastein	87,7	0,03
Hallein	102,8	0,20
Lofer	100,8	0,05
Mittersil	90,2	0,10
Obertauern	88,9	0,03
Radstadt	102,5	0,20
Saalbach	92,9	0,03
Saalfelden	87,6	0,03
Salzburg	101,8	10,00
Schwarzach	105,3	0,32
St. Gilgen	106,7	0,05
St. Michael	102,5	0,50
Wörth	102,6	0,03
Zell am See	105,9	0,79

Lokalrundfunk:

ENERGY Salzburg 94,0
Gablenzgasse 11/4, 1150 Wien
Telefon: (0043-1) 98 160-0, Fax: (0043-1) 98 16 0-99
Internet: www.energy940.at, **E-Mail:** radio@energy.at
UKW-Sender: Salzburg 94,0 MHz (0,27 kW)

Welle 1 Music Radio

Ludwig-Bieringer-Platz 1, 5071 Wals-Himmelreich
Telefon: (0043-662) 89 66-0, Fax: (0043-662) 89 66-22
Internet: www.welle1.at, **E-Mail:** service@welle1.at
UKW-Sender:

Bundesland	Standort	MHz	kW	regional
O	Kremsmünster	106,6	0,09	Steyr
O	Linz	91,8	0,30	Linz
O	Steyr	102,6	1,55	Steyr
O	Wels	98,3	0,10	Wels
S	Saalfelden	104,3	0,10	
S	Salzburg	106,2	4,00	
S	Zell am See	107,1	0,32	
ST	Graz	104,6	0,30	

Radio Arabella 102,5

Sterneckstraße 37, 5020 Salzburg
Telefon: (0043- 662) 87 62 00-11, Fax: (0043-662) 87 62 00-4
Internet: www.radioarabella.at/salzburg, **E-Mail:** salzburg@radioarabella.at
UKW-Sender: Freilassing (Bayern) 102,5 MHz (0,32 kW)

Radiofabrik

Josef-Preis-Allee 16, 5020 Salzburg
Telefon: (0043-662) 84 29 61, Fax: (0043-662) 84 29 61-18
Internet: www.radiofabrik.at, **E-Mail:** office@radiofabrik.at
UKW-Sender: Salzburg Stadt 107,4 MHz (0,5 kW), Salzburg/Hohensalzburg 97,3 MHz (0,02 kW)

Steiermark

Regionalrundfunk:

Antenne Steiermark

Am Sendergrund 1, 8143 Dobl
Telefon: (0043-3136) 505-0, Fax: (0043-3136) 505-333
Internet: www.antenne.net, **E-Mail:** info@antenne.net
UKW-Sender:

Bundesland	Standort	MHz	kW
B	Rechnitz	106,1	3,02
N	Mitterbach Erl	104,2	0,10
ST	Admont	106,8	0,03
ST	Bad Aussee	90,6	0,10
ST	Bad Mitterndorf	95,5	0,13
ST	Bruck a.d. Mur	105,7	7,94
ST	Eibiswald	99,7	0,92
ST	Eisenerz	105,0	0,10

Bundesland	Standort	MHz	kW
ST	Frohnleiten	101,2	0,03
ST	Graz	99,1	79,00
ST	Gröbming	97,4	0,25
ST	Knittelfeld	100,1	0,26
ST	Köflach	103,4	0,10
ST	Murau	88,9	0,03
ST	Mürzzuschlag	96,8	0,03
ST	Neumarkt	106,5	0,20
ST	Rottenmann	104,4	0,10
ST	Schladming	92,0	3,02
ST	Stadl a.d. Mur	103,4	0,05
ST	Traboch	100,7	0,10
ST	Unzmarkt	97,0	0,03

Lokalrundfunk:

Das Soundportal

Friedrichgasse 27a, 8010 Graz
Telefon: (0043-316) 81 41 41-0, Fax: (0043-316) 81 41 41-51
Internet: www.soundportal.at, **E-Mail:** office@soundportal.at
UKW-Sender:

Standort	MHz	kW
Bad Gleichenberg	100,4	0,31
Deutschlandsberg	106,6	0,10
Gleisdorf	95,9	0,09
Gratkorn	102,1	0,09
Graz	97,9	1,00
Hartberg	102,2	0,17
Voitsberg	103,0	0,10
Weiz	100,9	0,10

NJOY Radio 88.2

Fabrikstraße 5/2, A-8530 Deutschlandsberg
Telefon: (0043 3462) 32 88 2 – 0, Fax: (0043 3462) 32 88 2 – 40
Internet: www.njoyradio.at, **E-Mail:** servicecenter@njoyradio.at
UKW-Sender: Deutschlandsberg 88,2 MHz (0,17 kW)

Radio Eins

Ankerstraße 4, 8054 Graz
Telefon: (00 43-316) 29 42 00
Internet: www.radioeins.at, **E-Mail:** office@radioeins.at
UKW-Sender:

Standort	MHz	kW
Bruck/Mur	89,6	8,00
Eisenerz	99,7	0,04
Knittelfeld	105,1	0,05

Standort	MHz	kW	
Leoben	102,6	0,10	
Murau	104,2	0,05	
Rottenmann	104,8	0,06	
Schladming	106,3	2,00	
Seckau	106,1	0,01	(gepl.)
Traboch	104,1	0,11	
Unzmarkt	106,9	0,10	

Radio Freequenns 100,8

Kulturhausstr. 9, 8940 Liezen
Telefon: (0043-3612) 301 11-0, Fax: (0043-3612) 301 11-60
Internet: www.freequenns.com, **E-Mail:** radio@freequenns.com
UKW-Sender:

Standort	MHz	kW
Klosterkogel	103,0	0,05
Liezen	100,8	0,56
Planai	104,0	0,08

Radio Graz 94.2

Ankerstraße 4, 8057 Graz
Telefon: (00 43-316) 29 42 00
Internet: www.radiograz.at, **E-Mail:** office@radiograz.com
UKW-Sender: Graz 94,2 MHz (0,5 kW)

Radio Grün-Weiß

Hauptplatz 4, 8700 Leoben
Telefon: (0043-3842) 430 00-0, Fax: (0043-3842) 430 00-430
Internet: www.gruen-weiss.at, **E-Mail:** radio@gruen-weiss.at
UKW-Sender:

Standort	MHz	kW
Bruck	106,6	1,20
Eisenerz	101,0	0,05
Mürzzuschlag	107,0	0,03

Radio Helsinki – Freies Radio Graz

Griesgasse 8, 8020 Graz
Telefon: (0043-316) 83 08 80, Fax: (0043-316) 83 08 80-84
Internet: http://helsinki.at, **E-Mail:** office@helsinki.at
UKW-Sender: Graz 92,6 MHz (0,3 kW)

Radio West

Hauptplatz 43-46, 8570 Voitsberg
Telefon: (0043-3142) 28 400-0, Fax: (0043-3142) 28 400-15

Internet: www.wkk.at, **E-Mail:** radiowest@wkk.at
UKW-Sender: Köflach 107,3 MHz (0,1 kW), Voitsberg 106,2 MHz (0,05 kW)

Tirol

Regionalrundfunk:

Life Radio Tirol

Ing.-Etzel-Straße 30, 6020 Innsbruck
Telefon: (0043-512) 20 80 00, Fax: (0043-512) 20 80 00-455
Internet: www.liferadio-tirol.at, **E-Mail:** info@liferadio-tirol.at
UKW-Sender:

Standort	MHz	kW
Haiming	105,4	0,10
Hintertux	104,1	0,07
Imst	103,0	0,08
Innsbruck	101,8	0,63
Inzing	103,4	7,90
Jenbach	107,4	0,35
Kitzbühel	106,8	1,00
Kufstein	104,9	0,08
Landeck	106,0	1,00
Lienz	104,4	1,00
Mayrhofen	105,4	0,10
Reutte	89,9	0,32
St. Johann	103,4	0,10
Wörgl	102,0	0,25

Lokalrundfunk:

Antenne Tirol

Tannenberggasse2, 6130 Schwaz
Telefon: (0043-5242) 620 30-40, Fax: (0043-5242) 61030-20
Internet: http://antennetirol.oe24.at, **E-Mail:** studio@antennetirol.at
UKW-Sender:

Standort	MHz	kW
Innsbruck	105,1	0,20
Inzing	97,6	0,08
Jenbach	104,6	0,16
Kitzbühel	104,4	0,07
Kufstein	106,1	0,07
Lienz	106,4	0,47
Mayrhofen	91,2	0,15
Sankt Johann	90,6	0,06
Scheffau	99,5	0,06
Schwaz	103,1	0,06
Wattens	91,7	0,03
Wörgl	105,3	0,10

ENERGY Innsbruck 99,9

Gablenzgasse 11/4, 1150 Wien
Telefon: (0043-1) 98 160-0, Fax: (0043-1) 98 16 0-99
Internet: www.Energy999.at, **E-Mail:** innsbruck.news@energy.at
UKW-Sender: Innsbruck 99,9 MHz (0,32 kW)

Klassik Radio

Verbreitet sein Programm in Tirol über zwei UKW-Sender.
siehe Seite 149

Radio Freirad

Egger-Lienz-Str. 20, 6020 Innsbruck
Telefon: (0043-512) 56 02 91-0, Fax: (0043-512) 56 02 91-55
Internet: www.freirad.at, **E-Mail:** wir@freirad.at
UKW-Sender: Innsbruck 105,9 MHz (0,3 kW)

Radio Osttirol

Dolomitencenter, Amlacherstr. 2, 9900 Lienz
Telefon: (0043-4852) 70 300-22, Fax: (0043-4852) 70 300-30
Internet: www.radio-osttirol.net, **E-Mail:** office@radio-osttirol.net
UKW-Sender:

Bundesland	Standort	MHz	kW
K	Kötschach	102,2	0,05
K	Lienz	107,8	0,40
K	Winklern	105,8	0,03
T	Hopfgarten	100,0	0,16
T	Kals	105,7	0,01
T	Matrei	101,7	0,10
T	Sillian	103,9	0,20

Radio U1 Tirol

Tannenberggasse 2, 6130 Schwaz
Telefon: (0043-5242) 610 30, Fax: (0043-5242) 610 30-20
Internet: www.u1-radio.at, **E-Mail:** office@u1-radio.at
UKW-Sender:

Standort	MHz	kW
Achenkirch	104,1	0,06
Ebbs	103,7	0,05
Gerlos	103,7	0,10
Haiming	106,8	0,40
Hintertux	89,2	0,174
Innsbruck	97,0	0,20
Inzing	94,2	0,07
Jenbach	89,2	0,36
Kitzbühel	106,0	0,09
Kössen	105,4	0,06
Kufstein	102,6	0,07

Standort	MHz	kW
Mayrhofen	102,6	0,10
Scheffau	88,9	0,10
Schwaz	100,2	0,06
St. Johann	87,7	0,06
Wattens	100,5	0,05
Wildschönau	93,8	0,03
Wörgl	101,0	0,16

Welle 1 Innsbruck

Eduard-Bodem-Gasse 6, 6020 Innsbruck
Telefon: (0043-512) 90 20 400, Fax: (0043-512) 90 20 422
Internet: www.welle1.com, **E-Mail:** office@welle1.com
UKW-Sender:

Standort	MHz	kW	regional
Ehrwald	98,6	0,062	Außerfern
Haiming	103,9	0,400	Oberland
Imst	104,7	0,089	Oberland
Innsbruck	92,9	0,320	Innsbruck
Inzing	104,3	0,400	Oberland
Jenbach	104,1	0,095	Innsbruck
Kufstein	90,0	0,080	Innsbruck
Landeck	107,1	0,320	Oberland
Mandarfen	99,8	0,044	Oberland
Pitztal	102,2	0,002	Oberland
Prutz	99,6	0,141	Oberland
Reutte	104,0	0,250	Außerfern
Sankt Anton (Arlberg)	101,8	0,158	Oberland
Vils	105,5	0,056	Außerfern
Wenns	102,2	0,024	Oberland
Wörgl	91,4	0,100	Innsbruck

Vorarlberg

Regionalrundfunk:

Antenne Vorarlberg

Gutenbergstraße 1, 6858 Schwarzach
Telefon: (0043-5572) 501 666, Fax: (0043-5572) 501 622
Internet: www.antenne.vol.at, **E-Mail:** hotline@antenne.vol.at
UKW-Sender:

Standorte	MHz	kW	
Bezau	102,7	0,12	(geplant)
Bludenz	101,1	1,50	
Bregenz/Pfänder	106,5	50,00	
Feldkirch	105,1	0,20	
Mittelberg	103,5	0,10	(geplant)

Lokalrundfunk:

Radio Proton

Jahngasse 10, 6850 Dornbirn
Telefon: (0043-5572) 20 17 77-10
Internet: www.radioproton.at, **E-Mail:** proton@radioproton.at
UKW-Sender: Bludenz 104,6 MHz (0,5 kW).

Wien

Lokalrundfunk:

98.3 Superfly.fm
Mariahilferstrasse 84 / 5 / 2, 1070 Wien
Telefon: (00 43 1) 961 983 0 – 0, Fax: (00 43 1) 961 983 0 – 28
Internet: www.superfly.fm, **E-Mail:** office@superfly.fm
UKW-Sender: Wien/Donauturm 98.3 MHz (0,38 kW)

Antenne Wien 102,5

Makartgasse 3, 1010 Wien
Telefon: (0043-1) 217 00-0, Fax: (0043-1) 217 00-719
Internet: www.antennewien.at, **E-Mail:** office@antennewien.at
UKW-Sender: St. Pölten (N), 96,3 MHz, 0,29 kW, Wien/Kahlenberg 102,5 MHz (10 kW)

Energy Wien 104,2

Gablenzgasse 11/4, 1150 Wien
Telefon: (0043-1) 98 160-0, Fax: (0043-1) 98 16 0-99
Internet: http://energy.at, **E-Mail:** radio@energy.at
UKW-Sender: Wien/Richtfunk-Arsenal 104,2 MHz (1 kW)

LoungeFM

Gonzagagasse 19/14, 1010 Wien
Telefon: (0043-720) 31 61 02 03, Fax: (0043-720) 31 61 02 93
Internet: www.lounge.fm, **E-Mail:** office@lounge.fm
Empfang über Digitalradio (DAB+): In Deutschland bundesweit auf Kanal 5A oder 5C.
UKW-Sender:

Bundesland	Standort	MHz	kW
K	Viktring	93,4	0,08
O	Gmunden	90,6	0,10
O	Linz	102,0	0,40
O	Steyr	99,4	0,01
O	Wels	95,8	0,10
S	Salzburg/Nonntal	95,2	0,022
S	Salzburg/Maria Plain	106,6	0,40
W	Raiffeisenhaus	103,2	0,40

NJOY Radio 91,3

Fabrikstraße 5/2, A-8530 Deutschlandsberg
Telefon: (0043 3462) 32 88 2 – 0, Fax: (0043 3462) 32 88 2 – 40
Internet: www.njoyradio.at, **E-Mail:** servicecenter@njoyradio.at
UKW-Sender: Deutschlandsberg 91,3 MHz (0,06 kW)
http://www.njoyradio.at/
http://91.121.103.196:8000/njoy.mp3

88.6 Der Musiksender

Heiligenstädter Lände 29, 1190 Wien
Telefon: (0043-1) 360 88-0, Fax: (0043-1) 360 88-209
Internet: www.radio886.at, **E-Mail:** webmaster@radio886.at
UKW-Sender: Wien/Kahlenberg 88,6 MHz (10 kW)

Radio Arabella 92.9

Altes AKH, Alserstraße 4, Hof 1/16, 1090 Wien
Telefon: (0043-1) 929 929-0, Fax: (0043-1) 929 929-201
Internet: www.radioarabella.at, **E-Mail:** office@radioarabella.at
UKW-Sender: Wien/Donauturm 92,9 Hz (3 kW)

Radio Maria

Pottendorferstraße 21, 1120 Wien
Telefon: (0043-1) 710 70 72-0, Fax: (0043-1) 710 70 72-40
Internet: www.radiomaria.at, **E-Mail:** kontakt@radiomaria.at
UKW-Sender:

Bundesland	Standort	MHz	kW
BZ (Italien)	Brenner	104,8	5,00
K	Spittal/Drau	99,3	0,20
N	Baden	93,4	0,40
N	St. Pölten	95,5	
N	Waidhofen a.d.Ybbs	104,7	0,45
T	Innsbruck	91,1	0,40
T	Jenbach	107,9	0,16
T	Mayrhofen	96,0	0,15

Regionalstudios in Amstetten, Innsbruck und Salzburg

Radio Orange 94.0

Klosterneuburger Str. 1, A-1200 Wien
Telefon: (0043-1) 319 09 99-0, Fax: (0043-1) 319 09 99-14
Internet: http://o94.at, **E-Mail:** office@o94.at
UKW-Sender: Wien/Donauturm 94,0 MHz (1 kW)

Radio Stephansdom

Stephansplatz 4, 1010 Wien
Telefon: (0043-1) 512 4040-0, Fax: (0043-1) 512 4040-3020
Internet: www.radiostephansdom.at, **E-Mail:** info@radiostephansdom.at
UKW-Sender: Wien/Donauturm 107,3 MHz (2 kW)

Polen

In Polen gibt es öffentlich-rechtlichen („Polskie Radio“) sowie kommerziellen Rundfunk.
Das erste Programm von Polskie Radio (Jedynka) ist das beliebteste Programm, das zweite Programm (Dwójka) ist ein Kulturradio. Das dritte Programm (Trójka) sendet Informationen, Reportagen und sehr gute Musik. Das vierte Programm (Polskie Radio Czwórka) enthält viele populärwissenschaftliche Beiträge sowie fremdsprachige Sendungen.
In 17 größeren Städten unterhält Polskie Radio Lokalradios.

Jedynka Polskie Radio

Al. Niepodległości 77/85, 00-977 Warszawa
Telefon: (+48 22) 645 91 15, Fax: (+48 22) 644 52 80
Internet: www.polskieradio.pl/jedynka/, E-mail: jedynka@polskieradio.pl

Dwójka Polskie Radio

Al. Niepodległości 77/85, 00-977 Warszawa
Telefon: (+48 22) 645 24 45
Internet: www.polskieradio.pl/dwojka/, E-mail: dwojka@polskieradio.pl

Trójka Polskie Radio

ul. Myśliwiecka 3/5/7, 00-950 Warszawa
Telefon: (+48 22) 645 55 47
Internet: www.polskieradio.pl/trojka/, E-mail: trojka@polskieradio.pl

Czwórka Polskie Radio

Al. Niepodległości 77/85, 00-977 Warszawa
Telefon: (+48 22) 645 99 44, Fax: (+48 22) 645 39 83
Internet: www.polskieradio.pl/czworka/, E-mail: czworka@polskieradio.pl

Merkury Polskie Radio

ul. Berwińskiego 5, 60-765 Poznań
Telefon: (+48 61) 664 49 00, FAX: (+48 61) 866 03 10
Internet: www.radiomerkury.pl, E-mail: office@radiomerkury.pl

Polskie Radio Szczecin

Al. Wojska Polskiego 73, 70-481 Szczecin
Telefon: (+48 91) 485 58 00, Fax: (+48 91) 485 59 20
Internet: www.radioszczecin.pl, E-mail: sekretariat@radioszczecin.pl

Polskie Radio Wrocław

ul. Karkonowska 10, 53-015 Wrocław
Telefon: (+48 71) 78 02 401, Fax: (+48 71) 339 33 58
Internet: www.prw.pl, E-mail: sekretariatzarzadu@prw.pl

Radio Zachód

ul. Kukułcza 1, 65-472 Zielona Góra
Telefon: (+48 68) 455 55 55
Internet: www.zachod.pl, E-mail: radio@zachod.pl

Im Grenzgebiet zu Polen sind etliche starke Sender von Polskie Radio zu empfangen. Diese können dem Frequenzverzeichnis entnommen werden.
In Polen existieren rund 100 kommerzielle Rundfunksender. Marktführer bei den privaten Sendern sind die landesweit verbreiteten Anbieter Radio ZET und RMF FM. Radio ZET gehört der internationalen Medienholding Eurozet (= Lagardère), RMF FM der deutschen Bauer Verlagsgruppe.
Ein dritter landesweit hörbarer Privatsender ist das von der katholischen Kirche betriebene Gebetsradio Radio Maryja. Schließlich ist noch zu erwähnen das Informationsradio TOK FM.

Radio ZET

ul. urawia 8, 00-503 Warszawa
Telefon: (+48 22) 583 33 00
Internet: www.radiozet.pl, E-mail: radiozet@radiozet.pl

Radio RMF FM

Kopiec Kociuszki, Al. Waszyngtona 1, 30-204 Kraków
Telefon: (+48 12) 662 20 00
Internet: www.rfm.fm, E-mail: redakcja@rmf.fm

Radio Maryja

ul. wirki i Wigury 80, 87-100 Toru
Telefon: (+48 56) 655 23 33, Fax: (+48 56) 655 23 33
Internet: www.radiomaryja.pl, E-mail: radio@radiomaryja.pl

Radio TOK FM

ul. Czerska 14, 00-732 Warszawa
Telefon: (+48 22) 555 51 00
Internet: www.tokfm.pl, E-mail: tok-fm@gazeta.pl

Diese Sender sowie die kleineren kommerziellen Lokalsender sind im nachfolgenden Frequenzverzeichnis enthalten, sofern sie zumindest im Grenzbereich zu Polen zu empfangen sind.
Eine sehr detaillierte Übersicht über polnische Rundfunksender ist im Internet abrufbar unter: http://radiopolska.pl/wykaz/polska.php.

Schweiz

Schweizer Radio und Fernsehen: Unter diesem Dach produzieren seit Anfang 2011 rund 2150 Mitarbeitende drei Fernseh- und sechs Radioprogramme sowie ergänzende Multimedia-Angebote. Mit vielfältigen und hochwertigen Programmen steht SRF im Dienst der Öffentlichkeit; die Inhalte richten sich an die gesamte Bevölkerung der Deutschschweiz. Als größte Unternehmenseinheit der SRG SSR ist SRF fest in der Gesellschaft verankert.
Den umfassenden, gesetzlich verankerten Leistungsauftrag setzt SRF auf verschiedenen Wegen um: mit sechs Radioprogrammen (DRS 1, DRS 2, DRS 3, DRS 4 News, DRS Musikwelle, DRS Virus) und drei Fernsehprogrammen (SF 1, SF zwei, SF info), einem ergänzenden Multimedia-Angebot (Websites, Teletext, Mobile-Services, Podcasts, Videoportal etc.) sowie dem Engagement für Swiss Satellite Radio (SSATR), HD suisse und 3sat.

Schweizer Radio und Fernsehen (SRF)

Fernsehstrasse 1-4, CH-8052 Zürich
Telefon: (0041-44) 305 11 11
Internet: www.srf.ch, **E-Mail:** kundendienst@srf.ch
Für den französischsprachigen Teil ist Radio Suisse Romande (RSR) mit den drei UKW-Programmen La Première, Espace 2 und Couleur 3 und dem Mittelwellenprogramm Option Musique zuständig.

Radio Suisse Romande (RSR)

40, Avenue du Temple, CH-1010 Lausanne
Telefon: (0041-21) 318-11 11, Fax: (0041-21) 625-37 19
Internet: www.rsr.ch, **E-Mail:** webmaster@rsr.ch

Um die italienische Schweiz kümmert sich die Rundfunkgesellschaft „Radiotelevisione della Svizzera Italiana“ (RSI) mit den drei UKW-Programmen Rete Uno, Rete Due und Rete Tre.

Radiotelevisione Svizzera Italiana (RSI)

Casella Postale, CH-6903 Lugano
Telefon: (0041-91) 803-51 11, Fax: (0041-91) 803-53 55
Internet: www.rtsi.ch, **E-Mail:** comunicazione@rtsi.ch

Für das Bündnerland (räto-romanische Schweiz) ist die RTR zuständig. Das dort ausgestrahlte UKW-Programm hat die Bezeichnung Radio Rumantsch.

Radio e Televisiun Rumantscha (RTR)

Via da Masans 2, Plazza dal teater, CH-7002 Cuira
Telefon: (00 41-81) 255 75 75, Fax: (00 41-81) 255 75 00
Internet: www.rtr.ch, **E-Mail:** info@rtr.ch

Verbreitung über DAB: Die Deutschschweizer Programmpalette ist auf Kanal 12C, die französische und italienische jeweils auf Kanal 12A zu empfangen.

UKW-Hörfunksender:
Die nachfolgende Frequenzliste enthält sowohl alle Großsender mit mehr als 10 kW Sendeleistung als auch wichtige Sender in der Nordschweiz, die für Hörer in Süddeutschland interessant sein könnten. Die anderen Sender des Alpenlandes haben in der Regel regionale oder lokale Bedeutung. Ausführliche Informationen mit einer Senderkarte der Schweiz verschickt das Bundesamt für Kommunikation, CH-2503 Biel (siehe auch: www.bakom.ch). Ein komplettes Verzeichnis aller Rundfunksender der Schweiz ist im Internet abrufbar unter: www.bakom.ch/de/funk/freq_plaene/rundfunk/index.html. Hilfreich sind auch www.broadcast.ch und www.empfang.ch.

Standorte	MHz	kW	Programm	Versorgungsgebiet
Bantiger	88,2	5,00	DRS 1	Bern und Umgebung
	93,2	5,00	DRS 2	
	99,3	5,00	DRS 3	
	95,1	5,00	La Première	
Chasseral	102,3	20,00	La Première	Westliches Mittelland
	100,3	20,00	Espace 2	
	104,2	20,00	Couleur 3	
	103,0	20,00	DRS 1	
	105,3	20,00	DRS 3	
	107,3	20,00	Rete Uno	
Froburg	96,0	1,20	DRS 1	Aargau, Teile von Jura
	98,7	1,20	DRS 2	
	91,3	1,20	DRS 3	
La Dôle	91,2	19,00	La Première	Genf
	100,1	19,00	Espace 2	
	105,6	19,00	Couleur 3	
Les Ordons	94,2	9,00	La Première	Kanton Jura
	99,6	9,00	Espace 2	
	104,8	9,00	Couleur 3	
Mte San Salvatore	88,1	17,00	Rete Uno	Luganer See
	91,5	17,00	Rete Due	
	106,0	17,00	Rete Tre	
	96,3	17,00	DRS 1	
	104,0	17,00	La Première	
Niederhorn	93,6	3,90	DRS 1	Bern, Mittel- und Oberland
	97,2	3,90	DRS 2	
	105,8	3,90	DRS 3	
Rigi	90,9	25,00	DRS 1	Zentralschweiz
	96,6	25,00	DRS 2	
	103,8	25,00	DRS 3	
	106,2	25,00	Rete Uno	
Säntis	101,5	60,00	DRS 1	Nordost-/Zentralschweiz
	95,4	60,00	DRS 2	
	105,6	60,00	DRS 3	
	99,9	60,00	La Première	

Standorte	MHz	kW	Programm	Versorgungsgebiet
	107,8	60,00	Rete Uno	
St. Chrischona	90,6	33,00	DRS 1	Basel
	99,0	33,00	DRS 2	
	103,6	33,00	DRS 3	
Uetliberg	94,6	1,80	DRS 1	Kanton Zürich und Umland
	99,6	1,80	DRS 2	
	105,8	1,80	DRS 3	
Vaduz (FL)	88,2	0,12	DRS 1	Reg. Ostschweiz
	91,7	0,12	DRS 2	
	98,6	0,12	DRS 3	
	94,1	0,12	Rete Uno	

UKW-Hörfunksender im Grenzgebiet zu Deutschland mit lokaler Bedeutung:
Nachfolgend sind nur solche Sender aufgelistet, die für Hörer im unmittelbaren Grenzgebiet zur Schweiz von Interesse sind.

Standorte	MHz	kW	Programm
Buchberg	88,5	0,100	DRS1
Eggberg (D)	106,4	0,250	DRS 1
Frick	102,9	0,030	DRS 1
	97,7	0,030	DRS 2
	91,2	0,030	DRS 3
Grellingen	90,3	0,400	DRS 1
	93,2	0,400	DRS 2
	97,6	0,400	DRS 3
Konstanz (D)	96,7	0,050	DRS 1
	95,6	0,050	DRS 3
Pfänder/Bregenz (A)	96,3	2,000	DRS 1
	97,7	2,000	DRS 2
	107,5	2,000	DRS 3
Reichenau (D)	92,9	0,050	DRS 1
	99,1	0,050	DRS 2
	104,2	0,050	DRS 3
Salen (D)	92,0	0,025	DRS 1
	97,7	0,025	DRS 2
	107,1	0,025	DRS 3
Schaffhausen	89,3	0,450	DRS 1
	99,6	0,450	DRS 2
	104,7	0,450	DRS 3
Schleitheim	88,6	0,020	DRS 1
	95,6	0,020	DRS 2
	106,4	0,020	DRS 3
St. Gallen	96,0	0,030	DRS 1
	104,1	0,030	DRS 2
	106,0	0,030	DRS 3
Waldshut (D)	102,0	0,500	DRS 1

(A): Sender in Österreich, (D): Sender in Deutschland

Privater Rundfunk

Die Privaten Rundfunksender der Schweiz versorgten ursprünglich maximal nur das Gebiet eines Kantons oder sogar auch nur Teile davon. Mittlerweile finden Fusionsprozesse statt, indem sich vermehrt Sender aus benachbarten Kantonen zusammenschließen.

So hört man beispielsweise im Norden der Schweiz (etwa vom Bodensee bis Zürich im Süden) Radio Top, das damit bereits vier komplette Kantone abdeckt. In der Ostschweiz vom Bodensee bis hinunter nach Chur im Kanton Graubünden ist Radio FM1 zu hören, und zwar ebenfalls im Bereich von nunmehr vier Kantonen. Im Fall von Radio FM1 werden die schrittweisen Fusionsprozesse sogar besonders deutlich: Der Sender entstand im Mai 2008 durch den Zusammenschluss der Sender „radio aktuell" und „Radio Ri", wobei Radio Ri seinerseits bereits eine Verschmelzung der einstigen Sender „Radio Gonzen" und „Radio Rheintal" war. Ob damit das Ende der Senderfusionen erreicht ist? Wahrscheinlich nicht.

Nachfolgend sind nur deutschsprachige Sender aufgelistet.

Canal 3

Robert-Walser-Platz z, 2501 Biel
Telefon: (0041-32) 327 60 60, Fax: (0041-32) 327 60 61
Internet: www.canal3.ch, **E-Mail:** red@canal3.ch
UKW-Sender:

Kanton	Standort	MHz	kW
BE	Arch	87,8	0,1
BE	Biel	98,6	0,1
BE	Mörigen	92,8	0,2

Energy Bern

Optingenstraße 56, 3013 Bern
Telefon: (0041-31) 340 50-50, Fax: (0041-31) 340 50-55
Internet: www.radiobe1.ch, **E-Mail:** info@radiobe1.ch
UKW-Sender:

Kanton	Standort	MHz	kW
BE	Bollingen	101,7	0,50
BE	Münsingen	96,3	0,15
BE	Urtenen	106,6	0,10

Energy Zürich

Kreuzstraße 26, Postfach 1258, 8032 Zürich
Telefon: (0041-44) 250 90-00, Fax: (0041-44) 250 90-01
Internet: www.energyzueri.ch, **E-Mail:** redaktion@energyzueri.ch
UKW-Sender:

Kanton	Standort	MHz	kW
ZH	Oerlikon	91,7	0,15
ZH	Uster	105,2	0,40
ZH	Zürich	100,9	0,30

FM1

Bionstraße 4, 9001 St. Gallen
Telefon: (0041-71) 272 22 72, Fax: (0041-71) 272 22 73
Internet: www.radiofm1.ch, **E-Mail:** kontakt@radiofm1.ch
RDS: __FM1___
bei Regionalisierung: FM1_NORD bzw. FM1_SUED
UKW-Sender:

Kanton	Standort	MHz	kW	Region
AP	Appenzell	99,2	0,10	Nord
AP	Bruelisau	103,2	0,05	Nord
AR	Herisau	105,2	0,12	Nord
AR	Speicher	97,5	0,20	Nord
AR	Teufen	88,0	0,01	Nord
AR	Urnäsch	102,8	0,10	Nord
GR	Bad Ragaz	92,7	3,00	Süd
LIE	Vaduz	87,8	1,00	Süd
SG	Alt St. Johann	100,4	0,10	Nord
SG	Buchs	99,1	0,20	Süd
SG	Ebnat Kappel	96,8	0,10	Nord
SG	Hemberg	97,5	0,05	geplant
SG	Luetisburg	90,1	0,05	geplant
SG	Mogelsberg	99,5	0,05	geplant
SG	Rorschacherberg	89,3	0,80	Nord
SG	Rüthi	100,8	0,60	Süd
SG	St. Gallen	92,9	0,30	Nord
SG	St. Margarethen	87,8	0,05	Süd
SG	Thal	99,7	0,05	Süd
SG	Thal	103,9	0,05	Süd
SG	Vilters	97,9	0,10	Süd
SG	Waldstatt	94,6	0,10	Nord
SG	Walenstadtberg	91,8	0,40	Süd
SG	Widnau	93,7	0,05	Süd
SG	Will	91,8	0,10	Nord
ZH	Feusisberg	106,5	0,50	Nord

Regionalstudio Süd:
FM1-Studio Buchs, Bahnhofstraße 14, 9471 Buchs SG
Telefon: (0041-81) 750 03 03, Fax: (0041-81) 750 03 04

Kanal K

Rohrer Straße 20, Postfach 2115, 5001 Aarau
Telefon: (0041-62) 834 90-70, Fax: (0041-61) 834 90-74
Internet: www.kanalk.ch, **E-Mail:** admin@kanalk.ch
UKW-Sender:

Kanton	Standort	MHz	kW
SO	Dulliken	103,4	0,10
AG	Ennetbaden	92,2	0,05
AG	Mörigen	94,9	0,50

LoRa

Alternatives Lokalradio, Militärstraße 85A, 8004 Zürich
Telefon: (0041-44) 567 24 11, Fax: (0041-44) 567 24 17
Internet: www.lora.ch, **E-Mail:** lora@lora.ch
UKW-Sender: Zürich 97,5 MHz (1 kW)

Radio 1

Hottingerstraße 10, 8032 Zürich
Telefon: (0041-1) 208 11 11, Fax: (0041-1) 208 11 10
Internet: www.radio1.ch, **E-Mail:** info@radio1.ch
UKW-Sender:

Kanton	Standort	MHz	kW
AG	Geltwil	87,6	0,50
GL	Ennenda	96,4	0,20
GL	Mollis	97,3	0,50
GL	Walenstadtberg	96,4	0,40
SH	Neuhausen	93,2	0,20
ZH	Felsenegg	93,6	0,20
ZH	Winterthur	102,0	0,20
ZH	Zürich	94,2	0,40

Radio 24

Limmatstraße 183, 8031 Zürich
Telefon: (0041-44) 448 24-24, Fax: (0041-44) 448 24-25
Hörertelefon: 0848 24 00 24
Internet: www.radio24.ch, **E-Mail:** info@radio24.ch
UKW-Sender:

Kanton	Standort	MHz	kW
AG	Geltwil	92,3	0,50
GL	Ennenda	99,4	0,20
GL	Mollis	87,6	0,50
SH	Buchberg	92,1	1,00
SH	Neuhausen	96,9	0,20
SZ	Feusisberg	96,1	0,50
ZH	Uster	98,8	0,40
ZH	Winterthur	98,1	0,20
ZH	Zürich	102,8	1,00
ZH	Zürich	90,0	0,10

Radio 32

Niklaus-Konrad-Straße 26, Postfach 611, 4501 Solothurn
Telefon: (0041-32) 625 82-20, Fax: (0041-32) 625 82-35
Internet: www.radio32.ch, **E-Mail:** radio32@radio32.ch
UKW-Sender:

Kanton	Standort	MHz	kW
AR	Aarau	97,7	0,10
BE	Dornegg	88,9	4,00
SO	Balsthal	90,3	0,10

Kanton	Standort	MHz	kW
SO	Dulliken	97,3	0,10
SO	Oberbuchsiten	87,8	0,20
SO	Solothurn	92,2	0,50
SO	Welchenrohr	93,6	0,05

Radio 3fach

Zürichstraße 49, 6004 Luzern
Telefon: (0041-41) 417 00-70, Fax: (0041-41) 417 00-72
Internet: www.3fach.ch, **E-Mail:** post@3fach.ch
UKW-Sender: Luzern 97,7 MHz (0,2 kW) und 96,2 MHz (0,07 kW)

Radio 105

Leutschenbachstraße 95, 8050 Zürich
Telefon: (0041-44) 445 78 78, Fax: (0041-44) 445 78 79
Internet: www.105.ch, **E-Mail:** mailbox@105.ch
UKW-Sender: Zürich-Werdstraße 105,0 MHz (0,15 kW), Zürichberg 93,0 MHz (0,4 kW)

Radio Argovia

Bahnhofstraße 41, 5001 Aarau
Telefon: (0041-58) 200 45-45, Fax: (0041-58) 200 45-90
Internet: www.argovia.ch, **E-Mail:** redaktion@argovia.ch
UKW-Sender:

Kanton	Standort	MHz	kW
GL	Ennenden	89,7	0,20
GL	Matt	91,1	0,05
GL	Mollis	95,9	0,50
GL	Weesen	104,6	0,20
SG	Benken	102,2	0,05
SH	Neuhausen	90,6	0,20
ZH	Bauma	92,2	0,03
ZH	Buchberg	101,2	0,80
ZH	Felsenegg	96,1	0,60
SZ	Feusisberg	88,4	0,50
ZH	Geltwil	104,7	0,50
ZH	Hinwil	107,4	0,50
ZH	Uetliberg	106,7	1,80
ZH	Zürich	100,4	0,35

Radio Basel

Münchensteiner Straße 41, 4052 Basel
Telefon: (0041-61) 366 6000, Fax:: (0041-61) 366 6010
Internet: www.radiobasel.ch, **E-Mail:** feedback@radiobasel.ch

UKW-Sender:

Kanton	Standort	MHz	kW
BL	Grellingen	95,9	0,40
BL	Liestal	93,0	0,60
BL	Sissach	88,4	0,30
BL	St. Chrischona	101,7	4,00
AR	Frick	88,2	0,03

Radio Basilisk

Basler Medienhaus, Marktgasse 8, 4001 Basel
Telefon: (0041-61) 269 69-69, Fax: (0041-61) 269 69-70
Internet: www.basilisk.ch, **E-Mail:** redaktion@basilisk.ch
UKW-Sender:

Kanton	Standort	MHz	kW
BL	Grellingen	88,8	0,40
BL	Liestal	102,3	0,60
BL	Sissach	106,9	0,30
BL	St. Chrischona	107,6	4,00
AR	Frick	93,2	0,03

Radio BeO

Radio Berner Oberland AG, Aareckstraße 6, 3800 Interlaken
Telefon: (0041-33) 888 88-10, Fax: (0041-33) 888 88-15
Internet: www.radiobeo.ch, **E-Mail:** info@radiobeo.ch
UKW-Sender:

Kanton	Standort	MHz	kW
BE	Adelboden	95,7	0,10
BE	Brienz	94,9	0,50
BE	Grindelwald	95,9	0,05
BE	Interlaken	96,8	0,02
BE	Kandersteg	95,4	0,05
BE	Lauterbrunnen	95,9	0,05
BE	Lenk	95,7	0,10
BE	Reichenbach	88,8	0,40
BE	Saanen	91,5	0,10
BE	Thun	88,8	0,50

Radio Bern1

Espace Media Radio AG, Dammweg 9, Postfach 7673, 3001 Bern
Telefon: (0041-31) 327 11-11, Fax: (0041-31) 327 11-61
Internet: www.radiobern1.ch, **E-Mail:**
UKW-Sender:

Kanton	Standort	MHz	kW
BE	Bollingen	97,7	0,5
BE	Urtenen	98,4	0,1

Radio Central

Bahnhofplatz 19, Postfach 464, 6440 Brunnen
Telefon: (0041-41) 825 44 44, Fax: (0041-41) 825 44 56
Internet: www.radiocentral.ch, **E-Mail:** studio@radiocentral.ch
UKW-Sender:

Kanton	Standort	MHz	kW
GL	Ennenda	97,7	0,20
GL	Matt-Hoschet	89,3	0,05
GL	Mollis	88,7	0,50
LU	Geuensee	93,0	0,25
LU	Kriens	100,1	1,00
LU	Werthenstein	93,2	0,05
LU	Willisau	94,8	0,03
NW	Alpnach	103,0	1,50
NW	Ennetbürgen	101,8	0,20
NW	Hergiswil	87,6	0,01
OW	Engelberg	107,6	0,05
OW	Sarnen	99,0	0,20
OW	Stans	93,6	0,04
SG	Weesen	92,1	0,20
SZ	Einsiedeln	94,4	0,13
SZ	Feusisberg	91,3	0,50
SZ	Ingenbohl	102,6	2,00
SZ	Oberiberg	107,1	0,02
SZ	Rothenthurm	106,9	0,16
SZ	Schwyz	97,7	0,05
SZ	Wangen	89,4	0,20
UR	Amsteg	102,2	0,10
UR	Andermatt	101,8	0,16
UR	Attinghausen	103,0	0,40
UR	Realp	98,7	0,10
UR	Seelisberg	98,8	0,08
UR	Spiringen	97,7	0,05
ZG	Menzingen	89,6	0,05
ZG	Root	99,2	1,50
ZG	Zug	99,2	0,25

Radio Engiadina

Cho d'Punt 57, 7503 Samedan
Telefon: (0041-81) 851 19 90, Fax: (0041-81) 851 19 91
Internet: www.radioengiadina.ch, **E-Mail:** info@radioengiadina.ch
UKW-Sender:

Kanton	Standort	MHz	kW
GR	Bondo	104,7	0,10
GR	Celerina	97,0	0,40
GR	Poschiavo	93,0	0,03
GR	Ravaisch	94,4	0,02

Kanton	Standort	MHz	kW
GR	Santa Maria	97,0	0,10
GR	Stampa	98,2	0,17
GR	Stampa	98,6	0,01
GR	Tarasp	97,0	0,20
GR	Tschlin	100,1	0,05
GR	Zernez	98,0	0,05

Radio Grischa

Comercialstraße 22, 7007 Chur
Telefon: (0041-81) 255 77 33, Fax: (0041-81) 255 51 99
Internet: www.radiogrischa.ch, **E-Mail:** info@radiogrischa.ch
UKW-Sender:

Kanton	Standort	MHz	kW
GR	Arosa	98,5	0,08
GR	Avers	87,9	0,05
GR	Bad Ragaz	107,0	3,00
GR	Bergün	102,3	0,03
GR	Chur	99,2	0,10
GR	Crap Sogn Gion	105,0	0,20
GR	Davos	97,2	0,09
GR	Disentis	107,0	0,05
GR	Feldis	95,1	0,12
GR	Klosters	99,7	1,20
GR	Lenzerheide	89,8	1,00
GR	Lohn	89,3	0,10
GR	Piz Mundaun	107,4	0,20
GR	Präz	100,2	0,05
GR	Ruschein	89,6	0,60
GR	Safien	89,4	0,08
GR	Sedrun	95,0	0,05
GR	Sils i.D.	94,5	0,04
GR	Splügen	102,7	0,05
GR	Tiefencastel	106,2	0,13
GR	Vals	102,4	0,03

Radio Munot

Bachstraße 29a, Postfach 1226, 8201 Schaffhausen
Telefon: (0041-52) 624 76 90, Fax: (0041-52) 624 30 08
Internet: www.radiomunot.ch, **E-Mail:** redaktion@radiomunot.ch
UKW-Sender:

Kanton	Standort	MHz	kW
SH	Altdorf	104,1	0,03
SH	Hallau	107,5	0,02
SH	Schaffhausen	91,5	0,50
TG	Stein a. Rhein	105,9	0,05

Radio Neo 1

Dorfstraße 29, 3550 Langnau
Telefon: (0041-34) 409 19 20, Fax: (0041-34) 409 19 24
Internet: www.radioneo1.ch, **E-Mail:** info@radioneo1.ch
UKW-Sender:

Kanton	Standort	MHz	kW
BE	Eggiwil	88,4	0,03
BE	Huttwil	98,3	0,02
BE	Konolfingen	94,1	0,02
BE	Langnau	106,0	0,15
BE	Niederhüningen	103,6	0,20
BE	Oberburg	98,9	0,10
BE	Sumiswald	104,6	0,02
BE	Trub	94,1	0,05
BE	Willisau	92,4	0,03
LU	Escholzmatt	100,0	0,02
LU	Schüpfheim	98,1	0,10
LU	Werthenstein	102,0	0,05

Radio Pilatus

Löwencenter, Zürichstr. 5, Postfach 4140, 6004 Luzern
Telefon: (0041-41) 418 77 00, Fax: (0041-41) 418 77 11
Internet: www.radiopilatus.ch, **E-Mail:** office@radio-pilatus.ch
UKW-Sender:

Kanton	Standort	MHz	kW
LU	Dagmersellen	92,8	0,20
LU	Ennetbürgen	93,9	0,14
LU	Ennetmoos	104,4	0,40
LU	Escholzmatt	89,0	0,10
LU	Geuensee	104,4	0,25
LU	Kriens	92,0	0,10
LU	Kriens	104,9	1,00
LU	Schüpfheim	87,6	0,30
LU	Sursee	95,6	0,30
LU	Werthenstein	106,5	0,05
LU	Willisau	100,7	0,03
OW	Engelberg/Waldegg	104,4	0,10
OW	Engelberg-Wolfenschiessen	104,6	0,05
OW	Sarnen	103,4	0,20
SZ	Ingenbohl	103,4	0,30
SZ	Rigi	95,7	1,00
UR	Seelisberg	92,8	0,20
ZG	Menzingen	104,3	0,05

Radio RaBe
Randweg 21, 3013 Bern
Telefon: (0041-31) 330 99 9-0, Fax: (0041-31) 330 99 9-2
Internet: www.rabe.ch, **E-Mail:** rabe@rabe.ch
UKW-Sender: Bern 95,6 MHz (0,5 kW)

Radio Stadtfilter
Turnerstraße 1, 8400 Winterthur
Telefon: (0041-52) 203 31 72
Internet: www.stadtfilter.ch, **E-Mail:** info@stadtfilter.ch
UKW-Sender: Winterthur 96,9 MHz (0,15 kW)

Radio Sunshine
Industrie West, Erlenstraße 2, Postfach, 6343 Rotkreuz
Telefon: (0041-41) 798 88 88, Fax: (0041-41) 798 88 70
Internet: www.sunshine.ch, **E-Mail:** info@sunshine.ch
UKW-Sender:

Kanton	Standort	MHz	kW
LU	Aegeri	88,0	4,50
LU	Dagmersellen	99,5	0,20
LU	Engelberg	93,9	
LU	Ennetbürgen	91,3	0,20
LU	Kriens	90,0	0,20
LU	Kriens	93,4	0,50
LU	Lopper	99,6	1,50
LU	Menzingen	93,3	0,05
LU	Sempach	88,8	0,25
LU	Sursee	94,2	0,30
LU	Urmiberg	90,0	0,30
LU	Werthenstein	99,6	0,05
LU	Widen-Michel	88,8	2,00
LU	Willisau	88,8	0,03
LU	Zug	88,0	0,28
ZG	Einsiedeln	88,8	0,03
ZG	Seelisberg	99,6	0,08

Radio Top
Erlenhof, Gertrudstraße 1, Postfach 2299, 8401 Winterthur
Telefon: (0041-52) 244 88 00, Fax: (0041-52) 244 88 01
Internet: www.toponline.ch, **E-Mail:** info@toponline.ch
UKW-Sender:

Kanton	Standort	MHz	kW	Regional
SG	Alt Sankt Johann	97,7	0,10	St. Gallen
SG	Ebnat-Kappel	99,1	0,10	St. Gallen
SG	Gossau	87,9	0,01	St. Gallen

Kanton	Standort	MHz	kW	Regional
SG	Rorschacherberg	104,7	0,30	St. Gallen
SG	Sankt Gallen	88,5	0,25	St. Gallen
SG	Sankt Gallen	90,0	4,00	Thurgau
SG	Wil	93,1	0,10	St. Gallen
SH	Schaffhausen	103,3	0,20	St. Gallen
SZ	Feusisberg	95,0	0,50	St. Gallen
TG	Kreuzlingen	99,5	0,10	Thurgau
TG	Reutenen	100,2	0,50	Thurgau
ZH	Bauma	93,6	0,03	Zürich
ZH	Elgg	97,5	0,20	Thurgau
ZH	Flurlingen	98,9	0,20	Zürich
ZH	Niederhasli	99,1	0,08	Zürich
ZH	Weisslingen	97,3	0,05	Zürich
ZH	Wiesendangen	88,2	0,20	Zürich
ZH	Wildberg	96,8	0,05	Zürich
ZH	Winterthur	103,5	0,20	Zürich
ZH	Zürich	104,5	0,20	Zürich

Verbreitung über DAB: Radio TOP TWO auf DAB+

Radio X

Dreispitzareal, Tor 13, Oslostraße 10, 4142 Münchenstein
Postanschrift: Postfach, 4023 Basel
Telefon: (0041-61) 500 2400, Fax: (0041-61) 500 2424
Internet: www.radiox.ch, **E-Mail:** rx@radiox.ch
UKW-Sender: Bettingen 94,5 MHz (0,9 kW), Liestal 93,6 MHz (0,6 kW)

Radio Zürisee

Bahnhofplatz 1, Postfach, 8640 Rapperswil
Telefon: (0041-55) 222 52 22, Fax: (0041-55) 222 52 20
Internet: www.radio.ch, **E-Mail:** radio@radio.ch
UKW-Sender:

Kanton	Standort	MHz	kW
GL	Ennenden	89,7	0,20
GL	Matt	91,1	0,05
GL	Mollis	95,9	0,50
GL	Weesen	104,6	0,20
SG	Benken	102,2	0,05
SH	Neuhausen	90,6	0,20
ZH	Bauma	92,2	0,03
ZH	Buchberg	101,2	0,80
ZH	Felsenegg	96,1	0,60
SZ	Feusisberg	88,4	0,50
ZH	Geltwil	104,7	0,50
ZH	Hinwil	107,4	0,50
ZH	Uetliberg	106,7	1,80
ZH	Zürich	100,4	0,35

toxic.fm

Bionstraße 3, 9015 St. Gallen
Telefon: (0041-71) 245 02 20, Fax: (0041-71) 245 03 20
Internet: www.toxic.fm, **E-Mail:** info@toxic.fm
UKW-Sender: St. Gallen 107,1 MHz (0,15 kW)

Stimme Russlands (Golos Rossi)

Sendet in der Schweiz über einen Mittelwellensender. Details siehe Seite 145.

Tschechien

In der Tschechischen Republik gibt es vier über UKW verbreitete öffentlich-rechtliche Rundfunkprogramme. Das erste Programm ist ein Nachrichtensender mit der Bezeichnung „Radiožurnál". Das zweite Programm mit Namen „Dvojka" ist ein Familiensender (Politik, Publizistik, Wissenschaft und Religion).
Das dritte Programm nennt sich „Vltava". Dort hört man überwiegend klassische Musik und kulturelle Themen. Das vierte „Radio Wave" ist ein Jugendprogramm mit viel Popmusik.
ČRo Rádio Česko (www.radiocesko.cz) ist über zwölf eher leistungsschwache Sender zu hören. Es teilt sich die Sendezeit mit dem BBC World Service.
Darüber hinaus betreibt der Tschechische Rundfunk elf regionale Radiosender (wie etwa ČRo Brno, bzw. ČRo Pilzeň).

Český Rozhlas
Vinohradská 12, 120 99 Praha 2
Telefon: (+ 420) 221 551 111, Fax: (+420) 221 551 342
Internet: www.rozhlas.cz/english/portal, E-Mail: info@rozhlas.cz

Český Rozhlas Radiožurnál
Vinohradská 12, 120 99 Praha 2
Telefon: (+420) 221 552 127, Fax: (+420) 221 552 150
Internet: www.rozhlas.cz/radiozurnal/

Český Rozhlas Dvojka
Vinohradská 12, 120 99 Praha 2
Telefon/Fax (+420) 221 552 522
Internet: www.rozhlas.cz/praha/

Český Rozhlas Vltava
Vinohradská 12, 120 99 Praha 2
Telefon/Fax: (+420) 221 552 601
Internet: www.rozhlas.cz/vltava/

50 Jahre Radiohören

Eine nostalgische Zeitreise

Von Thomas Lustig

2013 ist für die Medienwelt ein bedeutendes Jubiläumsjahr. Vor 50 Jahren begannen das ZDF und das Schweizer Fernsehen ihr Programm, die Fußball-Bundesliga ging an den Start, Kennedy hielt im Juni 1963 seine berühmte Berlin-Rede und fiel im November des gleichen Jahres einem Attentat zum Opfer, in Niedersachsen überlebten verschüttete Bergleute nach einer dramatischen Rettungsaktion - Anlässe für zahlreiche Sondersendungen und rückblickende Pressepublikationen.
1963 - für uns der Ausgangspunkt für einen Schnelldurchgang durch 50 Jahre Radio mit alten Ausgaben der HÖRZU und persönlichen Erinnerungen.

Bange Stunden im Kalten Krieg

▲ *Kurt Brumme*

Herbert Zimmermann ▶

▼ *Werner Höfer*

Gerd Ruge ▶

◀ ***Das Titelbild einer 50 Jahre alten Ausgabe der Zeitschrift HÖRZU.***

In der ersten Hälfte der 60er Jahre des vorigen Jahrhunderts nahmen trotz eingesetzten TV-Booms Millionen Menschen das Weltgeschehen noch weitgehend hörend wahr. Berlin-Krise und Mauerbau, Kennedy und Kuba-Krise, das „Wunder von Lengede“ oder Kölner und Dortmunder Fußball-Schlachten gegen Liverpool mit Kurt Brumme („Ich sitze auf einem glühenden Ofen“) und das Wembley-Tor im WM-Endspiel 1966 mit der Radio-Legende Herbert Zimmermann am Mikrofon - so manch bange Stunde gab es für Radiohörer in jenen Tagen des Kalten Krieges zwischen Ost und West. Der NDR brachte seit Ende der 50er Jahre in seinem gemeinsam mit dem WDR gestalteten ersten Programm den „Blickpunkt Berlin“ (montags bis freitags um 1830 Uhr), eine Sendereihe, die erst 1967 eingestellt werden sollte. Und im anschließenden, noch heute ausgestrahlten „Echo des Tages“, moderierten so bekannte Journalisten wie Werner Höfer und Gerd Ruge und Moskau-Korrespondent Erwin Behrens sandte mit seiner tiefen, leicht furchteinflößenden Stimme Hiobsbotschaften aus dem Kreml.
Viele weitere zeittypische lang laufende Radio-Reihen entstanden: „Wettkampf der Systeme“, „Wir sprechen zur Zone“, „Unteilbares Deutschland“, „Die totale Welle - Rundfunk der Zone kritisch gehört“ (NWDR); „Deutsche Fragen“ (HR); „Für Mitteldeutschland“ (SWF); „Hier spricht Berlin“ (SFB); „Für Bewaffnete am Stacheldraht“ (RIAS). Der RIAS mit seinen Sendern in Berlin und Hof wurde nach der Aufgabe der VoA-Langwelle auf seinen MW-Frequenzen durchgehend von der DDR gestört. Beim täglichen Frequenzwechsel (683/737 bzw. 854 und 989 kHz) ließ sich erleben, wie die Jammer sofort nachzogen. Erst mit dem neuen Wellenplan 1978 wurden diese Störungen eingestellt.

Die HÖRZU kostete 1963 60 Pfennig, hatte eine Auflage von mehr als vier Millionen Auflage und versprach auf der Titelseite Woche für Woche die Darstellung der „Europa-Programme“. Dieses Versprechen wurde auf zwei großformatigen Radio-Seiten pro Tag eingelöst. Die heute im Aussterben begriffene Mittelwelle erfreute sich trotz fortschreitender UKW-Versorgung immer noch größerer Beliebtheit, und das nicht nur bei West-Hörern im Osten. HÖRZU lud 1963 in seiner westdeutschen Ausgabe dazu ein, Chansons auf

France Inter (schon damals auf LW 164 kHz), Hörspiele aus Beromünster (MW 529 kHz) oder ein Quiz aus London über „BBC Home“ (dem Vorgänger von Radio 4, MW 1152 kHz) einzuschalten. Die heute via Satellit und Internet selbstverständliche internationale Vielfalt war damals natürlich nur auf Lang-, Mittel- und Kurzwelle zu haben.

Die 60er (1): Vom Kästchenprogramm zur Magazinstruktur

Typisch für das Radioprogramm der 50er und 60er Jahre war ein kleinschrittiges Kästchen-Schema, das die verschiedenen Abteilungen der Funkhäuser mit kurzen, sich abwechselnden Wort- und Musikbeiträgen füllten. Eine ansatzweise vergleichbare Struktur gibt es heute noch beim ORF-Kultursender Ö1. Bis zur Einführung des Morgenmagazins „Heute morgen - Noten und Notizen zum Tage“ 1967 bot beispielsweise das zweite WDR-Programm folgenden Verlauf, wobei die Musik- und Wortbeiträge sogar noch von Tag zu Tag variieren konnten:

6.00 Morgenandacht. 6.05 Volksmusik aus Ostpreußen/Tänze vom Niederrhein. 6.25 Morgengymnastik. 6.30 Nachr. 6.40 Marktberichte. 6.45 Blasmusik. 7.20 Frauenfunk. 7.30 Nachr. 7.35 Musikalisches Mosaik. 8.00 Herzlichen Glückwunsch. 8.25 Aus dem sozialen Leben. 8.30 Nachr. 8.40 Morgenandacht.

Gebrochen wurde mit diesem Kästchen-Prinzip meist nur im Abendprogramm - für große Opern, Sinfoniekonzerte, Hörspiele oder öffentliche Veranstaltungen. Diese „bunten Abende“ boten Kabarett und Komik, Show und Quiz (etwa Rosenthals „Wer fragt, gewinnt“ oder „Allein gegen Alle“), gelegentlich aber auch soziale und politische Denkanstöße (z.B. den „Abend für junge Hörer“ des NDR). Im Sommer gab es sogar auch morgens eine „Live-Show“: Der „Frankfurter Wecker“ des HR reiste durchs Land, TV-Stars wie Kulenkampff und Schenk sangen das „Guten Morgen“-Lied und präsentierten vor Ort montags bis freitags ab 6.30 Uhr 90 Minuten lang Musik und prominente Gäste. Da sich häufig NDR und SDR anschlossen, wurde die Sendung weit über Hessen hinaus in halb Deutschland bekannt und beliebt. An Wochenenden wurde die Sport-Berichterstattung immer wichtiger, und aus zunächst recht kurzen Sendungen wie „Fußball-Bundesliga heute“ wurden am Samstagnachmittag mehrstündige

Hans Rosenthal

Großformate wie das bereits in den 50ern als Sonntagssendung etablierte „Sport und Musik“ (SR, SWF, WDR) oder „Heute im Stadion“ (BR).

Das erste vollwertige Magazinprogramm mit der typischen Mischung aus Aktualitäten und zunächst fast nur instrumentaler Musik (man fürchtete von Liedtexten ausgehende unpassende Assoziationen) war die „RIAS-Rundschau“, zunächst nur für zweieinhalb Stunden am Morgen, später auch am Mittag und frühen Abend. Dieses Vorbild stand wohl Pate bei der Geburt des WDR2-Mittagsmagazins 1965, auf das zwei Jahre später das Morgenmagazin folgte. Weitere Sender wie der SWF („Heute Mittag“), HR („Passiert - notiert“) und SR (Abendmagazin „Zwischen heute und morgen“) zogen nach, und Radio DDR ging im Staat der Werktätigen mit seinem Morgen-magazin bereits um 4.00 Uhr auf Sendung.
Die auch durch die zunehmende Mobilität der Hörer verstärkte Entwicklung des Radios weg vom herkömmlichen Einschaltmedium zum Nebenhör- und Begleitmedium führte vielerorts zu einer bis heute ständig weiter ausgebauten Magazin-Struktur (etwa „Bayern1 am Morgen/Mittag/Nachmittag“, „WDR2 Morgen/Mittags/Abendmagazin“, „hr1 16-19“). Dies ging bei Pop- und Jugendwellen zum Teil soweit, dass der gesamte Sendetag als ein durchlaufendes Magazin präsentiert wurde (DasDing mit..., EinsLive 0-24). Seltener findet sich die aus dem anglo-amerikanischen Raum übernommene Benennung längerer Sendestrecken nach dem Namen des Moderators (HR1: „Reinke am Samstag“, HR3: „Bärbel Schäfer live“, WDR:“1Live Frau Heinrich“).
Die Klassik- und Kulturwellen blieben von diesem Magazin-Trend zunächst verschont, wurden aber wohl auch unter dem Einfluss des privaten „Klassik Radio“ in den letzten Jahren stärker erfasst. Neben den recht einfallslosen, tages-zeitorientierten Programmtiteln („Kulturradio am Morgen/Nachmittag/Abend“) ist hier aber eine Bemühung um mehr Originalität zu erkennen (HR: „Libretto“, „Fidelio“, NDR: „Klassisch unterwegs“, DR Kultur: „Radiofeuilleton“). Die einheitliche Durchformatierung der Programme führte jedoch dazu, dass jahrzehntelang bewährte und beliebte Titel und Sendungen wie „Musikjournal“ (Bayern 1), „Klassik zum Frühstück“ (SFB/RBB) oder „Kritisches Tagebuch“ (WDR) nicht gehalten werden konnten.

Die 60er (2):Pop-Evolutionen

Das Radio-Musikprogramm der 50er und 60er Jahre prägten Operettenklänge, Volksmusik, deutsche Schlager und vor allem die sogenannte gehobene Tanz- und Unterhaltungsmusik. Diese bot mit ihren zahlreichen Instrumentalstücken den hauseigenen ARD-Orchestern ein reiches Betätigungsfeld und dominierte beispielsweise im NDR ganze Programmstrecken mit „Konzert zur Unterhaltung“, „Musik zur Mittagspause“, „Musik zum Feierabend“ oder „Aus dem NDR-Tanzstudio“. Beliebt waren auch Hauspianisten wie Wolfgang Sauer im WDR („Sauer macht lustig“) oder Gerhard Gregor an der großen Hamburger Funk-Orgel mit eigenen Sendungen. Geboten wurden

Wolfgang Sauer

Gerhard Gregor

▲ **Hans Verres**

◀ **Chris Howland, Bild: WDR/Privat**

kleine Stücke und Orchester-Suiten, wie etwa Hans Carstes „Fantasie für Hammondorgel", deren furioser Schluss als Kennmelodie der Tagesschau berühmt wurde.

Wie man in der heutigen Radiolandschaft die damals so viel gespielte Unterhaltungsmusik kaum noch findet, so musste man vor 50 Jahren mit der Lupe nach Popmusik-Angeboten suchen. Umso mehr schätzte man einzelne Sendungen wie den im Deutschlandfunk bereits zum Sendestart 1962 etablierten, täglichen „Aktuellen Plattenteller", Hans Verres im HR mit seiner „Frankfurter Schlagerbörse" oder „Aus der Carnaby Street", einen Vorläufer der späteren „Diskothek im WDR" mit Mal Sandock. Last but not least war da noch ein gewisser Chris Howland alias Heinrich Pumpernickel, der beim WDR und - weniger bekannt - auch im DLF in den 50er und 60er Jahren regelmäßig auflegte.

Nur zögerlich und zaghaft räumten die ARD-Anstalten der englischsprachigen Rock- und Popmusik eigene Programmplätze ein, während die alten Genres Jazz und Swing traditionell über mehr Sendezeit verfügten. Kein Wunder, wenn junge Hörer sich scharenweise den Piraten, Soldatensendern und den deutschen und englischen Programmen aus Luxemburg zuwandten. 1964/65 wurde der werktägliche „Fröhliche Feierabend mit volkstümlichen Melodien“ im zweiten HR-Programm von 90 auf 30 Minuten gekürzt, dies zunächst aber nur einmal in der Woche, um Platz zu schaffen für Sendungen wie „Beat-Club“, „Wir bitten zum Beat“ und später „Teens-Twens-Top-Time“ mit dem aus Luxemburg gewechselten „Atze“ (Hans Carl Schmidt). Auch der Südwestfunk brachte seine „Stars und Hits - eine internationale Schlagerschau“ anfangs nur einmal wöchentlich.
Etwas progressiver gaben sich da der Südfunk Stuttgart (SDR) mit seinem „Club 19“ an sechs Wochentagen um 1900 Uhr und der NDR mit seiner werktäglichen, am Samstagabend verlängerten „Musik für junge Leute“.1965 führte der SR im Umbau seines ersten Programms zur Europawelle Saar und in starker Konkurrenz zum Luxemburger Nachbarn das tägliche Wunschkonzert „Hallo Twen“ ein. Spätere TV-Stars wie Manfred Sexauer („Musikladen“) und der von RTL gewechselte Dieter „Thomas“ Heck mit dem Radio-Vorläufer seiner ZDF-Hitparade moderierten. Beim Münchner BR sollte es noch einige Jahre dauern, bis mit „Club 16“ eine tägliche, jugendorientierte Musiksendung ins Programm kam; in Berlin begannen „S-f-Beat“ vom SFB und der „RIAS-Treffpunkt“ erst 1967/68 und noch später ging der „Fünf-Uhr-Club“ in Hamburg auf Sendung.

Die 70er(1): Neue Wellen für Service und Jugend

Der wirkliche Durchbruch für die Popmusik kam, zumindest im Süden der Republik, erst Anfang der 70er Jahre. Die zunächst nur für Gastarbeitersendungen genutzten dritten UKW-Ketten wurden nach und nach zu Vollprogrammen für Verkehrsteilnehmer und Jugendliche ausgebaut. Nach dem Vorbild des erfolgreichen Ö3, wo schon 1961 neun Stunden Nonstop-Musik im Programm standen, gingen Bayern 3 und wenig später HR3 an den Start. Bereits vor der Einführung von HR3-Servicewelle und SWF3-Radiodienst waren auf den dritten Wellen Jugendprogramme größeren Umfangs etabliert worden; herausragend dabei 1970 SWF3 mit fünf Stunden „Pop-Shop“, moderiert von Kögel und Laufenberg von 12.05 bis 17.00 Uhr, und SDR3 mit seiner Sendung POINT(=Pop/Orientierung/ Information/ Notizen/ Tipps) aus der Redaktion, in der der spätere WDR-Hörfunkdirektor und neue „Tagesthemen“-Moderator Thomas Roth seine Karriere begann. Ein derart großflächiges junges Angebot gab es zu jener Zeit nur in der DDR mit „Jugend-studio DT 64“ (Gründungsjahr:1964) im Berliner Rundfunk, das später zum „Jugendradio DT 64“ ausgebaut wurde und noch heute als „MDR Sputnik“ weiterlebt.
Die nächste einschneidende Reform führte bei den neuen Servicewellen zur kompletten Auslagerung der Ausländerprogramme auf separate Frequen-

zen. Damit wurde etwa auf Bayern 3 der Weg frei für Gottschalks tägliche Abendsendung „Pop nach 8“. Englischsprachige Popmusik begann sich durchzusetzen und die Radiowellen zu dominieren, und lange Zeit waren nun Volksmusik und Schlager derart verpönt, dass zum Beispiel das deutsche Liedgut eines Heino von manchen Redaktionen nicht gespielt wurde. Nicht nur die Musik, auch die fremde Sprache eroberte die Funkhäuser. In den 70ern waren es nur einige wenige Sendungen wie „Pop Shop“ und „Hallo Twen“; heute heißen Sender „N-Joy“, „Blue“,“Energy“, „BigFM“ oder „YouFM“ und pflegen rund um die Uhr die (d)englische Sprachmode („Morning Show“, „Toast Show“, „DriveTime“, „Night Lounge“). Andererseits gibt es heute auch Jugendwellen wie SR „Unser Ding“, die bewusst versuchen, weitgehend ohne Englisch auszukommen.

Die 70er (2): Mit Musik gegen den Fernsehabend

Die Unterhaltungssendungen des Fernsehens wurden, vor allem in den Abendstunden, zu einer immer stärker werdenden Konkurrenz. In der zweiten Hälfte der 70erJahre zogen große Shows wie Rosenthals Städtequiz „Allein gegen Alle“ auf den Nachmittag um, bevor sie bald endgültig aus dem Programm verschwanden. (Ein Tipp für Quiz-Nostalgiker: Schon seit einigen Jahren wiederholt DR Kultur am zweiten Sonntag des Monats um 08.05 Uhr alte Folgen dieser Reihe.) Im Rahmen des Ausbaus der Wellen zu „Stereo-Vollprogrammen“ wurde die Musik zum Hauptzugpferd im Konkurrenzkampf mit dem Fernsehen. Das Ende des Mischprogramms war gekommen: Verschiedene Musik-Genres bestimmten nun die Programmfarben der Wellen und bedienten verschiedene Geschmäcker und Altersgruppen, doch Formate wie Schlager- und Hitparade (meist getrennt nach Deutsch und International) und Wunschkonzert (per se ein Mischprogramm) erfreuten sich überaus großer Beliebtheit bei Jung und Alt; überall in Deutschland wurde fleißig gegrüßt und mitgeschnitten. Im Zuge einer großen Programmreform führten SWF1 und SDR1 1970 ihre großen Wunschkonzerte am Mittwochabend ein; der Anfang um 20.18 Uhr signalisierte drei Minuten Zeit für den Wechsel von TV und Tagesschau zum Radio. Als Indikativ diente die bei der TV-Lotto-Ziehung immer wieder gespielte Melodie „Happy Music“ und schien darauf hinzuweisen, dass es ein großes Glücksspiel war, mit seinem Wunsch bis nach Baden-Baden durchzukommen. So stark war der Andrang bei „Vom Telefon zum Mikrofon“, dass Sonder-Rufnummern und (zwar nicht wirklich kontrollierbare, aber doch

Siggi Harreis

wirksame) Beschränkungen auf vom Sender bestimmte Personenkreise erforderlich wurden. Nicht zuletzt war es auch der Umgang mit dem Publikum, den prominente Moderatoren wie Karl-Heinz Wegener (auch in der damals seltenen Co-Moderation mit weiblicher Kollegin), Sigi Harreis, ihr Ehemann Klaus Langer und Heinz Siebeneicher pflegten, der das Wunschkonzert über 20 Jahre erfolgreich im Hauptabend-Programm hielt. Mit Rücksicht auf den Fußball-Mittwoch wurde es dann als tägliche Sendung in den Vorabend verlegt, wo auch im heutigen SWR1 immer noch die Wunschhits der Hörer laufen. Die hier praktizierte telefonische Beteiligung des Publikums in Gesprächen und Spielen, damals noch etwas Besonderes, ist heute bei allen öffentlich-rechtlichen und privaten Sendern ein selbstverständlicher und unverzichtbarer Bestandteil moderner Radioprogramme.

1963/2013: 50 Jahre danach

Neben der gehobenen Unterhaltungsmusik und den großen Shows sind, der Historie und dem Zeitgeist geschuldet, einige weitere Sendeformate auf der Strecke geblieben. Suchdienst und Frauenfunk, Landfunk und Morgengymnastik, Sprachkurse und Schulfunk wird man als solche heute im Programm vergeblich suchen. Frauenfunk- und Schulfunkthemen verstecken sich aber in von Frauen gemachten Magazinen (etwa „Zeitpunkte" beim RBB) und in Reihen wie „radioWissen" (BR) oder „Wissenswert" (HR). Auch die in den 60er Jahren üblichen, ein- oder zweistündigen reinen Werbefunk-Sendungen (etwa „Flott Serviert" beim SWF, „Auch für Sie" beim BR - NDR und WDR waren damals komplett werbefrei) finden sich nicht mehr. An ihre Stelle sind die ganztägig allgegenwärtigen Werbeblöcke getreten, deren klare Trennung und Absetzung vom eigentlichen Programm aber manchmal zu wünschen übrig lässt. Praktisch gänzlich abhanden gekommen sind Sendepausen und Pausenzeichen. Aus technischen Gründen sind längere Pausen nicht mehr erforderlich und religiös motivierte Funkstillen, wie sie vor 50 Jahren am Karfreitagnachmittag noch mehrere Sender praktizierten, scheinen heute nicht mehr zeitgemäß. Und die guten alten Pausenzeichen, sie machten Platz für flotte Stations-Jingles und Claims („SWR4-hier sind wir zuhaus").
Andererseits haben sich einige bewährte Formate und auch Teile des alten Kästchenprogramms bis heute gehalten. Das reichweitenstärkste Radio-Format ist sicher die 50 Jahre alte Bundesliga-Schlusskonferenz, doch auch aktuell-politische Sendungen wie das „Echo des Tages" (NDR/WDR) konnten sich jahrzehntelang behaupten. Während Presseschauen in den

Morgenstunden weiter im Programm sind (DLF, SWR2, BR2), vermisst man aber heute selbst auf Infowellen den seinerzeit üblichen ausführlichen Börsenbericht („Kurszettel"), und die früher als Einzelsendung bei allen Sendern präsenten Wasserstandsmeldungen werden meist nur noch bei Hochwasserlagen ins Programm genommen.

Kinder, Kirche und Kultur

Bei Kindern damals wie heute beliebt ist der „Pumuckl", der in NRW „Fizzibitz" hieß, und sich bis heute in BR und WDR zahlreicher Wiederholungen erfreut. Auch 50 Jahre später bekommen die Kleinen in Bayern weiter ihr tägliches „Betthupferl", und das schon seit 1948. Solche Gute-Nacht-Geschichten und Kinderfunk-Programme haben sich trotz TV und Computer in den Kinderzimmern erstaunlich gut gehalten. Sie kommen heute natürlich meist in Magazinform und fallen gerade durch ihre Phantasienamen besonders auf in einer Radio-Landschaft, die ansonsten nicht unbe-dingt für besonders großen Einfallsreichtum beim Finden origineller Titel bekannt ist; Kinderfunk heißt heute: „Kiraka" (WDR), „radioMikro" (BR2), „Kakadu" (DRKu/HR2), „Bärenbude" und „Ohrenbär" (WDR5/RBB), „Figarino" (MDR Figaro) oder „Zappelduster" (RBB).
Dann die verfassungsmäßig vorgegebenen „kirchlichen Verkündigungssendungen": die Morgenandachten geben sich heute oft weltlich und laufen als „Morgengruß", „Denkanstoß" „Zwischenruf" oder „Innehalten" (SWR/SR). Doch auch der traditionelle „Zuspruch am Morgen" des HR und die plattdeutschen Andachten des NDR finden sich seit mehr als 50 Jahren im Programm. Die guten alten „Morgenfeiern" (BR, HR) und Gottesdienste (NDR, WDR, SR, DLF) zusammen mit der Sonntags-Kantate und der geistlichen Musik am Samstagabend prägen auch noch 50 Jahre später die Wochenenden in den Kulturprogrammen der ARD.
Unverzichtbar auf diesen Wort- und Kulturwellen sind natürlich damals wie heute die klassischen Hörfunk-Formen Feature, Hörspiel, Gespräch und Lesung (z.B. „Fortsetzung folgt", SR/SWR; „Am Morgen/Abend vorgelesen", NDR Kultur). Radio-Talks wie „Fragen an den Autor" (SR2) oder „Doppelkopf" (HR2) mit ihrer Konzentration auf nur eine Person bieten oft größeren Erkenntnisgewinn als so manche TV-Abfragerunde mit zahlreichen Teilnehmern. Musikalisch überdauert haben bei vielen Sendern Hitparaden und Wunschkonzerte, auf der SR3 Saarlandwelle sogar im Vier-Stunden-Langformat am Sonntagmorgen, sowie auf den Klassik-Wellen Mittags- und Abendkonzerte, Live-Übertragungen von Opern und Musikfestivals und Nischenprogramme für Jazz- und Swingfreunde.

Schöne neue Radiowelt

Man mag in der Radiowelt des Jahres 2013 zurecht klagen über (kommerzielles) Hitradio und „Dudelfunk" mit vorgegebener Playlist, zuviel „Magazinitis", „Telefonitis" und Comedy, aber es gibt seit den 80er Jahren auch echte

Zugewinne und Verbesserungen. UKW, die „Welle der Freude“, wie HÖRZU sie ob des guten Klangs bei ihrer Einführung vor über 60 Jahren nannte, ist auch im digitalen Zeitalter mobil und zuhause immer noch das Lieblingskind der Hörer. Die Erweiterung ihres Frequenzbereichs bis 108 MHz mit neuen öffentlich-rechtlichen wie privaten Regional- und Lokalstationen bot auch Platz für Spartensender für Musik, Jugend und Nachrichten (mit dem 1991 gestarteten „B5aktuell“ als Vorreiter), die durch vermehrten Einsatz von O-Tönen bei allen Sendern authentischer wirken als früher (z.B. die „O-Ton-Nachrichten“, Bremen Eins). Die verstärkte Interaktivität zwischen Machern und Publikum im Zeitalter sozialer Netzwerke hat nicht nur den Stil der Jugendwellen nachhaltig geprägt. Im Internet hat man rund um die Uhr Zugriff auf alle (deutschen) Sender, und ausgedehnte Podcast-Angebote ermöglichen das von linearen Programmfolgen unabhängige Hören einer bestimmten Sendung zu jeder beliebigen Tageszeit. Diese Loslösung von vorgegebenen Zeitstrukturen wird sich nach Klärung der urheberrechtlichen Probleme in den nächsten Jahren sicherlich intensivieren, die herkömmlichen Programmschemata weiter verändern und vielleicht langfristig ganz auflösen Doch trotz all dieser Umbrüche: es gibt sie auch heute (noch) nach wie vor: die jahrzehntelang bewährten Sendungen, die das Auswählen im Programmteil der HÖRZU und ein gezieltes Einschalten (oder auch das spätere Nachhören im Netz) lohnen.

Dauerbrenner

Im Fernsehen sind „Tagesschau“ und das „Wort zum Sonntag“ rund 60 Jahre auf Sendung, doch auch im Radioprogramm finden wir solche Dauerbrenner. Werner Höfer brachte seinen sonntäglichen „Frühschoppen“ schon 1952 auf „UKW West“, bevor er auch ins Fernsehen kam. Und der Titel hat sich als Alternative zum „Presseclub“ bis heute gehalten. Damit ist Höfers Sendung einer von nur ganz wenigen Programmtiteln, die den Sprung vom

Das Hamburger Hafenkonzert, zurzeit moderiert von Kerstin von Stürmer und Gerd Spiekermann. (Bild: NDR/ Dirk Uhlenbrock)

Hörfunk ins Fernsehen schafften, wie etwa „Daheim und unterwegs"(WDR), „Morgen/Mittagsmagazin" oder neuerdings „Guten Morgen, Deutschland" (RTL). Während bei den aktuellen Radio-Formaten schöne Titel wie „Tribüne der Zeit" (beim SWF schon 1946 im Programm), „Rund um die Berolina" (SFB/RBB) oder „Zeit im Funk" (HR) untergingen, sind das „Echo des Tages" (seit 1946) und die „Berichte von heute" (NDR/WDR), oder das auch hierzulande geschätzte „Echo der Zeit" aus der Schweiz (seit 1945 auf Sendung) auch 2013 weiter im Programm.
Der NDR nennt seine „Funkbilder aus Niedersachsen" das „älteste Regionalmagazin der Bundesrepublik", doch die erste HÖRZU aus dem Jahr 1946 belegt, dass die „Rundschau" von Radio Bremen noch früher auf Sendung war. Mithalten können da auch „Zwischen Rhein und Weser"(WDR2) und „Von Binnenland und Waterkant" (NDR1 Welle Nord), die alle mehr als 60 Jahre auf dem Buckel haben. Während das Duisburger Hafenkonzert des WDR eingestellt wurde, erfreut sich das Hamburger Hafenkonzert am Sonntagmorgen auf NDR 90,3 auch heute noch ungebrochener Beliebtheit und wird vom NDR als „älteste Radioreihe der Welt" gefeiert (Start 1929). Bemerkenswert ist es auch, wenn ein Sender untergeht und trotzdem eine einzige seiner Sendungen bis heute weiterlebt: Das von Hans Rosenthal 1965 eingeführte „Klingende Sonntagsrätsel" ist alles, was vom RIAS Berlin im DR Kultur übriggeblieben ist. Insgesamt finden sich noch rund 50 Sendungstitel, die 40 Jahre oder länger, teilweise mit Unterbrechungen, im Programm sind. Eine Übersicht dieser Dauerbrenner finden Sie in alphabetischer Reihenfolge mit ihren heutigen Sendeterminen in unserer Zusammenstellung.

Urgestein

▲ *Elmar Gunsch*

◀ *Thomas Brennicke*

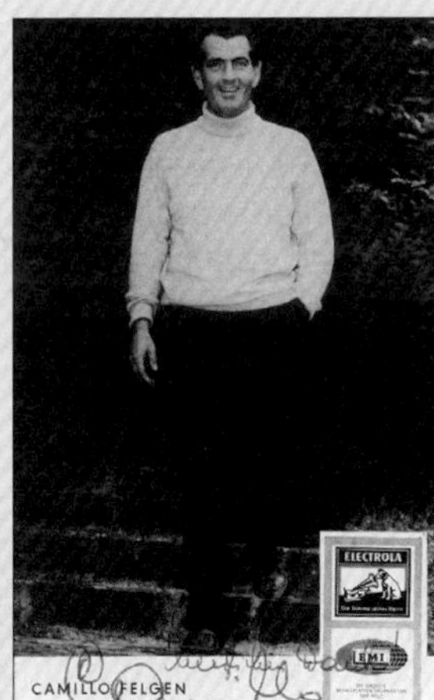

▲ *Camillo Felgen*

◀ *Herbert Fricke*

▲ *Nero Brandenburg*

Chris Howland
(Bild: WDR/Bernd Maurer)

Lutz Ackermann ▶
(Bild: NDR/
Jörg Teiwes)

Und die Radio-Stimmen von damals - viele von ihnen wie Camillo Felgen (RTL), Heinz Siebeneicher (SWR), Elmar Gunsch und Hans Verres (beide HR), Alf Wolf (SR), „Plattenkramer" Werner Götze oder Thomas Brennicke (beide BR) sind für immer verstummt - doch Werner Reinke, dessen sonore Stimme uns auch aus diversen Werbespots vertraut ist, und der auch als TV-Quizmaster bekannte Carlo von Tiedemann moderieren noch heute bei HR1 und NDR 90,3 ihre festen Sendungen. NDR-Hitparaden-Urgestein Wolf-Dieter Stubel ist bei Radio NORA zu hören, Herbert Fricke (früher: NDR2 Fünf-Uhr-Club) ist immer noch bei „Gruß an Bord", der NDR-Weihnachtssendung für Seeleute und ihre Familien, am Mikrofon; und Nero Brandenburg (ehemals: „RIAS Treffpunkt") funkt weiterhin beim RBB. Während sich Lutz Ackermann (NDR) und Manfred Sexauer (SR) bereits im Radio-Ruhestand befinden, bricht Chris Howland alle Rekorde: Der heute 85-jährige kam vom britischen Soldatensender BFN (heute: BFBS) zum WDR Köln, wo er schon 1953, lange vor seiner Film- und Fernsehkarriere, als „Platten-Jockey" am Start war. Und kaum zu glauben: das Urgestein ist dort seit vielen Jahren wieder mit traditionsreichem Programmtitel auf Sendung. Um mit einem Hinweis im Stil der alten HÖRZU-"Randspalte" zu schließen: Hören Sie seine „Spielereien mit Schallplatten" dienstags um 20.05 Uhr auf WDR4! (Boing!!).

Radio-Dauerbrenner A-Z

A-F

Berichte von heute (1964) WDR2/5, NDR Info /NWR. Mo-Fr 2330.
Betthupferl (1948) BR1. tgl. 1955.
Bunte Funkminuten (1963) SR3. Mo-Sa 0904.
Du holde Kunst. Poesie und Musik (1945). Ö1. So 0815/0005.
Echo des Tages (1946) NDR Info, WDR5. tgl. 1830.
Echo der Zeit (1945) SRF Kultur. tgl. 1900.
Fragen an den Autor (1969) SR2. So 1104.
Für Haus und Garten HR4. Mo-Sa 0945 (1953)
Funkbilder aus Niedersachsen (1948) NDR1 NDS Mo-Fr 1905.
Funkhaus Wallrafplatz. Medien im Gespräch (1975) WDR5. Sa 0920.

G-L

Glocken und Chor[Musica] (1951) NDR Kultur Sa 1905.
Gruß an Bord NDR Info/90.3. Heiligabend.(1953)
Hamburger Hafenkonzert (1929) NDR90,3. So 0605
Hafenkonzert Bremen (1947) Bremen Eins. 1.So, 0805
Hey Music (1967) RBB88.8. Mo 1915.
Hör mal n beten to [Plattdeutsch] (1956) NDR 90,3. Mo-Sa 1040.
Informationen am Morgen (1974) DLF Mo-Fr 0505 (Sa 0605).
Internationaler Frühschoppen (1952) WDR5. So 1203.
Interview der Woche (1963) DLF. So 1105.
Katholische Welt (1952) BR2. So 0805.
Klassik - Pop - et cetera. Lieblingsmusik von Prominenten (1974) DLF. Sa 1005.
Kurier (1963) NDR2. Mo-Fr 1200,1700,1900.
Literatur im Kreuzverhör. Musikalisches Ratespiel (1975) HR2. monatl. Sa 2005.

M-R

Mittagsmagazin (1965) WDR2. Mo-Sa 1205.
Morgenmagazin (1967) WDR2. Mo-Sa 0505.
Musik liegt in der Luft (1964) HR4. So-Fr 2005.
Neugier genügt (1973) WDR5 Mo-Fr 1005.
Notizbuch (1960) BR2.Mo-Fr 1005.
Plattenkiste(1979) Wunschprogramm für Gruppen und Vereine. NDR1 NDS Mo-Fr 1205.
Popshop (1970) SWR3. Mo-Fr 2203
Ö3-Wecker (1969) Ö3. tgl. 0505
Quintessenz- Fakten für Verbraucher (1972) WDR2. Mo-Fr 1450,
Rucksackradio [Sendung für Bergsteiger] (1948) Sa BR1 0502.
Rundschau (1946) Bremen Eins. Mo-Fr 0700, 1200, 1600, 1700

S-Z

Schlager der Woche (RIAS 1947-1985/BR 1981-) BR3 Fr 2005.
Schlagerlotto (1970) HR4. Mi 1905.
Sonntagsrätsel (1965) DR Kultur. So 1015.
Sport und Musik (1953) SR3. Sa 1504 (So 1604).
Spielereien mit Schallplatten (1954) WDR4. Di 2005.
Tafel-Confect [Musikalisches Tafelkonfekt] (1952) BR-Klassik. So 1305.
Unterhaltung am Wochenende (1967) WDR5. Sa 1505.
Von Binnenland und Waterkant (1951) NDR1 SH. Mo-Fr 2005.
Zeitpunkte (1979) RBB Kultur Mo-Fr 1110.
Zeitzeichen (1972) tgl. WDR5/SR 2 0905, WDR3 1745.
Zündfunk. Szenemagazin (1974) BR2. Mo-Sa 1905.
Zuspruch (am Morgen) (1953) HR2/1 Mo-Sa 0630,0710.
Zwischen Hamburg und Haiti. Reise-Reportagen (1951) NDR Info. So 0730, 0930.
Zwischen Rhein und Weser (1950) WDR2. Mo-Sa 1605.
Zwölf-Uhr Läuten (1949) BR1.So 1200.

Bei den Privatsendern gibt es in Tschechien die drei landesweit arbeitenden Anbieter Radio Evropa 2 (gehört zu Lagardère), Radio Impuls und Radio Frekvence 1. Darüber hinaus wurden rund 40 regionale und lokale Privatsender lizenziert.

Radio Evropa 2
Wenzigova 1872/4, 120 00 Praha 2
Telefon/Fax: (+420) 257 001 111
Internet: www.evropa2.cz, E-mail: info@evropa2.cz

Radio Frekvence 1
Wenzigova 1872/4, 120 00 Praha 2
Tel. (+420) 257 001 111, Fax: (+420) 257 400 150
Internet: www.frekvence1.cz, E-mail: info@frekvence1.cz

Radio Impuls
Ortenovo nám. 1571/15a, 170 00 Praha 7
Telefon: (+420) 255 700 700, Fax: (+420) 255 700 721
Internet: www.impuls.cz, E-mail: impuls@impuls.cz

Frequenzliste der UKW-Rundfunksender

Die nachfolgende Frequenzliste enthält sämtliche in diesem Buch aufgeführten UKW-Rundfunksender sowie die Sender der angrenzenden Nachbarstaaten. Bitte beachten Sie, dass die UKW-Sender eine begrenzte Reichweite haben, die zwischen wenigen zehn Kilometern und 200 km liegen kann. An jedem Empfangsstandort ist immer nur eine sehr kleine Auswahl aller hier aufgelisteten Sender zu empfangen. Die Angaben in der Liste helfen aber, alle hörbaren Sender zu identifizieren.
1. Spalte: Frequenz in Megahertz (MHz)
2. Spalte: Landeskenner:

AUT Österreich
BEL Belgien
CZE Tschechische Republik
D Deutschland
DNK Dänemark
F Frankreich
HOL Niederlande
LIE Fürstentum Liechtenstein
LUX Luxemburg
POL Polen
SUI Schweiz

3. Spalte: Region (Bundesland/Kanton/Département u. dgl.):

Deutschland:

BAY	Bayern
BB	Berlin-Brandenburg
BRE	Bremen
BWÜ	Baden-Württemberg
HAM	Hamburg
HES	Hessen
MEV	Mecklenburg-Vorpommern
NRW	Nordrhein-Westfalen
NSA	Niedersachsen
RLP	Rheinland-Pfalz
SAA	Saarland
SAC	Sachsen
SAN	Sachsen-Anhalt
SHS	Schleswig-Holstein
THÜ	Thüringen

Belgien:

LIE	Liège
LIM	Limburg

Dänemark:

ARH	Arhus
BOR	Bornholm
FYN	Fyn
KBH	Kopenhagen
RIB	Ribe
STS	Storstroem
SJY	Südjütland
VSJ	Westseeland

Frankreich:

57	Moselle
59	Nord
62	Pas-de-Calais
67	Bas-Rhin
68	Haut-Rhin

Niederlande:

DRE	Drenthe
FLE	Flevoland
FRI	Frysland
GEL	Gelderland
GRO	Groningen
LIM	Limburg
NBR	Noordbrabant
NHO	Noordholland
OVE	Overijssel
SHO	Südholland
UTR	Utrecht
ZEE	Zeeland

Österreich:

B	Burgenland
K	Kärnten
N	Niederösterreich
O	Oberösterreich
S	Salzburg
ST	Steiermark
T	Tirol
V	Vorarlberg
W	Wien

Schweiz:

AP	Appenzell
AR	Aargau
BE	Bern
BL	Basel
GE	Genf
GR	Graubünden
LU	Luzern
NW	Nidwalden
OW	Obwalden
SG	St. Gallen
SH	Schaffhausen
SO	Solothurn
SZ	Schwyz
TG	Thurgau
UR	Uri
ZG	Zug
ZH	Zürich

4. Spalte: Senderstandort

5. Spalte: Sender und ggf. Programmbezeichnung:
Die Abkürzungen gehen aus dem Hauptteil des Buches hervor.
Bitte bei den Rundfunkanstalten nachschlagen.

6. Spalte: Effektive Senderleistung (ERP) in Kilowatt (kW).

MHz	Land	REG	Standort	Programm	kW
87,6	AUT	K	Nötsch/Freistritz	KRONEHIT (geplant)	0,01
87,6	AUT	S	Saalfelden/Huggenberg PTA	Antenne Salzburg	0,03
87,6	AUT	ST	Bruck/Mur-Mugel	Ö1	20,00
87,6	AUT	V	Bludenz/Dünserberg	Ö1	4,00
87,6	BEL	LUX	Léglise	RTBF Classic 21	10,00
87,6	D	BAY	Dillberg-Neumarkt	BR-KLASSIK	25,00
87,6	D	BAY	Lindau/Hoyerberg	BR-KLASSIK	0,10
87,6	D	BAY	Füssen/Eschach	Deutschlandfunk	0,10
87,6	D	BB	Booßen/Lausitz	Antenne Brandenburg	10,00
87,6	D	BB	Prenzlau	ENERGY Berlin	0,20
87,6	D	BB	Brandenburg/Havel	Klassik Radio	0,40
87,6	D	BWÜ	Heidenheim/Schmittenberg	SWR1 BW	0,01
87,6	D	BWÜ	Hohe Möhr	SWR1 BW	0,10
87,6	D	BWÜ	Mötzingen/Herrenberg	SWR4 BW	1,00
87,6	D	BWÜ	Donautal/Zwiefaltendorf	SWR4 BW	0,10
87,6	D	BWÜ	Pforzheim/Wartberg	SWR4 BW	0,50
87,6	D	HAM	Hamburg/Moorfleet	NDR 2	80,00
87,6	D	HES	Biedenkopf	hr3	100,00
87,6	D	MEV	Barth	NDR 1 Radio MV	40%
87,6	D	NRW	Kölnturm	1LIVE	0,30
87,6	D	NSA	Osnabrück/Schleptruper Egge	NDR Info	0,20
87,6	D	RLP	Idar-Oberstein/Hillschied	Radio Idar-Oberstein	0,20
87,6	D	RLP	Rockenhausen	zurzeit inaktiv	0,50
87,6	D	SAC	Hoyerswerda	ENERGY Sachsen	0,32
87,6	D	SAC	Löbau/Stadt	R.SA	0,50
87,6	D	SAN	Jessen	MDR INFO	1,00
87,6	HOL	NBR	Mierlo	Omroep Brabant	8,51
87,6	HOL	OVE	Enschede	Arrow Classic Rock Noord	1,00
87,6	SUI	AR	Geltwil/Vorderwald	Radio 1	0,50
87,6	SUI	GL	Mollis-Wälschbüel	Radio 24	0,50
87,6	SUI	LU	Schüpfheim/Schüpferegg	Radio Pilatus	0,30
87,6	SUI	NW	Hergiswil/Sonnhaldenstraße	Radio Central	0,01
87,7	AUT	S	Dorfgastein/Rodelberg	Antenne Salzburg	0,03
87,7	AUT	T	Längenfeld/Burgstein	KRONEHIT	0,20
87,7	AUT	T	St. Johann	Radio U1 Tirol	0,06
87,7	D	BAY	Schweinfurt	AFN	0,00
87,7	D	BAY	Oberammergau/Laber	Bayern 1	0,10
87,7	D	BAY	Passau/Kühberg	Bayern 1	1,00
87,7	D	BAY	Weiler/Allgäu	Bayern 1	0,05
87,7	D	BAY	Tegernseer Tal	Bayern 2	0,10
87,7	D	BAY	Vilsbiburg	Radio Trausnitz	0,05
87,7	D	BAY	Sonthofen	RSA Radio	0,03
87,7	D	BB	Wittstock	Inforadio	1,30

MHz	Land	REG	Standort	Programm	kW
87,7	D	BWÜ	Geislingen/Tegelberg	Deutschlandradio Kultur	0,20
87,7	D	BWÜ	Eberbach	SWR2	0,01
87,7	D	BWÜ	Wannenberg	SWR4 BW	2,60
87,7	D	HES	Mainz/Kastell	SWR1 RP	1,00
87,7	D	NRW	Bad Oeynhausen/Wittekindsberg	WDR 5	0,10
87,7	D	NRW	Monschau	WDR 5	0,05
87,7	D	NRW	Krefeld	Welle Niederrhein	0,20
87,7	D	NSA	Goslar	RADIO 21	0,50
87,7	D	NSA	Emden	Radio Ostfriesland	0,20
87,7	D	RLP	Nürburgring/Pressezentrum	RPR1. und Veranstaltungsfunk	0,05
87,7	D	SAC	Zittau	MDR 1 RADIO SACHSEN	0,20
87,7	D	SAC	Chemnitz/Geyer	MDR FIGARO	100,00
87,7	D	SHS	Flensburg/Fuchsb.-Engelsby	NDR Info	10,00
87,7	F	67	Strasbourg-Nordheim/TDF	France Culture	48,00
87,7	F	68	Masevaux/Kirchberg-Sprickelberg	France Culture	0,02
87,8	AUT	S	Salzburg/Untersberg	B5 aktuell	1,00
87,8	AUT	T	Reutte/Hahnenkamm	Ö1	0,15
87,8	AUT	V	Stuben a. Arlberg	Ö1	0,10
87,8	AUT	W	Wien/Himmelhof	Ö1	0,80
87,8	D	BAY	Bad Tölz/Kalvarienberg	Deutschlandfunk	0,10
87,8	D	BWÜ	Mannheim	bigFM	1,00
87,8	D	BWÜ	Eyachtal (Albstadt)	DASDING	0,25
87,8	D	BWÜ	Bad Mergentheim/Löffelstelzen	SWR1 BW	10,00
87,8	D	BWÜ	Giengen/Brenz	SWR2	0,02
87,8	D	NRW	Dortmund	WDR 2	2,00
87,8	D	NRW	Höxter	WDR 4	0,50
87,8	D	NRW	Geilenkirchen	zurzeit inaktiv	0,50
87,8	D	NSA	Alfeld/Leine	NDR 1 Niedersachsen	0,05
87,8	D	NSA	Wilhelmshaven	NDR Info	1,00
87,8	D	NSA	Visselhövede	NDR Kultur	2,00
87,8	D	NSA	Wilhelmshaven	Radio Jade	1,00
87,8	D	RLP	Bitburg	Eifelradio	0,050
87,8	D	RLP	Koblenz-Rauental	Radio TEDDY	0,05
87,8	D	SAN	Stendal	MDR INFO	1,00
87,8	DNK	SJY	Nykøbing Falster	Radio Sydhavsøerne	1,00
87,8	HOL	GEL	Arnhem	100%NL	0,49
87,8	POL		Żagań/Wichów	Polskie Radio Program 3	30,00
87,8	SUI	BE	Arch/Postweg 5 Schulhaus	Canal 3	0,10
87,8	SUI	SG	St. Margrethen/Industriestraße	Radio FM1 (Reg. Süd)	0,05
87,8	SUI	SO	Oberbuchsiten/Wildweid	Radio 32	0,20
87,9	AUT	B	Rechnitz/Hirschenstein	Hitradio Ö3	6,00
87,9	AUT	K	Spittal/Drau-Goldeck	Hitradio Ö3	3,00
87,9	AUT	O	Vöcklabruck/Hongar	KRONEHIT	0,20

MHz	Land	REG	Standort	Programm	kW
87,9	AUT	S	Eben/Pongau	Hitradio Ö3	0,56
87,9	AUT	ST	Rottenmann/Sonnenberg	Ö1	0,10
87,9	D	BAY	Reit im Winkl/Walmberg	Bayern 2	0,05
87,9	D	BAY	Starnberg/Stadt	Deutschlandfunk	0,05
87,9	D	BAY	Straubing/Bogenberg	Radio AWN	0,30
87,9	D	BAY	Augsburg/Hotelturm	ROCK ANTENNE	0,30
87,9	D	BAY	Erding/Indorfer Berg	ROCKANTENNE	0,10
87,9	D	BB	Berlin/Alexanderplatz	STAR FM	1,00
87,9	D	BWÜ	Stuttgart	Deutschlandradio Kultur	1,00
87,9	D	BWÜ	Schussental	SWR3	0,10
87,9	D	BWÜ	Oberes Murgtal	SWR4 BW	0,10
87,9	D	HES	Frankfurt/Main	hr2-kultur	0,10
87,9	D	NRW	Bielefeld	Hertz 87.9	0,05
87,9	D	RLP	Bretzenheim/Kirche St. Maria Geburt	domradio Studio Nahe	0,15
87,9	D	RLP	Lahntal	SWR4 RP	0,10
87,9	D	SAC	Bautzen	MDR INFO	0,10
87,9	D	SHS	Heide/Welmbüttel	NDR Info	15,00
87,9	D	THÜ	Inselsberg	MDR FIGARO	60,00
87,9	HOL	ZEE	Goes	Omroep Zeeland	15,10
87,9	SUI	BL	Bettingen/St. Chrischona	SWR1 BW	5,00
87,9	SUI	GR	Avers/Alp Platte	Radio Grischa	0,05
87,9	SUI	SG	Gossau/Oberrain Schochenberg	Radio Top (Reg. St. Gallen)	0,01
88,0	AUT	ST	Neumarkt/Kulmeralpe	Hitradio Ö3	0,20
88,0	D	BAY	Gelbelsee/Ingolstadt	BR-KLASSIK	10,00
88,0	D	BAY	Hof/Großer Waldstein	extra-radio 88.0	5,00
88,0	D	BAY	Hof/Großer Waldstein	Radio Euroherz	5,00
88,0	D	BB	Finsterwalde	104.6 RTL	1,00
88,0	D	HES	Wiesbaden/Delkenheim	ENERGY Rhein-Main	0,50
88,0	D	HES	Gießen	Klassik Radio	0,50
88,0	D	MEV	Neubrandenburg	NB-Radiotreff 88,0	0,80
88,0	D	NRW	Bonn/Venusberg	WDR 5	50,00
88,0	D	NSA	Seesen/Harz	Deutschlandfunk	0,05
88,0	D	NSA	Uelzen	Radio ZuSa	1,00
88,0	D	SAA	Göttelborner Höhe	SR 1	100,00
88,0	D	SAN	Weißenfels	Rockland	1,00
88,0	D	SHS	Lübeck/Wallanlagen	NDR Kultur	0,50
88,0	DNK	SJY	Sønderborg/Vandtårnet	Radio Als	0,20
88,0	F	68	Colmar/Ingersheim	Skyrock	1,00
88,0	HOL	DRE	Smilde	Radio 2	100,00
88,0	SUI	AR	Teufen/Sammelbüel	Radio FM1 (Reg. Nord)	0,01
88,0	SUI	ZG	Root/Rooterberg	Radio Sunshine	4,50
88,0	SUI	ZG	Zug/Zugerberg-Hochwacht	Radio Sunshine	0,25
88,1	AUT	O	Bad Ischl/Katrin	Hitradio Ö3	0,60

MHz	Land	REG	Standort	Programm	kW
88,1	AUT	T	Hopfgarten/Hohe Salve	Hitradio Ö3	0,40
88,1	D	BAY	Herzogstand	Bayern 1	0,10
88,1	D	BAY	Lindau/Hoyerberg	Bayern 1	0,50
88,1	D	BAY	Krumbach	Hit Radio RT.1 Südschwaben	0,10
88,1	D	BAY	Kempten/Zentralhaus	Radio Galaxy	0,10
88,1	D	BWÜ	Pforzheim-Arlinger	SWR2	3,20
88,1	D	HAM	Hamburg-Lohbrügge	Oldie 95	0,10
88,1	D	HES	Alsfeld	Hit Radio FFH	4,00
88,1	D	HES	Würzberg	hr1	5,00
88,1	D	NRW	Eggegebirge	Radio Hochstift	4,00
88,1	D	RLP	Lorch/Oberdiebach	Deutschlandfunk	0,20
88,1	D	SAN	Wittenberg/Gallunberg	MDR 1 SACHSEN-ANHALT	30,00
88,1	SUI	TI	Carona/Mte. San Salvatore	Rete Uno	17,00
88,2	AUT	N	Warth	Hitradio Ö3	0,03
88,2	AUT	N	Semmering/Sonnwendstein	Hitradio Ö3	9,00
88,2	AUT	N	Waidhofen (Ybbs)/Sonntagberg	Hitradio Ö3	0,40
88,2	AUT	S	St. Johann/Pongau	Hitradio Ö3	0,10
88,2	AUT	ST	Deutschlandsberg/Land	NJOY Radio 88.2	0,17
88,2	D	BAY	Büttelberg/Frankenhöhe	Bayern 2	25,00
88,2	D	BAY	Bad Reichenhall	Bayernwelle Süd Ost	0,10
88,2	D	BAY	Kaufbeuren	RSA - Radio Ostallgäu	0,20
88,2	D	HES	Wiesbaden/Konr.-Adenauer-Ring	harmony.fm	0,50
88,2	D	HES	Seeheim	hr iNFO	0,05
88,2	D	HES	Wetzlar/Aßlar	Radio BOB!	0,20
88,2	D	HES	Schlüchtern	YOU FM	0,32
88,2	D	MEV	Marlow	NDR Kultur	80,00
88,2	D	NRW	Lüdinghausen	Radio Kiepenkerl	0,50
88,2	D	NRW	Siegen/Giersberg	Radio Siegen	0,50
88,2	D	NSA	Goslar/Schalke	NDR 1 Niedersachsen	0,10
88,2	D	NSA	Hann. Münden/Lutterberg	NDR 1 Niedersachsen	0,05
88,2	D	NSA	Wolfsburg/Klieversberg	NDR Info	0,10
88,2	D	RLP	Naurath/Wald	zurzeit inaktiv	0,05
88,2	D	SAC	Hoyerswerda	Elsterwelle	0,50
88,2	D	THÜ	Jena-Oßmaritz	MDR 1 RADIO THÜRINGEN	1,00
88,2	DNK	SJY	Løgumkloster	Radio 100	0,60
88,2	F	67	Strasbourg/Port du Rhin	NRJ	4,00
88,2	F	68	Steinbach/la Loh réservoir d'eau	Radio Cigogne	1,00
88,2	FL	FL	Vaduz	DRS 1 (SUI)	0,20
88,2	HOL	GEL	Apeldoorn	100%NL	1,00
88,2	HOL	LIM	Roermond	Radio 2	100,00
88,2	SUI	AP	Ruete/Hirschberg	zurzeit inaktiv	0,10
88,2	SUI	AR	Frick/Frickberg	ENERGY Basel	0,03
88,2	SUI	BE	Bollingen/Bantiger	DRS 1	5,00

MHz	Land	REG	Standort	Programm	kW
88,2	SUI	ZH	Wiesendangen/Berg-Bergholzstr.	Radio Top (Reg. Zürich)	0,10
88,3	AUT	O	Kirchdorf Krems/Ziehberg	Life Radio	0,01
88,3	AUT	S	St. Michael/Lungau-Bärenkogel	Hitradio Ö3	0,25
88,3	D	BAY	Coburg/Eckardtsberg	Bayern 2	5,00
88,3	D	BAY	Hoher Bogen	BR-KLASSIK	5,00
88,3	D	BAY	Traunstein/Einham	Deutschlandradio Kultur	0,10
88,3	D	BB	Neuruppin	POWER RADIO	0,50
88,3	D	BRE	Bremen/FMT Walle	nordwestradio	100,00
88,3	D	BWÜ	Raichberg	SWR1 BW	40,00
88,3	D	HES	Eschwege/Kasseler Str.	harmony.fm	0,25
88,3	D	MEV	Dömitz	NDR 1 Radio MV	1,00
88,3	D	NRW	Meinerzhagen	Radio MK	0,10
88,3	D	NRW	Hallenberg	WDR 5	0,10
88,3	D	NRW	Essen	zurzeit inaktiv	0,10
88,3	D	RLP	Bad Kreuznach/Schanzenkopf	Antenne Bad Kreuznach	0,10
88,3	D	RLP	Ludwigshafen	metropol FM	0,01
88,3	D	RLP	Bendorf	Rockland Radio	2,00
88,3	D	RLP	Bleialf	SWR1 RP	0,10
88,3	D	SAC	Freital	R.SA	0,20
88,3	D	THÜ	Nordhausen/Hesseröder Berg	MDR 1 RADIO THÜRINGEN	0,10
88,3	POL		Zielona Góra/Jemiołów	Radio Zet	60,00
88,4	AUT	O	St. Georgen Att./Lichtenberg	KRONEHIT	0,40
88,4	CZE		Varnsdorf/Jedlová	ČRo Vltava	0,20
88,4	D	BAY	Aschaffenburg/Pfaffenberg	Bayern 2	25,00
88,4	D	BAY	München/Ismaning	Bayern 2	25,00
88,4	D	BB	Berlin-Kreuzberg/Postbank	88vier	1,00
88,4	D	BWÜ	Freiburg/Unikliniken	echo-fm 88,4/PH 88,4	0,10
88,4	D	BWÜ	Bruchsal-West/Industriestraße	zurzeit inaktiv	0,00
88,4	D	HES	Bad Hersfeld	harmony.fm	0,32
88,4	D	HES	Fritzlar	Radio BOB!	0,10
88,4	D	NRW	Bocholt	Radio WMW	1,00
88,4	D	NRW	Bergheim (Ville)-Glessen	WDR 2	0,50
88,4	D	NRW	Warburg	WDR 5	0,50
88,4	D	RLP	Trier/Petrisberg	Cityradio Trier	0,30
88,4	D	RLP	Pirmasens/Biebermühlenstr.	Radio Pirmasens	0,32
88,4	D	RLP	Lahntal/Diez	SWR1 RP	0,01
88,4	D	RLP	Hermeskeil/Mühlenberg	zurzeit inaktiv	0,40
88,4	D	SAC	Leipzig/Wiederau	MDR FIGARO	100,00
88,4	DNK	VSJ	Skamlebæk	DR P1	5,00
88,4	HOL	NBR	Roosendaal	Slam FM	42,70
88,4	POL		Szczecin/Warszewo	Polskie Radio Czwórka	1,00
88,4	SUI	AR	Freienwil/Hörndli	DRS 1	0,50
88,4	SUI	BE	Eggiwil/Chnubel	Radio Neo1	0,03

MHz	Land	REG	Standort	Programm	kW
88,4	SUI	BL	Sissach/Sissacher Flue	ENERGY Basel	0,30
88,4	SUI	SG	Walenstadtberg/Hintere Wiesen	DRS 1	0,18
88,4	SUI	SH	Buchberg/Honegg	DRS 1	0,10
88,4	SUI	SZ	Feusisberg/Etzel-Kulm	Radio Zürisee	0,50
88,5	AUT	T	Innsbruck/Patscherkofel	Hitradio Ö3	45,00
88,5	AUT	T	St. Anton/Galzig	Hitradio Ö3	0,15
88,5	BEL	LIE	Liège/Bol d'Air	BRF 1	50,00
88,5	D	BAY	Kitzingen/Iphoven	Charivari.FM	0,05
88,5	D	BAY	Weissenburg	Radio 8	0,10
88,5	D	BAY	Bamberg/Geisberg	Radio Bamberg	0,50
88,5	D	BAY	Tirschenreuth/Wolfsbühl	Radio Ramasuri	0,10
88,5	D	BWÜ	Geislingen/Oberböhringen	SWR2	0,50
88,5	D	BWÜ	Baden-Baden/Merkur	SWR4 BW	0,40
88,5	D	HES	Fulda/Haimbach	hr3	0,32
88,5	D	MEV	Röbel	NDR 1 Radio MV	10,00
88,5	D	NRW	Arnsberg/Galgenberg	WDR 5	0,10
88,5	D	NRW	Ibbenbüren/Schafberg	WDR 5	0,50
88,5	D	NRW	Bad Oeynhausen/Werre-Park	Werre-Park Radio	0,01
88,5	D	NSA	Göttingen	NDR 1 Niedersachsen	5,00
88,5	D	NSA	Cuxhaven	Radio Hamburg	2,00
88,5	D	RLP	Idar-Oberstein/Hillschied	SWR1 RP	0,01
88,5	D	RLP	Ob. Ahrtal-Rech/Steinerberg	SWR1 RP	0,01
88,5	D	SAA	Mettlach	SR 2	0,01
88,5	D	SHS	Flensburg	Radio NORA	0,50
88,5	D	THÜ	Gräfenthal	zurzeit inaktiv	0,10
88,5	SUI	SG	St. Gallen/Chirchli Peter und Paul	Radio Top (Reg. St. Gallen)	0,25
88,5	SUI	SZ	Feusisberg/Strickli	DRS 1	0,20
88,6	AUT	W	Wien/Kahlenberg	88.6 Das Musikradio	10,00
88,6	CZE		Klatovy/Doubrava	ČRo Vltava	10,00
88,6	D	BAY	Karlstadt	Charivari.FM	0,10
88,6	D	BAY	Ingolstadt/Stammhaus	Deutschlandradio Kultur	0,63
88,6	D	BB	Cottbus/Calau	Deutschlandfunk	3,00
88,6	D	BWÜ	Stuttgart-Münster	Hochschulradio Stuttgart	1,00
88,6	D	BWÜ	Langenburg/Glasholz	Radio TON - Heilbronn	1,00
88,6	D	HES	Bad Camberg	Deutschlandradio Kultur	0,50
88,6	D	HES	Rüdesheim/Niederwald	SWR4 RP	0,50
88,6	D	MEV	Rügen	NDR Info	10,00
88,6	D	NRW	Lübbecke	WDR 5	0,10
88,6	D	NSA	Bad Pyrmont	NDR 1 Niedersachsen	0,05
88,6	D	NSA	Hannover/Telemax	NDR Info	0,50
88,6	D	NSA	Holzminden	NDR Info	0,50
88,6	D	RLP	Oestrich-Winkel/Hallgarter Zange	SWR4 RP	0,50
88,6	D	RLP	Rivenich/Hansenberg	zurzeit inaktiv	0,04

MHz	Land	REG	Standort	Programm	kW
88,6	D	SAA	Völklingen-Wehrden/Hoheberg	Deutschlandradio Kultur	0,10
88,6	D	SAA	Perl/Hammelsberg (Moseltal)	SR 2	5,00
88,6	D	THÜ	Suhl/Ringberg	LandesWelle Thüringen	1,00
88,6	D	THÜ	Erfurt	radio TOP 40	0,50
88,6	F	68	Mulhouse/Belvédère	France Culture	100,00
88,6	HOL	DRE	Smilde	3FM	38,00
88,6	HOL	NBR	Mierlo	BNR Nieuwsradio	25,70
88,6	SUI	SH	Schleitheim/Birbistel	DRS 1	0,02
88,7	AUT	ST	Weiz/Weizberg Gasthof	KRONEHIT	0,10
88,7	D	BAY	Grünten	Bayern 2 (Süd)	100,00
88,7	D	BAY	Straubing/Bogenberg	Deutschlandradio Kultur	0,40
88,7	D	BAY	Burgwindheim	Radio Bamberg	0,05
88,7	D	HAM	Hamburg/Moorfleet	Deutschlandfunk	3,00
88,7	D	MEV	Wismar/Werft	Antenne MV	0,20
88,7	D	NRW	Wittgenstein/Sackpfeife	WDR 3	15,00
88,7	D	NSA	Braunschweig/Drachenberg	NDR Info	0,20
88,7	D	RLP	Traben-Trarbach (Mt. Royal)	Deutschlandfunk	0,32
88,7	D	SAC	Schöneck/Vogtland	MDR 1 RADIO SACHSEN	3,00
88,7	D	THÜ	Weimar	Klassik Radio	0,06
88,7	D	THÜ	Heiligenstadt	LandesWelle Thüringen	0,10
88,7	F	59	Lille/Bouvigny le Mont	France Musique	126,00
88,7	SUI	GL	Mollis-Wälschbüel	Radio Central	0,50
88,8	AUT	O	Linz/Lichtenberg	Hitradio Ö3	100,00
88,8	AUT	S	Zell a. See/Lechnereck	Hitradio Ö3	0,15
88,8	CZE		Ústi nad Labem/Buková hora	ČRo Sever	100,00
88,8	D	BAY	Isen	ROCKANTENNE	0,50
88,8	D	BB	Berlin/Scholzplatz	radioBerlin 88,8	80,00
88,8	D	BWÜ	Heidelberg/Königsstuhl	SWR2	100,00
88,8	D	HES	Hofgeismar	Radio BOB!	0,10
88,8	D	NRW	Langenberg/Hordtberg	WDR 5	100,00
88,8	D	NSA	Visselhövede	Deutschlandradio Kultur	1,00
88,8	D	SAN	Weißenfels	MDR INFO	1,00
88,8	D	SHS	Garding	N-JOY	0,50
88,8	D	THÜ	Gotha	MDR INFO	0,10
88,8	D	THÜ	Sonneberg-Stadt	radio TOP 40	0,10
88,8	DNK	SJY	Tinglev	NOVA FM	0,07
88,8	FL	FL	Balzers/Maels Alp Almend	Radio L	0,02
88,8	SUI	AR	Widen/Gugelholz	Radio Sunshine	2,00
88,8	SUI	BE	Reichenbach/Niesen	Radio BeO	0,40
88,8	SUI	BL	Nenzlingen/Eggflue	Radio Basilisk	0,40
88,8	SUI	LU	Willisau/Ankenloch	Radio Sunshine	0,03
88,8	SUI	SZ	Einsiedeln-Bennau/Brunneren	Radio Sunshine	0,03
88,8	SUI	ZH	Horgen/Schüepenloch	Radio Sunshine	1,00

MHz	Land	REG	Standort	Programm	kW
88,9	AUT	S	Obertauern/Grünwaldkopf	Antenne Salzburg	0,03
88,9	AUT	ST	Murau/Stolzalpe	Antenne Steiermark	0,03
88,9	AUT	T	Scheffau	Radio U1 Tirol	0,10
88,9	D	BAY	Dillberg-Neumarkt	Bayern 1	25,00
88,9	D	HES	Bad Nauheim/Nieder Mörlen	hr iNFO	0,00
88,9	D	HES	Bad Hersfeld	hr1	0,32
88,9	D	HES	Schlüchtern	hr3	0,32
88,9	D	MEV	Rostock/Stadtweide	N-JOY	2,00
88,9	D	NRW	Lemgo	Deutschlandradio Kultur	0,32
88,9	D	NSA	Lingen/Damaschke	NDR Info	0,40
88,9	D	RLP	Boppard Emmelshausen	Deutschlandradio Kultur	0,10
88,9	D	SAC	Chemnitz/Reichenhain	apollo radio	1,00
88,9	D	SAC	Torgau	MDR 1 RADIO SACHSEN	0,50
88,9	D	SHS	Helgoland	NDR 1 Welle Nord	0,025
88,9	D	SHS	Neumünster	Radio NORA	0,50
88,9	F	67	Strasbourg/Port du Rhin	SWR4 BW	1,00
88,9	HOL	GEL	Arnhem	Radio Gelderland	0,10
88,9	HOL	NHO	Amsterdam	Radio Noord Holland	9,33
88,9	LUX		Dudelange/Ginsterberg	RTL Letzebuerg	100,00
88,9	POL		Szczecin/Komin WISKORD	Radio Plus Szczecin	15,00
88,9	POL		Wrocław/Ślęża	Radio Maryja	120,00
88,9	SUI	BE	Rütschelen-Dornegggütsch/Oberbützberg	Radio 32	4,00
89,0	AUT	B	Mattersburg/Heuberg	Ö1	0,60
89,0	BEL	ANT	Schoten	VRT MNM	20,00
89,0	BEL	LIE	Herbesthal/Rabotrath	BRF 1	0,40
89,0	D	BAY	Mittenwald/Karwendelbahn	Bayern 1	0,01
89,0	D	BAY	Högl/Freilassing	Bayernwelle Süd Ost	0,1
89,0	D	BAY	Würzburg/Frankenwarte	BR-KLASSIK	5,00
89,0	D	BAY	München-Olympiaturm	Radio 2DAY 89 MÜNCHEN	0,30
89,0	D	BAY	Dingolfing	Radio Trausnitz	0,10
89,0	D	BWÜ	Nagoldtal	SWR4 BW	0,01
89,0	D	BWÜ	Unterhausen	SWR4 BW	0,10
89,0	D	BWÜ	Witthoh	SWR4 BW	5,00
89,0	D	MEV	Wolgast	NDR 1 Radio MV	0,40
89,0	D	MEV	Stralsund	zurzeit inaktiv	0,02
89,0	D	NRW	Olpe	zurzeit inaktiv	0,20
89,0	D	NSA	Jever	Deutschlandradio Kultur	0,50
89,0	D	RLP	Bad Kreuznach	SWR4 RP	0,05
89,0	D	SAC	Hoyerswerda	Jump	0,50
89,0	D	SAN	Brocken	89.0 RTL	60,00
89,0	DNK	FYN	Sønder Højrup	DR P1	60,00
89,0	F	68	Colmae/Sint Niklaas	Azur FM	0,50

MHz	Land	REG	Standort	Programm	kW
89,0	HOL	GEL	Lochem	100%NL	3,24
89,0	POL		Bogatynia/Góra Wysoka	Radio Wrocław	1,00
89,0	SUI	LU	Escholzmatt-Wiggen/Obere Rotenflue	Radio Pilatus	0,10
89,1	CZE		Plzeň/Krašov	ČRo Radiožurnál	81,00
89,1	D	BAY	Burgberg/Halden	Bayern 1	0,01
89,1	D	BAY	Pfronten/Breitenberg	Bayern 2	0,05
89,1	D	BAY	Wassertrüdingen/Hesselberg	Radio 8	0,10
89,1	D	BB	Booßen/Lausitz	Radioeins	5,00
89,1	D	BWÜ	Heilbronn/Schweinsberg	ANTENNE 1	0,50
89,1	D	BWÜ	Murgtal/Baden-Baden	SWR1 BW	0,05
89,1	D	HAM	Hamburg/Heinr.-Hertz-Turm	Deutschlandradio Kultur	0,05
89,1	D	NRW	Bonn/Venusberg	Deutschlandfunk	5,00
89,1	D	NRW	Schmallenberg	Radio Sauerland	0,20
89,1	D	SAA	Bliestal/Blieskastel	SR 3	5,00
89,1	D	SAC	Oschatz	R.SA	0,16
89,1	D	SHS	Westerland/Sylt	Radio NORA	1,00
89,1	HOL	GEL	Megen	Radio Gelderland	5,00
89,2	AUT	ST	Graz/Schöckl	Hitradio Ö3	67,00
89,2	AUT	T	Hintertux/Hohenhaustenne	Radio U1 Tirol	0,17
89,2	AUT	T	Jenbach/Larchkopf	Radio U1 Tirol	0,36
89,2	D	BAY	Garmisch-Partenkirchen/Kreuzeck	Bayern 1	0,10
89,2	D	BAY	Coburg/Eckardtsberg	Radio EINS	0,50
89,2	D	BB	Berlin/Schäferberg	Radio Potsdam	0,50
89,2	D	BWÜ	Pforzheim/Dillweissenstein	Deutschlandfunk	0,10
89,2	D	BWÜ	Horb/Neckar	Freies Radio Freudenstadt	0,05
89,2	D	BWÜ	Blauen	SWR1 BW	8,40
89,2	D	BWÜ	Ulm/Kuhberg	SWR2	10,00
89,2	D	MEV	Schwerin/Zippendorf	NDR Kultur	30,00
89,2	D	NRW	Geilenkirchen	AFN	0,05
89,2	D	NSA	Osnabrück/Schleptruper Egge	NDR 2	8,00
89,2	D	SAC	Leipzig-Neuschönefeld	apollo radio	0,20
89,2	D	SAC	Dresden/Wachwitz	R.SA	2,00
89,2	D	SAC	Leipzig-Neuschönefeld	Radio Blau	0,20
89,2	D	SAC	Weißwasser	Radio WSW	1,00
89,2	D	SAC	Meerane	Radio Zwickau	0,10
89,2	D	THÜ	Pößneck	Deutschlandfunk	0,00
89,2	D	THÜ	Weimar	LandesWelle Thüringen	0,25
89,2	F	57	Metz/Peltre	RPL Radio	1,00
89,2	FL	FL	Mälser Allmeind	Radio L	0,02
89,2	HOL	LIM	Brunssum	AFN Benelux	1,00
89,2	HOL	LIM	Blerick	Slam FM	1,07
89,2	HOL	OVE	Zwolle	Arrow Classic Rock Noord	3,00

MHz	Land	REG	Standort	Programm	kW
89,2	POL		Świnoujście	new	0,50
89,2	SUI	SG	Buchserberg/Hinterberg	Radio L	0,50
89,3	AUT	S	Mauterndorf/Grosseck	Hitradio Ö3	0,30
89,3	AUT	S	Eben/Pongau	Ö1	0,56
89,3	AUT	T	Lienz/Rauchkofel	Ö1	2,60
89,3	D	BAY	Augsburg/Lechhauser Str.	Bayern 2	0,10
89,3	D	BAY	Berchtesgarden/Obersalzberg	Bayernwelle Süd Ost	0,10
89,3	D	BAY	Kempten/Zentralhaus	Deutschlandfunk	0,10
89,3	D	BAY	Hof/Großer Waldstein	Deutschlandradio Kultur	20,00
89,3	D	BAY	Oberstdorf	RSA Radio	0,10
89,3	D	BAY	Regen/Geißkopf-Oberbreitenau	unserRadio	0,20
89,3	D	BWÜ	Bad Urach	ANTENNE 1	0,03
89,3	D	HES	Gr. Feldberg/Taunus	hr3	100,00
89,3	D	MEV	Stralsund	Deutschlandfunk	0,25
89,3	D	NRW	Selm	Antenne Unna	0,25
89,3	D	NRW	Bochum	zurzeit inaktiv	0,32
89,3	D	NSA	Bergen/Wardböhmen	BFBS 2	0,05
89,3	D	NSA	Bremerhaven/Schiffdorf	Bremen Eins	25,00
89,3	D	NSA	Bergen/Wardböhmen	Deutschlandfunk	0,13
89,3	D	SAA	Merzig	SR 1	0,10
89,3	D	SAC	Stollberg	MDR INFO	0,10
89,3	D	SAN	Wittenberg/Gallunberg	Deutschlandfunk	1,00
89,3	DNK	SJY	Rangstrup	NOVA FM	5,00
89,3	HOL	SHO	Rotterdam	Radio West	9,12
89,3	SUI	GL	Matt-Hoschet/Seilbahnst. Weissenberge	Radio Central	0,05
89,3	SUI	GR	Lohn/Plan Sura	Radio Grischa	0,10
89,3	SUI	SH	Schaffhausen/Cholfirst	DRS 1	0,45
89,3	SUI	TG	Rorschacherberg/Hof-Vogelherd	Radio FM1 (Reg. Nord)	1,00
89,4	AUT	N	St. Pölten/Jauerling	Hitradio Ö3	100,00
89,4	BEL	LIE	Welkenraedt	RTBF VivaCité	0,10
89,4	D	BAY	Ansbach	Radio 8	0,50
89,4	D	BWÜ	Schramberg	SWR1 BW	0,01
89,4	D	NRW	Paderborn	L'UniCo FM	0,03
89,4	D	NRW	Neuss	NE-WS 89,4	1,00
89,4	D	NRW	Hagen	zurzeit inaktiv	0,32
89,4	D	NSA	Bad Rehburg	RADIO 21	0,50
89,4	D	RLP	Trier/Markusberg	SWR2	0,10
89,4	D	SAN	Dequede	MDR FIGARO	10,00
89,4	D	SAN	Zeitz/Hainichen	MDR SPUTNIK	0,50
89,4	DNK	STS	Nakskov	DR P1	7,60
89,4	F	68	Munster/Obersolberg	France Inter	0,20
89,4	HOL	OVE	De Lutte	Radio Oost	10,00

MHz	Land	REG	Standort	Programm	kW
89,4	POL		Lubań/Nowa Karczma	Radio Zet	60,00
89,4	SUI	GR	Safien/Lüschsunnigi	Radio Grischa	0,08
89,4	SUI	SZ	Wangen/Buechberg Tuggen-Dunkelboden	Radio Central	0,20
89,5	BEL	BRA	St.-Pieters-Leeuw	VRT Klara	50,00
89,5	D	BAY	Kreuzwertheim	ANTENNE 1	0,10
89,5	D	BAY	Wendelstein (Bayrischzell)	Bayern 2 (Süd)	100,00
89,5	D	BB	Elsterwerda	104.6 RTL	0,50
89,5	D	BWÜ	Stuttgart	bigFM	10,00
89,5	D	HAM	Hamburg/Moorfleet	NDR 1 Welle Nord	10,00
89,5	D	HES	Hoher Meißner	hr3	100,00
89,5	D	MEV	Neubrandenburg	N-JOY	1,00
89,5	D	RLP	Idar-Oberstein/Hillschied	Deutschlandfunk	0,20
89,5	D	THÜ	Jena	MDR INFO	0,20
89,5	F	67	Strasbourg/Port du Rhin	Virgin Radio	4,00
89,5	SUI	BL	Bettingen/St. Chrischona	SWR4 BW	5,00
89,6	AUT	B	Spitzerberg	Ö2 Radio Burgenland	0,10
89,6	AUT	O	Wolfgangsee	Freies Radio Salzkammergut	0,05
89,6	AUT	S	Salzburg/Mönchsberg	KRONEHIT	xxxx
89,6	AUT	ST	Bruck/Mur-Mugel	Radio Eins	7,94
89,6	AUT	V	Bregenz/Pfänder	Hitradio Ö3	50,00
89,6	D	BAY	Bamberg/Geisberg	Bayern 2	25,00
89,6	D	BAY	Ludwigsstadt/Ebersdorf	Bayern 2	0,05
89,6	D	BB	Berlin/Britz	Deutschlandradio Kultur	100,00
89,6	D	BWÜ	Mannheim/Neckarstadt	bermuda.funk	0,10
89,6	D	BWÜ	Mannheim/Neckarstadt	RadioAktiv	0,10
89,6	D	BWÜ	Blaubeuren	SWR1 BW	0,002
89,6	D	NRW	Eifel/Bärbelkreuz	WDR 5	10,00
89,6	D	NSA	Visselhövede	zurzeit inaktiv	0,63
89,6	D	SAA	Homburg/Virchowstraße	Radio Homburg	1,00
89,6	D	SAC	Neustadt/Unger	MDR INFO	0,20
89,6	D	SAC	Markneukirchen	R.SA	1,00
89,6	D	SAN	Halle-Stadt	Jump	0,10
89,6	D	SAN	Burg	MDR INFO	1,00
89,6	D	SHS	Flensburg/Fuchsb.-Engelsby	NDR 1 Welle Nord	25,00
89,6	F	68	Saint-Amarin/Geisshouse	France Inter	0,10
89,6	HOL	DRE	Smilde	BNR Nieuwsradio	4,27
89,6	HOL	GEL	Huissen	RADIONL	2,29
89,6	HOL	LIM	Nieuw Bergen	Maasland Radio	1,00
89,6	SUI	GR	Ruschein/Frundsberg	Radio Grischa	0,60
89,6	SUI	ZG	Menzingen/Ochsengutsch	Radio Central	0,05
89,7	BEL	LIE	Liege-Fleron	Nostalgie	0,50
89,7	D	BAY	Burgsinn	Bayern 2	0,01

MHz	Land	REG	Standort	Programm	kW
89,7	D	BAY	Burgsinn	ENERGY Deutschland	0,01
89,7	D	BAY	Regensburg/Ziegetsberg	Gong FM	0,30
89,7	D	BAY	Dillingen	Hit Radio RT.1 Nordschw.	0,10
89,7	D	BAY	Griesbach	unserRadio	0,30
89,7	D	BWÜ	Tübingen	bigFM	1,00
89,7	D	HES	Fulda/Künzell-Peter Henlein-Str.	hr iNFO	0,20
89,7	D	HES	Würzberg	hr3	5,00
89,7	D	MEV	Ahrenshoop	zurzeit inaktiv	0,00
89,7	D	NRW	Münster/Baumberge	WDR 3	25,00
89,7	D	NSA	Dannenberg	Radio ZuSa	0,50
89,7	D	RLP	Bad Kreuznach	RPR1.	0,10
89,7	D	SAC	Hoyerswerda	Deutschlandradio Kultur	0,50
89,7	D	THÜ	Weimar	Deutschlandfunk	0,50
89,7	F	57	Metz/Luttange	France Musique	145,00
89,7	F	67	Niederbronn-les-Bains/Guisberg	France Musique	0,05
89,7	F	67	Wissembourg/Klingfeld	France Musique	0,05
89,7	F	68	Masevaux/Kirchberg-Sprickelberg	France Inter	0,02
89,7	SUI	GL	Ennenda/Äugsten-Bärenboden	Radio Zürisee	0,20
89,7	SUI	SO	Oberdorf/Nesselboden	DRS 1	1,50
89,8	AUT	K	Metnitz West	KRONEHIT (geplant)	0,03
89,8	AUT	S	Tamsweg/Leonhardsberg	KRONEHIT (geplant)	0,04
89,8	AUT	S	Lend/Luxkogel	Ö1	0,20
89,8	D	BAY	Landsberg/Pössing	106.4 TOP FM	0,10
89,8	D	BAY	Mittenwald/Karwendelbahn	B5 aktuell	0,01
89,8	D	BAY	Kempten/Zentralhaus	Deutschlandradio Kultur	0,06
89,8	D	BAY	Dinkelsbühl	Radio 8	0,10
89,8	D	BAY	Weiden	Radio Galaxy	0,10
89,8	D	BRE	Bremen/FMT Walle	ENERGY Bremen	0,80
89,8	D	BWÜ	Creglingen	SWR1 BW	0,01
89,8	D	BWÜ	Feldberg/Schwarzwald	SWR1 BW	5,00
89,8	D	BWÜ	Heidenheim/Schmittenberg	SWR4 BW	0,01
89,8	D	HES	Bad Orb	hr iNFO	0,32
89,8	D	MEV	Dargun	Deutschlandfunk	0,50
89,8	D	RLP	Bad Marienberg	SWR1 RP	25,00
89,8	D	SAC	Chemnitz/Geyer	Jump	100,00
89,8	D	SHS	Helgoland	Klassik Radio	0,05
89,8	D	SHS	Westerland/Sylt	Klassik Radio	0,50
89,8	D	THÜ	Suhl/Erleshügel	MDR FIGARO	0,20
89,8	HOL	FLE	Lelystad	Radio Flevoland	25,00
89,8	POL		Szczecin/Warszewo	Radio Złote Przeboje 89,8 FM	1,00
89,8	SUI	GR	Lenzerheide/Sartons	Radio Grischa	1,00
89,9	AUT	O	St. Georgen im Attergau	Life Radio	0,15
89,9	AUT	T	Reutte/Hahnenkamm	Life Radio Tirol	0,32

MHz	Land	REG	Standort	Programm	kW
89,9	AUT	W	Wien/Kahlenberg	Ö2 Radio Wien	100,00
89,9	BEL	LIM	Genk	VRT Klara	20,00
89,9	CZE		Liberec/Ještěd	ČRo Dvojka	15,40
89,9	D	BAY	Amberg	AFN	0,25
89,9	D	BAY	Bad Reichenhall/Kirchholz	BR-KLASSIK	0,30
89,9	D	BAY	Neu-Ulm/Klinik	Radio 30 plus	0,01
89,9	D	BAY	Ursberg	Radio Horeb	0,008
89,9	D	BAY	Reit Im Winkl/Walmberg	zurzeit inaktiv	0,05
89,9	D	BWÜ	Giengen/Brenz	SWR1 BW	0,02
89,9	D	HES	Friedberg	Deutschlandfunk	0,32
89,9	D	NRW	Kölnturm	Deutschlandradio Kultur	0,03
89,9	D	NSA	Harz-Torfhaus	NDR Kultur	100,00
89,9	D	RLP	Weinbiet	SWR1 RP	25,00
89,9	D	SHS	Bungsberg	NDR Kultur	50,00
89,9	D	THÜ	Camburg	Jump	0,20
89,9	HOL	DRE	Emmen	Waterstad FM	1,00
89,9	POL		Zielona Góra/Jemiołów	Polskie Radio Program 2	60,00
89,9	SUI	GR	Küblis Fideris Horn	Radio Grischa	0,20
90,0	AUT	T	Kufstein/Thierberg	Welle 1 Innsbruck	0,20
90,0	AUT	V	Stuben a. Arlberg	Ö2 Radio Vorarlberg	0,10
90,0	CZE		Cheb/Špitálský vrch	Hitradio Dragon	1,00
90,0	CZE		Plzeň/Radeč	Kiss Proton	10,00
90,0	D	BAY	München/Ismaning	B5 aktuell	25,00
90,0	D	BAY	Würzburg/Frankenwarte	Bayern 2	5,00
90,0	D	BAY	Kronach	Radio EINS	0,10
90,0	D	BWÜ	Ulm/Donautal	Radio 7	0,32
90,0	D	HES	Wetzlar/Dalheim	ERF Plus	0,02
90,0	D	MEV	Röbel	Deutschlandradio Kultur	3,00
90,0	D	NRW	Bochum/Ruhruniversität	CT Das Radio	0,30
90,0	D	NRW	Schmallenberg	WDR 5	0,10
90,0	D	NSA	Aurich	NDR Kultur	25,00
90,0	D	RLP	Haardtkopf	SWR3	50,00
90,0	D	SAN	Dessau	MDR INFO	0,30
90,0	DNK	BOR	Årsballe	DR P3	30,00
90,0	F	67	Puberg/Réservoir	Est FM	0,50
90,0	HOL	NBR	Loon op Zand	100%NL	16,60
90,0	SUI	LU	Kriens/Gigeliwald	Radio Sunshine	0,20
90,0	SUI	SG	St. Gallen/Chirchli Peter und Paul	Radio Top (Reg. Thurgau)	1,00
90,0	SUI	SZ	Ingenbohl-Urmiberg/Mittlerer Brunniberg	Radio Sunshine	0,30
90,0	SUI	ZH	Zürich/Zürichberg	Radio 24	0,10
90,1	AUT	O	Linz/Lichtenberg	Ö2 Radio Niederösterreich	10,00
90,1	AUT	T	Landeck/Krahberg	Ö1	0,15

MHz	Land	REG	Standort	Programm	kW
90,1	BEL	LIE	Elsenborn/Herzebösch	Radio 700	1,00
90,1	D	BAY	Waging	Bayernwelle Süd Ost	0,05
90,1	D	BAY	Nürnberg/FMT Schweinau	Deutschlandfunk	0,10
90,1	D	BWÜ	Stuttgart/Degerloch	SWR4 BW	100,00
90,1	D	HES	Dieburg/Mainzer Berg	planet radio	1,00
90,1	D	HES	Wiesbaden/Konr.-Adenauer-Ring	planet radio	0,50
90,1	D	HES	Marburg	Radio Unerhört	0,10
90,1	D	MEV	Schwerin/Zippendorf	Klassik Radio	0,20
90,1	D	MEV	Ueckermünde	NDR 1 Radio MV	4,00
90,1	D	NRW	Mönchengladbach/Korschenbr. Str.	Radio 90,1	0,25
90,1	D	NRW	Bad Oeynhausen/Wittekindsberg	WDR 4	0,10
90,1	D	NRW	Kleve/Bresserberg	zurzeit inaktiv	1,00
90,1	D	NSA	Visselhövede	zurzeit inaktiv	1,00
90,1	D	SAA	Saarbrücken/Winterberg	Deutschlandfunk	1,00
90,1	D	SAC	Dresden/Wachwitz	Jump	100,00
90,1	D	SAN	Fleetmark	MDR INFO	2,00
90,1	DNK	SJY	Åbenraa	Radio Mojn	0,70
90,1	F	67	Sélestat/rue de la Scheer	Top Music Sélestat	1,00
90,1	SUI	AR	Laufenburg/Heuberg	SWR3	0,05
90,2	AUT	N	Weitra/Wachberg	KRONEHIT	3,00
90,2	AUT	S	Mittersil/Bramberg-Wildkogel	Antenne Salzburg	0,10
90,2	AUT	V	Feldkirch/Auf der Egg	KRONEHIT	0,10
90,2	D	BAY	Balderschwang/Kreuzle-Alm	Bayern 1	0,02
90,2	D	BAY	Landshut/Altdorf	Bayern 1	1,00
90,2	D	BAY	Burgberg/Halden	BR-KLASSIK	0,01
90,2	D	BAY	Memmingen/Bossards	Hit Radio RT.1 Südschwaben	0,30
90,2	D	BAY	Miesbach/Kreuzfeldweg	Radio Alpenwelle	0,10
90,2	D	BB	Berlin/Alexanderplatz	Radio TEDDY	16,00
90,2	D	HES	Limburg	Radio BOB!	0,20
90,2	D	HES	Bensheim-Auerbach	YOU FM	0,20
90,2	D	MEV	Rostock/Stadtweide	Lohro	0,10
90,2	D	NSA	Lingen/Damaschke	NDR Kultur	25,00
90,2	D	RLP	Lorch/Oberdiebach	Deutschlandradio Kultur	0,20
90,2	D	THÜ	Inselsberg	Jump	100,00
90,2	HOL	LIM	Brunssum	BFBS 1	0,10
90,2	HOL	LIM	Venray	Omroep Venray	0,10
90,2	HOL	NBR	Roosendaal	100%NL	50,00
90,2	SUI	ZH	Winterthur/Brüelberg	Radio Zürisee	0,15
90,3	AUT	N	Semmering/Sonnwendstein	Ö1	9,00
90,3	CZE		Klatovy/Doubrava	ČRo Dvojka	10,00
90,3	D	BAY	Garmisch-Partenkirchen	AFN	0,05
90,3	D	BAY	Landsberg/Katharinenstraße	Deutschlandfunk	1,00
90,3	D	BAY	Günzburg	Donau 3 FM	0,10

MHz	Land	REG	Standort	Programm	kW
90,3	D	BAY	Gunzenhausen	Radio 8	0,10
90,3	D	BB	Spremberg	Radio Cottbus	0,50
90,3	D	BWÜ	Freudenberg a.M.	SWR1 BW	0,01
90,3	D	HAM	Hamburg/Moorfleet	NDR 90,3	80,00
90,3	D	HES	Eltville/Hühnerberg	Hit Radio FFH	0,20
90,3	D	NRW	Nordhelle	WDR 5	35,00
90,3	D	SAA	St. Wendel	103.7 UnserDing	0,10
90,3	D	SHS	Westerland/Sylt	Deutschlandfunk	0,20
90,3	F	57	Sarrebourg/le Donon	France Musique	10,00
90,3	SUI	AR	Möriken-Wildegg/Chestenberg	Radio Argovia	0,50
90,3	SUI	BL	Nenzlingen/Eggflue	DRS 1	0,40
90,3	SUI	SO	Balsthal/Erzmatt	Radio 32	0,10
90,4	AUT	K	Klagenfurt/Dobratsch	Hitradio Ö3	100,00
90,4	CZE		Varnsdorf/Jedlová	Hitradio FM	0,20
90,4	D	BAY	Berchtesgaden/Schönau	Bayern 1	0,30
90,4	D	BAY	Passau/Kühberg	Bayern 3	1,00
90,4	D	BAY	Gemünden/Lohr	Charivari.FM	0,10
90,4	D	BAY	Mühldorf	Inn-Salzach-Welle	0,10
90,4	D	BAY	Neusorg	Radio 8	0,20
90,4	D	BAY	Coburg/Eckardtsberg	Radio Galaxy	0,20
90,4	D	BB	Guben	98.2 Radio Paradiso	0,20
90,4	D	BWÜ	Karlsruhe/EnBW-Kraftwerk	Klassik Radio	2,00
90,4	D	BWÜ	Nagoldtal	SWR2	0,10
90,4	D	BWÜ	Witthoh	SWR2	40,00
90,4	D	BWÜ	Wittigbachtal	SWR4 BW	0,05
90,4	D	HES	Frankfurt/Main	YOU FM	0,50
90,4	D	NSA	Seesen/Harz	NDR Info	0,20
90,4	D	NSA	Cloppenburg	zurzeit inaktiv	1,00
90,4	D	NSA	Peine	zurzeit inaktiv	0,10
90,4	D	RLP	Kirn	SWR2	0,01
90,4	D	SAC	Leipzig/Wiederau	Jump	100,00
90,4	DNK	SJY	Nordborg	Skala FM	0,40
90,4	DNK	STS	Væggeløse	Radio Sydhavsøerne	0,16
90,4	F	68	Colmar/Ingersheim	Accent 4	0,10
90,4	HOL	GEL	Ruurlo	Radio Gelderland	10,00
90,5	BEL	LIE	Liège/Bol d'Air	RTBF VivaCité	40,00
90,5	D	BAY	Gelbelsee/Ingolstadt	Bayern 2	25,00
90,5	D	BAY	Bad Kissingen	RADIO PRIMATON	0,10
90,5	D	BWÜ	Mötzingen/Herrenberg	DASDING	1,00
90,5	D	BWÜ	Oberachern	Radio OHR	2,00
90,5	D	HES	Schlüchtern	hr2-kultur	0,32
90,5	D	HES	Wetzlar/Aßlar	hr4	0,30
90,5	D	HES	Rimberg (FMT)	Radio BOB!	0,05

MHz	Land	REG	Standort	Programm	kW
90,5	D	MEV	Helpterberg	NDR 1 Radio MV	100,00
90,5	D	NRW	Krefeld/Bockum	zurzeit inaktiv	0,10
90,5	D	NSA	Braunschweig	Veranstaltungsfunk	0,05
90,5	D	RLP	Boppard Emmelshausen	Deutschlandfunk	0,10
90,5	D	RLP	Zweibrücken	SWR4 RP	0,20
90,5	D	SAC	Weißwasser	MDR INFO	1,00
90,5	D	SAN	Jerichow	MDR SPUTNIK	1,00
90,5	D	SHS	Heide/Welmbüttel	NDR 1 Welle Nord	15,00
90,5	D	THÜ	Heiligenstadt	MDR INFO	0,10
90,5	SUI	SZ	Rigi-Kulm	Radio Central	0,50
90,6	AUT	B	Rechnitz/Hirschenstein	Ö1	6,00
90,6	AUT	O	Gmunden/Grünberg	LoungeFM	0,10
90,6	AUT	ST	Bad Aussee/Reitern	Antenne Steiermark	0,10
90,6	AUT	T	St. Johann/Harschbichl	Antenne Tirol	0,06
90,6	CZE		Chomotov/ul. Lipská - vodárna	Hitradio FM	4,00
90,6	D	BWÜ	Freiburg-Vogtsburg	Deutschlandradio Kultur	0,20
90,6	D	BWÜ	Wiesensteig	SWR1 BW	0,01
90,6	D	HES	Hardberg	hr1	50,00
90,6	D	MEV	Neukloster	Deutschlandfunk	0,25
90,6	D	NRW	Teutoburger Wald/Bielstein	WDR 5	100,00
90,6	D	NSA	Borkum	zurzeit inaktiv	0,20
90,6	D	RLP	Saarburg/Rauschhof	SWR3	5,00
90,6	D	SAC	Freiberg/Hauptpostamt	R.SA	0,20
90,6	D	SAN	Dessau	Radio Brocken	1,00
90,6	D	THÜ	Meiningen	Klassik Radio	0,10
90,6	POL		Słubice/Kościół Św. Ducha	Radio Plus Gorzów	0,10
90,6	POL		Świeradów Zdrój/Stóg Izerski	Polskie Radio Czwórka	1,00
90,6	SUI	BL	Bettingen/St. Chrischona	DRS 1	33,00
90,6	SUI	SH	Neuhausen/Engiwald	Radio Zürisee	0,20
90,7	D	BAY	Ochsenkopf	Bayern 1	100,00
90,7	D	BAY	Grünten	Bayern 1 (Oberbayern)	100,00
90,7	D	BB	Berlin/Schäferberg	88vier	0,10
90,7	D	HES	Fulda/Künzell-Dicker Turm	Deutschlandradio Kultur	0,30
90,7	D	HES	Bad Nauheim	ENERGY Rhein-Main	0,32
90,7	D	HES	Limburg/Schafsberg	YOU FM	0,20
90,7	D	MEV	Kühlungsborn-West	zurzeit inaktiv	0,05
90,7	D	NRW	Bonn/Venusberg	WDR 4	50,00
90,7	D	NSA	Dannenberg	NDR Info	3,00
90,7	D	NSA	Bremerhaven/Schiffdorf	Radio Weser TV Bremerhaven	0,20
90,7	D	NSA	Bremerhaven/Schiffdorf	Radio Weser TV Studio Nordenham	0,20
90,7	D	SHS	Lübeck/Wallanlagen	NDR 2	0,50
90,7	D	THÜ	Sondershausen	radio TOP 40	0,20
90,7	F	67	Strasbourg/Chateau d'eau	Radio Arc-en-Ciel	1,00

MHz	Land	REG	Standort	Programm	kW
90,7	POL		Gryfice/Kościół WNMP	Radio Plus Gryfice	2,00
90,7	SUI	GL	Mollis-Wälschbüel	Radio Zürisee	0,50
90,8	AUT	V	Feldkirch/Vorderälpele	Ö1	0,20
90,8	BEL	NAM	Profondeville	RTBF Classic 21	10,00
90,8	D	BAY	Bad Tölz/Kalvarienberg	Bayern 1	0,10
90,8	D	BAY	Alzenau/Hahnenkamm	Radio Primavera	0,20
90,8	D	BB	Zehlendorf, Krs. Oranienburg	Antenne Brandenburg	1,30
90,8	D	BB	Cottbus/Calau	Deutschlandradio Kultur	10,00
90,8	D	BWÜ	Stuttgart/Degerloch	DASDING	5,00
90,8	D	BWÜ	Oberes Kinzigtal	SWR1 BW	0,10
90,8	D	HES	Sontra	hr iNFO	0,05
90,8	D	MEV	Neustrelitz	zurzeit inaktiv	0,03
90,8	D	NRW	Herne	Radio Herne	0,10
90,8	D	NRW	Letmathe	Radio MK	0,03
90,8	D	NSA	Hann. Münden/Lutterberg	NDR Kultur	0,05
90,8	D	RLP	Bornberg	SWR1 RP	25,00
90,8	D	SAN	Wernigerode	radio SAW	1,00
90,8	D	SHS	Neumünster-Armstedt	NDR Info	1,00
90,8	D	THÜ	Gotha	radio TOP 40	0,06
90,8	DNK	KBH	København-Gladsaxe	DR P1	60,00
90,8	F	68	Sainte-Marie-aux-Mines	France Inter	0,10
90,8	HOL	DRE	Smilde	Radio Drenthe	3,89
90,9	AUT	S	Salzburg/Gaisberg	Ö1	100,00
90,9	CZE		Ústi nad Labem/Buková hora	ČRo Radiožurnál	100,00
90,9	D	BAY	Würzburg/Frankenwarte	Bayern 1	5,00
90,9	D	BB	Rhinow	BB Radio	0,80
90,9	D	BWÜ	Heidelberg-Weststadt	bigFM	0,10
90,9	D	BWÜ	Baden-Baden/Merkur	SWR1 BW	0,80
90,9	D	HES	Rüsselsheim	Radio Rüsselsheim	0,32
90,9	D	NRW	Münster/Coesfelder Kreuz	Radio Q	0,005
90,9	D	NSA	Hannover	NDR 1 Niedersachsen	15,00
90,9	D	RLP	Bad Kreuznach	DASDING	0,05
90,9	D	SAC	Grimma	Radio Leipzig	0,25
90,9	D	SAN	Hergisdorf	MDR INFO	0,10
90,9	D	SHS	Morsum/Sylt	NDR 1 Welle Nord	5,00
90,9	D	SHS	Mölln	N-JOY	0,50
90,9	D	THÜ	Jena-Oßmaritz	ANTENNE THÜRINGEN	1,00
90,9	D	THÜ	Eisenach	Klassik Radio	0,20
90,9	HOL	LIM	Roermond	3FM	100,00
90,9	SUI	SZ	Rigi-Kulm	DRS 1	22,50
91,0	AUT	W	Wien/Himmelhof	FM4	0,10
91,0	D	BAY	Reit Im Winkl/Walmberg	Bayern 1	0,05
91,0	D	BAY	Herzogstand	Bayern 3	0,10

MHz	Land	REG	Standort	Programm	kW
91,0	D	BAY	Fürth/Sparkassengebäude	vilradio	0,30
91,0	D	BB	Frankfurt/O.	Klassik Radio	0,05
91,0	D	BWÜ	Heidelberg	SWR1 BW	0,05
91,0	D	HES	Biedenkopf	hr1	100,00
91,0	D	HES	Michelstadt	YOU FM	0,20
91,0	D	MEV	Marlow	NDR 1 Radio MV	100,00
91,0	D	NRW	Wuppertal/Küllenhahn	Deutschlandfunk	0,25
91,0	D	NRW	Steinfurt	Deutschlandradio Kultur	0,20
91,0	D	RLP	Annweiler/Trifels	SWR4 RP	0,03
91,0	D	SAC	Chemnitz-Stadt	R.SA	3,00
91,0	D	SAN	Gernrode	MDR INFO	0,10
91,0	D	SHS	Flensburg/Fuchsb.-Engelsby	N-JOY	0,50
91,0	D	THÜ	Sömmerda	radio TOP 40	0,10
91,0	F	57	Sarrebourg/Château d'Eau	Radio Jérico	1,00
91,0	F	68	Colmar/Port TDF	NRJ	1,00
91,0	HOL	FRI	Irnsum	Slam FM	10,00
91,0	HOL	OVE	Markelo	Slam FM	1,41
91,1	AUT	N	Warth	Ö1	0,03
91,1	AUT	T	Inntal/Ebbs-Oberbuchberg	BR-KLASSIK	0,05
91,1	AUT	T	Innsbruck/Schlotthof	Radio Maria	0,40
91,1	CZE		České Budějovice/Klet	ČRo Radiožurnál	78,00
91,1	D	BAY	Burgsinn	B5 aktuell	0,01
91,1	D	BAY	Regensburg/Ziegetsberg	Klassik Radio	0,15
91,1	D	BB	Casekow/Uckermark	Antenne Brandenburg	20,00
91,1	D	BWÜ	Ulm	reserv. für DLR/DLF	1,00
91,1	D	BWÜ	Aalen	SWR2	50,00
91,1	D	BWÜ	Freiburg-Lehen	SWR2	0,50
91,1	D	BWÜ	Villingen-Schw./Marbach	SWR4 BW	1,00
91,1	D	HES	Darmstadt/Weiterstadt	planet radio	0,20
91,1	D	HES	Witzenhausen	YOU FM	0,32
91,1	D	NSA	Steinkimmen	NDR 1 Niedersachsen	100,00
91,1	D	NSA	Alfeld/Leine	NDR Info	0,05
91,1	D	RLP	Bingen/Rochusberg	hr3	0,32
91,1	D	RLP	Kleinkarlbach	RPR1.	0,01
91,1	D	SAC	Torgau	R.SA	0,20
91,1	D	SAC	Dresden/Gompitz	Radio Dresden	1,00
91,1	D	SAN	Magdeburg/Schönebeck, Frohser Berg	MDR INFO	2,00
91,1	D	THÜ	Suhl/Ringberg	Jump	0,10
91,1	D	THÜ	Gera	MDR INFO	1,00
91,1	F	67	Haguenau/Rue de la Piscine	Top Music	1,00
91,1	HOL	NHO	Hilversum	Slam FM	37,20

MHz	Land	REG	Standort	Programm	kW
91,1	SUI	GL	Matt-Hoschet/Seilbahnst. Weissenberge	Radio Zürisee	0,05
91,2	AUT	ST	Graz/Schöckl	Ö1	67,00
91,2	AUT	T	Mayrhofen/Filzenalm	Antenne Tirol	0,15
91,2	D	BAY	Ochsenkopf	Bayern 1	20,00
91,2	D	BWÜ	Bruchsal-West/Industriestraße	Lernradio	0,10
91,2	D	BWÜ	Rauenberg	SWR2	0,01
91,2	D	BWÜ	Eberbach	SWR3	0,01
91,2	D	BWÜ	Schramberg	SWR3	0,01
91,2	D	BWÜ	Waldburg/Galgenberg	SWR4 BW	25,00
91,2	D	HES	Frankfurt-Mitte	Deutschlandradio Kultur	0,10
91,2	D	HES	Bensheim-Auerbach	hr iNFO	0,06
91,2	D	NRW	Dortmund/Florianturm	RADIO 91.2	0,20
91,2	D	NRW	Siegburg/Kreishaus	Radio Bonn/Rhein-Sieg	0,20
91,2	D	NSA	Dannenberg	NDR 1 Niedersachsen	25,00
91,2	D	NSA	Bad Rothenfelde	N-JOY	0,50
91,2	D	SAC	Annaberg-Buchholz	MDR INFO	1,00
91,2	D	SAC	Mügeln/Markt	R.SA	0,50
91,2	D	THÜ	Apolda	MDR INFO	1,00
91,2	DNK	SJY	Skærbæk	Radio 100	0,16
91,2	F	68	Mulhouse/Belvédère	RTL 2	1,00
91,2	HOL	FRI	Leeuwarden	Slam FM	1,50
91,2	POL		Żagań/Wichów	Polskie Radio Program 1	30,00
91,2	SUI	AR	Frick/Frickberg	DRS 3	0,03
91,2	SUI	VD	Gingins/Barillette	La Première	19,00
91,3	AUT	S	Strasswalchen/Tannberg	KRONEHIT	0,10
91,3	AUT	S	Mauterndorf/Grosseck	Ö1	0,30
91,3	AUT	W	Wien/Währinger Gürtel	NJOY	0,10
91,3	BEL	LIE	Verviers	RTBF La Premiere	1,00
91,3	D	BAY	München/Ismaning	Bayern 1	25,00
91,3	D	BB	Lauchhammer	94.3 rs2	1,00
91,3	D	BWÜ	Heilbronn/Neckargartach	Deutschlandfunk	0,10
91,3	D	BWÜ	Kirchheim/Teck	Deutschlandfunk	0,10
91,3	D	HES	Rimberg (FMT)	Deutschlandfunk	50,00
91,3	D	MEV	Waren	Deutschlandfunk	0,20
91,3	D	NRW	Rheindahlen	BFBS 1	1,00
91,3	D	NRW	Köln/Colonius	Deutschlandfunk	0,10
91,3	D	NRW	Augustdorf	zurzeit inaktiv	0,05
91,3	D	NSA	Stadthagen/Schlossparkschule	N-JOY	1,00
91,3	D	RLP	Bad Marienberg	DASDING	0,20
91,3	D	SAA	Göttelborner Höhe	SR 2	100,00
91,3	D	SAC	Leipzig/Stadtwerke	Radio Leipzig	4,00
91,3	D	SHS	Kiel/Kronshagen	NDR 1 Welle Nord	15,00

MHz	Land	REG	Standort	Programm	kW
91,3	D	THÜ	Stadtroda	MDR INFO	0,20
91,3	HOL	GRO	Hoogezand	Simone FM	1,15
91,3	HOL	SHO	Rotterdam	BNR Nieuwsradio	71,00
91,3	SUI	LU	Ennetbürgen/Mattgrat	Radio Sunshine	0,20
91,3	SUI	SO	Lostorf/Froburg	DRS 3	1,20
91,3	SUI	SZ	Feusisberg/Etzel-Kulm	Radio Central	0,50
91,4	AUT	O	Engelhartszell/Penzenstein	KRONEHIT (geplant)	0,02
91,4	AUT	T	Wörgl/Werlberg	Welle 1 Innsbruck	0,10
91,4	AUT	V	Mittelberg/Gundkopf	Ö1	0,10
91,4	CZE		Plzeň/Krašov	Radio Impuls	65,00
91,4	D	BAY	Büttelberg/Frankenhöhe	Bayern 1	25,00
91,4	D	BAY	Mittenwald/Karwendelbahn	Radio Oberland	0,05
91,4	D	BB	Berlin/Alexanderplatz	Berliner Rundfunk	100,00
91,4	D	BWÜ	Pforzheim	die neue welle	0,50
91,4	D	BWÜ	Lützenhardt	ENERGY Stuttgart	3,00
91,4	D	BWÜ	Bruchsal/Heidelsheim	zurzeit inaktiv	0,00
91,4	D	HES	Mainz/Kastell	SWR4 RP	1,00
91,4	D	NRW	Bergheim	Radio Erft	0,10
91,4	D	NSA	Rosengarten	N-JOY	0,30
91,4	D	SAC	Zwickau/Eberbrunn	MDR INFO	1,00
91,4	D	SAC	Nossen	R.SA	0,20
91,4	HOL	OVE	Markelo	Radio 4	100,00
91,4	SUI	AR	Laufenburg/Heuberg	SWR2	0,05
91,5	AUT	N	St. Pölten/Jauerling	Ö2 Radio Niederösterreich	100,00
91,5	AUT	ST	Unzmarkt/Rittersberg	KRONEHIT	0,03
91,5	AUT	V	Bregenz/Gebhardsberg	KRONEHIT	0,20
91,5	BEL	LUX	Léglise	RTBF VivaCité	10,00
91,5	D	BAY	Traunstein/Hochberg	Bayern 2	5,00
91,5	D	BAY	Eichstätt	Bayern 3	0,10
91,5	D	BWÜ	Mannheim/Oststadt	DASDING	4,00
91,5	D	BWÜ	Ulm/Stadt	Deutschlandradio Kultur	0,10
91,5	D	BWÜ	Stuttgart-Funkhaus	SWR info	0,30
91,5	D	HES	Schlüchtern	hr iNFO	0,32
91,5	D	HES	Gießen	zurzeit inaktiv	0,50
91,5	D	MEV	Rügen	NDR Kultur	10,00
91,5	D	NRW	Beckum	Deutschlandfunk	0,16
91,5	D	NRW	Hattingen	Radio Ennepe Ruhr	0,10
91,5	D	NRW	Altena	Radio MK	0,10
91,5	D	NSA	Leer	Deutschlandradio Kultur	0,50
91,5	D	SAC	Oelsnitz	R.SA	0,10
91,5	D	SAN	Brocken	Jump	100,00
91,5	D	SHS	Helgoland	N-JOY	0,050
91,5	D	SHS	Süderlügum/Niebüll	N-JOY	0,20

MHz	Land	REG	Standort	Programm	kW
91,5	D	SHS	Lübeck/Wallanlagen	Radio NORA	0,32
91,5	F	67	Haguenau/Niederschaeffolsheim	Radio Liberté	1,00
91,5	HOL	LIM	Eys	BNR Nieuwsradio	10,70
91,5	POL		Lubań/Nowa Karczma	Polskie Radio Program 3	60,00
91,5	SUI	BE	Saanen/Rellerligrat	Radio BeO	0,10
91,5	SUI	SH	Schaffhausen/Cholfirst	Radio Munot	0,50
91,5	SUI	TI	Carona/Mte. San Salvatore	Rete Due	17,00
91,6	AUT	K	Spittal/Drau-Goldeck	Ö1	3,00
91,6	AUT	T	Ehrwald/Zugspitze	Ö1	0,15
91,6	CZE		Děčin/Děčinský Sněžnik	Radio Blanik	1,00
91,6	D	BAY	Hoher Bogen	Bayern 2	50,00
91,6	D	BAY	Berchtesgaden/Schönau	Deutschlandfunk	0,10
91,6	D	BAY	Aschaffenburg/Gailbach	Radio Galaxy	0,10
91,6	D	BB	Casekow/Uckermark	ENERGY Berlin	1,00
91,6	D	BB	Cottbus (Stadt)	Radio B2	0,50
91,6	D	BWÜ	Rauenberg	SWR4 BW	0,01
91,6	D	NSA	Lingen/Schepsdorf	Deutschlandradio Kultur	0,40
91,6	D	NSA	Cuxhaven/Otterndorf	N-JOY	10,00
91,6	D	RLP	Koblenz (Dieblich-Naßheck)	SWR3	40,00
91,6	D	SAC	Grimma	Deutschlandradio Kultur	0,10
91,6	D	SAC	Raschau/Schwarzenberg	MDR INFO	0,20
91,6	DNK	SJY	Rinkenæs	Radio Als	0,16
91,6	F	68	Mulhouse/Belvédère	France Musique	100,00
91,6	SUI	AR	Widen/Gugelholz	Radio Argovia	2,00
91,7	AUT	O	Bad Ischl/Katrin	Ö2 Radio Salzburg	0,12
91,7	AUT	T	Wattens/Volderberg	Antenne Tirol	0,03
91,7	BEL	BRA	St.-Pieters-Leeuw	VRT Radio 1	50,00
91,7	D	BAY	Holzkirchen	Radio Alpenwelle	0,10
91,7	D	BAY	Passau/Kühberg	Radio Galaxy	0,10
91,7	D	BB	Herzberg	ENERGY Berlin	1,00
91,7	D	BB	Pritzwalk	Kulturradio	10,00
91,7	D	BWÜ	Baden-Baden/Lichtental	DASDING	0,50
91,7	D	BWÜ	Bruchsal/Heidelsheim	zurzeit inaktiv	0,02
91,7	D	HAM	Hamburg/Heinr.-Hertz-Turm	917xfm Hamburgs Musiksender	0,04
91,7	D	HES	Kassel/Tannenwäldchen	Radio TEDDY	0,20
91,7	D	NRW	Gütersloh	BFBS 1	1,60
91,7	D	NRW	Vlotho	Radio Herford	0,10
91,7	D	NRW	Moers	Radio K.W.	0,10
91,7	D	NRW	Lübbecke	WDR 3	0,10
91,7	D	NRW	Arnsberg/Galgenberg	WDR 4	0,10
91,7	D	RLP	Trier/Petrisberg	DASDING	0,30
91,7	D	SAC	Riesa	ENERGY Sachsen	1,00
91,7	D	SAC	Zschopau	Radio Chemnitz	0,25

MHz	Land	REG	Standort	Programm	kW
91,7	D	SHS	Garding	Klassik Radio	0,50
91,7	D	THÜ	Sonneberg/Blessberg	MDR 1 RADIO THÜRINGEN	100,00
91,7	FL	FL	Vaduz	DRS 2 (SUI)	0,20
91,7	SUI	ZH	Zürich-Oerlikon/Swissôtel	ENERGY Zürich	0,15
91,8	AUT	O	Linz/Freinberg	Welle 1 Oberösterreich	0,32
91,8	AUT	S	St. Johann/Pongau	Ö1	0,10
91,8	AUT	T	Hopfgarten/Hohe Salve	Ö1	0,40
91,8	D	BAY	Landshut/Pfeffenhausen	Radio Trausnitz	0,20
91,8	D	BB	Berlin-Schönefeld	POWER RADIO	0,01
91,8	D	BB	Zehlendorf, Krs. Oranienburg	POWER RADIO	1,30
91,8	D	BWÜ	Waldshut/Aarberg	Radio Argovia (SUI)	0,25
91,8	D	BWÜ	Raichberg	SWR2	40,00
91,8	D	BWÜ	Wertheim	SWR2	0,10
91,8	D	HES	Frankfurt	Radio X	0,10
91,8	D	NRW	Hohe Warte	WDR 2	10,00
91,8	D	NRW	Warburg	WDR 2	0,50
91,8	D	NSA	Visselhövede	NDR 1 Niedersachsen	5,00
91,8	D	SAC	Löbau/Schafberg	Jump	5,00
91,8	D	SAN	Zeitz/Hainichen	Deutschlandradio Kultur	1,00
91,8	DNK	SJY	Løgumkloster-Nørreløgum	Radio Globus	0,16
91,8	HOL	DRE	Smilde	Radio 1	100,00
91,8	POL		Świnoujście/Chrobrego	Radio Zet	10,00
91,8	SUI	AR	Reinach/Wasserreservoir Rigiblick	Radio Argovia	0,10
91,8	SUI	SG	Wil/Silostraße	Radio FM1 (Reg. Nord)	0,10
91,8	SUI	SG	Walenstadtberg/Hintere Wiesen	Radio FM1 (Reg. Süd)	0,40
91,9	AUT	S	Salzburg/Untersberg	Bayern 1	0,04
91,9	D	BAY	Hühnerberg/Harburg	Bayern 1	25,00
91,9	D	BAY	Mittenwald/Partenk. Str.	Deutschlandfunk	0,05
91,9	D	BB	Belzig	Fritz	30,00
91,9	D	BWÜ	Buchen-Walldürn	SWR1 BW	0,10
91,9	D	HES	Rimberg (FMT)	hr4	20,00
91,9	D	NRW	Monschau	WDR 4	0,05
91,9	D	SAA	Perl/Hammelsberg (Moseltal)	SR 1	5,00
91,9	D	SHS	Bungsberg	NDR 2	50,00
91,9	F	67	Strasbourg/Schiltigheim	Radio Bienvenue Strasbourg (RBS)	1,00
91,9	F	68	Munster/Obersolberg	Azur FM	0,20
91,9	HOL	LIM	Blerick	100%NL	0,25
92,0	AUT	ST	Schladming/Hochwurzen	Antenne Steiermark	3,02
92,0	AUT	W	Wien/Kahlenberg	Ö1	100,00
92,0	D	BAY	Lindau/Hoyerberg	Bayern 2	0,50
92,0	D	BAY	Oberstdorf	Deutschlandfunk	0,10
92,0	D	BAY	Geretsried/Steinsberg	Radio Alpenwelle	0,10
92,0	D	BWÜ	Wangen-Salen/Unterbühlhof	DRS 1 (SUI)	0,03

MHz	Land	REG	Standort	Programm	kW
92,0	D	NRW	Pulheim/Heffmax	domradio	0,01
92,0	D	NRW	Euskirchen/Stadt	Radio 700	0,01
92,0	D	NRW	Münster/Baumberge	WDR 5	25,00
92,0	D	RLP	Donnersberg	SWR2	60,00
92,0	D	SAC	Eilenburg	Deutschlandradio Kultur	0,20
92,0	D	SAC	Schöneck/Vogtland	RADIO PSR	10,00
92,0	D	SHS	Husum	Radio NORA	0,10
92,0	POL		Szczecin/Kołowo	Radio Szczecin	60,00
92,0	SUI	BL	Bettingen/St. Chrischona	SWR2	5,00
92,0	SUI	LU	Kriens/Schürhof	Radio Pilatus	0,10
92,1	AUT	ST	Neumarkt/Kulmeralpe	Ö1	0,20
92,1	AUT	T	St. Anton/Galzig	Ö1	0,15
92,1	D	BAY	Brotjacklriegel	Bayern 1	100,00
92,1	D	BAY	Würzburg/Frankenwarte	Klassik Radio	0,30
92,1	D	BAY	Bamberg/Kälberberg	Radio Bamberg	0,20
92,1	D	BAY	Oberstaufen	RSA Radio	0,05
92,1	D	BB	Guben	Radio Cottbus	1,00
92,1	D	HES	Limburg	harmony.fm	0,20
92,1	D	HES	Friedberg	hr iNFO	0,32
92,1	D	MEV	Stralsund	NDR 1 Radio MV	0,40
92,1	D	NRW	Siegen/Universität	Radius 92,1	0,03
92,1	D	NSA	Bremerhaven/Schiffdorf	Funkhaus Europa	25,00
92,1	D	NSA	Harz-Torfhaus	NDR 2	100,00
92,1	D	RLP	Oberes Ahrtal	SWR2	0,005
92,1	D	SAA	Merzig	SR 2	0,10
92,1	D	SAC	Hagenest	Radio R.SA	
92,1	D	SHS	Flensburg	Deutschlandradio Kultur	1,00
92,1	D	THÜ	Suhl	radio TOP 40	0,05
92,1	HOL	LIM	Hulsberg	100%NL	10,00
92,1	SUI	AP	Ruete/Hirschberg	DRS 1	0,10
92,1	SUI	SG	Weesen/Ober Ruestel-Kapuzberg	Radio Central	0,20
92,1	SUI	SH	Buchberg/Honegg	Radio 24	1,00
92,2	AUT	O	Steyr/Steyrer Werke	KRONEHIT	0,30
92,2	AUT	S	St. Michael/Lungau-Bärenkogel	Ö1	0,25
92,2	D	BAY	Burgsinn	Bayern 1	0,01
92,2	D	BAY	Burgberg/Halden	Bayern 2	0,01
92,2	D	BAY	Oberammergau/Laber	Bayern 2	0,10
92,2	D	BAY	Ludwigsstadt/Ebersdorf	BR-KLASSIK	0,05
92,2	D	BAY	Augsburg/Hotelturm	Klassik Radio	0,15
92,2	D	BAY	Neustadt/Aisch	Radio EINS	0,05
92,2	D	BWÜ	Stuttgart/Degerloch	SWR3	100,00
92,2	D	MEV	Röbel	Ostseewelle	0,10
92,2	D	NRW	Lemgo	Deutschlandfunk	0,32

MHz	Land	REG	Standort	Programm	kW
92,2	D	NRW	Duisburg	Radio Duisburg	0,10
92,2	D	NRW	Remscheid/Hohenhagen	Radio RSG	0,10
92,2	D	RLP	Daun/Mühlenberg	Eifelradio	0,08
92,2	D	SAC	Dresden/Wachwitz	MDR 1 RADIO SACHSEN	100,00
92,2	D	SHS	Heide/DTAG	Deutschlandradio Kultur	0,10
92,2	DNK	STS	Nakskov	DR P4	30,00
92,2	F	68	Masevaux/Kirchberg-Sprickelberg	France Bleu Alsace	0,02
92,2	F	68	Colmar/Port TDF	Fun Radio	1,00
92,2	HOL	FRI	Irnsum	Omroep Fryslan	25,10
92,2	SUI	AR	Ennetbaden/Schartenfels	Kanal K	0,05
92,2	SUI	SO	Oberdorf/Nesselboden	Radio 32	0,50
92,2	SUI	ZH	Bauma/Neuguet	Radio Zürisee	0,03
92,3	AUT	S	Hallwang	KRONEHIT	0,10
92,3	BEL	HAI	Anderlues	RTBF VivaCité	40,00
92,3	BEL	LIE	Verviers	Nostalgie	1,00
92,3	D	BAY	Pfronten/Breitenberg	Bayern 1	0,05
92,3	D	BAY	Dillberg-Neumarkt	Bayern 2	25,00
92,3	D	BAY	Rosenheim/Dandlberg	Radio Charivari Rosenheim	0,05
92,3	D	BB	Perleberg	Inforadio	1,00
92,3	D	HAM	Hamburg/Moorfleet	NDR Info	5,00
92,3	D	MEV	Heringsdorf/Korswandt	N-JOY	1,00
92,3	D	NRW	Wittgenstein/Sackpfeife	WDR 2	15,00
92,3	D	RLP	Bingen/Rochusberg	YOU FM	0,32
92,3	D	SAA	Bliestal/Blieskastel	SR 1	5,00
92,3	D	SAC	Wilkau-Haßlau	R.SA	0,50
92,3	D	SAN	Naumburg	MDR 1 SACHSEN-ANHALT	1,00
92,3	DNK	RIB	Ølgod/Bavenshøj	DR P3	10,00
92,3	F	67	Strasbourg/Port du Rhin	FIP	4,00
92,3	POL		Poznań/Śrem	Polskie Radio Program 1	120,00
92,3	POL		Słubice/Kościół Św. Ducha	Radio Maryja	0,50
92,3	SUI	AR	Geltwil/Vorderwald	Radio 24	0,50
92,4	AUT	N	Semmering/Sonnwendstein	FM4	9,00
92,4	AUT	O	Bad Ischl/Katrin	Ö2 Radio Oberösterreich	0,60
92,4	AUT	S	Zell a. See/Lechnereck	Ö1	0,15
92,4	D	BAY	Mittenwald/Karwendelbahn	Bayern 2	0,01
92,4	D	BAY	München-Olympiaturm	Christliches Radio München	0,30
92,4	D	BAY	München-Olympiaturm	netfm	0,30
92,4	D	BAY	München/Olympiaturm	Radio Horeb	0,30
92,4	D	BB	Berlin/Scholzplatz	Kulturradio	80,00
92,4	D	BWÜ	Witthoh	SWR1 BW	40,00
92,4	D	BWÜ	Wittigbachtal	SWR1 BW	0,05
92,4	D	BWÜ	Hockenheim/Hockenheimring	SWR3/Veranst.funk	0,01
92,4	D	HES	Hanau/Maintal-Wachenbuchen	Deutschlandfunk	0,20

MHz	Land	REG	Standort	Programm	kW
92,4	D	HES	Darmstadt	Radio BOB!	0,50
92,4	D	NSA	Osnabrück/Schleptruper Egge	NDR 1 Niedersachsen	8,00
92,4	D	RLP	Linz/Linzer Höhe	SWR1 RP	50,00
92,4	D	SAC	Eilenburg	MDR INFO	0,20
92,4	D	SAC	Reichenbach/Obermylau	R.SA	0,20
92,4	D	SHS	Schleswig	Radio NORA	1,00
92,4	D	THÜ	Schleiz	Klassik Radio	0,20
92,4	DNK	SJY	Møgeltønder	NOVA FM	0,40
92,4	HOL	OVE	Dedemsvaart	Radio Continu	0,50
92,4	SUI	LU	Willisau/Ankenloch	Radio Neo1	0,03
92,5	AUT	T	Innsbruck/Patscherkofel	Ö1	45,00
92,5	CZE		Mariánské Lázně/Dyleň	Radio Egrensis	5,00
92,5	D	BRE	Bremen/FMT Walle	Radio Weser TV Bremen	0,20
92,5	D	BRE	Bremen/FMT Walle	Radio Weser TV Bremer Umland	0,20
92,5	D	BWÜ	Enztal	SWR1 BW	0,01
92,5	D	BWÜ	Creglingen	SWR2	0,01
92,5	D	HES	Wiesbaden/Konr.-Adenauer-Ring	Radio RheinWelle	0,10
92,5	D	MEV	Güstrow	NDR 1 Radio MV	1,30
92,5	D	NRW	Dülmen/Feldzeugdepot	BFBS 1	0,80
92,5	D	NRW	Iserlohn	Radio MK	1,00
92,5	D	NSA	Papenburg	N-JOY	0,50
92,5	D	RLP	Kaiserslautern/Rotenberg	DASDING	0,25
92,5	D	SAN	Aschersleben	Radio HBW	1,00
92,5	D	SHS	Helgoland	NDR Info	0,050
92,5	D	THÜ	Inselsberg	MDR 1 RADIO THÜRINGEN	100,00
92,5	F	67	Wissembourg/Col du Pigeonnie	Phare FM	0,50
92,5	F	68	Saint-Amarin/Geisshouse	France Culture	0,10
92,5	LUX		Hosingen/Banert	RTL Letzebuerg	50,00
92,5	POL		Jelenia Góra/Śnieżne Kotły	Polskie Radio Program 1	10,00
92,6	AUT	N	Schöpfl (Wienerwald)/Laaben	88.6 Das Musikradio	0,10
92,6	AUT	O	Linz/Lichtenberg	KRONEHIT	7,00
92,6	AUT	ST	Graz/Ölberg	R. Helsinki/Freies Radio Graz	0,30
92,6	D	BAY	Pfaffenhofen	ANTENNE BAYERN	0,50
92,6	D	BAY	Ochsenfurt	Charivari.FM	0,05
92,6	D	BAY	Bad Reichenhall/Kirchholz	Deutschlandradio Kultur	0,05
92,6	D	BWÜ	Ulm/Kuhberg	SWR1 BW	10,00
92,6	D	BWÜ	Blauen	SWR2	8,40
92,6	D	HES	Gießen/Biebertal (Dünsberg)	Radio BOB!	0,10
92,6	D	NRW	Sendenhorst	Radio WAF	1,00
92,6	D	NSA	Bad Pyrmont	NDR 2	0,05
92,6	D	NSA	Hannover	N-JOY	2,50
92,6	D	RLP	Alf-Bullay	SWR3	0,01
92,6	D	SAA	Mettlach/Merzig	bigFM	0,50

MHz	Land	REG	Standort	Programm	kW
92,6	D	SAC	Lausitzring	Veranstaltungsfunk	0,01
92,6	D	SAN	Dessau	radio SAW	1,60
92,6	DNK	FYN	Sønder Højrup	DR P3	60,00
92,6	HOL	UTR	Lopik/Ijsselstein	Radio 2	7,00
92,7	AUT	N	Weitra/Wachberg	Ö1	2,00
92,7	D	BAY	Ansbach	Deutschlandfunk	0,20
92,7	D	BAY	Reichertsheim/Ödgassen	Inn-Salzach-Welle	0,30
92,7	D	BAY	Hoher Bogen	Radio Charivari	0,40
92,7	D	BAY	Bayreuth/Oschenberg	Radio Galaxy	0,10
92,7	D	BAY	Weiler/Allgäu	RSA Radio	0,10
92,7	D	BB	Frankfurt/O.	Deutschlandradio Kultur	5,00
92,7	D	BB	Prenzlau	zurzeit inaktiv	0,50
92,7	D	BWÜ	Horb/Neckar	bigFM	1,00
92,7	D	HES	Kassel/Tannenwäldchen	Deutschlandfunk	0,32
92,7	D	HES	Hardberg	hr3	50,00
92,7	D	NRW	Herdecke	Radio Ennepe Ruhr	0,10
92,7	D	NRW	Düren-Hürtgenwald	Radio rur	0,50
92,7	D	NRW	Bad Oeynhausen/Wittekindsberg	WDR 3	0,10
92,7	D	NSA	Holzminden	NDR 1 Niedersachsen	0,50
92,7	D	NSA	Aurich	N-JOY	1,00
92,7	D	SAA	Perl/Hammelsberg (Moseltal)	koordiniert	0,00
92,7	D	SHS	Itzehoe	Klassik Radio	0,50
92,7	D	SHS	Morsum/Sylt	NDR Info	5,00
92,7	SUI	GR	Valzeina/Mittagplatte	Radio FM1 (Reg. Süd)	3,00
92,8	AUT	K	Klagenfurt/Dobratsch	Ö1	100,00
92,8	AUT	T	Inntal/Ebbs-Oberbuchberg	Bayern 2	0,05
92,8	BEL	NAM	Profondeville	RTBF Musique 3	10,00
92,8	D	BAY	Coburg/Eckardtsberg	B5 aktuell	0,30
92,8	D	BAY	Hohenpeißenberg	Bayern 1	25,00
92,8	D	BWÜ	Wannenberg	SWR2	2,60
92,8	D	BWÜ	Donautal/Zwiefaltendorf	SWR3	0,10
92,8	D	HES	Korbach	Deutschlandfunk	0,10
92,8	D	MEV	Schwerin/Zippendorf	NDR 1 Radio MV	30,00
92,8	D	NSA	Lingen/Damaschke	NDR 1 Niedersachsen	25,00
92,8	D	NSA	Bremerhaven/Schiffdorf	N-JOY	0,05
92,8	D	RLP	Bad Marienberg	SWR3	25,00
92,8	D	SAC	Chemnitz/Geyer	MDR 1 RADIO SACHSEN	100,00
92,8	DNK	SJY	Gråsten	Skala FM	0,10
92,8	F	67	Saverne/Durningen	Fréquence Verte	1,00
92,8	POL		Bogatynia/Góra Wysoka	Polskie Radio Program 1	1,00
92,8	SUI	BE	Mörigen-Gerolfingen/Oberholz Waldrain	Canal 3	0,20
92,8	SUI	LU	Dagmersellen/Werkstraße	Radio Pilatus	0,20

MHz	Land	REG	Standort	Programm	kW
92,8	SUI	UR	Seelisberg/Weid	Radio Pilatus	0,20
92,9	AUT	S	Saalbach/Wildenkarkogel	Antenne Salzburg	0,03
92,9	AUT	S	Salzburg/Untersberg	Bayern 2	1,00
92,9	AUT	T	Innsbruck/Natterer Boden	Welle 1 Innsbruck	0,32
92,9	AUT	W	Wien/Donauturm	Radio Arabella Wien 92,9	2,82
92,9	D	BAY	Nürnberg/FMT Schweinau	Camillo 92,9	0,30
92,9	D	BAY	Nürnberg/FMT Schweinau	Hit-Radio N1	0,30
92,9	D	BAY	Nürnberg/FMT Schweinau	Pray92,9	0,30
92,9	D	BAY	Nürnberg/FMT Schweinau	Radio AREF	0,30
92,9	D	BAY	Nürnberg/FMT Schweinau	Radio Meilensteine	0,30
92,9	D	BB	Lübben	Inforadio/Sorbischer Rfk	0,50
92,9	D	BWÜ	Reichenau/Oberzell	DRS 1	0,05
92,9	D	BWÜ	Mühlacker/Langenbrand	SWR1 BW	5,00
92,9	D	HES	Reinhardshain	hr iNFO	0,20
92,9	D	HES	Nierstein-Oppenheim	SWR4 RP	0,10
92,9	D	NRW	Mülheim a.d. Ruhr	Radio Mülheim	0,50
92,9	D	NSA	Hann. Münden/Lutterberg	NDR Info	0,05
92,9	D	NSA	Alfeld/Leine	N-JOY	0,05
92,9	D	NSA	Steinkimmen	N-JOY	1,00
92,9	D	SAA	Saarbrücken/Winterberg	Classic Rock Radio	1,00
92,9	D	SAN	Hergisdorf	MDR 1 SACHSEN-ANHALT	1,00
92,9	D	SHS	Rendsburg	Klassik Radio	0,50
92,9	D	THÜ	Magdala	MDR 1 RADIO THÜRINGEN	0,01
92,9	F	67	Sélestat/Château d'Eau	Azur FM	1,00
92,9	HOL	GEL	Arnhem	Radio 2	0,72
92,9	HOL	GRO	Groningen	Simone FM	0,40
92,9	HOL	NHO	Wieringermeer	Radio 2	25,00
92,9	POL		Gryfice/Trzygłowska	Radio Zet	10,00
92,9	SUI	SG	St. Gallen/Chirchli Peter und Paul	Radio FM1 (Reg. Nord)	0,30
93,0	BEL	LIM	Genk	VRT MNM	3,00
93,0	D	BAY	Hohe Linie/Regensburg	Bayern 2	25,00
93,0	D	BAY	Ebersberg	ROCKANTENNE	0,10
93,0	D	BAY	Immenstadt	RSA Radio	0,10
93,0	D	BWÜ	Haslach/Galgenbühl	Schwarzwaldradio	0,10
93,0	D	BWÜ	Geislingen/Oberböhringen	SWR1 BW	0,50
93,0	D	HAM	Hamburg	Freies Senderkombinat (FSK)	0,04
93,0	D	MEV	Waren	Ostseewelle	1,50
93,0	D	NRW	Dortmund-Universität	elDOradio	0,05
93,0	D	NRW	Ahaus	Radio WMW	0,50
93,0	D	NSA	Braunschweig/Drachenberg	BFBS 1	40,00
93,0	D	RLP	Haardtkopf	SWR2	50,00
93,0	D	SAC	Hoyerswerda	MDR 1 RADIO SACHSEN	1,00
93,0	D	SAC	Torgau	MDR FIGARO	0,20

MHz	Land	REG	Standort	Programm	kW
93,0	D	THÜ	Ilmenau	MDR INFO	0,10
93,0	DNK	SJY	Rangtang, Gram	Radio Globus Guld	1,50
93,0	SUI	BL	Liestal/Schleifenberg	ENERGY Basel	0,10
93,0	SUI	GR	Poschiavo/Selva	Radio Engiadina	0,03
93,0	SUI	LU	Geuensee/Höchweidwald	Radio Central	0,25
93,0	SUI	ZH	Zürich/Zürichberg	Radio 105	0,40
93,1	D	BAY	Kreuzberg/Rhön	Bayern 2	100,00
93,1	D	BAY	Ludwigsstadt/Ebersdorf	Bayern 3	0,05
93,1	D	BAY	Hühnerberg/Harburg	BR-KLASSIK	10,00
93,1	D	BAY	Oberammergau/Laber	BR-KLASSIK	0,10
93,1	D	BAY	Reit Im Winkl/Walmberg	BR-KLASSIK	0,05
93,1	D	BAY	Burglengenfeld	Inn-Salzach-Welle	0,10
93,1	D	BB	Berlin/Scholzplatz	Inforadio	25,00
93,1	D	BWÜ	Rottweil	Radio Neckarburg	0,30
93,1	D	BWÜ	Stuttgart-Funkhaus	SWR2	0,20
93,1	D	HES	Wiesbaden/G.-Stresemann-Ring	hr2-kultur	0,10
93,1	D	NRW	Bonn/Venusberg	WDR 3	50,00
93,1	D	NSA	Cuxhaven/Otterndorf	NDR Info	10,00
93,1	D	SAN	Naumburg	MDR SPUTNIK	0,50
93,1	D	SHS	Lübeck/Wallanlagen	NDR 1 Welle Nord	0,50
93,1	F	57	Sarrebourg/le Donon	France Inter	10,00
93,1	F	67	Wissembourg/Klingfeld	France Inter	0,05
93,1	F	68	Lapoutroie/Firtischberg	France Inter	0,03
93,1	HOL	DRE	Emmen	Slam FM	1,00
93,1	HOL	UTR	Lopik/Ijsselstein	Radio M	4,00
93,1	SUI	SG	Bronschofen/Hofberg	Radio Top (Reg. St. Gallen)	0,10
93,2	AUT	ST	Bruck/Mur-Mugel	Ö2 Radio Steiermark	20,00
93,2	BEL	LIE	Herbesthal/Rabotrath	BRF 2	5,00
93,2	CZE		Cheb/Špitálský vrch II	Radio Egrensis	1,00
93,2	D	BAY	Passau/Kühberg	Bayern 2	1,00
93,2	D	BAY	Landshut/Altdorf	BR-KLASSIK	1,00
93,2	D	BAY	Bad Tölz/Kalvarienberg	Deutschlandradio Kultur	0,10
93,2	D	BWÜ	Bad Mergentheim/Löffelstelzen	SWR2	10,00
93,2	D	HES	Idstein/Glashütten	harmony.fm	0,50
93,2	D	HES	Wetzlar/Aßlar	hr iNFO	0,00
93,2	D	MEV	Wolgast	N-JOY	0,30
93,2	D	NRW	Teutoburger Wald/Bielstein	WDR 2	100,00
93,2	D	RLP	Ludwigshafen	Rockland Radio	1,00
93,2	D	SAC	Dresden/Wachwitz	Deutschlandradio Kultur	1,00
93,2	D	SAC	Kamenz	MDR INFO (geplant)	1,00
93,2	D	SAN	Genthin	MDR INFO	0,10
93,2	D	SHS	Flensburg/Fuchsb.-Engelsby	NDR 2	25,00
93,2	D	THÜ	Sieglitzberg/Lobenstein	ANTENNE THÜRINGEN	1,00

MHz	Land	REG	Standort	Programm	kW
93,2	F	67	Niederbronn-les-Bains/Guisberg	France Inter	0,05
93,2	HOL	FRI	Irnsum	Waterstad FM	20,00
93,2	POL		Szczecin/Warszewo	Radio WAWA Szczecin	2,00
93,2	POL		Świeradów Zdrój/Stóg Izerski	Polskie Radio Program 2	10,00
93,2	SUI	AR	Frick/Frickberg	Radio Basilisk	0,03
93,2	SUI	BE	Bollingen/Bantiger	DRS 2	5,00
93,2	SUI	BL	Nenzlingen/Eggflue	DRS 2	0,40
93,2	SUI	LU	Werthenstein/Großburst	Radio Central	0,05
93,2	SUI	SH	Neuhausen/Engiwald	Radio 1	0,20
93,3	AUT	V	Bregenz/Pfänder	Ö1	50,00
93,3	CZE		Plzeň/Radeč	ČRo Vltava	10,00
93,3	D	BAY	München-Olympiaturm	Radio 93.3 MHz München	0,30
93,3	D	BAY	Neumarkt	Radio Charivari	0,05
93,3	D	BAY	Hohenmirsberg	Radio Mainwelle	0,10
93,3	D	BB	Schwedt	POWER RADIO	0,40
93,3	D	HES	Marburg	Deutschlandradio Kultur	0,05
93,3	D	HES	Rüdesheim/Niederwald	SWR3	0,10
93,3	D	NRW	Kleve/Bresserberg	WDR 2	2,00
93,3	D	NSA	Dannenberg	NDR Kultur	10,00
93,3	D	NSA	Meppen	N-JOY	0,05
93,3	D	RLP	Kirn	SWR3	0,01
93,3	D	RLP	Mainz	SWR3	0,10
93,3	D	RLP	Ob. Ahrtal-Rech/Steinerberg	SWR4 RP	0,01
93,3	D	SAC	Grimma	ENERGY Sachsen	0,25
93,3	D	THÜ	Weimar/Ettersberg	MDR 1 RADIO THÜRINGEN	5,00
93,3	D	THÜ	Greiz	MDR INFO	0,20
93,3	HOL	OVE	Hengelo	RADIONL	1,00
93,3	LUX		Dudelange/Ginsterberg	RTL Radio	100,00
93,3	SUI	ZG	Menzingen/Ochsengutsch	Radio Sunshine	0,05
93,4	AUT	K	Viktring/Stifterkogel	LoungeFM	0,08
93,4	AUT	N	Baden-Bad Vöslau/Hartberg	Radio Maria	0,40
93,4	D	BAY	Aschaffenburg/Pfaffenberg	Bayern 3	25,00
93,4	D	BAY	Augsburg/Hotelturm	Kanal C	0,30
93,4	D	BAY	Augsburg/Hotelturm	Radio Fantasy	0,30
93,4	D	BAY	Selb/Vielitzer Berg	Radio Galaxy	0,10
93,4	D	BB	Cottbus/Calau	Inforadio/Sorbischer Rfk	30,00
93,4	D	HAM	Hamburg/Heinr.-Hertz-Turm	delta radio	2,00
93,4	D	NSA	Emden	Deutschlandradio Kultur	1,00
93,4	D	NSA	Bad Bentheim	N-JOY	0,05
93,4	D	NSA	Göttingen	RADIO 21	1,00
93,4	D	RLP	Lahntal/Diez	SWR2	0,01
93,4	D	SAC	Stollberg	R.SA	1,00
93,4	D	SHS	Helgoland	NDR 2	0,050

MHz	Land	REG	Standort	Programm	kW
93,4	DNK	FYN	Sønder Højrup	NOVA FM	3,00
93,4	HOL	LIM	Hulsberg	Radio 2	12,90
93,4	HOL	SHO	Rotterdam	Radio Rjinmond	10,00
93,4	SUI	AR	Ennetbaden/Schartenfels	Radio Argovia	0,05
93,4	SUI	BL	Ziefen/Choepfli	DRS 1	0,80
93,4	SUI	LU	Kriens/Schürhof	Radio Sunshine	0,50
93,5	AUT	B	Rechnitz/Hirschenstein	Ö2 Radio Burgenland	6,00
93,5	AUT	N	Waidhofen (Ybbs)/Sonntagberg	Ö2 Radio Niederösterreich	0,40
93,5	CZE		Ústi nad Labem/Buková hora	Frekvence 1	100,00
93,5	D	BAY	Hohenfels	AFN	0,50
93,5	D	BAY	Coburg/Eckardtsberg	Bayern 1	5,00
93,5	D	BAY	Garmisch-Partenkirchen/Kreuzeck	Bayern 2	0,10
93,5	D	BAY	Pfronten/Breitenberg	Bayern 3	0,05
93,5	D	BWÜ	Tübingen	DLF/DLR (geplant)	0,50
93,5	D	BWÜ	Hornisgrinde	SWR1 BW	80,00
93,5	D	HES	Rotenburg/Bebra	Radio BOB!	0,05
93,5	D	MEV	Marlow	NDR 2	30,00
93,5	D	NRW	Nordhelle	WDR 2	35,00
93,5	D	NSA	Cloppenburg	N-JOY	1,00
93,5	D	NSA	Celle/Schloss	RADIO 21	0,20
93,5	D	RLP	Bad Kreuznach	SWR3	0,05
93,5	D	SAC	Plauen-Nord/Tannenhof	R.SA	1,00
93,5	D	SAN	Halle/Petersberg	Radio Brocken	5,00
93,5	D	THÜ	Eisenach	radio TOP 40	0,20
93,5	HOL	OVE	Markelo	RADIONL	8,61
93,6	D	BAY	Sonthofen	ANTENNE BAYERN	0,10
93,6	D	BAY	Gerolzhofen	RADIO PRIMATON	0,05
93,6	D	BAY	Waidhaus	Radio Ramasuri	0,05
93,6	D	BB	Berlin/Alexanderplatz	Jam FM	2,40
93,6	D	BWÜ	Giengen/Brenz	SWR3	0,02
93,6	D	HES	Fulda/Künzell-Peter Henlein-Str.	YOU FM	0,30
93,6	D	NRW	Lübbecke	1LIVE	0,10
93,6	D	NSA	Cuxhaven	alster radio 106!8 rock'n pop	2,00
93,6	D	NSA	Alfeld/Leine	NDR 2	0,05
93,6	D	NSA	Braunlage	NDR Info	0,02
93,6	D	SHS	Lübeck	Klassik Radio	1,00
93,6	D	SHS	Rendsburg	Radio NORA	0,50
93,6	D	THÜ	Gera	Deutschlandradio Kultur	0,32
93,6	D	THÜ	Heiligenstadt	MDR 1 RADIO THÜRINGEN	0,10
93,6	HOL	OVE	Zwolle	Slam FM	5,89
93,6	POL		Wrocław/Ślęża	Radio Zet	120,00
93,6	SUI	BE	Beatenberg/Niederhorn	DRS 1	3,90
93,6	SUI	BL	Liestal/Schleifenberg	Radio X	0,08

MHz	Land	REG	Standort	Programm	kW
93,6	SUI	NW	Oberdorf Groß Schwanden	Radio Central	0,04
93,6	SUI	SO	Welschenrohr/Schlössli	Radio 32	0,05
93,6	SUI	ZH	Uetliberg	Radio 1	0,75
93,6	SUI	ZH	Bauma/Neuguet	Radio Top (Reg. Zürich)	0,02
93,7	BEL	BRA	St.-Pieters-Leeuw	VRT Radio 2	50,00
93,7	D	BAY	Wendelstein (Bayrischzell)	Bayern 1	100,00
93,7	D	BAY	Ludwigsstadt/Ebersdorf	Radio EINS	0,02
93,7	D	BWÜ	Donautal/Zwiefaltendorf	SWR1 BW	0,10
93,7	D	HAM	Hamburg-Bergedorf	Radio NORA	0,03
93,7	D	HES	Kassel/Wilhelmshöher Allee	hr2-kultur	0,50
93,7	D	HES	Gießen/Liebigstraße	planet radio	0,20
93,7	D	HES	Mainz/Kastell	SWR3	1,00
93,7	D	MEV	Pasewalk	NDR 1 Radio MV	2,50
93,7	D	MEV	Wismar/Werft	Ostseewelle	0,10
93,7	D	NRW	Paderborn	Radio Hochstift	0,10
93,7	D	NRW	Mülheim a.d. Ruhr	zurzeit inaktiv	0,50
93,7	D	NSA	Goslar/Schalke	NDR 2	0,10
93,7	D	SAC	Klingenthal	MDR 1 RADIO SACHSEN	0,20
93,7	D	SAC	Freiberg/Hauptpostamt	MDR INFO	0,20
93,7	D	SAN	Oschersleben	Ereignisrundfunk	0,05
93,7	D	SAN	Hergisdorf-Wolferode	Radio Brocken	0,10
93,7	D	SHS	Husum	N-JOY	0,05
93,7	D	THÜ	Suhl/Ringberg	MDR 1 RADIO THÜRINGEN	1,00
93,7	D	THÜ	Nordhausen/Hesseröder Berg	MDR INFO	0,10
93,7	DNK	SJY	Nordborg-Oksbøl	Radio Als	0,30
93,7	HOL	GRO	Groningen	Slam FM	4,68
93,7	HOL	OVE	Hengelo	Slam FM	6,31
93,7	SUI	SG	Widnau/Industrie Viscosestraße	Radio FM1 (Reg. Süd)	0,05
93,8	AUT	T	Lienz/Rauchkofel	Ö2 Radio Kärnten	2,60
93,8	AUT	T	Wildschönau	Radio U1 Tirol	0,06
93,8	D	BRE	Bremen/FMT Walle	Bremen Eins	100,00
93,8	D	BWÜ	Waldenburg	SWR2	100,00
93,8	D	BWÜ	Feldberg/Schwarzwald	SWR3	5,00
93,8	D	BWÜ	Steinach	zurzeit inaktiv	0,10
93,8	D	HES	Bad Hersfeld	Klassik Radio	0,32
93,8	D	MEV	Röbel	Antenne MV	2,50
93,8	D	NRW	Schmallenberg	WDR 2	0,10
93,8	D	RLP	Saarburg/Rauschhof	SWR2	5,00
93,8	D	THÜ	Mühlhausen	radio TOP 40	0,16
93,8	HOL	GEL	Megen	Slam FM	17,00
93,8	POL		Gorzów Wlkp./Podmiejska	Radio Eska Gorzów	10,00
93,8	POL		Lubań/Nowa Karczma	Radio RMF FM	60,00

MHz	Land	REG	Standort	Programm	kW
93,9	AUT	O	Gmunden/Gmundnerberg	KRONEHIT	
					0,33
93,9	AUT	S	Lend/Luxkogel	Ö2 Radio Salzburg	0,20
93,9	AUT	T	Landeck/Krahberg	Ö2 Radio Tirol	0,15
93,9	D	BAY	Alzenau/Hahnenkamm	Antenne Bayern (geplant)	0,10
93,9	D	BAY	Mindelheim/Dirlewang	Hit Radio RT.1 Südschwaben	0,30
93,9	D	BAY	Vilshofen	unserRadio	0,30
93,9	D	BB	Rauener Berge	Hitradio SKW	3,00
93,9	D	BWÜ	Tübingen	Deutschlandfunk	0,50
93,9	D	HES	Gelnhausen	Deutschlandfunk	0,20
93,9	D	HES	Marburg	YOU FM	1,00
93,9	D	NRW	Bad Oeynhausen/Wittekindsberg	Deutschlandfunk	0,05
93,9	D	NRW	Aachen-Stolberg	WDR 4	20,00
93,9	D	NRW	Höxter	WDR 5	0,50
93,9	D	RLP	Bornberg	SWR2	25,00
93,9	D	SAC	Leipzig/Wiederau	MDR 1 RADIO SACHSEN	100,00
93,9	D	SHS	Güby	Klassik Radio	0,50
93,9	DNK	KBH	København-Gladsaxe	DR P3	60,00
93,9	HOL	NHO	Wieringermeer	Radio Noord Holland	10,00
93,9	SUI	AP	Ruete/Hirschberg	DRS 2	0,10
93,9	SUI	LU	Ennetbürgen/Mattgrat	Radio Pilatus	0,14
93,9	SUI	NW	Wolfenschiessen/Stöck	Radio Sunshine	0,05
94,0	AUT	K	Wolfsberg/Pölling-Schafler	KRONEHIT	0,10
94,0	AUT	S	Salzburg/Gaisberg	ENGERY Salzburg	0,27
94,0	AUT	W	Wien/Donauturm	Orange 94.0	1,00
94,0	CZE		Klatovy/Doubrava	Radio Impuls	10,00
94,0	D	BAY	Tegernseer Tal	Bayern 1	0,10
94,0	D	BAY	Lindau/Hoyerberg	Bayern 3	0,50
94,0	D	BAY	Aichach	hitradio.rt1	0,02
94,0	D	BAY	Seubersdorf	Radio Charivari	1,00
94,0	D	BAY	Hof/Labyrinthberg	Radio Galaxy	0,20
94,0	D	BAY	Bad Brückenau	RADIO PRIMATON	0,10
94,0	D	BWÜ	Heidenheim/Schmittenberg	Deutschlandfunk	0,10
94,0	D	BWÜ	Hornisgrinde	SWR4 BW	1,00
94,0	D	HES	Korbach	planet radio	0,20
94,0	D	HES	Friedberg	YOU FM	0,32
94,0	D	MEV	Heringsdorf/Korswandt	NDR 2	1,00
94,0	D	NSA	Hannover	Deutschlandfunk	0,10
94,0	D	NSA	Dannenberg	N-JOY	1,00
94,0	D	NSA	Aurich/Haxtum	Radio Ostfriesland	1,00
94,0	D	RLP	Worms	DASDING (geplant)	1,00
94,0	D	RLP	Koblenz (Dieblich-Naßheck)	SWR2	40,00
94,0	D	SAN	Bad Salzungen	MDR INFO	0,10

MHz	Land	REG	Standort	Programm	kW
94,0	D	THÜ	Gotha	Deutschlandfunk	0,00
94,0	HOL	DRE	Emmen	Radio Veronica	1,00
94,0	POL		Jelenia Góra/Śnieżne Kotły	Polskie Radio Program 3	10,00
94,0	SUI	AR	Würenlos/Gipf-Oberbick	Radio Argovia	0,10
94,0	SUI	AR	Laufenburg/Heuberg	SWR1 BW	0,05
94,0	SUI	SO	Grindel/Moretchopf	DRS 1	0,10
94,0	SUI	SO	Dulliken/Engelberg	Radio Argovia	0,10
94,1	AUT	ST	Neumarkt/Kulmeralpe	Ö2 Radio Steiermark	0,20
94,1	AUT	T	Hopfgarten/Hohe Salve	Ö2 Radio Tirol	0,40
94,1	BEL	LUX	Léglise	RTBF Musique 3	10,00
94,1	CZE		České Budějovice/Klet	Frekvence 1	62,00
94,1	D	BWÜ	Ludwigsburg/Römerhügel	Deutschlandfunk	0,50
94,1	D	BWÜ	Buchen-Walldürn	SWR3	0,05
94,1	D	BWÜ	Wittigbachtal	SWR3	0,05
94,1	D	BWÜ	Ipf	SWR4 BW	0,05
94,1	D	HES	Alsfeld	harmony.fm	0,05
94,1	D	NRW	Münster/Baumberge	WDR 2	25,00
94,1	D	NSA	Göttingen	NDR 2	5,00
94,1	D	NSA	Helmstedt	RADIO 21	0,50
94,1	D	RLP	Mommenheim	Antenne Mainz	0,32
94,1	D	SAN	Dessau	Rockland	0,30
94,1	D	SHS	Garding/Eiderstedt	Radio NORA	0,50
94,1	DNK	STS	Nakskov	DR P3	15,00
94,1	POL		Zielona Góra/Jemiołów	Polskie Radio Program 3	60,00
94,1	SUI	BE	Trub/Risiseggchnubel	Radio Neo1	0,05
94,1	SUI	ZH	Hombrechtikon	DRS 1	0,10
94,2	AUT	K	Greifenburg/Egg	KRONEHIT	0,18
94,2	AUT	ST	Graz/St. Johann u. Paul	Radio Graz 94.2	0,50
94,2	AUT	T	Inzing/Stieglreith	Radio U1 Tirol	0,07
94,2	BEL	ANT	Schoten	VRT Radio 1	20,00
94,2	CZE		Chomutov/Jedlavá	ČRo Dvojka	10,00
94,2	D	BAY	Hohenpeißenberg	Bayern 2	25,00
94,2	D	BAY	Berchtesgaden/Schönau	Bayern 3	0,10
94,2	D	BB	Pritzwalk	Inforadio	0,50
94,2	D	HAM	Hamburg/Moorfleet	N-JOY	1,00
94,2	D	MEV	Helpterberg	NDR 1 Radio MV	6,30
94,2	D	NRW	Siegen/Wellersberg	Deutschlandfunk	0,10
94,2	D	NRW	Lohmar	Radio Bonn/Rhein-Sieg	0,50
94,2	D	NRW	Monschau	WDR 2	0,05
94,2	D	NSA	Bad Pyrmont	N-JOY	0,05
94,2	D	RLP	Neustadt a.W./DTAG	Antenne Pfalz	1,00
94,2	D	SAA	Saarbrücken-Halberg	bigFM	1,00
94,2	D	SAC	Hoyerswerda	MDR INFO	1,00

MHz	Land	REG	Standort	Programm	kW
94,2	D	SHS	Flensburg/Fuchsb.-Engelsby	DR P1 (DNK)	0,50
94,2	D	THÜ	Sonneberg/Blessberg	Deutschlandradio Kultur	100,00
94,2	HOL	GEL	Nijmegen	Radio Oranje Nationaal	0,37
94,2	SUI	JU	Bourrignon/Les Ordons	La Première	9,00
94,2	SUI	LU	Eich	Radio Sunshine	0,30
94,2	SUI	OW	Sarnen/Ramersberg	Radio Sunshine	0,20
94,2	SUI	ZH	Zürich/Zürichberg	Radio 1	0,20
94,3	AUT	S	St. Michael/Lungau-Bärenkogel	Ö2 Radio Salzburg	0,25
94,3	AUT	ST	Turrach	KRONEHIT (geplant)	0,10
94,3	AUT	ST	Schladming/Hauser Kaibling	Ö1	3,00
94,3	AUT	V	Mittelberg/Gundkopf	Ö2 Radio Vorarlberg	0,10
94,3	D	BAY	Burgbernheim/Bad Windsheim	Deutschlandradio Kultur	0,32
94,3	D	BB	Berlin/Alexanderplatz	94.3 rs2	20,00
94,3	D	BWÜ	Enztal	SWR3	0,01
94,3	D	BWÜ	Raichberg	SWR3	40,00
94,3	D	HES	Kassel/Wilhelmshöher Allee	hr1	0,50
94,3	D	MEV	Bad Doberan	NDR 1 Radio MV	0,20
94,3	D	NRW	Bielefeld	Antenne Bethel	0,03
94,3	D	NRW	Solingen-Wasserturm	Radio RSG	0,20
94,3	D	NRW	Warburg	WDR 3	0,50
94,3	D	RLP	Trier/Petrisberg	Deutschlandradio Kultur	0,20
94,3	D	SAC	Marienberg	MDR INFO	0,10
94,3	D	SAC	Zittau	Radio Lausitz	1,00
94,3	D	SHS	Morsum/Sylt	NDR Kultur	5,00
94,3	D	THÜ	Gera/Heinrichsgrün-Stadtwald	Deutschlandfunk	0,20
94,3	HOL	LIM	Berg	Falcon Radio	0,50
94,3	HOL	UTR	Lopik/Ijsselstein	Radio 4	40,00
94,4	AUT	N	St. Pölten/Fernheizwerk Nord	Campusradio	0,20
94,4	D	BAY	Brotjacklriegel	Bayern 3	100,00
94,4	D	BB	Perleberg	POWER RADIO	1,25
94,4	D	HES	Gr. Feldberg/Taunus	hr1	100,00
94,4	D	NSA	Steinkimmen	NDR Kultur	100,00
94,4	D	RLP	Pirmasens/Biebermühlenstr.	Deutschlandradio Kultur	0,40
94,4	D	SAC	Leipzig-Stahmeln	apollo radio	0,25
94,4	D	SAC	Freiberg/Großschirma	R.SA	0,50
94,4	D	SAC	Leipzig-Stahmeln	Radio Blau	0,25
94,4	D	THÜ	Erfurt	MDR 1 RADIO THÜRINGEN	2,00
94,4	POL		Szczecin/Warszewo	Radio 94 i 4 FM	0,50
94,4	SUI	GR	Samnaun-Ravaisch/Chè d'Mot	Radio Engiadina	0,02
94,4	SUI	LU	Flühli-Sörenberg/Schwarzenegg	Radio Neo1	0,05
94,4	SUI	SZ	Einsiedeln-Euthal/Sagenmoos	Radio Central	0,13
94,5	AUT	K	Wolfsberg/Koralpe	Ö2 Radio Kärnten	1,50
94,5	AUT	N	Hollabrunn/Gymnasiumturm	radio Ypsilon	0,10

MHz	Land	REG	Standort	Programm	kW
94,5	D	BAY	Nürnberg/FMT Schweinau	Jazztime Nürnberg	0,30
94,5	D	BAY	München/Blutenburgstraße	M 94,5 (AFK-Radio)	0,10
94,5	D	BAY	Nürnberg/FMT Schweinau	Radio F	0,30
94,5	D	BB	Herzberg	Deutschlandfunk	0,32
94,5	D	BB	Cottbus/Madlow	Radio Cottbus	0,30
94,5	D	BWÜ	Konstanz/Telekom-Gebäude	Deutschlandradio Kultur	0,20
94,5	D	BWÜ	Oberes Kinzigtal	SWR3	0,10
94,5	D	BWÜ	Ulm/Kuhberg	SWR4 BW	10,00
94,5	D	NRW	Paderborn	Deutschlandfunk	0,20
94,5	D	SAC	Auerbach/Schönegg	Deutschlandfunk	3,00
94,5	D	SAC	Seifhennersdorf	MDR 1 RADIO SACHSEN	0,20
94,5	D	SHS	Kiel/Kronshagen	N-JOY	15,00
94,5	F	57	Metz/Luttange	France Culture	145,00
94,5	F	67	Strasbourg/Port du Rhin	Top Music	1,00
94,5	HOL	LIM	Roermond	Radio 4	100,00
94,5	SUI	BL	Bettingen/St. Chrischona	Radio X	0,90
94,5	SUI	GR	Sils i.D./Crap Carschenna	Radio Grischa	0,04
94,6	D	BAY	Oberaudorf	ANTENNE BAYERN	0,10
94,6	D	BAY	Schrobenhausen	Radio ND1	0,10
94,6	D	BWÜ	Wertheim	SWR3	0,10
94,6	D	MEV	Anklam	NDR 1 Radio MV	6,30
94,6	D	NRW	Gronau	Deutschlandradio Kultur	0,20
94,6	D	NRW	Balve	Radio MK	0,02
94,6	D	NRW	Recklinghausen	Radio Vest	0,10
94,6	D	NSA	Cuxhaven/Otterndorf	NDR Kultur	1,00
94,6	D	RLP	Ludwigshafen	noch nicht vergeben	0,10
94,6	D	RLP	Bleialf	SWR4 RP	0,10
94,6	D	SAA	Neunkirchen/DTAG	Antenne Neunkirchen	0,63
94,6	D	SAN	Brocken	MDR 1 SACHSEN-ANHALT	60,00
94,6	F	67	Wissembourg/Klingfeld	France Bleu Alsace	0,10
94,6	POL		Poznań/Śrem	Radio RMF FM	120,00
94,6	SUI	AR	Waldstatt/Geisshalden	Radio FM1 (Reg. Nord)	0,10
94,6	SUI	ZH	Uetliberg	DRS 1	1,80
94,7	AUT	T	Reutte/Hahnenkamm	Ö2 Radio Tirol	0,15
94,7	AUT	W	Wien/Kahlenberg	Ö2 Radio Burgenland	2,40
94,7	D	BAY	Hoher Bogen	Bayern 3	50,00
94,7	D	BAY	Hohenpeißenberg	Deutschlandfunk	0,05
94,7	D	BAY	Starnberg/Stadt	Deutschlandradio Kultur	0,05
94,7	D	BB	Booßen/Lausitz	94.3 rs2	3,00
94,7	D	BWÜ	Freiburg/Stadt	baden.fm	0,50
94,7	D	BWÜ	Stuttgart/Degerloch	SWR1 BW	100,00
94,7	D	HES	Vogelsberg/Hoherodeskopf	Radio BOB!	0,10
94,7	D	MEV	Röbel	NDR Kultur	10,00

MHz	Land	REG	Standort	Programm	kW
94,7	D	MEV	Grevesmühlen/Hamberge	Ostseewelle	0,10
94,7	D	NRW	Warendorf	Radio WAF	0,20
94,7	D	NRW	Meschede	radiofh!	0,05
94,7	D	RLP	Trierweiler/Fusenich	Cityradio Trier	0,04
94,7	D	RLP	Idar-Oberstein/Hillschied	Deutschlandradio Kultur	0,20
94,7	D	RLP	Wittlich/EKZ Bungert	Radio Wittlich	0,20
94,7	D	SAC	Hoyerswerda	MDR FIGARO	1,00
94,7	D	SAC	Chemnitz-Stadt	MDR INFO	0,50
94,7	D	SHS	Süderlugum/Niebüll	Klassik Radio	0,20
94,7	D	SHS	Lauenburg/Echem	NDR 1 Welle Nord	0,30
94,7	D	THÜ	Meiningen	MDR INFO	0,20
94,7	F	59	Lille/Bouvigny le Mont	France Bleu Nord	126,00
94,7	HOL	SHO	Rotterdam	Radio 4	12,90
94,8	AUT	S	Salzburg/Gaisberg	Ö2 Radio Salzburg	100,00
94,8	CZE		Děčin/ul. Litomérická 133	Radio Blanik	0,50
94,8	D	BAY	Bamberg/Geisberg	Bayern 1	25,00
94,8	D	BAY	Mittenwald/Karwendelbahn	Bayern 3	0,01
94,8	D	BAY	Aschaffenburg/Gailbach	Deutschlandradio Kultur	0,10
94,8	D	BAY	Augsburg/Hotelturm	egoFM	0,10
94,8	D	BB	Berlin/Schäferberg	BBC WS	1,00
94,8	D	MEV	Pasewalk	N-JOY	1,30
94,8	D	NRW	Marsberg	Radio Sauerland	0,10
94,8	D	NSA	Hann. Münden/Lutterberg	N-JOY	0,05
94,8	D	NSA	Pyrmont	Radio Aktiv	0,05
94,8	D	RLP	Landau	Antenne Landau	0,10
94,8	D	RLP	Linz/Linzer Höhe	SWR3	50,00
94,8	D	RLP	Eisenberg	zurzeit inaktiv	0,10
94,8	D	THÜ	Ilmenau/Tragberg	radio TOP 40	0,10
94,8	D	THÜ	Jena/Kernberge	radio TOP 40	0,20
94,8	DNK	STS	Næstved - Øverup	DR P1	100,00
94,8	HOL	DRE	Smilde	Radio 4	100,00
94,8	POL		Żagań/Wichów	Radio RMF FM	30,00
94,8	SUI	LU	Willisau/Ankenloch	Radio Central	0,03
94,9	BEL	LIE	Eupen	BRF 1	0,02
94,9	BEL	LIE	St. Vith/Recht	BRF 1	5,00
94,9	D	BB	Templin/Kuckucksheim	zurzeit inaktiv	1,00
94,9	D	BWÜ	Waldburg/Galgenberg	SWR2	60,00
94,9	D	BWÜ	Freudenberg a.M.	SWR3	0,01
94,9	D	BWÜ	Creglingen	SWR4 BW	0,01
94,9	D	NRW	Herford/Schwarzenmoor	Radio Herford	0,50
94,9	D	RLP	Trier/Markusberg	SWR1 RP	0,10
94,9	D	RLP	Wolfsheim (Rheinsender)	SWR4 RP	5,00
94,9	D	SAC	Meißen	MDR INFO	1,00

MHz	Land	REG	Standort	Programm	kW
94,9	D	SAC	Wilthen	Radio WSW	0,20
94,9	D	SAN	Dequede	MDR 1 SACHSEN-ANHALT	10,00
94,9	D	SHS	Heide/Welmbüttel	N-JOY	0,50
94,9	D	THÜ	Weida/Ronneburg	LandesWelle Thüringen	3,00
94,9	HOL	NBR	Mierlo	100%NL	11,50
94,9	POL		Jelenia Góra/Łysa Góra	Radio Plus Legnica	1,00
94,9	SUI	AR	Möriken-Wildegg/Chestenberg	Kanal K	0,50
94,9	SUI	BE	Hofstetten (Brienz)/Breiten	Radio BeO	0,50
95,0	AUT	N	Warth	Ö2 Radio Vorarlberg	0,03
95,0	BEL	LIE	Liège	Nostalgie	1,00
95,0	D	BAY	Hohe Linie/Regensburg	Bayern 1	25,00
95,0	D	BAY	Bad Tölz/Kalvarienberg	Radio Alpenwelle	0,20
95,0	D	BAY	Freising	ROCKANTENNE	0,10
95,0	D	BRE	Bremen/FMT Walle	NDR Info	1,00
95,0	D	BWÜ	Lörrach	Deutschlandradio Kultur	0,10
95,0	D	HAM	Hamburg/Heinr.-Hertz-Turm	Oldie 95	0,10
95,0	D	HES	Rimberg (FMT)	hr iNFO	50,00
95,0	D	MEV	Barth	N-JOY	0,30
95,0	D	NSA	Meppen	Kirchenfunk St. Vitus	0,006
95,0	D	SAC	Niesky	R.SA	
95,0	D	SAC	Wurzen	R.SA	0,40
95,0	D	SAN	Bernburg	Rockland	1,00
95,0	F	67	Strasbourg-Nordheim/TDF	France Musique	48,00
95,0	HOL	GEL	Nijmegen	100%NL	2,00
95,0	HOL	GEL	Wieringermeer	Radio 1	20,00
95,0	HOL	UTR	Amersfoort	100%NL	2,24
95,0	HOL	ZEE	Goes	Radio 4	11,50
95,0	SUI	GR	Tujetsch/Alp Tgom	Radio Grischa	0,05
95,0	SUI	SZ	Feusisberg/Strickli	Radio Top (Reg. St. Gallen)	0,50
95,1	AUT	T	Inzing/Stieglreith	Klassik Radio	0,10
95,1	AUT	T	St. Anton/Galzig	Ö2 Radio Tirol	0,15
95,1	D	BAY	Marktredwitz	extra-radio 88.0	0,10
95,1	D	BAY	Marktredwitz	Radio Euroherz	0,10
95,1	D	BB	Cottbus/Calau	Radioeins	30,00
95,1	D	BWÜ	Aalen	SWR1 BW	50,00
95,1	D	BWÜ	Rauenberg	SWR1 BW	0,01
95,1	D	BWÜ	Wannenberg	SWR1 BW	2,60
95,1	D	HES	Frankfurt/Europaturm	ENERGY Rhein-Main	0,20
95,1	D	NRW	Rahden	Radio Westfalica	0,10
95,1	D	NRW	Langenberg/Hordtberg	WDR 3	100,00
95,1	D	NSA	Goslar/Schalke	NDR Kultur	0,10
95,1	D	NSA	Wolfsburg/Klieversberg	RADIO 21	0,10
95,1	D	RLP	Alf-Bullay	SWR2	0,01

MHz	Land	REG	Standort	Programm	kW
95,1	D	RLP	Idar-Oberstein/Hillschied	SWR2	0,10
95,1	D	RLP	Saarburg-Schoden/Geisberg	zurzeit inaktiv	0,10
95,1	D	SAC	Aue	MDR INFO	1,00
95,1	D	SAN	Naumburg	radio SAW	0,50
95,1	D	THÜ	Sondershausen	MDR INFO	0,10
95,1	DNK	SJY	Rangstrup	DR P1	60,00
95,1	SUI	BE	Bollingen/Bantiger	La Première	5,00
95,1	SUI	GR	Feldis/Planign	Radio Grischa	0,12
95,2	AUT	K	Klagenfurt/Pyramidenkogel	Welle 1	1,00
95,2	AUT	O	Linz/Lichtenberg	Ö2 Radio Oberösterreich	100,00
95,2	AUT	S	Eben/Pongau	Ö2 Radio Salzburg	0,56
95,2	BEL	VBR	Brussegem	BRF Info/Deutschlandfunk	2,00
95,2	D	BB	Belzig	POWER RADIO	0,40
95,2	D	BWÜ	Pforzheim	Deutschlandradio Kultur	0,50
95,2	D	BWÜ	Rottweil/Rote Steig	SWR4 BW	2,00
95,2	D	NRW	Höxter	WDR 3	0,50
95,2	D	NSA	Fallingbostel	BFBS 2	0,05
95,2	D	NSA	Hannover/Universität	DRM+ Modellversuch	0,10
95,2	D	NSA	Nordhorn	Ems-Vechte-Welle	0,20
95,2	D	SAC	Klingenthal	MDR INFO	0,10
95,2	D	SHS	Rendsburg	Deutschlandradio Kultur	0,25
95,2	D	THÜ	Sonneberg/Blessberg	MDR FIGARO	20,00
95,2	DNK	STS	Sakskøbing	Radio Sydhavsøerne	0,16
95,2	F	57	Sarrebourg/Château d'Eau	Nostalgie	0,50
95,2	HOL	LIM	Weert	Radio 8 FM	1,32
95,2	POL		Szczecin/Kołowo	Radio Zet	60,00
95,3	AUT	S	Salzburg/Nonntal	LoungeFM	0,02
95,3	AUT	T	Ehrwald/Zugspitze	Ö2 Radio Tirol	0,15
95,3	AUT	W	Wien/Himmelhof	Ö2 Radio Wien	0,80
95,3	D	BAY	Landshut/Altdorf	Bayern 3	1,00
95,3	D	BAY	Hirschau/Rotbühl	Radio Ramasuri	1,00
95,3	D	BB	Fürstenwalde/Rauener Berge	POWER RADIO	0,10
95,3	D	HES	Hardberg	YOU FM	50,00
95,3	D	MEV	Schwerin/Zippendorf	Deutschlandradio Kultur	100,00
95,3	D	NSA	Rinteln	NDR Info	0,10
95,3	D	NSA	Osnabrück/Karmann-Turm	RADIO 21	0,10
95,3	D	RLP	Bitburg	Deutschlandradio Kultur	0,10
95,3	D	SAN	Halle/Petersberg	MDR INFO	2,00
95,3	D	THÜ	Gera	radio TOP 40	0,50
95,3	HOL	LIM	Hulsberg	L1 Radio	10,20
95,3	HOL	OVE	Zwolle	BNR Nieuwsradio	20,00
95,3	SUI	SO	Balsthal/Erzmatt	DRS 1	0,10
95,4	AUT	ST	Graz/Schöckl	Ö2 Radio Steiermark	67,00

MHz	Land	REG	Standort	Programm	kW
95,4	AUT	T	Kufstein/Kitzbüheler Horn	Ö2 Radio Tirol	4,50
95,4	D	BAY	Lichtenfels	Radio EINS	0,30
95,4	D	BAY	Ingolstadt/Audi-Werk	Radio IN	0,10
95,4	D	BB	Zehlendorf, Krs. Oranienburg	BB Radio	1,30
95,4	D	BWÜ	Stuttgart	metropol FM	0,10
95,4	D	BWÜ	Brandenkopf/Kinzigtal	SWR1 BW	0,50
95,4	D	NRW	Münster/FMT Hegerskamp	Antenne Münster	0,16
95,4	D	NSA	Celle/Hohe Wendt	BFBS 2	0,20
95,4	D	NSA	Damme	Deutschlandfunk	0,32
95,4	D	NSA	Bremerhaven/Schiffdorf	nordwestradio	6,50
95,4	D	RLP	Prüm/Schwarzer Mann	Deutschlandfunk	0,05
95,4	D	RLP	Bad Marienberg	SWR2	25,00
95,4	D	SAC	Dresden/Wachwitz	MDR FIGARO	100,00
95,4	D	SAC	Zittau	MDR FIGARO	0,50
95,4	D	SAC	Plauen	Vogtland Radio	2,00
95,4	DNK	SJY	Åbenraa/Feldsted	Radio Globus Guld	1,00
95,4	HOL	DRE	Emmen	BNR Nieuwsradio	1,00
95,4	SUI	AR	Säntis	DRS 2	60,00
95,5	AUT	N	St. Pölten/Reichgrüben	Radio Maria	0,20
95,5	AUT	ST	Bad Mitterndorf/Kulmschanze	Antenne Steiermark	0,13
95,5	AUT	T	Innsbruck/Schlotthof	Klassik Radio	0,32
95,5	D	BAY	München/Olympiaturm	95.5 Charivari	0,30
95,5	D	BAY	Büttelberg/Frankenhöhe	BR-KLASSIK	10,00
95,5	D	BAY	Regensburg/Ziegetsberg	Deutschlandfunk	0,20
95,5	D	BB	Eisenhüttenstadt	98.2 Radio Paradiso	0,20
95,5	D	BWÜ	Geislingen/Oberböhringen	SWR3	.5
95,5	D	HES	Hoher Meißner	hr2-kultur	100,00
95,5	D	MEV	Rügen	N-JOY	10,00
95,5	D	NRW	Bielefeld	Deutschlandfunk	0,10
95,5	D	NSA	Cloppenburg/Molbergen	Deutschlandradio Kultur	0,10
95,5	D	NSA	Lüneburg	Radio ZuSa	1,00
95,5	D	SAA	Göttelborner Höhe	SR 3	100,00
95,5	D	SAC	Zwickau West	Radio R.SA	
95,5	D	THÜ	Lobenstein/Sieglitzberg	MDR 1 RADIO THÜRINGEN	2,00
95,5	HOL	FRI	Tjerkgaast	BNR Nieuwsradio	30,00
95,5	HOL	GEL	Duiven	Radio Oranje National	0,44
95,6	AUT	O	Windischgarsten/Kleinerberg	Life Radio	0,15
95,6	BEL	LIE	Liège/Bol d'Air	RTBF Classic 21	13,00
95,6	CZE		Plzeň/Krašov	ČRo Vltava	81,00
95,6	D	BAY	Aschaffenburg/Pfaffenberg	Bayern 1	25,00
95,6	D	BAY	Passau/Kühberg	BR-KLASSIK	1,00
95,6	D	BAY	Nördlingen/Hühnerberg	Hit Radio RT.1 Nordschw.	1,00
95,6	D	BB	Cottbus (Stadt)	94.3 rs2	1,30

MHz	Land	REG	Standort	Programm	kW
95,6	D	BWÜ	Konstanz	DRS 3 (SUI)	0,05
95,6	D	BWÜ	Balingen-Frommern	Radio TON - Neckar-Alb	1,00
95,6	D	NRW	Haltern	Radio Vest	0,10
95,6	D	NSA	Lingen/Damaschke	Ems-Vechte-Welle	1,00
95,6	D	SAC	Leipzig/Funkhaus	MDR INFO	0,50
95,6	D	SAC	Löbau/Schafberg	MDR INFO	2,00
95,6	D	SAN	Dequede	radio SAW	1,50
95,6	D	SHS	Wedel	N-JOY	0,20
95,6	D	SHS	Morsum/Sylt	N-JOY	5,00
95,6	HOL	OVE	Markelo	Radio Oost	5,00
95,6	SUI	LU	Sursee/Kornfeldstraße	Radio Pilatus	0,30
95,6	SUI	SH	Schleitheim/Birbistel	DRS 2	0,02
95,7	AUT	K	Gmünd/Schlossbichl	Antenne Kärnten	0,02
95,7	AUT	N	Weitra/Wachberg	Ö2 Radio Niederösterreich	2,00
95,7	D	BAY	Bad Tölz/Kalvarienberg	Bayern 2	0,10
95,7	D	BAY	Mallersdorf	Radio AWN	0,10
95,7	D	BAY	Kötzting	Radio Charivari	0,003
95,7	D	BAY	Haßfurt	RADIO PRIMATON	0,10
95,7	D	BWÜ	Mühlacker/Langenbrand	SWR4 BW	2,00
95,7	D	HES	Fulda/Künzell-Dicker Turm	harmony.fm	0,32
95,7	D	HES	Bingen	SWR4 RP	0,10
95,7	D	HES	Eltville/Hühnerberg	zurzeit inaktiv	0,32
95,7	D	NRW	Beckum	Radio WAF	0,25
95,7	D	NRW	Minden/Porta Westfalica	Radio Westfalica	0,50
95,7	D	NRW	Remscheid/Leichlingen-Witzhelden	WDR 2	1,00
95,7	D	NSA	Bad Pyrmont	NDR Kultur	0,05
95,7	D	NSA	Hildesheim/Sibbesse (Griesberg)	N-JOY	0,50
95,7	D	SAN	Blankenburg	radio SAW	2,40
95,7	D	SHS	Kiel/Kronshagen	NDR Kultur	1,00
95,7	D	THÜ	Saalfeld/Remda	LandesWelle Thüringen	10,00
95,7	POL		Szczecin/Warszewo	Radio Eska Rock	1,00
95,7	SUI	BE	Frutigen/Höchst	Radio BeO	0,10
95,7	SUI	SZ	Rigi-Kulm	Radio Pilatus	1,00
95,8	AUT	N	Semmering/Sonnwendstein	Ö2 Radio Niederösterreich	9,00
95,8	AUT	O	Wels/Sternhochhaus	LoungeFM	0,10
95,8	AUT	S	Mauterndorf/Grosseck	Ö2 Radio Salzburg	0,30
95,8	D	BAY	Grünten	Bayern 3	100,00
95,8	D	BAY	Würzburg/Frankenwarte	egoFM	0,30
95,8	D	BAY	Nürnberg/FMT Schweinau	Radio Z	0,30
95,8	D	BAY	Nürnberg/FMT Schweinau	Star FM	0,30
95,8	D	BB	Berlin/Alexanderplatz	Radioeins	100,00
95,8	D	BWÜ	Schwäbisch Hall	Deutschlandfunk	0,10
95,8	D	MEV	Rostock-Stadtweide	NDR 1 Radio MV	0,16

MHz	Land	REG	Standort	Programm	kW
95,8	D	NRW	Ederkopf	WDR 5	20,00
95,8	D	NSA	Aurich	NDR 1 Niedersachsen	25,00
95,8	D	RLP	Rivenich/Hansenberg	bigFM	0,20
95,8	D	SAC	Neukirchen	Radio Chemnitz	1,00
95,8	D	SHS	Lauenburg/Echem	Deutschlandradio Kultur	0,10
95,8	F	67	Saverne/Château du Haut-Barr	Top Music	0,10
95,8	HOL	GEL	Megen	Omroep Brabant	5,00
95,8	SUI	BE	Lenk/Büelberg	Radio BeO	0,10
95,9	AUT	ST	Kalwang/Stellerberg	KRONEHIT	0,09
95,9	AUT	ST	Gleisdorf/Sommerberg	Radio Soundportal	0,91
95,9	AUT	T	Inntal/Ebbs-Oberbuchberg	Bayern 3	0,05
95,9	AUT	T	Lienz/Rauchkofel	Ö2 Radio Tirol	2,60
95,9	AUT	V	Bregenz/Dornbirn-Lauterach	zurzeit inaktiv	0,25
95,9	CZE		Liberec/Ještěd	ČRo Radiožurnál	20,00
95,9	D	BAY	Traunstein/Hochberg	Bayern 3	5,00
95,9	D	BAY	Garmisch-Partenkirchen/Kreuzeck	BR-KLASSIK	0,10
95,9	D	BAY	Landshut	Deutschlandfunk	0,20
95,9	D	BWÜ	Schwäbisch Gmünd	Deutschlandradio Kultur	0,20
95,9	D	HES	Bad Hersfeld/Obersberg	Hit Radio FFH	0,10
95,9	D	NRW	Gütersloh	Radio Gütersloh	0,05
95,9	D	NRW	Detmold	Radio Triquency	0,02
95,9	D	NRW	Aachen-Stolberg	WDR 3	20,00
95,9	D	NSA	Visselhövede	NDR 2	5,00
95,9	D	NSA	Göttingen	N-JOY	0,50
95,9	D	RLP	Weinbiet	SWR4 RP	25,00
95,9	D	SAC	Freital/Windberg	MDR INFO	0,10
95,9	D	SAN	Halle	Radio Corax	4,00
95,9	D	SHS	Lübeck/Wallanlagen	NDR Info	0,10
95,9	SUI	BE	Grindelwald/Holenstein	Radio BeO	0,05
95,9	SUI	BE	Lauterbrunnen-Mürren/Hotel Anfi Palace	Radio BeO	0,05
95,9	SUI	BL	Nenzlingen/Eggflue	ENERGY Basel	0,40
95,9	SUI	SH	Neuhausen/Engiwald	zurzeit inaktiv	0,20
95,9	SUI	ZH	Zürich/Zürichberg	Veranstaltungsfunk	0,20
96,0	AUT	T	Mayrhofen/Filzenalm	Radio Maria	0,15
96,0	AUT	V	Bludenz/Dünserberg	Ö2 Radio Vorarlberg	4,00
96,0	D	BAY	Ochsenkopf	Bayern 2 (Nord)	100,00
96,0	D	BWÜ	Stuttgart/Frauenkopf	Deutschlandfunk	0,50
96,0	D	BWÜ	Künzelsau/Taläcker	Radio TON - Heilbronn	0,10
96,0	D	HAM	Hamburg	Hamburger Lokalradio	0,04
96,0	D	HAM	Hamburg	TIDE 96.0	0,04
96,0	D	MEV	Helpterberg	NDR Kultur	100,00
96,0	D	NRW	Arnsberg/Galgenberg	1LIVE	0,10

MHz	Land	REG	Standort	Programm	kW
96,0	D	NRW	Ibbenbüren/Schafberg	WDR 2	0,50
96,0	D	NRW	Lübbecke	WDR 2	0,10
96,0	D	NSA	Bremerhaven/Schiffdorf	NDR 1 Niedersachsen	0,10
96,0	D	NSA	Holzminden	NDR 2	0,50
96,0	D	NSA	Goslar/Schalke	NDR Info	0,10
96,0	D	RLP	Mainz/Universität	metropol FM	0,40
96,0	D	SAA	Mettlach	SR 3	0,01
96,0	D	THÜ	Bad Langensalza	MDR INFO	0,02
96,0	SUI	SG	St. Gallen/Chirchli Peter und Paul	DRS 1	0,03
96,0	SUI	SO	Lostorf/Froburg	DRS 1	1,20
96,1	AUT	K	Brückl/Lippekogel	Antenne Kärnten	0,35
96,1	AUT	S	Salzburg/Untersberg	Bayern 3	1,00
96,1	CZE		České Budějovice/Kluk	ČRo Vltava	40,00
96,1	D	BAY	Hühnerberg/Harburg	Bayern 2	25,00
96,1	D	BAY	Oberammergau/Laber	Bayern 3	0,10
96,1	D	NRW	Gelsenkirchen	Radio Emscher Lippe	0,10
96,1	D	NRW	Lemgo	Radio Triquency	0,02
96,1	D	NRW	Hallenberg/Bollerberg	WDR 4	0,10
96,1	D	NSA	Hann. Münden/Lutterberg	NDR 2	0,05
96,1	D	NSA	Braunlage	N-JOY	0,02
96,1	D	RLP	Koblenz (Dieblich-Naßheck)	SWR1 RP	10,00
96,1	D	SAA	Perl/Hammelsberg (Moseltal)	SR 3	5,00
96,1	D	SAC	Oschatz/Collmberg	Deutschlandradio Kultur	0,32
96,1	D	SAN	Magdeburg/Kapaunberg	MDR 1 SACHSEN-ANHALT	10,00
96,1	D	SAN	Zeitz/Hainichen	MDR INFO	0,10
96,1	D	SHS	Flensburg/Fuchsb.-Engelsby	NDR Kultur	25,00
96,1	D	THÜ	Roßleben	MDR 1 RADIO THÜRINGEN	0,10
96,1	SUI	SZ	Feusisberg/Etzel-Kulm	Radio 24	0,50
96,2	AUT	B	Mattersburg/Heuberg	Ö2 Radio Burgenland	3,00
96,2	AUT	O	Ried im Innkreis/Sulzberg	KRONEHIT	0,20
96,2	D	BAY	Rosenheim/Dandlberg	Deutschlandfunk	0,16
96,2	D	BWÜ	Hornisgrinde	SWR2	80,00
96,2	D	HES	Marburg	harmony.fm	0,00
96,2	D	HES	Eltville/Hühnerberg	YOU FM	0,50
96,2	D	MEV	Wismar/Werft	NDR 1 Radio MV	0,20
96,2	D	NRW	Olsberg	Radio Sauerland	0,40
96,2	D	NSA	Hannover/Telemax	NDR 2	5,00
96,2	D	SAC	Löbau/Schafberg	MDR FIGARO	5,00
96,2	D	SAC	Flöha	MDR INFO	0,10
96,2	D	SAC	Zwickau	Radio Zwickau	0,30
96,2	D	THÜ	Erfurt	Radio F.R.E.I.	0,50
96,2	D	THÜ	Erfurt	Radio Funkwerk	0,50
96,2	DNK	BOR	Årsballe	DR P1	30,00

MHz	Land	REG	Standort	Programm	kW
96,2	HOL	LIM	Stein	Omroep Stein	0,50
96,2	HOL	OVE	Markelo	3FM	100,00
96,2	SUI	LU	Luzern/Reussegg KVA	Radio 3fach	0,07
96,3	AUT	N	St. Pölten/Schildberg	Antenne Wien 102,5	0,29
96,3	AUT	ST	Schladming/Hauser Kaibling	Ö2 Radio Steiermark	3,00
96,3	AUT	V	Bregenz/Pfänder	DRS 1 (SUI)	2,00
96,3	CZE		Chomutov/Jedlavá	ČRo Vltava	10,00
96,3	D	BAY	Kreuzberg/Rhön	Bayern 3	100,00
96,3	D	BAY	Burglengenfeld	Gong FM	0,50
96,3	D	BAY	München-Olympiaturm	Radio Gong München	0,30
96,3	D	BB	Berlin/Scholzplatz	Funkhaus Europa	80,00
96,3	D	NRW	Olpe	Deutschlandradio Kultur	0,10
96,3	D	NRW	Oelde	Radio WAF	0,25
96,3	D	NRW	Eifel/Bärbelkreuz	WDR 3	10,00
96,3	D	SAA	Saarlouis-Steinrausch	Deutschlandradio Kultur	0,10
96,3	D	SHS	Heide/Welmbüttel	NDR 2	15,00
96,3	HOL	NBR	Loon op Zand	Radio Veronica	30,90
96,3	POL		Szczecin/Warszewo	Polskie Radio Program 2	1,00
96,3	SUI	AR	Küttingen/Wasserfluh	DRS 1	0,40
96,3	SUI	BE	Belpberg/Furen	ENERGY Bern	0,15
96,3	SUI	TI	Carona/Mte. San Salvatore	DRS 1	17,00
96,4	AUT	N	Waidhofen Thaya/Frauenstaffeln	88.6 Das Musikradio	0,15
96,4	AUT	T	Innsbruck/Patscherkofel	Ö2 Radio Tirol	45,00
96,4	BEL	LIE	Liège/Bol d'Air	RTBF La Premiere	5,00
96,4	BEL	LUX	Léglise	RTBF La Premiere	10,00
96,4	D	BAY	Fürth/Sparkassengebäude	vilradio	1,00
96,4	D	BWÜ	Überlingen/Wallhausen	Radio Seefunk	1,00
96,4	D	BWÜ	Blaubeuren	SWR4 BW	0,01
96,4	D	NRW	Höxter	WDR 2	0,50
96,4	D	NSA	Dannenberg	NDR 2	25,00
96,4	D	NSA	Aurich	NDR Info	10,00
96,4	D	NSA	Osnabrück	N-JOY	0,20
96,4	D	RLP	Bad Dürkheim/Friedelsheim	bigFM	0,10
96,4	D	RLP	Kirn	SWR1 RP	0,01
96,4	D	SAC	Freiberg	ENERGY Sachsen	0,50
96,4	D	SAC	Pirna/Cottaer Spitzberg	Radio Dresden	1,00
96,4	D	THÜ	Nordhausen/Hesseröder Berg	Deutschlandfunk	0,10
96,4	D	THÜ	Jena-Oßmaritz	MDR FIGARO	1,00
96,4	F	57	Sarrebourg/Château d'Eau	RTL 2	1,00
96,4	POL		Poznań/Śrem	Polskie Radio Program 3	120,00
96,5	AUT	N	Ybbs a.d.Donau/Hengstberg	Radio Arabella 96,5	1,86
96,5	D	BAY	Brotjacklriegel	Bayern 2	100,00
96,5	D	BAY	Weiler/Allgäu	BR-KLASSIK	0,05

MHz	Land	REG	Standort	Programm	kW
96,5	D	BAY	Pfronten/Breitenberg	Deutschlandfunk	0,02
96,5	D	BAY	Oberstdorf	Deutschlandradio Kultur	0,10
96,5	D	BAY	Naila	Radio Galaxy	0,10
96,5	D	BWÜ	Waldenburg	SWR3	100,00
96,5	D	HES	Korbach	Radio BOB!	0,20
96,5	D	HES	Witzenhausen	RundFunk Meißner	0,30
96,5	D	MEV	Helpterberg	Deutschlandfunk	10,00
96,5	D	NRW	Langenberg/Hordtberg	Deutschlandradio Kultur	35,00
96,5	D	NSA	Alfeld/Leine	NDR Kultur	0,05
96,5	D	NSA	Goslar	N-JOY	0,10
96,5	D	RLP	Saarburg/Warsberg	bigFM	0,25
96,5	D	SHS	Ahrensburg	delta radio	2,00
96,5	D	THÜ	Arnstadt	Klassik Radio	0,05
96,5	D	THÜ	Eisenach	Wartburg Radio 96.5	0,10
96,5	HOL	GEL	Arnhem	3FM	0,07
96,6	AUT	B	Jennersdorf/Raika Silo	88.6 Das Musikradio	0,10
96,6	AUT	N	Zwettl Noe/EVN Mast	88.6 Das Musikradio	0,05
96,6	AUT	S	Zell a. See/Lechnereck	Ö2 Radio Salzburg	0,15
96,6	BEL	HAI	Anderlues	RTBF Pure FM	40,00
96,6	D	BAY	Starnberg/Wangen	106.4 TOP FM	0,10
96,6	D	BAY	Forchheim	Radio Bamberg	0,10
96,6	D	BB	Wittstock	ENERGY Berlin	0,50
96,6	D	BWÜ	Tübingen	RADIO Helle Welle	2,00
96,6	D	BWÜ	Schliengen	SWR4 BW	0,10
96,6	D	BWÜ	Tübingen	UniWelle Tübingen	2,00
96,6	D	BWÜ	Tübingen	Wüste Welle	2,00
96,6	D	HES	Kassel/Tannenwäldchen	harmony.fm	0,32
96,6	D	NSA	Seesen/Harz	N-JOY	0,05
96,6	D	NSA	Lingen/Damaschke	N-JOY	0,50
96,6	D	RLP	Wörth	Deutschlandradio Kultur	0,20
96,6	D	RLP	Adenau/Kallenhardt	koordiniert	0,60
96,6	D	SAC	Leipzig/Wiederau	Deutschlandfunk	100,00
96,6	D	SHS	Flensburg/Fuchsb.-Engelsby	DR P4 Radio Syd (DNK)	0,50
96,6	D	SHS	Bungsberg	NDR Info	1,00
96,6	F	67	Strasbourg/Port du Rhin	Accent 4	1,00
96,6	FL	FL	Malbun	Radio L	0,25
96,6	HOL	ZEE	Goes	Radio Veronica	1,20
96,6	SUI	SZ	Rigi-Kulm	DRS 2	22,50
96,7	AUT	K	Wolfsberg/Koralpe	Ö1	1,50
96,7	AUT	O	Linz/Lichtenberg	Radio Arabella Linz 96,7	5,00
96,7	BEL	LIE	Raeren-Petergensfeld	Fantasy Dance FM	0,30
96,7	CZE		Aš/Háj	Čro Plzeň	0,20
96,7	D	BAY	Bad Reichenhall/Kirchholz	Bayern 2	0,30

MHz	Land	REG	Standort	Programm	kW
96,7	D	BAY	Augsburg/Hotelturm	hitradio.rt1	0,30
96,7	D	BAY	Brannenburg/Dandlberg	Radio Charivari	0,30
96,7	D	BAY	Kempten/Zentralhaus	Radio RSA	0,10
96,7	D	BB	Finsterwalde	94.3 rs2	1,00
96,7	D	BB	Berlin-Kreuzberg/Postbank	Radio B2	2,00
96,7	D	BRE	Bremen/FMT Walle	Funkhaus Europa	50,00
96,7	D	BWÜ	Esslingen	Deutschlandfunk	0,10
96,7	D	BWÜ	Konstanz	DRS 1 (SUI)	0,05
96,7	D	HES	Gr. Feldberg/Taunus	hr2-kultur	100,00
96,7	D	MEV	Marlow	Deutschlandradio Kultur	30,00
96,7	D	RLP	Pirmasens/Telekom	bigFM	0,20
96,7	D	SHS	Föhr/Oevenum	OK Westküste	0,40
96,7	POL		Jelenia Góra/Śnieżne Kotły	Radio Wrocław	10,00
96,8	AUT	ST	Mürzzuschlag/Ganzstein	Antenne Steiermark	0,03
96,8	AUT	ST	Rottenmann/Sonnenberg	Ö2 Radio Steiermark	0,10
96,8	D	BAY	Hoher Bogen	Bayern 1	50,00
96,8	D	BAY	München/Blutenburgstraße	Deutschlandradio Kultur	0,10
96,8	D	BB	Booßen/Lausitz	Kulturradio	5,00
96,8	D	BWÜ	Eppingen	Radio TON - Heilbronn	0,32
96,8	D	BWÜ	Hohe Möhr	SWR3	0,10
96,8	D	BWÜ	Eppingen	z.Z. in der Ausschreibung	0,30
96,8	D	BWÜ	Baden-Baden/Lichtental	zurzeit inaktiv	1,00
96,8	D	HES	Rothenburg/Fulda	hr iNFO	0,32
96,8	D	NRW	Bonn	bonncampus 96.8	0,50
96,8	D	NRW	Bonn	Radio 96 ACHT	0,50
96,8	D	NSA	Göttingen	NDR Kultur	0,50
96,8	D	SAA	St. Ingbert/Friedrichsthal	bigFM	0,10
96,8	D	SAC	Dresden	Veranstaltungsfunk	0,10
96,8	D	SHS	Lauenburg/Echem	NDR Info	0,30
96,8	D	THÜ	Kulpenberg	LandesWelle Thüringen	3,00
96,8	DNK	FYN	Sønder Højrup	DR P4	60,00
96,8	F	67	Ingwiller/Rue Wittholz	Est FM	0,02
96,8	HOL	UTR	Lopik/Ijsselstein	3FM	100,00
96,8	SUI	BE	Matten/Chlyne Ruuge	Radio BeO	0,02
96,8	SUI	SG	Ebnat-Kappel/Rauchgirlen Simi	Radio FM1 (Reg. Nord)	0,10
96,8	SUI	ZH	Turbenthal/Tössegg	Radio Top (Reg. Zürich)	0,05
96,9	AUT	S	St. Michael/Lungau-Bärenkogel	FM4	0,25
96,9	D	BAY	Berchtesgaden/Schönau	Bayern 2	0,30
96,9	D	BAY	Burgberg/Halden	Bayern 3	0,01
96,9	D	BB	Luckenwalde	Klassik Radio	0,63
96,9	D	BWÜ	Schussental	Radio 7	0,10
96,9	D	BWÜ	Wertheim	SWR1 BW	0,10
96,9	D	BWÜ	Aalen	SWR4 BW	5,00

MHz	Land	REG	Standort	Programm	kW
96,9	D	NRW	Lennestadt	Deutschlandradio Kultur	0,10
96,9	D	NRW	Opladen	Radio Berg	0,50
96,9	D	RLP	Kaiserslautern/Dansenberg	Antenne Kaiserslautern	0,50
96,9	D	RLP	Linz-Dattenberg/Grendelberg	Rockland Radio	0,20
96,9	D	SAC	Seifhennersdorf	Jump	0,30
96,9	D	SAC	Hoyerswerda	R.SA	0,50
96,9	D	SAN	Dequede	Deutschlandradio Kultur	7,00
96,9	D	SHS	Heide/DTAG	Radio NORA	0,30
96,9	D	THÜ	Sonneberg/Blessberg	Jump	20,00
96,9	FL	FL	Vaduz/Schlosswald Erbli	Radio L	0,80
96,9	HOL	LIM	Brunssum	CFN/RFC	1,58
96,9	HOL	LIM	Tegelen	Omroep Venlo FM	0,10
96,9	POL		Szczecin/Warszewo	Radio Eska Szczecin	1,00
96,9	SUI	SH	Neuhausen/Engiwald	Radio 24	0,20
97,0	AUT	N	St. Pölten/Jauerling	Ö1	100,00
97,0	AUT	ST	Unzmarkt/Rittersberg	Antenne Steiermark	0,03
97,0	AUT	T	Innsbruck/Schlotthof	Radio U1 Tirol	0,20
97,0	D	BAY	Herzogstand	Bayern 2	0,10
97,0	D	BAY	Hohe Linie/Regensburg	BR-KLASSIK	5,00
97,0	D	BAY	Traunstein/Hochberg	BR-KLASSIK	5,00
97,0	D	BB	Erkner	POWER RADIO	0,32
97,0	D	BWÜ	Blauen	SWR3	8,40
97,0	D	BWÜ	Ettlingen/Wattkopf	SWR4 BW	20,00
97,0	D	MEV	Wismar/Werft	Klassik Radio	0,10
97,0	D	NRW	Teutoburger Wald/Bielstein	WDR 3	100,00
97,0	D	NRW	Dorsten	zurzeit inaktiv	0,20
97,0	D	SAC	Chemnitz/Geyer	Deutschlandfunk	100,00
97,0	D	SHS	Helgoland	NDR Kultur	0,05
97,0	D	SHS	Kiel/Kronshagen	Radio NORA	0,16
97,0	LUX		Hosingen/Banert	RTL Radio	100,00
97,0	SUI	GR	Celerina/Laret	Radio Engiadina	0,40
97,0	SUI	GR	Santa Maria/Crappetta	Radio Engiadina	0,10
97,0	SUI	GR	Tarasp/Sparsels	Radio Engiadina	0,20
97,1	AUT	T	Ehrwald/Zugspitze	Hitradio Ö3	0,15
97,1	D	BAY	Reit im Winkl/Walmberg	Bayern 3	0,05
97,1	D	BAY	Donauwörth	Hit Radio RT.1 Nordschw.	0,10
97,1	D	BAY	Nürnberg/FMT Schweinau	Radio Gong 97.1 THE ROCK	0,30
97,1	D	BWÜ	Weinheim/Hirschkopf	SWR1 BW	0,04
97,1	D	BWÜ	Buchen-Walldürn	SWR2	0,05
97,1	D	BWÜ	Witthoh	SWR3	40,00
97,1	D	HAM	Hamburg/Heinr.-Hertz-Turm	ENERGY Hamburg	0,10
97,1	D	HES	Frankfurt	harmony.fm	0,00
97,1	D	HES	Limburg/Schafsberg	hr4	0,20

MHz	Land	REG	Standort	Programm	kW
97,1	D	MEV	Helpterberg	Deutschlandradio Kultur	30,00
97,1	D	NRW	Düsseldorf (Suitbertuskirche)	Hochschulradio	0,04
97,1	D	NRW	Siegen/Giersberg	WDR 2	0,50
97,1	D	NRW	Bergisch Gladbach	zurzeit inaktiv	0,05
97,1	D	NSA	Nordhorn	Deutschlandradio Kultur	0,20
97,1	D	RLP	Bodenheim/Harxheim	Antenne Mainz	0,10
97,1	D	RLP	Kirchheimbolanden	Rockland Radio	0,20
97,1	D	SAA	Saarbrücken	zurzeit inaktiv	0,10
97,1	D	SAN	Köthen	Rockland	1,00
97,1	HOL	DRE	Smilde	RADIONL	0,93
97,2	AUT	O	Bad Ischl/Katrin	Ö1	0,60
97,2	AUT	S	St. Johann/Pongau	Ö2 Radio Salzburg	0,10
97,2	AUT	T	Wörgl/Werlberg	KRONEHIT	0,10
97,2	D	BAY	Grafenau	unserRadio	0,10
97,2	D	BAY	Viechtach	unserRadio	0,01
97,2	D	BB	Berlin-Kreuzberg/Postbank	Radio Russkij	1,00
97,2	D	BRE	Bremen/FMT Walle	FluxFM 97.2	0,50
97,2	D	BWÜ	Sinsheim/Dühren	bigFM	0,20
97,2	D	BWÜ	Stuttgart-Münster	FluxFM 97.2	0,30
97,2	D	BWÜ	Eberbach	SWR1 BW	0,01
97,2	D	BWÜ	Wiesensteig	SWR2	0,01
97,2	D	BWÜ	Creglingen	SWR3	0,01
97,2	D	BWÜ	Mötzingen/Herrenberg	zurzeit inaktiv	1,00
97,2	D	HES	Wiesbaden/Delkenheim	hr iNFO	0,10
97,2	D	NRW	Simmerath	Antenne AC	0,05
97,2	D	NRW	Pulheim/Walzwerk	central fm	0,03
97,2	D	NRW	Werdohl	Radio MK	0,10
97,2	D	NRW	Remscheid/Hohenhagen	zurzeit inaktiv	0,10
97,2	D	RLP	Alf-Bullay	SWR4 RP	0,05
97,2	D	SHS	Bungsberg	Klassik Radio	0,20
97,2	D	THÜ	Inselsberg	Deutschlandradio Kultur	100,00
97,2	DNK	SJY	Rangstrup	DR P3	60,00
97,2	HOL	LIM	Eys	Radio 2	12,90
97,2	SUI	BE	Beatenberg/Niederhorn	DRS 2	3,90
97,2	SUI	GR	Davos/Brämabüel	Radio Grischa	0,09
97,3	AUT	S	Salzburg/Hohensalzburg	Radiofabrik	0,02
97,3	AUT	V	Feldkirch/Vorderälpele	Ö2 Radio Vorarlberg	0,20
97,3	D	BAY	Balderschwang/Kreuzle-Alm	ANTENNE BAYERN	0,02
97,3	D	BAY	München/Ismaning	Bayern 3	25,00
97,3	D	BAY	Schwandorf	Gong FM	0,10
97,3	D	BAY	Feuchtwangen	Radio 8	0,30
97,3	D	BAY	Wunsiedel/Kösseine	Radio Galaxy	0,30
97,3	D	BB	Frankfurt/O.	Deutschlandfunk	0,50

MHz	Land	REG	Standort	Programm	kW
97,3	D	BWÜ	Heilbronn/Neckargartach	Deutschlandradio Kultur	0,10
97,3	D	BWÜ	Tübingen	SWR (geplant)	2,00
97,3	D	HES	Wetzlar/Aßlar	Deutschlandradio Kultur	0,32
97,3	D	HES	Hanau/Maintal-Wachenbuchen	ENERGY Rhein-Main	0,50
97,3	D	MEV	Rostock/Stadtweide	Antenne MV	2,00
97,3	D	NRW	Bad Laasphe	Radio Siegen	0,10
97,3	D	NRW	Ibbenbüren/Schafberg	WDR 3	0,50
97,3	D	NRW	Kleve/Bresserberg	WDR 3	2,00
97,3	D	NSA	Wilhelmshaven	N-JOY	0,30
97,3	D	NSA	Stade/Haddorf	zurzeit inaktiv	0,19
97,3	D	RLP	Ludwigshafen	Deutschlandradio Kultur	0,10
97,3	D	RLP	Kreuzweiler	SWR4 RP	0,30
97,3	D	SAC	Dresden/Wachwitz	Deutschlandfunk	100,00
97,3	D	THÜ	Altenburg/Weißer Berg	Deutschlandradio Kultur	0,40
97,3	F	67	Strasbourg-Nordheim/TDF	France Inter	48,00
97,3	SUI	GL	Mollis-Wälschbüel	Radio 1	0,50
97,3	SUI	SO	Dulliken/Engelberg	Radio 32	0,10
97,3	SUI	ZH	Weisslingen Unter-Rikon/Schwändi	Radio Top (Reg. Zürich)	0,05
97,4	AUT	B	Rechnitz/Hirschenstein	FM4	6,00
97,4	AUT	ST	Gröbming/Mitterberg	Antenne Steiermark	0,25
97,4	AUT	ST	Neumarkt/Kulmeralpe	Ö2 Radio Kärnten	0,20
97,4	D	BAY	Bamberg/Geisberg	B5 aktuell	5,00
97,4	D	BWÜ	Nagoldtal	SWR1 BW	0,01
97,4	D	BWÜ	Ulm/Kuhberg	SWR3	10,00
97,4	D	HES	Würzberg	hr2-kultur	5,00
97,4	D	MEV	Röbel	N-JOY	4,00
97,4	D	NRW	Lünen/Lippoltshausen	Antenne Unna	0,50
97,4	D	RLP	Linz/Linzer Höhe	SWR4 RP	50,00
97,4	D	SAN	Brocken	Deutschlandradio Kultur	100,00
97,4	D	SHS	Kiel/Kronshagen	Klassik Radio	0,16
97,4	D	SHS	Lauenburg/Bückener Weg	Radio NORA	0,25
97,5	AUT	O	Linz/Lichtenberg	Ö1	100,00
97,5	AUT	T	Kufstein/Kitzbüheler Horn	Ö1	4,50
97,5	AUT	W	Wien/Himmelhof	KRONEHIT	0,05
97,5	BEL	ANT	Schoten	VRT Radio 2	20,00
97,5	BEL	LIE	Herbesthal/Rabotrath	Radio Sunshine	1,00
97,5	D	BAY	Schongau/Weilheim	Radio Oberland	0,10
97,5	D	BWÜ	Esslingen	Die neue 107.7	0,50
97,5	D	BWÜ	Schwäbisch-Hall	Radio StHörfunk	0,10
97,5	D	BWÜ	Murgtal/Baden-Baden	SWR3	0,05
97,5	D	BWÜ	Auggen	zurzeit inaktiv	10,00
97,5	D	NRW	Lübbecke	Deutschlandradio Kultur	0,20
97,5	D	NRW	Münster/FMT Hegerskamp	Deutschlandradio Kultur	0,10

MHz	Land	REG	Standort	Programm	kW
97,5	D	NRW	Arnsberg/Galgenberg	WDR 3	0,10
97,5	D	NSA	Damme	Deutschlandradio Kultur	0,30
97,5	D	RLP	Bornberg	SWR3	25,00
97,5	D	SAC	Chemnitz/Reichenhain	ENERGY Sachsen	3,00
97,5	D	SHS	Itzehoe	Deutschlandradio Kultur	0,10
97,5	D	THÜ	Suhl	MDR INFO	5,00
97,5	DNK	STS	Næstved - Øverup	DR P4	100,00
97,5	HOL	GRO	Hoogezand	RTV Noord	40,00
97,5	HOL	UTR	Amersfoort	Slam FM	0,40
97,5	POL		Żagań/Wichów	Radio Zet	30,00
97,5	SUI	AR	Speicher/Vögelinsegg	Radio FM1 (Reg. Nord)	0,20
97,5	SUI	TG	Elgg/Schneitberg	Radio Top (Reg. Thurgau)	0,10
97,5	SUI	ZH	Uetliberg	Radio Lora	1,00
97,6	AUT	T	Inzing/Stieglreith	Antenne Tirol	0,08
97,6	AUT	T	St. Anton/Galzig	FM4	0,15
97,6	CZE		Děčin/Chlum	Hitradio FM Crystal	0,20
97,6	D	BAY	Gelbelsee/Ingolstadt	Bayern 3	25,00
97,6	D	BAY	Würzburg/Frankenwarte	Bayern 3	5,00
97,6	D	BAY	Wiggensbach/Blender	RSA Radio	2,00
97,6	D	BWÜ	Schorndorf/Rudersberg	ENERGY Stuttgart	0,30
97,6	D	BWÜ	Heidenheim/Schmittenberg	SWR3	0,01
97,6	D	BWÜ	Brandenkopf/Kinzigtal	SWR4 BW	0,10
97,6	D	HES	Frankfurt/Europaturm	Deutschlandfunk	0,10
97,6	D	HES	Limburg	planet radio	0,40
97,6	D	MEV	Heringsdorf/Korswandt	NDR 1 Radio MV	1,00
97,6	D	NRW	Friedrichsdorf	Radio Bielefeld	0,40
97,6	D	NRW	Langenberg	Radio Neandertal	4,00
97,6	D	NRW	Borken	Radio WMW	1,00
97,6	D	NRW	Siegen/Giersberg	WDR 5	1,00
97,6	D	NSA	Visselhövede	N-JOY	30,00
97,6	D	SAC	Leipzig/Stadtwerke	mephisto 97.6	4,00
97,6	D	SAC	Leipzig/Stadtwerke	R.SA	4,00
97,6	D	SHS	Garding	OK Westküste	0,50
97,6	D	THÜ	Saalfeld	radio TOP 40	0,05
97,6	HOL	OVE	Hengelo	100%NL	1,00
97,6	SUI	BL	Nenzlingen/Eggflue	DRS 3	0,40
97,7	AUT	S	Lend/Luxkogel	FM4	0,20
97,7	AUT	ST	Obdach/Schupperer	KRONEHIT	0,10
97,7	AUT	T	Hintertux/Hohenhaustenne	KRONEHIT	0,08
97,7	AUT	V	Bregenz/Pfänder	DRS 2 (SUI)	2,00
97,7	D	BAY	Bad Tölz/Kalvarienberg	Bayern 3	0,10
97,7	D	BAY	Garmisch-Partenkirchen/Kreuzeck	Bayern 3	0,10
97,7	D	BAY	Coburg/Eckardtsberg	BR-KLASSIK	0,50

MHz	Land	REG	Standort	Programm	kW
97,7	D	BAY	Passau/Kühberg	Deutschlandradio Kultur	0,50
97,7	D	BB	Berlin/Alexanderplatz	Deutschlandfunk	10,00
97,7	D	BWÜ	Wangen-Salen/Unterbühlhof	DRS 2 (SUI)	0,03
97,7	D	BWÜ	Reutlingen	SWR (geplant)	2,00
97,7	D	BWÜ	Giengen/Brenz	SWR4 BW	0,02
97,7	D	HES	Rimberg (FMT)	YOU FM	50,00
97,7	D	RLP	Haardtkopf	SWR1 RP	50,00
97,7	D	SAC	Weißwasser	Deutschlandradio Kultur	2,00
97,7	F	67	Phalsbourg/Wilskuerblerkopf	Est FM	0,05
97,7	HOL	GEL	Arnhem	Radio Veronica	8,51
97,7	HOL	LIM	Landgraaf	RADIONL	15,10
97,7	HOL	NBR	Mierlo	Radio Veronica	5,90
97,7	SUI	AR	Frick/Frickberg	DRS 2	0,03
97,7	SUI	AR	Aarau/Oberholz	Radio 32	0,10
97,7	SUI	BE	Bollingen/Bantiger	Radio Bern1	1,00
97,7	SUI	GL	Ennenda/Äugsten-Bärenboden	Radio Central	0,20
97,7	SUI	LU	Luzern/Schulhaus Hubelmatt	Radio 3fach	0,20
97,7	SUI	SG	Alt St. Johann/Strichboden	Radio Top (Reg. St. Gallen)	0,10
97,7	SUI	SZ	Schwyz-Seewen/Seewnerstraße	Radio Central	0,05
97,7	SUI	UR	Spiringen/Eggenbergli-Ratzi	Radio Central	0,05
97,8	AUT	K	Klagenfurt/Dobratsch	Ö2 Radio Kärnten	100,00
97,8	D	BAY	Landshut/Altdorf	Bayern 2	1,00
97,8	D	BAY	Augsburg/Haberkirch-Str.	Deutschlandfunk	0,25
97,8	D	BWÜ	Heidelberg/Königsstuhl	SWR1 BW	100,00
97,8	D	NRW	Bonn/Venusberg	Radio Bonn/Rhein-Sieg	0,50
97,8	D	NRW	Aachen	Veranstaltungsfunk	0,01
97,8	D	NRW	Schmallenberg	WDR 3	0,10
97,8	D	NSA	Lingen/Damaschke	NDR 2	25,00
97,8	D	SHS	Bungsberg	NDR 1 Welle Nord	50,00
97,8	D	THÜ	Gera/Ronneburg	MDR 1 RADIO THÜRINGEN	10,00
97,8	D	THÜ	Erfurt	MDR INFO	1,00
97,8	HOL	UTR	Lopik/Ijsselstein	Radio Veronica	4,00
97,8	HOL	ZEE	Westdorpe/Philippine	Radio 2	100,00
97,9	AUT	ST	Graz-Plabutsch	Das Soundportal	1,00
97,9	AUT	W	Wien/Kahlenberg	Ö2 Radio Niederösterreich	100,00
97,9	BEL	LIM	Genk	VRT Radio 2	20,00
97,9	CZE		Liberec/Ještěd	Radio Proglas	20,00
97,9	D	BAY	Dillberg-Neumarkt	Bayern 3	25,00
97,9	D	BAY	Tegernseer Tal	BR-KLASSIK	0,10
97,9	D	BAY	Marktoberdorf	RSA - Radio Ostallgäu	0,05
97,9	D	BWÜ	Blaubeuren	SWR2	0,01
97,9	D	BWÜ	Feldberg/Schwarzwald	SWR2	5,00
97,9	D	HES	Weilburg	hr4	0,05

MHz	Land	REG	Standort	Programm	kW
97,9	D	HES	Gießen	YOU FM	0,50
97,9	D	MEV	Neustrelitz	Deutschlandfunk	1,00
97,9	D	NSA	Cuxhaven/Otterndorf	NDR 2	10,00
97,9	D	NSA	Bad Rothenfelde	NDR Info	0,50
97,9	D	THÜ	Weimar (Schloß Belvedere)	radio TOP 40	0,10
97,9	SUI	SG	Vilters/Targön	Radio FM1 (Reg. Süd)	0,10
98,0	BEL	LIE	Signal de Botrange	Radio Contact	1,00
98,0	CZE		Domažice/Modřinovec	ČRo Radiožurnál	10,00
98,0	D	BAY	Traunstein/Hochberg	Bayern 1	5,00
98,0	D	BAY	Aschaffenburg/Pfaffenberg	BR-KLASSIK	1,00
98,0	D	BAY	Füssen/Eschach	RSA - Radio Ostallgäu	0,10
98,0	D	MEV	Güstrow	Ostseewelle	0,40
98,0	D	NRW	Kleve/Bresserberg	Antenne Niederrhein	1,00
98,0	D	NSA	Harz-Torfhaus	NDR 1 Niedersachsen	100,00
98,0	D	RLP	Koblenz-Rauental	Antenne Koblenz	0,40
98,0	D	RLP	Neuwied	Antenne Koblenz	0,32
98,0	D	RLP	Bingen/Rochusberg	Deutschlandfunk	0,32
98,0	D	SAA	Bliestal/Blieskastel	SR 2	5,00
98,0	D	SAA	Merzig	SR 3	0,10
98,0	D	SAC	Oschatz/Collmberg	RADIO PSR	3,00
98,0	D	SHS	Flensburg/Fuchsb.-Engelsby	DR P3 (DNK)	0,50
98,0	D	THÜ	Gräfenthal	zurzeit inaktiv	0,10
98,0	F	59	Lille/Bouvigny le Mont	France Culture	126,00
98,0	HOL	NHO	Amsterdam	Radio Decibel	11,70
98,0	HOL	OVE	Hengelo	Hot Radio Plus	0,80
98,0	SUI	GR	Zernez/Muottas	Radio Engiadina	0,05
98,1	AUT	N	Weitra/Wachberg	Hitradio Ö3	2,00
98,1	CZE		Chomutov/Jedlavá	Fanj Radio	1,00
98,1	D	BAY	Konradsreuth/Ahornberg	Radio Galaxy Hof	0,10
98,1	D	BWÜ	Aalen	SWR3	50,00
98,1	D	HAM	Hamburg/Heinr.-Hertz-Turm	Klassik Radio	0,16
98,1	D	MEV	Greifswald	Radio 98eins	0,20
98,1	D	NRW	Nordhelle	WDR 3	35,00
98,1	D	NSA	Aurich	NDR 2	25,00
98,1	D	RLP	Kaiserslautern	Deutschlandradio Kultur	0,16
98,1	D	RLP	Bad Dürkheim/Friedelsheim	RPR1.	0,05
98,1	D	RLP	Mainz-Stadt	RPR1.	0,20
98,1	D	RLP	Idar-Oberstein/Hillschied	SWR3	0,01
98,1	D	SHS	Bredstedt	Radio NORA	0,10
98,1	D	THÜ	Ilmenau	hsf (Uniradio Ilmenau)	0,10
98,1	F	67	Saverne/Château du Haut-Barr	Virgin Radio	0,20
98,1	SUI	LU	Schüpfheim/Schüpferegg	Radio Neo1	0,10
98,1	SUI	ZH	Winterthur/Brüelberg	Radio 24	0,15

MHz	Land	REG	Standort	Programm	kW
98,2	AUT	N	Neunkirchen/EVN Kraftwerk	88.6 Das Musikradio	0,10
98,2	AUT	T	Mayrhofen/Filzenalm	KRONEHIT	0,16
98,2	AUT	V	Bregenz/Pfänder	Ö2 Radio Vorarlberg	50,00
98,2	D	BAY	Regensburg/Ziegetsberg	Radio Charivari	0,30
98,2	D	BB	Berlin/Scholzplatz	98.2 Radio Paradiso	8,00
98,2	D	HES	Darmstadt/Darmbach	Deutschlandradio Kultur	0,25
98,2	D	HES	Gießen	zurzeit inaktiv	0,20
98,2	D	NRW	Warburg	1LIVE	0,50
98,2	D	NRW	Monschau	WDR 3	0,05
98,2	D	NSA	Bremerhaven/Schiffdorf	NDR 2	0,10
98,2	D	NSA	Stadthagen/Schlossparkschule	NDR Info	1,00
98,2	D	RLP	Bad Kreuznach	SWR1 RP	0,05
98,2	D	RLP	Lahntal/Diez	SWR3	0,01
98,2	D	RLP	Trier/Markusberg	SWR3	0,10
98,2	D	SAA	Saarbrücken-Halberg	SR 1	0,01
98,2	D	SAC	Zwickau	ENERGY Sachsen	0,30
98,2	D	SAC	Löbau/Schafberg	MDR 1 RADIO SACHSEN	5,00
98,2	D	SAC	Leipzig-Reudnitz	R.SA	1,00
98,2	D	THÜ	Jena-Kernberge	Deutschlandradio Kultur	0,20
98,2	HOL	NBR	Loon op Zand	Radio 4	55,00
98,2	SUI	GR	Vicosoprano/Ca d'Faret	Radio Engiadina	0,17
98,3	AUT	K	Bad St. Leonhard (Görlitzen)	KRONEHIT (geplant)	0,10
98,3	AUT	O	Wels/Marienwarte	Welle 1 Oberösterreich	0,10
98,3	AUT	W	Wien/Donauturm	98.3 Superfly.fm	1,40
98,3	BEL	NAM	Profondeville	RTBF VivaCité	10,00
98,3	D	BAY	Kreuzberg/Rhön	Bayern 1	100,00
98,3	D	BAY	Augsburg/Lechhauser Str.	Bayern 3	0,10
98,3	D	BAY	Bad Reichenhall/Kirchholz	Bayern 3	0,30
98,3	D	BAY	Mittenwald/Karwendelbahn	BR-KLASSIK	0,01
98,3	D	BAY	Passau/Kühberg	unserRadio	0,20
98,3	D	HES	Wiesbaden/G.-Stresemann-Ring	hr1	0,10
98,3	D	MEV	Waren	Antenne MV	0,20
98,3	D	NRW	Bielefeld	Radio Bielefeld	0,10
98,3	D	NRW	Erkelenz	zurzeit inaktiv	0,50
98,3	D	RLP	Linz-Dattenberg/Grendelberg	Deutschlandradio Kultur	0,10
98,3	D	SAC	Döbeln	ENERGY Sachsen	0,20
98,3	D	SAN	Halle	Rockland	0,50
98,3	D	SHS	Kiel/Kronshagen	NDR 2	15,00
98,3	D	THÜ	Gera/Langenberg	ANTENNE THÜRINGEN	0,20
98,3	SUI	BE	Huttwil/Hohfuren	Radio Neo1	0,02
98,3	SUI	BL	Bettingen/St. Chrischona	SWR3	5,00
98,4	AUT	K	Hermagor/Hauserberg	KRONEHIT	0,20
98,4	AUT	T	Landeck/Krahberg	FM4	0,15

MHz	Land	REG	Standort	Programm	kW
98,4	BEL	LIE	Eupen	BRF 2	1,00
98,4	BEL	LIE	Eupen	BRF 2	1,00
98,4	D	BAY	Ludwigsstadt/Ebersdorf	Bayern 1	0,05
98,4	D	BAY	Ulm/Kuhberg	Bayern 3	0,10
98,4	D	BWÜ	Hornisgrinde	SWR3	80,00
98,4	D	HES	Nierstein-Oppenheim	DASDING	0,25
98,4	D	MEV	Heringsdorf	Deutschlandfunk	0,50
98,4	D	NRW	Siegen/Giersberg	WDR 3	1,00
98,4	D	NSA	Cuxhaven/Otterndorf	NDR 90,3	1,00
98,4	D	NSA	Visselhövede	NDR Info	5,00
98,4	D	NSA	Holzminden	NDR Kultur	0,50
98,4	D	NSA	Duderstadt-Breitenberg	Pfarrfunk Breitenberg	0,01
98,4	D	SAC	Dresden/Gompitz	apollo radio	0,05
98,4	D	SAC	Dresden/Gompitz	coloRadio	0,05
98,4	D	SAC	Klingenthal	MDR FIGARO	0,16
98,4	D	SAC	Flöha	R.SA	0,10
98,4	D	SAN	Wittenberg/Gallunberg	radio SAW	1,60
98,4	D	THÜ	Altenburg/Weißer Berg	radio TOP 40	0,50
98,4	HOL	OVE	Markelo	Radio 1	100,00
98,4	SUI	BE	Urtenen-Schönbühl SBB	Radio Bern1	0,10
98,5	AUT	S	Mauterndorf/Grosseck	FM4	0,30
98,5	CZE		Varnsdorf/Jedlová	ČRo Sever	0,20
98,5	D	BAY	Grafenwöhr	AFN	1,00
98,5	D	BAY	Wendelstein (Bayrischzell)	Bayern 3	100,00
98,5	D	BWÜ	Wannenberg	SWR3	2,60
98,5	D	HES	Marburg	hr iNFO	0,32
98,5	D	HES	Michelstadt	Radio BOB!	1,00
98,5	D	MEV	Schwerin/Zippendorf	NDR 2	100,00
98,5	D	NRW	Bochum	Radio Bochum	0,50
98,5	D	NSA	Hann. Münden/Lutterberg	Deutschlandfunk	0,50
98,5	D	NSA	Bad Pyrmont	NDR Info	0,05
98,5	D	THÜ	Sieglitzberg/Lobenstein	LandesWelle Thüringen	2,00
98,5	D	THÜ	Keula	MDR 1 RADIO THÜRINGEN	20,00
98,5	HOL	GRO	Groningen	Arrow Classic Rock Noord	1,50
98,5	SUI	GR	Arosa-Dorf/Hinterwald	Radio Grischa	0,08
98,6	AUT	K	Patergassen/Plaßbichl	KRONEHIT (geplant)	0,05
98,6	AUT	S	Eben/Pongau	FM4	0,56
98,6	AUT	T	Ehrwald/Trafostation	Welle 1 Innsbruck	0,09
98,6	D	BAY	Nürnberg/FMT Schweinau	Charivari 98.6	0,30
98,6	D	BB	Cottbus/Calau	Antenne Brandenburg	100,00
98,6	D	BB	Prenzlau	Inforadio	0,50
98,6	D	BWÜ	Vaihingen/Enz	SWR2	0,10
98,6	D	NRW	Kölnturm	WDR 2	0,50

MHz	Land	REG	Standort	Programm	kW
98,6	D	NRW	Olsberg	WDR 5	10,00
98,6	D	NSA	Steinkimmen	NDR Info	3,00
98,6	D	SAA	Homburg/Saar	103.7 UnserDing	0,20
98,6	D	SAA	Mettlach	SR 1	0,01
98,6	D	SAC	Grimma/Stadt	zurzeit inaktiv	0,20
98,6	D	SAN	Wernigerode	MDR INFO	1,00
98,6	FL	FL	Vaduz	DRS 3	0,20
98,6	HOL	GEL	Arnhem	Radio 1	0,07
98,6	SUI	BE	Biel-Magglingen/BASPO Hauptstraße	Canal 3	0,10
98,6	SUI	GR	Stampa/Maloja	Radio Engiadina	0,01
98,6	SUI	SG	Rüthi/Bismer	DRS 2	0,10
98,7	AUT	ST	Bruck/Mur-Mugel	Hitradio Ö3	20,00
98,7	D	BAY	Grünten	SWR1 BW	30,00
98,7	D	BAY	Deggendorf/Hochoberndorf	unserRadio	0,10
98,7	D	BWÜ	Steinach	zurzeit inaktiv	0,10
98,7	D	HES	Gr. Feldberg/Taunus	AFN	60,00
98,7	D	MEV	Malchin/Hardtberg	Studio Malchin	0,10
98,7	D	NRW	Bottrop	Radio Emscher Lippe	0,50
98,7	D	NSA	Hannover/Telemax	NDR Kultur	15,00
98,7	D	SAC	Schöneck/Vogtland	MDR FIGARO	3,00
98,7	D	SAN	Magdeburg/Schönebeck, Frohser Berg	Rockland	0,20
98,7	D	SHS	Morsum/Sylt	NDR 2	5,00
98,7	D	SHS	Neumünster-Armstedt	N-JOY	0,50
98,7	D	THÜ	Saalfeld	Deutschlandfunk	0,10
98,7	F	67	Niederbronn-les-Bains/Oberbronn	Virgin Radio	1,00
98,7	HOL	DRE	Smilde	Arrow Classic Rock Noord	26,20
98,7	HOL	LIM	Hulsberg	Radio 4	10,00
98,7	SUI	SO	Lostorf/Froburg	DRS 2	1,20
98,7	SUI	UR	Realp/Fuchsegg	Radio Central	0,10
98,8	AUT	K	Viktring/Stifterkogel	Radio Agora	0,25
98,8	AUT	K	Viktring/Stifterkogel	Radio dva	0,25
98,8	AUT	N	St. Pölten/Jauerling	FM4	100,00
98,8	AUT	T	Kufstein/Thierberg	KRONEHIT	0,08
98,8	AUT	V	Bludenz/Dünserberg	Hitradio Ö3	4,00
98,8	D	BAY	Ebermannstadt	Radio Bamberg	0,05
98,8	D	BAY	Burglengenfeld	Radio Charivari	0,30
98,8	D	BB	Berlin/Alexanderplatz	KISS FM	1,00
98,8	D	BWÜ	Waldenburg	SWR1 BW	100,00
98,8	D	BWÜ	Schramberg	SWR2	0,10
98,8	D	NSA	Osnabrück/Schleptruper Egge	NDR Kultur	8,00
98,8	D	RLP	Trier/Markusberg	SWR4 RP	0,10
98,8	D	SAC	Bautzen	Jump	0,10
98,8	D	SAN	Naumburg	Radio Brocken	10,00

MHz	Land	REG	Standort	Programm	kW
98,8	D	SHS	Lübeck-Stockelsdorf	Offener Kanal Lübeck	0,50
98,8	D	SHS	Husum	OK Westküste	0,03
98,8	D	THÜ	Suhl/Ringberg	Deutschlandfunk	0,10
98,8	DNK	STS	Nakskov	DR P2 Musik & Kultur	15,00
98,8	F	67	Sélestat/TDF Sandmatten	Accent 4	1,00
98,8	POL		Gorzów Wlkp/Komin Ursus	Radio Maryja	10,00
98,8	POL		Wrocław/Ślęża	Polskie Radio Program 1	120,00
98,8	SUI	UR	Seelisberg/Zingel Silo	Radio Central	0,08
98,8	SUI	ZH	Uster/Buechholz	Radio 24	0,40
98,9	CZE		Chomutov/Jedlavá	ČRo Radiožurnál	10,00
98,9	D	BAY	Kulmbach-Baumgarten/Stadtsteinach	Radio Galaxy	0,10
98,9	D	BWÜ	Ulm/Kuhberg	DASDING	1,00
98,9	D	BWÜ	Baden-Baden/Merkur	SWR2	0,80
98,9	D	BWÜ	Blaubeuren	SWR3	0,002
98,9	D	MEV	Stralsund/Galgenberg	Klassik Radio	0,40
98,9	D	NRW	Neunkirchen/Hellerberg	Radio Siegen	0,10
98,9	D	NRW	Lennestadt	zurzeit inaktiv	0,10
98,9	D	NSA	Bremerhaven/Schiffdorf	NDR Info	0,50
98,9	D	RLP	Bendorf	Antenne Koblenz	0,63
98,9	D	RLP	Bleialf	SWR3	0,10
98,9	D	SAC	Oschatz/Collmberg	MDR FIGARO	0,50
98,9	D	SAN	Dequede	Jump	10,00
98,9	D	THÜ	Pößneck	radio TOP 40	0,20
98,9	DNK	SJY	Sønderborg West - Ragebøl	NOVA FM	1,00
98,9	HOL	UTR	Lopik/Ijsselstein	Radio 1	100,00
98,9	SUI	BE	Oberburg/Rothöchi	Radio Neo1	0,10
98,9	SUI	ZH	Flurlingen/Allenwiden Rosinli	Radio Top (Reg. Zürich)	0,20
99,0	AUT	S	Salzburg/Gaisberg	Hitradio Ö3	100,00
99,0	BEL	LIE	Liège	Fun Radio	1,00
99,0	D	BAY	Lindau/Hoyerberg	ANTENNE BAYERN	0,50
99,0	D	BAY	Marktheidenfeld/Erlenbach	Charivari.FM	0,10
99,0	D	BAY	Lauf/Strengenberg	STAR FM	0,20
99,0	D	BAY	München	zurzeit inaktiv	0,01
99,0	D	BB	Buckow	zurzeit inaktiv	0,40
99,0	D	BWÜ	Rottweil/Rote Steig	bigFM	0,50
99,0	D	BWÜ	Ermstal/Bad Urach	Radio TON - Neckar-Alb	0,10
99,0	D	BWÜ	Schussental	SWR1 BW	0,10
99,0	D	HES	Hoher Meißner	hr1	100,00
99,0	D	NSA	Meppen	NDR Info	0,05
99,0	D	SAC	Flöha/Glücksberg	Radio Chemnitz	0,10
99,0	D	SHS	Bungsberg	N-JOY	0,50
99,0	DNK	RIB	Nordenskov	DR P4	10,00
99,0	POL		Lubań/Nowa Karczma	Polskie Radio Program 1	10,00

MHz	Land	REG	Standort	Programm	kW
99,0	SUI	BL	Bettingen/St. Chrischona	DRS 2	33,00
99,0	SUI	OW	Sarnen/Ramersberg	Radio Central	0,20
99,1	AUT	ST	Graz/Schöckl	Antenne Steiermark	79,00
99,1	BEL	HAI	Anderlues	RTBF Classic 21	40,00
99,1	CZE		Aš/škola Okružni	Radio Impuls	0,10
99,1	D	BAY	Eichstätt	Radio IN	0,10
99,1	D	BB	Lübben	Hitradio SKW	0,16
99,1	D	BWÜ	Reichenau/Oberzell	DRS 2	0,05
99,1	D	BWÜ	Unterhausen	SWR1 BW	0,10
99,1	D	BWÜ	Heidenheim/Schmittenberg	SWR2	0,01
99,1	D	MEV	Helpterberg	NDR 2	100,00
99,1	D	NRW	Aachen/Uni	Hochschulradio Aachen	0,05
99,1	D	NRW	Bad Oeynhausen/Wittekindsberg	WDR 2	0,10
99,1	D	NSA	Wilhelmshaven	RADIO 21	0,25
99,1	D	RLP	Donnersberg	SWR1 RP	60,00
99,1	D	SAC	Freiberg/Hauptpostamt	MDR 1 RADIO SACHSEN	1,00
99,1	D	SAN	Haldensleben	MDR INFO	1,00
99,1	D	SAN	Zeitz/Hainichen	Radio Brocken	0,50
99,1	DNK	SJY	Tinglev	Radio Globus Guld	0,50
99,1	HOL	FRI	Tjerkgaast	100%NL	5,00
99,1	HOL	GRO	Groningen	100%NL	3,65
99,1	HOL	LIM	Geleen	Streekomroep START	1,00
99,1	HOL	OVE	Enschede	100%NL	10,00
99,1	SUI	SG	Buchserberg/Hinterberg	Radio FM1 (Reg. Süd)	0,30
99,1	SUI	SG	Ebnat-Kappel/Rauchgirlen Simi	Radio Top (Reg. St. Gallen)	0,10
99,1	SUI	ZH	Niederhasli-Oberhasli/Hasliberg-Birch	Radio Top (Reg. Zürich)	0,15
99,2	CZE		Plzeň/Radeč	ČRo Radiožurnál	10,00
99,2	D	BAY	Coburg/Eckardtsberg	Bayern 3	5,00
99,2	D	BAY	Hohenpeißenberg	Bayern 3	25,00
99,2	D	BWÜ	Herrenberg	ENERGY Stuttgart	0,20
99,2	D	BWÜ	Stuttgart-Münster	Freies Radio Stuttgart	0,30
99,2	D	BWÜ	Stuttgart-Münster	Radio Kormista	0,30
99,2	D	BWÜ	Oberkirch-Lautenbach	Radio OHR	0,10
99,2	D	BWÜ	Freiburg-Lehen	SWR3	0,50
99,2	D	BWÜ	Oberes Kinzigtal	SWR4 BW	0,10
99,2	D	BWÜ	Oberes Murgtal	zurzeit inaktiv	0,10
99,2	D	HAM	Hamburg/Moorfleet	NDR Kultur	80,00
99,2	D	HES	Fulda/Künzell-Dicker Turm	domradio	0,32
99,2	D	HES	Gießen	hr iNFO	0,20
99,2	D	HES	Limburg/Schafsberg	hr iNFO	0,32
99,2	D	NRW	Langenberg	WDR 2	100,00
99,2	D	RLP	Saarburg/Rauschhof	SWR1 RP	5,00
99,2	D	SAC	Leipzig-Connewitz	apollo radio	0,50

MHz	Land	REG	Standort	Programm	kW
99,2	D	SAC	Leipzig-Connewitz	Radio Blau	0,50
99,2	D	THÜ	Magdala	MDR INFO	0,05
99,2	SUI	AP	Appenzell-Gais/Sammelplatz	Radio FM1 (Reg. Nord)	0,10
99,2	SUI	GR	Malix Bambrüesch/Riedboden	Radio Grischa	0,10
99,2	SUI	ZG	Root/Rooterberg	Radio Central	1,50
99,2	SUI	ZG	Zug/Zugerberg-Hochwacht	Radio Central	0,25
99,2	SUI	ZH	Winterthur/Brüelberg	DRS 1	0,50
99,3	AUT	K	Spittal/Drau-Hühnersberg	Radio Maria	0,20
99,3	AUT	T	Lienz/Rauchkofel	Hitradio Ö3	2,60
99,3	D	BAY	Landshut	ANTENNE BAYERN	0,10
99,3	D	BAY	Burgsinn	Bayern 3	0,01
99,3	D	BAY	Büttelberg/Frankenhöhe	Bayern 3	25,00
99,3	D	BB	Frankfurt O./Alt-Zeschdorf	Radio Frankfurt	0,80
99,3	D	BB	Belzig	Radioeins	30,00
99,3	D	BWÜ	Friedrichshafen	Radio Seefunk	5,00
99,3	D	BWÜ	Pforzheim/Wartberg	SWR3	0,50
99,3	D	BWÜ	Wiesensteig	SWR3	0,01
99,3	D	HES	Offenbach	harmony.fm	0,00
99,3	D	HES	Homberg/Allmutsberg	Radio BOB!	0,10
99,3	D	NSA	Hameln/Burckhardtsweg	BFBS 1	0,10
99,3	D	NSA	Molbergen	Ems-Vechte-Welle	1,00
99,3	D	SAA	Neunkirchen	Classic Rock Radio	1,00
99,3	D	SAC	Mittweida/Stadtpark	99drei Radio Mittweida	0,05
99,3	D	SAC	Freital/Windberg	apollo radio	0,10
99,3	D	SAC	Freital/Windberg	coloRadio	0,10
99,3	D	THÜ	Gotha	Klassik Radio	0,20
99,3	DNK	BOR	Årsballe	DR P4	30,00
99,3	POL		Szczecin/Warszewo	Radio TOK FM	0,10
99,3	SUI	AR	Frick/Frickberg	Radio Argovia	0,03
99,3	SUI	AR	Frick/Frickberg	Radio Argovia	0,05
99,3	SUI	BE	Bollingen/Bantiger	DRS 3	5,00
99,4	AUT	N	Tulln-Judenau/Raiffeisen Silo	Radio Arabella Tulln 99,4	0,22
99,4	AUT	O	Steyr/Tröschberg	LoungeFM	0,01
99,4	D	BAY	Balderschwang/Kreuzle-Alm	Bayern 3	0,02
99,4	D	BAY	Ochsenkopf	Bayern 3	100,00
99,4	D	BAY	Weiler/Allgäu	Bayern 3	0,05
99,4	D	BAY	Traunstein/Einham	Bayernwelle Süd Ost	0,30
99,4	D	BAY	Miltenberg/Wenschdorf	Radio Primavera	0,05
99,4	D	BAY	Moosinning	ROCKANTENNE	0,50
99,4	D	BB	Prenzlau	Antenne Brandenburg	0,50
99,4	D	BWÜ	Tübingen/Heuberg	Deutschlandradio Kultur	1,00
99,4	D	HES	Kassel/Tannenwäldchen	Radio BOB!	0,50
99,4	D	HES	Sontra	RundFunk Meißner	0,10

MHz	Land	REG	Standort	Programm	kW
99,4	D	HES	Rüdesheim/Niederwald	SWR2	0,10
99,4	D	HES	Gelnhausen	YOU FM	0,32
99,4	D	MEV	Ribnitz-Damgarten	N-JOY	0,30
99,4	D	NRW	Höxter	Radio Triquency	0,02
99,4	D	NRW	Arnsberg/Galgenberg	WDR 2	0,10
99,4	D	NSA	Bad Bentheim	NDR Info	0,40
99,4	D	RLP	Koblenz (Dieblich-Naßheck)	DASDING	0,20
99,4	D	RLP	Mainz	SWR2	0,10
99,4	D	RLP	Ob. Ahrtal-Rech/Steinerberg	SWR3	0,01
99,4	D	SAC	Bad Düben	Deutschlandradio Kultur	0,20
99,4	D	SAN	Sangershausen	radio SAW	0,10
99,4	D	SHS	Heide/Welmbüttel	NDR Kultur	15,00
99,4	F	57	Sarrebourg/le Donon	France Culture	10,00
99,4	F	67	Wissembourg/Klingfeld	France Culture	0,05
99,4	HOL	NBR	Mierlo	Slam FM	27,50
99,4	HOL	OVE	Zwolle	Radio Oost	25,00
99,4	SUI	GL	Ennenda/Äugsten-Bärenboden	Radio 24	0,20
99,4	SUI	ZH	Bauma/Neuguet	DRS 1	0,02
99,5	AUT	K	Wolfsberg/Koralpe	Hitradio Ö3	1,50
99,5	AUT	T	Scheffau/Exenberger	Antenne Tirol	0,06
99,5	AUT	V	Feldkirch/Vorderälpele	Hitradio Ö3	0,20
99,5	BEL	LIE	Liège/Bol d'Air	RTBF Musique 3	40,00
99,5	D	BAY	Hühnerberg/Harburg	Bayern 3	25,00
99,5	D	BWÜ	Nagoldtal	SWR3	0,01
99,5	D	BWÜ	Weinheim/Hirschkopf	SWR3	0,04
99,5	D	BWÜ	Eyachtal (Albstadt)	SWR4 BW	0,10
99,5	D	BWÜ	Heilbronn-Weinsberg	SWR4 BW	2,00
99,5	D	HES	Dieburg/Mainzer Berg	Radio BOB!	0,20
99,5	D	MEV	Schwerin/Stadt	N-JOY	2,00
99,5	D	NRW	Plettenberg	Radio MK	0,05
99,5	D	NRW	Ibbenbüren/Schafberg	WDR 4	0,50
99,5	D	NSA	Harz-Torfhaus	NDR Info	50,00
99,5	D	RLP	Alf-Bullay	SWR1 RP	0,01
99,5	D	SAA	Saarlouis/Roden	zurzeit in der Ausschreibung	1,00
99,5	D	SAC	Löbau/Schafberg	Deutschlandfunk	5,00
99,5	D	SAC	Zschopau	MDR INFO	0,20
99,5	D	SAC	Borna	Radio Leipzig	0,10
99,5	D	THÜ	Apolda	Klassik Radio	0,20
99,5	D	THÜ	Meiningen/Helenhöhe	radio TOP 40	0,20
99,5	POL		Świnoujście	new	0,50
99,5	SUI	LU	Dagmersellen/Werkstraße	Radio Sunshine	0,20
99,5	SUI	TG	Tägerwilen/Tägermoos	Radio Top (Reg. Thurgau)	0,10
99,6	AUT	N	Waidhofen (Ybbs)/Sonntagberg	Ö1	0,40

MHz	Land	REG	Standort	Programm	kW
99,6	AUT	T	Prutz/Burgschrofen	Welle 1 Innsbruck	0,10
99,6	AUT	V	Mittelberg/Gundkopf	Hitradio Ö3	0,10
99,6	D	BAY	Hohe Linie/Regensburg	Bayern 3	25,00
99,6	D	BAY	Berchtesgaden/Schönau	BR-KLASSIK	0,30
99,6	D	BWÜ	Stuttgart-Funkhaus	SWR1 BW	0,50
99,6	D	BWÜ	Baden-Baden/Merkur	SWR3	0,40
99,6	D	HES	Biedenkopf	hr iNFO	50,00
99,6	D	NRW	Lübbecke	WDR 4	0,10
99,6	D	NSA	Cuxhaven	zurzeit inaktiv	0,24
99,6	D	RLP	Bornberg	SWR4 RP	0,50
99,6	D	SAA	Saarbrücken/Schwarzenberg	Radio 99.6 Saarbrücken	0,10
99,6	D	SAC	Döbeln	MDR FIGARO	0,10
99,6	D	SAC	Beilrode	R.SA	1,00
99,6	D	SAN	Naumburg	Rockland	1,00
99,6	DNK	STS	Næstved - Øverup	DR P3	100,00
99,6	HOL	DRE	Smilde	Slam FM	5,90
99,6	SUI	GR	Medel-Curaglia/Crestas	Radio Grischa	0,05
99,6	SUI	JU	Bourrignon/Les Ordons	Espace 2	9,00
99,6	SUI	LU	Werthenstein/Großburst	Radio Sunshine	0,05
99,6	SUI	OW	Alpnach/Lopper-Schofeld	Radio Sunshine	1,50
99,6	SUI	SH	Schaffhausen/Cholfirst	DRS 2	0,45
99,6	SUI	ZH	Uetliberg	DRS 2	1,80
99,7	AUT	K	St. Veit/Zensweg	Ö2 Radio Kärnten	0,10
99,7	AUT	K	Villach/Genottehöhe	Welle 1	0,12
99,7	AUT	S	Lend/Luxkogel	Hitradio Ö3	0,20
99,7	AUT	ST	Eibiswald/Hadernigg	Antenne Steiermark	0,92
99,7	AUT	ST	Eisenerz/Polster Rifu-Station	Radio Eins	0,04
99,7	AUT	T	Reutte/Hahnenkamm	Hitradio Ö3	0,15
99,7	AUT	V	Stuben a. Arlberg	Hitradio Ö3	0,10
99,7	D	BAY	Tegernseer Tal	Bayern 3	0,10
99,7	D	BB	Berlin/Alexanderplatz	Antenne Brandenburg	100,00
99,7	D	BWÜ	Ulm/Ermingen	bigFM	1,00
99,7	D	BWÜ	Bleialf	SWR2	0,10
99,7	D	BWÜ	Bad Mergentheim/Löffelstelzen	SWR3	10,00
99,7	D	BWÜ	Brandenkopf/Kinzigtal	SWR3	0,50
99,7	D	HES	Eschwege	RundFunk Meißner	0,50
99,7	D	HES	Wiesbaden/G.-Stresemann-Ring	YOU FM	0,20
99,7	D	NRW	Monschau	1LIVE	0,05
99,7	D	NRW	Köln-Gremberg	Radio Berg	0,50
99,7	D	NRW	Euskirchen	Radio Euskirchen	0,10
99,7	D	NRW	Kleve/Bresserberg	WDR 5	2,00
99,7	D	NSA	Holzminden	N-JOY	0,10
99,7	D	SAC	Elsterberg	R.SA	0,20

MHz	Land	REG	Standort	Programm	kW
99,7	D	SHS	Kiel-Kronshagen	NDR Info	0,40
99,7	D	THÜ	Erfurt	LandesWelle Thüringen	0,50
99,7	HOL	LIM	Brunssum	CFN/RFC	0,32
99,7	SUI	GR	Davos/Gotschnagrat	Radio Grischa	1,20
99,7	SUI	SG	Thal/Brunnenacker	Radio FM1 (Reg. Süd)	0,05
99,8	AUT	T	Mandarfen/Pitztaler Alm	Welle 1 Innsbruck	0,05
99,8	CZE		Klatovy/Barák	ČRo Radiožurnál	10,00
99,8	D	BAY	Bamberg/Geisberg	Bayern 3	25,00
99,8	D	BAY	Landshut	Radio Galaxy	0,20
99,8	D	BWÜ	Göppingen	Deutschlandfunk	0,10
99,8	D	BWÜ	Göppingen/Weilheim	Deutschlandradio Kultur	0,10
99,8	D	HES	Bad Camberg	Deutschlandfunk	0,20
99,8	D	HES	Heusenstamm	Deutschlandradio Kultur	0,20
99,8	D	HES	Bad Hersfeld	Radio BOB!	0,20
99,8	D	MEV	Rügen	NDR 2	10,00
99,8	D	NRW	Wuppertal/FMT Westfalenweg	WDR 2	1,00
99,8	D	NSA	Steinkimmen	NDR 2	100,00
99,8	D	RLP	Koblenz-Rauental	Deutschlandfunk	0,50
99,8	D	SAC	Leipzig/Stadtwerke	ENERGY Sachsen	5,00
99,8	D	SHS	Lauenburg/Echem	N-JOY	0,30
99,8	F	57	Metz/Luttange	France Inter	145,00
99,8	F	67	Niederbronn-les-Bains/Guisberg	France Bleu Alsace	0,10
99,8	HOL	ZEE	Goes	3FM	15,00
99,9	AUT	T	Innsbruck/Schlotthof	ENERGY Innsbruck	0,32
99,9	AUT	T	Kufstein/Kitzbüheler Horn	FM4	4,50
99,9	AUT	W	Wien/Kahlenberg	Hitradio Ö3	100,00
99,9	BEL	LIM	Genk	VRT Radio 1	10,00
99,9	D	BAY	Burgsinn	BR-KLASSIK	0,01
99,9	D	BAY	Herzogstand	Radio Alpenwelle	0,10
99,9	D	BAY	Weiden	Radio Ramasuri	0,20
99,9	D	BB	Cottbus (Stadt)	Inforadio	1,00
99,9	D	BB	Pritzwalk	Radioeins	10,00
99,9	D	BWÜ	Heidelberg/Königsstuhl	SWR3	100,00
99,9	D	HES	Fulda/Künzell-Dicker Turm	planet radio	0,20
99,9	D	NRW	Königswinter/Ölberg	Radio Bonn/Rhein-Sieg	0,50
99,9	D	NSA	Göttingen	NDR Info	5,00
99,9	D	SAN	Sangerhausen	MDR INFO	1,00
99,9	D	SAN	Blankenburg	Radio Brocken	0,25
99,9	D	THÜ	Ilmenau	Deutschlandfunk	0,10
99,9	DNK	SJY	Rangstrup	DR P4	60,00
99,9	HOL	NHO	Wormer	BNR Nieuwsradio	26,90
99,9	HOL	OVE	Dedemsvaart	BNR Nieuwsradio	1,10
99,9	SUI	AR	Säntis	La Première	60,00

MHz	Land	REG	Standort	Programm	kW
100,0	AUT	K	Bad Eisenkappel/Lobnig	Radio dva / Radio Agora	0,03
100,0	AUT	ST	Rottenmann/Sonnenberg	FM4	0,10
100,0	AUT	T	Hopfgarten/St. Leonhard	Radio Osttirol	0,16
100,0	D	BAY	Augsburg/Haberkirch-Str.	Deutschlandradio Kultur	15,00
100,0	D	HAM	Hamburg/Heinr.-Hertz-Turm	RSH	2,00
100,0	D	HES	Dillenburg/Angelburg	Hit Radio FFH	32,00
100,0	D	MEV	Wolgast	Ostseewelle	0,50
100,0	D	NRW	Köln/Sternengasse	Kölncampus	0,093
100,0	D	NRW	Münster/Baumberge	WDR 4	25,00
100,0	D	NSA	Hameln/Klüt	Radio Aktiv	0,30
100,0	D	NSA	Hannover/Messegelände	Veranstaltungsfunk	0,05
100,0	D	SAA	Bliestal/Blieskastel	RADIO SALÜ	5,00
100,0	D	SAC	Rothenburg	R.SA	0,20
100,0	D	SAC	Zittau	R.SA	0,10
100,0	D	SAC	Chemnitz/Geyer	RADIO PSR	100,00
100,0	D	SAN	Schmalkalden	MDR INFO	0,10
100,0	D	SHS	Helgoland	RSH	0,05
100,0	D	THÜ	Eisenach	MDR INFO	0,20
100,0	SUI	LU	Escholzmatt-Wiggen/Obere Rotenflue	Radio Neo1	0,02
100,1	AUT	B	Rechnitz/Hirschenstein	Ö2 Radio Steiermark	3,00
100,1	AUT	ST	Knittelfeld/Feistritzer Wald	Antenne Steiermark	0,26
100,1	D	BAY	Brotjacklriegel	Deutschlandfunk	100,00
100,1	D	BB	Lübben	94.3 rs2	3,00
100,1	D	BB	Casekow/Uckermark	Fritz	50,00
100,1	D	BWÜ	Langenburg	ANTENNE 1	50,00
100,1	D	BWÜ	Freudenstadt/FMT Glatten	Freies Radio Freudenstadt	1,00
100,1	D	BWÜ	Pfullendorf/Fritsch-Kaserne	Radio Seefunk	0,00
100,1	D	HES	Kassel/Wilhelmshöher Allee	YOU FM	0,50
100,1	D	NRW	Schmallenberg	1LIVE	0,10
100,1	D	NRW	Aachen-Karlshöhe	Antenne AC	1,00
100,1	D	NSA	Bad Fallingbostel	BFBS 1	0,05
100,1	D	RLP	Haardtkopf	RPR1.	50,00
100,1	D	SAN	Sondershausen/Frauenberg	MDR 1 RADIO THÜRINGEN	0,05
100,1	D	SAN	Magdeburg/Schönebeck, Frohser Berg	radio SAW	0,20
100,1	F	67	Saverne/Château du Haut-Barr	RFM	0,10
100,1	F	68	Colmar/Port de Colmar	Flor FM	1,00
100,1	HOL	UTR	Lopik/Ijsselstein	BNR Nieuwsradio	57,70
100,1	SUI	GR	Tschlin San Nicla/Mot	Radio Engiadina	0,05
100,1	SUI	LU	Kriens/Sonnenberg-Langfuren	Radio Central	1,00
100,1	SUI	VD	Gingins/Barillette	Espace 2	19,00
100,2	AUT	N	Baden/Waltersdorfer Str.	88.6 Das Musikradio	0,04
100,2	AUT	O	Bad Ischl/Katrin	Freies Radio Salzkammergut	0,79

MHz	Land	REG	Standort	Programm	kW
100,2	AUT	T	Schwaz/Heuberg	Radio U1 Tirol	0,06
100,2	AUT	V	Schruns/Golm	Antenne Vorarlberg	0,03
100,2	D	BAY	Gelbelsee/Ingolstadt	ANTENNE BAYERN	25,00
100,2	D	BAY	Hindelang/Burgschrofen	RSA Radio	0,05
100,2	D	BB	Eisenhüttenstadt	Deutschlandfunk	1,00
100,2	D	BB	Belzig	Kulturradio	10,00
100,2	D	BWÜ	Hohe Möhr	SWR4 BW	0,10
100,2	D	HES	Kassel/Habichtswald	hr3	20,00
100,2	D	HES	Frankfurt/Europaturm	planet radio	1,00
100,2	D	NRW	Siegen/Wellersberg	Deutschlandradio Kultur	0,05
100,2	D	NRW	Lüdenscheid	Radio MK	0,50
100,2	D	NSA	Papenburg	NDR Info	0,50
100,2	D	RLP	Kaiserslautern/Vogelweh	AFN	7,00
100,2	D	SAC	Dresden/Wachwitz	ENERGY Sachsen	5,00
100,2	D	SHS	Bungsberg	RSH	50,00
100,2	D	THÜ	Erfurt	ANTENNE THÜRINGEN	3,00
100,2	F	67	Sarre-Union/Château d'eau	Virgin Radio	0,50
100,2	FL	FL	Nendeln/Maurröfe	Radio L	0,05
100,2	HOL	GEL	Lochem	BNR Nieuwsradio	12,00
100,2	HOL	GEL	Nijmegen	BNR Nieuwsradio	4,00
100,2	POL		Wrocław/Ślęża	Polskie Radio Program 3	120,00
100,2	SUI	GR	Praez/Balveins	Radio Grischa	0,05
100,2	SUI	SG	St. Margarethen/Industriestraße	Radio L	0,05
100,2	SUI	TG	Homburg/Buechbüel	Radio Top (Reg. Thurgau)	0,50
100,3	AUT	ST	Neumarkt/Kulmeralpe	FM4	0,20
100,3	AUT	T	Hopfgarten/Hohe Salve	FM4	0,40
100,3	AUT	T	Imst/Arzl-Osterstein	KRONEHIT	0,10
100,3	D	BAY	Balderschwang/Kreuzle-Alm	Bayern 2	0,02
100,3	D	BAY	Weiler/Allgäu	Bayern 2	0,05
100,3	D	BAY	Högl/Freilassing	Deutschlandfunk	15
100,3	D	BAY	Ochsenkopf	Deutschlandfunk	100,00
100,3	D	BAY	Würzburg/Frankenwarte	Deutschlandfunk	0,10
100,3	D	BRE	Bremen/FMT Walle	Deutschlandradio Kultur	1,00
100,3	D	BWÜ	Lauterstein/Göppingen	bigFM	5,00
100,3	D	HES	Rimberg/Eisenberg	planet radio	50,00
100,3	D	MEV	Barth	Deutschlandfunk	0,13
100,3	D	NSA	Braunschweig/Drachenberg	N-JOY	15,00
100,3	D	RLP	Idar-Oberstein	RPR1.	1,00
100,3	D	SAA	Perl/Hammelsberg (Moseltal)	RADIO SALÜ	5,00
100,3	HOL	LIM	Roermond	L1 Radio	97,70
100,3	POL		Bogatynia/Góra Wysoka	Radio Maryja	1,00
100,3	POL		Szczecin/Kołowo	Polskie Radio Program 1	60,00
100,3	SUI	BE	Nods/Chasseral	Espace 2	20,00

MHz	Land	REG	Standort	Programm	kW
100,4	AUT	K	Spittal/Drau-Goldeck	Ö2 Radio Kärnten	3,00
100,4	AUT	S	Werfen/Feuerseng	KRONEHIT	0,01
100,4	AUT	ST	Bad Gleichenberg/Stradner Kogel	Radio Soundportal	0,31
100,4	AUT	V	Bludenz/Getzner	KRONEHIT	0,10
100,4	D	BAY	Lindau/Hoyerberg	B5 aktuell	0,50
100,4	D	BAY	Hohenpeißenberg	BR-KLASSIK	25,00
100,4	D	BAY	Aschaffenburg/Gailbach	Radio Primavera	1,00
100,4	D	BWÜ	Hornisgrinde	Radio Regenbogen	80,00
100,4	D	HES	Bad Nauheim	harmony.fm	1,00
100,4	D	MEV	Röbel	NDR Info	4,00
100,4	D	NRW	Bonn/Venusberg	WDR 2	50,00
100,4	D	RLP	Diez	bigFM	0,10
100,4	D	SAC	Leipzig/Stadtwerke	Deutschlandradio Kultur	2,00
100,4	D	SAC	Hoyerswerda	MDR 1 RADIO SACHSEN (sorb.)	30,00
100,4	D	SHS	Heide/Tellingstedt	delta radio	15,00
100,4	D	THÜ	Nordhausen/Hesseröder Berg	Offener Kanal Nordhausen	0,10
100,4	HOL	DER	Smilde	Q-Music	144,50
100,4	HOL	GEL	Lichtenvoorde	Q-Music	10,00
100,4	SUI	SG	Alt St. Johann/Strichboden	Radio FM1 (Reg. Süd)	0,10
100,4	SUI	ZH	Zürich/Zürichberg	Radio Zürisee	0,50
100,5	AUT	O	Linz/Lichtenberg	Life Radio	100,00
100,5	AUT	S	Mittersill	KRONEHIT (gepl.	
100,5	AUT	T	Huben/Brunnerberg	KRONEHIT	0,63
100,5	AUT	T	Wattens/Volderberg	Radio U1 Tirol	0,05
100,5	BEL	LIE	Raeren-Petergensfeld	100'5 Das Hitradio	20,00
100,5	D	BAY	Landshut	Deutschlandradio Kultur	0,16
100,5	D	BAY	Schweinfurt	RADIO PRIMATON	0,50
100,5	D	BWÜ	Bad Mergentheim/Löffelstelzen	DASDING	0,04
100,5	D	BWÜ	Biberach	Deutschlandfunk	0,50
100,5	D	BWÜ	Bad Säckingen/Eggberg	Radio Argovia (SUI)	0,50
100,5	D	HES	Michelstadt	Deutschlandfunk	0,20
100,5	D	HES	Wetzlar/Aßlar	Klassik Radio	0,32
100,5	D	MEV	Heringsdorf/Korswandt	NDR Info	1,00
100,5	D	NRW	Teutoburger Wald/Bielstein	WDR 4	100,00
100,5	D	RLP	Bernkastel-Kues	bigFM	0,10
100,5	D	RLP	Oberemmel/Karlskopf	zurzeit inaktiv	0,20
100,5	D	SAC	Leisning	R.SA	0,20
100,5	D	SAN	Stendal	radio SAW	0,50
100,5	D	THÜ	Camburg	MDR FIGARO	0,20
100,5	DNK	FYN	Sønder Højrup	DR P2 Musik & Kultur	60,00
100,5	SUI	AR	Schinznach-Dorf Au	Radio Argovia	0,10
100,6	AUT	K	Brückl/Lippekogel	Radio dva / Radio Agora	0,35
100,6	AUT	S	Ramingstein/Ambrosenberg	KRONEHIT (geplant)	0,03

MHz	Land	REG	Standort	Programm	kW
100,6	BEL	BRA	St.-Pieters-Leeuw	VRT Studio Brüssel	50,00
100,6	D	BAY	Dillberg-Neumarkt	ANTENNE BAYERN	25,00
100,6	D	BAY	Wasserburg	Radio Charivari Rosenheim	0,05
100,6	D	BAY	Aichach	zurzeit inaktiv	0,02
100,6	D	BB	Berlin/Alexanderplatz	FluxFM 100.6	13,00
100,6	D	BWÜ	Buchen-Walldürn	DASDING	0,10
100,6	D	BWÜ	Künzelsau	zurzeit inaktiv	0,02
100,6	D	HES	Eschwege	Deutschlandfunk	0,50
100,6	D	NRW	Viersen/Süchtelner Höhen	Welle Niederrhein	1,00
100,6	D	NSA	Aurich/Haxtum	RADIO 21	1,00
100,6	D	NSA	Rosengarten	radio ffn	20,00
100,6	D	RLP	Mainz/Ober-Olm	RPR1.	20,00
100,6	D	SAA	St. Ingbert	Classic Rock Radio	0,10
100,6	D	SAC	Grimma	MDR INFO	0,20
100,7	AUT	S	Salzburg/Untersberg	BR-KLASSIK	1,00
100,7	AUT	ST	Traboch/Schafberg	Antenne Steiermark	0,10
100,7	AUT	T	Inntal/Ebbs-Oberbuchberg	Bayern 1	0,05
100,7	AUT	T	Ehrwald/Zugspitze	FM4	0,15
100,7	D	BAY	Bad Tölz/Kalvarienberg	BR-KLASSIK	0,10
100,7	D	BWÜ	Mühlacker/Langenbrand	die neue welle	5,00
100,7	D	BWÜ	Ludwigsburg/Römerhügel	ENERGY Stuttgart	20,00
100,7	D	BWÜ	Freiburg-Vogtsburg	SWR4 BW	1,00
100,7	D	BWÜ	Weinheim/Hirschkopf	SWR4 BW	0,10
100,7	D	MEV	Grevesmühlen/Hamberge	NDR 1 Radio MV	0,50
100,7	D	NRW	Ederkopf	WDR 4	15,00
100,7	D	NSA	Meppen	Deutschlandradio Kultur	0,32
100,7	D	NSA	Hann. Münden/Lutterberg	radio ffn	0,50
100,7	D	SAC	Freiberg/Niederschöna	Deutschlandradio Kultur	1,00
100,7	D	SAN	Klötze/Krügerberg	MDR SPUTNIK	5,00
100,7	D	THÜ	Saalfeld/Remda	MDR FIGARO	60,00
100,7	DNK	SJY	Løgumkloster	Lumi Radio Syd/Radio Sydvest	1,40
100,7	F	67	Saverne/Château du Haut-Barr	Est FM	0,05
100,7	HOL	GEL	Doetinchem	Q-Music	10,00
100,7	HOL	OVE	Enschede	Q-Music	10,00
100,7	HOL	UTR	Lopik/Ijsselstein	Q-Music	72,40
100,7	LUX		Dudelange/Ginsterberg	hondert,7	100,00
100,7	POL		Gorzów Wlkp./Budynek UW	Radio Plus Gorzów	10,00
100,7	SUI	LU	Willisau/Ankenloch	Radio Pilatus	0,03
100,8	AUT	N	St. Pölten/Schildberg	88.6 Das Musikradio	0,32
100,8	AUT	S	Lofer/Loferer Alm Bergstation	Antenne Salzburg	0,05
100,8	AUT	ST	Liezen/Salberg - STEWEAG	Radio Freequenns 100,8	0,20
100,8	D	BAY	München/Blutenburgstraße	egoFM	0,30
100,8	D	BAY	Burgbernheim/Bad Windsheim	Radio 8	0,10

MHz	Land	REG	Standort	Programm	kW
100,8	D	BAY	Miltenberg/Wenschdorf	Radio Galaxy	0,05
100,8	D	BWÜ	Heidenheim/Schmittenberg	Deutschlandradio Kultur	0,10
100,8	D	HES	Dieburg/Mainzer Berg	ENERGY Rhein-Main	0,50
100,8	D	HES	Limburg	hr2-kultur	0,32
100,8	D	MEV	Marlow	Antenne MV	100,00
100,8	D	NRW	Aachen-Stolberg	WDR 2	20,00
100,8	D	NSA	Bremerhaven/Schiffdorf	Bremen Vier	6,50
100,8	D	NSA	Stadthagen/Bückeberge	NDR 1 Niedersachsen	25,00
100,8	D	RLP	Mayen	Deutschlandfunk	0,20
100,8	D	RLP	Kettrichhof	SWR1 RP	5,00
100,8	D	SAN	Halle/Petersberg	MDR 1 RADIO SACHSEN-ANHALT	5,00
100,8	D	SHS	Schleswig	Klassik Radio	0,50
100,8	POL		Jelenia Góra/Śnieżne Kotły	Radio RMF FM	10,00
100,8	SUI	SG	Rüthi/Bismer	Radio FM1 (Reg. Süd)	0,60
100,9	AUT	B	Mattersburg/Heuberg	Hitradio Ö3	0,60
100,9	AUT	K	Nötsch/Feistritz	Radio dva / Radio Agora	0,01
100,9	AUT	K	Bad Eisenkappel/Schejina	Radio dva / Radio Agora	0,01
100,9	BEL	ANT	Schoten	VRT Studio Brüssel	50,00
100,9	D	BAY	Brotjacklriegel	BR-KLASSIK	100,00
100,9	D	BAY	Rhön-Heidelstein	Hit Radio FFH	50,00
100,9	D	BB	Guben	Antenne Brandenburg	5,00
100,9	D	BB	Casekow/Uckermark	Berliner Rundfunk	5,00
100,9	D	BWÜ	Baden-Baden/Lichtental	die neue welle	0,80
100,9	D	BWÜ	Tübingen/Heuberg	Radio TON - Neckar-Alb	1,00
100,9	D	BWÜ	Schwäbisch Gmünd	SWR4 BW	0,10
100,9	D	HAM	Hamburg-Lohbrügge	ENERGY Hamburg	0,10
100,9	D	NRW	Soest	Hellweg Radio	1,00
100,9	D	NSA	Seesen/Harz	Hit-Radio Antenne Niedersachsen	0,05
100,9	D	SAA	Lebach/Hoxberg	zurzeit in der Ausschreibung	1,00
100,9	D	THÜ	Gera/Ronneburg	Jump	30,00
100,9	POL		Poznań/Śrem	Radio Merkury	120,00
100,9	SUI	ZH	Uetliberg	ENERGY Zürich	1,00
101,0	AUT	O	Perg/Lanzenberg	KRONEHIT	0,10
101,0	AUT	ST	Eisenerz/Polster Rifu-Station	Radio Grün Weiß	0,05
101,0	AUT	T	Lienz/Rauchkofel	FM4	2,60
101,0	AUT	T	Wörgl/Werlberg	Radio U1 Tirol	0,16
101,0	D	BAY	Grünten	BR-KLASSIK	100,00
101,0	D	BWÜ	Öhringen	zurzeit inaktiv	0,10
101,0	D	HES	Marburg/Kornberg	planet radio	0,10
101,0	D	MEV	Greifswald	NDR 1 Radio MV	0,16
101,0	D	NRW	Schieder/Schwalenberg	Radio Lippe	0,50
101,0	D	NRW	Eifel/Bärbelkreuz	WDR 2	20,00
101,0	D	SAC	Olbernhau	R.SA	0,50

MHz	Land	REG	Standort	Programm	kW
101,0	D	SAC	Löbau/Schafberg	RADIO PSR	30,00
101,0	D	SAN	Dequede	Radio Brocken	60,00
101,0	D	SHS	Husum	Deutschlandradio Kultur	0,10
101,0	HOL	DRE	Smilde	Sky Radio 101 FM	75,00
101,1	AUT	K	Friesach/Lorenzenberg	Antenne Kärnten	0,03
101,1	AUT	ST	Deutschlandsberg/Demmerkogel	KRONEHIT	0,10
101,1	AUT	V	Bludenz/Muttersberg	Antenne Vorarlberg	1,51
101,1	BEL	LIE	Verviers	Bel-RTL	1,00
101,1	D	BAY	Bamberg/Kälberberg	ANTENNE BAYERN	25,00
101,1	D	BAY	Tegernsee/Ringberg	ANTENNE BAYERN	0,50
101,1	D	BWÜ	Blauen	Radio Regenbogen	8,40
101,1	D	NRW	Tecklenburg	Deutschlandradio Kultur	0,50
101,1	D	NRW	Schmallenberg	WDR 4	0,10
101,1	D	RLP	Donnersberg	SWR3	60,00
101,1	D	SAC	Torgau	Deutschlandradio Kultur	1,00
101,1	D	SAN	Sangerhausen	MDR 1 SACHSEN-ANHALT	0,10
101,1	D	SHS	Henstedt/Ulzburg	Radio NORA	20,00
101,1	D	THÜ	Camburg	MDR 1 RADIO THÜRINGEN	0,10
101,1	F	57	Metz/Tour de Marronniers	Nostalgie	1,00
101,1	HOL	GEL	Nijmegen	Sky Radio 101 FM	10,00
101,2	AUT	S	Salzburg/Gaisberg	Ö2 Radio Oberösterreich	7,00
101,2	AUT	ST	Frohnleiten/Schlöglmoar	Antenne Steiermark	0,03
101,2	AUT	ST	Mitterbach Erl/Gemeindealpe	KRONEHIT	0,10
101,2	D	BAY	Neuburg/Donau	Radio IN / Radio ND1	0,20
101,2	D	BRE	Bremen/FMT Walle	Bremen Vier	100,00
101,2	D	BWÜ	Villingen-Schw./Haslach	Radio 7	0,10
101,2	D	BWÜ	Sigmaringen	SWR4 BW	0,10
101,2	D	BWÜ	Wertheim	SWR4 BW	0,10
101,2	D	NRW	Siegen/Giersberg	WDR 4	0,50
101,2	D	RLP	Diez	RPR1.	0,10
101,2	D	RLP	Saarburg/Rauschhof	SWR4 RP	20,00
101,2	D	SAC	Schöneck/Vogtland	Jump	30,00
101,2	D	SHS	Kiel/Kronshagen	Offener Kanal Kiel	0,50
101,2	HOL	NHO	Hilversum	Sky Radio 101 FM	200,00
101,2	HOL	OVE	Hengelo	Sky Radio 101 FM	12,30
101,2	POL		Świnoujście/Chrobrego	Radio RMF FM	10,00
101,2	POL		Żagań/Wichów	Radio Maryja	10,00
101,2	SUI	SH	Buchberg/Honegg	Radio Zürisee	0,80
101,3	AUT	N	Waidhofen (Ybbs)/Sonntagberg	KRONEHIT	0,40
101,3	AUT	ST	Schladming/Hauser Kaibling	Hitradio Ö3	3,00
101,3	AUT	W	Wien/Himmelhof	Hitradio Ö3	0,80
101,3	CZE		Plzeň/Radeč	Radio Evropa 2	10,00
101,3	D	BAY	München-Olympiaturm	ANTENNE BAYERN	0,30

MHz	Land	REG	Standort	Programm	kW
101,3	D	BAY	Regensburg/Ziegetsberg	Deutschlandradio Kultur	0,20
101,3	D	BAY	Würzburg/Frankenwarte	Deutschlandradio Kultur	0,10
101,3	D	BB	Berlin/Alexanderplatz	Klassik Radio	4,00
101,3	D	BWÜ	Stuttgart/Frauenkopf	ANTENNE 1	75,00
101,3	D	HES	Wetzlar/Aßlar	harmony.fm	0,32
101,3	D	HES	Schlüchtern	Radio BOB!	0,20
101,3	D	MEV	Schwerin	Antenne MV	100,00
101,3	D	NRW	Langenberg/Hordtberg	WDR 4	100,00
101,3	D	SAC	Döbeln	Deutschlandradio Kultur	1,00
101,3	D	THÜ	Suhl/Ringberg	ANTENNE THÜRINGEN	1,00
101,3	SUI	ZH	Zürich/Zürichberg	Veranstaltungsfunk	0,20
101,4	AUT	N	Weitra/Wachberg	FM4	2,00
101,4	AUT	T	Innsbruck/Patscherkofel	FM4	45,00
101,4	BEL	LIM	Genk	VRT Studio Brüssel	40,00
101,4	CZE		Liberec/Ještěd	Radio Contact Liberec	20,00
101,4	D	BAY	Grafenwöhr	AFN	0,25
101,4	D	BAY	Penzberg	Radio Oberland	0,10
101,4	D	HES	Frankfurt/Europaturm	Radio BOB!	0,20
101,4	D	HES	Wiesbaden/Konr.-Adenauer-Ring	Radio BOB!	0,50
101,4	D	MEV	Garz/Rügen	Deutschlandradio Kultur	8,00
101,4	D	SAN	Brocken	radio SAW	100,00
101,4	D	SHS	Flensburg/Freienwill	RSH	20,00
101,4	D	THÜ	Saalfeld/Kulm	SRB	0,10
101,4	F	67	Strasbourg-Nordheim/TDF	France Bleu Alsace	48,00
101,4	HOL	OVE	Deventer	Sky Radio 101 FM	10,00
101,5	D	BAY	Burgbernheim/Bad Windsheim	ANTENNE BAYERN	25,00
101,5	D	BAY	Trostberg/Schwarzau	Bayernwelle Süd Ost	0,30
101,5	D	BAY	Naila	extra-radio 88.0	0,05
101,5	D	BAY	Naila	Radio Euroherz	0,05
101,5	D	BAY	Bad Neustadt	RADIO PRIMATON	1,00
101,5	D	BAY	Freyung	unserRadio	0,10
101,5	D	BB	Booßen/Lausitz	Fritz	30,00
101,5	D	HES	Alsfeld	Radio BOB!	0,32
101,5	D	NSA	Lingen/Damaschke	radio ffn	15,00
101,5	D	RLP	Koblenz/Kühkopf	RPR1.	40,00
101,5	D	SHS	Lübeck/Berkenthin	RSH	20,00
101,5	D	THÜ	Altenburg/Weißer Berg	MDR INFO	1,00
101,5	HOL	GEL	Arnhem	Sky Radio 101 FM	1,26
101,5	HOL	NBR	s`hertogenbosch	Sky Radio 101 FM	7,24
101,5	HOL	SHO	Rotterdam	Sky Radio 101 FM	8,32
101,5	SUI	AR	Säntis	DRS 1	60,00
101,6	AUT	K	Spittal/Drau-Goldeck	KRONEHIT	0,32
101,6	AUT	N	Horn/Steindlberg	88.6 Das Musikradio	0,12

MHz	Land	REG	Standort	Programm	kW
101,6	D	BAY	Reit im Winkl/Walmberg	ANTENNE BAYERN	0,05
101,6	D	BAY	Gelbelsee/Ingolstadt	Bayern 1	25,00
101,6	D	BAY	Kulmbach-Rehberg	Radio Plassenburg	5,00
101,6	D	BWÜ	Brandenkopf/Kinzigtal	Radio OHR	0,50
101,6	D	HES	Hardberg	hr4	50,00
101,6	D	NRW	Bielefeld/Hünenburg	BFBS 2	0,30
101,6	D	NSA	Cuxhaven	Deutschlandfunk	2,00
101,6	D	SAN	Wittenberg/Gallunberg	Jump	55,00
101,6	D	SHS	Wedel	ENERGY Hamburg	0,10
101,6	D	SHS	Helgoland	Radio NORA	0,15
101,6	D	THÜ	Pößneck/Gruneberg	MDR INFO	0,20
101,6	DNK	SJY	Tønder	Radio Globus	0,16
101,6	DNK	STS	Næstved - Øverup	DR P2 Musik & Kultur	100,00
101,6	HOL	LIM	Roermond	Sky Radio 101 FM	2,95
101,6	HOL	NBR	Mierlo	Sky Radio 101 FM	5,00
101,6	HOL	NHO	Wieringermeer	Radio 4	50,00
101,6	POL		Szczecin/Warszewo	Radio Maryja	1,00
101,7	AUT	ST	Graz/Schöckl	FM4	67,00
101,7	AUT	T	Matrei/Glanzalm	Radio Osttirol	0,10
101,7	BEL	LIE	St. Vith/Hünningen	Radio 700	1,00
101,7	CZE		Plzeň/Krašov	ČRo Dvojka	81,00
101,7	D	BAY	München/Blutenburgstraße	Deutschlandfunk	0,30
101,7	D	HES	Hoher Meißner	hr4	100,00
101,7	D	NRW	Köln (Heffmax)	domradio	0,03
101,7	D	NRW	Kleve/Bresserberg	WDR 4	2,00
101,7	D	NSA	Visselhövede	radio ffn	10,00
101,7	D	SAA	Heusweiler-Schoksberg	RADIO SALÜ	100,00
101,7	D	SAC	Auerbach/Schönegg	MDR INFO	0,40
101,7	D	SHS	Garding	Deutschlandradio Kultur	0,50
101,7	D	THÜ	Eisenberg	MDR INFO (geplant)	1,00
101,7	HOL	DRE	Emmen	Simone FM	1,00
101,7	SUI	BE	Bollingen/Bantiger	ENERGY Bern	1,00
101,7	SUI	BL	Bettingen/St. Chrischona	ENERGY Basel	4,00
101,7	SUI	SG	Rüthi/Bismer	DRS 1	0,20
101,8	AUT	S	Salzburg/Gaisberg	Antenne Salzburg	10,00
101,8	AUT	T	Holzgau/Benglerwald	KRONEHIT (geplant)	0,03
101,8	AUT	T	Innsbruck/Patscherkofel	Life Radio Tirol	1,00
101,8	AUT	T	St. Anton/Galzig	Welle 1 Innsbruck	0,20
101,8	D	BAY	Tegernseer Tal	B5 aktuell	0,10
101,8	D	BWÜ	Karlsruhe/Grünwettersbach	die neue welle	25,00
101,8	D	BWÜ	Backnang	ENERGY Stuttgart	1,00
101,8	D	BWÜ	Ulm/Ermingen	Radio 7	10,00
101,8	D	BWÜ	Konstanz/Telekom-Gebäude	Radio Seefunk	10,00

MHz	Land	REG	Standort	Programm	kW
101,8	D	BWÜ	Elzach	SWR4 BW	0,10
101,8	D	HES	Oberursel/FMT Gattenhöferweg	Deutschlandradio Kultur	0,10
101,8	D	MEV	Helpterberg	NDR Info	100,00
101,8	D	NRW	Ederkopf	WDR 2	15,00
101,8	D	NSA	Aurich	Deutschlandfunk	100,00
101,8	D	NSA	Osnabrück	Deutschlandfunk	0,50
101,8	D	RLP	Bingen/Rochusberg	harmony.fm	0,32
101,8	D	SAC	Oschatz/Collmberg	MDR 1 RADIO SACHSEN	5,00
101,8	D	THÜ	Lobenstein/Geiersberg	MDR INFO	0,50
101,8	SUI	LU	Ennetbürgen/Mattgrat	Radio Central	0,20
101,8	SUI	SZ	Feusisberg/Etzel-Kulm	Radio 1	0,50
101,8	SUI	UR	Andermatt/Bäzberg-Kaserne	Radio Central	0,16
101,9	AUT	S	Zell a. See/Lechnereck	FM4	0,15
101,9	AUT	ST	Neumarkt/Tonnerhütte	KRONEHIT	0,50
101,9	D	BAY	Hoher Bogen	ANTENNE BAYERN	50,00
101,9	D	BAY	Rhön-Heidelstein	ANTENNE BAYERN	100,00
101,9	D	BB	Berlin/Alexanderplatz	metropol FM	0,50
101,9	D	BWÜ	Schopfheim	Radio Seefunk	0,10
101,9	D	NRW	Recklinghausen	BFBS 1	0,16
101,9	D	NRW	Aachen-Stolberg	WDR 5	20,00
101,9	D	NSA	Barsinghausen	radio ffn	25,00
101,9	D	RLP	Idar-Oberstein	bigFM	1,00
101,9	D	SHS	Eutin/Bungsberg	Deutschlandfunk	95,00
101,9	D	THÜ	Sondershausen/Frauenberg	Deutschlandfunk	0,00
101,9	D	THÜ	Jena-Oßmaritz	Jump	1,00
101,9	F	67	Sélestat/rue de la Scheer	Radio Dreyeckland	1,00
101,9	HOL	GEL	Zieuwent	Hot Radio Plus	1,38
101,9	HOL	GEL	Zieuwent	Radio Continu	1,38
101,9	HOL	ZEE	Goes	Sky Radio 101 FM	49,00
102,0	AUT	O	Linz/Freinberg	LoungeFM	0,40
102,0	AUT	T	Haiming/Haiminger Alm	KRONEHIT	0,50
102,0	AUT	T	Waidring/Reiterberg	KRONEHIT (geplant)	0,03
102,0	AUT	T	Wörgl/Baumgarten	Life Radio Tirol	0,25
102,0	BEL	LIM	Genk	VRT MNM	50,00
102,0	CZE		Ústi nad Labem/Buková hora	Radio Impuls	100,00
102,0	D	BAY	Herzogstand	ANTENNE BAYERN	0,10
102,0	D	BAY	Ludwigsstadt/Ebersdorf	ANTENNE BAYERN	0,02
102,0	D	BAY	Dillberg-Neumarkt	B5 aktuell	25,00
102,0	D	BB	Booßen/Lausitz	Inforadio	1,60
102,0	D	BWÜ	Waldshut	DRS 1 (SUI)	0,50
102,0	D	BWÜ	Villingen-Schw./Haslach	Radio Neckarburg	3,00
102,0	D	HAM	Hamburg-Lohbrügge	RSH	0,10
102,0	D	HES	Darmstadt/Waldkolonie	Deutschlandfunk	0,40

MHz	Land	REG	Standort	Programm	kW
102,0	D	HES	Gießen/Liebigstraße	harmony.fm	0,50
102,0	D	HES	Wiesbaden/Konr.-Adenauer-Ring	Hit Radio FFH	0,10
102,0	D	HES	Limburg/Staffel	Klassik Radio	0,50
102,0	D	NSA	Lingen/Damaschke	Deutschlandfunk	25,00
102,0	D	SAC	Plauen	MDR INFO	1,00
102,0	D	SAN	Magdeburg/Schönebeck, Frohser Berg	Deutschlandfunk	20,00
102,0	SUI	LU	Werthenstein/Großburst	Radio Neo1	0,05
102,0	SUI	ZH	Winterthur/Brüelberg	Radio 1	0,20
102,1	AUT	K	Steuerberg/Hinterwachsenberg	Antenne Kärnten	0,10
102,1	AUT	ST	Gratkorn	Das Soundportal	0,09
102,1	AUT	ST	Bruck/Mur-Mugel	FM4	20,00
102,1	AUT	V	Bregenz/Pfänder	FM4	50,00
102,1	D	BAY	Passau/Dommelstadl	ANTENNE BAYERN	1,00
102,1	D	BAY	Augsburg/Lechhauser Str.	BR-KLASSIK	0,10
102,1	D	BB	Casekow/Uckermark	BB Radio	10,00
102,1	D	BB	Potsdam	POWER RADIO	1,00
102,1	D	BWÜ	Mudau	sunshine live	25,00
102,1	D	HES	Eltville/Hühnerberg	Radio BOB!	0,00
102,1	D	MEV	Ribnitz-Damgarten	Deutschlandfunk	0,20
102,1	D	NRW	Grevenbroich	NE-WS 89,4	0,25
102,1	D	NRW	Olsberg	WDR 2	10,00
102,1	D	SAC	Chemnitz-Stadt	Radio Chemnitz	3,00
102,1	DNK	SJY	Rangstrup	DR P2 Musik & Kultur	60,00
102,1	F	67	Strasbourg/Port du Rhin	RFM	4,00
102,1	HOL	NHO	Hilversum	Radio 538	97,70
102,1	SUI	ZG	Zug/Zugerberg-Hochwacht	Radio Pilatus	0,25
102,2	AUT	K	Kötschach-Mauthen	Radio Osttirol	0,05
102,2	AUT	N	Lunz/Maiß	88.6 Das Musikradio	0,10
102,2	AUT	N	Retz/Lagerhaussilo	radio Ypsilon	0,02
102,2	AUT	O	Bad Ischl/Katrin	Life Radio	0,60
102,2	AUT	ST	Hartberg/Ringkogel	Das Soundportal	0,17
102,2	AUT	T	Pitztal/Gletscher Bergstation	Welle 1 Innsbruck	0,01
102,2	AUT	T	Wenns/Klapf	Welle 1 Innsbruck	0,13
102,2	D	BB	Cottbus (Stadt)	Berliner Rundfunk	3,00
102,2	D	NRW	Münster/FMT Hegerskamp	BFBS 2	0,30
102,2	D	NRW	Essen-Holsterhausen	Radio Essen	0,35
102,2	D	NSA	Höhbeck	Deutschlandfunk	95,00
102,2	D	NSA	Holzminden	radio ffn	0,50
102,2	D	RLP	Weinbiet	SWR2	25,00
102,2	D	SHS	Itzehoe	Deutschlandfunk	0,40
102,2	D	THÜ	Inselsberg	ANTENNE THÜRINGEN	100,00
102,2	HOL	GRO	Groningen	Radio 538	10,00
102,2	SUI	SG	Benken/Benkner Büchel	Radio Zürisee	0,10

MHz	Land	REG	Standort	Programm	kW
102,2	SUI	UR	Silenen/Langlaui	Radio Central	0,10
102,3	AUT	K	Wolfsberg/Koralpe	FM4	1,50
102,3	AUT	O	Kirchdorf/Lauterbach	Radio B138	0,20
102,3	D	BAY	Ochsenkopf	BR-KLASSIK	50,00
102,3	D	BAY	Wendelstein (Bayrischzell)	BR-KLASSIK	100,00
102,3	D	BWÜ	Stuttgart/Frauenkopf	AFN	100,00
102,3	D	BWÜ	Freiburg/Stadt	Radio Dreyeckland	1,00
102,3	D	HES	Biedenkopf	hr iNFO	5,00
102,3	D	NRW	Schwerte/Sommerberg	Antenne Unna	1,00
102,3	D	NSA	Steinkimmen	radio ffn	100,00
102,3	D	SAN	Wittenberg/Gallunberg	Radio Brocken	4,00
102,3	D	SHS	Garding	Deutschlandfunk	0,20
102,3	HOL	GEL	Lochem	Radio 538	14,80
102,3	HOL	LIM	Roermond	Radio 538	1,78
102,3	HOL	NBR	De Mortel	Radio 538	112,20
102,3	HOL	NHO	Alkmaar	Radio 538	20,00
102,3	POL		Szczecin/Kołowo	Polskie Radio Program 3	60,00
102,3	POL		Wrocław/Ślęża	Radio Wrocław	120,00
102,3	SUI	BE	Nods/Chasseral	La Première	20,00
102,3	SUI	BL	Liestal/Schleifenberg	Radio Basilisk	0,10
102,3	SUI	GR	Bergün/Cresta	Radio Grischa	0,03
102,3	SUI	SH	Buchberg/Honegg	Radio 1	0,80
102,4	AUT	ST	Rottenmann/Sonnenberg	Hitradio Ö3	0,10
102,4	AUT	T	Häselgehr/Heißmahd	KRONEHIT (geplant)	0,10
102,4	CZE		Klatovy/Barák	ČRo Plzeň	10,00
102,4	D	BAY	Pfronten/Breitenberg	BR-KLASSIK	0,05
102,4	D	BAY	Würzburg/Frankenwarte	Charivari.FM	0,30
102,4	D	MEV	Röbel	Deutschlandfunk	3,00
102,4	D	NRW	Bonn/Venusberg	1LIVE	50,00
102,4	D	NSA	Harz-Torfhaus	radio ffn	100,00
102,4	D	SAC	Dresden/Wachwitz	RADIO PSR	100,00
102,4	D	SHS	Kiel/Kronshagen	RSH	15,00
102,4	F	67	Haguenau/Rue de la Piscine	Virgin Radio	1,00
102,4	HOL	GEL	Arnhem	Radio 538	1,20
102,4	HOL	ZEE	Westdorpe/Philippine	Radio 538	20,00
102,4	SUI	AR	Laufenburg/Heuberg	Radio Seefunk	0,20
102,4	SUI	GR	Vals/Bord	Radio Grischa	0,03
102,5	AUT	S	Radstadt/Jakobsberg	Antenne Salzburg	0,20
102,5	AUT	S	St. Michael/Lungau-Aineck	Antenne Salzburg	0,50
102,5	AUT	W	Wien/Kahlenberg	Antenne Wien 102,5	10,00
102,5	BEL	LIM	Genk	Q-Music	50,00
102,5	D	BAY	Dillberg-Neumarkt	Bayern 2	10,00
102,5	D	BAY	Högl/Freilassing	Radio Arabella 102,5 (Salzburg)	0,32

MHz	Land	REG	Standort	Programm	kW
102,5	D	BWÜ	Witthoh	Radio 7	40,00
102,5	D	HES	Gr. Feldberg/Taunus	hr4	100,00
102,5	D	MEV	Rügen	NDR 1 Radio MV	50,00
102,5	D	NRW	Ibbenbüren/Schafberg	1LIVE	0,50
102,5	D	SHS	Lauenburg/Bückener Weg	RSH	1,00
102,5	D	THÜ	Weida/Ronneburg	ANTENNE THÜRINGEN	30,00
102,5	F	57	Sarrebourg/Towercast	Virgin Radio	0,50
102,5	HOL	FRI	Tjerkgaast	Radio 538	50,00
102,6	AUT	O	Schärding/Schardenberg	Life Radio	3,02
102,6	AUT	O	Unterach/Ackerschneid	Life Radio	0,10
102,6	AUT	O	Steyr/Wolfingerwald	Welle 1 Oberösterreich	1,55
102,6	AUT	S	Wörth/Schütterbauer	Antenne Salzburg	0,03
102,6	AUT	ST	Leoben/Galgenberg	Radio Eins	0,10
102,6	AUT	T	Landeck/Krahberg	Hitradio Ö3	0,15
102,6	AUT	T	Kufstein/Thierberg	Radio U1 Tirol	0,07
102,6	AUT	T	Mayrhofen/Filzenalm	Radio U1 Tirol	0,10
102,6	AUT	V	Lech a. Arlberg	Antenne Vorarlberg (geplant)	0,02
102,6	AUT	V	Lech a. Arlberg	KRONEHIT (geplant)	0,02
102,6	D	BAY	Waldmünchen	Radio Charivari	0,30
102,6	D	BAY	Oberaudorf	Radio Charivari Rosenheim	0,02
102,6	D	BB	Berlin/Alexanderplatz	Fritz	20,00
102,6	D	BWÜ	Enztal	ENERGY Stuttgart	0,10
102,6	D	BWÜ	Ulm/Stadt	Radio freeFM	1,00
102,6	D	BWÜ	Ravensburg	Radio Seefunk	0,30
102,6	D	BWÜ	Schwäbisch Hall/FMT	Radio TON - Heilbronn	3,00
102,6	D	HES	Korbach	hr iNFO	1,00
102,6	D	HES	Hess. Lichtenau	RundFunk Meißner	0,30
102,6	D	NSA	Stadthagen/Bückeberge	NDR 2	25,00
102,6	D	NSA	Cuxhaven	radio ffn	20,00
102,6	D	RLP	Saarburg/Warsberg	RPR1.	20,00
102,6	D	SAC	Chemnitz	Geplantes Wirtschaftsradio	1,00
102,6	D	THÜ	Weimar (Schloß Belvedere)	MDR INFO	2,00
102,6	DNK	SJY	Rødekro/Knivsbjerg	Radio Mojn	0,50
102,6	HOL	GEL	Nijmegen	Radio 538	2,00
102,6	HOL	OVE	Hengelo	Radio 538	4,10
102,6	SUI	SZ	Ingenbohl-Urmiberg/Mittlerer Brunniberg	Radio Central	2,00
102,7	AUT	S	Badgastein/Graukogel	Antenne Salzburg	0,10
102,7	AUT	V	Bezau/Baumgarten	Antenne Vorarlberg (geplant)	0,12
102,7	BEL	NAM	Profondeville	RTBF La Premiere	25,00
102,7	D	BAY	Zugspitze	ANTENNE BAYERN	2,00
102,7	D	BAY	Ansbach	Deutschlandradio Kultur	0,20
102,7	D	BB	Forst	Radio Cottbus	0,50

MHz	Land	REG	Standort	Programm	kW
102,7	D	BWÜ	Nagold	ENERGY Stuttgart	0,10
102,7	D	MEV	Heringsdorf/Korswandt	NDR Kultur	1,00
102,7	D	NRW	Nordhelle	Deutschlandfunk	20,00
102,7	D	NSA	Dannenberg	radio ffn	25,00
102,7	D	SAC	Chemnitz/Reichenhain	apollo radio	1,00
102,7	D	SAC	Chemnitz/Reichenhain	Radio T	1,00
102,7	D	SAC	Chemnitz/Reichenhain	Radio UNiCC	1,00
102,7	D	THÜ	Sonneberg/Blessberg	ANTENNE THÜRINGEN	60,00
102,7	F	67	Niederbronn-les-Bains/Guisberg	France Culture	0,05
102,7	HOL	DRE	Emmen	Radio 538	10,00
102,7	HOL	SHO	Rotterdam	Radio 538	100,00
102,7	SUI	GR	Splügen/Panell	Radio Grischa	0,05
102,8	AUT	N	Traisen/Kaiserkogel	88.6 Das Musikradio	0,32
102,8	AUT	S	Golling/Haarberg	Antenne Salzburg	0,20
102,8	AUT	V	Feldkirch/Vorderälpele	FM4	0,20
102,8	CZE		Mariánské Lázně/Podhorni vrch	Hitradio Dragon	5,00
102,8	D	BB	Ziesar	radio SAW	2,00
102,8	D	BWÜ	Freiburg-Littenweiler	bigFM	0,50
102,8	D	BWÜ	Heidelberg/Königsstuhl	Radio Regenbogen	50,00
102,8	D	HES	Marburg	hr4	1,00
102,8	D	HES	Fulda/Haimbach	Klassik Radio	0,32
102,8	D	MEV	Marlow	NDR Info	100,00
102,8	D	NRW	Wesel-Büderich	Deutschlandfunk	100,00
102,8	D	NSA	Oldenburg/Wahnbek	Deutschlandradio Kultur	1,00
102,8	D	NSA	Göttingen	radio ffn	5,00
102,8	D	SAA	Saarlouis/Roden	Classic Rock Radio	1,00
102,8	D	SAN	Aschersleben/Stadt	MDR INFO	1,00
102,8	D	SHS	Westerland/Sylt	RSH	5,00
102,8	POL		Świeradów Zdrój/Stóg Izerski	Radio Plus Legnica	1,00
102,8	SUI	SG	Urnäsch/Chronbach	Radio FM1 (Reg. Nord)	0,08
102,8	SUI	ZH	Uetliberg	Radio 24	1,00
102,9	AUT	K	Klagenfurt/Dobratsch	FM4	100,00
102,9	AUT	N	Semmering/Sonnwendstein	KRONEHIT	8,00
102,9	AUT	S	Schwarzach im Pongau/Gern	KRONEHIT	0,10
102,9	AUT	T	Kitzbühel/Hahnenkamm	KRONEHIT	0,42
102,9	BEL	ANT	Schoten	Nostalgie	50,00
102,9	CZE		České Budějovice/Klet	Radio Impuls	62,00
102,9	D	BAY	Bad Tölz/Kalvarienberg	ANTENNE BAYERN	0,20
102,9	D	BAY	Bamberg/Geisberg	BR-KLASSIK	25,00
102,9	D	HES	Bad Hersfeld	hr3	0,30
102,9	D	MEV	Schwerin/Zippendorf	Radio TEDDY	0,51
102,9	D	NSA	Lingen/Schepsdorf	Deutschlandradio Kultur	0,25
102,9	D	RLP	Bad Marienberg	RPR1.	25,00

MHz	Land	REG	Standort	Programm	kW
102,9	D	RLP	Trier/Petrisberg	RPR1.	0,10
102,9	D	SAC	Leipzig/Wiederau	RADIO PSR	100,00
102,9	D	SHS	Kaltenkirchen/Kisdorf	RSH	20,00
102,9	D	THÜ	Mühlhausen	Klassik Radio	0,50
102,9	F	67	Strasbourg/Chateau d'eau	Judaïca 102.9 FM	1,00
102,9	LUX		Luxemburg-Kirchberg	Den Neie Radio (DNR)	1,00
102,9	POL		Gryfice/Piłsudskiego	Radio Maryja	10,00
102,9	SUI	AR	Frick/Frickberg	DRS 1	0,03
103,0	AUT	ST	Klosterkogel	Radio Freequenns 100,8	0,05
103,0	AUT	ST	Voitsberg/Arnstein	Radio Soundportal	0,00
103,0	AUT	ST	Köflach/Gößnitzberg	z.Z. in der Ausschreibung	0,10
103,0	AUT	T	Imst/Arzl-Osterstein	Life Radio Tirol	1,00
103,0	BEL	LIE	Verviers	RTBF VivaCité	3,00
103,0	D	BAY	Aschaffenburg/Pfaffenberg	ANTENNE BAYERN	25,00
103,0	D	BAY	Mittenwald/Partenk. Str.	ANTENNE BAYERN	0,05
103,0	D	BAY	Regensburg/Ziegetsberg	ANTENNE BAYERN	25,00
103,0	D	BAY	Simbach am Inn	Radio Trausnitz	0,10
103,0	D	BAY	Grünten	SWR3	30,00
103,0	D	BWÜ	Calw	ENERGY Stuttgart	0,30
103,0	D	BWÜ	Wildberg	ENERGY Stuttgart	0,01
103,0	D	BWÜ	Göppingen	Klassik Radio	1,00
103,0	D	HES	Eschwege	Radio BOB!	0,50
103,0	D	MEV	Anklam	N-JOY	1,30
103,0	D	NRW	Bielefeld/Hünenburg	BFBS 1	70,00
103,0	D	RLP	Pirmasens/Banana Building	AFN	0,50
103,0	D	SAA	Merzig	RADIO SALÜ	0,10
103,0	D	SAC	Löbau/Schafberg	Deutschlandradio Kultur	2,00
103,0	D	SAN	Magdeburg/Schönebeck, Frohser Berg	Jump	0,10
103,0	D	SHS	Helgoland	Deutschlandradio Kultur	0,05
103,0	D	THÜ	Nordhausen/Hesseröder Berg	radio TOP 40	0,10
103,0	DNK	ARH	Århus/Søsterhøj	DR P2 Musik & Kultur	60,00
103,0	DNK	SJY	Nørre Rangstrup-Agerskov	Radio Globus	0,16
103,0	F	57	Metz/Tour de Marronniers	Chérie FM	1,00
103,0	HOL	FLE	Lelystad	Radio Veronica	41,70
103,0	POL		Zielona Góra/Jemiołów	Radio Zachód	120,00
103,0	SUI	BE	Nods/Chasseral	DRS 1	20,00
103,0	SUI	OW	Alpnach/Lopper-Schofeld	Radio Central	1,50
103,0	SUI	UR	Attinghausen/Schiltwald	Radio Central	0,40
103,1	AUT	O	Wartberg ob der Aist	Freies Radio Freistadt	0,06
103,1	AUT	O	Gmunden/Grünberg	Life Radio	0,05
103,1	AUT	S	Abtenau/Gschwandtlahn	Antenne Salzburg	0,16
103,1	AUT	S	Saalfelden/Huggenberg	KRONEHIT	0,12
103,1	AUT	T	Schwaz/Heuberg	Antenne Tirol	0,06

MHz	Land	REG	Standort	Programm	kW
103,1	BEL	BRA	St.-Pieters-Leeuw	Q-Music	50,00
103,1	CZE		Chomutov/Jedlavá	ČRo Sever	10,00
103,1	D	BB	Pritzwalk	Fritz	60,00
103,1	D	BWÜ	Reutlingen	ANTENNE 1	0,10
103,1	D	BWÜ	Grenzach-Wyhlen/Rührberg	Radio Seefunk	5,00
103,1	D	HES	Gießen	Deutschlandfunk	0,63
103,1	D	NSA	Aurich	radio ffn	25,00
103,1	D	NSA	Braunschweig/Broitzem	radio ffn	15,00
103,1	D	RLP	Bornberg	RPR1.	25,00
103,1	D	SHS	Eutin	Deutschlandradio Kultur	0,20
103,1	D	THÜ	Erfurt	Deutschlandfunk	2,00
103,1	F	67	Plaine	France Bleu Alsace	0,14
103,1	HOL	GEL	Megen	Radio Veronica	4,17
103,1	HOL	OVE	De Lutte	Radio Veronica	19,50
103,1	HOL	OVE	Markelo	Radio Veronica	8,71
103,1	LUX		Groesteen/Manternach	Rádio Latina	0,10
103,1	SUI	SO	Balsthal/Erzmatt	DRS 2	0,10
103,2	AUT	ST	Bad Gleichenberg/Stradner Kogel	KRONEHIT	1,51
103,2	AUT	T	Paisslberg/Juffing	KRONEHIT (geplant)	0,10
103,2	AUT	W	Wien, Raiffeisenhaus, Donaukanal	LoungeFM	0,40
103,2	D	BAY	Ochsenkopf	ANTENNE BAYERN	100,00
103,2	D	BAY	München/Ismaning	BR-KLASSIK	25,00
103,2	D	BB	Cottbus/Calau	Fritz	100,00
103,2	D	BWÜ	Heilbronn/Schweinsberg	Radio TON - Heilbronn	25,00
103,2	D	HES	Kassel/Habichtswald	hr4	20,00
103,2	D	HES	Mainz/Kastell	SWR2	1,00
103,2	D	MEV	Helpterberg	N-JOY	1,30
103,2	D	NSA	Rosengarten	NDR 1 Niedersachsen	20,00
103,2	HOL	DRE	Smilde	Radio Veronica	25,70
103,2	HOL	SHO	Rotterdam	Radio Veronica	40,70
103,2	SUI	SG	Altstätten/Hoher Kasten	Radio FM1 (Reg. Nord)	0,05
103,2	SUI	ZH	Hinwil/Bachtel	DRS 1	0,50
103,3	AUT	N	Melk/Hiesberg	88.6 Das Musikradio	1,51
103,3	AUT	ST	Schladming/Hauser Kaibling	FM4	3,00
103,3	AUT	T	St. Anton/Galzig	KRONEHIT	0,20
103,3	D	BAY	Unterringingen/Rauhe Wanne	ANTENNE BAYERN	25,00
103,3	D	BAY	Rhön-Heidelstein	Deutschlandfunk	100,00
103,3	D	HES	Limburg	Deutschlandfunk	0,25
103,3	D	HES	Bensheim-Auerbach	Radio BOB!	0,20
103,3	D	MEV	Ahrenshoop	103.3 - Ihr Lokalradio	0,32
103,3	D	MEV	Heringsdorf/Korswandt	Ostseewelle	2,00
103,3	D	NRW	Langenberg	Funkhaus Europa	100,00
103,3	D	RLP	Bad Bergzabern/Stäffelsberg	RPR1.	0,25

MHz	Land	REG	Standort	Programm	kW
103,3	D	RLP	Mertesheim	RPR1.	0,05
103,3	D	RLP	Zweibrücken	RPR1.	2,00
103,3	D	SAN	Halle/Petersberg	Radio SAW	5,00
103,3	D	SHS	Flensburg/Freienwill	Deutschlandfunk	20,00
103,3	F	67	Strasbourg/Port du Rhin	Europe 1	4,00
103,3	LUX		Luxemburg-Kirchberg	Radio ARA	1,00
103,3	SUI	SH	Schaffhausen/Cholfirst	Radio Top (Reg. St. Gallen)	0,20
103,4	AUT	B	Mattersburg/Heuberg	KRONEHIT	1,00
103,4	AUT	K	Bleiburg/Weißenegger Berg	KRONEHIT	0,10
103,4	AUT	ST	Köflach/Gößnitzberg	Antenne Steiermark	0,10
103,4	AUT	ST	Stadl a.d. Mur/Sonnberg	Antenne Steiermark	0,05
103,4	AUT	T	Inzing/Rangger Köpfl	Life Radio Tirol	7,90
103,4	AUT	T	St. Johann/Harschbichl	Life Radio Tirol	0,10
103,4	BEL	LIM	Genk	JOE fm	20,00
103,4	D	BAY	Berchtesgaden/Schönau	Deutschlandradio Kultur	0,10
103,4	D	BAY	Füssen/Eschach	Deutschlandradio Kultur	0,10
103,4	D	BB	Berlin/Alexanderplatz	ENERGY Berlin	8,00
103,4	D	BWÜ	Raichberg	ANTENNE 1	50,00
103,4	D	HES	Darmstadt	RadaR	0,30
103,4	D	HES	Herborn/Burg	YOU FM	0,50
103,4	D	MEV	Grevesmühlen/Hamberge	N-JOY	5,00
103,4	D	NSA	Bremerhaven/Schiffdorf	Deutschlandfunk	0,50
103,4	D	NSA	Osnabrück/Schleptruper Egge	radio ffn	10,00
103,4	D	RLP	Bingen/Rochusberg	Klassik Radio	0,32
103,4	D	SAC	Seifhennersdorf	MDR FIGARO	0,30
103,4	D	SAC	Wilkau-Haßlau	Radio Zwickau	0,50
103,4	D	THÜ	Jena	OK Jena	0,50
103,4	HOL	GRO	Groningen	Radio Veronica	5,13
103,4	SUI	OW	Sarnen/Ramersberg	Radio Pilatus	0,20
103,4	SUI	SG	Vilters/Targön	Radio L	0,20
103,4	SUI	SO	Dulliken/Engelberg	Kanal K	0,10
103,4	SUI	SZ	Ingenbohl-Urmiberg/Mittlerer Brunniberg	Radio Pilatus	0,30
103,5	AUT	V	Mittelberg/Gundkopf	Antenne Vorarlberg (geplant)	0,10
103,5	AUT	V	Schruns/Golm	KRONEHIT (geplant)	0,03
103,5	D	BAY	Brotjacklriegel	ANTENNE BAYERN	100,00
103,5	D	BWÜ	Ulm/Ermingen	Deutschlandfunk	0,50
103,5	D	BWÜ	Bad Mergentheim/Löffelstelzen	Radio TON - Heilbronn	20,00
103,5	D	HES	Marburg	Deutschlandfunk	0,50
103,5	D	HES	Oberursel/FMT Gattenhöferweg	Deutschlandfunk	0,10
103,5	D	MEV	Malchin	NDR Info	1,00
103,5	D	NSA	Harz-Torfhaus	Deutschlandfunk	100,00
103,5	D	NSA	Oldenburg/Wahnbek	ENERGY Bremen	0,50

MHz	Land	REG	Standort	Programm	kW
103,5	D	RLP	Ahrweiler	RPR1.	30,00
103,5	D	SAC	Dresden/Wachwitz	Radio Dresden	2,00
103,5	D	SAC	Klingenthal	Vogtland Radio	0,05
103,5	D	SHS	Helgoland	delta radio	0,05
103,5	DNK	BOR	Årsballe	DR P2 Musik & Kultur	30,00
103,5	F	67	Schirmeck/Fleurichamps	RCB La Radio de la Vallée	0,20
103,5	HOL	GEL	Ugchelen	Radio Gelderland	20,00
103,5	SUI	ZH	Winterthur/Brüelberg	Radio Top (Reg. Zürich)	0,20
103,6	AUT	K	Spittal/Drau-Goldeck	FM4	3,00
103,6	BEL	LIE	Liège/Bol d'Air	Bel-RTL	50,00
103,6	D	BAY	Nürnberg/Karolinenstraße	egoFM	0,30
103,6	D	BAY	Aichach	Radio Fantasy	0,02
103,6	D	BAY	Alzenau/Hahnenkamm	Radio Galaxy	0,10
103,6	D	BAY	Lindau/Hoyerberg	RSA Radio	0,50
103,6	D	HAM	Hamburg/Moorfleet	Radio Hamburg	80,00
103,6	D	NRW	Lippstadt	Hellweq Radio	0,10
103,6	D	NRW	Gronau	Radio WMW	0,10
103,6	D	RLP	Kalmit	RPR1.	25,00
103,6	D	THÜ	Saalfeld/Remda	MDR 1 RADIO THÜRINGEN	60,00
103,6	POL		Lubań/Nowa Karczma	Radio Wrocław	60,00
103,6	SUI	BE	Niederhüningen/Barschwandhubel	Radio Neo1	0,10
103,6	SUI	BL	Bettingen/St. Chrischona	DRS 3	33,00
103,7	AUT	K	Klagenfurt/Pyramidenkogel	KRONEHIT	1,00
103,7	AUT	S	Lofer/Loderbichl	KRONEHIT (geplant)	0,06
103,7	AUT	ST	Rottenmann/Sonnenberg	KRONEHIT	0,20
103,7	AUT	T	Ebbs/Oberbuchberg	Radio U1 Tirol	0,05
103,7	AUT	T	Gerlos/Gerlosberg	Radio U1 Tirol	0,06
103,7	D	BAY	Bad Reichenhall/Kirchholz	ANTENNE BAYERN	0,30
103,7	D	BAY	Traunstein/Einham	ANTENNE BAYERN	5,00
103,7	D	BAY	Weiden	Deutschlandradio Kultur	0,10
103,7	D	BB	Eisenhüttenstadt	BB Radio	0,60
103,7	D	BB	Rhinow	Deutschlandradio Kultur	0,20
103,7	D	BWÜ	Aalen	Radio 7	50,00
103,7	D	BWÜ	Schramberg	Radio Neckarburg	0,10
103,7	D	HES	Wetzlar/Aßlar	Deutschlandfunk	0,50
103,7	D	HES	Wiesbaden/Konr.-Adenauer-Ring	Deutschlandfunk	0,50
103,7	D	HES	Kassel/Habichtswald	Hit Radio FFH	20,00
103,7	D	MEV	Bad Doberan	N-JOY	5,00
103,7	D	NRW	Kleve/Bresserberg	1LIVE	2,00
103,7	D	NSA	Cloppenburg	NDR Info	1,00
103,7	D	SAA	Saarbrücken/Schoksberg	103.7 UnserDing	100,00
103,7	D	SAC	Oschatz/Collmberg	Jump	5,00
103,7	DNK	RIB	Esbjerg	DR P4	0,50

MHz	Land	REG	Standort	Programm	kW
103,7	F	59	Lille/Bouvigny le Mont	France Inter	126,00
103,7	F	67	Obernai/Rue des Cerisiers	Radio Dreyeckland	1,00
103,8	AUT	W	Wien/Kahlenberg	FM4	100,00
103,8	CZE		Klatovy/Doubrava	Frekvence 1	10,00
103,8	D	BAY	Coburg/Sennigshöhe	ANTENNE BAYERN	5,00
103,8	D	BAY	Hohenpeißenberg	ANTENNE BAYERN	25,00
103,8	D	BB	Großräschen	Elsterwelle	1,60
103,8	D	BWÜ	Baden-Baden/Fremersberg	bigFM	2,00
103,8	D	HES	Würzberg	hr4	5,00
103,8	D	MEV	Helpterberg	Antenne MV	100,00
103,8	D	NRW	Nordhelle	WDR 4	35,00
103,8	D	NSA	Barsinghausen	Hit-Radio Antenne Niedersachsen	25,00
103,8	D	SAC	Markneukirchen	Vogtland Radio	0,05
103,8	D	SHS	Heide/Welmbüttel	RSH	15,00
103,8	SUI	SZ	Rigi-Kulm	DRS 3	22,50
103,9	AUT	T	Kufstein/Kitzbüheler Horn	Hitradio Ö3	4,50
103,9	AUT	T	Sillian/Hollbruck	Radio Osttirol	0,20
103,9	AUT	T	Haiming/Haiminger Alm	Welle 1 Innsbruck	0,03
103,9	CZE		Liberec/Ještěd	ČRo Vltava	20,00
103,9	D	BAY	Kelheim	Radio Charivari	0,50
103,9	D	BAY	Amberg	Radio Ramasuri	0,10
103,9	D	BB	Forst	94.3 rs2	6,30
103,9	D	BWÜ	Stuttgart	Klassik Radio	2,00
103,9	D	BWÜ	Iberger Kugel (Isny)	Radio Seefunk	10,00
103,9	D	HES	Frankfurt/Main	hr iNFO	0,50
103,9	D	HES	Fulda/Künzell-Peter Henlein-Str.	hr4	0,30
103,9	D	HES	Marburg	Radio BOB!	0,10
103,9	D	NRW	Steinfurt/Burgsteinfurt (FH)	Radio Q	0,10
103,9	D	NSA	Leer/Nüttermoor	Radio Ostfriesland	0,20
103,9	D	SAN	Fleetmark	radio SAW	5,00
103,9	D	SHS	Westerland/Sylt	Deutschlandradio Kultur	0,20
103,9	D	THÜ	Dingelstädt/Eichsfeld	ANTENNE THÜRINGEN	5,00
103,9	D	THÜ	Gera/Ronneburg	MDR FIGARO	30,00
103,9	DNK	STS	Næstved - Øverup	NOVA FM	100,00
103,9	HOL	LIM	Hulsberg	3FM	10,00
103,9	SUI	SG	Thal/Steiniger Tisch	Radio FM1 (Reg. Süd)	0,05
104,0	AUT	O	Linz/Lichtenberg	FM4	100,00
104,0	AUT	ST	Schladming/Planai	Radio Freequenns 100,8	0,08
104,0	AUT	T	Reutte/Hahnenkamm	Welle 1 Innsbruck	0,32
104,0	D	BAY	Büttelberg/Frankenhöhe	B5 aktuell	25,00
104,0	D	BAY	München/Blutenburgstraße	Radio Arabella	0,10
104,0	D	BWÜ	Feldberg/Schwarzwald	SWR4 BW	5,00
104,0	D	HAM	Hamburg/Heinr.-Hertz-Turm	Radio Hamburg Cityfenster	0,16

MHz	Land	REG	Standort	Programm	kW
104,0	D	HES	Alsfeld	hr iNFO	0,10
104,0	D	MEV	Sassnitz/Dwasieden	Deutschlandfunk	8,00
104,0	D	NRW	Viersen	BFBS 1	0,50
104,0	D	NRW	Tecklenburg	Radio RST	1,00
104,0	D	NSA	Norderney	Sturmwellensender (Radio SWS)	0,006
104,0	D	RLP	Koblenz/Kühkopf	bigFM	40,00
104,0	D	SAN	Wittenberg/Gallunberg	MDR FIGARO	100,00
104,0	D	THÜ	Gräfenthal	zurzeit inaktiv	0,10
104,0	SUI	TI	Carona/Mte. San Salvatore	La Première	17,00
104,1	AUT	B	Rechnitz/Hirschenstein	KRONEHIT	4,57
104,1	AUT	S	Lend/Luxkogel	KRONEHIT	0,20
104,1	AUT	ST	Traboch/Schafberg	Radio Eins	0,11
104,1	AUT	T	Hintertux/Hohenhaustenne	Life Radio Tirol	0,07
104,1	AUT	T	Achenkirch/Reiterhof	Radio U1 Tirol	0,03
104,1	AUT	T	Jenbach/Kanzelkehre	Welle 1 Innsbruck	0,10
104,1	AUT	V	Dalaas	Antenne Vorarlberg	0,04
104,1	BEL	LIE	St. Vith/Recht	BRF 2	20,00
104,1	CZE		Plzeň/Krašov	Radio Frekvence 1	65,00
104,1	D	BAY	Herzogstand	BR-KLASSIK	0,10
104,1	D	BAY	Landshut	Radio Trausnitz	1,00
104,1	D	BB	Berlin-Kreuzberg/Postbank	NPR FM 104.1	0,20
104,1	D	BWÜ	Baiersbronn	Freies Radio Freudenstadt	0,10
104,1	D	BWÜ	Heidelberg/Königsstuhl	SWR4 BW	50,00
104,1	D	HES	Kassel/Tannenwäldchen	Klassik Radio	0,50
104,1	D	MEV	Ueckermünde	N-JOY	1,60
104,1	D	NRW	Olsberg	WDR 4	10,00
104,1	D	NSA	Braunschweig/Drachenberg	RADIO 21	1,00
104,1	D	SAC	Bischofswerda	MDR INFO	0,20
104,1	D	SHS	Eutin/Schönwalde	delta radio	50,00
104,1	SUI	SG	St. Gallen/Chirchli Peter und Paul	DRS 2	0,03
104,2	AUT	N	Mitterbach Erl/Gemeindealpe	Antenne Steiermark	0,10
104,2	AUT	S	Hallein/Zinkenkogel	KRONEHIT	0,50
104,2	AUT	ST	Bad Aussee/Pötschen	Freies Radio Salzkammergut	0,05
104,2	AUT	ST	Murau/Lärchberg	Radio Eins	0,05
104,2	AUT	W	Wien/Arsenal	ENERGY Wien	1,00
104,2	BEL	LIE	Liège	Warm FM	0,10
104,2	D	BAY	Augsburg/Hotelturm	ANTENNE BAYERN	0,05
104,2	D	BAY	Marktheidenfeld/Erlenbach	ANTENNE BAYERN	0,50
104,2	D	BAY	Prien/Röselsberg	Radio Charivari Rosenheim	0,05
104,2	D	BB	Booßen/Lausitz	Berliner Rundfunk	20,00
104,2	D	BWÜ	Reichenau/Oberzell	DRS 3	0,05
104,2	D	BWÜ	Sigmaringen	Radio Seefunk	1,00
104,2	D	BWÜ	Heidenheim/Schmittenberg	Radio TON - Ostwürttemberg	0,10

MHz	Land	REG	Standort	Programm	kW
104,2	D	BWÜ	Ellwangen	zurzeit inaktiv	0,10
104,2	D	BWÜ	Ludwigsburg/Römerhügel	zurzeit inaktiv	0,10
104,2	D	NRW	Düsseldorf	Antenne Düsseldorf	2,00
104,2	D	NRW	Bornheim-Merten	Radio Bonn/Rhein-Sieg	0,20
104,2	D	NRW	Witten/Stockum	Radio Ennepe Ruhr	0,10
104,2	D	NSA	Visselhövede	Hit-Radio Antenne Niedersachsen	10,00
104,2	D	RLP	Kettrichhof	SWR4 RP	5,00
104,2	D	SAA	Perl/Tettingen-Butzdorf	DNR (Luxemburg)	0,10
104,2	D	SAA	Mettlach	RADIO SALÜ	0,10
104,2	D	SAC	Freiberg/Hauptpostamt	Radio Dresden	0,20
104,2	D	SHS	Süderlügum/Niebüll	Deutschlandradio Kultur	0,63
104,2	D	THÜ	Inselsberg	LandesWelle Thüringen	100,00
104,2	LUX		Mompach/Pfaffenberg	Den Neie Radio (DNR)	0,10
104,2	POL		Jelenia Góra/Łysa Góra	Radio Zet	10,00
104,2	SUI	BE	Nods/Chasseral	Couleur 3	20,00
104,3	AUT	K	Wolfsberg/Koralpe	Antenne Kärnten	1,51
104,3	AUT	S	Eben/Pongau	KRONEHIT	0,63
104,3	AUT	S	Saalfelden/Huggenberg	Welle 1 Salzburg	0,10
104,3	AUT	ST	Frohnleiten/Schlöglmoar	KRONEHIT	0,03
104,3	AUT	T	Inzing/Rangger Köpfl	Welle 1 Innsbruck	0,42
104,3	CZE		České Budějovice/Klet	Hitradio Faktor	32,00
104,3	D	BAY	Tegernsee/Ringberg	Radio Alpenwelle	0,50
104,3	D	BAY	Bayreuth/Oschenberg	Radio Mainwelle	1,00
104,3	D	BB	Pritzwalk	BB Radio	100,00
104,3	D	BWÜ	Sindelfingen	ENERGY Stuttgart	2,00
104,3	D	BWÜ	Lörrach	Radio Seefunk	0,10
104,3	D	BWÜ	Herrenberg	zurzeit inaktiv	0,10
104,3	D	BWÜ	Nürtingen/Oberensingen	zurzeit inaktiv	0,10
104,3	D	BWÜ	Pforzheim	zurzeit inaktiv	0,10
104,3	D	HES	Biedenkopf	hr4	100,00
104,3	D	HES	Darmstadt	YOU FM	0,80
104,3	D	MEV	Greifswald	Deutschlandfunk	0,20
104,3	D	NRW	Rheindahlen	BFBS 2	0,30
104,3	D	NSA	Bremerhaven/Schiffdorf	ENERGY Bremen	8,00
104,3	D	NSA	Lingen/Damaschke	Hit-Radio Antenne Niedersachsen	15,00
104,3	D	SAC	Bärenstein	Deutschlandradio Kultur	1,00
104,3	POL		Lipiany/Kościół WNMP	Radio Plus Lipiany	2,00
104,3	SUI	ZG	Menzingen/Ochsengutsch	Radio Pilatus	0,05
104,4	AUT	S	Neukirchen am Großvenediger	KRONEHIT	0,20
104,4	AUT	ST	Rottenmann/Sonnenberg	Antenne Steiermark	0,10
104,4	AUT	T	Kitzbühel/Hahnenkamm	Antenne Tirol	0,07
104,4	AUT	T	Lienz/Hochstein	Life Radio Tirol	1,00
104,4	D	BAY	Grünten	ANTENNE BAYERN	100,00

MHz	Land	REG	Standort	Programm	kW
104,4	D	BAY	Würzburg/Frankenwarte	ANTENNE BAYERN	5,00
104,4	D	BAY	Hoher Bogen	B5 aktuell	50,00
104,4	D	BB	Casekow/Uckermark	Kulturradio	10,00
104,4	D	BB	Cottbus/Calau	Kulturradio	60,00
104,4	D	MEV	Güstrow	N-JOY	0,63
104,4	D	NRW	Unna	Deutschlandfunk	0,20
104,4	D	NRW	Eifel/Bärbelkreuz	WDR 4	10,00
104,4	D	NSA	Stadthagen/Bückeberge	NDR Kultur	25,00
104,4	D	SAN	Halle/Petersberg	MDR SPUTNIK	10,00
104,4	D	SHS	Heide/Welmbüttel	Deutschlandfunk	0,40
104,4	DNK	SJY	Sønderborg West - Ragebøl	Skala FM	1,40
104,4	F	67	Strasbourg-Nordheim/TDF	France Info	38,00
104,4	HOL	NHO	Hilversum	100%NL	47,90
104,4	HOL	ZEE	Goes	Radio 1	50,00
104,4	SUI	LU	Ennetmoos/Drachenflue-Mutter-schwandenberg	Radio Pilatus	0,40
104,4	SUI	LU	Geuensee/Höchweidwald	Radio Pilatus	0,25
104,5	BEL	LIE	Liège	NRJ	5,00
104,5	CZE		Ústi nad Labem/Buková hora	ČRo Vltava	100,00
104,5	D	BAY	Dillberg-Neumarkt	Bayern 1	5,00
104,5	D	BAY	Oy-Mittelberg	RSA Radio	0,00
104,5	D	BWÜ	Weinstadt/Remstal	ENERGY Stuttgart	2,00
104,5	D	BWÜ	Winnenden	ENERGY Stuttgart	0,10
104,5	D	BWÜ	Schopfheim/Hohe Möhr	Kanal Ratte	0,50
104,5	D	HES	Rotenburg/Fulda	harmony.fm	0,05
104,5	D	NRW	Duisburg/Uni	Campus FM	0,20
104,5	D	NRW	Münster/FMT Hegerskamp	Deutschlandfunk	0,05
104,5	D	NRW	Warburg	WDR 4	0,50
104,5	D	NSA	Leer	RADIO 21	0,32
104,5	D	RLP	Mainz/Ober-Olm	bigFM	20,00
104,5	D	SHS	Mölln	NDR 1 Welle Nord	20,00
104,5	D	THÜ	Jena	Deutschlandfunk	0,32
104,5	D	THÜ	Gera	Klassik Radio	0,10
104,5	D	THÜ	Keula	LandesWelle Thüringen	10,00
104,5	DNK	SJY	Åbenraa/Skibbroen	Radio Mojn	0,16
104,5	SUI	ZH	Zürich/Zürichberg	Radio Top (Reg. Zürich)	0,20
104,6	AUT	S	Salzburg/Gaisberg	FM4	100,00
104,6	AUT	ST	Graz/Eisenberg	Welle 1 Graz	0,30
104,6	AUT	T	Jenbach/Kanzelkehre	Antenne Tirol	0,16
104,6	AUT	V	Bludenz/Muttersberg	Radio Proton	0,50
104,6	D	BAY	Herzogstand	Radio Oberland	0,10
104,6	D	BB	Berlin/Alexanderplatz	104.6 RTL	10,00
104,6	D	BWÜ	Heidelberg/Wieblingen	AFN	0,10

MHz	Land	REG	Standort	Programm	kW
104,6	D	BWÜ	Biberach	Donau 3 FM	0,30
104,6	D	BWÜ	Oberndorf	Radio Neckarburg	1,00
104,6	D	BWÜ	Buchen/Eisenbahnstraße	Radio Regenbogen	0,10
104,6	D	HES	Michelstadt	harmony.fm	0,10
104,6	D	HES	Bad Nauheim/Nieder-Mörlen	planet radio	0,50
104,6	D	HES	Eschwege	planet radio	0,50
104,6	D	HES	Kassel/Tannenwäldchen	planet radio	0,50
104,6	D	NSA	Cuxhaven	Hit-Radio Antenne Niedersachsen	20,00
104,6	D	NSA	Braunschweig/Drachenberg	Radio Okerwelle	0,50
104,6	D	RLP	Saarburg/Rauschhof	Deutschlandfunk	20,00
104,6	D	SAC	Zwickau	Deutschlandradio Kultur	0,20
104,6	D	THÜ	Saalfeld/Stadt	MDR INFO	0,10
104,6	DNK	SJY	Løgumkloster-Nørreløgum	Radio Globus Guld	1,00
104,6	HOL	OVE	Markelo	Radio 2	100,00
104,6	HOL	SHO	Rotterdam	100%NL	87,10
104,6	SUI	BE	Sumiswald/Lerchenberg	Radio Neo1	0,02
104,6	SUI	NW	Wolfenschiessen/Stöck	Radio Pilatus	0,05
104,6	SUI	SG	Weesen/Ober Ruestel-Kapuzberg	Radio Zürisee	0,20
104,7	AUT	N	Hollabrunn/Umspannwerk	88.6 Das Musikradio	0,10
104,7	AUT	N	Waidhofen (Ybbs)/Sonntagberg	Radio Maria	0,45
104,7	AUT	T	Imst/Arzl-Osterstein	Welle 1 Innsbruck	0,08
104,7	AUT	V	Bezau/Bergstation	KRONEHIT	0,12
104,7	CZE		Plzeň/Radeč	Radio Blanik	10,00
104,7	D	BAY	Pfronten/Breitenberg	ANTENNE BAYERN	0,05
104,7	D	BAY	Rothenburg	Radio 8	0,05
104,7	D	BAY	Bamberg/Geisberg	Radio Galaxy	0,50
104,7	D	BAY	Kreuzwertheim	Radio TON - Heilbronn	0,10
104,7	D	BWÜ	Heilbronn	bigFM	0,20
104,7	D	BWÜ	Geislingen/Tegelberg	Die neue 107.7	0,10
104,7	D	HES	Dieburg/Mainzer Berg	harmony.fm	0,20
104,7	D	NRW	Nordhelle	1LIVE	35,00
104,7	D	NSA	Bergen-Hohne	BFBS 2	0,20
104,7	D	RLP	Kettrichhof	RPR1.	5,00
104,7	D	SAC	Oschatz/Collmberg	Hitradio RTL	5,00
104,7	D	SHS	Kiel/Kronshagen	Deutschlandradio Kultur	0,16
104,7	D	THÜ	Kulpenberg	ANTENNE THÜRINGEN	3,00
104,7	POL		Żagań/Wichów	Polskie Radio Program 2	30,00
104,7	SUI	AR	Geltwil/Vorderwald	Radio Zürisee	0,50
104,7	SUI	GR	Bondo/Bosch Grass	Radio Engiadina	0,10
104,7	SUI	SH	Schaffhausen/Cholfirst	DRS 3	0,45
104,7	SUI	TG	Rorschacherberg/Hof-Vogelherd	Radio Top (Reg. St. Gallen)	0,30
104,8	AUT	ST	Rottenmann/Sonnenberg	Radio Eins	0,06
104,8	D	BAY	Neu-Ulm/FMT Olgastraße	ANTENNE BAYERN	0,10

MHz	Land	REG	Standort	Programm	kW
104,8	D	BAY	Ludwigsstadt/Ebersdorf	B5 aktuell	0,05
104,8	D	BAY	Reit im Winkl-Walmberg	B5 aktuell	0,05
104,8	D	BAY	Rhön-Heidelstein	hr1	50,00
104,8	D	BAY	Pfaffenhofen	Radio IN	0,20
104,8	D	BAY	Neusorg	Radio Ramasuri	0,05
104,8	D	BRE	Bremen/FMT Walle	Hit-Radio Antenne Bremen	0,10
104,8	D	BWÜ	Karlsruhe/Grünwettersbach	Lernradio + Querfunk	1,00
104,8	D	BWÜ	Crailsheim	Radio StHörfunk	0,10
104,8	D	BWÜ	Reutlingen/Scheibengipfel	Radio TON - Neckar-Alb	1,00
104,8	D	MEV	Marlow	Ostseewelle	100,00
104,8	D	NRW	Büren	Radio Hochstift	0,10
104,8	D	NRW	Höxter/Holzminden	Radio Hochstift	0,50
104,8	D	NSA	Bad Iburg	osradio 104,8	1,00
104,8	D	RLP	Bad Kreuznach	bigFM	0,20
104,8	D	SAC	Marktneukirchen	MDR 1 RADIO SACHSEN	0,50
104,8	D	SAC	Annaberg-Buchholz	R.SA	0,50
104,8	D	SAN	Stendal	MDR SPUTNIK	1,00
104,8	D	SHS	Westerland/Sylt	delta radio	5,00
104,8	HOL	LIM	Roermond	Radio 1	100,00
104,8	POL		Bogatynia/Góra Wysoka	ArtRadio - Radio Bogatynia	0,40
104,8	SUI	JU	Bourrignon/Les Ordons	Couleur 3	9,00
104,9	AUT	K	Klagenfurt/Dobratsch	Antenne Kärnten	125,00
104,9	AUT	N	Weitra/Nebelstein	88.6 Das Musikradio	3,03
104,9	AUT	O	Schärding/Schardenberg	KRONEHIT	8,00
104,9	AUT	T	Kufstein/Thierberg	Life Radio Tirol	0,25
104,9	D	BAY	Illesheim (Storck Barracks)	AFN	0,40
104,9	D	BAY	Bad Tölz/Kalvarienberg	B5 aktuell	0,05
104,9	D	BAY	Garmisch-Partenkirchen/Kreuzeck	B5 aktuell	0,10
104,9	D	BAY	Würzburg	zurzeit inaktiv	0,80
104,9	D	BB	Zehlendorf, Krs. Oranienburg	Radio B2	1,25
104,9	D	BWÜ	Offenburg	Radio OHR	5,00
104,9	D	BWÜ	Stuttgart-Münster	sunshine live	1,00
104,9	D	HES	Marburg	Klassik Radio	0,10
104,9	D	NRW	Meschede	Radio Sauerland	0,10
104,9	D	NSA	Aurich	Hit-Radio Antenne Niedersachsen	25,00
104,9	D	NSA	Hannover	RADIO 21	0,50
104,9	D	RLP	Ahrweiler	bigFM	30,00
104,9	D	SAC	Wilthen	ENERGY Sachsen	1,00
104,9	D	SAC	Leipzig/Wiederau	radio SAW	100,00
104,9	D	SHS	Itzehoe	Radio NORA	1,00
104,9	POL		Szczecin/Warszewo	Radio Chili Zet	0,16
104,9	POL		Wrocław/Ślęża	Radio Eska Wrocław	120,00
104,9	SUI	AP	Ruete/Hirschberg	DRS 3	0,10

MHz	Land	REG	Standort	Programm	kW
104,9	SUI	LU	Kriens/Sonnenberg-Langfuren	Radio Pilatus	1,00
104,9	SUI	ZH	Turbenthal/Tössegg	DRS 1	0,03
105,0	AUT	O	Linz/Pöstlingberg	Radio FRO	0,30
105,0	AUT	ST	Eisenerz/Polster	Antenne Steiermark	0,10
105,0	BEL	LIE	Liège	48FM	0,50
105,0	CZE		Varnsdorf/ul. Zhorelecka	Radio Blanik	0,20
105,0	D	BAY	Hohe Linie/Regensburg	B5 aktuell	25,00
105,0	D	BAY	Bad Reichenhall/Kirchholz	Bayern 1	0,30
105,0	D	BB	Brandenburg/Havel	BB Radio	3,00
105,0	D	BWÜ	Iberger Kugel (Isny)	Radio 7	50,00
105,0	D	HES	Wetzlar/Aßlar	ENERGY Rhein-Main	0,50
105,0	D	HES	Südhessen/Krähberg	Hit Radio FFH	20,00
105,0	D	NRW	Monschau	Antenne AC	0,05
105,0	D	NRW	Paderborn-Sennelager	BFBS 2	0,30
105,0	D	NRW	Essen/FMT	Radio Essen	0,10
105,0	D	NRW	Hamm/FMT	Radio Lippe Welle Hamm	0,20
105,0	D	NSA	Damme	N-JOY	1,00
105,0	D	SAA	Neunkirchen/DTAG	103.7 UnserDing	5,00
105,0	D	SAA	Saarbrücken/Winterberg	Deutschlandradio Kultur	5,00
105,0	D	SAN	Fleetmark	MDR SPUTNIK	1,00
105,0	D	SHS	Güby	Deutschlandradio Kultur	0,20
105,0	DNK	FYN	Haarby	VLR	0,16
105,0	DNK	STS	Nakskov	Radio Sydhavsøerne	0,50
105,0	HOL	GEL	Winterswijk	Slingeland FM	0,10
105,0	LUX		Luxemburg-Kirchberg	Eldoradio	1,00
105,0	POL		Zielona Góra/Jemiołów	Polskie Radio Program 1	60,00
105,0	SUI	GR	Laax/Crap Sogn Gion	Radio Grischa	0,20
105,0	SUI	SG	Walenstadtberg/Hintere Wiesen	DRS 3	0,18
105,0	SUI	ZH	Zürich/Werdstraße	Radio 105	1,00
105,1	AUT	O	Bad Ischl/Katrin	FM4	0,60
105,1	AUT	O	Aigen, Mühlkreis	KRONEHIT	0,10
105,1	AUT	ST	Knittelfeld/Eiglerhöhe	Radio Eins	0,05
105,1	AUT	T	Innsbruck/Seegrube	Antenne Tirol	0,20
105,1	AUT	T	St. Johann Tirol/Harschbichl	KRONEHIT	0,10
105,1	AUT	V	Feldkirch/Vorderälpele	Antenne Vorarlberg	0,20
105,1	D	BAY	Nürnberg/FMT Schweinau	Klassik Radio	0,50
105,1	D	BAY	Herzogöd	Radio Ramasuri	0,50
105,1	D	BB	Königs Wusterhausen	Hitradio SKW	0,80
105,1	D	BWÜ	Aalen-Heubach	bigFM	0,30
105,1	D	BWÜ	Blauen	Deutschlandfunk	10,00
105,1	D	HES	Limburg	Deutschlandradio Kultur	0,32
105,1	D	HES	Hoher Meißner	Hit Radio FFH	100,00
105,1	D	MEV	Rügen	Antenne MV	50,00

MHz	Land	REG	Standort	Programm	kW
105,1	D	NRW	Rheinberg/Kamp Lintfort	BFBS 1	0,50
105,1	D	NSA	Rosengarten	Hit-Radio Antenne Niedersachsen	20,00
105,1	D	RLP	Spangdahlem	AFN	0,10
105,1	D	RLP	Kaiserslautern	Deutschlandfunk	0,20
105,1	D	SAA	Merzig/Hilbringen	Radio Merzig	0,10
105,1	D	SAC	Görlitz	R.SA	1,00
105,1	D	THÜ	Schleiz	MDR INFO	0,20
105,1	DNK	SJY	Tinglev	Radio Mojn	0,60
105,1	HOL	OVE	Enschede	Enschede FM	0,05
105,2	D	BAY	Balderschwang/Kreuzle-Alm	Bayern 3	0,02
105,2	D	BAY	Mittenwald/Partenk. Str.	Deutschlandradio Kultur	0,05
105,2	D	BAY	München/Ismaning	Radio Arabella	11,00
105,2	D	BAY	Obergünzburg	RSA - Radio Ostallgäu	0,10
105,2	D	BB	Casekow/Uckermark	Deutschlandfunk	6,00
105,2	D	BWÜ	Mühlacker/Langenbrand	bigFM	20,00
105,2	D	HES	Mainz/Kastell	DASDING	1,00
105,2	D	HES	Gießen	ENERGY Rhein-Main	0,50
105,2	D	NRW	Lindlar	Radio Berg	4,00
105,2	D	NRW	Schöppingen	Radio RST	4,00
105,2	D	NRW	Dorsten	Radio Vest	0,10
105,2	D	NSA	Rinteln	N-JOY	0,04
105,2	D	SAC	Dresden/Wachwitz	Hitradio RTL	100,00
105,2	D	SAN	Magdeburg/Schönebeck, Frohser Berg	MDR SPUTNIK	1,50
105,2	D	SHS	Heide/DTAG	OK Westküste	0,05
105,2	F	59	Lille/Bouvigny le Mont	France Info	400,00
105,2	LUX		Echternach/Mannertgen	Radio ARA	0,10
105,2	SUI	AR	Herisau/Ramsen	Radio FM1 (Reg. Nord)	0,07
105,2	SUI	ZH	Uster/Buechholz	ENERGY Zürich	0,40
105,3	AUT	K	Brückl/Lippekogel	KRONEHIT	0,30
105,3	AUT	N	St. Pölten/Jauerling	KRONEHIT	100,00
105,3	AUT	S	Schwarzach im Pongau/Gern	Antenne Salzburg	0,32
105,3	AUT	T	Wörgl/Werlberg	Antenne Tirol	0,10
105,3	AUT	V	Damüls/Hahnenkopf	Antenne Vorarlberg (geplant)	0,01
105,3	AUT	V	Sonntag/Stein Liftstation	KRONEHIT (geplant)	0,03
105,3	AUT	V	St. Gallenkirch/Tanafreida	KRONEHIT (geplant)	0,03
105,3	CZE		Domažice/Modřinovec	ČRo Plzeň	10,00
105,3	D	BAY	Högl/Freilassing	ANTENNE BAYERN	1
105,3	D	BAY	Augsburg/Haberkirch-Str.	B5 aktuell	0,50
105,3	D	BAY	Kreuzberg/Rhön	B5 aktuell	100,00
105,3	D	BWÜ	Singen/Radolfzell	Radio Seefunk	0,50
105,3	D	MEV	Schwerin/Zippendorf	NDR Info	60,00
105,3	D	NSA	Norden (Krs. Aurich)	Deutschlandradio Kultur	0,25
105,3	D	NSA	Hildesheim	Radio Tonkuhle	1,00

MHz	Land	REG	Standort	Programm	kW
105,3	D	RLP	Koblenz-Rauental	Deutschlandradio Kultur	0,32
105,3	D	RLP	Saarburg/Rauschhof	Deutschlandradio Kultur	0,10
105,3	DNK	SJY	Tønder	Radio 100	0,30
105,3	F	67	Strasbourg/Port du Rhin	Nostalgie	4,00
105,3	HOL	LIM	Hulsberg	Radio 1	10,00
105,3	SUI	BE	Nods/Chasseral	DRS 3	20,00
105,4	AUT	O	Neukirchen/Hohenbramberg	KRONEHIT	0,20
105,4	AUT	T	Haiming/Haiminger Alm	Life Radio Tirol	0,10
105,4	AUT	T	Mayrhofen/Filzenalm	Life Radio Tirol	0,10
105,4	AUT	T	Kössen/Bichlach	Radio U1 Tirol	0,06
105,4	BEL	LIE	Ans	Radio Al Manar	0,50
105,4	D	BAY	Hindelang/Burgschrofen	ANTENNE BAYERN	0,05
105,4	D	BAY	Beilngries	Radio IN	0,10
105,4	D	BAY	Oberammergau/Laber	Radio Oberland	0,10
105,4	D	BWÜ	Balingen-Frommern	ANTENNE 1	0,30
105,4	D	BWÜ	Geislingen/Tegelberg	ANTENNE 1	1,00
105,4	D	BWÜ	Heidelberg/Königsstuhl	bermuda.funk	0,05
105,4	D	BWÜ	Waldshut/Tiengen	Radio Seefunk	0,10
105,4	D	BWÜ	Heidelberg/Königsstuhl	RadioAktiv	0,05
105,4	D	HES	Bad Camberg	harmony.fm	0,20
105,4	D	MEV	Korswandt/Heringsdorf	Antenne MV	10,00
105,4	D	MEV	Ahrenshoop	zurzeit inaktiv	0,00
105,4	D	NRW	Aue/Hohe Hessel	Radio Siegen	4,00
105,4	D	NSA	Cuxhaven/Otterndorf	NDR 1 Niedersachsen	20,00
105,4	D	SAC	Chemnitz/Geyer	Hitradio RTL	100,00
105,4	D	SAN	Wernigerode	Radio Brocken	0,10
105,5	AUT	B	Rechnitz/Hirschenstein	88.6 Das Musikradio	0,25
105,5	AUT	K	Klagenfurt/Dobratsch	Radio dva / Radio Agora	10,00
105,5	AUT	O	Unterach/Ackerschneid	KRONEHIT	0,10
105,5	AUT	T	Vils/Betriebsstelle EWR	Welle 1 Innsbruck	0,09
105,5	D	BAY	Berchtesgarden/Obersalzberg	ANTENNE BAYERN	0,10
105,5	D	BAY	Lam	Radio Charivari	0,10
105,5	D	BAY	Amberg	Radio Galaxy	0,10
105,5	D	BAY	Landau/Isar	Radio Trausnitz	0,30
105,5	D	BB	Berlin/Schäferberg	105,5 Spreeradio	8,00
105,5	D	BWÜ	Bühlertal	Radio OHR	0,50
105,5	D	BWÜ	Bad Mergentheim/Löffelstelzen	SWR4 BW	10,00
105,5	D	HES	Wetzlar/Aßlar	YOU FM	0,32
105,5	D	NRW	Eifel/Bärbelkreuz	1LIVE	20,00
105,5	D	NRW	Teutoburger Wald/Bielstein	1LIVE	100,00
105,5	D	SHS	Henstedt-Ulzburg	Deutschlandradio Kultur	0,10
105,5	SUI	SO	Balsthal/Erzmatt	DRS 3	0,10
105,6	AUT	O	Freistadt/Grünbach	KRONEHIT	0,20

MHz	Land	REG	Standort	Programm	kW
105,6	AUT	ST	Schladming/Planai	KRONEHIT	1,00
105,6	D	BAY	Nürnberg/FMT Schweinau	Deutschlandradio Kultur	0,10
105,6	D	HES	Alsfeld	hr3	0,10
105,6	D	MEV	Rostock/Stadtweide	Ostseewelle	0,16
105,6	D	NRW	Essen/Universität	Campus FM	0,05
105,6	D	RLP	Donnersberg	SWR4 RP	60,00
105,6	D	SAC	Löbau/Schafberg	Hitradio RTL	30,00
105,6	D	SHS	Flensburg/Freienwill	delta radio	20,00
105,6	D	SHS	Lauenburg/Bückener Weg	delta radio	1,20
105,6	D	THÜ	Saalfeld/Remda	Jump	60,00
105,6	POL		Międzyzdroje/Góra Grzywacz	Radio Złote Przeboje 105,6 FM	1,00
105,6	SUI	AR	Säntis	DRS 3	60,00
105,6	SUI	VD	Gingins/Barillette	Couleur 3	19,00
105,7	AUT	ST	Bruck/Mur-Mugel	Antenne Steiermark	7,94
105,7	AUT	T	Kals/GSA Funkstation	Radio Osttirol	0,01
105,7	D	BAY	Wendelstein (Bayrischzell)	B5 aktuell	100,00
105,7	D	BAY	Würzburg/Frankenwarte	B5 aktuell	0,20
105,7	D	BWÜ	Stuttgart/Degerloch	SWR2	80,00
105,7	D	HES	Rothenburg/Fulda	hr3	0,32
105,7	D	HES	Fulda/Künzell-Dicker Turm	Radio BOB!	0,32
105,7	D	NRW	Hallenberg	1LIVE	0,10
105,7	D	NRW	Geldern	Antenne Niederrhein	0,50
105,7	D	NRW	Waldbröhl	Radio Berg	1,00
105,7	D	NRW	Gevelsberg	Radio Ennepe Ruhr	0,10
105,7	D	NSA	Holzminden-Neuhaus	Hit-Radio Antenne Niedersachsen	0,50
105,7	D	NSA	Steinkimmen	Hit-Radio Antenne Niedersachsen	100,00
105,7	D	SAN	Magdeburg/Schönebeck, Frohser Berg	Radio Brocken	15,00
105,7	F	67	Strasbourg/Port du Rhin	RTL	4,00
105,7	HOL	LIM	Heythuysen	Omroep 3ML	0,10
105,7	HOL	LIM	Kerkrade	RTV Parkstad	0,05
105,8	AUT	K	Windischbleiberg/Lausegger	Radio dva / Radio Agora (geplant)	0,02
105,8	AUT	K	Winklern/Penzelberg	Radio Osttirol	0,03
105,8	AUT	ST	Köflach/Gößnitzberg	KRONEHIT	0,10
105,8	AUT	W	Wien/Kahlenberg	KRONEHIT	100,00
105,8	CZE		Klatovy/Doubrava	Hitradio FM Plus	10,00
105,8	D	BAY	Ansbach	Radio Galaxy	0,10
105,8	D	HES	Kassel/Tannenwäldchen	Freies Radio Kassel	0,50
105,8	D	MEV	Grevesmühlen/Hamberge	Antenne MV	0,16
105,8	D	MEV	Helpterberg	Ostseewelle	100,00
105,8	D	NRW	Köln/Colonius	Radio Erft	1,00
105,8	D	NSA	Hildesheim/Sibbesse (Griesberg)	RADIO 21	1,00
105,8	D	RLP	Trier/Petrisberg	Rockland Radio	0,10
105,8	D	SHS	Ahrensburg	Oldie 95	0,50

MHz	Land	REG	Standort	Programm	kW
105,8	D	THÜ	Gera	LandesWelle Thüringen	1,00
105,8	D	THÜ	Nordhausen/Hesseröder Berg	LandesWelle Thüringen	0,10
105,8	D	THÜ	Mühlhausen	MDR INFO	0,10
105,8	D	THÜ	Sonneberg-Stadt	MDR INFO	0,10
105,8	DNK	SJY	Tønder	Radio Globus Guld	0,30
105,8	POL		Jelenia Góra/Góra Baraniec	Muzyczne Radio	10,00
105,8	SUI	BE	Beatenberg/Niederhorn	DRS 3	3,90
105,8	SUI	ZH	Uetliberg	DRS 3	1,80
105,9	AUT	O	Obertraun/Krippenstein	Freies Radio Salzkammergut	0,04
105,9	AUT	S	Zell a. See/Lechnereck	Antenne Salzburg	0,79
105,9	AUT	S	St. Michael Lungau/Aineck	KRONEHIT	0,20
105,9	AUT	ST	Admont/Vordergofelalm	KRONEHIT (geplant)	0,01
105,9	AUT	T	Innsbruck/Schlotthof	Freirad	0,32
105,9	BEL	LIE	Raeren-Petergensfeld	BRF 2	0,10
105,9	D	BAY	Passau/Kühberg	B5 aktuell	0,30
105,9	D	BAY	Nabburg	Radio Charivari	0,30
105,9	D	BB	Frankfurt/O.	zurzeit inaktiv	1,60
105,9	D	BWÜ	Ulm/Ermingen	Donau 3 FM	5,00
105,9	D	BWÜ	Rastatt	zurzeit inaktiv	0,10
105,9	D	HES	Gr. Feldberg/Taunus	Hit Radio FFH	100,00
105,9	D	NSA	Bramsche-Engter	Hit-Radio Antenne Niedersachsen	10,00
105,9	D	SAC	Oschatz/Collmberg	MDR INFO	30,00
105,9	D	SHS	Kiel/Kronshagen	delta radio	15,00
105,9	SUI	SG	Thal/Brunnenacker	Radio L	0,20
105,9	SUI	TG	Wagenhausen/Späckhof Stammerberg	Radio Munot	0,02
106,0	AUT	O	Windischgarsten/Kleinerberg	KRONEHIT	0,10
106,0	AUT	O	Steyr/Tröschberg	Life Radio	0,01
106,0	AUT	ST	Hieflau/Buchegg	KRONEHIT (geplant)	0,03
106,0	AUT	T	Landeck/Krahberg	Life Radio Tirol	1,00
106,0	AUT	T	Lienz/Stronach	zurzeit inaktiv	0,32
106,0	D	BAY	Weiler/Allgäu	ANTENNE BAYERN	0,10
106,0	D	BB	Berlin/Alexanderplatz	Radio France Internationale	1,00
106,0	D	BWÜ	Bad Mergentheim/Löffelstelzen	ANTENNE 1	0,10
106,0	D	BWÜ	Blauen	baden.fm	8,40
106,0	D	BWÜ	Rottweil/Rote Steig	Deutschlandfunk	0,05
106,0	D	MEV	Güstrow	Deutschlandfunk	0,79
106,0	D	NRW	Warburg	1LIVE	0,50
106,0	D	NRW	Düsseldorf	BFBS 1	0,25
106,0	D	NRW	Hückeswagen	BFBS 1	0,20
106,0	D	NSA	Göttingen	Hit-Radio Antenne Niedersachsen	5,00
106,0	D	NSA	Aurich	Pfarrfunk Lamberti-Kirche	0,01
106,0	D	NSA	Stade/Buxtehude	zurzeit inaktiv	1,00

MHz	Land	REG	Standort	Programm	kW
106,0	D	SAC	Schöneck/Vogtland	Hitradio RTL	30,00
106,0	F	67	Schirmeck/centre médical	Virgin Radio	0,20
106,0	HOL	LIM	Velden	Maasland Radio	0,06
106,0	POL		Żagań/Wichów	Radio Zachód	30,00
106,0	SUI	BE	Langnau i.E./Dürsrüti	Radio Neo1	0,15
106,0	SUI	SG	St. Gallen/Chirchli Peter und Paul	DRS 3	0,03
106,0	SUI	TI	Carona/Mte. San Salvatore	Rete Tre	17,00
106,1	AUT	B	Rechnitz/Hirschenstein	Antenne Steiermark	3,02
106,1	AUT	N	Scheibbs/Holzkogel	88.6 Das Musikradio	0,15
106,1	AUT	ST	Kapfenberg/Oberkapfenstein	KRONEHIT	0,16
106,1	AUT	ST	Seckau/Stift	Radio Eins (geplant)	0,01
106,1	AUT	T	Kufstein/Thierberg	Antenne Tirol	0,07
106,1	AUT	V	Feldkirch/Vorderälpele	Radio L	0,25
106,1	AUT	V	Mittelberg/Gundkopf	RSA Radio/Allgäu-Sender	0,10
106,1	D	BAY	Gelbelsee/Ingolstadt	B5 aktuell	10,00
106,1	D	BAY	Burglesau	Radio Bamberg	0,10
106,1	D	BB	Casekow/Uckermark	Radioeins	63,00
106,1	D	BWÜ	Göppingen	Die neue 107.7	1,00
106,1	D	BWÜ	Heidelberg/Königsstuhl	sunshine live	1,00
106,1	D	NRW	Eifel/Bärbelkreuz	Deutschlandradio Kultur	20,00
106,1	D	NRW	Olsberg	Deutschlandradio Kultur	10,00
106,1	D	NRW	Kalkar	zurzeit inaktiv	1,00
106,1	D	NSA	Stadthagen/Schlossparkschule	Deutschlandfunk	1,00
106,1	D	NSA	Zernien	Hit-Radio Antenne Niedersachsen	25,00
106,1	D	NSA	Herzlake	Pfarrfunk St. Nikolaus Kirche	0,01
106,1	D	RLP	Baumholder (Smith Barracks)	AFN	0,01
106,1	D	RLP	Pirmasens/Biebermühlenstr.	Deutschlandfunk	0,40
106,1	D	RLP	Kirn	SWR4 RP	0,01
106,1	D	SAA	Mettlach/St. Gangolf	Radio Merzig	0,10
106,1	D	SAC	Dresden/Wachwitz	MDR INFO	0,5
106,1	D	SAC	Ebersbach	R.SA	0,50
106,1	D	THÜ	Jena	LandesWelle Thüringen	1,00
106,1	D	THÜ	Arnstadt	MDR INFO	0,50
106,1	DNK	SJY	Sønderborg/Ullerup	Skala FM	0,02
106,1	F	57	Sarrebourg/Château d'Eau	Europe 1	1,00
106,1	SUI	SG	Rüthi/Bismer	Radio L	0,25
106,2	AUT	K	Radenthein/Landstraße 1	Radio Real CMP	0,02
106,2	AUT	N	Krems/Kraftwerk Theiß	88.6 Das Musikradio	0,20
106,2	AUT	S	Salzburg/Gaisberg	Welle 1 Salzburg	4,00
106,2	AUT	ST	Voitsberg/Arnstein	Radio West	0,05
106,2	D	BAY	Erlangen	afk max	0,10
106,2	D	BAY	Rhön-Heidelstein	hr3	50,00
106,2	D	BAY	Schliersee	Radio Alpenwelle	0,10

MHz	Land	REG	Standort	Programm	kW
106,2	D	BAY	Garmisch-Partenkirchen/Kreuzeck	Radio Oberland	0,20
106,2	D	BB	Belzig	Antenne Brandenburg	100,00
106,2	D	BWÜ	Riedlingen	Donau 3 FM	0,50
106,2	D	NRW	Bielefeld	Deutschlandradio Kultur	0,10
106,2	D	NRW	Oberhausen	Radio Oberhausen	0,10
106,2	D	NSA	Bremerhaven/Schiffdorf	Deutschlandradio Kultur	5,00
106,2	D	RLP	Traben-Trarbach (Mt. Royal)	Deutschlandradio Kultur	0,20
106,2	D	SAA	Perl/Hammelsberg (Moseltal)	Deutschlandradio Kultur	0,10
106,2	D	SAC	Kamenz/Hutberg	R.SA	
106,2	D	SHS	Bungsberg	Radio NORA	0,13
106,2	DNK	SJY	Bylderup Bov	Radio Mojn	0,16
106,2	SUI	GR	Mon/Scarnoz	Radio Grischa	0,13
106,2	SUI	SZ	Rigi-Kulm	Rete Uno	22,50
106,3	AUT	B	Mattersburg/Heuberg	88.6 Das Musikradio	1,00
106,3	AUT	K	Friesach/Lorenzenberg	KRONEHIT	0,03
106,3	AUT	ST	Schladming/Hochwurzen	Radio Eins	2,09
106,3	D	BAY	Burgbernheim/Bad Windsheim	Deutschlandfunk	0,10
106,3	D	BAY	Pressig/Marienroth-Pfaffenberg	Radio EINS	0,02
106,3	D	BAY	Pfronten-Eisenberg	RSA - Radio Ostallgäu	0,50
106,3	D	BB	Spremberg	94.3 rs2	4,00
106,3	D	BWÜ	Hornisgrinde	Deutschlandfunk	80,00
106,3	D	MEV	Schwerin	Deutschlandfunk	2,00
106,3	D	NRW	Dülmen	Radio Kiepenkerl	0,02
106,3	D	NSA	Osnabrück/Schleptruper Egge	BFBS 2	0,10
106,3	D	NSA	Harz-Torfhaus	Hit-Radio Antenne Niedersachsen	100,00
106,3	D	RLP	Bingen/Rochusberg	Deutschlandradio Kultur	0,20
106,3	D	RLP	Bad Marienberg	SWR4 RP	25,00
106,3	D	SAC	Chemnitz	Deutschlandradio Kultur	0,50
106,3	POL		Świnoujście/Chrobrego	Radio Szczecin	10,00
106,4	AUT	T	Lienz/Hochstein	Antenne Tirol	0,47
106,4	CZE		České Budějovice/Klet	ČRo Česke Budějovice	78,00
106,4	D	BAY	Fürstenfeldbruck	106.4 TOP FM	5,00
106,4	D	BAY	Aschaffenburg/Pfaffenberg	B5 aktuell	25,00
106,4	D	BAY	Berchtesgaden/Schönau	B5 aktuell	0,30
106,4	D	BAY	Königstein	Radio Ramasuri	0,07
106,4	D	BWÜ	Bad Säckingen/Eggberg	DRS 1 (SUI)	0,25
106,4	D	NRW	Aachen-Stolberg	1LIVE	20,00
106,4	D	NRW	Herzebrock-Clarholz	St.-Laurentius-Kirche	0,01
106,4	D	NSA	Damme	NDR Info	0,50
106,4	D	RLP	Trier/Petrisberg	bigFM	0,10
106,4	D	RLP	Idar-Oberstein	SWR4 RP	1,00
106,4	D	SAC	Marktneukirchen	MDR FIGARO	0,20
106,4	D	SAC	Zittau	MDR INFO	0,20

MHz	Land	REG	Standort	Programm	kW
106,4	D	SAC	Riesa	R.SA	2,00
106,4	D	SAN	Köthen	MDR INFO	0,30
106,4	D	SHS	Neumünster-Armstedt	NDR 1 Welle Nord	20,00
106,4	POL		Zielona Góra/Jemiołów	Radio RMF FM	60,00
106,4	SUI	SH	Schleitheim/Birbistel	DRS 3	0,02
106,5	AUT	O	Braunau/Handenberg	Life Radio	0,22
106,5	AUT	O	Braunau/Schwand	Life Radio	0,11
106,5	AUT	ST	Neumarkt/Kulmeralpe	Antenne Steiermark	0,20
106,5	AUT	T	Innsbruck/Patscherkofel	KRONEHIT	32,00
106,5	AUT	V	Bregenz/Pfänder	Antenne Vorarlberg	50,35
106,5	CZE		Chomutov/Jedlavá	Radio Blanik	10,00
106,5	D	BAY	Nürnberg/Karolinenstraße	afk max	0,10
106,5	D	BWÜ	Heidelberg-Weststadt	Deutschlandfunk	0,40
106,5	D	BWÜ	Kirchheim/Teck	Die neue 107.7	0,10
106,5	D	HES	Gernsbach	Veranstaltungsfunk	0,10
106,5	D	MEV	Rostock/Stadtweide	Deutschlandfunk	1,00
106,5	D	NRW	Arnsberg/Galgenberg	Radio Sauerland	0,25
106,5	D	NRW	Hallenberg	Radio Sauerland	0,50
106,5	D	NSA	Nordhorn	BFBS 1	0,10
106,5	D	NSA	Hannover/Buchholz	LeineHertz 106einhalb	0,30
106,5	D	NSA	Oldenburg/Wahnbek	oldenburg eins	1,00
106,5	D	RLP	Bad Kreuznach	Deutschlandfunk	0,05
106,5	D	SAC	Leipzig/Wiederau	MDR 1 SACHSEN-ANHALT	30,00
106,5	D	SAC	Wilthen	R.SA	1,00
106,5	D	SHS	Flensburg	Klassik Radio	0,50
106,5	D	THÜ	Eisenach	Deutschlandfunk	0,50
106,5	HOL	GRO	Ter Apel	Radio Westerwolde	0,10
106,5	LUX		Echternach/Mannertgen	Radio Aktiv	0,10
106,5	SUI	LU	Werthenstein/Großburst	Radio Pilatus	0,05
106,5	SUI	SZ	Feusisberg/Strickli	Radio FM1 (Reg. Nord)	0,50
106,6	AUT	K	Steuerberg/Hinterwachsenberg	KRONEHIT	0,10
106,6	AUT	K	Zell/Pfarre	Radio dva / Radio Agora	0,02
106,6	AUT	K	Spittal a.d. Drau/Oberamlach	Welle 1	0,10
106,6	AUT	N	Waidhofen (Ybbs)/Mühlberg	88.6 Das Musikradio	0,10
106,6	AUT	O	Freistadt/Bundesgymnasium	Radius 106,6	0,01
106,6	AUT	O	Kremsmünster/Gusterberg	Welle 1 Oberösterreich	0,09
106,6	AUT	S	Badgastein/Stubnerkogel	KRONEHIT	0,10
106,6	AUT	S	Salzburg/Maria Plain	LoungeFM	0,40
106,6	AUT	ST	Deutschlandsberg/Ulrichsberg	Das Soundportal	0,10
106,6	AUT	ST	Bruck/Mur-Mugel	Radio Grün-Weiß	1,20
106,6	D	BAY	Eichstätt	ANTENNE BAYERN	0,50
106,6	D	BAY	Landshut/Altdorf	B5 aktuell	1,00
106,6	D	BAY	Rosenheim/Dandlberg	Radio Galaxy	0,10

MHz	Land	REG	Standort	Programm	kW
106,6	D	BB	Pritzwalk	Antenne Brandenburg	100,00
106,6	D	BWÜ	Titisee-Neustadt/Hochfirst	baden.fm	0,25
106,6	D	BWÜ	Waldenburg	SWR4 BW	50,00
106,6	D	HES	Fritzlar	hr iNFO	0,10
106,6	D	HES	Fulda/Künzell-Peter Henlein-Str.	hr2-kultur	0,30
106,6	D	HES	Bad Nauheim/Nieder-Mörlen	Radio BOB!	0,50
106,6	D	HES	Eschwege	YOU FM	0,10
106,6	D	NRW	Warburg	Deutschlandfunk	0,20
106,6	D	NRW	Lemgo	Radio Lippe	1,00
106,6	D	NRW	Lübbecke	Radio Westfalica	0,10
106,6	D	NSA	Esterwegen	Kirchenfunk St. Johannes	0,01
106,6	D	RLP	Mainz-Uniklinik	Antenne Mainz	0,32
106,6	D	RLP	Zweibrücken	bigFM	0,20
106,6	D	THÜ	Weimar (Schloß Belvedere)	Bauhaus FM	2,00
106,6	D	THÜ	Weimar (Schloß Belvedere)	Radio Funkwerk	2,00
106,6	D	THÜ	Weimar (Schloß Belvedere)	Radio LOTTE	2,00
106,6	DNK	SJY	Skærbæk	Lumi Radio Syd/Radio Sydvest	0,16
106,6	POL		Żary/Wieża wodociągowa	Radio Eska 106,6 FM	0,22
106,6	SUI	BE	Urtenen-Schönbühl SBB/Bahnhofstr.5	ENERGY Bern	0,10
106,7	AUT	N	Wiener Neustadt/Hornstein	88.6 Das Musikradio	1,00
106,7	AUT	S	Fuschl/St. Gilgen-Zwölferhorn	Antenne Salzburg	0,05
106,7	CZE		Plzeň/Radeč	ČRo Plzeň	10,00
106,7	D	BAY	Wendelstein (Bayrischzell)	ANTENNE BAYERN	0,10
106,7	D	BAY	Herzogstand	B5 aktuell	0,10
106,7	D	NRW	Langenberg	1LIVE	80,00
106,7	D	NSA	Bergen-Hohne	BFBS 1	0,20
106,7	D	NSA	Hann. Münden/Lutterberg	Hit-Radio Antenne Niedersachsen	0,50
106,7	D	RLP	Kalmit	bigFM	19,30
106,7	D	SAC	Pulsnitz	Deutschlandradio Kultur	0,50
106,7	D	SAN	Aschersleben/Schneidlingen	MDR INFO	0,50
106,7	D	THÜ	Sonneberg/Blessberg	LandesWelle Thüringen	60,00
106,7	DNK	SJY	Lundtoft - Ny Skovbøl	Radio Globus Guld	0,50
106,7	POL		Bogatynia/KWB Bogatynia	Muzyczne Radio	0,16
106,7	POL		Świeradów Zdroj/Góra Świaradowiec	Muzyczne Radio	5,00
106,7	POL		Szczecin/Kołowo	Radio RMF FM	60,00
106,7	SUI	ZH	Uetliberg	Radio Zürisee	1,00
106,8	AUT	K	Wolfsberg/Koralpe	Radio dva / Radio Agora	1,00
106,8	AUT	ST	Admont/Vordergoferalm	Antenne Steiermark	0,03
106,8	AUT	T	Kitzbühel/Hahnenkamm	Life Radio Tirol	1,00
106,8	AUT	T	Haiming/Haiminger Alm	Radio U1 Tirol	0,40
106,8	D	BB	Berlin/Scholzplatz	Jazz Radio	2,00
106,8	D	BWÜ	Nürtingen/Oberensingen	Die neue 107.7	1,00

MHz	Land	REG	Standort	Programm	kW
106,8	D	HAM	Hamburg/Moorfleet	alster radio 106!8 rock'n pop	32,00
106,8	D	HES	Hanau/Maintal-Wachenbuchen	harmony.fm	0,50
106,8	D	HES	Driedorf	Hit Radio FFH	32,00
106,8	D	MEV	Greifswald	Deutschlandradio Kultur	0,16
106,8	D	NRW	Borgholzhausen	Radio Gütersloh	0,40
106,8	D	NSA	Hameln	BFBS 2	0,10
106,8	D	THÜ	Nordhausen/Hesseröder Berg	ANTENNE THÜRINGEN	0,10
106,8	DNK	SJY	Møgeltønder	Lumi Radio Syd/Radio Sydvest	0,25
106,8	F	57	Metz/Luttange	France Info	100,00
106,8	POL		Poznań/Śrem	Radio Maryja	120,00
106,9	AUT	ST	Unzmarkt/Rittersberg	Radio Eins	0,10
106,9	AUT	W	Wien/Himmelhof	Ö2 Radio Niederösterreich	0,30
106,9	D	BAY	Brotjacklriegel	B5 aktuell	100,00
106,9	D	BAY	Grünten	B5 aktuell	100,00
106,9	D	BAY	Nürnberg/Business Tower	ENERGY Nürnberg	0,30
106,9	D	BAY	Würzburg/Frankenwarte	Radio Gong 106,9	5,00
106,9	D	BWÜ	Leonberg	ANTENNE 1	0,10
106,9	D	HES	Hofgeismar	Deutschlandfunk	1,00
106,9	D	HES	Bad Hersfeld	hr iNFO	0,32
106,9	D	NRW	Schleiden	Radio Euskirchen	4,00
106,9	D	NSA	Aurich	Deutschlandradio Kultur	1,00
106,9	D	NSA	Braunschweig/Broitzem	Hit-Radio Antenne Niedersachsen	13,00
106,9	D	NSA	Lingen/Damaschke	RADIO 21	0,50
106,9	D	RLP	Bingen/Rochusberg	Hit Radio FFH	0,32
106,9	D	SAC	Leipzig	Hitradio RTL	100,00
106,9	D	SAC	Görlitz/Jauernick	MDR INFO	1,00
106,9	DNK	STS	Rødby	Radio Sydhavsøerne	0,16
106,9	F	67	Strasbourg/Port du Rhin	BFM	1,00
106,9	SUI	BL	Sissach/Sissacher Flue	Radio Basilisk	0,30
107,0	AUT	ST	Übelbach/Palpas	KRONEHIT	0,10
107,0	AUT	T	Inntal/Ebbs-Oberbuchberg	B5 aktuell	0,05
107,0	BEL	LIE	Welkenraedt	Radio Contact	1,00
107,0	D	BAY	Ingolstadt/Stammhaus	Deutschlandfunk	0,20
107,0	D	BB	Angermünde	POWER RADIO	0,50
107,0	D	BWÜ	Pforzheim/Wartberg	ANTENNE 1	1,00
107,0	D	BWÜ	Wannenberg	Radio Seefunk	5,00
107,0	D	BWÜ	Freiburg-Lehen	SWR1 BW	0,10
107,0	D	HES	Darmstadt	hr iNFO	5,00
107,0	D	MEV	Röbel	NDR 2	60,00
107,0	D	NRW	Olsberg	1LIVE	10,00
107,0	D	SAC	Sohland	R.SA	0,20
107,0	D	SAC	Freital/Windberg	Radio Dresden	0,20
107,0	D	THÜ	Mühlhausen	Deutschlandfunk	1,00

MHz	Land	REG	Standort	Programm	kW
107,0	DNK	SJY	Guderup-Sjellerup	Radio Als	0,16
107,0	F	67	Sarre-Union/TDF Domfessel	France Bleu Alsace	0,20
107,0	HOL	GRO	Vlagtwedde	Radio Westerwolde	0,10
107,0	HOL	LIM	Landgraaf	RTV Parkstad	0,05
107,0	SUI	GR	Valzeina/Mittagplatte	Radio Grischa	3,00
107,1	AUT	K	Viktring/Stifterkogel	Welle 1	0,10
107,1	AUT	N	Krems/Kraftwerk Theiß	Radio Arabella Tulln 99,4	0,36
107,1	AUT	O	Freistadt/Oberrauchenödt	Freies Radio Freistadt	0,52
107,1	AUT	O	Freistadt/Oberrauchenödt	KRONEHIT (geplant)	1,00
107,1	AUT	S	Abtenau (Buchberg)	KRONEHIT (geplant)	0,1
107,1	AUT	S	Zell a. See/Bruck	Welle 1 Salzburg	0,32
107,1	AUT	ST	Altenmarkt a.d. Enns/Schweigerberg	KRONEHIT (geplant)	0,01
107,1	AUT	T	Lienz/Hochstein	KRONEHIT	0,50
107,1	AUT	T	Landeck/Krahberg	Welle 1 Innsbruck	0,35
107,1	D	BAY	Bad Reichenhall/Kirchholz	B5 aktuell	0,05
107,1	D	BAY	Ochsenkopf	B5 aktuell	100,00
107,1	D	BAY	Traunstein/Hochberg	B5 aktuell	5,00
107,1	D	BRE	Bremen/FMT Walle	Deutschlandfunk	100,00
107,1	D	BWÜ	Aalen	DASDING	
107,1	D	BWÜ	Wangen-Salen/Unterbühlhof	DRS 3 (SUI)	0,03
107,1	D	BWÜ	Wiesloch/Altwiesloch	sunshine live	0,10
107,1	D	MEV	Heringsdorf	Deutschlandradio Kultur	0,50
107,1	D	NRW	Köln/Sternengasse	Radio Köln	0,50
107,1	D	NSA	Göttingen	StadtRadio Göttingen	1,00
107,1	D	RLP	Haardtkopf	SWR4 RP	25,00
107,1	D	SAC	Zittau	Jump	0,50
107,1	D	SAN	Dessau	Deutschlandfunk	0,30
107,1	D	SAN	Sangershausen	Radio Brocken	0,10
107,1	HOL	LIM	Horst	Radio Reindonk	0,10
107,1	SUI	SG	Rüthi/Bismer	DRS 3	0,10
107,1	SUI	SZ	Oberiberg/Gadenstatt	Radio Central	0,02
107,2	AUT	ST	Knittelfeld/Feistritzer Wald	KRONEHIT	0,05
107,2	AUT	ST	Öblarn/Strimitzen	z.Z. inaktiv	0,11
107,2	D	BAY	München-Olympiaturm	Klassik Radio	1,00
107,2	D	BB	Cottbus/Calau	BB Radio	100,00
107,2	D	BWÜ	Schussental	DASDING	0,10
107,2	D	HES	Michelstadt	Deutschlandradio Kultur	0,10
107,2	D	NRW	Ederkopf	1LIVE	15,00
107,2	D	NRW	Warendorf	Deutschlandfunk	1,00
107,2	D	RLP	Mainz	Deutschlandradio Kultur	0,40
107,2	D	RLP	Kettrichhof	SWR3	5,00
107,2	D	SAC	Bärenstein	Radio Erzgebirge	0,16
107,2	D	SAN	Schneidlingen	Rockland	2,40

MHz	Land	REG	Standort	Programm	kW
107,2	D	SHS	Süderlügum/Niebüll	Radio NORA	0,16
107,2	D	THÜ	Weimar	ANTENNE THÜRINGEN	0,25
107,2	HOL	LIM	Margraten	Radio Mergelland	0,10
107,3	AUT	N	Waidhofen (Ybbs)/Eben	Radio Arabella 96,5	0,20
107,3	AUT	O	Gmunden/Grünberg	Freies Radio Salzkammergut	0,10
107,3	AUT	ST	Köflach/Gößnitz Dorf 19	Radio West	0,10
107,3	AUT	W	Wien/Donauturm	Radio Stephansdom	2,00
107,3	D	BAY	Ansbach/Katterbach	AFN	0,25
107,3	D	BAY	Balderschwang/Kreuzle-Alm	B5 aktuell	0,02
107,3	D	BAY	Burglengenfeld	Deutschlandradio Kultur	0,10
107,3	D	BAY	Kaufbeuren	Deutschlandradio Kultur	0,10
107,3	D	BAY	Rhön-Heidelstein	hr4	50,00
107,3	D	BB	Casekow/Uckermark	94.3 rs2	20,00
107,3	D	BWÜ	Kehlstein/Obersalzberg	die neue welle	0,10
107,3	D	BWÜ	Raichberg	SWR4 BW	25,00
107,3	D	MEV	Schwerin	Ostseewelle	100,00
107,3	D	NRW	Höxter	1LIVE	0,50
107,3	D	NRW	Wickede	Hellweg Radio	0,20
107,3	D	SAC	Limbach-Oberfrohna	Radio Chemnitz	0,10
107,3	D	SAN	Halle-Stadt	MDR FIGARO	0,10
107,3	D	SHS	Flensburg/Fuchsb.-Engelsby	DR P2 (DNK)	0,50
107,3	F	57	Metz/Tour de Marronniers	NRJ	1,00
107,3	HOL	LIM	Sittard	Streekomroep START	0,10
107,3	LUX		Grevenmacher/Potaschberg	Eldoradio	0,10
107,3	SUI	BE	Nods/Chasseral	Rete Uno	20,00
107,4	AUT	K	Spittal/Drau-Goldeck	Antenne Kärnten	4,00
107,4	AUT	T	Reutte/Hahnenkamm	KRONEHIT	0,28
107,4	AUT	T	Jenbach/Larchkopf	Life Radio Tirol	0,35
107,4	D	BAY	Hofheim	RADIO PRIMATON (gepl.)	0,00
107,4	D	BAY	Pfarrkirchen	Radio Trausnitz	1,00
107,4	D	BWÜ	Gosbach	Die neue 107.7	0,10
107,4	D	BWÜ	Neumühl-Lahr	Radio OHR	5,00
107,4	D	HES	Korbach	harmony.fm	0,20
107,4	D	MEV	Anklam	Deutschlandfunk	1,00
107,4	D	NRW	Bad Münstereifel	Radio Euskirchen	0,10
107,4	D	NRW	Coesfeld	Radio Kiepenkerl	1,00
107,4	D	NRW	Extertal-Linderhofe	Radio Lippe	1,00
107,4	D	NRW	Wuppertal/FMT Westfalenweg	Radio Wuppertal 107,4	1,00
107,4	D	NSA	Hannover/Telemax	Klassik Radio	0,20
107,4	D	RLP	Koblenz (Dieblich-Naßheck)	SWR4 RP	40,00
107,4	D	SAC	Grimma	R.SA	2,00
107,4	D	SAN	Magdeburg/Kapaunberg	MDR FIGARO	30,00
107,4	D	SHS	Kaltenkirchen/Kisdorf	delta radio	20,00

MHz	Land	REG	Standort	Programm	kW
107,4	D	SHS	Helgoland	Deutschlandfunk	0,05
107,4	D	THÜ	Nordhausen/Hesseröder Berg	Klassik Radio	0,20
107,4	HOL	LIM	Roermond	Omroep Vox	0,04
107,4	HOL	LIM	Roermond	RTV Roermond	0,50
107,4	HOL	OVE	Oldenzaal	Accent FM	0,08
107,4	SUI	GR	Surcuolm/Piz Mundaun	Radio Grischa	0,20
107,4	SUI	ZH	Hinwil/Bachtel	Radio Zürisee	0,50
107,5	AUT	K	Windischbleiberg	Radio dva / Radio Agora	0,02
107,5	AUT	O	Gosau/Bergstation	Freies Radio Salzkammergut	0,06
107,5	AUT	S	Salzburg Stadt/Maria Plain	Radiofabrik	0,50
107,5	AUT	ST	Graz/Plabutsch-Fürstenstand	KRONEHIT	1,00
107,5	AUT	ST	Leoben/Galgenberg	KRONEHIT	0,20
107,5	AUT	ST	Bad Mitterndorf/Kulmschanze	KRONEHIT (geplant)	0,13
107,5	AUT	V	Bregenz/Pfänder	DRS 3 (SUI)	2,00
107,5	D	BAY	Burgberg/Halden	B5 aktuell	0,01
107,5	D	BAY	Regensburg/Ziegetsberg	egoFM	0,30
107,5	D	BB	Berlin/Schäferberg	BB Radio	13,00
107,5	D	BWÜ	Buchen-Walldürn	SWR4 BW	25,00
107,5	D	HES	Gießen	Deutschlandradio Kultur	0,32
107,5	D	HES	Bensheim-Auerbach	harmony.fm	0,20
107,5	D	HES	Kassel/Wilhelmshöher Allee	hr iNFO	1,00
107,5	D	HES	Frankfurt	Klassik Radio	0,20
107,5	D	NRW	Siegen/Giersberg	1LIVE	0,50
107,5	D	NRW	Oelde-Stromberg	Radio Gütersloh	1,00
107,5	D	NRW	Linnich	Radio rur	0,10
107,5	D	NSA	Uelzen	Deutschlandfunk	0,50
107,5	D	SAA	Saarbrücken/Winterberg	Deutschlandradio Kultur (gepl.)	0,40
107,5	D	SAC	Meißen/Korbitz	Radio Dresden	0,20
107,5	D	THÜ	Altenburg/Weißer Berg	Klassik Radio	0,50
107,5	DNK	SJY	Nordborg	NOVA FM	0,05
107,5	DNK	STS	Nakskov	Radio Lolland	0,16
107,5	HOL	LIM	Molenhoek	Nima FM	0,04
107,5	SUI	SH	Hallau/Bürgerheim	Radio Munot	0,02
107,6	AUT	K	St. Veit/Zensweg	KRONEHIT	0,10
107,6	AUT	K	Villach/Oswaldiberg	KRONEHIT	0,20
107,6	AUT	T	Landeck/Krahberg	KRONEHIT	0,35
107,6	D	BAY	Hühnerberg/Harburg	B5 aktuell	11,00
107,6	D	BWÜ	Tuttlingen/Witthoh-Nord	Radio Neckarburg (geplant)	0,10
107,6	D	MEV	Garz/Rügen	Ostseewelle	50,00
107,6	D	NRW	Euskirchen/Kuchenheim	Radio 700	0,01
107,6	D	NRW	Wesel-Büderich	Radio K.W.	0,20
107,6	D	NRW	Leverkusen	Radio Leverkusen	0,10
107,6	D	NRW	Sundern	Radio Sauerland	0,50

MHz	Land	REG	Standort	Programm	kW
107,6	D	NRW	Bad Godesberg/Mehlem	zurzeit inaktiv	0,08
107,6	D	NSA	Lorup	Kirchenfunk St. Marien	0,01
107,6	D	NSA	Bremen/FMT Walle	RADIO 21	0,10
107,6	D	NSA	Hameln/FMT	radio ffn	0,05
107,6	D	RLP	Bornberg	bigFM	25,00
107,6	D	SAC	Löbau/Schafberg	Radio Lausitz	30,00
107,6	D	THÜ	Saalfeld/Remda	ANTENNE THÜRINGEN	60,00
107,6	DNK	SJY	Stubbæk	Radio Mojn	0,60
107,6	SUI	BL	Bettingen/St. Chrischona	Radio Basilisk	4,00
107,6	SUI	NW	Wolfenschiessen/Stöck	Radio Central	0,05
107,7	AUT	N	Traisen/Tarschberg	Radio Arabella 96.5	0,10
107,7	AUT	0	Steyr/Tröschberg	Radio Arabella Linz 96,7	0,03
107,7	AUT	ST	Bad Aussee/Tressenstein	KRONEHIT	0,03
107,7	AUT	ST	Murau/Stolzalpe	KRONEHIT	0,10
107,7	AUT	ST	Bad Aussee/Tressenstein	KRONEHIT (geplant)	0,32
107,7	D	BAY	Vilseck	AFN	0,25
107,7	D	BAY	Hochries	ANTENNE BAYERN	50,00
107,7	D	BWÜ	Freiburg-Littenweiler	baden.fm	0,50
107,7	D	BWÜ	Stuttgart	Die neue 107.7	4,00
107,7	D	BWÜ	Weinheim/Wachenburg	sunshine live	0,10
107,7	D	HAM	Hamburg-Lohbrügge	delta radio	0,10
107,7	D	HES	Hanau/Maintal-Wachenbuchen	Deutschlandradio Kultur	0,32
107,7	D	HES	Korbach	Hit Radio FFH	20,00
107,7	D	MEV	Güstrow	Antenne MV	1,30
107,7	D	NRW	Hagen/Goldberg	107.7 Radio Hagen	0,20
107,7	D	NRW	Bad Oeynhausen/Wittekindsberg	1LIVE	0,10
107,7	D	NRW	Belecke	Hellweg Radio	0,20
107,7	D	NSA	Cuxhaven	Deutschlandradio Kultur	20,00
107,7	D	RLP	Betzdorf	bigFM	0,50
107,7	D	SAC	Fichtelberg	R.SA / R. Erzgebirge	2,00
107,7	D	SAN	Wittenberg/Gallunberg	Deutschlandradio Kultur	0,50
107,7	DNK	SJY	Højer N.	Radio Globus Guld	0,16
107,7	F	62	Mametz/Aire de Repos	107.7 FM (Autoroute Info)	0,20
107,7	F	67	Drüllingen/Péage	107.7 FM (Autoroute Info)	0,20
107,7	F	67	Eckartswiller/Rothlach	107.7 FM (Autoroute Info)	0,05
107,7	F	67	Eckartswiller/Villa-Sainte	107.7 FM (Autoroute Info)	0,05
107,7	F	67	Gottesheim/Aire de Repos	107.7 FM (Autoroute Info)	0,20
107,7	F	67	Hochfelden	107.7 FM (Autoroute Info)	0,05
107,7	F	67	Schalbach/Aire de Repos	107.7 FM (Autoroute Info)	0,20
107,7	LUX		Blaschette/Kandel	Den Neie Radio (DNR)	10,00
107,7	POL		Świnoujście/Chrobrego	Polskie Radio Program 1	10,00
107,8	AUT	K	Lienz/Stronach	Radio Osttirol	0,40
107,8	D	BAY	Pfronten/Breitenberg	B5 aktuell	0,05

MHz	Land	REG	Standort	Programm	kW
107,8	D	BAY	Schwabach	STAR FM	0,20
107,8	D	BB	Booßen/Lausitz	BB Radio	30,00
107,8	D	HES	Wetzlar/Aßlar	planet radio	0,32
107,8	D	NRW	Stolberg	Antenne AC	0,40
107,8	D	RLP	Bendorf	metropol FM	0,32
107,8	D	SAN	Brocken	MDR FIGARO	10,00
107,8	D	SHS	Neumünster	Deutschlandradio Kultur	0,50
107,8	DNK	SJY	Padborg	Radio Mojn	0,70
107,8	DNK	STS	Maribo	Radio Sydhavsøerne	0,16
107,8	HOL	GEL	Nijmegen	Nijmegen 1 Radio	0,34
107,8	SUI	AR	Säntis	Rete Uno	60,00
107,9	AUT	O	Bad Ischl/Katrin	KRONEHIT (geplant)	0,32
107,9	AUT	S	Zell a. See/Bruck	KRONEHIT	0,32
107,9	AUT	ST	Mürzzuschlag/Ganzstein	Radio Grün-Weiß	0,03
107,9	AUT	ST	Eisenerz/Polster	KRONEHIT	0,10
107,9	AUT	T	Jenbach/Kanzelkehre	Radio Maria	0,16
107,9	D	BAY	Oberammergau/Laber	B5 aktuell	0,10
107,9	D	BAY	Burgberg/Halden	B5 plus	0,10
107,9	D	BAY	Kreuzberg/Rhön	BR-KLASSIK	50,00
107,9	D	BAY	Amberg	Deutschlandradio Kultur	0,10
107,9	D	BAY	Landsberg/Katharinenstraße	Deutschlandradio Kultur	0,50
107,9	D	BAY	Ingolstadt/Audi-Werk	Radio Galaxy	0,10
107,9	D	BB	Zehlendorf, Krs. Oranienburg	BB Radio	5,00
107,9	D	BWÜ	Baden-Baden/Fremersberg	Deutschlandradio Kultur	0,10
107,9	D	BWÜ	Bretten	die neue welle	0,10
107,9	D	BWÜ	Furtwangen/Obertal	Radio Neckarburg (geplant)	1,00
107,9	D	BWÜ	Sickingen	Radio TON - Neckar-Alb	1,00
107,9	D	BWÜ	Mosbach	sunshine live	0,10
107,9	D	BWÜ	Geislingen/Oberböhringen	SWR4 BW	0,10
107,9	D	HES	Hohe Wurzel	Rockland Radio	6,30
107,9	D	NRW	Münster/Baumberge	1LIVE	25,00
107,9	D	NRW	Herchen/Rosbach	Radio Bonn/Rhein-Sieg	0,10
107,9	D	NRW	Remscheid	Radio RSG	0,10
107,9	D	NSA	Bremerhaven/Schiffdorf	Hit-Radio Antenne Bremen	0,30
107,9	D	RLP	Bitburg	Rockland Radio	0,10
107,9	D	SAA	Lebach/Hoxberg	Deutschlandradio Kultur	0,10
107,9	D	SAC	Auerbach/Schönegg	R.SA	0,10
107,9	D	SAC	Döbeln	R.SA	1,00
107,9	D	SHS	Lübeck/Berkenthin	delta radio	20,00
107,9	D	THÜ	Lobenstein/Sieglitzberg	Jump	2,00
107,9	D	THÜ	Schmölln/Weihberg	MDR INFO	0,20
107,9	HOL	LIM	Gennep	Nima FM	0,10

Alles, was Radiohörer interessiert.

Die Unterhaltungselektronik und die Informationstechnik haben sich in den letzten Jahren stürmisch entwickelt: Neue Programme, neue Anbieter, neue Übertragungswege, neue Technik, neue Geräte und neue Begriffe prägen die Welt von Radio und Fernsehen.
In jeder Ausgabe des HÖRZU Radio Guides wollen wir deshalb in einem Informationsteil auf aktuelle Entwicklungen eingehen, und Ihnen auf leichtverständliche Weise die neuen Techniken und die neuen Möglichkeiten, die ein Radio im weitesten Sinne bietet, erklären.
Auf den nächsten Seiten befassen wir uns mit folgenden Themen:

Eine Bitte an die Leser des HÖRZU Radio Guides:

Wir wollen gern auf Ihre Wünsche nach Informationen eingehen! Schreiben Sie uns doch einfach, was Sie in diesem Buch noch vermissen und zu welchen Themen Sie noch mehr erfahren möchten! Für die nächste Ausgabe, die für November 2015 geplant ist, würden wir gern Ihre Wünsche berücksichtigen!

Redaktion HÖRZU Radio Guide
Verlag für Technik und Handwerk
neue Medien GmbH
Robert-Bosch-Straße 2-4
76532 Baden-Baden

www.vth.de
E-Mail: service@vth.de
Telefon: (0 72 21) 50 87-0
Fax: (0 72 21) 50 87-52

Hinweise zum Kabelanschluss

In Deutschland sind viele Wohngebiete “verkabelt”, d.h. private Betreiber unterhalten ein Kabelnetz, über das man Fernseh- und Hörfunkprogramme empfangen kann, ohne eine eigene Antenne oder Satellitenschüssel auf dem Dach haben zu müssen.
Das klingt ganz praktisch – und ist es oft auch! Allerdings gibt es zwei Einschränkungen: Die Anzahl der möglichen Radio- und TV-Programme, die per Kabel übertragen werden können, ist beschränkt. Es steht Ihnen also lange nicht die ganze Programmvielfalt zur Verfügung, die möglich wäre. Wenn aber alle Programme, die Sie persönlich sehen und hören wollen, in Ihrem Kabel angeboten werden, können Sie zufrieden sein.

Der zweite Haken liegt im finanziellen Aspekt. Für den Kabelanschluss sind monatlich nicht unbeträchtliche Gebühren zu bezahlen. Wie schrieb doch so schön die Stiftung Warentest: “Das Rezept gegen steigende Kabelgebühren heißt Satellitenempfang. Die Kosten für eine Sat-Anlage haben sich mitunter schon nach ein bis zwei Jahren amortisiert”. Hinweise zu empfehlenswerten Sat-Anlagen geben wir ein paar Seiten weiter.

Welche Programme kommen über Ihr Kabel?

Immer wieder werden wir gefragt, wieso man in diesem Buch keine Tabellen über die Programme findet, die im Kabelnetz angeboten werden.
Die Auswahl der Programme ist von Region zu Region und von Netzbetreiber zu Netzbetreiber unterschiedlich. Es bleibt Ihnen also keine andere Wahl, als Ihren Kabelnetzbetreiber nach einer aktuellen Liste der Radio- und Fernsehprogramme zu fragen, die Sie an Ihrer Kabel-Steckdose “empfangen” können. Für das viele Geld, das Sie monatlich für den Anschluss bezahlen, sollten Sie diese Auskunft schon verlangen können.

Kabel Deutschland

Das allerdings ist vielerorts nicht mehr ganz einfach, denn die Deutsche Telekom AG hat ihr Kabelnetzgeschäft in den alten Bundesländern Anfang der 90er Jahre zunächst in die damals Telekom-eigene Tochter “Kabel Deutschland GmbH” ausgegliedert. Im nächsten Schritt bemühte sie sich, länderweise für die Kabelnetze Partner (Investoren) zu finden.

Unitymedia
Ein Kabel – alles möglich.

Nach etlichem Hin und Her kümmert sich jetzt seit Juni 2007 um die Länder Hessen und Nordrhein-Westfalen ein Unternehmen mit der Bezeichnung „Unity Media GmbH“ mit Sitz in Köln. Das ist das Nachfolgeunternehmen von ish (NRW) und iesy (Hessen). Die Kabelfrequenzen in diesen beiden Ländern sind zu erfahren unter (0 18 05) 663 100 oder www.unitymedia.de/tv/kabelanschluss/programmabfrage.html.
In Baden-Württemberg wendet man sich an die Kabel BW. Das geht telefonisch unter (08 00) 88 88 112 oder per Internet unter www.kabelbw.de/CMS/TV_Radio/kabelanschluss.
Um an die Kanalbelegungen in den restlichen Gebieten zu gelangen, wenden sich ehemalige Kabelkunden der Telekom an die „Kabel Deutschland Holding AG“. Deren Kanalbelegungen sind im Internet abrufbar unter: www.kabeldeutschland.de/fernsehen/sender-suche.html bzw. telefonisch unter (0 18 05) 23 33 35.

DVB-S: Digitaler Radioempfang per Satellit

Von Thomas Lustig

Digitale Satellitenausstrahlungen bieten eine fast unüberschaubare Programmvielfalt. Selbst mit einer kleinen, behelfsmäßig drehbaren Antenne von nur etwa 80 cm lassen sich auf verschiedenen Positionen insgesamt rund 1.000 Radiokanäle aus Europa und angrenzenden Gebieten frei empfangen. Das ist zunächst eine hohe Zahl, doch fällt sie im Vergleich mit zehntausenden per Internet empfangbaren Sendern recht bescheiden aus, zumal einige im Netz frei zugängliche Programme via Satellit als Bestandteil von Pay-TV-Paketen verschlüsselt sind. Doch bietet der Sat-Empfang gegenüber Streams den Vorteil einer unbeschränkten Übertragungskapazität mit oft höherer Datenrate (bis 320 k/bits). Ein Cinch-Kabel mit zwei Steckerpaaren für die Verbindung vom Sat-Receiver (Audio out) zur HiFi-Anlage (Audio in) genügt, um auch ohne eingeschalteten Fernseher Satelliten-Radio in beeindruckender Klangqualität hören zu können.

Die Satelliten für Europa

Im für Europa relevanten geostationären Bogensegment befinden sich zwischen 70° Ost (Eutelsat 70B) und 61° West (Amazonas) mehr als 40 Satellitenpositionen, die für den TV- und Radioempfang in Betracht kommen. Die größte Vielfalt an Radioprogrammen für den europäischen und den deutschsprachigen Bereich haben die beiden Systeme ASTRA auf 19° und Eutelsat HOT BIRD bei 13° Ost.

ASTRA

Der von der in Luxemburg ansässigen Gesellschaft SES betriebene ASTRA-Verbund nutzt heute fünf geostationäre Positionen bei 5°, 19,2°, 23,5°, 28,2° Ost und 31,5° Ost. Über die für Deutschland zentrale Position auf 19,2° Ost senden derzeit insgesamt rund 170 Radioprogramme unverschlüs-selt. Neben zahlreichen öffentlich-rechtlichen und privaten Programmen aus Deutschland und Österreich (insgesamt 77 bzw. 15 Sender) werden auch die Kanäle einiger weiterer europäischer Anbieter (Frankreich [50], Niederlande [11], Spanien [7], Polen [1], Serbien [1], Türkei [1]) in digitaler Qualität geliefert.

Die ASTRA-Position 28,2° Ost ist vor allem für die britische Inselwelt bestimmt und bietet etwa 70 Radiokanäle aus Großbritannien und Irland. Dagegen ist der ASTRA auf 23,5° Ost besonders interessant für den Empfang tschechischer (12) und slowakischer Programme (17 Kanäle), in jüngster Zeit zunehmend aber auch für niederländische Radios, die von 19°Ost wechselten. Die Positionen 5 und 31,5° Ost erlauben den Empfang einiger Programme aus Norwegen, Dänemark, der Ukraine, Moldawien und den baltischen Staaten.

EUTELSAT

Das in Paris ansässige Unternehmen betreibt Satelliten bei 3°, 7°, 9°, 10°, 13°, 16°, 28,5°, 33° und 36° Ost sowie auf 5, 7/8° und 12,5° West im Atlantikbereich. Die europäische „Starposition" liegt bei 13° Ost, wo mehrere HOT BIRDs kopositioniert sind. Etwa 280 Radios aus ganz Europa, Nordafrika und Nahost können hier frei gehört werden, besonders viele aus der Schweiz (23), Italien (mit R. Vatikan und M[onte]C[arlo] 2 mehr als 60), Polen (15), Slowenien (5), Spanien (die auf ASTRA nicht vorhandenen sechs RNE-Programme) und (allerdings abhängig von der aktuellen medienpolitischen Entwicklung) auch mehrere Kanäle aus Griechenland und Zypern. Die weiteren Eutelsat-Positionen bedienen andere Spezialinteressen, etwa den Empfang des britischen Soldatensenders BFBS auf 10°, AFN-Programme sowie Sendungen aus Schweden und Ungarn auf 9° und zahlreiche Sender vom Balkan über 16° Ost, darunter große serbische und kroatische Pakete mit sehr vielen frei empfangbaren Radios wie Studio B aus Belgrad und Antena Zagreb.

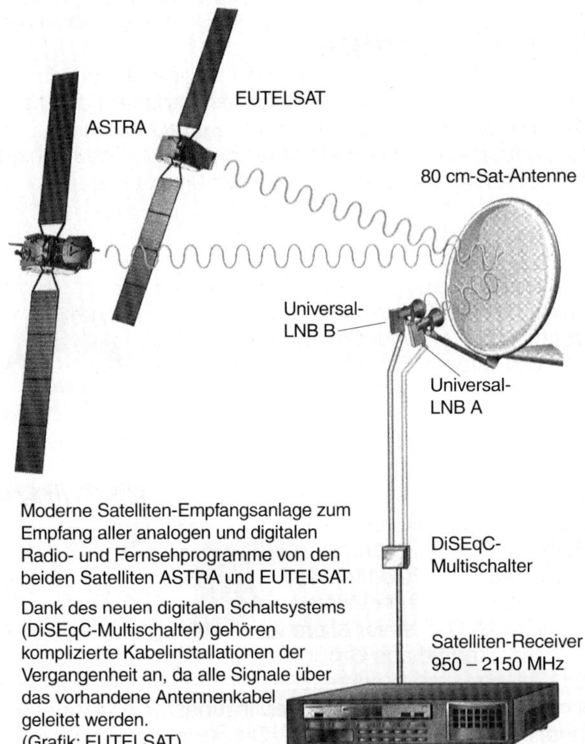

Moderne Satelliten-Empfangsanlage zum Empfang aller analogen und digitalen Radio- und Fernsehprogramme von den beiden Satelliten ASTRA und EUTELSAT.

Dank des neuen digitalen Schaltsystems (DiSEqC-Multischalter) gehören komplizierte Kabelinstallationen der Vergangenheit an, da alle Signale über das vorhandene Antennenkabel geleitet werden. (Grafik: EUTELSAT)

Weitere Länder und Satelliten

Zahlreiche Sender aus Dänemark, Norwegen und Island kommen nur über die vorrangig für Skandinavien bestimmte Position Thor/Intelsat 1° West, auf der aber auch Bulgarien und Rumänien stark vertreten sind. Türkische Mitbürger finden eine große Radio-Vielfalt nur auf Turksat, 42° Ost, mit rund 100 Stationen, darunter auch das komplette Angebot aus Nord-Zypern. Die griechischen Programme von der Insel gibt es auf dem benachbarten HellasSat (39° Ost). Während HOT BIRD nur den Musikkanal Chanson bietet, kommen russische Sender in größerer Zahl, zusammen etwa 25, nur über die Satelliten Expres und Intelsat auf 53 bzw. 60° Ost. Und wesentlich mehr von der iberischen Halbinsel als ASTRA und HOT BIRD bringt Hispasat ins Haus, der auf seiner Orbitposition 30° West auch in Deutschland mit kleinen Antennen empfangen werden kann. Etwa 50 Kanäle aus Spanien und Portugal (RDP 1-3 und Regionalprogramme) stehen hier zur Auswahl.

Die Antenne

Entscheidende Voraussetzung ist das Vorhandensein eines Konverters, den man Universal-LNB oder -LNC nennt (von „Low Noise Block/Converter"- möglichst rauscharm - 0,2 dB). Er deckt den gesamten Frequenzbereich von 10,7 bis 12,7 GHz ab. Vorrang beim Aufbau der Antenne hat dabei die freie Sicht nach Südost/Südwest zu dem oder den Satelliten, die man empfangen will. Dabei sind neben natürlichen (Bäume, Hügel) und künstlichen (Schornsteine, Hochhäuser, Türme) Hindernissen z. B. bei einer Balkonmontage auch Abschattungen durch überstehende Dachkanten oder Gebäudeecken zu beachten.
Grundsätzlich gilt für die Antenne: nicht so hoch wie möglich, sondern nur so hoch wie nötig. Je niedriger eine Antenne angeordnet wird, desto weniger Probleme gibt es mit ihr bei der Installation und später mit Service und Wartung. Eine Aufstellung im Vorgarten ist also zweckmäßiger als auf dem Dach, vorausgesetzt, die freie Sicht zum Satelliten ist dort ganzjährig gewährleistet (Hochwuchs und Belaubung vorhandener Bäume). Auch sollte man dabei an die Windbelastung denken und den Blitzschutz. Beide Probleme steigen mit der Montagehöhe.

Abmessungen und Einstellungen der Antenne

Für die Einzelanlage genügen für ASTRA oder HOT BIRD im mitteleuropäischen Raum 60 cm Durchmesser, wenngleich 75 cm eine deutlich bessere Schlechtwetterreserve bieten. Sollen beide Satelliten mit einer Multifeed-Anlage mit zwei Konvertern an einer Schiene empfangen werden,

An der Elevationshalterung befindet sich eine Skala mit Winkelgraden. Bild: Triax GmbH

Detailaufnahme eines noch nicht am Tragarm derSatellitenschüssel befestigten LNC. An der mit einer Ellipse gekennzeichneten Stelle befindet sich eine von null bis 50 Grad reichende Markierung. Anhand der Skala ist der LNC exakt auf die vertiklke Polarisation einstellbar. (Bild: Triax GmbH)

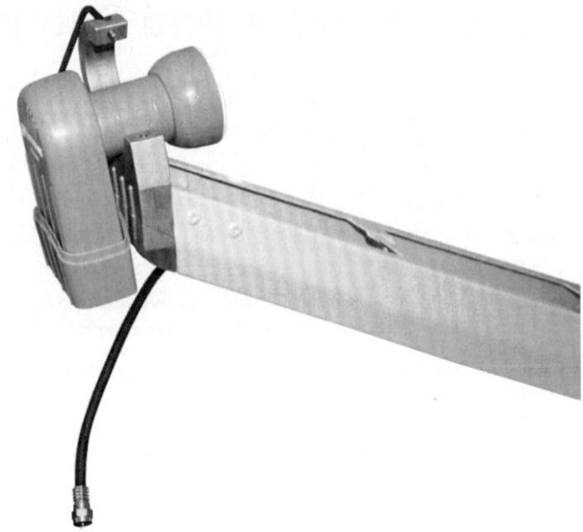

empfiehlt sich ein 85 bis 90 cm großer Spiegel sowie eine Halterung für zwei LNCs. Auch für spätere Erweiterungen auf weitere Teilnehmer und Satelliten (etwa ASTRA 28° Ost für englische Programme) sollte diese Antennengröße gewählt werden.
Wenn man nicht eine manuell bewegliche oder motorgesteuerte 80 cm-Antenne errichten möchte, ist sicher ein 90 cm-Spiegel mit drei LNCs für die Positionen 28, 19 und 13° Ost eine optimale Konfiguration, die alle auf diesen Satelliten erreichbaren Radio- und TV-Sender in deutscher, englischer und französischer Sprache ins Haus bringt.
Entscheidend für optimalen Empfang ist neben der genauen Ausrichtung nach Südosten bzw. Südwesten (wobei vom Standpunkt hinter der Schüssel aus gesehen der Osten nach links und der Westen rechts liegen) die korrekte Einstellung der Elevation (Höhe), die meist an einer Skala seitlich abzulesen ist. Sie liegt für ASTRA und HOT BIRD in Mitteldeutschland bei etwa 31°, in Süddeutschland bei ungefähr 34°. Auf Lyngsat.com können Sie in den Sat-Tabellen automatisch für jeden gewünschten Satelliten die gültige Elevation ermitteln.

Der Receiver

Der Receiver, auch Set-Top-Box genannt, ist der eigentliche Empfänger der Satellitenanlage. Er bereitet die digitalen DVB-MPEG2 bzw. 4-Signale wiedergabetauglich auf und gibt die Umschaltung für Polarisation und Frequenzbereich (Tiefband 10,7-11,7, Hochband 11,7-12,7 GHz) vor. Immer mehr werden Empfangsgeräte zur Regel, die MPEG2 und auch MPEG4, den Standard für das hochauflö-sende Fernsehen HDTV, verarbeiten. Zurzeit sind jedoch in Europa relativ wenige Hörfunkprogramme (Expres und Fun aus der Slowakei, ein Jazzradio aus Ungarn, polnische Privatsender, ein neues französisches Paket auf 5° West) in der neuen Technik regulär auf Sendung. Dies gilt auch für Übertragungen im Tonverfahren AAC, wie sie zum Beispiel in Österreich und Portugal für die Zuführung zu Kabelnetzen oder terrestrischen Standorten zum Einsatz kommen.
Digitalreceiver werden in drei Grundvarianten angeboten:

Der OPENBOX S9 ist ein HD-Receiver mit PVR made in China. Der Preis bewegt sich unter 100 €. Bild: Openbox

Der Sat-Receiver Dr.HD F15 ist eín HD-Receiver PVR Ready mit Spectrumanalyser und Blindscanfunktion in SD und HD. Preis: ca. 220 €. (Bild: Dr. HD)

Free-to-Air-Receiver, die nur den Empfang unverschlüsselter Programme erlauben. Sie sind nicht nachrüstbar für Pay-TV oder -Radio.
Embedded-Receiver, die neben unkodierten Programmen ein auf einen Bezahlfernseh-Anbieter ausgelegtes Modul (z.b. Nagravision für SKY) enthalten.
CICAM-Receiver, die zusätzlich verschiedene Module weiterer Pay-Anbieter und Verschlüsselungssysteme (Cryptoworks, Viaccess, Conax) aufnehmen und wiedergeben. (CICAM steht für „Common Interface Conditional Access Module".)
Letztere sind am zukunftsträchtigsten, da sie an kein Verschlüsselungssystem gebunden sind und dieses jederzeit wechseln können. Zur Freischaltung codierter Kanäle benötigt man eine Smartcard vom Programmanbieter. Bereits einfache Geräte ab etwa 80, die über einen separaten Audio-Ausgang verfügen, bieten eine Fülle von Empfangsmöglichkeiten für deutschsprachige und internationale Radiosender.

Digital-Receiver: Kaufkriterien für Radiohörer

Audio-Features

Zu achten ist auf eine vorhandene Tonumschaltungsmöglichkeit (Taste: Audio, Track, Option). Diese ist erforderlich, um beispielsweise spanische Radios auf ASTRA, die AFN-Radios, die als Tracks beim TV-Kanal Pentagon Channel laufen, oder die polnischen PR-Inlandssender unter „CYFRA+" über HOT BIRD empfangen zu können.
Manchmal, wie beim Empfang der deutschen Kaufhaus- und Ladenradios auf 23,5° Ost, ist es auch nötig,separate Audio-PIDs in vierstelligen Ziffern einzugeben. Diese Einstellungen bieten längst nicht alle Geräte der mittleren Preisklasse. Auch beherrschen längst nicht alle Receiver die einwandfreie Wiedergabe des AAC-Tons. Gute Erfahrungen liegen hier vor mit Geräten von Comag, DrHD und Openbox, bei denen auch ein Software-Update mittels USB-Stick möglich ist.
Ebenfalls äußerst wünschenswert - für musikalischen Hörgenuss – ist die Möglichkeit, AC3-Signale (DolbySurround) wiederzugeben.

Suchlauf: Einstellung der Empfangsparameter

Die Einstellungen im Suchlauf für die Symbolrate sollten Werte von 2.000 bis 30.000 µS, im Idealfall sogar zwischen unter 1.000 und 50.000 µS ermöglichen. Auch eine separate Eingabemöglichkeit für die FEC ist sinnvoll, aber in der Geräte-Software oft nicht mehr vorgesehen. Mehr zu diesen Parametern im Abschnitt „Empfangspraxis".

EPG

Selbstverständliches Feature ist der EPG, der elektronische Programmführer. Er bietet nicht nur zu Fernseh-, sondern auch zu Radiokanälen mehrtägige Vorschauübersichten und Beschreibungen einzelner Sendungen an, vorausgesetzt, die Daten werden von den Sendern im übertragenen Signal mitgeliefert.

Speicherkapazität

5.000 oder mehr Programmspeicherplätze sind heute bei Mittelklasse-Empfängern Standard und beim Einsatz von Drehantennen zum Empfang möglichst vieler Satelliten auch erforderlich.

Programmlisten

Der Receiver sollte separate Listen für TV und Radio bieten, die vom Nutzer je nach Notwendigkeit und Interesse bearbeitet und verwaltet werden können. Programme sollten gelöscht, hinzugefügt und auch verschoben werden können. Auch weitere Sortiermöglichkeiten (nach Programmgenres, Favo-riten, alphabetischer Reihenfolge) sind hilfreich. Sinnvoll ist auch die Option auf eine automatisch über Satellit stattfindende Software- und Senderlistenaktualisierung, wie sie TechniSat, Kathrein und andere Hersteller für ASTRA und HOT BIRD anbieten.

Display

Die LCD-Anzeige sollte unbedingt die Stationsnamen und nicht nur Programmnummern darstellen.

Viele oder die meisten dieser Anforderungen erfüllen zahlreiche Geräte von Comag, Humax, Kaon, Kathrein, TechniSat oder Nokia (auch alte d-Boxen mit der Software DVB-2000) sowie Spitzenreceiver der Fabrikate Echostar, Clarke-Tech, DrHD, Topfield, Openbox und Vantage.

Die Anschaffungskosten belaufen sich je nach Gerät und Ausstattung auf etwa € 100 bis 400. Häufig werden auch Komplettanlagen angeboten, zum Beispiel einfacher Digital-Receiver mit 80 cm-Antenne ab etwa € 100.

Die Empfangspraxis

Digitalreceiver bieten in ihrer Software automatische und manuelle Suchläufe als Bildschirmmenüs. Um wirklich alle Kanäle zu finden, kommt man vor allem bei von den auf ASTRA üblichen Standards (SR 27500/FEC 3-4; SR 22000/FEC 5-6) abweichenden Parametern auf anderen Satelliten manchmal schneller zum Ziel, wenn man die gewünschte Frequenz mit ihren einzelnen Daten eingibt. Zum Empfang digitaler Einzelträger (SCPC) ist die Kenntnis dieser drei bzw. vier Sendeparameter unbedingt erforderlich. Beispiele:

ASTRA 19,2° Ost, Radio RegenbogenHOT BIRD 13° Ost, NPR (Berlin 104.9)
Frequenz 12633 MHz10722
Polarisation H(orizontal)
Symbolrate 22000 Ms29900
(Fehlerschutzrate [FEC] 5-6) (3-4)

Bei vielen Receivern ist die Eingabe der FEC nicht mehr möglich bzw. erforderlich, da sie automatisch gefunden wird.

Die aktuellen Daten sind in Frequenztabellen im Internet (zum Beispiel auf telesat-info.de, flysat.com – mit separater Radio-Tabelle für ASTRA und HOT BIRD, oder lyngsat.com) zu finden; auch im Videotext (3sat, Sat.1, Tele 5), in Fachzeitschriften wie „Infosat" und „Digitalfernsehen" oder Jahrbüchern wie „Sender & Frequenzen" wird man fündig. Die wöchentlichen Radio-Tipps im Programm der HÖRZU informieren ebenfalls gelegentlich über die nötigen Eingabedaten für internationale Radiosender.

Die Programme

Kabel v/s Satellit

Eine Auswahl deutschsprachiger Digital-Radiokanäle wird von verschiedenen Kabelbetreibern angeboten. Eine internationale Vielfalt wird man aber in Kabelnetzen nur sehr eingeschränkt antreffen. Diese findet man nur beim Satelliten-Empfang. So enthält etwa das Angebot von Kabel Deutschland mit dem BBC World Service nur ein einziges ausländisches Radioprogramm, und das auch nur gegen zusätzliche Bezahlung. Dagegen ist der Weltdienst der BBC sowohl über ASTRA als auch auf HOT BIRD frei zu empfangen. Einen gewissen Radio-Mehrwert bei Kabel Deutschland bieten derzeit das deutsch-türkische Metro-

polFM (allerdings wiederum nur gegen Aufpreis im Fremdsprachen-Paket), das kürzlich im Bezahlpaket „Digital Home“ hinzugekommene Musikprogramm Klassik Radio Movie, und die auf Satellit in Deutschland nicht mehr verfügbaren 30 Musiksparten-Abokanäle von MCE.
Dazu mehr im Abschnitt „Pay-Radio“.

Deutschland

ARD total auf ASTRA 19,2° Ost
Das ARD-Paket enthält nicht nur die Hauptprogramme der Landesrundfunkanstalten, sondern z.B. auch sämtliche Regionalangebote von NDR und MDR sowie mehrere Spezialkanäle des BR, darunter das neue Jugendradio PULS und Bayern Plus mit Heimatspiegel und Volksmusik. Neu ist NDR Blue, das Musik „jenseits der Charts und abseits vom Mainstream“ verspricht und auch Live-Konzert-mitschnitte von NDR 2 bietet. Im Paket fehlen nur die bislang den Verbreitungswegen FM und DAB+ vorbehaltenen Regionalvarianten von Bayern1 und SWR4 sowie das SR-Jugendradio „Unser Ding“, außerdem einige weitere als Webkanäle verbreitete Musikspartenangebote der ARD-Jugendsender. Erwähnens- und lobenswert ist die Datenrate der Übertragung auf dem ARD-Radio-Transponder: Mit 320 k/bits werden die Ohren der Musikfreunde verwöhnt; im Internet begnügt man sich meist mit 128 k/bits oder weniger. In den nachfolgenden Programmtabellen finden Sie alle Sender des ARD-Radio-Bouquets nach Sparten sortiert.

Private
Via DVB-S auf ASTRA kommen die Privatsender für Hessen und Niedersachen, FFN und FFH, mit Nachrichten fünf Minuten vor der vollen Stunde. Auch die Musikkanäle Klassik Radio, die Volksmusik- und Schlagersender Paloma und Schlagerhölle und JAMFM sind auf ASTRA digital zu finden. Weiterhin zu empfangen ist hier auch der Mannheimer Regionalsender Radio Regenbogen. Aus Bayern kommt neben zwei Kanälen von Antenne Bayern der Jugendsender EgoFM mit Nachrichten immer um viertel nach. Religiöse Akzente setzen Sender wie das Kölner Domradio, der ERF, Radio Horeb und Hope Channel.
Mit Magicstar und Teddy, dem Berliner Kinderradio, haben zwei weitere Privatanbieter ihre Satelliten-Verbreitung eingestellt, ein Trend, der sich kosten- und zielgruppenbedingt bei kommerziellen Sendern in den nächsten Jahren Richtung Internet- und Handy-Empfang verstärken wird. Auch das zwischenzeitlich aufgeschaltete Seniorenradio Antenne50Plus hat sich von ASTRA wieder verab-schiedet, ist derzeit aber zusammen mit einigen weiteren deutschen Privatsendern (wie Radio Reeperbahn – die „Hits von St. Pauli“) testweise auf dem Satelliten Thor, 1° West, im MPEG-4-Standard vertreten. Es kann dort auch mit kleinen Antennen empfangen werden. Details dazu finden sich in den Tabellen.

Deutsches aus dem Ausland

Österreich

Das komplette Hörfunkangebot des ORF mit dem erstklassigen Kulturprogramm Ö1, der „Mutter aller Servicewellen" Ö3 (dazu kommt der Programm begleitende Hitradio-TV-Kanal), und sämtlichen Regionalradios von Niederösterreich bis Kärnten läuft über ASTRA 19° Ost. Dort sind auch das katholische Radio Maria und U1Tirol zu finden. Spezialisten mit AAC-tauglicher Satelliten-Receiverausstattung können via ASTRA 23° Ost ein kleines Paket mit fünf weiteren Radios aus Tirol empfangen. Weitere kommerzielle Stationen wie „Antenne Steiermark" oder „Antenne Kärnten" gibt es nur im Internet.

Schweiz

Die öffentlich-rechtlichen Programme aus allen Landesteilen und in allen Nationalsprachen werden auf zwei Transpondern des HOT BIRD 13° Ost verbreitet. Darunter befinden sich auch vier reine Musik-Spartenkanäle aus Klassik, Pop und Jazz, bei denen wie auch auf SRF3 und der Jugendwelle „Virus" der Programmführer ständig Informationen zu den gespielten Musiktiteln liefert: Ein Service, den man im Satellitenbereich bei vielen Anbietern, auch bei der ARD, vergeblich sucht. Hinzu kommen einige deutschsprachige Privatsender wie „Rock Nation" oder, mit Volksmusik-Schwerpunkt, Eviva und Heimatklang. Nur das katholische Radio Gloria nutzt den ASTRA auf 19° Ost.

Deutsch International

Das Inselradio Mallorca 95.8 sendet weiterhin auf ASTRA 19° Ost. World Radio Network (WRN) bietet auf ASTRA und HOT BIRD die auch über Kurzwelle bzw. Internet zu hörenden deutschsprachigen Auslandsdienste zahlreicher Länder in einem festen Programmschema. Die ansonsten nur noch via Internet verbreiteten Auslandssendungen aus Prag und Bratislava sind über ASTRA 23,5° Ost zu empfangen (unter den Kennungen „CRo R. Praha" bzw. „Slovakia"). MR-4, der deutschsprachige Inlandsdienst aus Ungarn (MW 873/1188 kHz), ist weiterhin auf Eutelsat 9° Ost aktiv. Zurzeit nicht mehr auf Satellit zu empfangen ist Hitradio Namibia, das sich im Sommer 2013 auf Thor 1° West im Testbetrieb befand.

Militärsender

Die Sender der amerikanischen, britischen und kanadischen Streitkräfte in Europa setzen immer mehr auf die Nutzung von Internet und digitaler Satellitentechnik, während UKW-Kapazitäten zugunsten deutscher Sender (DLR) zurückgefahren werden. Die AFN-Kanäle The Nerve und News/Talk mit Übernahmen von US-Networks sind auf Eutelsat 9° Ost zu empfangen, wo allerdings weitere, vor allem zielgerichtete Regionalvarianten codiert werden. Da AFN hier komplett auf MPEG-4 umstellt, ist mit Änderungen zu rechnen; bei Redaktionsschluss waren die oben genannten Radios nicht auf Sendung.

BFBS UK ist auf der ASTRA-Position für Großbritannien, 28° Ost, präsent; mehr Vielfalt bietet ein Paket, das auf Eutelsat 10° Ost zu bekommen ist. Gerade nach der Abschaltung der weitreichenden UKW-Frequenz 96,5 MHz vom Sender Langenberg bietet sich hier eingefleischten BFBS-Fans die Möglichkeit, zur „Drivetime" morgens und nachmittags „ihren" alten BFBS Germany („a 5 km Stau") zu hören. Auch BFBS Zypern und Afghanistan sind hier uncodiert auf-

geschaltet. So ist es möglich, mit einer kleinen, auf 10/9° Ost ausgerichteten Schüssel oder einer Drehantenne gleichzeitig AFN und BFBS praktisch von einer Satelliten-Position zu empfangen.
Der kanadische CFN-Europe mit Englisch und Französisch (RFC) im Wechsel, zahlreichen Nachrichtenübernahmen von der CBC und typischen Wetterberichten, unter anderem für die Standorte Ramstein and Heidelberg, hat ASTRA vor einigen Jahren verlassen. Technik-Freaks können weiterhin versuchen, mit für den Empfang extrem niedriger Symbolraten geeignetem Equipment das SCPC-Signal des Senders auf Eutelsat 16 ° Ost hereinzubekommen. Hier wird mit besserer Datenrate als im Internet gesendet. Am Wochenende laufen stundenlang alte American Top 40-Programme mit Casey Kasem und andere Oldieshows.

Weitere Englisch-Programme
Während auf 19° Ost nur der BBC World Service läuft, bietet die ASTRA-Position für das Vereinigte Königreich, 28° Ost, rund siebzig Radios, davon allein 18 BBC-Programme. Im Vergleich mit dem Internet fehlen auf Satellit aber die local radios; nur BBC R. London und die Regionalsender für Wales, Schottland und Nordirland werden geboten. All diese Programme und auch die vier Kanäle der irischen RTE laufen mittlerweile wieder über auf Großbritannien fokussierte Spotbeams und sind daher in Ostdeutschland vielerorts nur mit größeren Antennen (etwa ab 1,50 m) zu empfangen. Dagegen kommen Londoner Popsender wie Capital und Gold (MW 1548 kHz) oder Talk- und Nachrichtenkanäle wie LBC97.3 und LBC News (MW 1152 kHz) derzeit auch mit kleinen Schüsseln europaweit herein.
Auf HOT BIRD 13° Ost sind einige wenige Programme aus den USA zu haben. Neben dem Wort-programm von National Public Radio (NPR Berlin) dominiert hier VoA Music Mix, das sich vollmundig als „the world's best variety“ präsentiert. Längere Wortstrecken mit Nachrichten, Features und „Learning English“ gibt es von der Voice of America nur noch stundenweise abends (z.B. ab 1900 Uhr UTC) auf mehreren Kanälen (VoA 103/245/266), die in dem vorwiegend fremdsprachigen Großangebot der 70 VoA-Radios etwas schwer zu finden sind.

Deutschlands Nachbarn

Belgien
Die flämische VRT ist nach der Schließung des Auslandsdienstes mit ihren beiden Inlandspro-grammen Radio1 und 2 auf ASTRA 19° Ost vertreten. Die französischen Inlandsdienste sind ebenso wie kommerzielle Angebote weiterhin verschlüsselt. In kleinen SCPC-Paketen auf 16° Ost und 8° West sind noch die Privatstationen JoeFM und Contact FM empfangbar. Im Netz dagegen sind alle belgischen Sender, darunter auch der BRF mit zwei deutschen Programmen, frei zu hören.

Niederlande
Drei der sechs öffentlich-rechtlichen Programme aus Hilversum sind verschlüsselt, frei zugänglich sind auf ASTRA 19° aber Radio 1 (derzeit auch noch auf MW 747 kHz), Radio 5 und Radio 6. Außerdem hört man einige Popsender wie 10Gold und Slam FM. Mehrere Privatkanäle, darunter auch das im Gegensatz

zur NOS-Klassikwelle Radio4 frei empfangbare Classic FM, wechselten von 19° auf die benachbarte ASTRA-Position 23,5° Ost, wo auch weiterhin mehrere holländische Regionalradios wie Radio Oost und Radio Gelderland gehört werden können. Mit dem Wechsel weiterer Sender auf den Nachbarsatelliten ist zu rechnen.

Luxemburg
Das deutsche RTL-Programm wird auf zwei Kanälen über ASTRA verbreitet. Die französischen RTL (bekannt auch von der Langwelle 234 kHz) und RTL 2 sind ebenfalls auf 19° Ost vertreten. Der Inlandsdienst in luxemburgischer Sprache, bekannt auch von UKW 88,9 und 92,5 MHz, und das Kulturradio 100,7 werden zusammen mit dem Inlands-TV auf der Position 23,5° Ost übertragen.

Frankreich
Canal Satellite bietet auf einer einzigen ASTRA-Frequenz weiterhin die volle Vielfalt der Pariser UKW-Skala und mehr - mit etwa fünfzig Kanälen aller nur denkbaren Musik-Genres, darunter auch die Inlands- und Auslandsprogramme von Radio France. Das Spektrum reicht von diversen Klassik-, Jazz-, Pop-, Techno- und Rock-Kanälen über Info-Sender wie BFM Business und RMC Info und religiöse Angebote wie Radio Notre-Dame bis hin zu Spezialitäten wie Sud Radio aus Bordeaux und RMC Arabisch. Sämtliche Regionalvarianten von France Bleu und die christlichen RCF-Lokalsender sowie einige Ladenradios sind exklusiv auf Eutelsat 5° West zu finden. Hier hört man in einem neuen MPEG4-Paket jetzt auch wieder MFM mit 100% französischer Musik. Und weitere zahlreiche Auslands-Programme von RFI gibt es nach wie vor auf 9° Ost.

Dänemark
Die Skandinavien-Positionen mit den Satelliten ASTRA auf 5° Ost sowie Thor und Intelsat bei 1° West bieten fünf Kanäle von Danmarks Radio: DR1-5, darunter DR2-Klassik und das Regionalprogramm für die Hauptstadt, DR-4 Kopenhagen.

Schweden
Sveriges Radio ist mit seinen Programmen „Radio Sweden" (hier laufen P1 und P4 Stockholm) auf der Eutelsat-Position 9° Ost vertreten. Kommerzielle Sender wie Bandit und Lugna Favoriter sind auf Satellit (ASTRA 5° Ost) verschlüsselt, werden aber im Internet frei empfangen.

Polen
Während auf ASTRA nur noch das politisch nicht unumstrittene katholische Radio Marija sendet, gibt es auf HOT BIRD 13° Ost zurzeit immerhin einige unverschlüsselte Programme, fünf von Polskie Radio (PR-1-5) und zehn private Angebote, darunter RMF mit Spartenkanälen. Der Hauptkanal RMF-FM ist hier codiert, kann aber auf 1° West zurzeit frei empfangen werden. Die Privatradios ESKA und WAWA mit zahlreichen Regionalvarianten sind auf Amos 4° West in MPEG-4 und AAC aufgeschaltet und können vor allem in Ostdeutschland mit entsprechender Ausrüstung gehört werden.

Tschechien und Slowakei
Für Radiosender aus Tschechien und der Slowakei sind zwei Transponder auf ASTRA, 23,5° Ost anzusteuern. Hier kommen die CRo-Programme Radiozurnal (LW 270 kHz), Praha (MW 639 kHz), Region, Leonard, die Kultur- und Klassiksender Vltava (=Moldau) und D-Dur und der Auslandsdienst. Neu im Angebot sind die Spartenradios Junior und Jazz. Noch mehr bietet die Programmpalette aus der Slowakei: Ausgestrahlt werden unter anderem Slovensko, der Klassik- und Kultursender Devin, der Rockkanal FM, das teilweise ungarischsprachige Patria, verschiedene Regionalprogramme, der Auslandsdienst „Slovakia“ und mehrere Privatradios. Auch das früher codierte Country Radio (MW 1062 kHz) für Freunde ebendieser Musikrichtung ist hier weiterhin unverschlüsselt zu hören. Die Privatsender Expres und Fun mit ihren Regionalvarianten findet man nur auf Thor 1° West.

Pay-Radio und Spartenkanäle

Für Pay-Radio kann sich begeistern, wer aus einer großen Zahl werbe- und moderationsfreier Musikspartenkanäle der verschiedensten Genres wählen möchte. Hauptanbieter in vielen Ländern Europas ist Music Choice Europe (MCE) .Nach der Abschaltung aller MCE-Kanäle beim Premiere-Nachfolger SKY und auch bei Sky UK bleibt hierzulande nur noch das Spartenangebot mit 30 Sendern, das bei Kabel Deutschland und Kabel BW abonniert werden kann. Nicht nur Oldiefreunde kommen hier mit drei Kanälen (Rock n Roll, 60/70s, 80/90s) auf ihre Kosten; es werden auch Spezial-interessen bedient (u. a. Brasil, Bigband/Swing, Country, R&B/Hip-Hop, Rap).
Andere Veranstalter wie das französische MoodMusic auf Eutelsat 7° Ost oder Musicam, jetzt mit sieben Kanälen nur noch auf Hispasat 30° West, sind nach wie vor unverschlüsselt via Satellit zu beobachten. Alle Bezahlradioanbieter müssen sich schwer tun angesichts der nahezu unüberschau-baren Spartenvielfalt, die Webkanäle im Internet kostenlos bieten. Zahlreiche spezielle Webchannels der Öffentlich-Rechtlichen und Privaten, vorrangig für eine jugendliche Zielgruppe, streamen ihre Programme im Netz. Dabei stark vertreten sind zum Beispiel der NDR mit N-JOY, der MDR mit Sputnik, der HR mit YOU FM, FFH, FFN, RPR, bigFM, NRJ und Radio Hamburg. Hinzu kommen interessante Angebote aus dem Ausland, wie etwa das niederländische AVRO-Radio oder „Class Reunion Radio“ aus den USA mit separaten Kanälen für alle Popmusik-Jahrgänge von 1960 bis 2000. Einen Spartenüberblick für Internet-Angebote findet man bei live-musik.de, surfmusik.de und streema.com.

Programm	Satellit, Frequenz, Polarisation	Symbolrate
Deutschland		
ARD komplett	A 12266 H, (11954H)	
INFORMATION NDR Info, hr-Info, MDR-Info, rbb-Info, WDR Event (sporadisch), SWRinfo, B5 aktuell, Deutschlandfunk		
POP&SERVICE NDR2,NDR Blue, RB1, RBB-Radio Eins, MDR-Jump, HR1/3, SWR1 BW/RP, SWR3, SR1, WDR 2, BR3		
KLASSIK&KULTUR NDR Kultur, HR2, MDR Figaro, MDR Klassik, RBBKultur, SWR2, SR2 Kulturr., WDR3, BR Klassik		
KULTUR&WORT NordwestRadio (NDR/RB), WDR5, BR2, DRadio Kultur, DRadioWissen		
JUGEND N-Joy, Bremen Vier, RBB FRITZ, MDR Sputnik, WDR 1LIVE/Diggi,PULS (BR),SWR DasDing,YOU-FM (HR)		
REGIONAL&OLDIES/SCHLAGER NDR 90,3/NDS/Nord/MV,rbb88,8, Ant. BB, SR3, WDR4,MDR1,SWR4, HR4, BR1, Bayern Plus		
INTERNATIONAL WDR Funkhaus Europa		
Private		
Klassik Radio, JamFM, egoFM	A12460H	
RTL, RTL1440	A12344H A 11023H	11023H: 22000
Antenne Bayern, Rock Antenne, sunshine live	A12149H	
FFH, planet, harmonyFM, ffn, Radio top40, Radio Regenbogen, Paloma, Schlagerhölle	A12633H	22000
Antenne50Plus, Top20, Reeperbahn, BurnFM, PartyFM (Tests)	11958V TIS	30000
Religiöse Programme		
ERF	A12149H	
HopeChannel, Domradio	A12460H	
Radio Horeb, Neue Hoffnung	A12604H	22000
Militärsender		
AFN (The Nerve, News&Comment, PowerTalk) (bei Redaktionsschluss nur Testtöne)	12342V, 11804V ES9 MPEG-4	
BFBS UK; Germany; CFN Europe	11222H A28; 11222V ES10; 12678H ES16	CFN: 329
Weitere Englisch-Sender (Auswahl)		
BBCR1-6; RTE; LBC News/97.3, Capital, Gold, Classic FM	10788V/10803H, 10744H; 11222H, 12523V A28	22000
BBC World Service	A11566V, HB11727V, 1 0788V A28	
National Public Radio (NPR Berlin)	HB10722H	29900
Voice of America (VoA) MusicMix/News&Learning English	HB12226V	
Family Radio, World Radio Network (WRN) E, Voice of Russia	HB12597V	

Programm	Satellit, Frequenz, Polarisation	Symbolrate
Laden- und Musikspartenradios		
„Point of Sale“ (EDEKA, SPAR, OBI u.a.)	11972V A23; 12543H ES 5	
Musicam	10889V HISP	
Mood Radio; ASDA FM Eng/Sco	11222H ES7; 11150H TEL	TEL: 21600
Deutsch aus dem Ausland		
World Radio Network (WRN) Deutsch, Inselradio Mallorca	A12633H	22000
Radio Praha,Slovakia	12525V A23, 11836H A23	
MR-4 Nemzetisegi	11958V, 12207H ES9	
Schweiz		
Deutsch: SRF1/ 2 / 3 / 4 News/Virus / Musigwälle	HB12399H	
Französisch: SSR1-Premiere / Espace 2 / Couleur 3 / Option Musique/Classique	HB 11526H	
Italienisch: Rete1/2/3		
Rätoromanisch: SRF-Rumantsch	HB12399H	
Mehrsprachig: Classic / Pop / Jazz; WRS (Englisch)	HB12399H; 11526H	
Radio Eviva	HB11642H	
Heimatklang, Rock Nation	HB10815H	
Radio Gloria	A12633H	22000
Österreich		
Ö1, Ö2 Wien / Niederösterreich / Burgenland / Oberösterreich / Salzburg / Tirol / Steiermark / Kärnten / Vorarlberg, Hitradio Ö3, FM4	A12663H	22000
Radio Maria, U1 Tirol	A12663H	22000
Antenne Tirol, Radio Osttirol, Welle 1, POS	12661V A23 (AAC)	555
Belgien		
VRT Radio 1/2	A12722V; HB11642H	A:22000
Contact FM, Maximum	12716H ES8	716
JoeFM	12681H (A-PID 64) ES16	333
Niederlande		
NL.1, Radio 5/6, Radio 538, 10Gold, FunX, SlamFM	A12344H; A12515H	12515: 22000
Radio Drenthe, Oost, Gelderland, 100%NL, ClassicFM,Sky,Arrow Rock/ Jazz,Veronica,10Gold,538,SlamFM	11915H A23	
Luxemburg		
RTL/RTL1440 D	A12344H	
RTL1/2 F; RTL Radio Letzeburg, Radio 100,7	A11566V; 12168V A23	
Frankreich		
FrInfo/Int/Cult/Musiq/Bleue/FIP/Mouve, Alfa, Classique, Europe1,Virgin, NDame, RTL1 / 2, RMCInfo, Rire et Chansons, Sud Radio, TSF, Jazz, BFM, NRJ, Nostalgie, Skyrock, RCJ/Shalom, Nova, Fun, DJFG, Vibration, Contact, Latina, RFM, Cherie,ADO, Oui, Voltage, Courtoisie,Beur,MC arab.	A11566V	

Programm	Satellit, Frequenz, Polarisation	Symbolrate
RFI	A11566V, 11938H ES9	
RCF/France Bleu Regionalradios, Capytol, Mediadix, Soleil; Africa1; MFM	12543H, 12564V;11479 H ES5	ES5: 3215
Dänemark		
DR1-3, DR-Kopenhagen, DR-Klassik	12418V TIS; 11823V A5	12418:28000
Schweden		
P1, P4 Stockholm	11919V ES9	
Polen		
Radio Marija	A11186V	22000
PR1-5, J.Gora, TokFM; RMF-Maxx/Classic, Zet, PIN102FM, Planeta, Superstatj., Zlote P.	HB10892H; HB12284V	
RMF FM/MAXX/Classic	11189V, 11043V MPEG4 TIS	1005/1345
ESKA, ESKA Rock; Plus Koszalin; WAWA	11315H (MPEG4 AAC) AM	5000
Tschechien/Slowakei		
Cro Radiozurnal/Dvoika/Plus/Region/Vltava/ D-Dur/Jazz/Junior/R. Praha, Proglas	12525V A23	
Beat, Country Radio	11875H; 12070H A23	
Slovensko, Devin, FM, Patria, Regio, Littera, Klasika, Junior; Slovakia; Antena,Viva, Lumen, R7, Jemne Melodia	11836H A23	
Expres Mp2, Expres/Fun (AAC), HitFM, BestFM	11919V TIS	28000
ABKÜRZUNGEN: ASTRA: A-19° Ost, A23 - 23° Ost, A28 - 28° Ost, A5 - 5° Ost. Eutelsat: HB- HOT BIRD 13°Ost, ES16 - 16° Ost, ES10 - 10° Ost, ES9 - 9° Ost,ES7 - 7° Ost, ES5 - 5° West, ES8 - 8° West. Weitere Satelliten: TIS - Thor/Intelsat 1° West, AM - Amos 4° West, TEL - Telstar 15° West, HISP - Hispasat 30° West. Von dem Standardwert 27500 abweichende Symbolraten sind in der letzten Spalte vermerkt.		

Radioprogramme über ASTRA, Hot Bird, EUTELSAT, EUROBIRD und andere Satelliten.

***Abkürzungen: ASTRA: A-19° Ost, A23 - 23° Ost, A28 - 28° Ost, A5 - 5° Ost.
Eutelsat: HB- HOT BIRD 13°Ost, ES16 - 16° Ost, ES10 - 10° Ost, ES9 - 9° Ost, ES7 - 7° Ost, ES5 - 5° West, ES8 - 8° West.
Weitere Satelliten: TIS - Thor/Intelsat 1° West, AM - Amos 4° West, TEL - Telstar 15° West, HISP - Hispasat 30° West.
Von dem Standardwert 27500 abweichende Symbolraten sind in der letzten Spalte vermerkt.***

Digitalradio DAB+ geht in die entscheidende Phase

Von Mario Gongolsky

Nach dem Start des bundesweiten DAB+-Sendernetzes im August 2011 waren die Nachrichten aller Marktbeteiligten im Jahre 2012 durchweg positiv und hoffnungsfroh. Noch im Februar 2013 hat die Gesellschaft für Konsumforschung in Nürnberg im Rahmen einer Marktaussicht der Unterhaltungselektronik von einer „kleinen Renaissance“ für portable Radios gesprochen, die auf das Konto des neu eingeführten Digitalradios gehe. Seit Mitte 2012 hatten die Verkaufszahlen für DAB-Radio steil nach oben gezeigt. Die Radiohersteller legten sich die Meldung unter das Kopfkissen, um besser schlafen zu können, denn der Absatz von DAB+-fähigen Radios legte – soweit sich das zur Jahresmitte übersehen lässt - im ersten Halbjahr eine Verschnaufpause ein. Zu allem Verdruss musste auch noch das bisherige Zugpferd im bundesweiten Programmangebot, das Fußballradio 90elf am 1. Juni 2013 die Segel streichen. Die Rückschläge müssen die Verantwortlichen schnell ad acta legen. Das Rennen um die Hörergunst läuft bis Ende 2014. Dann wollen die Programmveranstalter sehen, ob ihre Beharrlichkeit zu einer marktfähigen Hörerreichweite führen kann und über den Endausbau des Sendernetzes beraten.

In der Zwischenzeit halten die ARD Landesrundfunkanstalten das Thema Digitalradio in den Nachrichten. Der MDR veranstaltete sogar eine ganze Themenwoche in Radio und TV. Die wesentlichen Impulse für das Digitalradio kommen ohnehin aus den Ländern. Hier ist neben dem Ausbau der Landesnetze vor allen Dingen die Erweiterung des Programmangebots zu nennen.

In Nordrhein-Westfalen sind mit Radio Impala, Mega Radio und Kulturschocker endlich neue Programme hinzu gekommen.

In Baden Württemberg sind die Programme EgoFM, BigFM World Beats und das Schwarzwaldradio zu begrüßen.

Hinzu kommt die Planung neuer regionaler Versorgungszonen in Bayern, die von vielen kleineren Radiomachern der Republik als interessantes Zielgebiet ausgemacht werden, weil die DAB-Radio-Penetration hier höher ist als im Bundesdurchschnitt.

Sogar Radio Bremen hat seit Februar 2013 einen DAB-Senderstandort vorzuweisen. Bremen Eins, Bremen Vier, Nordwestradio und Funkhaus Europa sind dort zu empfangen. Hinzu kommt die Jugendwelle „Bremen Next“ für die 14- bis 25-jährigen und der „KiRaKa“, das Kinderprogramm des WDR, für die ganz jungen Hörer. Zusammen mit den NDR-Wellen und der bundesweiten Digitalradio-Programmen sind so immerhin 27 Angebote im Digitalradio zu hören.

Das bloße Auszählen der Empfangsmöglichkeiten in den Ballungsräumen illustriert, dass die Programmauswahl im Digitalradio deutlich gewachsen ist. Mit 47 Programmen in München und Nürnberg, 25 in Köln, und 39 Programmen in Berlin, ist die Auswahl quantitativ gut.

Die Liste der DAB-Neuzugänge seit der letzten Ausgabe des HÖRZU Radio Guide kann sich sehen lassen: In Berlin zum Beispiel RMN Schlagerhölle, Radio B2, Radio Paloma, Radio Paradiso, Radio Impala, Radio Gold, FG Radio, Jack-FM, Mega Radio und Star-Sat Radio, Deluxe Music und ERF Pop. In Hessen ist FFH zurück mit Hitradio, Harmony FM und Planet Radio sowie die Programme anderer Veranstalter wie Radio Teddy, Absolut relax, Schlagerhölle und Radio Impala. In München sind m94,5, 95,5 Radio Charivari, LoRa und Radio Arabella mit dabei, in Nürnberg AFK max, Star FM und Radio 2.

Der Fall von 90elf und die Hängepartie LoungeFM

Das vielseitige Programmangebot relativiert das objektive Gewicht der „Causa 90elf“. Es besteht kein Zweifel daran, dass ein Fußballradio, das alle Spiele der ersten und zweiten Bundesliga überträgt, von allen möglichen Programmideen die mit Abstand beste war. Fußball im Radio hat Tradition und macht einfach Spaß. Inhaltlich hat der Veranstalter, die Regiocast Digital, das Thema journalistisch mit hoher Radiokompetenz aufgebaut. Technisch konnte das DAB-Digitalradio zeigen, wozu schaltbare Unterprogramme, so genannte Secondary Services gut sein können. Der Regieraum der herkömmlichen Ligakonferenz wurde vom Funkhaus zum Radiohörer verlegt. Der Hörer entschied, welche Partie er gerade verfolgen will. Da ist es kein Wunder, dass Radiohersteller gerne spezielle 90elf-Sondermodelle in den Einzelhandel geliefert haben. Das Programm und seine Empfangsmöglichkeit sorgten für eine gute Mundpropaganda und sicher sind nicht wenige Fußballbegeisterte zum Discounter gehuscht, um sich gezielt ein Digitalradio für 90elf zu kaufen.
Als 90elf startete, konnten die Audioverwertungsrechte für ein Taschengeld erstanden werden. Doch der Erfolg erzielte nicht nur beim Hörer sondern auch beim Wettbewerb Aufmerksamkeit: Bei der Neuvergabe der Audiorechte im April 2013 ging 90elf leer aus. Der Ligavermarkter DFL vergab die Rechte für die kommenden vier Spielzeiten an den PayTV-Sender Sport1. Olaf Schröder, Chefredakteur und Programmchef von Sport1, sah das künftige Audio-Angebot als ideale Ergänzung des bestehenden Angebots und verweist auf die mögliche Verzahnung des Audioangebots mit dem Online-Portal und der Sport1-App. Einladungen des Deutschlandradio-Intendanten und der Hessen Digitalradio an Sport1, doch auch ins terrestrische Digitalradio zu wechseln, haben Beobachter als PR-Scherz abgetan. Umso größer die Überraschung, als Sport1 bekannt gab, mit den Machern von 90elf im Gespräch zu sein, um wenigstens etwas Fußball wieder ins Digitalradio zu stellen. Alleine die Verhandlungen sind ein Beleg dafür, dass Digitalradio für viele Medienmacher heute durchaus eine diskutable Option darstellt. Während auf dem 90elf-Programmplatz eine musikalische Warteschleife läuft, ist sich Sport1 mit Radio Energy einig geworden. Der Fußball hat also einen Platz im Digitalradio gefunden..
Schon Anfang 2013 hat die Media Broadcast, der Sendenetzbetreiber des bundesweiten Digitalradio-Sendernetzes, LoungeFM wegen Außenständen in die Insolvenz gedrängt. Im Juni gab es plötzlich Verwirrungen, wer das Sendesignal überhaupt liefert. Offenbar stand man unmittelbar vor dem Sendeschluss. Der zuständige Insolvenzverwalter bestätigte aber die Integrität der Aussendung und das man mit den Gläubigern über ein tragfähiges Sanierungskonzept verhandele. Ende offen.

Prüfstein Geräteverkäufe

Nachdem die Gesellschaft für Konsumforschung GfK seit 2011 die Gerätekategorie DAB-Radio mit erfasst, stehen nun erstmals realitätsnahe Verkaufszahlen zur Verfügung. Die Ankündigung, zur Funkausstellung 2013 könnten eine Milli-

onen DAB+-fähige Radios in Betrieb sein ist eine Schätzung, die sich auf Prognosen gründet, die nach dem erfolgreichen Weihnachtsgeschäft 2012/2013 aufgestellt wurden. Die GfK rechnet mit 650.000 verkauften DAB-Geräten in 2013 und addiert zu dieser Zahl die Verkäufe aus 2011 und 2012. Die genauen Zahlen stehen nur GfK-Kunden zur Verfügung. Die Schätzung für 2013 verrät über 300.000 verkaufte DAB-Radios in den Jahren 2011 und 2012. Der Digitalisierungsbericht der Landesmedienanstalten spricht von 2,7 Millionen Haushalten die Programme in DAB oder DAB+ empfangen können. In Gesprächen räumten verschiedene DAB-Gerätehersteller aber ein, dass der Handel nach einem fulminanten Weihnachtsgeschäft 2012 nur noch wenige Geräte im ersten Quartal 2013 nachgezogen hat und auch das zweite Quartal liegt unter den Erwartungen. Insgesamt geht man aber in der gesamten Unterhaltungsgerätebranche von einem Umsatzrückgang von 20 Prozent aus.
Dabei sind diese Verkaufszahlen das entscheidende Kriterium für das weitere Engagement der privaten Radioveranstalter. Ende 2014 will man entscheiden, in welchem Umfang man das Sendernetz weiter ausbauen will.

Entwicklung des Sendernetzes

Seit 2011 ist das bundesweite DAB-Netz auf über 50 Sendestandorte angewachsen, bietet 46 Millionen Bürgern Zimmerempfang und gewährt entlang von 9.000 Autobahnkilometern DAB-Empfang. Der Sendernetzbetreiber Media Broadcast wird nach heutiger Planung eine Zahl von 90 Senderstandorten zur Diskussion stellen - rund 20 Standorte weniger als ursprünglich berechnet waren. Auch müssen bis 2016 entgegen der Überschwänglichkeit der Startphase nicht mehr 16 Millionen DAB-Radioempfängern verkauft worden sein, sondern nur noch sechs Millionen DAB+-Empfänger. Mit dieser Haushaltsdurchdringung, so der Branchenverband VPRT in dem viele Privatradios organisiert sind, kann das Digitalradio als marktrelevanter Vertriebsweg gelten. Die Millionengrenze in 2013 ist so gesehen ein psychologisch wichtiges Etappenziel.
!!26
Optimisten rechnen vor, dass jetzt in weniger als drei Jahren mehr DAB+-Radios verkauft wurden, als in zehn Jahren seit dem DAB-Start um das Jahr 2000. Das stimmt. Wahr ist aber auch, dass im Dezember 2012, dem bislang besten Verkaufsmonat für DAB+-fähige Radios, Digitalradios einen Marktanteil von gut fünf Prozent erreichten. Skeptiker rechnen vor, dass 95 Prozent aller verkauften Radios in Deutschland derzeit keine DAB+-Signale wiedergeben können.
Eine Initiative der European Broadcasting Union, die von BBC und Deutschlandradio angeregt wurde, schlägt einen preiswerten Euro-Chip vor, der natürlich auch Digitalradio beherrscht. Würde man die Digitalradiofähigkeit irgendwie vorschreiben, wäre die schnelle Haushaltsdurchdringung ja schnell erledigt. Kaum war die Initiative gestartet, hagelte es Kritik: Verletzung der Technologieneutralität, Marktverzerrung im Chipanbietermarkt, nutzloser politischer Dirigismus. Die EBU beeilte sich klar zu stellen, dass der Euro-Chip kein physikalisch existierendes Bauteil sondern nur eine konzeptionelle Idee sei.
In Deutschland patzte Mitte 2013 der Geschäftsführer der DRD Digitalradio Deutschland GmbH, Willi Schreiner, verantwortlich für die Privatradios im bun-

desweiten Digitalradio, mit der Anregung UKW 2018 abzuschalten. Er musste zügig zurückrudern und diese Aussage als seine Privatmeinung relativieren. Die UKW-Radiogrößen pochten schon einmal vorsorglich auf die volle Laufzeit ihrer bis 2020 laufenden Sendelizenzen. Für Außenstehende ist das kleinliches Gezänk, für Insider ist es ein Zeichen von Nervosität. Vor wenigen Jahren hatten Sachen-Anhalt eine UKW-Abschaltung für 2010 in sein Landesmediengesetz geschrieben, Sachsen wollte es nur wenig später versuchen.
Vor wenigen Jahren hatten Sachen-Anhalt eine UKW-Abschaltung für 2010 in sein Landesmediengesetz geschrieben, Sachsen wollte 2009 versuchen, UKW bis 2015 Kraft Gesetz loszuwerden. Bei den Radiomachern löste das nur heiteres Gelächter aus.

DAB plus DeutschlandRadio, 51 Sender (ab Juli 2013)

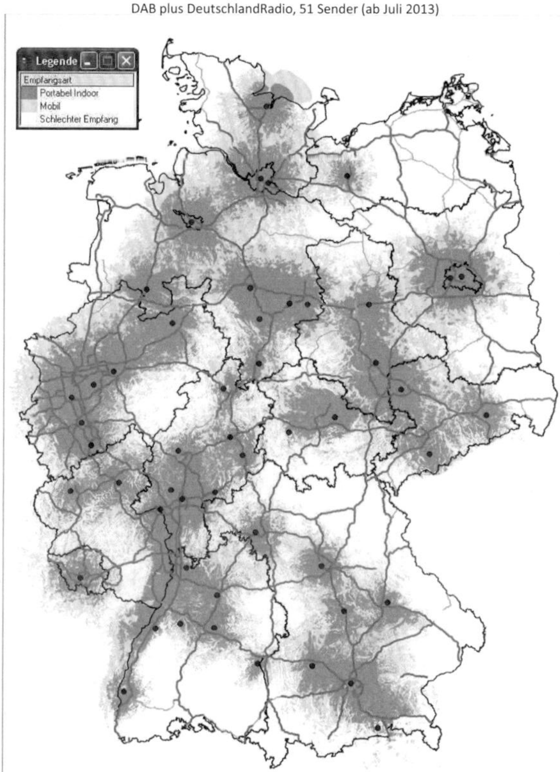

Mobil: 59,6 Mio. Einwohner (72,3%), 198.400 km² (55,6%)
Portabel Indoor: 45,9 Mio. Einwohner (55,6%), 114.200 km² (32%)

Die Abdeckung des neuen bundesdeutschen DAB-Netzes. In den dunklen Zonen sollte Zimmerempfang möglich sein. Auch Autoradios können dort noch problemlos versorgt werden. In den restlichen Bereichen ist vorerst kein DABplus-Empfang möglich. (Bild: Media Broadcasting)

Bundesweites DAB			
	Kanal 5C	Programm	Sendenorm
		90elf (Platzhalter, Musikschleife)	DAB+
		Absolut Radio	DAB+
		Bob	DAB+
		Deutschlandfunk	DAB
		Deutschlandradio Kultur	DAB
		Dradio Wissen	DAB+
		Energy	DAB+
		ERF	DAB+
		Horeb	DAB+
		Kiss FM	DAB+
		Klassik Radio	DAB+
		Lounge FM	DAB+
		Sunshine Live	DAB+
DAB Landesnetze			
Bundesland	Kanal 11B	Programm	Sendenorm
Baden-Württemberg	8D, 9D, 11B	Das Ding	DAB+
	8D, 9D, 11B	SWR 1 Baden-Württemberg	DAB
	8D, 9D, 11B	SWR 2	DAB+
	8D, 9D, 11B	SWR 3	DAB+
	8D, 9D, 11B	SWR 4 Baden-Württemberg	DAB+
	8D, 9D, 11B	SWR info	DAB
	11B	BigFM Worldbeats	DAB+
	11B	EgoFM	DAB+
	11B	Live Radio	DAB+
	11B	Schwarzwaldradio	DAB+
Bayern	12D	Absolut relax	DAB+
		Antenne Bayern	DAB+
		Antenne Bayern info	DAB+
		Antenne Bayern Top 40	DAB+
		Bayern plus	DAB
		BR Klassik	DAB
		Mega Radio Bayern	DAB+
		Puls	DAB
		Radio Galaxy	DAB+
		Rockantenne	DAB+
	11D	Bayern 1 Franken	DAB+
		Bayern 1 Main	DAB+
		Bayern 1 Oberbayern	DAB

		Bayern 1 Ostbayern	DAB+
		Bayern 1 Schwaben	DAB+
		Bayern 2	DAB+
		Bayern 2 plus	DAB+
		Bayern 3	DAB
		B5 aktuell	DAB+
		B5 plus	DAB+
		BR Klassik	DAB+
		BR Verkehr	DAB
Berlin/Brandenburg	7D	Antenne Brandenburg	DAB+
	7B	Bayern plus	DAB+
	7B	B2 plus / Nord	DAB+
	7D	BR Klassik	DAB+
	7B	Deluxe Music	DAB+
	7B	ERF Pop	DAB+
	7B	FG DJ Radio	DAB+
	7D	Funkhaus Europa	DAB+
	7D	Fritz	DAB+
	7D	Inforadio	DAB+
	7B	Jack FM	DAB+
	7B	Mega Radio	DAB+
	7D	Kulturradio	DAB+
	7D	MDR Jump	DAB+
	7D	Radio B2	DAB+
	7D	Radio Berlin 88,8	DAB+
	7D	Radio Eins	DAB+
	7B	Radio Gold	DAB+
	7B	Radio Impala	DAB+
	7B	Radio Palome	DAB+
	7B	Radio Paradiso	DAB+
	7B	RMN Schlagerhölle	DAB+
	7B	Starsat Radio	DAB+
	7B	SWR 3	DAB+
	7B	SWR info	DAB+
	7D	WDR 2	DAB
Bremen	7B	Bremen 1	DAB+
		Bremen Next	DAB+
		Bremen 4	DAB+
		Funkhaus Europa	DAB+
		Kiraka	DAB+
		Nordwestradio	DAB+

Hamburg	7A	N Joy	DAB+
		NDR 2	DAB+
		NDR 90,3	DAB+
		NDR Blue	DAB+
		NDR info HH	DAB+
		NDR info spezial	DAB+
		NDR Kultur	DAB+
		NDR Traffic	DAB+
Hessen	7B	HR 1	DAB+
		HR info	DAB+
		HR 2	DAB+
		HR 3	DAB+
		HR 4	DAB+
		You FM	DAB+
	11C	Absolut Relax	DAB+
		Harmony FM	DAB+
		Hitradio FFH	DAB+
		Planet Radio	DAB+
		Radio Impala	DAB+
		FFH Seasons	DAB+
		RMN Schlagerhölle	DAB+
		Radio Teddy	DAB+
Mecklenburg Vorpommern	12B	N Joy	DAB+
		NDR 1 Radio MV	DAB+
		NDR 2	DAB+
		NDR Blue	DAB+
		NDR info	DAB+
		NDR info spezial	DAB+
		NDR Kultur	DAB+
		NDR Traffic	DAB+
Niedersachsen	6A, 6D,	N Joy	DAB+
	11B, 12A	NDR 1 Niedersachsen	DAB+
		NDR 2	DAB+
		NDR Blue	DAB+
		NDR info	DAB+
		NDR info spezial	DAB+
		NDR Kultur	DAB+
		NDR Traffic	DAB+

Nordrhein-Westfalen	11D	1Live	DAB+
		1live diggi	DAB+
		Domradio	DAB+
		Funkhaus Europa	DAB+
		Kiraka	DAB+
		WDR 2	DAB
		WDR Event	DAB+
		Vera	DAB
		Radio Impala	DAB+
		Radio Kulturschocker / Mega Radio NRW	DAB+
Rheinland-Pfalz	11A	BigFM Worldbeats	DAB+
		Das Ding	DAB+
		SWR 1 Rheinland-Pfalz	DAB
		SWR 2	DAB+
		SWR 3	DAB+
		SWR 4 Rheinland-Pfalz	DAB+
		SWR info	DAB
Saarland	9A	Antenne Saar	DAB+
		Radio Salü	DAB+
		SR 1	DAB
		SR 2	DAB
		SR 3	DAB
		Unser Ding	DAB+
		Kiraka	DAB+
Sachsen	12A, 6C, 8D,	MDR 1 Radio Sachsen + Regionalfenster	DAB+
	9C	MDR Sachsen Extra	DAB+
		MDR Figaro	DAB+
		MDR info	DAB+
		MDR Jump	DAB+
		MDR Klassik	DAB
		MDR Klassik Surround:	DAB+
		MDR Sputnik	DAB+
		Deutschlandfunk	DAB
		Deutschlandradio Kultur	DAB
		Dradio Wissen	DAB+
		ERF Plus	DAB+
Sachsen-Anhalt	12C, 11C	89,0 RTL	
		MDR 1 Radio Sachsen-Anhalt	DAB+
		MDR Figaro	DAB+

		MDR Info	DAB+
		MDR Jump	DAB+
		MDR Klassik	DAB+
		MDR Sputnik	DAB+
		Radio Brocken	DAB+
		Radio SAW	DAB+
		Rocklandradio	DAB+
	11C	RMN Schlagerhölle (geplant)	DAB+
	12C	Deutschlandfunk	DAB
	12C	Deutschlandradio Kultur	DAB
	12C	Dradio Wissen	DAB+
Schleswig-Holstein	9C	N Joy	DAB+
		NDR Welle Nord	DAB+
		NDR 2	DAB+
		NDR Blue	DAB+
		NDR info	DAB+
		NDR info spezial	DAB+
		NDR Kultur	DAB+
		NDR Traffic	DAB+
Thüringen	12B,9C	MDR 1 Radio Thüringen, Region Mitte-West	DAB+
		MDR 1 Radio Thüringen, Region Ost	DAB+
		MDR Figaro	DAB+
		MDR info	DAB+
		MDR Jump	DAB+
		MDR Klassik	DAB
		MDR Klassik Surround	DAB+
		MDR Sputnik	DAB+
	12B	Deutschlandfunk	DAB
		Deutschlandradio Kultur	DAB
		Dradio Wissen	DAB+
		ERF Plus	DAB+
DAB Lokalnetze			
Augsburg	9C	Fantasy	DAB+
		Fantasy aktuell	DAB+
		Magic Star	DAB+
		Radio Augsburg	DAB+
		rt1	DAB+
		Smart Radio	DAB+
Ingolstadt	11A	Cool Radio	DAB

		Cool Radio jazz	DAB
		Magic Star	DAB+
		Radio IN	DAB
Nürnberg	10C	afk Max	DAB+
		Das neue Charivari	DAB+
		Fantasy Bayern	DAB+
		Freises Radio Z	DAB+
		Gong Nürnberg	DAB+
		Energy Nürnberg	DAB+
		Hitradio N1	DAB+
		Magic Star	DAB+
		Radio F	DAB+
		Star FM	DAB+
		Vil Radio	DAB+
München	11C	95.5 Charivari München	DAB+
		_M94,5	DAB+
		Arabella München	DAB+
		Bayern 1 München	DAB+
		CRM	DAB+
		Digital Classix	DAB+
		Energy München	DAB+
		Gong Mobil DAB	DAB+
		LORA München	DAB+
		Magic Star	DAB+
		Radio2Day	DAB+
		Radio Feierwerk	DAB+
		Radio Gong 96.3	DAB+
München IRT	12A	Testsendungen	
Erlagen Fraunhofer IIS	6A	Bitexpress / Testsendungen	

DABplus-Radiogeräte

Von Niels Gründel

Für den Empfang von DAB+ existiert inzwischen eine reichhaltige Geräteauswahl, wobei in letzter Zeit erfreulicherweise die Einstiegspreise noch einmal merklich gefallen sind. Der günstigste Weg zu DABplus ist der Noxon-DAB-Stick von Terratec. Für kaum mehr als 20 Euro empfängt man damit am PC Digitalradio über Antenne. Der geringe Preis fordert allerdings auch mehr, als nur den Knopf eines Radioempfängers zu drücken: Der Stick benötigt einen freien USB-Port am eigenen Rechner und erfordert die Installation der mitgelieferten Software; erst dann steht dem Radioempfang nichts mehr im Wege.

Knapp für den doppelten Betrag erhält man die ersten portablen Geräte wie das AEG 4130, Pure One Mi oder VRradio DOR-100.rx. Sie besitzen in jeder Hinsicht nur eine Basisausstattung und wer tiefer in die Tasche greifen will, hat die Qual der Wahl: Tischradios gibt es im Retro- oder zeitgemäßen Design, mit und ohne Touchscreen-Bedienung. Für eine bessere Klangwiedergabe verbauen Hersteller statt eines Kunststoff- einen Holzkorpus – doch wesentlich an Orten mit schwacher DAB-Versorgung ist eher die Möglichkeit, dass die Antennenbuchse so gestaltet ist, dass sich eine externe Antenne anschließen lässt.

Das ist bei HiFi-Bausteinen Standard, wobei die Neuerscheinungen der letzten Zeit überschaubar sind und keine echten Neuerungen gebracht haben.

Überraschender sind schon Autoradios. Um sie war es lange Zeit sehr still und man musste sich vor allem mit Nachrüst-Lösungen begnügen. Bekannte Markenhersteller wie Kenwood, Pioneer oder Sony haben nun aktuelle Geräte in ihr Programm aufgenommen, die keine Wünsche offen lassen.

Ein Wort noch zum Noxon dRadio 110, das eine Neuerung namens Journaline besitzt und von seinen Erfindern als Videotext für das Radio angepriesen wird. Um es weniger hochtrabend an die Realität anzupassen: Es ist der Inhalt eines RSS-Feeds – ein Nachrichten-Ticker auf einem kleinen Display. Nachrichten von Internetseiten, die ohnehin im RSS-Format angeboten werden, können als Datenstrom zusammen mit dem Radiosignal gesendet werden. RSS ist eine Familie von Datenformaten, die seit dem Jahr 2000 zum Einsatz gelangt und damit wahrlich keine neue Erfindung. In der heutigen Zeit mit einer hohen Verbreitung an Smartphones gibt es durchaus angenehmere Wege, auf solche Informationen zurückzugreifen. Journaline sollte daher nicht den Ausschlag geben, ein bestimmtes Gerät zu erwerben.

Kompakt, robust, vielseitig: Das portable VRradio DOR-100.rx kann Digitalradio DABplus empfangen und ebenso das alte UKW-Radio mit RDS empfangen. (Bild: Pearl)

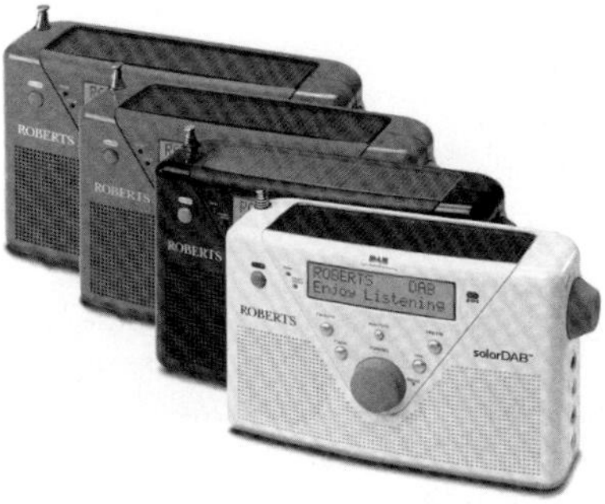

Roberts Radio solarDAB ist das erste solarbetriebene DAB+ Digitalradio weltweit. Es bietet sich somit in idealer Weise zum Gebrauch beim Camping, Angeln oder am Strand an - überall dort, wo man mobil Radio hören möchte, ohne Batterien oder Akkus zu wechseln.(Bild: Roberts Radio)

Das Philips ORT2300C ist die zeitgenössische Neuinterpretation des ikonischen Philetta-Designs aus dem Jahre 1955 und hat bis heute nichts von seinem Charme verloren.(Bild:Philips)

Das Albrecht DR 900 ist ein DABplus-Radio aus zeitlos elegantem Aluminium. (Bild: Alan Electronics)

Der edle EDAB+ von Restek empfängt neben UKW auch DAB/ DABplus und kostet mindestens 3.700 Euro. Eine Anschaffung für's Leben.(Bild: Restek)

Kenwoods „Car-Entertainment-Highlight 2013“: der neue Netzwerk-Navitainer DNN9230DAB mit Internetzugang übers Smartphone sowie Netzwerk-Verbindungen per WLAN und DLNA. (Bild: Kenwood)

Webradio beweist Sogwirkung

Von Mario Gongolsky

Radiostationen über das Internet zu hören ist längst keine exotische Angelegenheit mehr. Jedes Jahr gehört die Radioverbreitung über das Internet immer stärker zum Kerngeschäft. Sinkende Verbreitungskosten und wachsende Hördauer beflügeln diesen Sektor. Das Stationsangebot in Deutschland stagniert auf einem gewaltigen Plateau von über 2.850 Anbietern.

Wie die letzte ARD-ZDF-Onlinestudie belegt, ist das Radiohören über das Internet auch keine Domäne der Jugend mehr. Inzwischen hat die Altersgruppe der 30 bis 49-Jährigen hier deutlich aufgeholt. Es deutet sich somit zaghaft eine Entwicklung in Richtung Angleichung der Hörertypologien ab. Keine schlechte Nachricht für Webradiomacher, denn genau diese Altersgruppe lauscht mit 207 Minuten täglich 16 Minuten länger als der Bevölkerungsdurchschnitt (191 Minuten).

Der Goldmedia Webradio-Monitor bescheinigt den Webradiohörern eine ununterbrochene Hördauer von 109 Minuten eines Radiostreams. Eine genaue Abgrenzung ist schwierig, weil viele UKW-Sender im Internet gehört werden. Also wird ein Teil der Hörzeiten durch UKW abgedeckt und senkt den Durchschnitt.

Radioentdeckungen im „Long Tail“

In diese positiven Entwicklungszahlen mischen sich die Schlagzeilen um eine Volumenbegrenzung und Datenratendrosselung der Telekom als größten deutschen Internetprovider. Ein drohendes Zwei-Klassen-Internet und die Aufweichung der Netzneutralität, die besagt, dass Internetprovider alle Daten gleich zu behandeln haben, sind im Frühjahr 2013 die beherrschenden Branchenthemen der Internet- und Medien-Wirtschaft. Um die Dimension dieser Weichenstellung besser verstehen zu können, lohnt sich ein Blick auf die heutige Landschaft der Internetradioangebote.

Der Webradio-Monitor befragt Hörer auch nach den Gründen, weshalb Radio über das Internet gehört wird. Auf Platz eins steht der Wunsch Stationen zu empfangen, die in der Region nicht per UKW oder DAB zu hören sind und auf Platz zwei die Programmvielfalt. Fast 3000 Stationen sind mehr, als man hören könnte. In der Praxis entfallen auf fünf Prozent der Webradioanbieter rund 80 Prozent aller Radiostream-Abrufe. Es ist sicher keine Überraschung, dass in diesen fünf Prozent der Angebote die klassischen Namen des UKW-Hörfunks und ihre digitalen Submarken eine tragende Rolle spielen. In einem Meer von Stationen suchen die Hörer erst einmal Halt bei bekannten Namen. Trotzdem ist die Vielfalt, die aus vielen kleinen Spartenprogrammen besteht, eine willkommene Chance, dem Formatradio mit enger Rotation von Musiktiteln zu entkommen.

Diese Angebotsverteilung ist eine Besonderheit des Internets. Unter normalen Umständen, also klassischer, medienregulierter Rundfunk, mit Sendelizenzen, geografisch begrenztem Sendegebiet, Technik- und Sendekosten, Personal- und Verwaltungskosten, ist der Betrieb einer Radiostation kein billiges Unterfangen. Im Internet kann man zu einem Bruchteil der Kosten auf Sendung gehen und dort dank globaler Verbreitung Programminhalte anbieten, die nur partikulare Hörerinteressen befriedigen und auf UKW schlichtweg undenkbar wären. Manche Webradiodatenbank führt Genrebezeichnungen, bei denen das Wörterbuch zu Rate gezogen werden muss. Sogar für philosophisch querdenkende Menschen hält das Internet unter den Begriff Eklektizismus etliche Radiostationen bereit. Der Chanson-Kanal, das Tangoradio, die Yoga-Welle finden durch die Möglichkeit rund 35 Prozent der Weltbevölkerung (2,4 Milliarden Nutzer) zu erreichen ohne Probleme ihre Hörerschaft.

Im Jahr 2004 brachte der ehemalige Wired Chefredakteur Chris Anderson den Begriff des Long Tail, des „langen Schwanzes" auf die Tagesordnung der Netzbürger und Ökonomen. Die Theorie stützt sich auf Arbeiten des britischen Journalisten und Unternehmensberaters Malcholm Gladwell. Es beruht auf der Annahme, dass mit der Verfügbarkeit eines PCs das Produktionsmittel demokratisiert wurde und mit dem Internet ein ebenfalls demokratisierter Vertriebsweg zur Verfügung steht. Diese beiden Faktoren sind dafür verantwortlich, dass der lange Schwanz beim Internetradio im Rahmen der zu beobachtenden Marktkonsolidierung nicht gleich vom Markt abfällt. Die exotischen Klangfarben gehören in den Long Tail.

Die Frage, ob sich die teilweise spannenden Radio-Angebote des Long Tail künftig weiter behaupten können, wird Gladwells Theorie auf die Probe stellen. In der Summe kann man schließlich auch mit dem Long Tail eine interessante Wertschöpfung erzielen. Immerhin stecken 20 Prozent aller Radiostreamabrufe in den Programmen, die dem Long Tail zuzurechnen sind. Mit der Bewirtschaftung befassen sich spezielle Webradiovermarkter und Aggregatoren - also Portale die ausgesuchte Webradiokanäle bündeln - um für die in der traditionellen Wirtschaftsordnung verhafteten Vermarkter hübsch auszusehen.

Die Stunde der Aggregatoren

Jeder Webradiokatalog hat die Funktion des Aggregators. Es ist für die Webradioanbieter wichtig, auf möglichst vielen Plattformen präsent zu sein. Auf den Webradiogeräten und deren Datenbanken wie WiFi-Frontier, Reciva.com, VTuner und ebenso auf den wichtigen Radioapps wie TuneIn, Radio.de, Live365, Winamp und Co. Noch vor einigen Jahren waren Streaming URLs Verschlusssache, Verzeichnisdienste Teufelswerk, weil jeder verschickte Stream Geld kostet. Die damalige Begründung, Webradio sei zu teuer, hat heute schlichtweg keine Berechtigung mehr. Makler kaufen Kapazitäten für das Fernsehen en gros. Der Makler muss seine gebuchten Kapazitäten füllen um seinen TV-Kunden so un-

verschämt günstige Datenkontingente anbieten zu können. Radiostationen werden da als Füllmittel zu Symbolpreisen gerne mitgenommen.
Solche Mechanismen nutzt die Plattform Laut.fm, Dort können Privatpersonen und DJs ihre eigene Radiostation eröffnen. Die Streamingkosten und die Kosten für das Aussenden der Musik in Form von GEMA- und GVL-Gebühren übernimmt die Laut AG, behält sich dafür aber das Recht vor, Werbung ins Programm zu schalten.
www.tunein.com
www.reciva.com
www.wifiradio-frontier.com (Für Nutzer von Webradiogeräten mit Frontier-Silicon (Tourmaz) Chipsätzen)
http:// connect.pure.com (vormals The Longe für Pure WLAN-Radios. Heute offenes Radioportal mit Musik on Demand)
www.VTuner.com (Offenes Portal, auch von zahlreichen Webradioherstellern genutzt)
www.Live365.com, www.shoutcast.com, www.radio.de, www.laut.fm

Die Neuerfindung des Radios

Mit den neuen Werkzeugen Internet und Smartphone wandelt sich in der gerade heranwachsenden Generation der Mediennutzer die Art Musik zu hören radikal. Das Live-Internetradio hat immer noch viel mit dem traditionellen Radio zu tun. Je enger die Nische, desto seltener ist die Moderation, die Musik kommentierend einordnen könnte. So bleibt das lineare Webradio zwar Radio und bietet Hörüberraschungen in eng sortierten musikalischen Interessensgebieten, ist aber kein Wunschkonzert. Moderne Musik-Streamingdienste erlauben die Zusammenstellung individueller Playlisten, erfordern aber auch eine Nutzung der Werkzeuge und laden zur Interaktion mit anderen Nutzern ein. Diese Form des Radios, entspricht viel eher der Natur des dialogisch angelegten Internets. Wer sich beim Radiohören nur zurücklehnen und genießen möchte, ist hier nicht der richtige Hörertypus. Was einst das Hören eines Radioprogramms und die persönliche Diskussion mit den Freunden über Vinylplatten auf der Couch war, wird heute über Chatkanäle realisiert, mit den Vorzug, dass man Freunden schnell mal ein zwei Lieblingsstücke rüberbeamen kann. Hier sind die jungen Musikhörer noch weitgehend unter sich, weil sie mit dieser Form der stetigen Onlinekommunikation aufwachsen und somit eine ganz andere mediale Sozialisierung erfahren, als die heute 50-Jährigen. Nach 2013 veröffentlichten Zahlen der Mediacontrol nutzen 43 Prozent aller Internetnutzer Musikdienste, sowohl Webradios als auch Youtube und Streaming-Dienste. Von diesen 43 Prozent nutzen knapp 64 Prozent Streamingdienste wie
Simfy: www.simfy.de
Spotity: www.spotity.com/de
Deezer: www.deezer.com
Napster: www.napster.de
Last FM: www.lastfm.de
und ähnliche.

Detektor FM – Qualitätsjournalismus als Programmidee

Von Mario Gongolsky

Christian Bollert, Geschäftsführer von Detektor.fm. (Bild: detektor.fm)

Mit einen Nischenangebot einen Nerv zu treffen, ist keine leichte Aufgabe. Der deutsche Anbieter Detektor FM ist auf einem guten Weg dorthin. Mit seinem Konzept, Programme zu produzieren, die manch Öffentlich-Rechtlichen gut zu Gesicht stünden, kämpfen die Leipziger Radiomacher darum wahrgenommen zu werden. „Wir verbinden Musikjournalismus mit Informationsinhalten“, versucht Christian Bollert, einer der Detektor FM-Geschäftsführer die Programmidee in Worte zu fassen. Das klassische Vollprogramm-Format ist dabei passé. Wer Nachrichten zur vollen Stunde erwartet, wartet vergebens. Stattdessen gibt es Hintergründe, Reportagen, Features und natürlich Interviews. „Unsere Hörer sind im Durchschnitt 31 Jahre alt, Stadtbewohner mit guter Bildung.“

Wenn es gelingt, die Marke Detektor FM bekannt zu machen, ist das kein schlechtes Zielpublikum. Und Detektor FM macht von sich reden. So gewann man 2012 den Radiopreis 2012. Ausgezeichnet wurde Detektor FM für die Sendung „Vox Publica“. „Mit Vox Publica verlassen wir den Pfad der so genannten Hörerbeteiligung“, erklärt Christian Bollert, der die Sendung auch moderiert. „Schon das Thema der Sendung wird von den Hörern bestimmt. Eine Smartphone-App ermöglicht es sich mit Texten, Bildern und Audiobeiträgen an der Sendung zu beteiligen.“ In diesen 60 Minuten finden Hörerbeiträge, Experteninformationen und Moderation gekonnt zusammen. „Wir nutzen die technischen Möglichkeiten für eine unmittelbare Kommunikation mit den Hörern.“

Wer bislang glaubte, dass der so genannte „User Generated Content“, also eine Sendung von Hörerbeiträgen grundsätzlich in Absurdität und Schwachsinn enden muss, wird hier eines Besseren belehrt. Grund genug 2013 für den Grimme Online Award nominiert zu werden, den allerdings der Twitter Hashtag Aufschrei als Bürgerdiskussion zu sexueller Belästigung für sich entschieden hat.

Der Betreiber von Detektor FM, die BEBE Medien GmbH, ist in der Lage mit den Einnahmen seine monatlichen Betriebskosten zu decken. Der Groß-

Redaktionsraum von detektor.fm. (Bild: detektor.fm)

teil der Einnahmen stammt aus Sonderwerbeformen wie Channel-Sponsoring. Kommerzielle Partner können bestimmte Themen wie Gesundheit, Technik oder Auto präsentieren. Werbeeinnahmen erzielt man durch Video Pre-Stream-Ads, also einem kurzes Werbevideo bevor man zum laufenden Programm gelangt. Ein Radio, das seine Werbeeinnahmen also über Video-Werbung verdient. „Es gibt gar keine klassische Audiowerbung", erklärt Chrisitian Bollert. „Wir senden ein nahezu werbefreies Programm."
Die Frage, wie Detektor FM gehört wird, dürfte sich damit erübrigen. Laptop, Tablet, Smartphone, das sind die neuen Radiogeräte. Ein nahezu werbefreien Programm lassen sich die Hörer im Zweifel etwas kosten. Als Detektor FM ein Crowdfounding-Event ins Leben rief, um 14.000 Euro für ein neues Studio zu sammeln, ließen sich die Hörer nicht lange bitten. Es gibt also Abseits von Payradio, Werbung und Rundfunkbeitrag offenbar einen vierten Weg der Finanzierung – eine Unternehmensfinanzierung 2.0. Mit einer so engagierten Hörerschaft sollte es Detektor FM gelingen, von Long Tail ins reguläre Radiogeschäft zu wechseln. Der Erfolg eines Programms wie Detektor FM stellt zudem das Mantra der Programmentwickler infrage, die uns seit Jahren weiß machen wollen, dass nur Formatradio wirtschaftlich tragfähig ist.

Internet-Radiogeräte

Von Niels Gründel

Das Angebot an Internetradios, mit deren Hilfe sich über das Internet verbreitete Sender nicht nur über den eigenen Computer, sondern vollkommen unabhängig davon per LAN oder WLAN empfangen lassen, ist in den letzten Jahren geradezu explodiert. Die meisten Geräte empfangen neben den Internetradios auch UKW und DABplus und erweisen sich daher als wahre Multi-Talente. Die Einstiegspreise beginnen für portable Geräte ab etwa 60 Euro. Klassische HiFi-Hersteller haben sich lange geziert und das Feld zu Anfang weniger bekannten Anbietern überlassen. Doch diese Zeiten sind längst vorbei und man findet das Internetradio nicht nur in hochwertigen Receivern, sondern ebenso als eigenständige Tuner.

Vor allem Tischradio-Modelle gibt es in reichhaltiger Auswahl unter Markennamen wie Albrecht, Avox, DNT, Grundig, Philips, Pure, Revo, Roberts, Sangean, Terratec und VR-Radio in großer Preisspanne und unterschiedlichen Bauformen. Die größten Unterschiede liegen im Aussehen, Mono- oder Stereo-Wiedergabe und der dahinter liegenden Stationsdatenbank. Den Zugriff auf mehr als 10.000 Internetradiosender (und damit mehr als genug) weisen faktisch alle Geräte auf. Eine relative Neuentwicklung sind RadioDNS und RadioVIS. Hörer können mit Hybrid-Radios zum laufenden Programm nicht nur das Sender-Logo, sondern auch begleitende Informationen wie Slideshows oder Live-Texte sehen. Hier zu Lande unterstützen etwa die ARD-Sender die neue Übertragungstechnik mit Slideshows für ihre mehr als 60 Programme. Geräteseitig unterstützen die Technologie bisher Pure Sensia, Revo Axis und Philips iPhone dock. Für den weiteren Erfolg wird es nicht nur auf die Hersteller, sondern vor allem auf die Sender ankommen. Erst die sinnvolle Programmergänzung zwischen Broadcast-Radio und Internet wird auch die Hörer überzeugen, entsprechende Geräte zu kaufen. Erwähnenswert ist das recht neue Pure Evoke F4 gleich aus zwei Gründen: Einerseits erlaubt es die Möglichkeit, Aufnahmen von Live-Internet- und Digitalradio auf einen USB-Memory-Stick zu speichern - sowohl spontane als auch terminierte Aufzeichnungen und andererseits ist es mit dem Pure-Jongo-Multiroom-Musiksystem kompatibel. Wie alle Mitglieder dieser Produktfamilie kann das Evoke-Modell damit allein oder in Verbindung mit anderen Jongo-Lautsprechern verwendet werden. Zum Aufbau eines Multiroomsystems werden einfach zusätzliche Jongo-Lautsprecher oder Adapter demselben WLAN-Netzwerk hinzugefügt.

Preisgünstig ergänzen lässt sich die eigenen Stereo-Anlage mithilfe des Albrecht DR-460W. Der kleine WLAN-Radiotuner besitzt keinen eigenen Verstärker und ist ausschließlich als Erweiterung der Stereoanlagen um viele tausend empfangbare Radiosender gedacht. Dieselbe Funktion lässt sich auch mit dem Klassiker Terratec Noxon 2 erreichen, den es aber nur noch auf dem Gebrauchtmarkt zu erwerben gibt.

Den Einstieg in den HiFi-Bereich ermöglichen Midi-Anlagen oder Bausteine wie der günstige Denon-Receiver AVR-X1000 mit 5.1-Surround, Internetradio und Streaming. Im High-end-Bereich gibt es etwa den Index der britischen Edelschmiede Chord Electronics. Das Internetradio wird technisch via vTuner bereitgestellt, womit der Zugriff auf mehr als 10.000 Radiostationen und weit über 15.000 Podcasts ermöglicht wird. Der verbaute DAC-Chipset wurde von den

Ingenieuren besonders optimiert, um eine kristallklare Soundwiedergabe zu ermöglichen.
Der Index lässt sich über einen Tablet-PC oder einen PDA bedienen. Zusätzlich ist für eine unmittelbare Steuerung am Gerät ein LCD-Display mit 128 x 64 Pixeln enthalten. Der Netzwerkplayer Chordette Index aus britischer High-end-Schmiede ist sauber aus einem Stück Aluminium verarbeitet und lässt sich direkt mit anderen Produkten aus der Chordette-Serie verbinden. Das kleine Schmuckstück hat mit 990 Britischen Pfund durchaus seinen Preis.
Reine Internetradios und von ihrer Idee her fast eine eigene Geräteklasse sind Logitechs Squeezeboxen. Wer unkompliziert in die Weiten der Radiowelt aufbrechen will, sollte allerdings die Geräte eines anderen Herstellers bevorzugen. Der Serverdienst für den heimischen PC kann unerfahrene Erstnutzer durchaus an den Rande der Verzweiflung bringen, denn eine Squeezebox besteht auf ihrem eigenen Server für eine Musikwiedergabe der digitalisierten heimischen Musiksammlung – sofern diese Möglichkeit ebenfalls abgedeckt werden soll.

Im kleinen Gehäuse des Hama IR 200 stecken zwei Stereo-Lautsprecher, die jeweils 5 Watt Ausgangsleistung liefern. (Bild: Hama)

Eine Turm aus Aluminium ist der K2 des schottischen Herstellers Revo. Er unterstützt eine große Bandbreite von Radiostandards wie DAB/DABplus, UKW und Wi-Fi-Internetradio. (Bild: Revo)

Teac bietet mit seinem CR-H700 einen Netzwerk-Receiver, der über einen UKW-RDS-Tuner, MW, Internetradio und Phono-Eingang sowie über einen CD-Player und einen Verstärker mit beachtlichen 2 x 40 Watt Ausgangsleistung verfügt. Darüber hinaus existiert eine DABplus-Variante.
(Bild: Teac)

Der Netzwerkmusik-Player des NP30 von Cambridge Audio unterstützt alle gängigen Formate, einschließlich 24-Bit-FLAC- und WAV-Dateien in Studio-Qualität. Er sorgt - dank audiophiler Komponenten der Spitzenklasse - für mehr Qualität beim Internetradio. Radiosendungen erhalten mehr Gewicht und Tiefe und sogar Sender mit niedriger Bitrate klingen damit besser denn je.
(Bild: Cambridge Audio)

Der CD-N500 ist ein CD- und Netzwerk-Audio-Player in nur einer Einheit. Der Internetradioanbieter vTuner ermöglicht Zugriff auf über 20.000 internationale Radiosender. (Bild: Yamaha)

Nur die Netzneutralität ist ein Garant für Vielfalt.

Um an den Punkt kommen zu können, den Long Tail in Richtung wirtschaftlichen Betrieb zu verlassen, spielt die Netzneutralität eine zentrale Rolle. Wenn die Internetservice-Provider sich anschicken ihr Torwächter-Potenzial zum eigenen wirtschaftlichen Vorteil einzusetzen, werden solche Erfolgsgeschichten rar. Das Problem ist nicht die Gestaltung der Flatrate-Offerten, die eben nicht mehr als All-Inclusive-Angebote zu verstehen sind und fortan nur ein begrenztes monatliches Datenvolumen beinhalten. Die kleinste geplante Telekom-Datenstufe von 75 GB kann bei Dauerdownloadkunden die auch TV über das Internet beziehen zu klein bemessen sein. Wer in seiner Freizeit im Internet surft, Radio hört und E-Mails schreibt, wird mit dem Volumen auskommen. Das eigentliche Problem mit der Volumenbegrenzung ist, dass Angebote des eigenen Konzerns nicht zum Datenvolumen zählen und andere Anbieter sich ebenfalls per Vertrag mit dem Provider aus dem Datenvolumen heraus rechnen lassen können. Finanzierbar ist das wohl nur für die großen Akteure. Die ersten Verhandlungen laufen bereits. Was dem Kunden als „Managed Service" verkauft werden soll, ist eine Datendiskriminierung und ein Verstoß gegen das Gebot der Netzneutralität, also einer völligen Gleichbehandlung von Daten. Im Ernstfall sind vor allen Dingen die Angebote des Long Tail betroffen. Das Internet verliert den Nimbus neuen Ideen eine Chancengleichheit zu gewähren und das Publikum über Erfolg oder Misserfolg entschieden zu lassen.

Radio Guide-App

Die elektronische Variante des HÖRZU Radio Guide

Neben der gedruckten Version des HÖRZU Radio Guide steht auch eine interaktive Version in Form einer Applikation („App“) für Apple iPhone, iPad und iPod touch zur Verfügung.
Damit haben Sie die Möglichkeit, nicht nur nachzuschlagen, wo und wann welcher Sender auf welcher Frequenz bzw. auf welchem Digitalradiokanal arbeitet. Es ist sogar möglich damit jederzeit einen der über 5.400 Sender per Web-Radio zu empfangen. Dazu ist allerdings eine Internetverbindung notwendig. Für alle anderen Programmfunktionen wird keine Internetverbindung benötigt.
Falls Ihr iPod, iPhone oder iPad Multitasking unterstützt (ab iOS 4.0), können Sie mit dem Radio Guide auch nach dem Beenden der App weiter Radio hören. Sie können auf diese Weise in Ruhe eine E-Mail schreiben oder andere Apps nutzen und trotzdem weiter Ihrem Lieblingssender zuhören.
Radio Guide arbeitet auch perfekt mit Shazam zusammen, so dass gerade im Radio gespielte Lieder identifiziert und sich Hintergrundinformationen wie Songtitel, Interpret und Liedertexte über Shazam abrufen lassen.
Die Funktionen
Zu jedem Sender werden folgende Informationen geliefert:
Frequenz bzw. Digitalradiokanal
Name des jeweiligen Programms
Standort des Senders
Region (Bundesland bzw. Kanton)
Leistung des Senders in kW

Das Eröffnungsbild der Radio Guide-App.

◀ *Eine andere Einstiegsmöglichkeit. Über die jeweiligen Regionen. Hier wurde ganz Österreich ausgewählt: Alle Bundesländer haben rechts einen Haken.*

▲ *Bei „Standorte“ kann der jeweilige eigene oder sonst jeder beliebige Standort vorgegeben werden. Im Umkreis von 50 km erscheinen daraufhin an allen Senderstandorten Hinweisnadeln. In diesem Fall wurde Innsbruck als Mittelpunkt vorgegeben.*

▲ *Beim Anklicken der Hinweisnadeln (in diesem Fall ist es der Sender Vaduz von Radio L) gelangt man zu dem betreffenden Sender.*

▶ *Hier wurde das Digitalradioprogramm ERF Plus am Senderstandort Schwerte ausgewählt. Bei Betätigung von „Start WEB-Radio“ kann das betreffende Programm akustisch verfolgt werden.*

Ausgewählt wurde im Menü „Sender“: Analoger UKW-Rundfunk, Liechtenstein. Gescrollt wurde derart, dass das Programm von Radio L am Senderstandort Malbun zur Auswahl kommt. Bei Betätigung des WEB-Radio-Icons kann das betreffende Programm akustisch mitverfolgt werden. ▲

▲ *Ausgewählt wurden im Menü „Frequenzen“: Digitalmodus, alle deutschen Bundesländer. Gescrollt wurde derart, dass der Kanal 5A mit dem Programm ERF Plus am Senderstandort Schwerte zur Auswahl kommt. Bei Betätigung von „Start WEB-Radio“ kann das betreffende Programm akustisch mitverfolgt werden.*

In den Programmteilen Frequenzen und Sender werden alle Rundfunksender bequem nach Frequenz oder den Sender- bzw. Programmnamen aufgelistet. Beide Programmteile verfügen über eine Filter- und Suchmöglichkeit.
Über den Filter lässt sich die große Senderanzahl auf die eines auszuwählenden Bundeslandes (Deutschland, Österreich) bzw. Kantons (deutschsprachige Schweiz) sowie auf das Fürstentum Liechtenstein reduzieren.
Über die Suchfunktion kann gezielt per Volltextsuche nach Sendern oder Programmen gesucht werden.
Sender lassen sich mit einem Finger mit Symbolen für „Achtung" oder „Gehört" markieren. Außerdem lässt sich zu jedem Sender eine Notiz abspeichern. Auf diese Weise markierte Sender werden im Programmteil Lesezeichen übersichtlich zusammengefasst. Hierdurch kann man sich aus der großen Menge an Informationen eine eigene individuelle Liste aufbauen.
Seine großen Vorteile gegenüber der Buchversion spielt die Applikation „Radio Guide" unter anderem im Bereich Standorte aus. Hier werden alle empfangbaren Sender am jeweils eigenen Standort oder einem frei wählbaren Standort aufgelistet. Diese Funktion ist besonders auf Reisen hilfreich, um herauszufinden, welche Sender vor Ort empfangbar sind.
Die empfangbaren Sender können sowohl auf einer Landkarte als auch übersichtlich, nach Entfernung sortiert in einer Liste dargestellt werden
Alle Angaben werden tagesaktuell in die App eingepflegt. Damit sind Sie jederzeit auf dem allerneuesten Stand, was im Fall der Printversion nicht gewährleistet werden kann.
Erhältlich ist die App „Radio Guide" im AppStore. Der Preis beträgt einmalig 1,59 €. Updates werden kostenlos zum Download bereitgestellt.

Analogen Rundfunk aus Europa und der ganzen Welt empfangen – auf Lang-, Mittel- u. Kurzwelle.

Wer in Deutschland herkömmliche – also analoge – Rundfunksender auf der Lang- und Mittelwelle hört, der steht damit bald nahezu alleine auf weiter Flur. Lediglich der Deutschlandfunk, das Deutschlandradio Kultur und ein paar ARD-Anstalten sind noch auf der Mittelwelle präsent (Deutschlandfunk und Deutschlandradio Kultur sogar zusätzlich auf der Lang- und Kurzwelle).
Doch im Zeitalter des digitalen Rundfunks werden auch sie sehr wahrscheinlich in absehbarer Zukunft endgültig abgeschaltet werden.
Die nachfolgende Tabelle enthält alle Deutschen und Schweizer Rundfunksender (in Österreich gibt es keine Lang- und Mittelwellensender mehr), die Sie auf Langwelle und Mittelwelle hören können. Bitte beachten Sie dabei, dass die Reichweiten besonders auf Mittelwelle bei Dunkelheit deutlich zunehmen. Sie können abends und nachts viel mehr Sender hören als tagsüber. Probieren Sie es ruhig einmal aus! Und noch ein Tipp: Wenn Sie ein tragbares Radio benutzen, dann drehen Sie das komplette Gerät so lange, bis Sie den besten Empfang haben. Die im Radio eingebaute Ferritantenne hat nämlich eine Richtwirkung! Eine komplette Frequenzliste sowie detaillierte Angaben finden Sie im Buch „Rundfunk auf Mittelwelle“ und natürlich im Jahrbuch „Sender & Frequenzen“ (siehe Leserservice am Ende dieses Buches).

Frequenz in kHz.	Sender
153	Deutschlandfunk, Sender Donebach
177	Deutschlandradio Kultur, Zehlendorf (DRM)
183	Radio Europe No. 1, Saarlouis (französisch)
207	Deutschlandfunk, Sender Aholming
549	Deutschlandfunk, Thurnau und Nordkirchen
630	Stimme Russlands, Braunschweig/Cremlingen
693	Stimme Russlands, Zehlendorf (Krs. Oranienburg)
702	NDR 4 SPEZIAL, Flensburg

Frequenz in kHz.	Sender
720	Westdeutscher Rundfunk, Langenberg
729	BR plus, Hof/Würzburg
756	Deutschlandfunk, Braunschweig und Ravensburg
774	Westdeutscher Rundfunk, Bonn
792	NDR 4 SPEZIAL, Sender Lingen
801	Bayern plus, München/Nürnberg
828	NDR 4 SPEZIAL, Sender Hannover
909	biteXpress, Uni Erlangen-Nürnberg (DRM)
972	NDR 4 SPEZIAL, Sender Hamburg

Frequenz in kHz.	Sender
1107	American Forces Network (AFN) (diverse Standorte)
1143	American Forces Network (AFN) (diverse Standorte)
1179	Antenne Saar, Heusweil
1269	Deutschlandfunk, Neumünster
1323	Stimme Russlands, Wachenbrunn, THÜ
1422	Deutschlandfunk, Heusweiler
1431	Stimme Russlands, Wilsdruff, SAC
1485	American Forces Network (AFN) (diverse Standorte)
1593	Westdeutscher Rundfunk, Langenberg (DRM)

Die ganze Welt hören ...

Vom terrestrischen Empfang der Rundfunksender aus ganz Europa haben Sie gerade schon gelesen. Dass Sie tatsächlich und recht einfach aber auch Rundfunkprogramme aus der ganzen Welt empfangen können, und viele davon sogar in deutscher oder englischer Sprache, erstaunt und verblüfft immer wieder. Die BBC London haben unsere Eltern und Großeltern schon vor einem halben Jahrhundert gehört, aber Radio Peking mit seiner allabendlichen Sendung in deutscher Sprache, Radio Kairo oder Radio Taiwan – das ist doch hochinteressant, nicht nur für Weltenbummler und Globetrotter!
Sie brauchen dazu nur einen sogenannten Weltempfänger (mit Kurzwelle) und Sie müssen ein paar Tipps beherzigen, wie man wirklich erfolgreich Sender aus aller Welt empfangen kann. Am wichtigsten ist es aber, dass Sie genau wissen, zu welchen Uhrzeiten und auf welchen genauen Frequenzen zum Beispiel die deutschsprachige Sendung aus Peking oder aus Taiwan kommt, und hier bei uns zu hören ist! Im Gegensatz zu unseren gewohnten rund-um-die-Uhr-Programmen kommen nämlich diese internationalen Sendungen auf Kurzwelle nur für eine halbe oder ganze Stunde am Tag in einer bestimmten Sprache, etwa in Deutsch. Und ebenfalls im Gegensatz zum gewohnten Radioempfang wechseln die internationalen Sender auf Kurzwelle häufig ihre Sendefrequenzen und/oder sind mal auf dieser, mal auf jener Frequenz besser zu hören.

Frequenzliste Kurzwelle (KW)

Die nachfolgende, kleine Liste enthält die deutschen Kurzwellensender, die regelmäßig fest auf einer bestimmten Kurzwelle zu hören sind. Dies als Appetitanreger, doch auch einmal in die Kurzwelle hineinzuhören!

Wenn Sie jetzt Appetit auf mehr bekommen haben und einfach genau wissen wollen, wie der weltweite Radioempfang funktioniert, dann sollten Sie zur „Bibel der Wellenjäger" (wie die FAZ schrieb) greifen, nämlich dem Jahrbuch „Sender & Frequenzen"! Mehr dazu am Ende im Leserservice!

Deutsche Welle (DW): „Unser" Sender für die ganze Welt!

Nachdem wir in diesem Buch alle deutschen Rundfunksender vorgestellt haben, darf natürlich der Sender auch nicht fehlen, der die Bundesrepublik Deutschland im Ausland vertritt: Die Deutsche Welle mit Sitz in Bonn.

Die Aufgabe der Deutschen Welle ist es nicht nur, Deutsche im Ausland mit Nachrichten und Fußballberichten zu versorgen, sondern auch Menschen in aller Welt über Deutschland objektiv zu informieren. Dazu werden Rundfunksendungen in Deutsch und über 30 anderen Sprachen ausgestrahlt. Mit ihrem umfangreichen Angebot ist die Deutsche Welle einer der größten internationalen Rundfunkdienste. Und seit ein paar Jahren werden auch Fernsehprogramme ausgestrahlt, die eine immer größere Bedeutung gewinnen.

Die verschiedenen Sendungen der Deutschen Welle können sowohl auf klassischem Weg per Radio (weltweit auf Kurzwelle und Mittelwelle) empfangen werden (Europa: 6075 und 9480 kHz), wie auch in zunehmendem Umfang weltweit via Satelliten und Kabeleinspeisungen.

Adresse: Deutsche Welle, Kurt-Schumacher-Straße 3, 53113 Bonn
Telefon: Kundenservice (02 28) 429-40 00, Telefax (02 28) 429-15 40 00
Internet: www.dw-world.de, E-Mail: info@dw-world.de

Register der Sender und Programme

Nachfolgend sind alle im Buch erwähnten Rundfunksender alphabetisch mit Bezug auf die Seite, auf der sie detailliert erklärt sind, aufgeführt.
Lassen Programmbezeichnungen nicht ohne weiteres den Bezug zur jeweiligen öffentlich-rechtlichen Rundfunkanstalt erkennen (zum Beispiel 1LIVE --> WDR, UnserDing --> Saarländischer Rundfunk oder JUMP --> MDR), so sind auch diese mit im Register erwähnt.

Last minute Info:

- Der Medienrat der Bayerischen Landeszentrale für neue Medien (BLM) hat in seiner Sitzung am 10. Oktober 2013 die Verbreitung in den lokalen DAB-Versorgungsgebieten Augsburg, Ingolstadt, München und Nürnberg befristet bis 30. April 2015 genehmigt.

- Am Sonntag, 27. Oktober 2013 startete Antenne Wien auf seiner Frequenz 102,5 MHz einen Relaunch. Das Programm heißt nun "Radio Ö24 . Es besteht jetzt aus den besten TOP-Hits und den schnellsten TOP-News. Die Hörer werden via Breaking News immer umgehend informiert, wenn etwas passiert!

- „Radio Osnabrück 98.2“ ist der Name des Lokalradiosenders der teutoRADIO Osnabrück GmbH. Der erste Lokalsender Niedersachsens startete am 14. November 2013 mit 250 Watt Leistung auf UKW 98,2 MHz.

© Osnabrücker Sonntagszeitung

Adressdaten:

teutoRADIO Osnabrück GmbH
Lerchenweg 11
32549 Bad Oeynhausen
Tel.: 05731 – 18669500
Fax: 05731 – 18669509
eMail: gf@teutoradio.com
http://www.teutoradio.de

RADIO OSNABRÜCK
Studio
Jürgensort 10
49074 Osnabrück
eMail: gf@radioosnabrueck.com
http://www.radioosnabrueck.com

Gerd Klawitter

Kaufberater Weltempfänger

Anhand einiger exemplarisch ausgesuchter Weltempfänger vermittelt Ihnen Gerd Klawitter die Aspekte, die bei der Kaufentscheidung zu berücksichtigen sind. Eine Checkliste mit 18 Kriterien wird Ihnen dabei hilfreich sein.
Umfang: 120 Seiten
Best.-Nr.: 413 0082
Preis: 17,90 €

Michael Schmitz, Wolf Siebel

Sender & Frequenzen 2014

In der aktuellen Ausgabe „Sender & Frequenzen 2014" finden Sie nicht nur Informationen über die bei uns hörbaren Rundfunksender aus über 200 (!) Ländern der Erde, sondern auch ausführliche Programminformationen zu allen hier empfangbaren deutschsprachigen Sendern. Mit allen Frequenzen, Sendeplänen und Adressen inkl. Fax, Internet, E-Mail, Audio-Streams, Audio on Demand und Podcast.
Umfang: 608 Seiten
Best.-Nr. 413 1400
Preis: 29,80 €

Thomas Riegler

Radiohören mit DAB und DAB+

DAB, Digital Audio Broadcasting, basiert auf digitaler Technologie und ist ein ausgereifter und weltweit verbreiteter digitaler Standard für die terrestrische Übertragung von Hörfunkprogrammen. DAB und das weiter entwickelte DAB+ lassen das Radio neu erfinden. Thomas Riegler sagt Ihnen, was Sie zum Wechsel zu DAB+ wissen sollten.
Umfang: 248 Seiten
Best.-Nr.: 413 0081
Preis: 25,80 €

Bestellen Sie jetzt! *Verlag für Technik und Handwerk neue Medien GmbH · Baden-Baden*

BESTELLSERVICE

D-76532 Baden-Baden · Tel. 07221 / 508722 · Fax: 07221 / 508733
eMail: service@vth.de · Inernet: www.vth.de
onlineshop: shop.vth.de

Weltempfänger Siebel-RR1

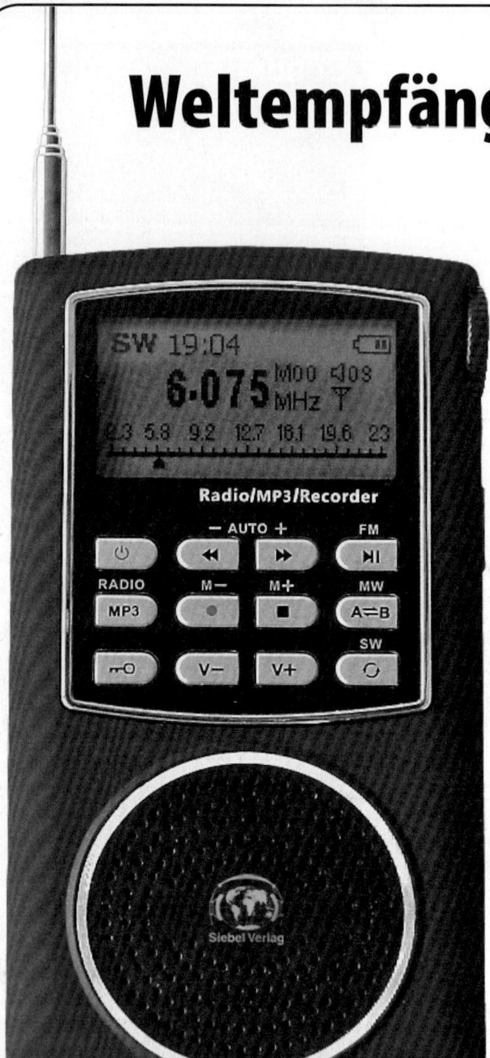

Highlights:

- Großes gut lesbares und hinterleuchtetes Display
- Deutsche Bedienerführung (und viele andere Sprachen)
- Timergesteuerte Aufnahmen (vom Radio oder Mikro, beide Möglichkeiten sind vorhanden)
- Eingebautes Mikro
- Radiowecker und Einschlaftimer Funktion
- Eingebauter Kalender
- Maße: ca. 126 x 63 x 17 mm
- Gewicht: ca. 120 g

Lieferumfang:
Siebel-RR1, USB Kabel, Akku, Nacken-Bügel, Kopfhörer, deutsche Anleitung

Best.-Nr.: 621 1424
Sonderpreis: 99,– €

Technische Daten:		
Empfangsbereiche		
Band	Frequenz	Frequenz (umstellbar)
FM (UKW)	87.0 - 108.0 MHz	64 -108.0 MHz
MW (AM)	522 - 1710 KHz	520 - 1710KHz
SW (KW)	2.30 -23.00 MHz	
Kanalabstand einstellbar: 9/10khz		

Ersatzakku BL-5c

Best.-Nr.: 621 1428
Preis: 9,90 €